ROMANO GUARDINI 1885–1968
LEBEN UND WERK

HANNA-BARBARA GERL

Romano Guardini

1885–1968

LEBEN UND WERK

MATTHIAS-GRÜNEWALD-VERLAG · MAINZ

Voller Dank nenne ich die Namen jener, die mir in Rat und Tat Hilfe der verschiedensten Art gaben: Domdekan Dr. Hermann Berg, Mainz; Prof. Dr. Bernhard Casper, Freiburg; Prof. Dr. Werner Dettloff, München; Dr. Walter Dirks, Wittnau; Elisabeth Ehring, Burg Rothenfels; Monika Faust, Queidersbach; Dr. Josefa Fischer-Erling, Köln; meine Mutter Centa Gerl, Zusmarshausen; Prof. DDr. Aloys Goergen, München; Erich Görner, Euskirchen; Prof. Dr. Elisabeth Gössmann, München/Tokio; P. Johannes Hendriks, Fribourg/München; Dr. Franz Henrich, München; P. Manfred Hörhammer OFM, München; Prof. Kurt Jaroschek, Darmstadt; Hermann Kiefer, Ingenheim; Ingeborg Klimmer, Neustadt am Main/Bonn; Sr. DDr. Judith Krahe, München/Herstelle; Prof. Dr. Paulus Lenz-Medoc, Paris; Paula Linhart, München; Helmut Link, Mainz; Ernst Ludwig, Saarbrücken; Prof. Dr. Heinrich Lützeler, Bonn; P. Andreas Oberländer OSB, Kloster Säben (Südtirol); Dr. Günter Ott, München; Maria Parzinger, Tachau; Artur Pfau, St. Augustin; August Raske, Baden-Baden; Dr. Franz Riedweg, München; Dr. Hans Ruess, München; Josef Seipel, Düsseldorf; Ferdinand Scherf, Mainz; Gabriele Schotthöfer, Landau; Änny Schüler, Mainz; Mathilde Schütter, München; Maria Schwarz, Köln; Elisabeth Steidle-Driessen, München; Bischof Ernst Tewes, München; Sr. Isa Vermehren, Pützchen; Elisabeth Baronin Warsberg, Dieburg; Dr. Käthe Zelazny, Frankfurt.

Dank sei auch gesagt dem freundlichen Entgegenkommen folgender Organisationen: Archiv Burg Rothenfels; Diözesanarchiv Mainz; Bayerische Staatsbibliothek München.

München, 29. November 1984 *Hanna-Barbara Gerl*

CIP-Kurztitelaufnahme der Deutschen Bibliothek

Gerl, Hanna-Barbara
Romano Guardini 1885–1968 : Leben u. Werk / Hanna-Barbara Gerl. –
Mainz : Matthias-Grünewald-Verlag, 1985.
ISBN 3-7867-1146-1

© 1985 Matthias-Grünewald-Verlag, Mainz
Umschlag: Peter Offenberg Grafik
Satz: Georg Aug. Walter's Druckerei GmbH,
6228 Eltville am Rhein
Druck und Bindung: Echter Würzburg, Fränkische
Gesellschaftsdruckerei und Verlag GmbH

Inhaltsverzeichnis

I.	*Einleitung, oder der Versuch, eine Frage einzukreisen*	9
II.	*Herkunft*	17
	Der Ursprung: Verona und Wardein	17
	Der Vater	18
	Die Mutter	21
	Die Großeltern	23
	Die Brüder	24
	Die Familie und Isola Vicentina: Nähe und Ferne	25
	Italien und Deutschland, oder die Notwendigkeit Europa	28
III.	*Kindheit und Jugend in Mainz*	31
	Die geschichtliche Vorgabe der Stadt	31
	Schulzeit	32
	Guardinis Haltung zu Mainz	36
IV.	*Studium: Die Umwege und der Weg*	38
	Tübingen (1903–1904)	38
	München (1904–1905)	39
	Der religiöse Einbruch	42
	Berlin (1905–1906)	45
	Die Entscheidung zum Priestertum	46
	Der »Schleußner-Kreis«	47
	Die Umstellung auf Theologie: Freiburg (1906–1907)	51
	Tübingen (1907–1908)	52
	– Lehrer und Freunde	53
	– Der Modernismusstreit	54
	– Wilhelm Koch	56
	– Zwei Grundlagen: Kirche und Offenbarung	59
	– Beuron	64
	– Die geistige Haltung dieser Studienjahre	66

	– Karl Neundörfer	67
	– Josef Weiger	71
	Das Priesterseminar in Mainz (1908–1910)	77
V.	*Lehrjahre des jungen Priesters*	79
	Die Zeit als Kaplan (1910–1912)	79
	Promotion in Freiburg (1912–1915)	83
	– Die Bedeutung Bonaventuras für Guardinis geistige Herkunft	83
	– Bekannte und Freunde der Freiburger Zeit	87
	– Das Testament von 1914	89
	Kaplan, Militärkrankenwärter und Leiter der Juventus in Mainz (1915–1920)	90
	– Exkurs: Vom Dienst am Vaterland und Europa	93
	– Die Juventus	94
	– Exkurs: Über Puppenspiel und Leiblichkeit	100
	– Zusammenarbeit mit Richard Knies im Matthias-Grünewald-Verlag	103
	– Neue Weichenstellung	107
	Der Schritt in die Berühmtheit: »Vom Geist der Liturgie«	112
	– Die Voraussetzungen des Erfolgs	112
	– Die Phasen der Liturgischen Bewegung	114
	– »Zufälliger« Anlaß des Werkes	116
	– Grundspannung des Ganzen	117
	– Liturgie und Spiel: ein Durchbruch	118
	– Grundsätzliches: der Vorrang des Wahren vor dem Guten	119
	– Zwei erhellende Postscripta	120
VI.	*Aufbruch in das akademische Wirken*	122
	Fruchtbare Jahre: Habilitation in Bonn (1920–1922)	122
	– Ein neuer Kreis: Gespräche, Vorträge, Freunde im Umfeld der Jugendbewegung	123
	– Erwachtes Selbstbewußtsein: »Neue Jugend und katholischer Geist« (1920)	125
	– Zusammenarbeit mit Odo Casel am »Jahrbuch für Liturgiewissenschaft« (1921/22)	127
	– Der »Schelerkreis« und Paul Ludwig Landsberg	130
	– Begegnungen und ihre Folgen: Paul Clemen, Hermann Platz, Martin Buber	132
	– Ausbruch der geistigen Schaffenskraft: Beginn der »vielen Bücher«	134

- Die Probevorlesung über Anselm von Canterbury 135
- »Entlassung« von Pützchen nach Niederholtorf (1922)... 136

Privatdozent in Bonn (SS 1922 – WS 1922/23) 137
- Der Anfang und die Erfahrung eines fachlichen »Zwischendaseins« 137
- Ein Sicherwerden: die Vorträge »Vom Sinn der Kirche« (1922) 138
- Ablehnung einer ersten Berufung 139
- Der Ruf nach Berlin und das angenommene Wagnis (1923) 140
- Max Schelers Rat 142
- Exkurs: Max Scheler, Guardini und der Ansatz der Phänomenologie 144

Katholischer Aufbruchswille Anfang der 20er Jahre 148
- Im Spiegel des »Jahrbuchs der deutschen Katholiken« 1920/21 148
- Im Spiegel der Akademikertagung Ulm 1923 149

VII. *Hingabe an die Jugendbewegung: Burg Rothenfels am Main (1920 – 1926)* 153

Die erste Begegnung: Ostern 1920 153
Grundzüge der deutschen Jugendbewegung 154
Der Quickborn und seine Eigenart 155
Ursprünge des Quickborn 158
Geschichtliche und bauliche Entwicklung von Burg Rothenfels 162
Die Gralsburg 164
Guardinis erster Rothenfelser Sommer: 1920 166
- Abendgespräche und ihre Wirkung 166
- Autorität, Freiheit, Gehorsam: eine Auseinandersetzung 171
- Neue Horizonte Quickborns 172

Gaben und Aufgaben der folgenden Jahre 175
- Neue Religiosität innerhalb der Kirche 176
- Der Blick auf die politische Wirklichkeit 178
- Ordnung der »Werkwochen« 179
- Neue Ästhetik 179

Die Ausweitung zur Kulturbewegung: August 1924 180
- Konturen der Tagung 180
- Die Krise der Gegenwart 183
- Der unerlöste Mensch und die Erlösung 185
- Das Wesen der Klassik 187

- Spannungen ... 188
- Gelungenes Experiment: der Sprechchor ... 188
- Guardinis Anziehungskraft: der Sinn für Wahrheit ... 189

Wechselvolle Entwicklung des Bundes ... 191

Die Schildgenossen ... 193
- Entstehung, Entwicklung, Zielrichtung ... 193
- Schwierigkeiten ... 196
- Zur politischen Blickrichtung der Zeitschrift ... 199
- Neugründung nach dem Kriege? ... 202

Exkurs: Liturgie und Leib ... 204
- Die Transparenz von Innen und Außen ... 204
- Ignatius, Franziskus oder Benedikt? ... 205
- Entdeckung des Leibes ... 208
- Sinneserfahrung und Religion ... 210
- Die späte Sorge um die Liturgiefähigkeit ... 210

VIII. *Rothenfels als Mitte einer Kulturbewegung: Guardini als Burgleiter (1927–1939)* ... 212

Die Ablösung Bernhard Strehlers ... 212

Leitung von Burg und Bund ... 213

Der Ausbau der Burg ... 215
- Schwierigkeiten ... 215
- Rudolf Schwarz (1899–1961) ... 216
- Das Burgwerk ... 218
- Das Verhältnis Schwarz–Guardini ... 220
- Vision des neuen Bauens ... 223

Die »neue Ästhetik« im einzelnen ... 225
- Kapelle ... 225
- Rittersaal ... 226
- Bibliothek ... 227
- Speisesäle ... 228
- Andere Räume ... 228
- Burgleiterzimmer ... 229

Das geistige Profil der Burg zwischen 1927 und 1939 ... 230
- Die Arbeit Guardinis für den Bund ... 230
- Die Burg im Spannungsfeld von Universität und Akademie ... 233
- Anspannung und Erfolg: Guardinis Einsatz ... 235

Der politische Druck 1933–1939 ... 240
- Das Standhalten ... 240
- Der Freiwillige Arbeitsdienst (1933–1935) ... 241
- Notmaßnahmen der Burgträger ... 244

	– Überwachung durch die Gestapo	246
	– Die Beschlagnahmung im August 1939	247

IX.	*Die Entdeckung der eigenen Methode: der Gegensatz und die Weltanschauung*	250

Der Gegensatz 250
– Vorarbeiten und Nachbemerkungen 250
– Einordnung in die Geschichte des Gegensatzdenkens ... 253
– Die »Kritik der konkreten Vernunft« und der Reichtum des Wirklichen 255
– Polarität und ihr unverfügbares Gesetz 256
– Leben: Berichtigung des Denkens und der Wissenschaft 259
– Das Einlassen auf das »Ganze« 261
– Offene Haltung und bejahte Grenze 262
– Nähe und Ferne zur Scholastik 263
– Nähe und Ferne zu Max Scheler 264
Die Weltanschauung 267
– Die geistigen Vorgaben des neuen Lehrstuhls: Dilthey, Troeltsch, Jaspers, Scheler 267
– Guardinis Anspruch auf die Wahrheit und das Ganze ... 269
– Abgrenzungen: zur Metaphysik, zur Geschichte, zum (politischen) Handeln 272
– Der Abstand zum Ganzen oder die Fülle der Perspektiven: Christus und die Kirche 275

X.	*Der akademische Lehrer: Berlin (1923–1939)*	277

Der schwere Anfang 277
– Die Vorlesungen: Arten und Stil 279
– Deutungen der menschlichen Existenz 284
Das Echo der Hörer 289
Ablehnung 292
– Robert Kosmas Lewin 292
– Carl Sonnenschein 294
Persönliche Züge 295
– Gesundheit 295
– Die Wohnungen und das Zuhause 296
– Arbeitslast und Arbeitsweise 298
Seel-Sorge 300
– Die Gabe des Rates 300
– Die Gabe der Verkündigung 303

	»Der Herr« (1937)	304
	– Auslegung der Gestalt Jesu	309
	Exkurs: Die Schwermut	310
XI.	*Jahre des Verstummens (1939–1945)*	317
	Die Kriegszeit in Berlin (1939–1943)	317
	Die Zuflucht in Mooshausen (1943–1945)	322
	Arbeit am Schreibtisch	323
XII.	*Ein neuer Anfang: Tübingen (1945–1948)*	330
	Die Berufung	330
	Vorlesungen und Verkündigung	332
	Im Spiegel anderer Urteile	333
	Burg Rothenfels: die ferngerückte Liebe	335
	Exkurs: Die Zukunft nach dem Ende der Neuzeit	338
XIII.	*Fülle des Erreichten und Übergang: München (1948–1968)*	343
	Der Wechsel	343
	Rundung zum Ganzen: die Vorlesungen (1948/49–1962)	344
	Die Emeritierung (1962)	345
	»Wahrheit und Ordnung«: die späten Predigten	346
	Themen der zwei letzten Jahrzehnte	347
	Ehrungen	352
	Verwirklichung des Gedankens einer katholischen Akademie (1957)	356
	Mitarbeit in der Bayerischen Akademie der Schönen Künste	357
	– Suche nach der zeitgemäßen Aufgabe	357
	– Die Spannungen um die Zuwahl Heideggers	359
	Die Krankheit: der »reine Schmerz«	360
	Das Gefühl, alt zu werden	363
	Letzte Reise nach Italien	365
	Das Sterben	366
	Die Beerdigung	367
XIV.	*Der Nachhall (1968–1985)*	369
	Ein langsames Vergessenwerden	369
	Sorge um das Erbe	370
XV.	*»Innen und oben«: ein Schlußwort*	373
	Personenregister	377

I. Einleitung
oder der Versuch, eine Frage einzukreisen

Wer war Romano Guardini? Diese Frage schienen jene, die ihn unmittelbar kannten, und die noch größere Schar seiner Leser klar beantworten zu können. Doch eine Zeitlang wurde die Frage nicht mehr gestellt: Ein Vergessen hatte ihn schon einige Jahre vor seinem Tod eingeholt. Über den Kreis seiner freilich treuen Freunde hinaus war sein Werk in der Öffentlichkeit weder wirkend noch wirklich; die Sprache galt als nicht mehr ansprechend, die Gedanken als nicht mehr zu bedenken.

Seit kurzem aber taucht die Frage nach Guardini wieder auf, und diesmal wird sie mit jener Frische gestellt, die einem solchen Vergessen folgt: nämlich von all denen, die ihn neu lesen, erstmals, nicht im Bannkreis der Bewegungen, in denen Guardini wirkte, sondern nur – was der Prüfstein eines Werkes ist – im Bannkreis seines Denkens. Und über die beanstandete Sprache, das Zeitgebundene hinweg scheint erneut etwas Ursprüngliches, der Charakter des Wahren, Richtigen und Richtenden darin hervorzutreten.

Ist also auch im Werk enthalten und zur Dauer gebracht, was nicht wenige Zeugen als das Bezwingende an seinem Vortrag, an seiner Person erinnern? Noch leben einige aus dem Kreis sogar seines jüngeren und mittleren Mannesalters, einige auch, die sein Leben dienend begleitet haben, nicht zu vergessen die vielen Hörer, die noch in den sechziger Jahren zu Hunderten den Hörsaal füllten. Fragt man sie, so kommt eine erstaunliche, nicht selten aufleuchtende Freude an dem alten Lehrer zu Tage, die Erinnerung an Kostbares, wie es sich nicht oft einstellt. Das am meisten Erstaunliche ist freilich, daß es Hörer verschiedenster geistiger Herkunft und Ausrichtung sind, Hörer, die auch vielfältige Folgerungen für ihr Denken gezogen haben: Guardini scheint eine Wirklichkeit im Leben berührt zu haben, die frei ließ, wie er sagen würde, »vom Wesen her« – in der Überholung alles unentschieden Liberalen. Autorität also, die den anderen zu seinem Eigensten wachsen läßt. Dies ist nur möglich in der Bindung an Wahrheit – vielleicht *das* Grundwort Guardinis. Er selbst empfand sie zuweilen »wie ein Wesen im Raum stehend«.

Wer ist derjenige, der etwas so Seltenes vermittelt? Aus welchen Entscheidungen kommt jemand, der eine solche Durchlässigkeit gewonnen hat? In dessen Sprechen der »Vorübergang« des Geistes zuweilen eine fast sinnliche Gegenwart annahm?

Um zu beantworten, wer Romano Guardini war, gilt es wohl auch hier zu beachten – was bereits ein Merkmal seiner Methode war –, daß ein nicht zu zielgerichtetes Betrachten in der Erkenntnis weiterführt als ein zugreifendes Sehenwollen. »Die wichtigste Kunst ... ist die, es (= ein Motiv) mit einer Sorge zu umgeben, die ihm Freiheit läßt; es zu ermutigen, ohne es direkt zu beeinflussen; es im Bewußtsein zu haben, ohne es direkt anzuschauen.«[1]

So sollen – immer die Frage, wer er war, mitnehmend – die zunächst leichteren Antworten auf seine Leistung, seine Werke, auf Beruf und Berufung gegeben werden, in der Hoffnung, das ganze Buch werde diese Anfangsfrage zu beantworten wagen.

Im voraus einige konzentrische Einkreisungen.

Zunächst: Guardini war von Beruf und Berufung *Priester*. Die Entscheidung dazu kam nach zwei anderen Studienanläufen: Zeichen eines inneren Ringens, das von der Familie nicht gestützt wurde, das von der geistigen Befindlichkeit der Kirche und Theologie nach 1900 ebenfalls wenig Anreiz empfing; und doch fiel nach diesem Zögern eine Entscheidung, die zutiefst mit der *Kirche* als Heimat zu tun hat, mit dem Ankerwerfen in einer letzten Sicherheit der Zusage (Gottes an seine Kirche nämlich). Diese Beheimatung – die ein Fragenkönnen nicht ausschließt – trägt Guardini in allen später sich verdunkelnden Gewißheiten bis zu seinem Lebensende, wie bezeugt wird. Anfänglich trug jedes seiner Bücher einen exlibris-Zettel in klarer Antiqua-Schrift: R. Guardini, Sacerdos. Und am Ende seines Lebens der strenge Satz auf die Frage, wie er mit dem Glauben zu Rande gekommen sei: »Weil ich meinem Bischof bei der Priesterweihe den Gehorsam versprochen habe.«

Heimat schafft er aber auch anderen in der Kirche, im Durchleuchten und Aufdecken ihrer Paradoxien, göttliche Stiftung *und* Menschenwerk zu sein, unverplanbare Gnade und rechtliche Festlegung, Ausdruck freier Liebe und Forderung von Gehorsam, tatsächlich: Gestalt gewordene Spannung zwischen Freiheit und Institution, zwischen Wahrheit und relativer Zeitbindung, die bis zur Wahrheitstrübung reichen kann.

Priester in der *Verkündigung*, im Aufschließen von Wort und Gestalt Jesu Christi, womit Guardini die Wende seiner zeitgenössi-

---

[1] Tagebuch vom 26.10.1959; veröffentlicht als »Wahrheit des Denkens und Wahrheit des Tuns. Notizen und Texte 1942–1964«, hg. v. Felix Messerschmid, Paderborn 1980, 123.

schen Theologie in den 30er Jahren zur Christologie begleitet und selbst mitbegründet. Mit dem »Priesterlichen« ist nicht ein wissenschaftlich-exegetischer Zugriff auf das Neue Testament gemeint, sondern das Enthüllen des Antlitzes des »Herrn« für den Glaubenden, immer tröstend und ratend begleitet von den Hinweisen auf das mögliche Verborgensein dieses Antlitzes, und wie der Glaubende mit dieser Leere umzugehen habe, sogar aus ihr leben könne.

Priester auch in der *Liturgie*: Hier ist noch nicht die theoretische Klärung gemeint, sondern der eigene lebenslange Dienst vor Gott und der wechselnden Gemeinde. Daß hier *Aussage* über das Wesen der Liturgie und persönliches *Wirken* übereinstimmten, daß nämlich Guardini selbst glaubhaft im Kult jene leiblich-seelisch-geistige Einheit darstellt, die von bezeugt großer Ausstrahlung für alle Mitfeiernden war, ist eine Gabe, die er selber bei aller Bescheidenheit mit Dank annahm.

Priester letztlich in einem Verschweigen abgründiger eigener Fragen, für die die Öffentlichkeit nicht reif genug war oder die überhaupt an Letzt-Fragbares und Offenbleibendes heranreichten. Verantwortung aus Seel-Sorge begleitete das Gesagte und ebenso stark das Ungesagte, das ins Unsägliche reichte. Scheu vor einem Aufreißen antwortloser Abgründe der auf ihn Hörenden, versagte er sich je länger je mehr ein Reden, das nicht mehr ins Klare, sondern ins Dunkel geführt hätte.

Und Guardini war ein *Erzieher*, »Praeceptor Germaniae«, wie ihn Abt Hugo Lang aus München nannte.[2] Erziehung meint hier Rat in praxi, beginnend mit konkreten Anleitungen an die Jugend, wie sie ihren Niederschlag in den »Briefen über Selbstbildung« finden, die in ihrer Klarheit und unmittelbaren Lebbarkeit schon das Geheimnis seiner raschen und tiefen Wirkung verständlich machen. Erzieher der Jugend für mindestens zwei Generationen, ebenso in ihrer sozial und intellektuell vielfältigen Ansammlung auf Burg Rothenfels wie in der akademisch-laizistischen Atmosphäre der Universitäten. Praeceptor aber auch in Ratschlägen an Akademien und Gremien kirchlicher und universitärer Art, oder im brieflichen Rat an bekannte und unbekannte Menschen, denen er in ihrer Not oft einfache, selbsterprobte Hilfen empfahl. Erzieher vor allem in der geistigen Haltung, noch *vor* dem Vermitteln von Kenntnissen, etwa in der Haltung der Wahrhaftigkeit, des Vernehmen-Wollens, der Bereitung (... »vor der Feier der hl. Messe«), der Sammlung, der Wahrnehmung »heiliger Zeichen«. Erzieher in diesem Sinne vor allem der *Leiblichkeit* als Träger von Geistigkeit. Es gelang ihm, den

---

[2] Brief vom 16.2.1955, Bayerische Staatsbibliothek München, Ana 342 (kurz: Stabi).

Leib nicht einfach nur als »Außenseite« einer »Innenseite« deutlich zu machen.

Erst heute werden erzieherische Erkenntnisse, wie sie in »Wille und Wahrheit« ausgesprochen sind, in breiter Form und freilich oft weniger klar als bei Guardini weitergegeben. Seine Versuche der 30er Jahre auf Burg Rothenfels: Schweigen, Atem, Körperhaltung, Sammlung, Gebet, das Leben eines Tages aufeinander abzustimmen, sind heute »modern«, schon aus dem Grunde, weil sie überlebensnotwendig geworden sind. Aber Guardini hat nicht zum bloß keuchenden Überleben erzogen, sondern zum Leben: zum aufgerichteten und aufrichtigen, das zugleich Spannungen in sich erträgt, weil es mit Gegensätzen umzugehen weiß (dies im übrigen sein frühester, aus seinen eigenen Lebensspannungen rührender Gedanke, wie sich zeigen wird). Und weil er sich hierin selbst erzog, selbst die Ungereimtheiten des Endlichen erlitt, ja diese endliche Existenz als immer verrätselter empfand, konnte er andere erziehen. Sein Rat wurde angenommen, weil er aus dem eigenen Durchgang durch das Unberatensein des Lebens kam, seine Klarheit wurde geschätzt, weil sie selber Unklarheiten durchlaufen hatte. Ebendies gilt übrigens auch von seinen theoretischen Erklärungen; sie ließen das Unerklärliche als den Boden des Erklärlichen stehen.

Damit ist ein Drittes genannt, ohne daß die Aufteilung eine Sonderung der Bereiche oder auch der Person Guardinis bedeutet; in all dem Angesprochenen seien die Grenzen durchlässig gesehen.

Jenes Dritte an ihm läßt sich *Lehrer* nennen. Im Unterschied zum Erzieher ist damit die theoretische Tätigkeit des Klärens, Erhellens, Beleuchtens angesprochen: Ausdrücke, die vom Wortsinn her bereits auf die Tätigkeit des Sehens und Sehen-Lehrens deuten. Nicht zufällig ist Guardinis Wortwahl stark vom Auge und Licht bestimmt; »sehen, was ist«, das ist ihm ein anderes Wort für Wahrheit. Seine An-Schauungen sind von dieser Auffassung her nicht nur in Platon und Augustinus, sondern in weniger bekanntem Maße auch in Thomas verwurzelt.

»Sehen, was ist«, Augenschulung lehrte Guardini – welche Genauigkeit des »Zufalls« – auf seinem Lehrstuhl für Weltanschauung; aber schon bevor diese akademische Zuweisung manifest wurde und er sie bis zu seiner späten Emeritierung immer deutlicher gestaltete, übte er sich und die ihm anvertraute Jugend im Hinblicken: auf den Geist der Liturgie und auf den Sinn der Kirche. Je länger je mehr weitete sich dieser Blick zum Eindringen in wesentliche abendländische Botschaften, von Sokrates bis Rilke. Die Suche nach dem Wesentlichen, gerade auch der beunruhigenden Art, führte ihn zeitweise zu einem Einlassen auf die Gestalt Buddhas, die freilich kaum einen schriftlichen Niederschlag fand – aber welche Öffnung des Auges, sei sie schmerzhaft oder nicht, für die Wahrheit eines Phänomens! Überhaupt Phänomenologie, als »Logos« und »Freude am Erscheinenden« zusammengenommen: sie bildete ihn zum genauen, sorgsamen (der Anteil an Sorge sollte hier noch mitgehört werden) Betrachter der Wirklichkeit. Betrachter aber woher? Aus der Vorgabe des Glaubens, wie immer und von Anfang an deutlich gesagt war – ohne die Hörsäle damit zu leeren und die Aufnahme seiner Bücher einzuschränken, im Gegenteil. Gerade die Verbindung von Weltbetrachtung und Glauben, die gegenseitig zu nehmen ist, weil auch die Welt an den Glauben ihrer eigenen Klärung wegen rückfragt, wie der Glaube die Welt in ihrem reichen Eigenstand seiner inneren Lebendigkeit wegen prüft, gerade diese doppelte Verbindung rückt Guardini in die erst mit Scheu und Mut zugleich, später mit Bewußtheit übernommene Rolle des Lehrers ein.

Seine Lehre entfaltet sich, um ein Bild einzuführen, in der Art von konzentrischen Kreisen, weil der früh gewonnene Mittelpunkt Guardinis nicht mehr aufgegeben wird. Er selbst teilt die seither zurecht geäußerte Meinung[3], daß sein Lebenswerk eigentlich von Anfang an in Gänze entworfen war. Insofern nichts »Neues«, sondern Ausgestaltung einer »Einheit, und zwar merke ich immer wieder, daß sie vom allerersten Anfang im Quickborn bis heute sich wohl entfaltet und die verschiedensten Stoffe ergriffen hat, aber es wird im Grunde immer das Gleiche gemeint.«[4]

Wenn Guardinis theoretisches Wirken über Liturgie, Ekklesiologie, Existenzdeutungen, Christologie weitergeht zu den kulturkritischen Schriften der 50er Jahre und dann schließt mit einer Ethik und Anthropologie, die sich zugleich als Gotteslehre erweist, so ist dieses Ausfalten in der Tat konzentrisch. Zwei Zeichen dafür: Die bis heute unveröffentlichte *Ethik* der letzten Jahre, welche erst der rückkehrenden Kriegsgeneration in Tübingen und später in München vorgetragen wurde, kennt einen ganz frühen Entwurf noch aus der Bonner Zeit Guardinis um 1922, *vor* der Berufung des Privatdozenten nach Berlin also.[5]

Und andererseits: Die erste ihn in die Bekanntheit katapultierende Schrift über den »Geist der Liturgie« von 1918 hat einen sehr späten, aber gleichwohl grundsätzlichen Nachhall im Brief an den Liturgischen Kongress in Mainz von 1964. Guardinis Fragen werden nicht in der Antwort abgelegt, »hinter sich gebracht« in den Büchern; Fragen wie Antworten begleiten sein ganzes Leben.

---

[3] Hans Urs von Balthasar, Reform aus dem Ursprung, München 1971, 11.
[4] Brief an Walter Dirks vom 6.11.1965 (Stabi).
[5] S. Brief von Kunibert Mohlberg OSB vom 13.2.1955 an Guardini (Stabi).

Nun aber die Frage, wovon denn die Kreise so vieler Antworten ausgehen, an welche Mitte der weite Radius gebunden bleibt? Guardinis Mitte scheint die Lehre, mehr noch die Erfahrung, zuweilen das Erleben *Gottes* zu sein, gegen Ende des Lebens auch die Abwesenheit, zumindest die Verborgenheit Gottes. Vielleicht ist es nicht zu kühn, als denkerische und lebensmäßige Konzentration Guardinis eine Gottesnähe und Gottesferne zu behaupten. Beides übrigens mit einer solchen Anspannung, daß sich eben daraus die geistige Bewegung eines ganzen Lebens ergibt. Und daß im übrigen daraus das Fehlen einer Systematik einsichtig wird: weil jede Systematik immer wieder vom Ursprünglichen in den beiden Formen der Begegnung und des Entzugs zu Fall gebracht wurde.

Und nach all dem wieder die Frage, wer Romano Guardini war.

Sichtlich ist an ihm etwas von all dem Aufgezählten, das freilich nicht als bloße Abfolge von Facetten verstanden sein will, sondern als sich durchdringende, aufeinander durchscheinende Qualitäten. Trotzdem: Ist das nicht immer noch »Außenseite«, das an ihm deutlich sich Ausdrückende, ins Wort Kommende, in den Büchern Verfestigte? Gewiß wäre es schon viel, allein dies nach Maßgabe seiner eigenen Schriften richtig darzustellen.

Doch gibt es noch ein »Innen« Guardinis, das er selbst, allgemein sprechend, von einem »Oben« gehalten sein läßt, weil es von daher, erweckt, angerufen, personal, Antlitz gewinnt. Nach diesem inneren Antlitz ist gefragt und freilich ist hier mit »Keuschheit« zu fragen. Schon deswegen, weil auch dieses »Oben« nicht neutral bloßgelegt, analytisch und theologisch zerfasert werden kann, weil man in ihm eben in jenes Geheimnis gerät, das Guardini zu nennen und noch viel mehr nicht zu nennen als tiefste existentielle Aufgabe kennt.

Wie ein Reflex dazu, tatsächlich als Widerspiegelung, entzieht sich auch Guardinis inneres seelisches und persönliches Leben im Letzten dem Blick. Ja, schon im Vorletzten sind Reserven, Vorbehalte eingezogen – Guardinis Selbstmitteilungen gehen nur bis zu einer gewissen Grenze und sparen manche Bereiche von vornherein aus. Eine Zurückhaltung, die in ihrer kultivierten, bewußten Seite Vornehmheit bedeutet, von der seelischen Anlage her sicher Schüchternheit, läßt in den Werken nur selten etwas Persönliches ins Wort kommen. Dort kann es allerdings bezaubernd und den Leser einbeziehend wirken wie »In Spiegel und Gleichnis«, freilich immer noch gedämpft, aber doch die gespannte, fast magisch zu nennende Empfindsamkeit gegenüber Natur und Kultur unmittelbar seelisch übertragend. Oder in »Stationen und Rückblicke« die auch von einem angenehmen Humor bestimmten Blitzlichter auf manche Wegmarken. Oder auch, erst jüngst zugänglich, der Versuch einer

Romano (1857–1919) und Paola Maria Guardini (1862–1957) (vor 1919)

Autobiographie bis zum Jahre 1945, die aber doch nicht die »Geschichte einer Seele«, nicht die Selbstbeobachtung für ein Publikum sein will. Guardini liebte und zitierte das Wort Hans Carossas: »...Und einander sehr genau betrachten, heißt schon einander unrecht tun«.[6] Es ließe sich wohl auch in Guardinis Sinne weiterführen, wer sich selbst zu genau betrachte, tue sich schon unrecht.

Insofern ist die postume Veröffentlichung des Tagebuches[7] schon ein Akt besonderer Entscheidung, über die von Guardini gezogene und eingehaltene Grenze der Selbstmitteilung bewußt hinauszutreten. Natürlich zurecht bestimmt vom Willen, eben dieses sich ungern vorweisende »Innen« Guardinis doch mehr in den Blick zu nehmen, nicht als Voyeur, beileibe nicht, vielmehr um gerade die persönliche Wurzel seiner sachlichen, Gott und der Kirche so hingegebenen Arbeit zu zeigen. Noch einmal eine Abgrenzung: auch dies nicht, um Guardinis Aussagen damit zu vereinzeln, zu psychologisieren, im schlechten Sinne zu »erklären«, sondern um die tiefe, existentielle Verflechtung von Person und Wort ins Licht zu rücken. Und bei welchem bedeutenden Menschen wäre dies nicht – über alles bloß »Interessante« hinausgehend – nämlich das eigentlich Bewegende, das eigentlich Bezeugende, die eigentliche Nahtstelle von gewußter, gelernter und gelebter (erlittener, aufgezwungener, zugefallener) Wahrheit?

Gerade die tagebuchähnlichen Aufzeichnungen, die vielen Briefe im Nachlaß und nicht zu vergessen die postumen »Theologischen Briefe an einen Freund« zeigen in ihrem Werkstattcharakter – mehr als es die von Guardini zu klassischer Gültigkeit durchgeformten, das Persönliche verhüllenden Bücher erkennen lassen –, wie eng verflochten, wie gegenseitig befruchtend auch bei ihm Anlage und Gabe in ihren hellen und dunklen Möglichkeiten und die Aufgabe der Deutung der Welt, des Menschen, Gottes sind. Aus diesen unausgesprochenen Zusammenhängen heraus lassen sich gleichermaßen Person und Schaffen erhellen. Dies will eine Aufgabe des Buches sein, das neben den bekannten Quellen auch die unbekannten zu Wort kommen läßt.

In all dem zeigt sich außerdem die Entfaltung und Bewährung einer christlichen Existenz im 20. Jahrhundert, in Nähe zu und im Widerspruch gegen dieses Jahrhundert. Zu der Zeichnung von Guardinis Person wird daher notwendig auch die geistige Kontur der Zeit zwischen 1905 (Guardinis theologischem Studienbeginn) und 1968 (seinem Todesjahr) in den Blick genommen: und dies nicht nur theologisch, sondern geistesgeschichtlich und freilich auch poli-

---

[6] Carossa, Kindheit und Jugend, 52.
[7] Wahrheit des Denkens und Wahrheit des Tuns.

tisch. Je besser dieser zeitgeschichtliche Boden gezeigt wird, desto bestimmter tragen sich darin Guardinis Züge ein – in der Leistung und im Offenbleibenden, im Zeitgemäßen und im freiwillig Unzeitgemäßen. So wechselt ein Einblick in geistige Entscheidungen der letzten acht Jahrzehnte mit dem Signum eines einzelnen, christlich inspirierten Denkens. Die seit wenigen Jahren einsetzende Neuentdeckung Guardinis weist auf die noch unausgeschöpfte Bedeutung dieses Vor-Denkens hin.

Wenn Johannes Paul II. 1980 in Altötting nach den bahnbrechenden deutschen Theologen Albertus Magnus, Nikolaus von Cues, Johann Adam Möhler, Matthias Scheeben und Erich Przywara auch Romano Guardini nannte, so ist das eines der Anzeichen für die erst noch zu leistende geistige Befruchtung der Theologie durch ihn. Ob er deswegen schon in den Rang eines »zeitgenössischen Kirchenvaters«[8] einzurücken ist, wird sich in diesem noch ausstehenden nachhaltigen Erkennen und Anerkennen durch die künftige Theologie und durch die künftige Leserschaft erweisen.

---

[8] Theoderich Kampmann, Das Geheimnis des Alten Testaments, München 1962, 353.

II. Herkunft

Der Ursprung: Verona und Wardein

Romano Michele Antonio Maria Guardini, wie die Taufurkunde lautet, wurde am 17. Februar 1885 nachts um 1.30 Uhr in der Via Leoncino N° 14 in Verona geboren, und zwar »in der Nähe der Arena, deren gewaltiges Oval ebensoviel von langem geschichtlichen Zusammenhang wie von antiker Formkraft spricht«.[1] Wie Guardini in der Rückschau des Siebzigjährigen andeutet, erblickte er darin etwas Symbolisches für seine Herkunft, aber auch bedeutsamerweise in seinem Namen ein Vorzeichen für seine vielleicht sogar leibliche Verwurzelung im Deutschen: »Über Verona führt die alte Straße vom Norden nach Italien herein, und Straßen sind Bahnen des Lebens, auf denen man hergehen kann, aber auch hin. Dazu kommt, als ganz persönliches Omen, daß der Name ›Guardini‹ doch wohl vom deutschen ›Wardein‹ stammt, und es also nicht grundlos wäre, zu denken, auf irgend einem Heereszug von Deutschland her sei einer dieses Namens – oder Amtes – in Verona hängen geblieben. Dann wäre es nicht nur möglich, sondern sogar vorbedeutet gewesen, daß ein Nachkomme von ihm eines Tages den umgekehrten Weg gehen würde.«[2] Verona, in der alten deutschen Schreibung ›Bern‹, bewacht die Öffnung des Etschtales zur Poebene und der alten Heerstraße von Norden nach Süden. Ja, Guardini übersetzte anfänglich sogar seinen Namen: Einige frühe Aufsätze erscheinen unter dem Pseudonym Anton Wächter[3]. Getauft wurde das Kind am Tage seiner Geburt zuerst zu Hause (vermutlich als Nottaufe); die feierliche Zeremonie fand am 3. Mai 1885 in der Pfarrei San Nicolò in Verona statt; Paten waren der Großvater Michele Bernardinelli und Catharina Falzolgher. Sein Vorname Romano bezieht sich auf den hl. Abt Romanus von Condat (Festtag am 28. Februar), gestorben um

---

[1] Stationen und Rückblicke, Würzburg 1965, 11.
[2] Ebd., 12.
[3] Z.B. der wesentliche Beitrag »Thule oder Hellas? Klassische oder deutsche Bildung?«, in: Der Wächter 3, 1920; aus der Gleichnamigkeit der Zeitschrift mit Guardinis Pseudonym ergab sich eine zusätzliche Gewichtigkeit des Namens.

465, Eremit und Klostergründer in Condat im Jura, tätig in der Krankenpflege, wo er auch mit dem Kreuz heilte. Guardini zieht selbst später eine symbolische Verbindung seines Namens zu Benedikt und seinem Orden, der ihm entscheidende Hilfe und geistige Klärung seines Weges bedeutete. Romanus »ist, wenn man so sagen darf, der Nährvater des Benediktinerordens gewesen, da er, wie die Legende erzählt, den heiligen Benedikt während seines Einsiedlerlebens [in Subiaco] mit Speise versorgt hat«.[4]

Der Vater

Der Vater Romano Guardini (* 1857 in Verona, † 1919 in Mainz) war ein leidenschaftlicher Anhänger von Benso di Cavour (1810–1861), der das »Risorgimento«, die Wiederbelebung der politischen Einheit Italiens, grundsätzlich vertreten hatte, der aber über den nationalen Gedanken hinweg gleichermaßen schon den europäischen Horizont sah und forderte. Von daher war dem Vater später der Gedanke, »sein ältester Sohn könne die staatliche Gemeinschaft seines Landes aufgeben, schwer zu fassen«.[5] Von Beruf Importkaufmann, siedelte der Vater 1886, ein Jahr nach der Geburt des ersten Sohnes, nach Mainz um, wo er als Teilhaber der großen italienischen »Import-Gesellschaft Grigolon–Guardini & Bernardinelli GmbH« die örtliche Niederlassung für den Geflügel- und Eierhandel übernahm, ja sogar eine Filiale in Stuttgart eröffnete. Zunächst bezog die Familie ein Haus in der Frauenlobstraße, ab 1900 dann in der Gonsenheimer Hohl hinter dem 1884 erbauten Hauptbahnhof (heute »Fritz-Kohl-Straße«).

In Mainz blieb die Familie zunächst bis 1915, also für knapp dreißig Jahre, in denen Romano unverlierbar in die deutsche Kultur hineinwuchs, ja 1911 die deutsche Staatsbürgerschaft annahm und sich bei der späteren Rücksiedlung der Familie als einziger für den »Norden« entschied.

Der Vater war 1910 italienischer Konsul geworden, mußte aber wegen des Kriegsausbruches die Stadt verlassen, weil er den Kriegseintritt Italiens öffentlich mißbilligt hatte, und ging, um die Lage abzuwarten, 1915 in die Schweiz. Übrigens dienten dann zwei Brüder in der italienischen Armee, während Romano als Militärkrankenwärter deutsche Uniform trug.[6] 1918 kehrte der Vater zurück, aber

---

[4] Brief vom 21.8.1963 an Bischof Hermann Volk, Mainz; ähnlich am 25.9.57 an Giovanni Urbani, Erzbischof von Verona (Stabi).
[5] Stationen und Rückblicke, 13.
[6] Alfred Schüler, Romano Guardini. Eine Denkergestalt an der Zeitwende, in: Archiv für mittelrheinische Kirchengeschichte 21 (1969), 133; die Episode ist auch kurz in der Autobiographie erwähnt.

als er schon am 30. September 1919 überraschend starb, entschloß sich die Mutter, mit den jüngeren Söhnen an den Comer See zu ziehen und von dort Ende der zwanziger Jahre nach Isola Vicentina bei Vicenza.

Guardini ist in den Mitteilungen über seinen Vater – wie über die Familie insgesamt – zurückhaltend. Wenige Sätze nur im Tagebuch, aber bereits ein Frageknäuel andeutend: »Vom Vater geträumt; er war so traurig, daß mir ganz elend wurde. Von Vater wie von Mutter habe ich zwei Bilder: eins, das dem Tag angehört, realistisch, auch kritisch, von ruhiger Normalität. Ein anderes gehört dem Traum an und ist ein Bild der Schwermut.«[7]

Ausführlich und bewegend aber wird die Vergegenwärtigung in der Autobiographie, welche des Vaters Güte, aber zugleich ein schmerzliches Zurückgenommensein, ein Verstummen oder Zum-Schweigen-Bringen eigentlicher Anlagen zeichnet.

»Mein Vater lebte eigentlich überhaupt nicht mit uns. Er hatte uns sehr gern, und wir ihn auch, aber wir bekamen ihn kaum zu sehen. Sein Geschäft nahm ihn ganz in Anspruch, und er war oft auf Reisen. Zum Ferienaufenthalt auf dem Lande kam er nie mit; überhaupt erinnere ich mich nicht, daß er sich je eine Erholung gegönnt hätte.

Er war sehr begabt, hatte aber schon als Vierzehnjähriger die Schule verlassen und für den Unterhalt seiner Eltern sorgen müssen. Eigentlich hatte er Jurist und Volkswirtschaftler werden wollen, mußte aber darauf verzichten. Nachdem er dann jahrelang versucht hatte, sich neben einer anstrengenden Berufstätigkeit weiterzubilden, muß er die Unmöglichkeit erkannt und alles aufgegeben haben. Die Wirkung war, daß er nie über geistige Dinge sprach; die Türen waren zugefallen. Auch von seinem inneren, persönlichen Leben erfuhr niemand etwas. Als er starb, war ich 34 Jahre alt: ich glaube aber, daß ich in dieser ganzen Zeit nicht mehr als zehn oder fünfzehn tiefergehende persönliche oder sachliche Gespräche mit ihm gehabt habe.

Sein Leben muß furchtbar gewesen sein. Für ihn gab es im Grunde nur die Arbeit. Mich berührt es immer wieder, daß unter den wenigen Möbeln, die ich gut erhalten aus meinem Berliner Hause gerettet habe, sein Schreibtisch ist – der, an dem ich diese Erinnerungen schreibe. Wie oft habe ich ihn in seinem Büro daran sitzen sehen!

So hat auch er die geschlossene Welt unserer Kindheit und Jugend nicht ausgeweitet.«[8]

[7] Tagebuch vom 24.6.1953; Wahrheit des Denkens, 40.
[8] Berichte über mein Leben. Autobiographische Aufzeichnungen. Aus dem Nachlaß hg. v. Franz Henrich. Schriften der Katholischen Akademie in Bayern, Band 116, Düsseldorf 1984, 59 f. (Kurz: Berichte).

Der Vater führte Romano jedoch in die ihn zutiefst bestimmende Welt Dantes ein. Als der erste Band der Dante-Studien erscheint, »Der Engel in Dantes Göttlicher Komödie« (Leipzig 1937), steht zuvörderst die anrührende, durch das sonst von Guardini vermiedene Italienisch doppelt anrührende Widmung: »Alla memoria di mio padre dalle cui labbra fanciullo i primi versi di Dante colsi.« – »Dem Andenken meines Vaters, von dessen Lippen ich als Kind die ersten Verse Dantes pflückte.«

Zuhause wurde italienisch gesprochen, doch gibt es ein reizendes Zeugnis der Zwei- (wenn nicht Drei-)Sprachigkeit der Söhne Guardini: »Es ging [im Elternhaus] aber nicht allzu förmlich zu. Wenn der Vater zu seinen drei (sic!) Söhnen ins Kinderzimmer kam, um nach dem Rechten zu sehen und sie an die Hausaufgaben zu treiben, sprachen sie, um ihn zu necken, im Mainzer Dialekt; diesen verstand er nicht und trat unverzüglich den Rückzug an.«[9]

Der Vater war selbst Sohn eines Kaufmanns, Antonio Guardini (1822–1891), und legte durch seinen Handel ein Fundament ruhiger und selbstverständlicher Wohlhabenheit. Auch sein Schwiegervater, Romanos Taufpate Michele Bernardinelli aus Verona (1836–1906), war Kaufmann, und Romanos Brüder ergriffen denselben Beruf, gründeten sogar nachmals eine Auslandsgesellschaft »Guardini & Faccincani« in Sofia, Bulgarien. Guardini selbst konnte mit Summen zugunsten vieler Hilfsbedürftiger, zugunsten auch von Burg Rothenfels erstaunlich zielgerichtet umgehen. Er hat diesem in der Familie tief eingewurzelten Beruf eine Skizze in seiner Besprechung des Shakespeareschen »Kaufmann(s) von Venedig« gewidmet, worin seine achtungsvolle Sicht dieses Standes durchscheint. »So ist es denn auch sehr bezeichnend, daß Antonio [!] an zwei wichtigen Stellen ›der königliche Kaufmann‹ genannt wird. Das bedeutet nicht, er verfüge über gewaltige Reichtümer, beherrsche einen weiten Daseinsbereich und seine Lebensführung habe großen Stil ... Tatsächlich ist denn auch sein Leben in keiner Weise von Nutzen und Rechnung, sondern von der Großmut, der Freigebigkeit und der jede Rücksicht außer Acht lassenden Hilfsbereitschaft regiert ... Eigentlich können wir ihn uns gar nicht als wirklichen Kaufmann denken; eher als den Sohn eines solchen.«[10]

Findet hier nicht im Geheimen eine Identifikation statt? Kurz darauf wird auch Antonios Schwermut erwähnt – so wird diese Gestalt tatsächlich wenigstens leise spiegelbildlich für den Vater wie für den Sohn selbst.

---

[9] Philipp Harth, zitiert von Elisabeth Wilmes-Merz, Jahre auf Burg Rothenfels, 1926–1937. Erinnerungen II B und II C, Januar 1984, 38.
[10] Schildgenossen 19,4 (1940), 151.

Die Mutter

Die Mutter Paola Maria (*1862 in Pieve di Bono, Südtirol, † 1957 in Isola Vicentina) brachte ihren Mädchennamen Bernardinelli in die Firmenbezeichnung mit. Sie schenkte außer Romano noch drei Knaben, Gino (Ferdinando), Mario und Aleardo das Leben. Ludwig Neundörfer erinnert sich an die »würdige und gütige Mutter, die für mich, den Knaben, etwas Hoheitsvolles hatte«.[11] Philipp Harth, ein Mainzer Jugendfreund, spricht von der »achtungsgebietenden Mutter«, die er »respektvoll begrüßte«.[12] Sie lebte außerordentlich lange, bis Guardini selbst schon 72 Jahre alt war. Zum Zeitpunkt ihres Todes mit knapp 95 Jahren (August 1957 in Isola) befand er sich gerade auf einer Werkwoche in Rothenfels. Nur mittelbar deutet Guardini einmal an, daß seine eigene Veranlagung zur Schwermut, die ihn ein Leben lang begleitete, in seiner Beziehung zur Mutter wurzelte.

»Der Zustand im Mutterschoß ist der eines vollkommenen Eingewobenseins. Das Kind lebt im Lebensbereich der Mutter. Durch die Geburt löst es sich aus ihm. Das Problem aber besteht darin, ob die Ablösung sich wirklich und voll – andererseits aber auch in richtiger Überleitung vollzieht ... Andererseits scheint die Tatsache, daß die Ablösung – die innere, seelische, der Eintritt ins Eigen-Dasein – nicht vollzogen wird, eine besondere Bedeutung für das Entstehen der Schwermut zu haben. In ihr scheint nämlich das Verlangen wirksam zu sein, in die Geborgenheit des Schoßbereiches zurückzukehren.«[13]

Die Mutter vertrat noch stärker als der Vater den italienischen Geist in der Familie, gekoppelt mit einer antiösterreichischen oder besser antihabsburgischen Einstellung.

»Mein Vater, der das Geschäft des Großvaters nach Mainz verpflanzte, hat Deutschland sehr geschätzt, sich aber doch immer als Gast empfunden. Meine Mutter war noch radikaler. Sie war in Südtirol geboren und hatte schon als Kind die leidenschaftliche Liebe der Irredenta[14] zu Italien in sich aufgenommen. Zwar wurde sie in Meran in einem deutschen Institut erzogen; dort verstärkte sich aber diese Gesinnung noch mehr. »Als sie drei Jahre nach ihrer Verheiratung mit Vater übersiedelte, tat sie es nicht gern, und ihre

---

[11] Aus einer Laudatio (1962), in: Romano Guardini. Der Mensch – Die Wirkung – Begegnung, Mainz 1979, 69.
[12] E. Wilmes-Merz, Jahre auf Burg Rothenfels, 1926–1937. Erinnerungen II B und II C, 38.
[13] Die Lebensalter. Ihre ethische und pädagogische Bedeutung, Würzburg 1953, 15.
[14] Als »Irredenta« bezeichneten sich die unter der habsburgischen »Fremdherrschaft« stehenden Italiener; wörtlich heißt es »unerlöst«.

Ablehnung des deutschen Wesens wurde dadurch immer schärfer. In Mainz verkehrte sie, einige unerläßliche Höflichkeitsbeziehungen ausgenommen, mit Niemandem. Sie liebte ihre Kinder leidenschaftlich und wendete sich so ganz ins Haus hinein. Am Sonntag ging sie zur Kirche, Werktags zu den notwendigen Besorgungen, im Übrigen lebte sie im Hause. In diesem geschlossenen Bereich hat sie, soviel an ihr lag, auch uns gehalten.«[15]

Felix Messerschmid, seit den zwanziger Jahren zum Freundeskreis Guardinis zählend, nennt diese schwierige Konstellation ein »italienisch matriarchales Hauswesen, das auf die Besucher und Freunde des jungen Romano einen oft bezeugten starken Eindruck machte; einen um so stärkeren, als in dieser Frau Autorität und Güte sich im gleichen Anteil durchdrangen. In den sparsamen Äußerungen des erwachsenen Guardini über seine Mutter war schwer auszumachen, was darin überwog, Respekt oder Anhänglichkeit; darauf befragt, antwortete er mit einem Lächeln, das bedeutete, einem Deutschen könne ein solches Verhältnis zur Mutter nicht wirklich begreiflich gemacht werden.«[16]

Die Haltung der Mutter zu ihrem Ältesten war nicht spannungslos. Sie verzieh ihm (nach seinen eigenen Worten) kaum, daß er den »Auszug« aus der italienischen Heimat vollzogen hatte. Und ein anderer Anlaß der Spannung: die Religiosität in der Familie war selbstverständlich gegeben, aber zurückhaltend. Die Entscheidung Romanos zum Priestertum nach zwei abgebrochenen Studien traf anfänglich auf erheblichen Widerstand, bei der Mutter noch stärker als beim Vater.

»Was das Religiöse angeht, so waren die Eltern gläubig. Vater vielleicht mit dem leisen skeptischen Einschlag, der beim Italiener sehr häufig ist. Er ging jeden Sonntag zur Kirche, sprach aber über religiöse Dinge so gut wie nie. Mutter war fromm in einem sehr innerlichen und herben Sinne. Ich erinnere mich, wie sie Morgens nach der, damaliger Sitte gemäß seltenen, Kommunion an unser Bett kam und uns küßte, was ich wie etwas Geheimnisvoll-Heiliges empfand. Morgen- und Abendgebet, der sonntägliche Kirchenbesuch usw. waren für uns selbstverständlich; im Übrigen wurde über Religiöses nicht ohne besonderen Anlaß geredet.«[17]

Natürlich verfolgte die Mutter späterhin die »Laufbahn« ihres Sohnes mit Stolz, wenn sie auch aus der Ferne – sie siedelte nach dem Tod des Vaters 1919 erst an den Comer See, dann nach Isola Vicentina –

---

[15] Berichte, 58.
[16] Felix Messerschmid, Romano Guardini, in: Romano Guardini. Der Mensch – Die Wirkung – Begegnung, 10.
[17] Berichte, 60 f.

nicht alles in den Blick bekam. Besonders die noch spät einsetzenden kirchlichen und akademischen Ehrungen (1952 Päpstlicher Hausprälat, 1954 Dr. phil. h.c. in Freiburg) erfüllten sie eigentlich mit stärkerer Zufriedenheit als die frühe Professur. In einer reizenden Zeile zum Ehrendoktorat schreibt sie Anfang 1954, ihr Sohn möge sich »seiner alten Mutter erinnern, die sich noch wie eine junge hält«.[18]
Es mag sein, daß der älteste Sohn trotz seiner Kränklichkeit seine zähe Natur dieser Mutter verdankt, die nicht nur eine körperliche, sondern in besonderem Maße geistig bestimmte Haltung bis in ihr höchstes Alter hinein besaß.[19]

Die Großeltern

Diese »geschlossene Welt« herrscht sogar bei den Großeltern mütterlicherseits, die manchmal in den Ferien in Colognola di Colli aufgesucht werden. Der knapp Siebzigjährige besucht die Villa einmal und findet die herben und kaum die Trauer verhüllenden Sätze: »Man ließ uns in den Garten eintreten – die Besitzer waren gerade abwesend – und alles war nicht viel anders, als es gewesen, wie wir als Kinder bei den Großeltern zu Besuch waren ... Ich mag keine Erinnerungen. Was vorbei ist, ist für mich sehr vorbei ...«[20] Ein Jahr später doch eine Erinnerung an »immer Gesuchtes«, an »das Duftende, das Nahe, das Glück – vielleicht das, was das Kind im Garten der Großeltern in Colognola empfunden hatte?«[21] Aber in der Autobiographie überwiegt die Empfindung des Nichterfahrenen, des Nicht-Kindlichen: »Wir gingen dann nur aus einer geschlossenen Welt in die andere; denn das Haus, in welchem die mit Scheu betrachteten Gestalten des Großvaters und der Großmutter herrschten, bedeutete nur einen Wechsel des Ortes und der Dinge, nicht der Lebensführung, die sogar noch strenger war, als zu Hause.«[22]

---

[18] Brief Mario Guardinis mit Zusatz der Mutter vom 26.1.54 (Stabi).
[19] Der Mutter werden drei Bücher gewidmet: »Über Wilhelm Raabes Stopfkuchen« zum 70. Geburtstag 1932, »Der Rosenkranz Unserer Lieben Frau« (1940) und »Rainer Maria Rilkes Deutung des Daseins« zum 91. Geburtstag 1953. Beiden Eltern eignet Guardini »in Verehrung und Dankbarkeit« sein erstes bedeutendes Werk »Vom Geist der Liturgie« (1918) zu.
[20] Tagebuch vom 12.10.1953; Wahrheit des Denkens, 63.
[21] Tagebuch vom 25.9.1954; ebd., 92f.
[22] Berichte, 60. Da die Mutter seiner Mutter schon 1877 starb, muß es sich um eine Stiefgroßmutter handeln.

Die Brüder

Romano liebte seine drei jüngeren Brüder und blieb ihnen doch – wie bei so vielem hinzuzufügen ist – seit dem Erwachsenwerden fern. Vielleicht hatte er zu dem zweitjüngsten, Mario, ein besonderes Verhältnis: In seinem Arbeitszimmer stand bis zu seinem Tode eine Bronzeplastik Marios, die der ältere Bruder Gino geformt hatte: dargestellt als Wanderer und von mehr als laienhaftem Wert.[23] Sonst tauchen die Brüder nur je einmal in einer Widmung wichtiger Bücher auf: Gino wird die erste Fassung des Dostojewski-Buches zugeeignet (»Der Mensch und der Glaube«, 1932), Mario »Das Ende der Neuzeit« (1950), Aleardo »Die Macht« (1951) und zusammen mit seiner Witwe Maria Antonietta die »Johanneische Botschaft« (1962). Mit Aleardos Sohn Giuliano bestand eine engere Beziehung bis zum Tode Guardinis.

Trotzdem waren die Brüder in der Kindheit und Jugendzeit fast die einzigen Spielgenossen – eine mehr oder minder bewußte Abgeschlossenheit herrschte im Haus. Guardini vollzieht einen tief aufschlußreichen Rückblick auf die gemeinsame Erziehung, selbst durchtränkt von einer Befremdung über diese Kindheit, die noch in der Mitte des 19. Jahrhunderts hätte liegen können: »... Als ob sie (meine Eltern) aus dem Jahre 1856 heraus in das von 1886 gekommen wären. Meine Eltern haben aber die Haltung ihrer Welt bewahrt, wo es nur immer ging; so sind wir vier Brüder ... sehr streng, richtiger gesagt, altmodisch erzogen worden. Die Autorität der Eltern galt absolut und in allem. Man hatte ein guter, artiger, wohlerzogener Junge zu sein. Von Selbständigkeit war keine Rede ... Dabei haben aber, das will ich noch einmal hinzufügen, die Eltern uns sehr geliebt, und wir sie ebenfalls; und wir vier Brüder waren trotz aller Gegensätze, Spannungen und Streitigkeiten miteinander sehr verbunden und sind es bis zur Stunde geblieben.«[24]

Welch seltsames Erinnern, welche Trauer im Grunde! Aus all dieser Verhangenheit, aus diesem Leben »unter Wasser« zog ihn eigentlich erst sein Studium, das selbst so unsicher, ja unwirklich begann.

Trotzdem: von anderer Seite gibt es eine Erhellung dieser Selbstdarstellung. Auch wenn sie, im Gegenzug zu Guardinis eigenen Erinnerungen, etwas zu farbig wirkt, sei sie doch »balancierend«

---

[23] E. Wilmes-Merz, Erinnerungen II B und II C, 41. – Auf einem Klassenphoto zum »Goldenen Abitur« 1957 in Mainz sieht der knapp 70jährige Mario seinem Bruder täuschend ähnlich.
[24] Berichte, 57 f.

angefügt. Adam Gottron[25], Schulkamerad Mario Guardinis, schloß mit ihm Freundschaft, besonders als sich die Guardini-Buben als Besitzer aller Karl-May-Bände herausstellten. »Es war aber nicht nur die gemeinsame Lektüre Karl Mays, was uns zusammenführte, die Guardinis hatten auch draußen vor der Stadt, gegenüber dem Friedhof, das ehemalige Velodrom gemietet, ein größeres Grundstück mit Rasenfläche, einem etwas verwilderten Garten, durch den ein dünnes Wässerlein floß. Mitten in der Herrlichkeit stand eine vieleckige Holzbaracke mit vielen Glasfenstern: das eigentliche Velodrom, in dem man in den Zeiten des aufkommenden Radfahrens ›Velociped‹ fahren lernte. Dieses diente der Esportatione nuova Guardini & Bernardelli [!] zur Aufbewahrung ihrer leeren Hühnerkäfige. Hier lebten wir Karl May mit der ganzen Inbrunst unserer Tertianerherzen. Hier rauchten wir die Friedenspfeife, hier schlossen wir genau nach der Gebrauchsanweisung in Winnetou Bd. I Blutsbrüderschaft, hier bekam ich bei der Erstürmung des Dorfes der Kiowas derart ein Rasenstück gegen den Kopf, daß ich die Sterne des Himmels am hellen Mittag funkeln sah und in die blutigen Gräser der Prärie niedersank.«[26]

Wie eingehend Romano bei diesen Kämpfen dabei war, ist nicht gesagt; fest steht tatsächlich, daß er bei der Bestückung der ausgewählten Bibliothek von Burg Rothenfels mit Werken höchster Qualität für eine Leseecke vor dem Raum auch Karl-May-Bände vorschlug...

Die Familie und Isola Vicentina: Nähe und Ferne

Gleichwohl: Ein »Aufwachen«, Befreiung geschah für Guardini erst durch eine Sonderung von der Familie, von dem geliebten und umhegenden, aber auch bedingungslos bindenden Bereich. Wie stark war dann aber auch der Auszug, das Bekenntnis zu der neuen Nationalität, ja, das Herausstellen des möglicherweise deutschen Ursprungs von Guardini (Wardein-Wächter), das Hineingeben in die endlich, nach mühseligem Suchen als richtig erkannte Aufgabe, die Bindung an einige wenige Freunde, aber für immer, die Hingabe an den Rothenfelser Kreis – und im Gegenzug eine immer wieder

---

[25] Adam Gottron (1889–1971), Musiker, Theologe, Religionslehrer, Prälat, arbeitete mit Guardini zusammen in der Leitung der »Juventus«, von der noch die Rede sein wird. Ein umfassendes Bild von ihm ist zu finden in dem Buch »Ein Leben im Schatten des Domes. Zum Gedächtnis an Adam Gottron, Kleine Mainzer Bücherei Bd. IV, Mainz.o.J.«
[26] Ebd., 39.

hochflutende Schwermut, eine Heimatlosigkeit auch im Wohnen, die ihm selbst auffiel. (Erst das von Rudolf Schwarz für ihn gebaute Wohnhaus in Berlin-Schlachtensee bedeutete ihm nach zahllosen Umzügen erstmals etwas wie Heimat, aber nur zwischen 1936 und 1943.)

So ist Guardinis Verhältnis zu seiner Familie von beidem bestimmt: von dem fraglosen, unbewußten Eingebundensein und dem bewußten, gegen Widerstand erkämpften Auszug, einem Gewinnen eigenen, von den Eltern nicht vorausgesehenen (und so nicht gewünschten) Lebens.

Diese Doppelheit ist schwer zu fassen. Seit Guardini Theologie studierte, seit er 1911 die deutsche Staatsbürgerschaft erworben hatte, seit er 1915 in Deutschland blieb, stand er merkwürdig gesondert in seiner Familie. Die späteren, fast alljährlichen Besuche auf Isola Vicentina, der nach der »Villa Rotonda« Palladios erbauten Villa, waren – auch solange die Mutter noch lebte – kein letztes »Heimkommen«, obwohl Guardini das Haus in seiner Weiträumigkeit schätzte und den Park mit seinen alten Bäumen geradezu liebte und sie immer erneut ins Wort brachte. Isola Vicentina, zwischen Verona und Vicenza gelegen, ist um 1850 von der Familie Guardini als Landsitz erbaut, im Inneren reich ausgestattet und heute noch im Besitz des Neffen Giuliano Guardini, der mittlerweile eine Sammlung von Gemälden aus dem 18. und 19. Jahrhundert hinzufügte. Im Zweiten Weltkrieg nahm der deutsche General Paulus mit seinem Stab Quartier in der Villa, und die Familie Guardini konnte der Heimatgemeinde dabei manchen Dienst erweisen.[27]

In Guardinis Tagebuch verbindet sich mit Isola zuweilen das Gefühl einer unterschwelligen Angst und Trauer, obwohl die Villa andererseits »uns immer eine schöne und geliebte Heimstätte war«.[27a] Am 15.9.1954 heißt es: »Seit gestern wieder in Isola. Wieder durch das Tor in den Garten hineingefahren, auf das weiße Haus zu, mit dem altvertrauten Gefühl, das immer Gesuchte werde da sein ... Dann das erste Herumgehen, das Öffnen der Türen, das Stehen in den Zimmern, und die Enttäuschung: Es ist nicht da.«[28] Einige Tage später, noch verstärkt, unter dem Datum von 8.10.1954: »Ich habe mich nie getraut, zu sagen, mit mir selbst zu sagen: Isola gehört uns. Und nun fühle ich, daß alles zu Ende geht. Mutter ist 92 Jahre alt; für M. (= Mario) ist der Besitz mit allem, was daran hängt, eine Last. Die

---

[27] S. die Dankrede zur Verleihung der Ehrenplakette der ›Quattro Comuni‹ im Herbst 1963 in Isola Vicentina (Stabi).
[27a] Ebd.
[28] Wahrheit des Denkens, 92f.

Familie in Mailand verliert die Beziehung dazu, mit Ausnahme von R. ... Was für eine Trauer liegt über allem ...«[29] In Träumen meldet sich zuweilen »das verlorene Isola« – neben dem »verlorenen Rothenfels«. »Zugrunde liegt immer die mittelalterliche Burg und die italienische Villa. Aber so, daß sie schon verloren ist oder verlassen werden muß.«[30]
Freilich gibt es auch die andere Aussage, wo von dem wunderbaren Park mit seinen Bäumen die Rede ist, worunter fast alle Vorlesungen und daraus die Bücher entstanden seien, aber nicht in der Form des Besitzes, des Eigenen, Heimatlichen, sondern eher des gestundeten vorübergehenden Aufenthalts: »... Nie habe ich das Gefühl gewinnen können, das alles gehöre uns, und also auch mir. Immer war es nur eine Erlaubnis, darin zu sein. (Ebenso, wie vor dem schönen Haus, das so wunderbar ausgeglichen ist.)«[31]

Guardini hat zu seiner Familie ein Verhältnis des Abstandes, um so stärker, seit er als einziger die Entscheidung für Deutschland traf – obwohl diese Entscheidung selber ein Ausdruck seines Abstandes war. »Wieder einmal in der Familie – für mich immer wieder ein so wenig realer Zustand, da ich seit meinem achtzehnten Jahr außerhalb ihrer lebe; sie auch in sich nicht viel Realität für mich hat, obwohl ich mit allen gut stehe.«[32]

Was diese Eigenständigkeit in ihrer psychologischen und in ihrer geistigen Bedeutung angeht, so bedarf es zu ihrer Würdigung eines weiteren Eindringens. Guardinis Zurückhaltung, was Wärme oder gar Gemütlichkeit der engsten Familie betrifft, mag *psychologisch* gesehen Schwierigkeiten verraten – von der Anlage zur Schwermut war schon die Rede. *Geistig* gesehen, vom Anspruch der Person her, ist Guardinis Scheu, ja Schüchternheit in der Offenlegung persönlicher Dinge mit Gewißheit die Voraussetzung für seine Fähigkeit gesammelter, man möchte sagen »objektiver« Wahrnehmung des Wirklichen. »Wahrheit« ist eines der guardinischen Grundworte, im Sinne von »Sehen, was ist«; aber diese Schule des Wahr-Nehmens als eine Schule des *Geistigen* schließt zunächst das Subjektive aus, die Gebundenheit, die Rück-Sicht, das »Gefühl«, ein sich »Irgendwie-Wohl-Sein-Lassen«. In einem »Gebet« heißt es kennzeichnend: »Nimm das Gerede von Erlebnis und Bedürfnis weg, hinter welchem sich Trägheit und Auflehnung verbirgt.«[33]

---

[29] Ebd., 96.
[30] Wahrheit des Denkens, 80; Tagebuch vom 9.1.1954.
[31] Ebd., 62; Tagebuch vom 11.10.1953.
[32] Ebd., 60; Tagebuch vom 4.10.1953 in Milano.
[33] Theologische Gebete, Frankfurt 1944, 47.

Diese Herbheit ist geistig. Guardinis Geistigkeit lebt aus dem Verzicht auf das Sich-Gehen-Lassen, das selbstbezogene Hineinfühlen in die eigene Psyche. Dieser Verzicht, der über dem Seelischen das Geistige zu Wort kommen läßt, richtet schon für den jungen Guardini eine zunächst unmerkliche, dann aber bewußt angenommene, später auch in manchem schmerzliche Schranke auf zu allem unmittelbar Andrängenden, zu Gefühl, Leidenschaft, Familie.

Freilich birgt diese Zucht unter dem Anspruch des Geistes nicht einfach nur Abstand, sondern auch ein ungeheuer gesteigertes Leben. Ein Tübinger Schüler Guardinis erzählte, wie der Lehrer vor der von Entbehrungen noch gezeichneten Kriegsgeneration mit ganz ungewohnter Bewegung ausgerufen habe:»Glauben Sie mir, Geist ist Leben, Geist ist glühendes Leben.«[34]

Eine sich in solcher Hingabe an das Höhere und den Ernst der Wahrheit äußernde Haltung muß freilich ihren Preis entrichten. Guardini hat viele Spannungen, ja Gegensätze in sich ausgehalten, die er nur gegenüber Freunden zuweilen andeutete, in seinen Büchern aber nur leise ansprach. Daß sein grundlegendes systematisches Werk, mit dem er sich seit dem Winter 1905 befaßte, später den Titel »Der Gegensatz« erhielt, spricht für die in der Existenz des Autors selbst liegende Spannungsfülle, die es zu verbinden, mehr noch: zu ertragen galt.

Italien und Deutschland – oder: die Notwendigkeit Europa

Eine seit dem frühen Bewußtwerden an ihn von außen herantretende, aber innerlich zu bestehende Spannung war jene zwischen Geburt und Wahlheimat, zwischen Italien und Deutschland – eine Spannung, die ja zugleich tief mit dem anderen Spannungsfeld, der Entscheidung für die Familie oder über sie hinaus, zusammenhing.

Schmerz und Bedrängnis dieser Anforderungen, die mitten durch sein Herz gingen, klingen nach in dem Zurückdenken des Siebzigjährigen an seine Anfänge:»Ich (war) so schon durch persönliches Lebensschicksal darauf hingeleitet, nach der Einheit weit auseinanderliegender Wirklichkeiten zu suchen.«[35]

Diese Einheit entdeckte sich ihm notwendig in Europa. »... Aus persönlichster Beanspruchung heraus (ist mir) jene Realität deutlich geworden, deren Name heute in aller Munde ist, von der man aber

---

[34] Das Wort war gegen Ludwig Klages' »Der Geist als Widersacher der Seele« gerichtet, hintergründig aber auch gegen die »Lebensphilosophie«.
[35] Stationen und Rückblicke, 17.

damals kaum sprach: das Faktum ›Europa‹. Ich erkannte es als die Basis, auf der ich allein existieren könne: hineingewandt in das deutsche Wesen, aber in Treue festhaltend die erste Heimat; und beides nicht als bloßes Nebeneinander, sondern eins in der Realität ›Europa‹, die wohl aus geschichtlichen Notwendigkeiten, aber auch aus dem Leben derer geboren wird, die sie im eigenen Leben erfahren. Noch etwas anderes wurde mir deutlich. Zwischen Frankreich auf der einen und Deutschland auf der anderen Seite war, trotz aller politischen Verhängnisse, ›Europa‹ schon lang im Werden, wenn auch mehr vom Osten nach Westen als in umgekehrter Richtung. Zwischen Italien und Deutschland aber schien es anders zu stehen. Gewiß war von je das Verlangen des Deutschen nach dem Süden wirksam gewesen; doch meistens in einer eigentümlich irrealen, ästhetisch-lyrischen Weise, die sich im Bereich von Kunst und Landschaft hielt, von der politisch-geschichtlichen Wirklichkeit hingegen nicht viel Notiz nahm. Auch antwortete der Beziehung vom Norden nach dem Süden keine entsprechende von unten herauf ... Innerlich herübergekommen waren nur sehr wenige. Ich habe daher Anlaß, hervorzuheben, daß ich schon sehr früh den Drang nach dem Norden empfunden habe – manchmal stärker, als mir lieb sein konnte ... Immer noch berührt es mich – falls Sie den etwas sentimentalen Ausdruck gestatten – im Herzen, wenn ich auf der Landkarte sein Bild sehe: das kleine, zierliche, ... wie von einem Goldschmied gegliederte Gebilde zwischen den Kolossen Asien, Amerika, Afrika. Die Fülle seiner Formen, das Ineinander von Meer und Land, die Mannigfaltigkeit seiner volklichen Verhältnisse von den Hochalpen bis zur Tiefebene – das alles erscheint wie eine Zubereitung für das Erwachen hellsten Geistes, für großes Werk und kühne Unternehmung. Und man empfindet die Sorge, was Europa groß gemacht hat, könne ihm zum Verhängnis werden – so wie einst Hellas an seiner eigenen Differenzierung und Spannungsfülle zu Grunde gegangen ist ... Das wird weder durch Kunst noch durch Dichtung oder Philosophie aufgewogen; denn darin offenbart sich eine Schwäche im personalen Kern – eine Schwäche, die sich auf breiterer Ebene heute wieder zu zeigen scheint.«[36]

Diese hellsichtige Beobachtung vom Zugrundegehen am eigenen Reichtum, der geschenkten Vielfalt, die zum zerstörenden und richtungslosen Plural werden kann, ist nicht nur in politischer Hinsicht auf Europa gefährlich gültig. Für Guardini hieß die Antwort auf Europas Möglichkeiten zweierlei: einmal persönlich die erste in seinem Leben ausgetragene Vereinigung von Gegensätzen unter

---

[36] Stationen und Rückblicke, 14 ff.

dem Leitbild einer höheren Einheit – wie er später noch mehrfach solche Gegensätze auffangen mußte, indem er sie »lebte«. Zum zweiten heißt es aber über dieses persönliche Zurandekommen hinaus, daß Guardini, indem er Größe und Gefährdung Europas erstmals ins Auge faßt, seine durchgehende integrative Aufgabe als *Europäer* beginnt und selbst am Zustandekommen Europas baut. Sein »europäisches Profil« wird in seiner Lebensgeschichte mehrfach hervortreten, gerade auch in der Bedeutung, die er selbst für Europa gewonnen hat. Guardini ist »Römer« im Sinne Dantes, der »il bel giardin' del impero«, den schönen Garten des Reiches pries, worin das deutsche Element aufgehoben lebt. Im übrigen ist das wechselseitige Befruchten deutscher und italienischer Geistigkeit durch die Kultur des »anderen« mit bedeutenden Namen ausgezeichnet, besonders seit Gegenreformation und Barock; im Raum Frankfurt sei nur an die Familie Brentano erinnert.

Diese frühe Entscheidung wird besiegelt durch den Erasmuspreis im Frühjahr 1962, der ihm wegen seiner »außerordentlichen Verdienste um den europäischen Geist und die europäische Kultur« verliehen wird, als einem »homo universalis«[37], welcher »einer der größten Europäer von heute«[38] sei. Bezeichnend auch, daß Guardini Dreiviertel des mit rund einhunderttausend DM dotierten Erasmus-Preises sofort für die Übersetzung der Enciclopedia Filosofica ins Deutsche und für ihre Neubearbeitung zur Verfügung stellte.

Guardinis Europäertum ist möglich, weil eben keine Treue gebrochen, sondern eine Über-Nationalität gefunden wurde, in der »Heimat und Ehre als Gegenpol für die Weite des Ausgreifens und der großen Verantwortung«[39] möglich sind. Nicht Kosmopolitentum, sondern Bindung an die eigenen Wurzeln befähigt zum europäischen Entwurf von Freiheit.

---

[37] Prinz Bernhard der Niederlande in seiner Würdigung; in: FAZ, Der Erasmuspreis, Meldung vom 30.4.1962.
[38] Theo Lefèvre, belgischer Ministerpräsident, in der Festansprache, ebd.
[39] Romano Guardini, Europa. Wirklichkeit und Aufgabe. Rede zur Verleihung des ›Praemium Erasmianum‹ am 28.4.1962, Mainz 1962, 13.

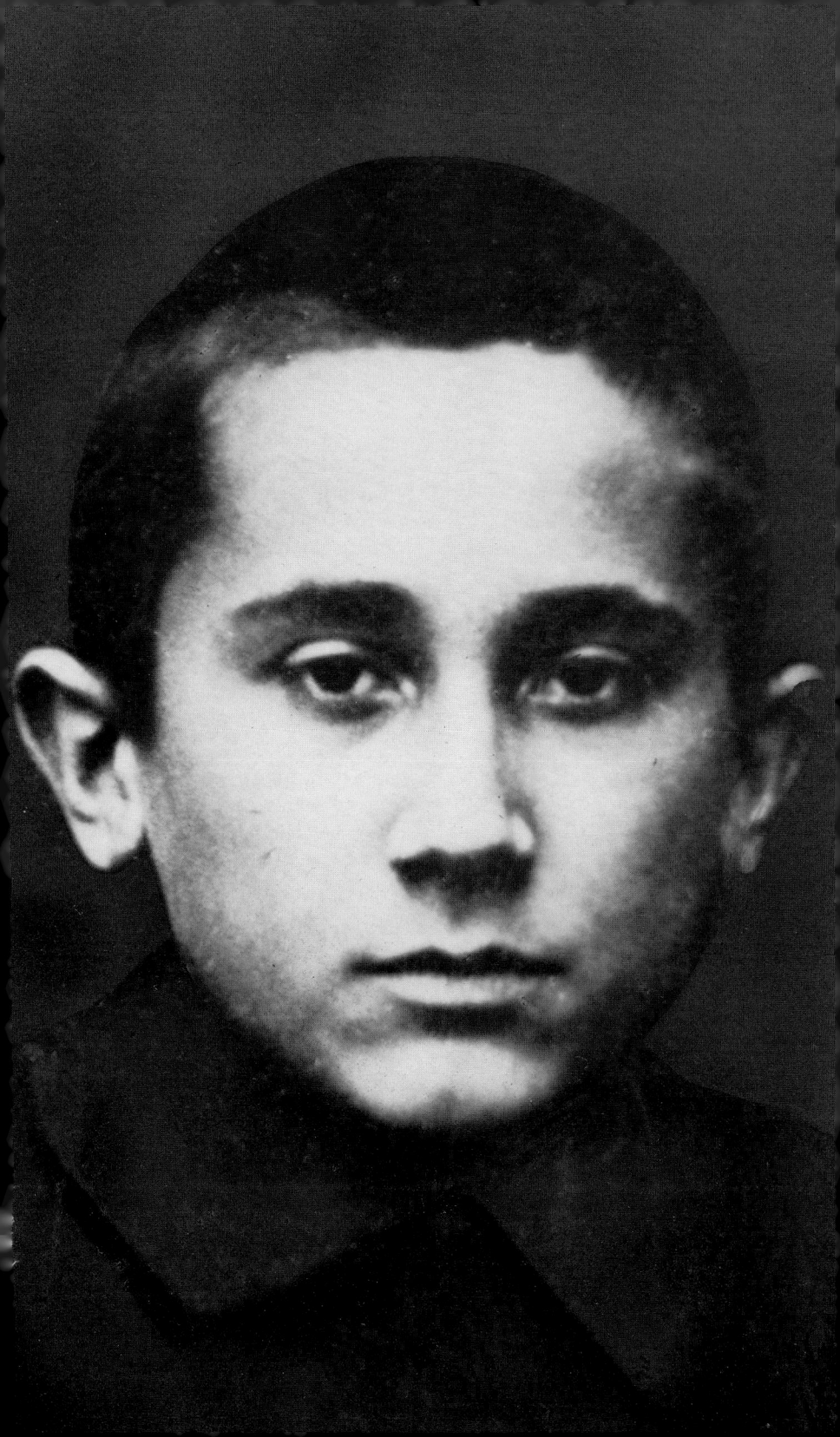

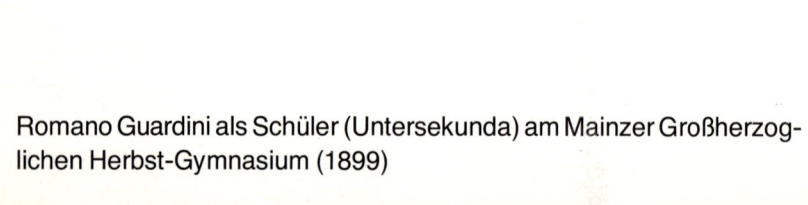
Romano Guardini als Schüler (Untersekunda) am Mainzer Großherzoglichen Herbst-Gymnasium (1899)

III. Kindheit und Jugend in Mainz

Mainz, wo das Kind seit 1886 heranwuchs, bot die selbstverständliche und abgeschlossene Welt der Familie und einen wenn auch kleinen Freundeskreis, es bot von 1894 bis 1903 die Ausbildung am Humanistischen Gymnasium (dem heutigen Rabanus-Maurus-Gymnasium) und von 1908 bis 1910 am Priesterseminar, und es bildete wesentlich die Stätte der ersten seelsorgerlichen Erfahrungen des jungen Priesters zwischen 1912 und 1920.

Die geschichtliche Vorgabe der Stadt

Dieses alte Mogontiacum der Römer, das die mittelalterlichen Chroniken das »goldene Haupt des Deutschen Reiches« nannten, trägt bis heute trotz der Zerstörungen des Zweiten Weltkriegs noch bewegende Spuren einer großen Vergangenheit an sich. Sein Ursprung erweist sich in den eindrucksvollen Resten einer römischen Wasserleitung (die »Römersteine« bei Zahlbach um 70/80 n. Chr.); die hochbedeutenden Sammlungen im Römisch-Germanischen Zentralmuseum und im Städtischen Altertumsmuseum fügen zum römischen Gründungselement die germanische Umwelt in ihren eindrucksvollen alltäglichen und künstlerischen Schöpfungen hinzu. Mag sein, daß Guardinis wichtiger früher Aufsatz »Thule oder Hellas?« (1920) mit seiner Gegenüberstellung der klassischen und germanischen Bildung aus dieser früh erfahrenen Spannung entspringt; es mag auch sein, daß ein »hervorragender Lehrer« für altrömische Funde am Gymnasium[1] Guardinis Auge und Herz anfanghaft für die versunkene, aber überall durchscheinende Welt des alten Rom vorbereitete. Zwei berühmte Söhne der Stadt gehören dem Mittelalter und der beginnenden Neuzeit an: der Minnesänger Heinrich von Frauenlob und der Erfinder des Buchdrucks, Johannes

---

[1] Eine Notiz von Guardinis Klassenkamerad Ludwig Fabricius, in: Gymnasium Moguntinum 13/14, Juni 1959, 12.

Gutenberg. Die christliche Überlieferung prägt und durchwirkt die Stadt: Schon von Bonifatius im 8. Jahrhundert zum Erzbischofssitz erhoben, wird sie eine der kirchlichen Metropolen Deutschlands, seit 1477 auch eine der ersten deutschen Universitätsstädte. Mit Worms und Speyer gehört der überaus mächtige Dom zur Trias der mittelrheinischen Kaiserdome. Von der Romanik über die Gotik zu Barock und Renaissance sind alle Stile und Ausdrucksarten geistiger Epochen reich vertreten; ja bis zum Zweiten Weltkrieg war Mainz nach Wien und Prag die Stadt mit den meisten Adelspalästen und Patrizierhäusern, viele davon mit reizvollen Hofanlagen und Toreinfahrten versehen. Die Erzbischöfe und Kurfürsten von Mainz verliehen der Stadt den großen Atem auf politischem Gebiet, was sich architektonisch in der üppigen Baufreude ausdrückte. Die Rhein-«Schauseite», überhaupt Main und Rhein heben die Stadt aus der Provinzialität heraus in die Atmosphäre des Weltoffenen, der freudigen Beziehung zum Ganzen.

Für den deutschen Katholizismus bedeutete Mainz lange Zeit die glückliche Vereinigung dreier großer Traditionen: des mittelalterlichen, zutiefst symbolischen Glaubens des Heiligen Römischen Reiches deutscher Nation; zum zweiten des politischen Katholizismus mit seinen Organisationen und Parteien (in Mainz wurden die Katholikentage als Darstellung des öffentlich wirksamen Glaubens erstmals eingeführt); zum dritten des sozialen Katholizismus mit seinem reformerischen Willen, wie ihn im 19. Jahrhundert der unvergessene Mainzer Bischof Wilhelm Emmanuel von Ketteler (1811–1877) vergegenwärtigte.

Guardini hat von dieser Traditionskette weniger die zweite Überlieferung sich zu eigen gemacht – dies schien die Aufgabe seines Freundes Karl Neundörfer zu werden –, aber den Symbol- und den Reformkatholizismus eignete er sich offenkundig an – und so darf die unbewußte Prägung des Knaben und Oberschülers durch seine Wahlheimat wohl in diesem günstigen Sinne genannt werden.

Schulzeit

In einem der Mainzer Adelspaläste, dem alten »Kronberger Hof«, war das namhafte »Humanistische Gymnasium« untergebracht, das der Knabe seit 1894 besuchte, wie später seine Brüder. Als Familienstammhaus von Kurfürst Johann Schweikard von Cronberg (1604–1626) erbaut, war es 1661 von Johann Philipp von Schönborn angekauft und zum Priesterseminar umgestaltet worden. Von 1783 bis 1932 diente es als Gymnasium, dessen Spätrenaissance-Erker und -Giebel mit den schon barocken Formen das Wahrzeichen der Schule, aber ebenso den Schmuck der dortigen Altstadt bildete. Im Zweiten Weltkrieg schwer beschädigt, wurde das Gebäude erst im Juli 1959 abgerissen, zwei Jahre vor dem 400. Gründungsfest des Gymnasiums und obwohl ein Wiederaufbau ernstlich erwogen worden war.

Guardini berichtet ausschließlich in der Autobiographie von seiner Kindheit und Schulzeit, die unter dem erwähnten Gesetz der Abgeschlossenheit standen. Doch gibt es einige Erinnerungen anderer, die dieses verhaltene Selbstbildnis doch aus fremder Sicht etwas aufhellen. Zunächst Guardini: »So wuchsen wir ganz im Hause auf. Das Kinderzimmer, dann, als wir größer wurden, das eigene Zimmer mit seinem Bett, seinem Arbeitstisch und seinem Schrank, bildeten unsere Welt. Die Tatsache, daß wir eine deutsche Erzieherin hatten, änderte daran nichts. Was bei den anderen Jungen selbstverständlich war, in Spiel und allerlei Unternehmungen zusammen zu sein, fiel bei uns fast ganz weg. Praktisch gesprochen, gingen wir zu niemand, niemand kam zu uns. Die Wirkung war, daß ich von den Dingen des Lebens, die der junge Mensch ganz von selbst kennen lernt, indem er mit anderen verkehrt, so gut wie nichts erfuhr ... Wenn ich auf die Zeit bis zur Reifeprüfung zurückblicke, ... dann erscheint sie mir wie zugedeckt. Warum das so war, weiß ich nicht ... In meiner Kindheit und Jugend muß ich eine Art Traumleben geführt haben, aus dem mir nur sehr wenig in Erinnerung geblieben ist ... Das alles hätte nun zu einem intensiven Innenleben voll starker Erfahrungen führen können; auch das ist aber nicht geschehen. Wenn ich zurückblicke, ist die ganze Zeit bis zur Universität wie verhüllt. Auch von den frühen Kindheitserinnerungen, die den Anfang aller Biographien zu reizvoll machen, begegnet mir nichts.

Natürlich will ich damit nicht sagen, jene Jahre seien leer gewesen. Was sich später entfaltete, muß ja seine Wurzeln gehabt haben. Aber alles liegt wie unter Wasser. Das Gefühl der glücklichen Kindheit und den Wunsch, in sie zurückzukehren, habe ich nie gehabt. Ich möchte in meine Kindheit nicht zurückkehren.«[2]

Dieses unglaublich ernste Wort des Sechzigjährigen muß so stehengelassen werden. Trotzdem gibt es einige Freunde, die in diese stille, unerweckte Welt eindringen und in ihrer Erinnerung manches anders bewerten. So Philipp Harth, der spätere Bildhauer, der seine Freundschaft mit Guardini im hohen Alter erneuerte, als sie beide nur hundert Meter entfernt in Bayrischzell wohnten. Sein Rückblick holt Freundlicheres zu Tage:

[2] Berichte, 58 und 60f.

»Romano hatte ich schon in frühen Kinderjahren kennengelernt. Seine Mutter hatte mich eingeladen, mit ihm zu spielen. Mit fünfzehn Jahren bin ich ihm wieder begegnet. Er besuchte das Gymnasium, an zwei Nachmittagen in der Woche hatte er schulfrei und dann waren wir oft zusammen. Die Eltern von Romano besaßen ein Haus mit Garten, schräg gegenüber dem Hause, in dem ich geboren war. Im Dachgiebel dieses Hauses hatte Romano sich ein kleines Zimmer einrichten dürfen. Als ich ihn zum erstenmal besuchte, war ich überrascht, Abbildungen nach Kunstwerken an die Wand geheftet zu sehen, wie ich sie selbst ausgewählt hätte. Romano besaß ein Büchergestell mit vielen Büchern. So wie ich mich für Bilder interessierte, galt sein Interesse den Büchern. Ich war beglückt, einen Jungen kennengelernt zu haben, der an meinen Interessen Anteil nahm; ich erzählte ihm von den Abbildungen, die ich täglich in der Bibliothek sah, oder von den Kirchenplastiken, nach denen ich zeichnete. Voller Bewunderung hörte ich zu, wenn Romano den Inhalt von Büchern schilderte, die er gelesen hatte. Auch Gedichte interessierten ihn sehr und er dichtete auch selbst. Ein Heft von besonderem Papier mit Abschriften seiner Gedichte hatte er mir geschenkt. Ich lithographierte ihm ein Ex Libris und druckte ihm fünfzig Abzüge davon. Für die Schule übersetzte er Oliver Twist aus dem Englischen. In sein Heft zeichnete ich dazu Illustrationen, was dem Lehrer und seinen Mitschülern Freude machte. Ich lernte dadurch das Buch und andere Bücher von Dickens, die mir Romano lieh, kennen. Das größte und schönste Buch, das Romano besaß, war Dantes »Göttliche Komödie« mit den Illustrationen von Doré. Diese Bilder betrachteten wir oft, Romano wußte sie mir zu erklären, da er dieses Buch gelesen hatte. Ich sah gern in sein Gesicht, im Zusammensein waren wir zu sehr mit Fragen, die uns bewegten, beschäftigt, so daß ich ihn leider nicht gezeichnet habe.«[3]

Von den erwähnten Gedichten ist Harth noch eine Elegie des Elfjährigen auf das bemitleidenswerte Schicksal eines Hundes in Erinnerung, mit den Schlußzeilen: »Er hat immer des Herren Last getragen. Am Abend war er tot; sie haben ihn begraben.«[4] A propos: Hunde spielten im Leben Guardinis durchaus eine Rolle: von dem russischen Windspiel Draga in der Gonsenheimer Hohl zu einer Diana in Heppenheim, der ersten Kaplansstelle, bis zu den vielen einander folgenden Stropp in Berlin, mit denen er spielte und kämpfte, besonders nach den anstrengenden Sprechstunden...

Zurück zu dem Kind: eine Photographie von 1899 zeigt den Vierzehnjährigen verschlossen und nach innen gewendet – wie er

[3] Philipp Harth, Mainzer Viertelbuben. Jugenderinnerungen, Mainz 1962, 54f.
[4] E. Wilmes-Merz, Erinnerungen II B und II C, 38.

sich selbst zeichnete. Ein Mitschüler berichtet aufschlußreich von dem schon in den Gymnasiastenjahren spürbaren freundlichen Abstand zu den anderen, vom Ernst und der Religiosität Romanos, die ihn offenbar von den Altersgenossen auch etwas schied: »Romano Guardini (wirkte) nicht als Fremder, trotzdem wir wußten, daß seine Familie aus dem fernen Italien eingewandert war. Er kam jeden Morgen pünktlich, kurz vor Schulanfang von der Insel [einem kleinen Platz] her. Ich erinnere mich noch an ihn als eine ruhige Erscheinung, meist dunkel angezogen. Er hatte zu uns sehr wenig Beziehung, war aber dabei nicht unfreundlich. Wir mochten ihn gern und betrachteten ihn trotz seines andersartigen Benehmens als zu uns gehörig. Sogar daß er sich nicht in unseren Kreis einordnete, sondern gleich in die kleine Kapelle des Klosters zur ewigen Anbetung nebenan ging, um zu beten, betrachteten wir als richtig. Es paßte zu seiner Persönlichkeit.«[5]

Guardinis Klassenkamerad Ludwig Fabricius beschreibt ausführlich das Lehrerkollegium mit seinen Schwächen und Vorzügen: ein »wunderbarer Deutschunterricht« wird erwähnt und jener »hervorragende Lehrer« für altrömische Funde.[6]

Überliefert ist auch ein kleiner Freundeskreis: Mit den Mitschülern Ernst Weinschenk, Karl Koch und – wie immer – Karl Neundörfer wurden anfangshaft philosophische, religiöse und künstlerische Fragen besprochen.[7] Ja es ist die Rede von Guardinis »Dante-Kränzchen«, das der frühen Liebe zu Dante entsprang.[8]

Carl Zuckmayer, ein anderer berühmt gewordener Schulabgänger des Humanistischen Gymnasiums, beschreibt Geist und Stil der Lehrerschaft und das Treiben der Schüler vor dem Einschnitt durch den Ersten Weltkrieg in anschaulicher Weise und dürfte damit auch noch Guardinis schulischen Hintergrund getroffen haben.[9]

[5] Wolfgang Fritz Volbach, in: R. Guardini. Der Mensch – Die Wirkung – Begegnung, 74.
[6] Ausführlich abgedruckt in: Gymnasium Moguntinum 13/14, Juni 1959, 12f, mit dem frühesten Klassenphoto von 1899.
[7] Adam Gottron, Romano Antonio Guardini, in: Gymnasium Moguntinum 28, Dez. 1968, 58.
[8] tz (anon.), Guardinis entscheidende Jahre in Mainz, in: Gymnasium Moguntinum 24/25, Nov. 1965, 44.
[9] Carl Zuckmayer, Das Ziel der Klasse. Humanistisches Gymnasium in Anekdote und Reflexion. Festrede zum 400jährigen Bestehen des Humanistischen Gymnasiums in Mainz, gehalten am 27. Mai 1962, 11f.: »Diese Originalgestalten (der Lehrer) verteilten sich gleichermaßen auf das alte Herbstgymnasium, den ehemaligen Kronberger Hof in der Gymnasiumstraße mit den schönen, frühbarocken Giebel und Erker, und auf das neue Ostergymnasium in der Kaiserstraße, am früheren Forsterplatz mit seinen alten Pappelbäumen. ... Man begriff zwar noch nichts von Renaissancehöfen, Barock oder Gotik, aber man liebte das Anheimelnde und Ehrwürdige der alten Stadtteile und spürte, daß ... das eigentliche, schöne

Guardinis Haltung zu Mainz

Guardini besaß der Stadt Mainz gegenüber ein Empfinden der Vertrautheit, trotzdem aber eine nicht ungebrochene Erinnerung und ein Gefühl des Entwachsenseins. Sein Rückblick auf die Mainzer Schuljahre ist weit mehr verschattet als die angeführten Zeugnisse, wonach er ja durchaus auf andere zu wirken wußte. »Wohl war noch die Schule da. Was diese aber für den Jungen wichtig macht, ist nicht so sehr der Unterricht, als die Welt der Beziehungen mit Gleichaltrigen, welche sich ins Leben hinaus fortsetzen. Davon fiel bei uns das Meiste weg, so war die Schule ein isolierter Bereich, in den ich hineinging und den ich wieder verließ... Wenn ich mich frage, mit welchen Gefühlen die Schule für mich verbunden war, so war es vor allem das einer Fremdheit, die sich oft genug zur Furcht steigerte. Das hing gewiß auch mit der Lehrerschaft zusammen. Von ihnen hat keiner ein wirkliches Interesse für eine Sache bei mir zu wecken gewußt. Verehrt habe ich keinen. Gern gehabt nur den für Französisch und Englisch in den Oberklassen; wahrscheinlich deshalb, weil er mich auf die Zusammenhänge zwischen der italienischen und französischen Sprache aufmerksam machte... Der eigentliche Grund für die Fremdheit aber war doch wohl die Atmosphäre des Hauses, das uns nie ins Freie entließ.«[10]

Im späteren Tagebuch ist nur einmal von Mainz die Rede, nachdem Guardini durch die für ihn abgeschriebenen Tagebuchblätter Karl Neundörfers an den Winter 1906/7 erinnert worden war, also schon an die Zeit des Studiums. In dieser Erinnerung steigen die Orte der Kindheit und Jugend wieder auf, aber ohne nähere Beleuchtung: »Heute morgen kam der Gedanke, ich wollte wieder einmal nach Mainz, die alten Orte sehen, sofern sie noch da sind ... die Gonsenheimer Straße, St. Bonifatius, das Seminar, ... ›Altershausen‹.«[11]

Die wenig gemütsbetonte Erinnerung an Mainz kam durch Erfahrungen Guardinis vor allem zwischen 1908 und 1920 zustande, in der Zeit seiner priesterlichen Ausbildung und des ersten Wirkens. So betrat er Mainz nach seinem Weggang 1920 nur noch zweimal (die elterliche Wohnung war schon 1919 nach dem Tod des Vaters

Mainz erst jenseits der Großen Bleiche anfing. In die Seminarkirche im Augustinergäßchen gingen wir aber am Sonntag alle vereint, und es ist ein Trost, daß wenigstens dieser kleine Teil des alten Mainz erhalten geblieben ist.« Zuckmayer legte 1914 sein »Kriegsabitur« ab, also 11 Jahre nach Guardini.
[10] Berichte, 58 f.
[11] Tagebuch vom 23.3.1958; Wahrheit des Denkens, 114. »Altershausen« ist der Titel einer Erzählung von Wilhelm Raabe, worin ein alter Mann die Stätten seiner Kindheit wieder aufsucht.

aufgelöst worden), 1923 vor dem Umzug nach Berlin und 1944 von Mooshausen aus, aber nicht zur Beerdigung seines Freundes Karl Neundörfer 1926.

Trotzdem: gerade im Krieg, während der Berliner Bombenangriffe, die Guardini nervlich sehr mitnahmen, kam ihm die Heimatstadt wieder vor Augen. »Der Gedanke an Mainz ist immerfort mit mir gegangen. Ich war der Meinung, meine inneren Beziehungen dorthin hätten sich seit langem aufgelöst. Die Vergangenheit ist aber doch stärker, als man denkt.«[12] Und an den Kursgenossen Bischof Stohr: »Ich habe die ganze Zeit immer wieder an Dich denken müssen; an Dich und an den Dom und an Mainz und an alles ... Es ist ja wie ein Symbol: der Bischof und sein Dom. Die wahren Entscheidungen über das die ganze Welt durchziehende Geschehen fallen nicht dort, wo man sie meistens sucht. Manchmal glaubt man, die Linien des eigentlichen Kampffeldes zu sehen; eine Strecke davon, auf kurze Zeit. Dann wird alles wieder undurchdringbar. Die Linie vom Haus des Bischofs zum Dom, die in jenen Tagen in Mainz deutlich wurde, ist eine solche ... Im übrigen bin ich sicher, daß das Geschehene für den Bischof von Mainz einen Zuwachs jener »Kraft« bedeutet hat, ... auf deren »Erweis« es ja heute im Grunde allein noch ankommt.«[13]

Und 1945 heißt es: »Ich wage nicht zu denken, wie es in Mainz aussehen wird. Hoffentlich ist wenigstens noch etwas da, was an die große Vergangenheit erinnert.«[14] Diese wenigen Spuren erweisen trotz allem ein – sicher lange unbewußtes – tief eingegrabenes Bild dieser Stadt, ja in manchem eine lebenslange Prägung: So betrachtete Guardini die Gotthard-Kapelle am Dom immer als den schönsten romanischen Raum nördlich der Alpen.

Und unwiderruflich prägend natürlich die dort gewonnene deutsche Sprache und Bildung. Das Haus in der Gonsenheimer Hohl atmete italienische Kultur und Sprache, aber außerhalb davon kennzeichnet Guardini selbst jenes andere Medium, das ihn noch weit bestimmender durchdrang: »Die Sprache der Schule und der geistigen Bildung – wir dürfen hinzufügen: des Gespräches mit den Freunden – war das Deutsche. Dieses gewann, wie es nicht anders sein konnte, als die Sprache, in der Wissen und Lebenserkenntnis zuflossen, die Oberhand. Später war es auch die Sprache der Universitäten, die ich besuchte und in der sich eigenes geistiges Schaffen zu entfalten begann.«[15]

[12] Brief von Richard Knies vom 10.9.1942 (Nachlaß Knies; Diözesanarchiv Mainz).
[13] Brief vom 22.9.1942 (Nachlaß Stohr; Diözesanarchiv Mainz).
[14] Brief an Bischof Stohr vom 14.8.1945 (ebd.).
[15] Mitgeteilt von Ludwig Neundörfer, Rede auf der Burg Rothenfels 1949 (Archiv Burg Rothenfels).

IV. Studium: Die Umwege und der Weg

Am 7. August 1903 legte der Achtzehnjährige die Reifeprüfung mit einem recht guten Zeugnis ab.[1] Damit stellte sich die schwere Frage der Berufswahl. Der junge Mann fuhr in den Ferien nach Italien, zu seinen Verwandten sicherlich – eine Reise, die er 20 Jahre lang nicht wiederholen sollte.[2] Aber diese Reise, über deren Stationen, Dauer, Eindrücke nichts bekannt ist, klärte nichts. Der junge und ernste Mann stand vor einer Entscheidung, die dadurch erschwert wurde, daß es offensichtlich eine Vielzahl von Anlagen gab, deren hervorstechendste nicht sofort erkennbar war. Beruf und Berufung bildeten jedoch für einen Menschen seiner Veranlagung einen nicht aufgebbaren Zusammenhang. Als die Wendung zum Priestertum reifte, geschah dies erst über schmerzliche Umwege und Studienabbrüche. Da Mainz zu dieser Zeit keine Universität hatte, mußte der Student erstmals die Familie verlassen – ein Schritt, der bereits viel Endgültiges an sich trug, wie sich rückschauend herausstellte: nämlich jene mangelnde Realität der Familie für ihn einleitete.[3]

Tübingen (1903–1904)

Der Student schrieb sich im Wintersemester 1903/04 in Tübingen in das Studium der Chemie ein – von nichts anderem bewegt als vom Beispiel eines neben ihm sitzenden Schulkameraden. Auch die Wahl Tübingens war fremdbestimmt: Der Vater wünschte, daß sich sein Geschäftsfreund in Stuttgart sonntags des Studenten annehme... Guardini erinnert sich an ein schreckliches Semester: »Ich studierte also Chemie, muß aber sofort etwas Beschämendes bekennen: von

---

[1] Im Besitz des Rabanus-Maurus-Gymnasiums, Mainz, dessen Leitung und insbesondere Herrn Helmut Link und Herrn Ferdinand Scherf für alle zuvorkommende Unterstützung gedankt sei.
[2] Im Ersten Brief vom Comer See (1923) heißt es, er habe Italien seit zwanzig Jahren nicht mehr gesehen.
[3] Tagebuch vom 4.10.1953; Wahrheit des Denkens, 60.

der ganzen Sache habe ich so gut wie nichts verstanden. Vor allem hatte ich keine mathematische Begabung, und was ist Naturwissenschaft ohne Mathematik? Dann fehlte mir das scharfe Interesse für Experiment und positive Erfahrung, das besonders für den Chemiker wichtig ist. Endlich herrschte damals in der Naturwissenschaft ein absoluter Materialismus, sodaß die in mir wartenden Anlagen nicht berührt wurden.«[4]

Noch trostloser war die Lehrmethode. Als er im zweiten Semester im Laboratorium zu arbeiten anfing und nicht im geringsten etwas von den Analysen verstand, half ihm niemand. Nur ein anderer Ausländer, ein Tscheche, zeigte ihm das Brennen von Schnäpsen ... »Die einzigen guten Stunden waren, wenn ich in der schönen Umgebung von Tübingen herumlief – oder aber, wenn ich abends im Bett lag und Fritz Reuter las. Es ist nicht schön, diese Kümmerlichkeit zu erzählen, aber wenn man schon ans Berichten geht, muß man ehrlich sein.«[5]

Diese Verlorenheit, zusammen mit dem beschwerenden Empfinden, nicht das richtige Studium gewählt zu haben, schwingt bei dem Wort »Tübingen« für Guardini noch lange mit; ebenso wie die spätere Wende von 1908, die nunmehr freudig-glückhafte Sicherheit über den eigentlichen Beruf an Tübingen gebunden bleibt. 1954 notiert Guardini: »Am Spätnachmittag ging ich noch lang im alten Tübingen herum; dachte an die Bedrängnis der ersten zwei Semester, deren Trauma immer noch in mir ist ..., an das Glück beim zweiten Studienaufenthalt dort, als ich meinen Weg gefunden hatte, besonders an den Abend in der gleichen alten Straße unter dem alten Kollegiengebäude hin ...«[6]

München (1904–1905)

In seiner damaligen Verzweiflung gab ihm der Freund Karl Neundörfer den Rat, zu den Staatswissenschaften zu wechseln. Guardini schrieb sich im Wintersemester 1904/1905 in München ein, belegte Nationalökonomie bei Lujo Brentano und ist im Wintersemester 1905/06 im selben Fach in Berlin zu finden. Vielleicht war dieses Studium nicht zuletzt vom väterlichen Beruf angeregt; in jedem Fall aber wiederholte sich »dieselbe traurige Komödie«[7]: Auch diese Wissenschaft fesselte ihn nicht, die akademische Einsamkeit blieb,

[4] Berichte, 63.
[5] Ebd., 64.
[6] Tagebuch vom 26.11.1954; Wahrheit des Denkens, 101.
[7] Berichte, 65.

die Beratung durch die Professoren war so oberflächlich, daß sie Guardini zu einer Reflexion über die Aufgabe seiner eigenen Sprechstunde anregte... Die Unsicherheit des Suchens, die sich je länger je mehr zu einer persönlichen Krise vertiefte, deutet sich darin an, daß Guardini halb und halb ein Studium generale betrieb: So hörte er in München Pfänders »Logik und Erkenntnislehre« sowie »Grundzüge der Psychologie«[8].

»Studenten, die im dritten Semester derart hilflos vor Leben und Wissenschaft standen, wie ich es damals tat, mag es nicht viele gegeben haben.«[9] Er fragte bei Brentano in München nach einer Doktorarbeit an und erhielt den Vorschlag, über die Aufhebung der Fideikommisse in Italien zu arbeiten. »Das Ganze wurde aber ein vollkommener Mißerfolg. Nicht nur so, daß die Arbeit schlecht geworden wäre, sondern es kam überhaupt nichts zu Stande. Und mit der ganzen National-ökonomie ging es ebenso ... Dazu bedurfte es ... einer inneren Initiative, eines Interesses an den sozialen und politischen Dingen, und das alles hatte ich nicht. So blieb ihr Studium als eine drückende und im Letzten unverstandene Sache an mir hängen.«[10]

Zu diesen belastenden Zügen gehört aber auf der anderen Seite, daß der Student sich in München als Stadt erstmals wohler fühlte, seine Scheu, ja Furchtsamkeit durch die Bohême-Cafés und überhaupt das künstlerisch-geistige Flair der Großstadt gelöster wurden. Typisch für ihn, daß er in Kreise von Kunst- und Literaturgeschichtlern, auch von Schriftstellern geriet; seine Anlagen auf diesem Gebiet wurden nachhaltig angesprochen.

Die seelische und geistige Verfassung des Zwanzigjährigen ist durch tiefste Aufbrüche, ja geradezu Erdbeben der Veränderung gekennzeichnet. Bevor er selbst zu Wort kommt – wieder zu einem kritischen Wort –, seien zwei Spuren angegeben, die auf die noch unbewußte Geistigkeit des Studenten und seine anfangshafte Zuwendung zur Welt ein Licht werfen. Ein Kommilitone dieser Zeit (übrigens war auch Theodor Heuss ein Mitstudent bei Brentano) gratuliert Guardini zum 80. Geburtstag mit einer Erinnerung: »Vor mir liegt eine Photographie, die Sie im Alter von etwas über 20 Jahren darstellt, ein wunderschönes Profilbild, das mich nie verlassen hat und immer wieder eine der schönsten Erinnerungen an meine ersten Semester in München wachruft ... Einmal geschah das Unvergessliche: Sie hatten die Divina Commedia mit und ließen sich erbitten,

---

[8] Nachgewiesen in den Immatrikulationslisten (Stabi).
[9] Berichte, 66.
[10] Ebd.

uns einige von Ihnen gewählte Stellen vorzulesen, zu übertragen und zu kommentieren. Ich vergesse nie Ihre leise, andächtige Stimme und die Wirkung auf den kleinen Zuhörerkreis. ... Das Bild gibt Sie ganz, wie Sie damals waren, und wirft heute noch seinen geistigen Glanz über die wenigen anderen Ihrer Bilder, die ich ... erhalten konnte.«[11]
Immer wieder also Dante, seit der Schulzeit, seit der Vater den Knaben darin einführte, frühestes Brot der Seele gewissermaßen, ihn einwurzelnd in seine italienische Sprache und Herkunft, in seine durchgehaltene Liebe zum Mittelalter, in sein Empfinden der Ordnungen, der Hierarchien, der geistigen Aristokratien, aber auch der glühenden Einsichten in ein Geheimnis. Jene genuine Welt des Knaben und Studenten Guardini wird noch an ihrer Stelle beleuchtet. Aber vorausblickend läßt sich sagen, daß schon darin Guardinis Grundspannung zwischen Gefühl und Geist, oder auch: von dem durch Geist gebändigten Gefühl, von dem durch Gefühl genährten, lebendigen Geist ihre Vorzeichnung und gelungene Ausformung findet. Wie er später knapp sagt:»Die Glut ganz Licht geworden, und das Strömen ganz Form.«[12]

Und eine zweite Spur: Ein Buch aus seinem Besitz (heute im Rothenfelser Archiv) trägt den Vermerk »12/6/05 R. A. Guardini«; es handelt sich um Aphorismen aus Stendhal »Ueber Schönheit, Kunst und Kultur«[13]. Darin eine nachhaltig markierte Stelle, die über den später bekannten Guardini viel sagt und den Studenten Guardini rückblickend bereits kennzeichnet:»Ein Mensch ist gut angezogen, wenn im Augenblick, wo er einen Salon verlassen hat, niemand sagen kann, wie er angezogen war. Gerade so ist es mit den Manieren und – wie ich zu behaupten wage, mit dem Stil. Der beste Stil ist der, der sich nie bemerkbar macht und die Gedanken, die er ausspricht, am klarsten sehen läßt. Aber Gedanken müssen da sein, wahre oder falsche.«[14] Und eine weitere Anstreichung:»Diese Physiognomie einer Architektur, die das Gefühl einflößt, daß sie mit ihrer Bestimmung in Einklang steht, sie nennt man den ›Stil‹.«[15]

Eben das Zurücktreten des gewollten Stils, seine Bindung an die Wahrheit des Gedankens, der Einklang mit der Bestimmung sind Bändigungsvorgänge für Sprache *und* Gedanke. Daß sich schon der junge Guardini, dessen erste Veröffentlichungen ja nicht frei sind vom Sprachduktus seiner Zeit, der sich Wortneubildungen zugeneigt zeigte, trotzdem immer wieder der expressionistischen Versu-

[11] Brief von Dr. Karl Berger, Kopenhagen, vom 14.3.1965 (Stabi).
[12] Ein Gespräch vom Reichtum Christi (1920), in: Auf dem Wege, Mainz 1923, 154.
[13] Zusammengestellt von Wolfgang Rüttenauer, Straßburg o.J.
[14] Ebd., XXI.
[15] Ebd., 56.

chung entzog, mag aus dem Gegengewicht kommen, das Stendhal in ihm weckte oder in dem er sich jedenfalls bereits wiedererkannte. Die Unmerklichkeit des Stils, ein Zwingen zur Klarheit sind von dieser Frühzeit an Forderungen, die Guardini an sich und andere richtete.

Der religiöse Einbruch

Vor allem aber wird München der Ort einer bis in die Wurzeln reichenden religiösen Krise. Das Ringen um die eigentliche Berufung wirft den Studenten in ungekannte Tiefen. Er sucht ein geistliches Gespräch und findet es— ihm selber später bedeutungsvoll – bei einem Benediktiner der Abtei St. Bonifaz, der ihm einen Schritt zur inneren Klärung weiterhalf. »Damals habe ich P. Odilo Rottmanner aufgesucht, und er hat dem ebenso jungen wie unwissenden Studenten freundlichste Auskunft gegeben.«[16] Wie stark es immer wieder der Orden des hl. Benedikt war, der seinen Weg beleuchtete, hat Guardini selbst mehrmals angemerkt; die einzelnen Etappen werden es erweisen. Die Suche führt ihn zu den Gottesdiensten der Ludwigskirche, die später die Stätte seiner eigenen Homilien werden sollte, worin vor ihm »Döllinger, Deutinger und andere« predigten[17]. Letzte Klarheit kommt jedoch auch hier noch nicht. Der Autobiographie ist ein Einblick in jenes sonst verschlossene Jahr zu verdanken.

»Meine religiösen Überzeugungen fingen nämlich an zu wanken. Einen besonderen Anlaß kann ich dafür nicht nennen. Auch nicht den, welchen die pädagogische Weisheit gern als Regel annahm, daß ich in irgendwelche erotische Beziehungen geraten wäre, denn das ist nicht geschehen ... Wenn ich abends mein Abendgebet sprechen wollte, wußte ich nicht, wohin ich es richten solle und habe manches Mal – eine groteske Sache – einen Gottesbeweis rekapituliert, um zu wissen, daß es einen Gott gebe, zu dem ich beten könne. Eines Abends kam ich mit einem Studenten ... über religiöse Fragen ins Gespräch. Ich legte ihm die üblichen Argumente für die Existenz Gottes dar, und er erwiderte mit den Gedankengängen der kantischen Kritik. Damals ist mir der ganze Glaube zerronnen; richtiger gesagt, ich habe gemerkt, daß ich keinen mehr hatte.«[18]

---

[16] Brief an Abt Hugo Lang, München, vom 3.3.1955 (Stabi).
[17] Brief an Ludwig Zoepf vom 3.8.1957 (Stabi).
[18] Berichte, 68f.

Das Glück dieser Zeit waren die Gespräche mit dem Freund Karl Neundörfer, der mit Guardini zusammen in den Herbstferien erst auf einen Bauernhof in Staltach am Starnberger See ging – dort vollzog sich der Einsturz des religiösen Gebäudes zur Gänze. Im Hintergrund stand wieder der Neukantianismus, und wenn Guardini seit seinen ersten Veröffentlichungen bis zum »Ende der Neuzeit« eine Warnung vor dem Kantischen Autonomiegedanken aussprach, so nicht zufällig: Er selbst war kurz, aber sehr schmerzhaft durch diese Schule gegangen. Im zweiten Ferienabschnitt gingen die Freunde nach Mainz, und dort kam etwas Unwägbares in Gang. Dem auf so vielen Gebieten unsicheren Studenten wuchs eine neue Gestalt des Glaubens zu, eine bisher unbekannte Entschiedenheit, die über die unbefragt religiöse Welt des Elternhauses, über das durchschnittliche Schulwissen – der Religionslehrer hatte ihn nach seinen eigenen Worten in keiner Weise gefesselt –, über die (zu) selbstverständliche katholische Prägung von Mainz hinauswuchs.

»Ich erinnere mich, als sei es gestern gewesen, der Stunde ... Es war in meinem Dachkämmerchen im elterlichen Hause in der Gonsenheimer Straße. Karl Neundörfer und ich hatten über die Fragen, die uns beide beschäftigten, gesprochen, und mein letztes Wort hatte gelautet: »Es wird wohl auf den Satz hinauskommen: ›Wer seine Seele festhält, wird sie verlieren; wer sie aber hergibt, wird sie gewinnen‹.« ... Da war mir zu Mute, als ob ich alles – wirklich »alles«, mein Dasein – in meinen Händen trüge, wie in einer Waage, die im Gleichgewicht stand: »Ich kann sie nach rechts sinken lassen, oder nach links. Ich kann meine Seele hergeben, oder sie behalten...« Und da habe ich denn die Waage nach rechts sinken lassen. Der Augenblick war ganz still. Da war weder eine Erschütterung, noch eine Erleuchtung, noch irgend ein Erlebnis. Es war die ganz klare Einsicht: »so ist es« – und die unmerklich leise Bewegung: »so soll es sein!« Dann ging ich hinaus zu meinem Freunde und sagte es ihm. In ihm selbst aber muß etwas Ähnliches vor sich gegangen sein ... In den nächsten Tagen war ich sehr glücklich, in einem ruhigen und stillen Glück. Ich bin nie ein Mensch großer Erschütterungen gewesen. Die Dinge haben bei mir immer etwas Gehaltenes, um nicht zu sagen Kühles gehabt. So war es auch jetzt...«[19]

Der Matthäusstelle gilt später eine ausführliche Reflexion; sie wurde der erste Beitrag in dem wichtigen Sammelband »Auf dem Wege« (1923) unter dem Titel »Der religiöse Gehorsam« (1916). Guardini hat darin, schon in seiner Kaplanszeit, den Vorgang nachgezeichnet, wie man »den Achsenpunkt seines geistigen Lebens

[19] Ebd., 71 ff.

aus sich heraus (legt) ... Solches Gefühl des Wagens wird jeder einmal empfinden, und um so tiefer, je mehr er einzusetzen hat. Trotzdem muß der Mensch begreifen, daß eben dies Wagnis die ganze Frage seines Lebens enthält.«[20]

Wie tief dieser Satz Guardini bewegt hat, geht aus der immer erneuten Behandlung in Predigten hervor. 1917 interpretiert er das Gleichnis vom Sämann vor dem Hintergrund der Matthäusstelle so eingehend, daß die Darstellung auf seine eigene Autobiographie hin durchsichtig wird. Das eigentlich Bestürzende an dem Text ist, daß die tiefe Betroffenheit durch das genannte Wort eine solche Folge von weiterführenden Einsichten auslöste, daß damit sogleich alle Grundeinsichten, die für Guardinis Schaffen bedeutsam werden, erfaßt sind. Der innere Weg spannt sich von der Deutung dieses Wortes zu der entschlossenen Hingabe der Seele an Gott, von ihm, dem Unerkennbaren, an seinen erkennbaren Sohn, von ihm, dem so vielfach Deutbaren an die Eindeutigkeit der Kirche. Das Beispiel für diese »Logik des göttlichen Lebens« entfaltet Guardini so: »Es ist nicht erdacht, sondern aus dem Leben eines Menschen abgelesen, den ich kenne, und der nichts dagegen hat, wenn ich es erzähle. Dieser Mensch war im Glauben aufgewachsen, hatte ihn aber allmählich verloren; so stellte sich ihm die Frage, wo der Sinn des Daseins liege. Er versuchte es mit verschiedenen philosophischen Gedanken und religiösen Lehren, fand aber nicht, was er suchte. Eines Tages stieß er im Matthäus-Evangelium auf das Wort ›wer sein Leben gewinnt, der wird es verlieren, und wer sein Leben verliert um meinetwillen, der wird es gewinnen‹ (10,39), und das Wort machte einen tiefen Eindruck auf ihn ... Er fühlte: hier öffnet sich der Weg zur Wahrheit – nicht der Wissenschaft, sondern des Lebens, des Daseins. Und nun kommt alles darauf an, daß ich ihn Schritt für Schritt gehe, so wie er mich führt. Ja, sprach sein Innerstes, ich will. Ich will die Seele geben. Aber wem? Und wie? ... Sind ein Mensch oder ein Werk imstande, mir meine Seele derart abzufordern und neu wiederzugeben? Offenbar nicht, weil sie zu wenig sind; weil sie endlich, weil sie ›Welt‹ sind. Versuchen sie es aber, und ich lasse mich darauf ein, dann gerät meine Seele in Hörigkeit. Wer vermag es aber? Die Antwort lautet: nur Gott. Ihm kann ich die Seele wirklich geben, in der reinen Vollständigkeit, die bis auf den Grund geht und frei macht ...

Aber offenbar walteten da besondere Bedingungen, die erfüllt werden mußten, wenn man wirklich auf ihn treffen wollte. Offenbar stand er in einer Art Schwebe, sichtbar und verhüllt zugleich. Sollte

---

[20] Auf dem Wege, 9f.

man ihm wirklich begegnen, so, daß man ihm seine Seele geben konnte, dann mußte er selbst sich enthüllen, entgegentreten, anrufen. Wo geschah das aber? Eine neue Frage also, hervorgehend aus der voraufgehenden Antwort; und die neue Antwort, die der Mann sich geben mußte, lautete: in Christus ... Wieder wies die Wahrheitsbewegung voran. Wieder entließ die letzte Antwort eine neue Frage: wer schützt Christus vor mir selbst? Wer hält ihn frei von der List meines Ich, das der echten Hingabe ausweichen will? Und die Antwort lautete: die Kirche. Christus steht seinem Sendungssinn nach nicht irgendwo im Fluß der Geschichte oder des Erlebens, sondern ihm ist ein Raum zugeordnet, der richtig gebaut ist, so daß er darin recht gesehen und vernommen werden kann, und das ist die Kirche ...

Für den Mann, von dem ich erzähle, ist die endgültige Antwort vor der Kirche gefallen – und im Grunde fällt sie hier für jeden ... Am Anfang schien es ein einfacher Lebensgedanke zu sein. Als damit Ernst gemacht wurde, entließ er aus sich eine Konsequenz um die andere. Jede wurde zur Forderung und führte weiter voran, um schließlich in die endgültige Entscheidung auszumünden.«[21]

Guardini begreift in seiner Krise, die auf Endgültiges hindrängte, die Notwendigkeit des Elementaraktes der Hingabe – und er vollzieht sie. Seit diesem Zeitabschnitt scheint er den Glauben mündig, verantwortlich, »frei« – was bei ihm gebunden ist an das Wegsehen von sich selbst[22] – aus einem anhängenden Erbe in eigenes Gut umgewandelt zu haben. Vielleicht ist besser und dem Vorgang angemessener gesagt, daß er den Anruf Gottes erfuhr, verstörend, verunsichernd, drängend – und daß dabei, wie er es später allgemein deutete, die Person, das Eigenste erwachte.

Berlin (1905–1906)

Die freie Atmosphäre Münchens setzte sich in Berlin fort, wohin Guardini Anfang des Wintersemesters 1905/06 ohne Neundörfer überwechselte, übrigens in ein fünfeckiges Zimmer, das ihm selber zeichenhaft für seinen inneren Zustand erschien. Das künstlerische Angebot auch dieser Stadt zog ihn an, er besuchte Konzerte und

---

[21] Wahrheit und Ordnung. Universitätspredigten 7 (1955), 161 ff. Die erste Fassung findet sich in: Chrysologus 57 (1917), 154 ff. Eine letzte Fassung steht in: Kirche und Dogma, 1963.

[22] Auf dem Wege, 16: »Wie sehr alle Persönlichkeitsvollendung auf jenem Loskommen von sich selbst beruht, geht auch aus der Formel hervor, die das Christentum dafür geprägt hat: Freiheit.«

Theater. Trotzdem wurde das Berliner Semester anstrengend, ja zu einem Prüfstein bis ins letzte. Guardini hörte wieder vielerlei, wohl um der unverstandenen Nationalökonomie auszuweichen: Philosophie bei Simmel, Kunstgeschichte bei Wölfflin. Im Seminar des Nationalökonomen Max Sering ging ihm auf, was er insgeheim längst wußte: daß dieses Studium weder seinen Gaben entsprach noch seine innere Aufgabe war. Die bisherige Berufswahl war endgültig gescheitert; er begann an die Medizin zu denken...»Ich sah mit Grauen die Frage auftauchen, was aus mir werden solle? Wie konnte ich meinem Vater sagen, auch mit diesem zweiten Studium sei es nichts und, noch schlimmer, ich wisse kein anderes?«[23]

Die Entscheidung zum Priestertum

In dieser ausweglosen Krise geschah etwas zugleich Einfaches wie Zufälliges, das innerlich offenbar vorbereitet war, und die Vermutung ist nicht abwegig, daß die beiden vergeblichen Studienanläufe eine Art Ausflucht vor der eigentlichen Berufung gebildet hatten. Die Klarheit kam im Tiefpunkt der Krise: »Eines Sonntags war ich beim Hochamt in der Dominikanerkirche in der Oldenburger Straße. Ich befand mich in einem sehr schlimmen Zustand. Wie ich den kollektierenden Laienbruder ruhigen Gesichts mit seinem Klingelbeutel herumgehen sah, beneidete ich ihn inbrünstig, und plötzlich kam mir der Gedanke: ›Könntest du nicht das gleiche werden wie er? Dann hättest du Frieden.‹ Dann ging der Gedanke aber sofort weiter. ›Nein, Laienbruder nicht, aber du könntest Priester werden!‹ Und da war es, als ob alles ruhig und klar würde, und ich ging mit einem Glücksgefühl nach Hause, wie ich es, abgesehen von jenen Mainzer Tagen, seit langem nicht mehr empfunden hatte.«[24]

Bemerkenswert ist, daß die Entscheidung unbewußt seit langem grundgelegt war. Nicht nur fiel der Oberschüler schon in Mainz auf durch seinen Kirchenbesuch vor Schulanfang, sondern noch ungewöhnlicher: Er besaß eine Betbank in seinem Zimmer, auf der er damals schon Teile des Breviers betete.[25] Bei der jetzt andrängenden Entscheidung beriet ihn ein Mainzer Theologe, Dr. Moser, in Berlin. Guardini war danach von dem Empfinden der endlich richtigen Wahl nachhaltig und glückhaft durchdrungen.

---

[23] Berichte, 74.
[24] Ebd., 74 f.
[25] Brief von P. Franz Markert SVD vom 10.1.1955 aus Illinois an Guardini (Stabi).

Hinzu trat die gleichlautende Entscheidung Karl Neundörfers zum Priestertum. Das Wort des Freundes: »Im letzten liegt die Wahrheit da, wo die größte Möglichkeit der Liebe ist«, nennt Guardini den letzten Ausschlag in dem inneren Kampf.[26] Er deutet ihn in seiner verhaltenen Art nur an, wenn er in seiner ersten Veröffentlichung »Michelangelos Gedichte und Briefe« (Das Museum VIII, Berlin 1907) an den Schluß das Sonett setzt: »O Herr, befreit von schwerer Bürde wende ich mich zu dir ...« – In der Einleitung steht vorsichtig, aber bezeichnend der Satz von »Michelangelos eigener ringender Seele«, deren Ausdruck Guardini in dieser Umbruchzeit zu übersetzen gedrängt war. Und warum eigentlich Michelangelo? Ist es nicht wieder die Nähe zu Dante, die hier ins Spiel kommt? »Dies geheiligte Feuer, diese leidenschaftliche Hochherzigkeit atmet in Dante's Dichtung, die Herz und Geist Michelangelo's bildete«, so noch einmal in Guardinis Stendhal-Aphorismen von 1906.[27]

Der »Schleußner-Kreis«

Bisher ungenannt und im Eigentlichen auch verborgen bleibend, wirkte ein Mainzer Ehepaar hilfreich auf den unfertigen jungen Mann ein. Guardinis Studienjahre wurden seit 1903 von einem nicht zu unterschätzenden Einfluß bereichert, der auch während des Priesterseminars und in den Kaplansjahren noch andauerte: von dem Kreis um Wilhelm und Josefine *Schleußner*[28] in der »Goldenen Luftgasse ³⁄₁₀«. Guardini lernte dort Entscheidendes in religiöser Hinsicht kennen.

Um welchen Kreis handelte es sich? Mittelpunkt der Zusammenkünfte war das Ehepaar Wilhelm Schleußner (1864–1927) und Renate Josefine Schleußner, geb. Wiegand (1861–1913). Wilhelm Schleußner, ausgebildet in Germanistik, Französisch, Englisch und Geschichte und 1905 zum Professor im Schuldienst ernannt, war 1892 zum katholischen Glauben konvertiert. Schon vorher beschäftigten ihn theologische und philosophische Fragen, insbesondere aber die deutsche Mystik des Mittelalters. Er galt als angesehener Rezensent der Neuerscheinungen auf diesem Gebiet, nahm Stellung zu strittigen Fragen und empfahl in seinem Kreise bestimmte Werke von Bedeutung (wie P. Tissot, »La vie intérieure«, und Heinrich Denifle, »Das geistliche Leben«). Er selbst gab im Ersten Weltkrieg »Deutsche

---

[26] Karl Neundörfer zum Gedächtnis, in: Schildgenossen 6 (1926), 387.
[27] Stendhal, 18.
[28] Vgl. zum folgenden den biographischen Aufsatz von Adam Gottron, Professor Wilhelm Schleußner (1864–1927), in: Mainzer Almanach 1966, 158–163.

Gebete« des Mittelalters unter dem Pseudonym »Bruder Bardo« heraus.[29] Die Werke von John Henry Newman, Karel Joris Huysmans, Léon Bloy und anderen wurden im Hause Schleußner gelesen; Josefine Schleußner übertrug Newmans »Traum des Gerontius« ins Deutsche.[30]

Daß bei einer solchen Haltung Beziehungen einerseits zu Beuron bestanden, wo sich das Ehepaar Schleußner 1907 als Oblaten einkleiden ließ, und andererseits eine Freundschaft zu Carl Muth, dem Gründer des »Hochland«, zeigt gleichermaßen monastisch-mystische Frömmigkeit und geistige Weite des Hauses. In der spirituellen und philosophischen Ahnenreihe könnte man Namen wie Graf Stolberg, Schlegel, Görres, Baader und von Lassaulx nennen, auf die Schleußner sich berief.

Das kinderlose Ehepaar lud einmal in der Woche zum Fünf-Uhr-Tee ein, wozu sich für einige Stunden jüngere Leute und Studenten trafen. In diesem Kreis verkehrten von 1903 bis 1913 Romano Guardini, sein Freund Karl Neundörfer, der spätere Historiker Daniel Neundörfer, der Kunsthistoriker Karl Theodor Klingelschmitt und andere. Ein solcher Treffpunkt war in dem damaligen Mainz eine begeisternde Ausnahme, denn um die Jahrhundertwende schienen das Feuer Ketteis und der Mainzer Einsatz im deutschen Kulturkampf zu einer bloßen Erinnerung verblaßt.

Der Philosoph und Theologe, Mystiker, Philologe und Ästhetiker Schleußner, der von Freunden »eine kleine Universität« und eine »lebendige Bibliothek« genannt wurde, war somit eine Ausnahmeerscheinung, von der wissenschaftliche Weite und religiöse Tiefe zugleich ausgingen. Daß Schleußner nach dem Tode seiner Frau in Freiburg Theologie studierte (von 1915–1918) und anschließend als Priester in Mainz und Darmstadt, übrigens zeitgleich mit dem Kaplan Guardini, wirkte, rundet das erstaunliche Bild seiner Persönlichkeit ab.

»Man kann zusammenfassend sagen, daß wir vieles von dem, was nach 1918 in Deutschland zum Blühen und Tragen kam, bereits zehn Jahre vorher im Hause Schleußner erlebten: die Wiederbegegnung von Kirche und Kultur, die liturgische Bewegung, die Kritik am ›unvornehmen Reichtumserwerb‹, dem Deutschland damals verfiel.«[31]

---

[29] Freiburg 1916, [4]1921, mit einer Einleitung von Engelbert Krebs, Guardinis Freiburger Lehrer. Die meisten Gebete entstammen dem mystischen Boden deutschen Glaubens zwischen 1150 und 1350; am Karfreitag übernimmt er z. B. Parzivals Begegnung mit einem Priester. Das Pseudonym bezieht sich auf den hl. Bardo OSB, Erzbischof von Mainz (1031–1051), den Vollender des Mainzer Doms (1036).

[30] Mainz 1925, 26 S.

[31] Gottron, 162.

Guardini hat auf den Spuren dieses frühen Anregers, der »Das fließende Licht der Gottheit« von Mechthild von Magdeburg herausgab (Mainz 1929), selbst eine wesentliche Arbeit übersetzt: das Tagebuch der französischen Mystikerin Lucie Christine.[32] Das Manuskript dazu erhielt er aus der Hand Schleußners, der es P. A. Poulain verdankte.

Wenn Guardini später ein ähnliches Werk von Madeleine Sémer (1874–1921) ebenfalls mit einem Nachwort übersetzt, so zehrt er auch hier noch von der Grundlegung seiner frühen Zeit.[33]

Guardini schätzte und verehrte vor allem Josefine Schleußner, die eine ungewöhnlich geistvolle und dabei karitativ tätige Frau war. »Sie war liebenswürdig und lebendig, und man freute sich, bei ihr sein zu dürfen. So habe ich ihr denn auch die Verehrung entgegengebracht, die ein junger Mensch für eine viel ältere, geistig bedeutende und menschlich sehr feine Frau empfindet. Hinzu kam, was ich am Anfang nicht wußte, mit der Zeit aber doch wohl zu ahnen begann, daß sie nicht nur ein intensives religiöses Leben führte, sondern wahrscheinlich wirklich mystische Erfahrung hatte. In ihrer Nähe fühlte man etwas Ungewöhnliches, aber in der Form einer Güte und Zurückhaltung, die nie verwirrte oder bedrückte, sondern immer half. Mit Schleußners diskutierte ich meine religiösen Fragen, wurde mir aber bald bewußt, daß hauptsächlich sie es war, derentwegen ich kam. So war es denn auch am schönsten, wenn ich sie allein traf, und ihr erzählen konnte, was ich auf dem Herzen hatte.«[34]

Dieses Gespräch war es, das den jungen, so unberatenen Studenten trug und in seiner religiösen Krise tief anteilnehmend begleitete. Auch die Lösung der Krise, die Entscheidung zum Priestertum und das unglückliche Ereignis im Priesterseminar kamen im Hause Schleußner zuerst zu Wort. Bei der Mitfeier der Primiz empfand sie Guardini fast als seine »geistigen Eltern«[35], und Josefine Schleußners früher Tod am 15. Juni 1913 schmerzte ihn sehr.

Die Grenzen Wilhelm Schleußners lagen freilich in seiner überwiegenden Wendung in die Vergangenheit, sei es zum Mittelalter, sei es zur Mystik, sei es zur Welt der katholischen Restauration mit den »Historisch-politischen Blättern« und dem »Katholik«[36].

---

[32] Lucie Christine, Geistliches Tagebuch (1870–1908), hg. v. P. A. Poulain SJ, übersetzt nach der 2. Auflage von 1912 von R. Guardini, Düsseldorf 1921, mit der Widmung: Dem Andenken von Frau Schleußner.
[33] Madeleine Sémer (1874–1921). Übersetzung und Nachwort, Mainz ²1952.
[34] Berichte, 68.
[35] Ebd., 94.
[36] Brief Guardinis an Adam Gottron vom 17.11.1964, zur Beurteilung von dessen Schleußner-Aufsatz (Stabi).

Guardini sieht später diese rückwärts gewandte Geistigkeit deutlich, gerade als der Jüngere, der sich auf die Fragen des 20. Jahrhunderts naturgemäß anders einläßt und einlassen konnte. In all dem, was Schleußner nach Guardinis Meinung aussparte, erkennt man umgekehrt Guardinis eigene Auseinandersetzung, auch mit Vorgängen und Namen, die ihm nicht »lagen«. »Zu den Tendenzen des demokratischen Lebens hatte er, glaube ich, keine Beziehung. Auch die positiven Seiten der industriellen Entwicklung waren ihm fremd. Was das literarische Leben angeht, so glaube ich nicht, daß ihm die Dichtung der Zeit nach 1900 etwas bedeutete; auch nicht der französische ›Renouveau Catholique‹. Ebenso bezweifle ich, daß ihm die neuere, auch positive deutsche Philosophie – etwa Husserl, oder Max Scheler, oder Nikolai Hartmann – wichtig war. Was direkt katholische Bewegungen angeht, so stand ihm die liturgische im Grunde fern; die Jugendbewegung ebenfalls.«[37]

Abgesehen von den beiden hier genannten Bewegungen[38] sind die vorangehenden Themen und Namen selbst nur zum Teil und aus unterscheidendem Abstand gesehen Guardinis Interessenbereich. Trotzdem ist wesentlich, daß Guardini seinen eigenen jugendlichen Aufbruch als »nach vorne« gerichtet versteht, bei aller seiner Anlage und geistigen Herkunft gemäßen Wertschätzung des »Alten«. Auch hier wird ihm das früh geübte, not-wendige Denken im »Gegensatz« hilfreich, lösend. Guardini ist gerade *kein* Romantiker, wie es Schleußner im Grunde wohl war. Vorwegnehmend ein Selbstzeugnis Guardinis, wie er seine eigene Orientierung um 1913 im Gedächtnis hat: »Damals empfand ich die Aufgabe in einem Voranstreben, in einem Anregen und Entfalten wertvoller neuer Motive und einem Wiedererwecken von Vergessenem.«[39]

Jene Offenheit befähigt Guardini zu dem Gespräch, das Schleußner mit seinem Kreis von jungen Leuten, später mit seiner Hochschulgemeinde im letzten nicht führte, und weswegen sich Guardini und Neundörfer nach einiger Zeit von ihm lösten. »Er konnte den jungen Menschen als selbständig Fragenden und Denkenden nicht ernst nehmen.«[40] Hier setzt wenig später Guardinis zur Meisterschaft sich entfaltender pädagogischer Eros ein. Von Schleußner und seiner dem Neuen aufgeschlosseneren Frau bewahrte er die Begegnung mit der Mystik und dem nichtscholastischen Mittelalter – auch hier freilich andere Gewichte und Klärungen einführend.

---

[37] Ebd.
[38] Schleußner stand der Jugendbewegung eher wohlwollend gegenüber: er war geistiger Berater z.B. der Darmstädter Quickborner.
[39] Brief an Joseph Frings vom 7.2.1967 (Stabi).
[40] Brief an Adam Gottron vom 17.11.1964 (Stabi).

Aber im letzten war es wohl der menschliche und christliche Geist des Hauses, in dem sich Guardini wie selten heimisch fühlte und das in den Jahren seines geistigen Erwachens wichtige Dienste der Anregung, aber auch des Wartenkönnens und der tragenden Geduld leistete.

Die Umstellung auf Theologie: Freiburg (1906/07)

Mühsam war es und für den zurückhaltenden Sohn nicht einfach, die Zustimmung der Eltern zu dem erneuten Studienwechsel – und nun noch zu diesem Fach zu erlangen. Der Vater glaubte weniger an eine Berufung als an einen neuen Wankelmut; die Mutter, unbeschadet ihrer natürlichen religiösen Verankerung, »hatte aber vor allem Kirchlich-Klerikalen fast eine Abneigung«[41]. Guardini spricht davon, sie habe seine Wahl »gênant« empfunden.

Rückblickend ist zu sagen, daß Guardini von seinen beiden vorangehenden Studien durchaus ein Interesse an den Natur- wie den Staatswissenschaften zurückbehielt, wie es sich im Aufbau mancher Rothenfelser Tagungen erweist. Freilich wurde diese Berührung erst fruchtbar, als er seine eigene Mitte gefunden hatte und die anderen Wissenschaften auf seine genuine Aussage beziehen konnte.

Die endlich gewonnene Sicherheit drückt sich in einem ungewöhnlichen Wunsch des Studenten aus, die einer Anregung des Schell-Schülers Dr. Moser entsprang: Er wollte nicht sofort ins Mainzer Priesterseminar eintreten, sondern bat darum, erst an der Universität Würzburg studieren zu dürfen. Dies wurde wegen der eben erst erfolgten Indizierung von Hermann Schell untersagt; man empfahl ihm das »unverdächtige« Freiburg, wo er sich im Sommersemester 1906 einschrieb. Seine Suche nach einer modernen Theologie trieb ihn freilich schon im Wintersemester 1906/07 nach Tübingen – an die Anfangsstätte seiner peinvollen Umwege.

Freiburg wurde aber aus einem anderen, seelischen Grunde bedeutsam. Wieder findet Guardini in seiner Autobiographie, und nur dort, die Offenheit, von einer weiteren Stufe der Überwindung zu sprechen. »Im selben Maße, als meine Eltern meinem Wunsche, Priester zu werden, nachgaben, wurde ich selbst daran irre, und als ich schließlich in Freiburg war, empfand ich dagegen eine unaussprechliche Abneigung. Der Anblick eines Geistlichen genügte, um einen dunklen Druck auf mich zu werfen. Ich verstand mich selbst nicht mehr. Heute weiß

---

[41] Berichte, 75.

ich, was sich in dieser Abneigung ausdrückte, war der Widerstand einer ganz unausgelebten Natur gegen die notwendigen Entsagungen des Priesterstandes ... Die Grundwasser der Schwermut stiegen in mir so hoch, daß ich zu versinken glaubte, und der Gedanke, mit dem Leben Schluß zu machen, mir sehr nahe war. Nur an einer einzigen Stelle fand ich Ruhe; es klingt pathetisch, das zu sagen, aber es war so. Im Freiburger Münster stand der Sakramentsaltar im rechten Seitenschiff: wenn ich auf seinen Stufen niederkniete, löste sich der Druck – um sich freilich bald darauf wieder zusammenzuziehen. Wie lange die Depression gedauert hat, weiß ich nicht mehr. In der Erinnerung kommt sie mir endlos vor ... Eines Tages war ich nach St. Odilien gegangen, wo der Quell entspringt, der für die Augen gut ist. Auf dem Rückweg, der schönen Straße, die an der Karthause vorüberführt, betete ich den Rosenkranz. Da löste sich die Not, und ich wurde ruhig ... Von jener Stunde an habe ich an meinem Priesterberuf nie mehr gezweifelt. Wohl ist die dunkle Flut der Schwermut immer unter meinem Leben hingegangen und mehr als einmal hochgestiegen; aber ich war mir darüber klar, daß ich zum Priester berufen sei und bin es bis auf den heutigen Tag geblieben.«[42]

Diese Einzelheiten sind auch deswegen wichtig, weil Guardini in seinem späteren Leben viel eher den Eindruck einer ruhigen Sicherheit, eines festen Standes im Glauben, Denken, Leben ausstrahlte, und das wohl nicht zu Unrecht. Wie sehr aber diese Festigkeit eine gewonnene, mit Leiden bezahlte war, und nicht von vornherein die Mitgift einer starken und über sich klaren Natur, ist bewegend wahrzunehmen.

Der Student wohnte im »Collegium Sapientiae«. Der Freundeskreis war klein. Er erinnert sich nur an zwei Holländer, darunter Bernhard Rosenmöller, den späteren Religionsphilosophen in Breslau. Das Studium (Dogmatik bei Carl Braig, Kirchengeschichte bei Franz Pfeilschiffer, Archäologie bei August Sauer) begann Guardini nunmehr gerne, aber ohne wirklich bereits erweckt zu werden: Immer noch war seine eigentliche Stärke nicht entbunden.

Tübingen (1907–1908)

Diese Öffnung, ein wirklicher Aufbruch, geschah in den drei Tübinger Semestern, vom Herbst 1906 bis zum Frühjahr 1908, »die glücklichsten und fruchtbarsten meiner ganzen Studienzeit«[43]. Vom schö-

---

[42] Ebd., 76 f.
[43] Ebd., 79.

nen Zimmer bis zu der liebenswürdigen Kleinstadt und ihrer Landschaft – alles sprach den Studenten wohltuend an, auch der Menschenschlag: »Das schwäbische Wesen habe ich von Anfang an geliebt und, glaube ich, auch ganz gut vorstanden. Die Verbindung von Intelligenz und Gemüt, von Tatkraft und verschwiegener Innerlichkeit, von Ernst und einem lebendigen, manchmal recht derben Humor, hat mir immer wohlgetan.«[44]

Lehrer und Freunde

Bezeichnend für den im Katholischen Wilhelmsstift untergebrachten Studenten bleibt, daß er sich nach wie vor nicht nur mit Theologie, sondern auch mit der Kunst beschäftigt: diesmal mit Raffael (den er viel später mit dem Genie Mozarts in Verbindung bringt[45]). Außerdem natürlich die regulären Vorlesungen: scholastische Philosophie bei dem bekannten Ludwig Baur, Kirchengeschichte bei Franz Xaver Funk, Exegese des Neuen Testaments bei J. E. Belser, Einleitung ins Alte Testament bei J. Vetter.[46]

Ein anderes Zeichen sich öffnenden Lebens war der Eintritt in einen Freundeskreis. Philipp Funk, Alfons Heilmann, Hermann Hefele, Ludwig Zoepf, Josef Eberle, Eugen Mack, schließlich die eigentlich engen Freunde Josef Weiger und Karl Neundörfer bildeten einen Kreis, mit dem Guardini sonntags ins Freie wanderte (und nicht in die Kneipen der drei theologischen Gesellschaften). Einer davon trug dann etwas Selbstgeschriebenes vor, woran sich ein Gespräch entfaltete. Der von Guardini erwähnte derbe Humor der schwäbischen Mitstudenten belegte diesen unüblichen Zirkel mit dem Namen »Schönfurzia« oder auch später, seiner Kunstliebe wegen, mit »Kunstgogen«.[47]

Das wichtigste Ereignis im Geistigen aber war ein Erwachen zu sich selbst, zum Eigensten. Es vollzieht sich, nach so langer Stauung der Kräfte, rasch und bis ins Letzte bestimmend: so bestimmend, daß

---

[44] Ebd., 80.
[45] Tagebuch vom 28. 2. 1958; Wahrheit des Denkens, 111: »(...) sah ich eine Publikation über Raffael. Da wurde mir wieder die Erfahrung lebendig, die ich mit ihm gemacht habe. Erst selbstverständliche Bewunderung; dann überlegene Ablehnung; dann, ich glaube, vor der ›Schule von Athen‹ im Vatikan, Berührung durch seine unerhörte Kunst. Man muß sich ihn wiederentdecken. Er ist nicht leicht wahrzunehmen, weil er so vollkommen ist. Neben ihm steht kein Maler. Mozart, Praxiteles ... Ich glaube, es ist ein Test, wie einer sich zu Raffael stellt.«
[46] Zu all diesen Lehrern gibt es eindringliche Porträts in: Tübinger Theologische Quartalschrift 150 (1970).
[47] Karl Färber, Erinnerungen an Wilhelm Koch, ebd., 107. Funk und Hefele gaben das Theologiestudium in der Folge wegen der modernistischen Schwierigkeiten auf.

Guardini bis zu seinem Lebensende auf diesem Grund stehen konnte, alle Anreicherungen, Vertiefungen, Neugewichtungen darauf beziehend, ohne ihn ändern zu müssen.

Der Modernismusstreit

Eigenartigerweise wurde dieser Grund erreicht oder eröffnet in der Auseinandersetzung mit dem Modernistenstreit. Der junge Theologe wurde durch seinen Tübinger Lehrer Wilhelm Koch damit konfrontiert, und in dieser Übermittlung vollzog sich Entscheidendes.

Die tiefgehende Krise, die damals die Kirche durchzog und die mit der Bezeichnung »Modernistenstreit« nur ein Symptom benennt, war vielleicht nicht für die breiten Schichten der gläubigen Bevölkerung wahrnehmbar, sehr wohl aber für jeden selbständig Denkenden und um den Glauben Bemühten. Die Krise hatte sogar politische Folgen wie etwa in Frankreich, wo die Antiklerikalisten am 1. Januar 1906 das Gesetz über die völlige Trennung von Kirche und Staat durchbrachten.

Worum ging es – immer auch vor dem Hintergrund gesehen, daß Guardinis theologischer Entwurf sich daran entzündete und auszubilden hatte? Modernismus wird eine Anfang des Jahrhunderts vor allem in Frankreich, Italien und England auftretende kirchenbezogene Krise genannt. Parallele Gedankengänge in Philosophie und Soziallehre drangen auch in die Theologie ein und wurden 1907 durch das Dekret »Lamentabili sane exitu« und die Enzyklika »Pascendi domini gregis« von Pius X. verurteilt. Erst damit erlangte der unbestimmte Begriff einen genaueren Sinn, ohne daß er deswegen in der Anwendung hinreichend eindeutig wurde. Die Unklarheit reichte soweit, daß schließlich Benedikt XV. durch seine erste Enzyklika vom 1. November 1914 gegen eine integralistische Bewegung wieder Grenzen zog, zumal auch Kirchenmänner angegriffen wurden, die sich um einen vertretbaren Ausgleich zwischen Christentum und moderner Welt mühten.

Pius X. hatte warnend zwei Grundirrtümer kennzeichnen wollen, die in die Auslegung von Glaube und Dogma eingedrungen waren: den Agnostizismus und den Immanentismus. Vor ihrem Hintergrund wurden natürliche wie übernatürliche Offenbarung subjektiviert und in die Geschichte verlagert. So griff z. B. in der Bibelwissenschaft Alfred Loisy auf den Historismus und Evolutionismus der Zeit zurück: Die Bibel wurde ebenso wie die Dogmatik zu einer Frucht natürlichen Bewußtseinswachstums.

Das Grundproblem des Modernismus, gegen den sich die Kirche vor allem in der Ausbildung der Theologen wehren wollte, war die nicht bewältigte Auseinandersetzung der Theologie mit modernen historischen und linguistischen Erkenntnissen. Man war gedanklich noch nicht in der Lage, biblische Offenbarung, kirchliche Überlieferung und geschichtliche Entwicklung sinnvoll aufeinander zu beziehen, ohne das Übernatürliche an Offenbarung und Kirche einzuebnen.

Weder von Seiten der Theologie noch von Seiten der historischen Wissenschaften schien es zu dieser Zeit möglich, die Spannung der Methoden zu überwinden, wie es eine verantwortliche biblische Hermeneutik heute zu leisten imstande ist. In jedem Fall trat die Kluft zwischen Dogma und Geschichte als eine gedankliche Hauptaufgabe der Zeit in den Blick.[48]

Menschlich am betrüblichsten war, daß unbegründete und vage Anschuldigungen die Runde machten, die auch redliche Männer wie Guardinis Tübinger Lehrer Wilhelm Koch erreichten. Nach der Einführung des Antimodernisteneides 1910 für jeden mit Seelsorge oder Lehre betrauten Priester war die innerkirchliche Stimmung im Zuge des sich ausbreitenden Mißtrauens von unfruchtbaren Streitereien vergiftet.

Guardini geriet mit seiner Studienzeit ab 1906 in die entscheidenden Jahre dieser kirchlichen Einmauerung. Nur die Absage an die

---

[48] Ida Friederike Görres hat auch für Teilhard de Chardin die vielleicht noch einschneidendere Bedeutung des Modernistenstreites hervorgehoben. Treffend in ihrer Bedenklichkeit die Worte zu der entstandenen Psyche der Gläubigen: »Die neue Haltung kommt aus Verkümmerung. Sie scheidet auch nicht mehr zwischen Welt und Weltöffentlichkeit. Man differenzierte nicht mehr im Neuen, man verwarf lieber en bloc, man desinteressierte sich am Unerreichbaren als von den sauren Trauben. Man umstellte den eigenen verengten Horizont auch noch mit primitiven Klischees von ›Welt‹ und hielt sich in den theoretischen Auseinandersetzungen lieber an diese und die unschönen Kunstfiguren, statt sich in die praktische mit der Wirklichkeit einzulassen. So ergab sich eine Sackgasse, deren Düsternis nur jener ermessen kann, der einmal selber drin gesteckt hat. ... Es war, kurz gesagt, ein unwahres Verhältnis zur Wirklichkeit in vielen Formen und Bereichen und das spürten viele der Wachsten, Lebendigsten bis ins Mark. Sie ahnten: die ›Welt‹ *konnte* nicht einfach bloß das sein, was in dieses dürftige Klischee hineinging. Es konnte zu ihr nicht nur das Verhältnis der Angst oder des Opfers geben – es mußte auch noch eine offene Beziehung möglich sein, die freies Ja wie Nein erlaubte. Dies war ja auch *das* Thema der deutschen katholischen Jugendbewegung. Glaube und Welt traten in eine neue Spannung, reich und fruchtbar, kritisch und vertrauend. Guardinis frühe Schriften ... sind authentischer Niederschlag davon. Aber er war ein einsamer Späher auf dem Turm.« (Teilhard de Chardin als Christ und als Mensch, Wiesbaden 1971, 33 ff) Zum Modernismus im heutigen Forschungsstand: O. Schroeder, Aufbruch und Mißverständnis. Zur Geschichte der reformkatholischen Bewegung, Graz/Wien/Köln 1969; E. Weinzierl (Hg.), Der Modernismus. Beiträge zu seiner Erforschung, Graz/Wien/Köln 1974.

Erfahrungswerte und das Bestehen auf der reinen Glaubensüberlieferung konnte vom Modernismusverdacht befreien. Daß es Guardini gelang, diese Absage zurückzunehmen *und* dabei der Kirche und der Offenbarung im tiefsten uneingeschränkt verantwortlich zu bleiben, ist seine grundlegende, zuerst persönlich, dann allgemein wichtig gewordene Leistung. Die Bahn, auf der dies möglich war, wurde in Tübingen eingeschlagen.

Wilhelm Koch

Persönlicher Anlaß war der Dogmatiker Wilhelm Koch. Er wurde 1916 indiziert und verurteilt,[49] damit seines Lehrstuhles enthoben – zwar nicht wegen des Modernismus, aber die Vorwürfe speisten sich doch aus diesem Umfeld.[50] Daß Guardini ihm später sein Pascal-Buch »in dankbarer Verehrung« widmete, deutet seine eigene gewonnene Freiheit, aber auch sein Leiden um den Fall dieses inspirierenden Lehrers an.[51] Gerade die Tübinger Schule übermittelte dem Theologiestudenten Genauigkeit und Sorgfalt im Denken, auf der anderen Seite aber Glaubenswillen und geistige Freiheit. Es war auch Koch, der seine Hörer zur Lektüre John Henry Newmans anregte.[52]

Guardini versucht in der Autobiographie ein ausgewogenes Urteil zu finden, worin sich zugleich sein eigener Weg unterscheidend abhebt:

»Seine beste Kraft waren Ehrlichkeit und Gewissenhaftigkeit. Er war kein großer Theologe, dazu fehlte ihm der Blick ins Wesentliche und die Kraft der Synthese; aber die Wahrheit war ihm in einer Weise ernst, daß man fühlte, sie wurde bei ihm zum Charakter ...

---

[49] Vgl. Karl Färber, Erinnerungen an Wilhelm Koch, in: Tübinger Theologische Quartalschrift 150 (1970), 102–115; und: Max Seckler, Theologie vor Gericht. Der Fall Wilhelm Koch – Ein Bericht, Tübingen 1972.
[50] Seit Friedrich Heiler (Der Katholizismus. Seine Idee und seine Erscheinung, München 1923, 653) heißt es fälschlich vereindeutigend immer wieder, Koch sei »wegen Modernismus« abgesetzt worden. Wie oberflächlich eine solche Unterstellung war, mag sich auch daran erweisen, daß Heiler sogar Guardini selbst zu den Modernisten zählte (ebd., 652)!
[51] Unter den »Leihgaben von Romano Guardini« im Besitz der Bibliothek von Burg Rothenfels befinden sich auch zwei Schriften Wilhelm Kochs, wovon die eine (Die Natur und Gott, Tübingen 1909) »mit freundschaftlichem Gruß überreicht« ist, möglicherweise auch zuerst an Karl Neundörfer, die zweite den Eintrag Guardinis enthält: »V. Verf. gesch. Okt. 1910« (Die Taufe im Neuen Testament, Münster 1910) – sie ist freilich unaufgeschnitten geblieben.
[52] Romano Guardini, Maria Knöpfler zum Gedächtnis, in: J. H. Newman, Briefe aus der katholischen Zeit seines Lebens. Ausgewählte Werke Bd. 10, Mainz 1931, 373.

Auch unter den Lebendigeren der Studenten war das (=die Not der Modernismusverurteilung) der Fall; die Bedeutung von Wilhelm Kochs Dogmatikkolleg aber bestand für sie darin, daß er das, was in ihrem Geiste arbeitete, und was andere durch das Gewicht der Autorität erdrückten, oder durch das Pathos der Bedingungslosigkeit des Glaubens einschüchterten, offen und ehrlich auf dem Katheder zu Worte brachte. Das machte frei ... Ein tieferer Mangel war, daß er fast nur das geschichtlich-biblische Faktum sah, ihm aber die Kraft fehlte, in das Wesen einzudringen und den Reichtum der Zusammenhänge aufzuschließen. Bei ihm kam es über das, was man positive Theologie nennt, nicht viel hinaus. Dafür war er, soviel ich weiß, der Erste, der nach dem Lebenswert der Dogmen fragte; unzulänglich zwar, auf eine kurzatmige Brauchbarkeit hin, aber er tat es... In Wilhelm Kochs Wesen war eine gewisse Kärglichkeit. Überall fühlte man einen aufopfernden Fleiß, eine große Gewissenhaftigkeit, ein Verlangen, an das zu kommen, was wirklich ist; ihm ging aber alle theologische Größe ab. Er hatte zu viel Respekt vor der ›Wissenschaft‹, wie sie damals aufgefaßt wurde; dafür zu wenig Bewußtsein von der Offenbarung als gebender Tatsache und Kraft, von ihr aus mit Zuversicht jenes Bild der neuen Schöpfung aufzubauen, welches Theologie heißt. So war das Endergebnis seiner Vorlesungen doch unbefriedigend, und mancher Hörer hat sie wohl mit dem Gefühl verlassen, Koch habe ihn aus der ruhigen Sicherheit des Herkömmlichen herausgerissen, ohne ihm dafür etwas Entsprechendes zu geben.«[53]

Hier fällt Guardinis Stichwort, an dem er das Umstrittene zu einer Lösung bringen sollte: »Offenbarung als gebende Tatsache und Kraft«. Wenn Felix Messerschmid, der ihm tiefverbundene Freund, Guardinis theologische Stellung kennzeichnet, so stimmt die Zuweisung nur zur Hälfte, daß nämlich sein »nie überwundener Schock der Modernistenstreit mit seinen Folgen gewesen ist, der mit vollem Bewußtsein innerhalb der damals gesetzten Grenzen geblieben ist, ihre Unhaltbarkeit jedoch klar erkannt hat. Wenn man das weiß, erkennt man, daß er die Grenzen ständig durchlässig zu machen versucht hat.«[54]

Auch Karl Rahner machte sich die Auffassung vom tiefsitzenden Trauma des Modernistenstreites bei Guardini zu eigen[55]. Trotzdem ist dies nur eine Teilwahrheit. Gerade an Guardinis Hochschätzung von Koch wird deutlich, wie er zugleich dessen Grenzen und die

---

[53] Berichte, 83 f.
[54] Brief von Felix Messerschmid an Heinz Robert Schlette vom 30.4.1972 (Stabi).
[55] Interview mit Meinold Krauss am 11.3.1984 (ARD).

Berechtigung der kirchlichen Befürchtungen einsah und sie aufheben wollte.

Wenn die Modernisten-Enzyklika Pius' X. fordert, daß der Exeget nicht grundsätzlich von dem Geiste abstrahieren dürfe, aus dem die biblischen Schriften heraus geboren sind, so macht sich Guardini diesen Satz ausdrücklich zu eigen:»Die äußere Tatsache der Offenbarung kann z. B. auch der nicht glaubende Religionsgeschichtler betrachten. Er wird aber an ihr nur bestimmte Seiten wahrnehmen, und auch sie in unrichtigen Verhältnissen ... Nur der gläubige Blick kann der theologischen Arbeit das Material geben, aus dem sie ihre Wissenschaft aufrichten kann. Von hier aus verstehen wir, warum das kirchliche Lehramt sich so entschlossen gegen den modernistischen Theologiebegriff gewendet hat. Eine Theologie hört auf, zu sein, was sie heißt, wenn sie sich in eine Linie mit Geschichte, Philologie und Psychologie stellt. Und damit verliert sie überhaupt jeden Sinn.«[56]

An einer anderen Stelle, in der Besprechung des Buches »Das Wesen des Katholizismus« von Friedrich Heiler (München 1920), verwahrt Guardini die Kirche – wie übrigens klassisch schon Newman – gegen den modernistischen Vorwurf des geschichtlichen Synkretismus, also gegen eine mechanistische »Erklärung« aus religionsgeschichtlichen »Bestandteilen«. Er benutzt als Gegenentwurf die Analogie der Pflanze, deren Same sich von der ausgefalteten lebendigen Form ebenso unterscheidet wie er ihre Grundlage ist. Lebendiges hat für Guardini überhaupt keine »Bestandteile«, sondern entwickelt sich einem inneren Gesetz gemäß, das noch im vielfältigsten Wuchs von tiefer Einheit durchwirkt ist. Guardinis Aufbruchswille aus der psychologischen Engführung des Antimodernismus, aber auch sein entschiedener Wille zum Dogma finden den programmatischen Satz:»Heilers Buch steht im Zeichen einer sterbenden Zeit, einer Zeit, die relativistisch war im Denken und absolut nur in ihren Vorurteilen ... Die heraufziehende Zeit wird dogmatisch sein im innersten Wesen und eben deshalb zugleich offen für alles, was ist und lebt.«[57]

Zurück zu Wilhelm Koch. Noch in der Einführung zu »Die Existenz des Christen« erinnert sich Guardini voll Dank an die Vorlesungen seines Lehrers:»Nachdem er das betreffende Problem mit seiner sorgfältigen Methodik erörtert hatte, pflegte er einen kleinen Schlußabschnitt unter dem Titel ›Lebenswert des Dogmas‹ hinzuzufügen.

[56] Anselm von Canterbury und das Wesen der Theologie (1921), in: Auf dem Wege. Versuche, Mainz 1923, 53.
[57] Universalität und Synkretismus, in: Jahrbuch der deutschen Katholiken 1920/21, Augsburg 1921, 155.

Uns würde heute eine solche Überschrift nicht weiter auffallen; damals bedeutete sie etwas Neues.«[58] Interessant, daß Guardinis von Grund auf erstrebtes ganzheitliches Denken darin auch eine Einseitigkeit sah: »Mancher modernistische Gedanke stellt den Versuch dar, das Dogma, die theologische Wahrheit, in Abhängigkeit vom christlichen Leben zu bringen und seine Bedeutung nicht im ›Wahrheitswert‹, sondern ausschließlich in ihrem ›Lebenswert‹ zu suchen.«[59]
Worin lag nun also ein Entkommen aus Scylla und Charybdis, dem unerleuchteten Dogmatismus und dem ebenso unerleuchteten Relativismus? Hilfreich war ihm die bereits damals mit Neundörfer zusammen gewonnene Denkfigur des »Gegensatzes«, wovon noch ausführlich die Rede sein wird. Dieses methodisch fundierte Denken gewährte ihm die Möglichkeit, die doch vordergründig bleibenden Setzungen des Modernismusstreites zu überholen und seine Kraft auf das Wesentliche, das Gültige an der Kirche zu richten, ja, sein Denken durch die Kirche selber ausrichten zu lassen.

Zwei Grundlagen: Kirche und Offenbarung

Denn daß den jungen Priester dieser Vorgang trotz aller Irritierung im einzelnen nicht gegen die Kirche einnahm, auch nicht im Unbewußt-Geheimen, rührt von einer tiefen und in ihrer Tiefe offenbar niemals zurückgenommenen Entscheidung *für die Kirche* her.

Ein ausdrückliches Zeugnis dafür tritt 1952 hervor, ausgereift in der Formulierung.

Als Guardini sich 1952 für die – lange ausgebliebene – Ernennung zum Päpstlichen Hausprälaten an höchster Stelle bedankt, formuliert er mit der für seinen Briefstil eigentümlichen knappen Gewissenhaftigkeit die Einsicht jener frühen Jahre. Sie wird sogar noch vor das Theologiestudium datiert und löst also dieses erst aus, so »daß die Erkenntnis der Kirche die maßgebende Einsicht meines Lebens gewesen ist. Als ich noch Student der Staatswissenschaften war, wurde mir klar, daß die eigentliche christliche Entscheidung nicht vor dem Gottesbegriff, auch nicht vor der Gestalt Christi, sondern vor der Kirche fällt. Von da ab wußte ich auch, daß eine echte Wirksamkeit nur in der Einheit mit ihr möglich ist.«[60]

Und noch dichter, im Ton eines nüchternen Bekenntnisses ausgesprochen: »Als ich mich ... dem priesterlichen Beruf zuwendete,

---

[58] Paderborn 1980, 3f.
[59] Fußnote in: Vom Geist der Liturgie, Freiburg 1983, 133f.
[60] Brief an Kardinal Montini vom 29.3.1952 (Stabi).

wurde mir eine große Gnade zuteil, nämlich die Erkenntnis, daß der Glaube an die Kirche der Schritt in die wahre Ordnung, und der Gehorsam gegen sie das Prinzip der wahren Freiheit ist. Mit dieser Überzeugung empfing ich im Jahre 1910 die Priesterweihe, und sie ist seitdem die Grundlage meiner Arbeit gewesen.«[61]

Mit derselben Radikalität antwortet der Todkranke seinem Freund Felix Messerschmid auf die Frage, weshalb er zeit seines Lebens den Glauben bewahrt habe:

»Weil ich es meinem Bischof bei der Priesterweihe versprochen habe.«[62] Man sollte sich hüten, darin nur ein »nacktes Durch-Retten« mit Hilfe eines außenbestimmten Gehorsams zu sehen, noch weniger eine vom Alter ausgelöste Resignation. Es entspricht zutiefst Guardinis Sicht vom Angewiesensein jedes Gläubigen und erst recht des Priesters auf Führung durch die Kirche, auf ihr Recht, Versprechen und Hingabe zu fordern. Dieses fundamentale Ja war Guardini stets bedeutender und mehr im Blick als alles teilweise nötige Nein, das er ohnehin – aus Verantwortung und Konfliktunwillen, aber auch aus einer geistigen Vornehmheit – nicht öffentlich aussprach. Guardinis Unterscheidung vom kirchlichen »Betrieb« bis hin zum kirchlichen Zeitgeist läßt sich meist nur aus dem Ausgegrenzten, Nichtgesagten ermitteln, sehr selten aus einer deutlichen Stellungnahme.

Eine zweite Einsicht, der ersten verschwistert, gewann bis zum Ende des Studiums an Deutlichkeit, wiederum ein für allemal: »Noch zur Zeit meiner ersten theologischen Studien wurde mir etwas klar, das von da ab meine ganze Arbeit bestimmt hat: Was den modernen Menschen überzeugen kann, ist nicht ein historisch oder psychologisch oder wie immer modernisiertes Christentum, sondern nur die uneingeschränkte und ungebrochene Botschaft der *Offenbarung*. Natürlich ist es dann die Aufgabe des Lehrenden, diese Botschaft mit den Problemen und Nöten unserer Zeit in Beziehung zu setzen. Ich habe das in den verschiedensten Milieus zu tun versucht ...«[63]

Für Guardini wurde die Offenbarung zum Ernstfall der christlichen Existenz. In der Verdeutlichung dieses Ernstfalls gewinnt er jene Radikalität der Aussage, die wirklich »Wurzel« seiner sonstigen Einsichten wird. Alles Behutsame, Wägende, Vermittelnde, das Guardinis Sprechen eigen ist, tritt zurück, wenn er das Unbedingte weitersagt: »Es bedeutet einen entscheidenden Schritt in der Christ-

---

[61] Brief an Pius XII. vom 31.3.1952 (Stabi).
[62] Mündliche Mitteilung von Felix Messerschmid.
[63] Brief an Paul VI. von 1965; zit. v. Stanis-Edmund Szydzik, Romano Guardini (1885–1968), in: Wolfgang Knauft (Hg.), Miterbauer des Bistums Berlin. 50 Jahre Geschichte in Charakterbildern, Berlin 1979, 77.

lichkeit, daß man sich entschließt, die Worte der Heiligen Schrift genau so zu nehmen, wie sie dastehen; sie also nicht vom Munde des Herrn abzulösen und in eine allgemeine Ethik oder Religiosität zu verflüchtigen, sondern sie ganz konkret nimmt, als Weisung und Gabe von anderswoher. Christi Worte sind aus Gott kommende, wirkende Wirklichkeiten.«[64]

Daß Guardini dabei die historisch-kritische Exegese nicht im Blick hat, weder zustimmend noch sich unterscheidend, ist deutlich. Die ihm später daraus erwachsenden Schwierigkeiten werden noch angesprochen. Aber wesentlich für das Verständnis seines Eigensten bleibt, daß Guardini das Unzeitgemäße, besonders das Un-Neuzeitliche an der Offenbarung enthüllt, aller Moderne zum Ärgernis: »Dazu mußt du aus deiner Selbstbehauptung hinausgehen. Mußt wissen, daß du an das Geheimnis gerätst, welches dein Urteil überschreitet; an das Gericht, das dich beurteilt. Das gilt für jede Zeit, auch für heute. Gott redet aus seiner heiligen Souveränität. Der Mensch aber muß bereit sein, zu hören und zu gehorchen.«[65]

Guardini hat das Ärgernis der Offenbarung und einer von ihr »gerichteten« Deutung seit jener Studienzeit nie aufgegeben. Seine Anthropologie kommt aus dem »Hören und Gehorchen«, aus dem Opfer der Selbstsetzung, die der Aufklärung und dem 19. Jahrhundert so teuer war. Wenn Nietzsche in der Selbsterlösung, die zugleich eine Befreiung von dem »ermordeten« Gott ist, den Menschen erst zu sich kommen sieht, so kennt und kommentiert Guardini diesen Entwurf.[66] Für Guardini gilt umgekehrt und tiefer: Der Mensch wird wirklich er selbst nur im Gehorsam. Dies bedeutet anthropologisch ein Anerkennen, von einem Anderen her zu stammen und weiterhin von ihm bestimmt zu sein, und damit eine grundsätzliche Erfahrung der eigenen Grenze. Theologisch gesprochen bedeutet es ein Anerkennen der Geschöpflichkeit, der Grenze gegenüber dem Schöpfer und der Nähe der endlichen Existenz zum Nichts: »... Daß er der aus sich selbst und eigentlich Seiende, ›der Herr‹ im ontologischen Sinn, sie aber das Geschaffene und nur ›vor ihm‹ seiend, ontologisch im Gehorsam Bestehende ist.«[67]

Guardinis Entwurf von Welt und vor allem von Person sind bestimmt durch die positive Fassung von »Grenze«; diese Grenze anzunehmen, *weil* sie – umgekehrt zum Autonomiedenken – Voll-

---

[64] In Spiegel und Gleichnis, ⁶1960, 114.
[65] Zit. v. F. Messerschmid, in: Romano Guardini, 28.
[66] Guardini hat sich schon früh eingehend mit Nietzsche befaßt: als Kaplan trägt er bereits in der Juventus (zwischen 1915 und 1920) einmal über Nietzsche vor (s. »Notizbuch«).
[67] Welt und Person, ²1940, 61.

kommenheit ermöglicht, ist ihm beseligender Sinn der Offenbarung. Sie entlastet von der Überanstrengung der Selbst-Behauptung, aber sie fordert die andere, in gewissem Sinn leichtere, weil der Wahrheit gemäße Anstrengung der Selbstlosigkeit.

Guardini hat sogar das Absolute der Offenbarung als daran erkenntlich bezeichnet, daß sie einen Lebensnerv schmerzlich, ja zur Revolte reizend berühren könne. Ein solches Getroffenwerden ist ihm genau die Krise, welche das Göttliche im endlichen Bewußtsein hervorruft, ja nicht anders als hervorrufen kann. Aufmerksamkeit auf dieses Ärgernis ist gefordert, schließlich die Entscheidung im Unangenehmen der Krise: Von dieser Entscheidung hängt ab, ob die natürliche Existenz christlich wird. Und eben dann kommt die Polarität von Gehorsam und Selbstwerden, von Hörenkönnen und Freisein ins Spiel: aber nur dann, wenn das Un-Angenehme zum Angenehmen, Angenommenen wird.

Mit dieser Grundeinsicht ist Guardini, wie er es selber entfalten wird[68], über die Lösungen der Philosophie und der Religion, auch über den Mythos und die Psychologie hinweg: Die Offenbarung offenbart Un-Denkliches, Un-Erfahrbares, sofern Erfahrung und Denken sich auf das natürlich Mögliche, auf die natürliche Psyche und den natürlichen Logos stützen.

Das wirklich Christliche aber ist immer das Unableitbare: so die Dreieinigkeit und die Menschwerdung.

Wie existentiell angespannt Guardini dieses Christliche erfahren hat, geradezu als Bedrohung aus dem »wirklich Wirklichen«, zeigt eine Tagebuchnotiz vom 15.8.1953: »Und wie kann Er Mensch werden wollen? Besonders aus der letzten Frage kommt eine schreckliche Gefahr ... als ob einen der Schwindel faßte ... Es ist das Ärgernis, was sich da anzeigt.«[69]

Wahrheit, die *Gott selber* bezeugen *muß* – das ist Wahrheit in ihrem tiefsten Charakter bei Guardini. Ohne dieses Zeugnis wäre sie dem Endlichen unglaublich, unerhört, unerkannt. Auch *mit* dem Zeugnis Gottes selbst bleibt die Wahrheit anstößig, un-angemessen, im letzten immer unzeitgemäß.

Guardini ist in der strengen Gegenübersetzung von Religion und Glaube vergleichbar mit Karl Barth, auf den er sich in seiner Bonner Vorlesung bezog, auch mit Dietrich Bonhoeffer. Im Hintergrund steht aber Sören Kierkegaard, der für Guardini zeitlebens von Wichtigkeit war, wenn auch aus einem bewußt eingehaltenen

---

[68] In: Religion und Offenbarung, Würzburg 1958, oder: Unterscheidung des Christlichen, Mainz 1935.
[69] Wahrheit des Denkens, 51.

Abstand heraus. Die genannten Denker sind Protestanten, ihre Tradition die Unvermitteltheit von Gott und Welt. Wenn Guardini Ähnliches zur Sprache bringt, und zwar bis in seine posthumen »Theologischen Briefe an einen Freund« von 1964 hinein, wo ihm das Unvereinbare des Unendlichen und des Endlichen zum Problem wird, so doch weniger aus einer Befruchtung durch diese protestantische Überlieferung.

Sieht man von Kierkegaard ab, so hat Guardini die protestantische Theologie, auch seiner Zeitgenossen, kaum gelesen. Quelle seiner Auffassung ist ihm – wie an allen entscheidenden Punkten – eine eigene denkerische, existentiell »angeforderte« Intuition, soll heißen eine Intuition, die eine existentielle Not in ihm selber beantwortete. Eben dies war die Not seiner eigenen, tief durchlittenen Krise vor der Entschließung zum Priestertum. Denn abgesehen von der mit Gewißheit selbst durchgestandenen Einsicht, daß die Herausforderung zum Widerspruch den Einbruch des Göttlichen ins Endliche markiert und es zur Antwort nötigt, ist denkwürdig, daß schon der Theologiestudent so früh diese zweite, nicht mehr in Frage gestellte Grundlegung seines geistigen Gebäudes vollzieht. Die Unbedingtheit der Kirche und die Unbedingtheit der Offenbarung: beides ist ihm unverlierbar seit seiner bewußten Entscheidung zur Theologie eingeprägt.

So lautet Guardinis Hinausführen über den Modernismusstreit und auch über Wilhelm Kochs Einsatz letztlich entschieden: »Wir erfuhren dankbar die Befreiung, welche der Wahrheitsernst unseres Lehrers bewirkte. Wir wurden uns der Pflicht der Kritik bewußt, die eben aus diesem Wahrheitswillen kam. Erkannten aber auch, daß sie bei Koch an der weniger wichtigen Stelle da war, an der wichtigeren aber fehlte. Es war gewiß wichtig, geschichtliche, textkritische, psychologische Fragen zu stellen, um das Richtige vom Falschen zu scheiden; die Hauptaufgabe der theologischen Kritik bestand aber darin, das Wesen der gläubig-theologischen Erkenntnis von dem der anderen Erkenntnis- und Wissenschaftsformen zu unterscheiden; sie in ihre Quelle zu fundieren, ihre Maßstäbe festzustellen und aus ihrem Wesen alle Konsequenzen zu ziehen. Wir entdeckten ... die Offenbarung als das ›gebende Faktum‹ der theologischen Erkenntnis, die Kirche als ihre Trägerin und das Dogma als die Ordnung des theologischen Denkens ... Wir waren dezidiert nicht-liberal. Wir nahmen gerade das, was die liberale Haltung als Beunruhigung und Fessel empfunden hatte, zur Basis des Denkens und machten die Erfahrung, daß sich uns erst durch diese ›kopernikanische Wendung‹ des gläubigen Geistes die Tiefe und Fülle der heiligen Wahrheit erschloß; uns aber außerdem ein Blick auf die Weite und

Wirklicheit der Welt hinzugeschenkt wurde, wie ihn die liberale Haltung mit ihrem beständigen Hinüberschielen zur profanen Wissenschaft und ihrer verbitterten Opposition gegen die kirchliche Autorität nicht hatte.«[70]

Beuron

Der junge Student traf zu allem Überfluß in diesen reichen Semestern noch auf eine außeruniversitäre Anregung: auf das unfern Tübingen im Donautal gelegene *Beuron*, Erzabtei des Benediktinerordens. Die Einführung geschah durch einen ehemaligen Beuroner Novizen (»Frater Martin«), Josef Weiger, den Guardini nach einer Novene, in welcher er um einen Freund betete, im Winter 1906 in einem Tübinger Hörsaal kennengelernt hatte. (Neundörfer, der andere Freund, stieß erst im Sommersemester dazu.) Welch tiefeingewurzelte, lebens- und werkbestimmende Freundschaft für beide Seiten daraus entstand, mag aus dem einen wohlüberlegten Wort des späten Guardini zu ersehen sein, der im ersten »Theologischen Brief« an eben diesen Freund schreibt: »... Und grüße Dich in einer Denk-Gemeinschaft, deren Dauer das halbe Jahrhundert schon überschritten hat.«[71]

Weiger nahm Guardini eines Tages mit nach Beuron, wo er erstmals in die Welt der Liturgie eintrat. Er führte ihn außerdem drei bedeutenden Persönlichkeiten zu: einmal dem Bibliothekar P. Anselm Manser, der auch mit Heidegger befreundet war und Guardini auf Max Scheler aufmerksam machte.[72] Zum zweiten war es P. Odilo Wolff, der mit den Theologiestudenten über Platon sprach und über dessen Lehre von der lebendigen Gestalt[73] – die früheste Spur von Guardinis Verpflichtung durch das platonische Denken.

An dritter und wichtigster Stelle ist zu nennen P. Placidus Pflumm (1874–1964), Lehrer an der theologischen Schule und für einige Zeit Novizenmeister auch von Weiger. P. Placidus gehörte zu den geistlichen Menschen, die selbst nicht schreiben, aber als Seelenkenner und Ratgeber für viele wirken, ein weithin geliebter »Staretz«.[74]

---

[70] Berichte, 85f.
[71] Theologische Briefe an einen Freund. Einsichten an der Grenze des Lebens, München/Paderborn/Wien 1976, ³1982, 14.
[72] Persönliche Mitteilung von Hans Ruess, zeitweilig Berliner Sekretär von Guardini.
[73] Ludwig A. Winterswyl, Romano Guardini. Eigenart und Ertrag seines theologischen Werkes, in: Hochland 34, 11 (19–29).
[74] So nennt ihn P. Manfred Hörhammer in der Nachschrift eines Briefes von J. Weiger an P. Placidus aus dem Jahre 1949 (Archiv Beuron). P. Andreas Oberländer OSB, Kloster Säben, sei für die Kopie dieses und anderer Weiger-Briefe bedankt!

Seine tiefen Einsichten in das Wesen der Liturgie brachten nicht zuletzt Abt Ildefons Herwegen auf diese Fährte; Daniel Feuling, Johannes Schildenberger, Linus Bopp und viele andere wurden von ihm befruchtet.

Auch Guardini lernte diesen von Weiger geliebten Lehrer[75] ebenfalls lieben. Er widmete ihm 1963 die Meditationen über die »Weisheit der Psalmen« »in alter Freundschaft«, weil er ein Leben lang die Psalmen in Händen gehalten habe.

Beim Erhalt der Todesnachricht, zu einer Zeit, da Guardini selber schon recht krank war, findet er den verhaltenen und rührenden Satz: »Ja, ich habe ihm nahegestanden und sehr gewünscht, ihn noch einmal besuchen zu können. Das ist nun unmöglich geworden, und ich muß die Erfüllung des Wunsches auf einen – hoffentlich einmal eintretenden – anderen Termin verschieben.«[76]

So leitet Beuron Dreifaches ein: einen ersten Hinweis auf Scheler und dessen phänomenologische Methode, eine erste Anziehung durch Platon und Erfahrung vorbildlicher benediktinischer Liturgie.

Guardini vergaß nie den ersten Abend in Beuron, den etwas wie ein Zuhausesein umgab. »Die Mönche standen an ihren Plätzen und beteten die schönen Psalmen der damals immer gleichlautenden Complet auswendig. Durch die ganze Kirche waltete ein Geheimnis, heilig und bergend zugleich. Später habe ich dann gesehen, daß die Liturgie viel Mächtigeres und Herrlicheres hat; aber zu Anfang führt die Tür der Complet inniger in das Herz ihrer heiligen Welt hinein, als die Pforten der großen liturgischen Handlungen ... Ich (habe) immer gedacht, es müsse noch eine andere Mystik geben, in welcher die Innigkeit des Geheimnisses mit der Größe der objektiven Gestalten verbunden sei. In Beuron und seiner Liturgie habe ich sie gefunden.«[77]

Wie tief gerade der erste Eindruck der damaligen liturgischen Bemühung auf Guardini war, erweist die geheime und bedeutungsvolle Linie, die von Beuron unmittelbar zu dem frühen Meisterwerk »Vom Geist der Liturgie« (1918) führt. Guardini erinnert sich an einen gemeinsamen Aufenthalt mit Neundörfer in der Erzabtei[78],

---

[75] Weiger schrieb an P. Placidus (undatiert): »Du bist immer noch *mein Meister*, und wenn ich 80 wäre. Ich habe mir viel Mühe gegeben, anderen Deine geistige Bedeutung zu erschließen. (...) Was aber nicht weitergegeben werden kann, ist die fruchtbare Begegnung von Seele zu Seele.« – Ostern 1963: »Du bist immer noch der Maßstab für mich.« – Undatiert: »Deine wunderschöne Photographie steht vor mir. Einen solchen Kopf wenn ich hätte, wäre das eine Freude! Ich hätte schon längst den Größenwahn. Darum hat der liebe Gott Dir diesen großartigen Schmuck aufgesetzt; und nicht mir – suum cuique« (Sämtliche Briefe im Archiv Beuron).
[76] Brief an P. Andreas Oberländer OSB vom 13.2.1965 (Besitz P. Oberländer).
[77] Berichte, 87 f.
[78] Brief an Bischof Simon Landesdorfer OSB, Passau, vom 8.4.65 (Stabi).

worin beide den Entschluß faßten, jeder von seiner Begabung her »tiefer in das Wesen der Kirche einzudringen. Mein Freund ... wollte das unter dem Titel: ›Der Geist des kanonischen Rechts‹ tun ... Das Buch sollte die Kirche in ihrer aktiven Initiative zu verstehen suchen. Ich wollte es von der kontemplativen Seite her tun, und zwar unter dem Titel: ›Der Geist der Liturgie‹.«

In Beuron berührte den Studenten aber auch der monastische Lebensentwurf an sich, den er für sich vertiefend zu seiner Lebensform als Priester übernahm: Er wurde Oblate des hl. Benedikt, verpflichtete sich also zu Armut, Keuschheit und Gehorsam.[79]

Zur Priesterweihe 1910 ließ er sich ein stilisiertes, strenges Bild des Herzens Jesu aus der Beuroner Schule drucken mit der Überschrift »Ignem veni mittere in terram.« Und es war dieselbe Stätte kultivierten mönchischen Gebets und kirchlicher Formung, wohin sich die drei Freunde Neundörfer, Weiger und Guardini kurz vor der Priesterweihe begaben[80]. Und noch einmal später erscheint Beuron als Zufluchtsort, diesmal im Leid: Es gibt ein überaus anrührendes Bild Guardinis von einer Beuroner Werkwoche im Oktober 1926, wo er nach dem jähen, im Grunde nie verwundenen Tode Neundörfers[81] zerbrechlich, tief schmerzlich und verschlossen, ohne Lächeln auf den Betrachter blickt.

Die geistige Haltung dieser Studienjahre

Ein bedeutendes Zeugnis der inneren Haltung stellt Josef Weiger seinem Freund für diese Tübinger Studienjahre aus. Es scheint, daß hierin – wie in der gesprächsweise sich schon vorbereitenden Gegensatzlehre – Grundentscheindungen fallen, von denen die wesentliche heißt: die *Wahrheit* mit Leidenschaft und unter allen Umständen zu suchen. Trotzdem, und hier ist eben die Größe der Anlage und der Selbstbeobachtung Guardinis, kein Eifertum.

»Schon der Student Guardini brannte von der Leidenschaft des Gedankens. Wer ihn vor bald einem halben Jahrhundert kennengelernt hat, weiß, daß er von diesem eisernen Willen zur Wahrheit in nichts abgewichen ist; im Gegenteil, dieser Wille wurde immer härter. Was ich am Freunde bewunderte, war die prachtvolle Einheitlichkeit des Denkens und dann – seine Vielseitigkeit; und zwar

---

[79] Erzabt Damasus Zähringer von Beuron am 15.2.1965 (Stabi): »... Bis heute sind Sie ja Oblate des hl. Benedikt«.
[80] Eintrag im Beuroner Gästebuch vom 9.–13. April 1910.
[81] Brief an S. Landersdorfer, Passau, v. 8.4.1965 (Stabi): »... Ein Verlust, den ich noch heute nicht wirklich verschmerzt habe«.

Vielseitigkeit der Anlage. Romano Guardini ist nie ein Vielleser gewesen, der sein Gedächtnis mit Büchern ausgestopft hätte. Eben das nicht; in ihm schlummerte der Keim zur echten Universalität, das heißt, er fand den Schlüssel zu allem. Ich entsinne mich eines Gesprächs, in dem der Student das wundervolle Wort geprägt hat, das ich nie vergaß und ungezählte Male als wahr empfunden habe: die Wahrheit ist polyphon. Es könnte als Leitspruch über seiner Lebensarbeit stehen. Diese abgründige Einsicht bewahrte ihn davor, ein Fanatiker zu werden, wozu er die Möglichkeit in sich trug; denn seine Logik war nicht danach, Zugeständnisse zu machen.«[82] Wie sehr das Ausbalancieren von Einheitlichkeit und Vielseitigkeit, von Wahrheitswille und Polyphonie nur möglich war durch die theoretische Klärung des Gegensatzgedankens, wird sich erweisen.

Ohne diese Balance hätte Guardini von der Anlage her nur den einen Zug zum Unbedingten zu Wort kommen lassen. Darin bestand seit seinem erwachenden Denken eine sofortige Wahlverwandtschaft zu Platon: Er bestätigte in Guardini etwas Eigenes. Aus dieser »ersten Liebe« zum Wesen entfiel zunächst der Blick auf das Bedingte. »Hinzufügen möchte ich, daß mir damals der Sinn für das Geschichtliche vollkommen fehlte. Für mich gab es nur die Idee, das Prinzip, die Entwicklung des Wesenszusammenhangs. Auf das, was nicht sein muß, aber ist und in seiner Wirklichkeit die Dignität des Unwiderruflichen und Entscheidenden trägt, hätte ich unbedenklich das Wort angewendet, das ich nachher einmal hörte: ›Il n'y a rien de plus méprisable qu'un fait‹.«[83]

Erstaunlicherweise aber: Zu der in Tübingen glückhaft erfahrenen »Bekehrung des Denkens« kamen sogleich Gegengewichte mit ins Spiel, die einen Spannungsbogen zu wölben begannen: »Wilhelm Koch – und meine beiden Freunde – ... halfen mir, die Unbedingtheit des gläubigen Denkens mit dem unbefangenen Blick auf die Wirklichkeit der Dinge und den Reichtum der Kultur ins Verhältnis zu bringen.«[84]

Karl Neundörfer

Mehrfach fiel der Name Neundörfer. Es handelt sich um das Brüderpaar Karl (1885–1926) und Ludwig (1901–1967), wobei besonders Karl vom siebten Lebensjahr an, später durch das Studium und bis zu

---

[82] Josef Weiger, Erinnerungen an Romano Guardini. Zur Verleihung des Friedenspreises, in: Der christliche Sonntag 38, 21.9.1952, 298.
[83] Berichte, 86f.
[84] Ebd., 86.

seinem unerwartet frühen Tod Romano Guardini als dessen engster Freund begleitete. Er prägte und ergänzte ihn in einem später nicht mehr wiederholten Maße, wenn man einmal von der Freundschaft mit Josef Weiger absieht.

Karl Neundörfer wurde am 5. Mai 1885 zu Wöllstein in Rheinhessen geboren, wo sein Vater als Richter und späterer Geheim-Justizrat wirkte. Karl besuchte dasselbe Mainzer Gymnasium wie Guardini, verkehrte wie dieser im »Schleußnerkreis« und studierte ab 1903 zunächst Rechtswissenschaft in Gießen, wo er 1906 Promotion[85] und Referendarexamen ablegte. Auch ihm genügte dieses Studium nicht.

Er stieß im Wintersemester 1906/07 als Theologiestudent zu Guardini nach Tübingen, wo sich ein Freundeskreis mit Weiger, Hefele, Funk, Zoepf und anderen zusammenschloß.

In diesen Jahren ab 1905 bildete Guardini in langen und leidenschaftlichen Gesprächen mit Neundörfer über »Gegensatz und Gegensätze« seine Denkweise aus. Zwischen 1907 und 1912 wurden die ersten Formulierungen gefunden[86], die in dem gleichnamigen Werk 1914 als kleine und unbeachtete Arbeit erschienen. So unscheinbar und unvollendet das Ganze war, so erarbeitete sich Guardini doch mit Hilfe des Freundes die Grundlagen seiner späteren Strukturierung von Lebensvorgängen, die bis zuletzt seine Sehweise bestimmten und das Aushalten und Bestehen eigener Gegensätze lehrten.

Die Gespräche mit Neundörfer konnten deshalb so fruchtbar werden, weil dieser selbst einen Gegenpol zu Guardini darstellte. Wenn Guardini mit Leidenschaft und Treue nach dem Wesen der Kirche, dem Wesen des Christentums suchte, so vertrat Neundörfer die Konkretion der Kirche in Organisation, ihre Verflechtungen in Staat, Gesellschaft, Parteien. Freilich nicht wiederum einseitig, sondern er suchte das Verhältnis der Kirche als Ort des Geistes zu ihrer politischen und juridischen Institution zu klären. Geistkirche – Machtkirche – Rechtskirche sind die Begriffe, um die sich seine posthume Aufsatzsammlung »Zwischen Kirche und Welt«[87] gruppiert. Guardini bezeugt in einem Nachruf:

---

[85] Diss.: »Der ältere deutsche Liberalismus und die Forderung der Trennung von Kirche und Staat«.
[86] Tagebuch vom 23.3.1958; Wahrheit des Denkens, 114: »Gestern habe ich die Tagebuchblätter gelesen, die Ludwig Neundörfer mir aus dem Tagebuch von Karl zum 70. Geburtstag hatte abschreiben lassen. Winter 1906/07 ... Über ein halbes Jahrhundert her ... Darin kommt auch mein Name immer wieder vor. Ich frage mich, ob das alles wahr ist ... Ich das bin, von dem da geredet wird?« (Leider ist Karl Neundörfers Tagebuch nicht erhalten).
[87] Untertitel: Ausgewählte Aufsätze aus seinem Nachlaß, hg. v. Ludwig Neundörfer und Walter Dirks, Frankfurt 1927 (mit Vita und Bibliographie).

»Das Feld der öffentlichen Gebilde, der Kirche und des Staates vor allem, war recht eigentlich die Ebene, auf der er lebte. Noch selten habe ich ein solches Gefühl für das Eigenwesen und die Eigengesetzlichkeit der öffentlichen Dinge gespürt wie bei ihm.«[88]

Zunächst freilich ähnelten sich die Lebensläufe trotz der befruchtenden Verschiedenheit des Denkens: Beide wurden einer geringen Unbotmäßigkeit wegen im Mainzer Priesterseminar für ein halbes Jahr von der Weihe zurückgestellt, empfingen sie dann aber gemeinsam am 28. Mai 1910 im Dom und gerieten anschließend auf wechselnde Kaplanstellen (Neundörfer in Hechtsheim, Viernheim, St. Martin – Worms, St. Quintin – Mainz). 1911, mitten im Streit um den Modernisteneid, nahm Neundörfer eine ausgewogene und hilfreiche Stellung dazu in zwei Zeitungen ein.[89] Ab 1913 erschienen jährlich mehrere Beiträge von ihm in verschiedenen Zeitschriften von Rang, darunter im »Hochland« und den »Schildgenossen«. 1914 als Kaplan nach St. Quintin in Mainz berufen, übernahm er diese Großstadtpfarrei 1918 selbständig; dazu wurde ihm noch die Organisation der Caritas für die gesamte Diözese aufgebürdet. Seine Mitarbeit in Kommissionen war geschätzt, so am Reichsjugendwohlfahrtsgesetz und in der Ehekommission des Frauenbundes.

Diese Aufgaben schärften seinen Blick für ein zweites großes Thema neben Kirche und Staat: nämlich Caritas und Ehe. Durch Guardini 1920 zum Rothenfelser Quickborn gelangt, brachte er dort seinen klugen Rat in diesen Bereichen ein. Ähnlich wie bei Guardini lebten seine Aufsätze damals aus der Lebendigkeit des Augenblicks, aus einem raschen, aber grundsätzlichen Antworten auf schwer lösbare Fragen der Gegenwart. Daß ihm eine Berufung auf den Tübinger Lehrstuhl für Kirchenrecht (in der Nachfolge von Professor Sägmüller) vereitelt wurde, gehört zu den Kurzsichtigkeiten seiner Vorgesetzten.

Die beiden Freunde waren mehrfach miteinander in Ferien gefahren; Neundörfer suchte ab 1923 regelmäßig seine Erholung in den Bergen.[90] Am 13. August 1926 stieg er allein zum Fex-Gletscher neben dem Piz Led bei Sils Maria im Oberengadin auf und fand dort durch einen Sturz in eine Gletscherspalte, bei dem er sich das Genick brach, den Tod. Guardini, der ihm einen Tag später von der Aachener

---

[88] Karl Neundörfer zum Gedächtnis, in: Schildgenossen 6 (1926), 388.
[89] Wie ist die Entrüstung über den Modernisteneid möglich?, in: Mainzer Journal 64. Jg. Nr. 37 vom 13. 2. 1911, und: Zur Beurteilung des Modernisteneides, in: Frankfurter Zeitung, 55. Jg. Nr. 64, vom 5. 3. 1911.
[90] Für die Rhein-Mainische Volkszeitung schrieb er die aus seinem sonstigen Rahmen fallenden Beiträge: »Vom Sinn des Bergsteigens« und »Papst Pius XI. als Bergsteiger«.

Akademikertagung nachgereist war, nahm den Leichnam nach der Bergung zusammen mit Gerta Krabbel in Empfang. Josef Weiger hielt ihm die Leichenrede in Mainz, Guardini nahm nicht an der Beerdigung teil.

Wie sehr Karl Neundörfer zum alter ego Guardinis geworden war, oder genauer gesagt, zu dem ihn ergänzenden Pol, der die in Guardinis Anlage vorhandenen Einseitigkeiten hilfreich zur Gänze rundete, geht auch aus dem ersten Testament des Kaplans Guardini vom 21. September 1914 hervor.[91] Obwohl seine Familie zu dieser Zeit noch in Mainz weilt, ernennt er Neundörfer nicht nur zum Testamentsvollstrecker, sondern vermacht ihm auch die theologischen, philosophischen, kulturwissenschaftlichen und aszetischreligiösen Schriften seiner Bibliothek, außerdem sämtliche eigenen Manuskripte (darunter dasjenige zur Gegensatzlehre und zum »Handbüchlein des inneren Lebens«).

Guardini bescheinigt seinem Freund in dem vom Schmerz bewegten Nachruf »wirkliche Größe«,[92] erwachsen aus der Furchtlosigkeit der mündig-freien Persönlichkeit – dies aber nicht im kantischen Sinne gemeint, sondern sehr wohl im Sinne einer Freiheit aus Bindung. Auch ihm ist wie Guardini die Kirche der wirkliche, wirksame Ort der Freiheit »in Gesellschaft und Geschichte«.

Und in der klaren Erkenntnis der verschiedenartigen Begabung war eine Art fruchtbarer Aufteilung der Fragen vorgenommen worden. »Und wir hatten uns gedacht, ich sollte sie (= die Kirche) von der kontemplativen Seite ihres Lebens her zu erfassen suchen ...; er wollte sie als Kämpfende, Arbeitende, Herrschende und Dienende erfassen.«[93] So war an ein Buch über den »Geist des kanonischen Rechtes« gedacht, ähnlich Iherings »Geist des römischen Rechtes«. Neundörfers brüderliche Hilfe gegenüber Guardini besteht letztlich und unschätzbar darin: »Durch ihn habe ich das Ressentiment gegen Recht, Gesetz und öffentliche Form des Religiösen überwinden gelernt. In stets erneuerten Unterredungen hat er mich sehen gelehrt, wie eng jene scheinbar so religiöse Haltung ist, wonach rechtes religiöses Leben nur das Innerliche, Individuelle oder Erlebnis-Gemeinschaftsmäßige ist, dagegen Recht und Gesetz nichts damit zu tun haben.«[94]

Dieses Erbe ging festigend in die katholische Jugendbewegung ein, deren Wille zur Gesetzesfreiheit dadurch seiner Naivität entklei-

---

[91] Im Besitz von Frau Klara Neundörfer, Offenbach, der hier für die freundliche Einsichtnahme gedankt sei.
[92] Karl Neundörfer zum Gedächtnis, 386.
[93] Ebd., 389.
[94] Ebd.

det und wirklichkeitsnäher wurde. Es ist umgekehrt nicht übertrieben, in Neundörfers Ansatz »das vorweggenommene Konzil« zu sehen.[95] Gerade aus seiner Kenntnis heraus, wie sehr das Recht »Grundlage, Form und Sicherung von Leben« sei, kannte er auch die Grenzen dieses Rechtes. Sofern es nicht lebendige Kirche vertrat und schützte, besaß es selbst keine Rechtfertigung, ja keine Rechtlichkeit, da diese aus der Wahrheit des Gewollten und geschichtlich Möglichen kommt. Ohne aufsässig zu sein, erwarb er sich doch in Mainz einen offenen Raum des Wirkens mit einer Ausstrahlung auch auf Andersgläubige und der Kirche Entfremdete.[96] Das heute schon wieder abgegriffene Stichwort »Kirche und Welt«, das er als einer der ersten aussprach, will zu einer Verbindung bringen, was im damaligen Katholizismus auseinanderklaffte: »Gottesdienst und Berufstreue«, Liturgie und Caritas.

Vorwegnahme des Konzils aber auch in der Unerschrockenheit, aus Wahrheitsliebe auch Fundamente zu überprüfen: »Wem Ruhe und Sicherheit die größten Güter sind, wird sogar kaum daran vorbei kommen. Wer aber – für Individuen und Gemeinschaft – nur ein solches Leben für lebenswert hält, das nach tiefsten Grundsätzen sich bestimmt und in voller Wahrhaftigkeit sich auswirkt, dem können Ruhe und Sicherheit nicht das höchste sein; der wird vielleicht gerade von einer Erschütterung die Gesundung erwarten.«[97]

Josef Weiger

Der andere Freund begleitete und trug Guardini fast sein Leben lang. Josef Weiger starb erst am 27. August 1966, zwei Jahre vor Guardini, wie dieser 83 Jahre alt geworden. Als Guardini den im Pfarrhaus zu Mooshausen Aufgebahrten zum letzten Abschied aufsuchte, nahm er die in der Sterbeminute stehengebliebene goldene Taschenuhr wieder an sich, die seinen eigenen Namen zur Erinnerung an den Weißen Sonntag trug und die er dem Freund einmal geschenkt hatte. Dabei sagte er: »Die Zeit ist nichts.«[98]

[95] Jakob Franz, Das vorweggenommene Konzil. Dr. Karl Neundörfer, Mainzer Pfarrer zwischen Welt und Kirche, in: Mainzer Almanach, Mainz 1970/71, 123–131.
[96] Ebd., 123f, die Anekdote, daß Neundörfer in der Volkshochschule über die katholische Sakramentenlehre sprechen wollte, sein Bischof es ihm aber verweigerte, weil es dafür eine katholische »Gesellschaft für volkstümliche Vorlesungen« gebe. »Der Pfarrer meinte, von dem altmodischen Namen abgesehen, treffe er dort nicht die Menschen, auf die es ihm ankomme. So lud er die, auf die es ihm ankam, in sein Pfarrhaus ein und hatte die Offenheit, die er wünschte, und der Weisung war Genüge getan.«
[97] Ebd., 131.
[98] Erich Endrich, Wahrhaft menschlich und priesterlich. Zum Tode von Pfarrer Dr. h. c. Josef Weiger, in: Schwäbische Zeitung vom 2. September 1966.

Die Zeit umfaßte sechzig Jahre gemeinsamen Weges. Im Wintersemester 1906/07, in dem Guardinis glückhaft sicherer Weg begann, lernten sie sich in einem Hörsaal des Tübinger Wilhelmstiftes kennen. Josef Weiger war zwei Jahre älter: geboren am 10. Juni 1883 in Schloß Zeil bei Leutkirch, im schwäbischen Allgäu, hatte er nach dem Abitur in Rottweil das Noviziat in Beuron durchlaufen, war aber aus vorwiegend gesundheitlichen Gründen vor der Profeß gegangen, nicht ohne zeitlebens dorthin tiefe und warme Verbindung zu pflegen. Darauf studierte er vier Jahre Theologie in Tübingen, ein Jahr am Priesterseminar in Rottenburg, wurde dort von Bischof Paul Wilhelm Keppler am 12. Juli 1911 zum Priester geweiht und diente anschließend als Vikar an mehreren Orten im schwäbischen Allgäu. Fast ein ganzes Jahr lang lag er freilich krank, wie er überhaupt – Guardini auch darin ähnlich – von psychosomatischen Leiden und ebenfalls von Schwermut heimgesucht war. In der Frage des Modernismus lag beider Übereinstimmung darin, daß er »wohl gegen die Unfreiheit und Geistlosigkeit des Herkömmlichen opponiert (hatte), und die Art, wie Koch fragte und sprach, war für ihn eine Weiterführung der befreienden Wirkung Beurons; er dachte aber nicht daran, die religiöse Tiefe und autoritäre Kraft der Tradition loszulassen.«[99]

Vom 3. September 1917 bis zum 16. Januar 1957 war er Pfarrer in Mooshausen im Illertal, halbwegs zwischen Memmingen und Leutkirch. Maria Knoepfler, zu deren Charakteristik und Bedeutung auch für Guardini noch etwas zu sagen ist, führte ihm den Haushalt; später lebte die Bildhauerin Maria Elisabeth Stapp im Hause.

Auch den Ruhestand verbrachte Weiger in dem Dörflein, durchlitt dort seine letzte Krankheit und wurde Ende August 1966 im Schatten des Kirchturms begraben. Sein Grab deckt eine von Maria Elisabeth Stapp gegossene Bronzeplatte mit selbstgedichteten Versen »De profundis«. Guardini verglich einmal die Dichtungen seines Freundes mit denen eines anderen schwäbischen Pfarrers, Eduard Mörike, den er so sehr schätzte.

Weigers Leben verlief von außen gesehen ruhig, innerlich war es reich, tief, bewegt, charismatisch. Etwa das Charisma der Freundschaft: Nicht nur Guardini war regelmäßig im Jahr zweimal dort zu Gedankenaustausch und Erholung, berührt vom Frieden und der Geistigkeit des Hauses und der Lieblichkeit der Landschaft (»Kanal an der Iller«, in die Sammlung »In Spiegel und Gleichnis« aufgenommen, bezeugt eine fast magische Landschaftserfahrung). Vom Sommer 1943 bis Herbst 1945 fand er überhaupt Zuflucht in dem Pfarrhaus. Ein großer Freundeskreis, darunter Joseph Bernhart und

[99] Berichte, 85.

P. Manfred Hörhammer, viele Ratsuchende, am Leben Verzweifelnde kamen in das Haus; Guardini sandte aber auch nicht selten jene, die ihn um Rat angingen oder konvertieren wollten und denen er sich in seiner Arbeitslast nicht gewachsen fühlte, zu seinem Freund: »Aber möchtet Ihr nicht einmal mit einem Manne reden, dem ich persönlich ganz vertraue, und der geistig wie menschlich ganz offen und reich ist?«[100]
Weiger besaß wohl je länger je mehr die Gabe der Herzensschau. Zugleich ist aber auch der Reichtum biblischer und patristischer Kenntnis hervorzuheben. Bis zum letzten Tag hielt er die Bibel in der Hand, liebte darin vor allem Jeremias und Paulus, vertiefte sich in die Gestalten von Maria und Josef; seine biblischen Meditationen alljährlich seit 1954 bei den Künstlertagungen in Beuron waren berühmt. Wie Guardini schätzte er Augustinus und Newman, las Chrysostomus und immer wieder die Autobiographie von Therese von Lisieux. »Wenn jemand bezeugen kann, wie unablässig er sich um das Verständnis der Schrift bemüht; in wie nahem Umgang er mit der Literatur der Väter steht; wie die Geschichte der Kirche aus nie abreißendem Studium zu ihm spricht, dann bin ich das.«[101]
Weiger legte nicht wenige Gedanken schriftlich vor, wurde zu Exerzitien, Vorträgen, Rundfunkansprachen eingeladen – überall schätzte man seine bibeltheologisch durchleuchtete Frömmigkeit. Sein Werk weist bezeichnende Schwerpunkte auf; es setzt mit drei liturgischen Vertiefungen ein: »Liturgisches Marienbuch« (1924), »Liturgisches Totenbuch« (1924) und »Liturgisches Wochenbuch« (1925). Ein anderer Gedankenkreis sind Marienbücher, eines davon, »Der geistliche Mai« (1952), zusammen mit Guardini und Felix Messerschmid herausgegeben. Erwägungen zu den kirchlichen Festtagen sammelt der größere Band »Von Ewigkeit zu Ewigkeit« (1935, Guardini gewidmet), aus sorgfältigen Predigten herausgearbeitet.
Über dem Buch »Der Leib Christi in Geschichte und Geheimnis« (1950), das achtzehn Briefe über die Eucharistie enthält, kam es wegen eines Mißverständnisses zu einer theologischen Auseinandersetzung mit Guardini und seinem Vorwort. Dabei kommt in Weigers Sicht folgendes zu Tage: »Wie ich Dir (P. Placidus Pflumm) schrieb, hat er zu dem Buch Stellung genommen, ohne es gelesen zu haben. Er tut im Vorwort so, als ob die alte Väterzeit, Väter und Scholastiker kein Verhältnis zur Wahrheit gehabt haben wie wir und spricht vom modernen Wahrheitsbegriff. Ich weiß nicht, was er darunter versteht; fürchte aber, daß das, was er so heißt, erst der

---

[100] Brief an Frater Manfred Hörhammer vom 30.12.1927 (Burg-Archiv).
[101] Guardini 1950 über Weiger; das Zitat ist nicht näher auszuweisen.

Klärung bedarf. Ich behaupte, der Sinn für die ›theologische Wahrheit‹ war früher stärker entwickelt. Darum haben frühere Jahrhunderte auch mehr theologische Kritik vertragen. Heute leben die Herrn fast alle aus der Hand in den Mund ... Rom. lenkt das Denken sehr stark auf die außerreligiösen Bezirke hin; gut, sehr gut. Aber damit ist uns in den Fragen, die das eigentlich Theologische berühren, nicht viel geholfen. Wir müssen achten, daß wir im eigenen Haus Ordnung halten. Rom. ist eben Phaenomenologe; u. mir gibt diese (!) keine letzte Sicherheit.«[102]

Die Äußerung beleuchtet Weigers Ehrfurcht vor der Väterzeit selbst sehr gut, tut aber Guardini Unrecht, der über diese Lesart seines Vorwortes »ziemlich fassungslos« war. »Josef hat gemeint, es (das Vorwort) stelle sich zur modernen ›wissenschaftlichen‹ Theologie und greife die ›Tradition‹ an, zu der er sich selbst rechnet. Dabei liegt doch auf der Hand, daß es den Anspruch eben jener Theologie auf Allgemeingültigkeit zurückweist und das Recht der spontanen theologischen Äußerung verficht.«[103]

Diese einzig bekannte Verstimmung ließ sich beheben; beide waren einander aus dem Innersten heraus und in der Sache zu zugetan, um sich zu entzweien.

Weiger wurde bei aller Zurückgezogenheit doch wenigstens einmal in seinem Wirken und Werk anerkannt: Am 22. Februar 1951 promovierte ihn die katholisch-theologische Fakultät Tübingens zum Ehrendoktor. Seine Arbeiten zeichneten sich durch eine erstaunlich geformte, wohl bedachte und schlichte Sprache aus, deutlich in der Bemühung, Theologisches menschlich zu sagen. Über Rahner fand er einmal die Worte: »Das ist nun die eigentliche theologische Sprache, der sich kein Pförtlein in die Welt auftut; bei aller Gründlichkeit. Ich selber finde mich in ihr ganz ganz fremd. Mir kommen unsere Gelehrtenbücher manchmal vor wie Überseeschiffe, die lange nicht mehr von Muscheln und Seetang gereinigt worden sind. Der Ballast der Jahrhunderte macht sie langsam und schwer bewegbar; oft auch langweilig und unerfreulich.«[104]

Seiner kraftvollen und schönen Sprache und natürlich seiner lebenslangen Befassung mit Maria wegen wurde Weiger die Formulierung des Weihegebetes an die Gottesmutter für die ganze Diözese anvertraut.

Ohne Wissenschaftler sein zu wollen, hat er kraft seiner geistigen Durchdringung der Glaubensgegenstände viele befruchtet. »Pathetik und Trivialität waren dem Feinempfindenden in gleicher Weise

---

[102] Undatierter Brief 1950 an P. Placidus Pflumm (Archiv Beuron).
[103] Brief an Hans Waltmann vom 13.3.1950 (Stabi).
[104] Brief an Guardini vom 6.9.1958 (Stabi).

zuwider. Sein riesiges Wissen weitete sich zur Weisheit aus. Seine adelige Seele ließ sich in kein Schema pressen.«[105]

Guardini hat viele seiner Bücher, bevor er sie zum Druck gab, mit seinem Freund besprochen. Daß dieser ihn so neidlos loben und uneigennützig verbessern konnte, ja daß er ihn bei aller Gemeinsamkeit und Nähe als den Größeren erkannte, macht Weigers eigene Größe aus. Über das Buch »Die menschliche Wirklichkeit des Herrn« gibt es das freundschaftliche Zeugnis und noch mehr die sachliche Ermutigung, die Guardini bei aller Selbsteinschätzung (und Unsicherheit) immer wieder brauchte: »Ich kann nur hoffen, daß dieses kleine schmale Buch Weltgeltung bekomme, d. h. in die Kultursprachen der Menschheit übertragen wird. Gott hat Dir, wie dem Apostel, eine Türe aufgetan, wie keinem anderen Theologen. Ohne die Liebe zur theoretischen Wahrheit auch nur eine Sekunde preiszugeben, öffnet deine kundige Hand leise den Zugang zur Christuswirklichkeit Tausenden ... Ich weiß nicht, lieber Romano, ob Du den Abstand zu den Theologen spürst. Sie versuchen es, Dich ein wenig auszuplündern. Aber Deine Sprache ist so geformt und geprägt, so Stil im höchsten Verstand – da gibt es keine Imitation ... und es fehlt so ganz der klerikale Ton, den ich gar nicht mehr ertrage.«[106] Oder auch: »Diese (Universitäts-) Predigten sind für das XX. Jahrhundert, was die sermones Newmans für das XIX. gewesen sind.«[107]

Auch in seinem Humor war er Guardini vertraut. Wohl wenige konnten ihm gegenüber einen so herzlich zugetanen und warmen Ton anschlagen. Ein Brief zum Geburtstag 1950 ist überschrieben: »Einladung zur Geburtstags-Metzel-Suppe«. Ausgemalt wird Schwäbisch-Ländliches: »Erhole Dich gut, und wenn Du denkst, daß Dir eine Metzelsuppe gut täte und hausgemachte Leberwurst, dann teile ich Dir mit, daß heute Mittwoch mein Säulein daran glauben mußte und während ich hier sitze, wird es bereits verarbeitet. So lade ich Dich denn von Herzen auf den Fastnachtssonntag ein zur Nachkur ... Weißt Du, erst wenn der Freund krank ist, merkt man, wie lieb man ihn hat.«[108]

Daneben stand nicht selten die Qual der Schwermut, schon seit seinen Vikarsjahren. Er teilte diese Last ja mit Guardini, dem er einmal schrieb: »Ich habe Wochen unendlicher Schwermut hinter mir mit allen giftigen Lähmungen, die sie mit sich führt.«[109] – »Ich

---

[105] Franz Weber, Der Dorfpfarrer von Mooshausen (ein leider nicht mit Zitation ausgewiesener Aufsatz von 1966).
[106] Brief an Guardini vom 6. 9. 1958 (Stabi).
[107] Brief an Guardini vom 8. 2. 1959 (Stabi).
[108] Brief an Guardini vom Februar 1950 (Stabi).
[109] Brief an Guardini vom 8. 2. 1959 (Stabi).

glaube, daß Jesus sie auch an sich herangelassen hat. Nur hatte sie bei ihm eine andere Form. Schwermut zieht zusammen wie ein Netz. In den Stunden der Schwermut ist man froh um jedes liebe Wort. Ich arbeite still vor mich hin; Arbeit ist eines der wenigen Mittel, die ich gegen Schwermut einsetzen kann, Arbeit und Gebet.«[110] Im Aushalten erfuhr er allerdings auch eine Veränderung: »Lebensbedrohende Leiden wandeln sich in einen inneren Frühling; lösen eine wohltuende Erneuerung aus und weiten Geist und Herz.«[111]

Es war kein Zufall, daß Guardini seine letzten Fragen in Form von »Theologischen Briefen« an seinen Freund adressierte. Weiger teilte Guardinis Leiden an der Endlichkeit von sich aus: »Daß die Welt den Grund ihrer Existenz nicht in sich selbst haben kann, ist ein Grundgefühl meines Daseins. Mehr als eine bloße Einsicht in die Frage nach dem Woher der Dinge. Aber sogar dieses Gefühl droht manchmal wegzufließen. Dann wankt der Boden. Glaubst Du nicht auch, daß die wenigsten Zweifel aus dem Intellekt kommen? Die Fragen bewegen mich sehr, die Fragen um Tod und Leben.«[112]

Noch ein letztes Wort über die drei Freunde, das fast ins Anekdotische reicht und von Guardini selbst wohl mit dem Humor des Abstands berichtet wird.

Ihr geliebter und gleichermaßen in seinen Mängeln erkannter Lehrer Koch hatte die Freunde auch als Beichtvater angenommen. In seiner praktisch-nüchternen Art übte er auf Guardini, der zu dieser Zeit fast unerträglich von Skrupeln geplagt war, einen zutiefst lösenden Einfluß aus. »Damals habe ich erfahren, welche wunderbare Lebensmacht das Sakrament der Buße ist, wenn es richtig verwaltet wird.«[113] Unter anderem gab er allen dreien auch den Rat, sich bei einem Professor der Psychiatrie ein Buch über die Probleme der Geschlechtlichkeit nennen zu lassen. Die Pointe besteht darin, daß alle drei zusammen »Die sexuelle Frage« von Forel laut lasen. Guardini fühlte sich in vielem befreit, aber die Komik der Situation ist deutlich vorstellbar.

Über das Anekdotische hinausgehend soll damit gesagt sein, wie diese kleine Gemeinschaft für Guardini und wohl auch für die beiden anderen die Öffnung zu einer gewissen Normalität des Lebens bedeutete, ohne dabei das Feuer der Besonderheit auszulöschen.

---

[110] Werner Groß, Josef Weiger 1883–1966 (das Zitat ist nicht ausgewiesen).
[111] Ebd.
[112] Ebd.
[113] Berichte, 82.

Das Priesterseminar in Mainz (1908–1910)

Tübingen bedeutete für Guardini nur eine kurze, gleichwohl bis ins Tiefste prägende, ihn in bisher ungekannte Sicherheit und Weite entlassende Zeit – seine cognitio matutina, die »morgendliche Erkenntnis«, deren Glanz er für sein Leben, durch alles wechselnde Licht und Schatten, nicht mehr einbüßte. Kurz darauf kam eine eintrübende Erfahrung.

Vom Oktober 1908 bis Mai 1910 nahm das Mainzer Bischöfliche Seminarium ad Sanctum Augustinum die beiden Freunde Guardini und Neundörfer für vier Semester gemeinsam auf. Guardini trat nicht ungern dort ein, und er kam mit einer für ihn seltenen Erholung. Einiger Nervenbeschwerden wegen – Nachwirkung der seelischen Not der »Selbstverzehrung« in den Skrupeln – erlaubte ihm der Vater im Sommer ein Ausspannen, auch unter dem Gedanken, der Sohn möge seinen Priesterberuf noch einmal überprüfen. »Ich ging also nach dem kleinen Ort Schmitten im Taunus und lebte dort einige Monate für mich allein in den schönen Wäldern und Tälern. Mein Tagebuch aus jener Zeit könnte von einem guten und glücklichen, wenn auch von mancherlei Unerfüllbarkeit heimgesuchten Leben erzählen.«[114] Der Mainzer Adam Gottron, der kurz darauf ebenfalls Theologie studierte, begleitete ihn manchmal zu den Wanderungen und Gesprächen.[115]

Die Erwartungen an das Priesterseminar waren unbestimmt groß. Guardini gibt einen Vergleich zwischen den akademischen Entwürfen des Seminars und der Universität, worin sie eigentlich in ihrer Bedeutung etwas zurücktritt. »Dieser fehlt die Eindeutigkeit der letzten Stellungnahmen, und von dorther kommt in alles eine innerste Ratlosigkeit und Schwäche; die Welt des Seminars ruht auf der heiligen Wahrheit, ihrer Eindeutigkeit und Kraft ... Wissenschaft, religiöses Leben, sittliche Erziehung, menschliche Gemeinschaft verbinden sich, und es erwächst, was zu den stärksten bildenden Mächten gehört: eine traditionsverwurzelte, formende Gesamtgestalt.«[116]

Im Gegensatz zu diesem Wunschbild hat sich Guardini im Priesterseminar nicht wohl gefühlt. Es war nicht die Institution selbst mit ihrer ausgeprägten Autorität und den notwendigen Ordnungen: Darauf ließ er sich willig ein. Aber zugleich herrschte eine Form der

---

[114] Ebd., 89.
[115] Aus den Erinnerungen von Adam Gottron, in: Ein Leben im Schatten des Domes. Zum Gedächtnis an Adam Gottron, Mainz o. J.
[116] Berichte, 89 f.

Beobachtung und des Mißtrauens, das seiner Gesamthaltung, gerade auch seiner Loyalität, ja Liebe zur Kirche zuwiderlief. Stützend war die Anwesenheit Neundörfers, trotzdem hat Guardini psychosomatisch gelitten – sein lebenslanges Magenleiden begann nach eigenen Worten in dieser Zeit.

Ein Tiefpunkt, den Guardini kaum verwinden konnte, trat ein: Er hatte einem Studienfreund gegenüber in vertraulichem Gespräch verschiedene Kritik am Seminar und seiner Erziehung geübt. Der Mitstudent ging damit zum Spiritual, dieser zum Regens Dr. Becker. Da sich Neundörfer Ähnliches erlaubt hatte, standen beide fast vor dem Ausschluß. Zu zweit war die Lage leichter zu tragen, auch standen Herr und Frau Schleußner hilfreich im Hintergrund – aber die Katastrophe war greifbar nahe. Schließlich begnügte man sich mit dem Aufschub der Weihen um ein halbes Jahr, aber Guardini war in der Seite seines Wesens, die auf Vertrauen baute, überaus schmerzlich und nachhaltig getroffen. Vielleicht bewahrte ihn nur die schon gewonnene Sicherheit seines Weges und die religiöse Vertiefung vor einem Kurzschluß.

Während Guardini in allen späteren Prüfungen ausschließlich eine gute bis sehr gute Benotung erhielt, billigte das Professorenkollegium dem Alumnus im »Examen pro Presbyteratu« nur die recht mäßige Gesamtnote 2 – 3 zu.[117] Trotzdem bewahrte er dem Seminar ein spirituell grundgelegtes Andenken; in seinem Testament von 1914 bestimmt er einen Teil seiner Bücher und den Primizkelch letztlich für das Mainzer Seminar, nachdem sie zuerst Karl Neundörfer und Josef Weiger zur Verfügung stehen sollten.

---

[117] Personalakte Guardini vom 12.10.1910 (Diözesanarchiv Mainz).

V. Lehrjahre des jungen Priesters

Die Zeit als Kaplan (1910–1912)

Am 28. Mai 1910 empfängt Guardini mit Karl Neundörfer im Mainzer Dom die Priesterweihe durch Bischof Dr. Georg Heinrich Kirstein. Beuron, das Guardini liturgisch erweckt hatte, war gewissermaßen zugegen: Die Eltern schenkten ihm einen dort gestalteten Kelch[1], den er bei der Primiz am 2. Juni 1910 in der Kapelle der hl. Bilhilds bei den Franziskanerinnen erstmals verwendet. Und das Primizbild zeigt ein streng in Beuroner Malerei ausgeführtes Herz-Jesu-Bild mit den Worten: »Ignem veni mittere in terram«, kniend davor zwei Mystikerinnen[2]. Die Feier findet, der verhaltenen Religiosität der Familie entsprechend, in kleinstem Kreise statt. Schleußners waren zugegen und die Franziskanerinnen, zu denen die Mutter eine Beziehung hatte, außerdem nur die Familie.

Guardini findet später zur Priesterweihe eines Freundes aus der Juventus, Alfred Schüler, einige Sätze, die seine Einstellung zu diesem Amt und seiner Berufung kurz, aber wesentlich beleuchten. Auffallend ist, daß er auch hier versucht, ein Ganzes von zwei Seiten her auszudrücken: »... Daß ich Dir ein Gott ganz nahes und unserer Zeit ganz nahes Priesterleben wünsche. Es möge so sein, daß Du um das ganz besondere Amt wissest mit seiner Gewalt und Kraft von Gott zu den Menschen; von den Menschen zu Gott. Aber zugleich ganz gelöst und selbstverständlich als Bruder neben die Geschwister tretest.«[3]

In seiner viel später geschriebenen autobiographischen Rechenschaft verwendet Guardini fast dieselben Worte, um den väterlichen und brüderlichen Priester zu unterscheiden. Sein eigener Weg war seit jeher der zweite: »Er scheut sich, feste Ergebnisse und Weisungen an sie heranzutragen, sondern stellt sich mit ihnen zusammen in

---

[1] S. Testament vom 21.9.1914, Pkt. 5.
[2] Ein Primizbild ist erhalten im Nachlaß Ana 342 (Stabi).
[3] Brief an Alfred Schüler vom 9.3.1925 (Besitz Änny Schüler).

das Suchen und Fragen hinein, um mit ihnen gemeinsam hinauszufinden.«[4]

Die Einübung in das Amt ist fordernd. Es beginnt ein häufiger und kräftezehrender Einsatzwechsel als Kaplan. Am 1.7.1910 wird Guardini nach Heppenheim an der Bergstraße geschickt (dem späteren Wohnort Martin Bubers), am 27.5.1911 ins Darmstädter Schwesternhaus[5], am 1.8.1911 an den Dom von Worms, am 16.4.1912 nach St. Christoph in Mainz, wo er zusätzlich als Religionslehrer am Gymnasium arbeitete. Ein kleiner, aber erhellender Zug: Um 1910 kaufte sich der Kaplan, damals ganz ungewöhnlich, einen Photoapparat, einen teuren dazu.[6] Man darf es wohl als Zeichen seiner Sehfreude, überhaupt seiner Übung im Wahrnehmen, deuten.

Über die erste Kaplansstelle in Heppenheim gibt es einige Zeugnisse, das gewichtigste davon zwanzig Jahre später von dem Berliner Professor Guardini an seinen ehemaligen Pfarrherrn, Dekan Mischler, geschrieben.[7] Der Brief ist von ungewöhnlich warmen Erinnerungen getragen und zugleich eine Art Bericht über die Entwicklung des jungen Kaplans, der nach eigener Auffassung manches »falsch gemacht hatte«. Jene erste Stelle steht durch »Freundlichkeit, Güte und Fürsorge« im Gemüt des Erinnernden, »mit einem hellen, guten Schein umgeben«, »berührt warm das Herz«. Stärker als sonst scheinen in diesem Pfarrhaus menschliche und religiöse Kräfte im wohltuenden Gleichgewicht gestanden zu haben.

Umgekehrt bescheinigt der Dekan seinem Mitarbeiter in einem Zeugnis vom 17.5.1911[8] »Eifer und Geschick in der Seelsorgstätigkeit«. Erwähnt wird jedoch die anfällige Gesundheit des Kaplans, die ihn bei einem künftigen Schulunterricht beeinträchtigen könnte – eine Vorahnung vielleicht auch einer später in der »Juventus« belegten Schwierigkeit Guardinis, mit Schülern unter fünfzehn Jahren umzugehen. Er gibt sich selbst Rechenschaft über eine bestimmte Grenze seiner Veranlagung: Disziplinär konnte er »nie wirksam befehlen«, nur über die innere, aber mittelbare Autorität (die das Gegenüber freiwillig angenommen haben mußte). Von der Sache her aber noch hinderlicher war die Art seines Denkens, und

---

[4] Berichte, 99.
[5] In der Autobiographie verwechselt Guardini die Reihenfolge Heppenheim und Darmstadt; sie geht aber klar aus einer Aufstellung für eine Dienststelle in München hervor (Stabi).
[6] Mitteilung von Erich Görner v. 5.8.1982: Der Apparat der Fa. Ernemann, Dresden, kostete damals 250 Goldmark und wurde Herrn Görner als Dank für das Tippen des Pascalbuches geschenkt.
[7] Brief vom 15.9.1930 aus Isola Vicentina (Personalakte, Diözesanarchiv Mainz).
[8] Personalakte (Diözesanarchiv Mainz).

die Art, wie er sein Denken anderen mitteilte. »Man hat mir gesagt, ich könne die schwersten Dinge so aufschließen, daß sie durchsichtig würden – ich kann es aber eigentlich nur bei solchen, die wirklich ›schwer‹ sind, das heißt, in denen ein Problem steckt. Beim Kinde geht es aber um anderes, nämlich darum, die heilige Wahrheit in Kontakt mit dem wachsenden kindlichen Geiste zu bringen. Ich habe aber das Kind nie verstanden. Für mich tritt der junge Mensch erst in der Zeit der Reifejahre ins Blickfeld, und auch da erst, wenn er eine gewisse Bildung hat.«[9]

Dies ist eine schwerwiegende Selbstbeobachtung, vielleicht um so deutlicher ausgesprochen, als Josef Weiger, in dessen Haus 1945 er diese Zeilen schrieb, Kinder sehr liebte und von ihnen ebenso wiedergeliebt wurde. Ob ein Zusammenhang damit besteht, daß Guardinis eigene Kindheit »wie unter Wasser« verborgen blieb? Andererseits fand er hilfreiche Worte im »Herrn« zum Kindsein des Christen – gerade damit war aber nicht das erste, natürliche Kindsein angesprochen, sondern das erworbene, jene durchscheinende Absichtslosigkeit, die ihm (wie vieles andere, so die Jungfräulichkeit) nicht am Anfang, sondern am Ende eines Lebens steht. Guardini mußte durch eine Frage hindurch, dann gewann sie die Einfachheit des Anfangs, hatte aber seine Unbefragtheit überwunden.

Auch eine andere, weniger edle Fraglosigkeit bereitete ihm Schwierigkeit: das Vereinswesen. Noch in Berlin konnte er sich den studentischen Vereinigungen nicht anschließen, ja hatte sogar Vorbehalte gegen den katholischen Akademikerverband. Um so mehr waren ihm die ländlichen Vereine von seinem Wesen her unzugänglich. Wieder formuliert er einen harten, grenzziehenden Satz für seine Anfangsjahre: »Zusammenfassend muß ich sagen, daß ich die menschliche Beziehung, welche der Seelsorger mit seiner Gemeinde haben muß, nicht fand ... Ich habe aber zum Volk, zur Weise seines Denkens und zur Form seiner Interessen nie richtig hingefunden.«[10]

Auch dazu eine gegensteuernde Anmerkung: Guardini sagte später Erhellendes zur Bedeutung des Volkes, gerade in der Zeit ideologischer Fehldeutung; und er vollzog diese Einsichten nicht nur mit dem Denken, sondern kennt, manchmal, eine Erschütterung durch diese unbewußte, tragende Einheit – dies aber im antikbergenden Sinn gefaßt. Ihm, der sich so bewußt und über die familiären Hindernisse hinweg für Deutschland entschied, geht diese Einheit einmal an seiner Geburtsstadt auf. »Mir wurde erzählt, in Verona bestehe noch die Sitte, daß in der Arena, bevor die

---

[9] Berichte, 97f.
[10] Ebd., 98.

Schaustellung beginnt, wie auf ein Zeichen alle ein Streichholz anzünden. Im Aufflammen der Lichter erleben sich da die Menschen als Einheit. Vielleicht wirkt darin noch antikes Empfinden nach.«[11] Hier ist aber, bei aller Vorbewußtheit, etwas Geistiges (Licht!) im Spiel, nicht die bloße, ungeistige Wärme des Zusammenseins – und eben dieses unerleuchtete »Beieinander« ist für Guardini eine Schranke, die Schranke seiner Möglichkeit der Seelsorge.

Im übrigen ist es nicht so, daß er jenes, was er nicht »konnte«, bedauert. Jedenfalls nicht später, als er sich über sein Eigenstes klar geworden war. Guardinis Reflexionen über »Grenze« sind mediterran eindeutig, fast lustvoll (wenn dieses Wort seiner Nüchternheit einmal zukommt): »Alle Dinge, Gestalten, Vorgänge und Beziehungen haben Maß; ein bestimmtes Maß. Das heißt aber, sie sind begrenzt. Doch so ist es zu äußerlich ausgedrückt ... ›Grenze‹ sitzt viel tiefer; sie sitzt ›innen‹ ... Bestimmung ist Grenze, und Grenze ist Bestimmung. Wenn die Frucht rot ist, so und so schwer, diesen Duft und diesen Geschmack hat, dann ist erfaßt, was sie ist; aber in der Abgrenzung gegen das, was anders und was sie nicht ist ... Was ist und also ein Bestimmtes ist, ist mit Grenze gesättigt, grenzhaft durchaus. Und immer auf der ›anderen Seite‹ dieser Grenze ... liegt die lebendig erfahrbare Transzendenz: der Ort Gottes.«[12]

Noch war diese Sicherheit nicht gewonnen, aber sie meldete sich unfehlbar im Widerstreben gegen alles ihm innerlich Unvereinbare. Dazu gehörte eine liturgische Fühllosigkeit, für die er manchmal einen humorvollen Kommentar aufbrachte – manchmal aber nicht. Zum ersten Fall gehörten zwei Heppenheimerinnen, die auch an Weihnachten den Kreuzweg zu beten pflegten; Guardini nannte sie die Damen »mit dem liturgischen Säumagen«[13]. Schmerzlicher und weniger kräftig kommentiert waren die Erfahrungen von St. Christoph, später von St. Ignaz in Mainz, wo er zwei Jahre lang täglich vor dem ausgesetzten Allerheiligsten die Messe feiern mußte, während die Gemeinde den Rosenkranz betete. »Die Sinnlosigkeit dieses Vorgangs war unerträglich, und ich habe einen inneren Schaden nur dadurch vermeiden können, daß ich mich dagegen unempfindlich machte.«[14]

Auch hierin lag Bestimmung: die Sinne der Gemeinde für solche Unvereinbarkeiten zu schärfen. Zunächst bedeutete es für den Kaplan aber, einfach darunter zu leiden.

---

[11] Tagebuch/Reise nach Sizilien, in: In Spiegel und Gleichnis, Mainz 1932, 143.
[12] Die Entfernung des Andromeda-Nebels, in: In Spiegel und Gleichnis, 175 f.
[13] Mündliche Mitteilung vom Domdekan Dr. Hermann Berg, Mainz.
[14] Berichte, 96.

Aus Heppenheim ist noch die Bewertung einer Predigt zu »Erscheinung des Herrn« (6. Jan. 1911) über das Königtum Christi erhalten, mit der Note 1 – 2 für eine »originelle, herzliche und wirksame Betrachtung des Festgeheimnisses mit guter Anwendung auf die heutigen Verhältnisse«. Die Katechese über die »Erhaltung und Regierung der Welt«, ebenfalls schon für das Approbations-Examen im Oktober 1911 bestimmt, trägt nur die Note 2, da manches »zu kurz angedeutet« sei, abgesehen von einem »Geschick in anschaulicher und praktischer Behandlung«.[15]

In der Gesamtbewertung, wozu auch Prüfungen in Dogmatik, Moral, Kirchengeschichte, Exegese und Kirchenrecht zählten, erhielt er schließlich im schriftlichen wie mündlichen Examen die Note 1 – 2, also erheblich besser als bei der Prüfung vor der Priesterweihe.[16]

Mit Guardinis Weggang nach Darmstadt mußte endlich die für den kirchlichen Schulunterricht vorgeschriebene »Naturalisation« erworben werden. Am 9. Juni 1911 verlieh ihm das Großherzogliche Ministerium in Darmstadt nach längerem Hin und Her – dessen innere Begleitumstände besonders den Vater berührten – die hessische Staatsangehörigkeit.

Das Jahr als Mainzer Kaplan ist Guardini in wenig guter Erinnerung – es widersprach zu sehr seinen Anlagen, die gar nicht angefordert wurden. Mit Ausnahme einer regelmäßigen Predigt am Sonntagabend, in welcher er eine Themenreihe zu entwickeln lernte, fühlte er sich in St. Christoph, dem »Zentrum der Mainzer Betschwesterei«[17], nicht wohl. Eine öfter erzählte Anekdote kennzeichnet sein Empfinden, am uneigentlichen Ort zu sein. Ein Mitkaplan fragte ihn nach der Inschrift auf dem Schwanz des Domhahnes hoch auf dem Turm. Angeblich lautete sie: »Die Ihr hier eintretet, laßt alle Hoffnung fahren!«[18] Diese danteske Höllenschrift fand der junge Seelsorger, der aber zur Seelsorge gar nicht viel kam, nicht ungerechtfertigt.

Promotion in Freiburg (1912–1915)

Die Bedeutung Bonaventuras für Guardinis geistige Herkunft

Guardini scheint in den ersten Erfahrungen tätiger Seelsorge gemerkt zu haben, daß er seine geistige Begabung darüber nicht verkümmern lassen dürfe, anders ausgedrückt, daß er auch hier

---

[15] Personalakte (Diözesanarchiv Mainz).
[16] Ebd.
[17] Berichte, 100.
[18] Ebd.

einen Spannungsbogen zwischen der Beanspruchung von außen, in seinem Priestertum, und der Vertiefung von innen, der theologischen und anthropologischen Wahrheitsfindung, aufrechterhalten müsse. Aufgrund eigener Bewerbung wird er am 1. Oktober 1912 zum Weiterstudium in Freiburg am »Collegium Sapientiae« freigestellt; freilich erfolgt rasch ein Druck auf den Studienabschluß spätestens im Wintersemester 1913/14.[19] Der Druck geht vom Ordinariat aus und muß den Promovenden, der dieser Behörde wie seinen Studien gegenüber in derselben Weise gewissenhaft eingestellt war, in einige Bedrängnis gebracht haben. Tatsächlich schließt er – der Sache verpflichtet – das Studium erst im Frühjahr 1915 ab mit einer Dissertation bei dem Privatdozenten Engelbert Krebs über »Die Lehre des hl. Bonaventura von der Erlösung. Ein Beitrag zur Geschichte und zum System der Erlösungslehre«.[20] Die Themenwahl ist bedeutsam und vielsagend innerhalb der damaligen Zeit, zumal sie wieder erst nach zwei (!) anderen Anläufen zustandekommt.[21] Guardini spricht viel später von dem »Dunklen und Hellen« im Doktortitel und meint damit die Beschwerden, »timores et labores«, aber auch die Anfangsfreude des akademischen Lebens bei der Erreichung des Doktorgrades.[22]

Zu dem Dunklen gehörte die leidige Frage des Themas, genauer gesagt die leidige Frage von Guardinis eigenem Können. Sein Priestertum hatte er unter großer Mühsal als seine Aufgabe gefunden, nicht gefunden aber war der Standort im Akademischen.

Eine erste hilflose Unterredung fand mit Martin Grabmann in Wörishofen statt[23]. Das Ergebnis war so an der Oberfläche bleibend, daß Guardini sogar den Rat dieses großen Lehrers vergaß. Ernsthafter geriet ein selbstentwickelter Plan, die Responsorien der Matutin nach Bau und Ordnung im Ganzen zu analysieren (wie er ja später tatsächlich viele Lesungen und Gebete aus dem Brevier erschloß, angezogen von ihrer visionären und sprachlichen Gewalt). Unklar, in welches »Fach« dieses Vorhaben eingeordnet werden sollte, entschloß er sich zur »Liturgie« bei Künstle in Freiburg, der von seinem

---

[19] Personalakte (Diözesanarchiv Mainz), Gesuch vom 23.11.1913 und die Antwort darauf. In der Autobiographie nennt Guardini einmal 1912, ein andermal 1913 als Jahr der Beurlaubung nach Freiburg; richtig ist 1912.
[20] Erschienen in Düsseldorf 1921. Fälschlich heißt es immer wieder, er habe bei Carl Braig promoviert.
[21] Dankworte beim Abendessen zur Ehrenpromotion in Freiburg 1954: »Man braucht nur daran zu denken, wie schwierig es oft ist, bis man auch nur das Thema hat. Mir sind zwei in die Binsen gegangen, bevor ich eins gefunden hatte, das sich als ergiebig auswies.« (Stabi).
[22] Ebd.
[23] Berichte, 22f.

Standpunkt aus das vermutlich nicht sehr durchsichtig Vorgetragene als »Belletristik« bezeichnete.[24] Guardini befand sich in jener Lage, die ihn eigentlich bis an das Ende seiner Vorlesungstätigkeit begleitete: der Lage einer Zwischenbestimmung zwischen den Wissenschaften. Vor allem die Methodenfrage war herkömmlich nicht zu lösen: Sein mangelnder Sinn für geschichtliche Forschung fiel aus dem schulmäßigen Rahmen. Was ihn bewegte, war die (bewußt?) thomasische Frage, was wahr sei, nicht was jemand über etwas gedacht habe[25].

Die Dogmatik, die ihn von dieser Vorgabe her fesseln konnte, lieferte ihm, nach dem Anraten Carl Braigs, das Thema eines Vergleichs zwischen Thomas von Aquin und Wilhelm Wundt. Diese merkwürdige Fragestellung war so ungeeignet, daß Guardini – eine regelmäßige Erfahrung – wieder vor dem Nichts stand.

Erst in seiner Verzweiflung geriet er an Engelbert Krebs und die ihm endlich gemäße Arbeit über Bonaventura. Wie sehr dieser Theologe ihm lag, zeigt sich sieben Jahre später, als bei der Habilitation dieselbe Wahl getroffen und vertieft wird.

Wie zu erwarten, erledigte er die geschichtlichen Teile nur pflichtgemäß. Aber an der Erlösungslehre selbst entsprach ihm die mystische Vertiefung der Theorie, das Ausarbeiten der Typen der Erlösung (schon getragen von seinem noch vorzustellenden Gegensatz-Denken). Seine Deutung wurde mit der Note 1 bewertet, die mündliche Prüfung, für die er sich – wieder des Faktenstudiums wegen – sehr quälte, mit der Note 2.

Von den Begleitumständen abgesehen, hatte Guardini diesmal mit Instinkt eine Welt betreten, die ihm endgültig eine Heimat von immer größerer Weite öffnen sollte.

Mit *Bonaventura* ist mittelbar *Augustinus* genannt, der Guardini ein Leben lang begleitet und befruchtet hat, wie es ähnlich nur noch für Dante gilt. Bezeichnend ist, daß *Dante* in denselben geistigen Umkreis wie Augustinus gehört. Hier ist schon zu erwähnen, daß hinter dieser Prägung durch die christlichen Lehrer unübersehbar die gewaltige Gestalt *Platons* auftaucht. Guardinis lebenslange Deutung des Christentums, seiner Texte, seiner Vermittlungsformen in Liturgie und Kirche, des Geheimnisses Gott ist zutiefst und reich bestimmt von dem platonisch-augustinischen Entwurf, zu dem noch der Name des *Johannes* wesentlich hinzugenommen gehört: »Das bei Platon nur sich Andeutende wird bei Augustinus im Licht der johanneischen Logoslehre voll entfaltet.«[26]

---

[24] Ebd., 23.
[25] Ebd., 24.
[26] Religion und Offenbarung I, Würzburg 1958, 33.

Das heißt umgekehrt, daß Guardini sich *nicht* für die Neuscholastik, nicht für Thomas von Aquin, mithin nicht für die aristotelische Prägung der abendländischen Geistesgeschichte entscheidet. Die Wahl des großen Franziskanertheologen und Kirchenvaters Bonaventura ist ja die Wahl des unmittelbaren Gegenspielers von Thomas.

Da die Neuscholastik zu dieser Zeit den verbindlichen Rahmen des Theologiestudiums abgibt, tritt Guardini damit sichtbar in eine andere Bezugswelt ein. Es ist die geistige Welt einer Verbindung *und* Spannung zumal von Intuition und Vernunft, von Erfahrung und Wissenschaft, von Empfindung und logischer Klarheit. Es ist die Liebe zum »Lebendig-Konkreten«, wie der Untertitel des Gegensatz-Buches es nennt, die Liebe zum Gesehenen, um von dort zum Unsichtbaren weiterzudenken, die Liebe zum Phänomen, aus dem erst der Begriff erwächst. Augustinisch an Guardini bleibt auch die Betonung eines Unterschieds zwischen Religion und Glaube, die Betonung der nicht aus religiöser Begabung erwachsenden Offenbarung kraft der Souveränität Gottes. Erfahrung – ja, aber auch Grenze der Erfahrung und Eintreten eines Neuen, souverän zum Hören und Gehorchen Rufenden.

Im übrigen ist es keineswegs so, daß Guardini sich ausdrücklich *gegen* Thomas entschieden hätte. Dazu ist ihm die von Thomas ausgehende Klarheit in ihrer eigentümlichen Qualität zu deutlich.

In der Gegensatzlehre vermag Guardini Thomas und Bonaventura sogar zusammenzusehen, unter dem gewaltigen Spannungsbogen des mittelalterlichen Denkens, worin Intuition und formaler Verstand zusammenkommen. Mittelalter ist ihm »zuversichtliches, durch keine Begriffsmüdigkeit geschwächtes Denken, das aber die Kraft mystischen Schauens nicht störte ... Die klaren Begriffsgebilde eines Thomas von Aquin, nicht zu reden von Bonaventura oder den Viktorinern, (erhalten) ihre eigentliche Sinnfülle und gespannte Kraft erst, wenn sie als Formung metaphysischen oder religiösen Erlebens erkannt werden.«[27]

Trotzdem ist diese denkerische Klarheit von einem anderen Typus als bei Bonaventura. In einer bemerkenswerten Rede, die – innerlich wohl schon länger durchdacht[28], dem Anlaß nach aber improvisiert – erstmals als »Abendgespräch« im Rittersaal von Burg Rothenfels gehalten wurde, vergleicht er Goethe mit Thomas. Er faßt sie beide unter dem »klassischen Geist« und charakterisiert diesen dreifach: Er hat jenen Blick, der die Dinge läßt, wie sie sind; er vermengt sie nicht,

---

[27] Der Gegensatz, Mainz 1925, 11–13.
[28] Auch Erich Przywara stellt auf der Akademikertagung 1923 in Ulm Thomas und Goethe zusammen.

beläßt sie im deutlichen Unterschied nebeneinander, ist von unromantischer Bestimmtheit; zum dritten hat er die Tiefe der Klarheit, besser des klaren Lichtes. »In einem kleinen Bach das kristallene Wasser zu sehen, und darinnen jeden Kiesel, ist ein gar liebliches Ding. Wer aber an einen See kommt, der ganz still liegt, und vollkommen klar, aber so tief, daß der Blick nicht auf den Grund kommt, der erschrickt ... Diese Art spricht gelassen. So überhört man leicht, was sie sagt. Es scheint selbstverständlich. Faßt man aber ein solches Wort genauer ins Ohr; nimmt man einen solchen Satz in die Hand des Geistes und betrachtet ihn sorgsam, dann wird er immer stärker. Es scheint nichts Besonderes gesagt; Selbstverständlichkeiten. Aber es ist die Selbstverständlichkeit des Lichtes, und macht alles hell, was herankommt.«[29]

Auf diese Weise schätzt Guardini Thomas, und wahrhaftig nicht gering. Und weit entfernt, ihn in eine falsche Alternative zu dem von ihm geliebten und gewählten Bonaventura zu bringen, sieht er Thomas' größte Quelle aus demselben Ursprung kommen: »Auch Thomas von Aquin wurzelt tiefer in jener Art, als eine einseitig aristotelische Festlegung es wahr haben möchte; sein lebendigstes Leben strömt ihm doch aus Augustin.«[30]

Aber so scheint doch wieder beherrschend die genannte geistige Abstammung auf: von Platon zu Augustinus und weitergehend. Guardini ergriff, wo immer ihn etwas ansprach, manchmal ansprang, das seinem eigenen Wesen Verwandte, erkannte es wieder, erkannte tatsächlich aus der platonischen »Erinnerung«. So ging es ihm mit Bonaventura, und seitdem gingen die dadurch entbundenen Kräfte unaufhaltsam auf dieser Fährte in die Weite, methodisch beherrscht durch die Struktur des Gegensatzes, die er ebenfalls 1914 erstmals im Versuch vorlegte.

Bekannte und Freunde der Freiburger Zeit

Die Freiburger Zeit beschert Guardini mehrere Verbindungen: in der »Sapienz«, wo er mit dem Mainzer »Moufang-Stipendium« studiert, lernt er *Joseph Frings*[31] kennen, an der Universität den Kommilitonen *Martin Heidegger*[32], dem er zeitlebens in richtiger Einschätzung seiner Größe, aber in Abstand zu seinem Denken verbunden bleibt. Ferientage machen ihn, in der Begleitung des Freundes Josef Weiger, mit dem Allgäu bekannt, mit seiner Schön-

---

[29] Vom klassischen Geist, in: Schildgenossen 5 (1924/25), 67f.
[30] Nachwort zu: Felix Klein, Madeleine Sémer 1874–1921; Übersetzung und Nachwort von Romano Guardini, Mainz 1929, 254.
[31] Brief an Kardinal Joseph Frings vom 7.2.1967 (Stabi).
[32] Tagebuch vom 4.3.1958; Wahrheit des Denkens, 112.

heit tief vertraut – einige seiner großen Landschaftsschilderungen versuchen später, Bild und Licht der Voralpenlandschaft einzufangen. 1913 lernt er durch den Freund eine ungewöhnliche, ihm nur in Gegensätzen faßbare Frau kennen, *Maria Knoepfler* (1881–1927). Sie wird Josef Weiger ab 1917 in Mooshausen den Haushalt führen; Guardini begegnet ihr noch in ihrer väterlichen Mühle bei Wangen und ist von ihrer Geistigkeit tief berührt. Diese Frau, die nur Volksschulbildung besaß, lernte Englisch, um schon ab 1912 Newman zu übersetzen, ebenso Französisch für Duchesnes' »Origines du culte chrétien«, studierte Zellers »Geschichte der Philosophie der Griechen« – alles nach belastender und körperlich erschöpfender Hausarbeit. Die bedrängende Not ihres Elternhauses, das schließlich verkauft werden mußte, legte eine Dunkelheit auf ihr Gemüt, die nur durch geistige Arbeit und durch einen immer tiefer wurzelnden Glauben aufgehellt wurde. »Ihre Natur hatte die Begabung zu einer weiten Existenz ... Welt zu sehen, Lebensfülle zu formen, große Gastfreundschaft zu üben; zu schaffen, zu schenken und zu helfen – das wäre nicht nur ihre Freude gewesen, sondern Recht ihrer Veranlagung. Die enge, nie sich lösende Not hat sie wund gedrückt«, schreibt ihr Guardini zum Gedächtnis.[33]

Er bezeugt – ein bemerkenswertes Zeugnis bei Guardinis sonstiger Verschwiegenheit in religiösen Dingen –, daß er durch sie den *Glauben* gelernt habe. In der Kennzeichnung dieses Glaubens findet Guardini Worte, die rückwirkend ins Licht heben, was zu seiner eigenen Haltung wird (immer wieder anrührend, wie sich Guardini selbst in anderen schildert!): »Ihr Tiefstes wurzelt im Glauben. Das habe ich von ihr gelernt, fürs Leben, und sage ihr dafür ehrfürchtigen Dank ... Glauben bedeutet nicht, daß sich alles in Harmonie löse ... Es ist tragischer Glaube, möchte ich sagen, der es trägt, daß im gleichen, engumgrenzten Menschenleben gegeneinander stoßende Wirklichkeiten stehen; ewig, göttlich die einen; vergänglich die anderen ... – und es gibt eine besondere Treue, die gottgesetzte, ewigkeitbereitende Wirklichkeit der endlichen Dinge nicht zu verdünnen. Dieses Nebeneinander, ja Gegeneinander auf sich zu nehmen, das ist Glaube. Wirklichkeitstreue, die nichts verschleiert, Göttliches nicht, aber auch nicht Irdisches; Kraft des Herzens, das die Unlösbarkeiten jenes Gegeneinander auf sich nimmt und durch das Leben trägt.«[34]

Maria Knoepfler überträgt Guardinis Doktorarbeit aus dem Stenogramm[35], all das neben der gewohnten Arbeit, fast fehlerfrei, obwohl

---

[33] Im Anhang zu: John Henry Newman, Briefe aus der katholischen Zeit seines Lebens, übertragen von Maria Knoepfler, Mainz 1931, 370f.
[34] Ebd., 376f.
[35] Ebd., 373.

sie nicht Latein konnte. Guardini hat sich an die Begegnung mit dieser Frühverstorbenen (ihr Verlust traf ihn ein Jahr nach Neundörfers Tod), an ihre ungewöhnliche Stärke und Innerlichkeit – bei aller »Selbstauslöschung« – tief erinnert: »Noch spüre ich das seltsame Gefühl von Schicksal, das mich überkam, als wir die Treppe hinaufgingen, und Maria Knoepfler uns entgegentrat, in schlichter Gastfreundschaft uns willkommen hieß, und ihre Augen so forschend auf mir lagen ...«[36]

Guardini empfindet rückblickend diese geschenkten Studienjahre »bei allen Sorgen, die man hatte, so schön und frei«[37]. Eine wirkliche Trübung bringt nur der Tod von Josefine Schleußner am 15. Juni 1913, der mütterlich verehrten Freundin. Er hat ein eigenartiges, fast providentielles Kennenlernen zur Folge: Guardini begleitet Wilhelm Schleußner zum Trost nach Neiße, zu Dr. Adolf Kluge. Währenddessen suchte jedoch Guardini Bernhard Strehler auf, den schlesischen Priester und Mitbegründer des Quickborn, dessen Arbeit auf Burg Rothenfels er später ablösen wird. Strehler gibt ihm bereits 1913 in seinem Knabenkonvikt den unvergessenen und von Guardini meisterhaft eingelösten Impuls, wie mit den in der Jugend aufbrechenden (oder erst zu entbindenden) Kräften umzugehen sei, »wie ein Gemeinschaftsleben aus Freiheit und Verantwortung aller aufgebaut wird«.[38] Und: »Das Konvikt wurde ganz aus dem Geiste des Verstehens und Vertrauens, der Selbständigkeit und Freiwilligkeit geführt, und es hat auf mich einen meine ganze pädagogische Arbeit bestimmenden Eindruck gemacht.«[39]

Eine andere Belastung gegen Ende der Studien war der ausbrechende Erste Weltkrieg. Da Guardinis Vater in die Schweiz umsiedelte, und zwei Brüder nach Italien, lag auf dem Ältesten eine Teilverantwortung für Familie und Geschäft.

Das Testament von 1914

Der Weltkrieg mag auch die Abfassung eines Testaments ausgelöst haben. Guardini schreibt es während eines Ferienbesuchs bei Neundörfer in der Pfarrei St. Martin in Worms am 21.9.1914 – vermutlich unter Beratung seines juristischen Freundes.

Er ernennt Neundörfer zum Testamentsvollstrecker und vermacht ihm seinen literarischen Nachlaß (ohne die zu verbrennenden

---

[36] Ebd., 369.
[37] Brief an Kardinal Joseph Frings vom 7.2.1967 (Stabi).
[38] Brief an eine ungenannte staatliche Stelle wegen der Lizensierung des Werkbund-Verlages vom 12.11.1946 (Stabi).
[39] Berichte, 101.

Briefe); an Manuskripten werden einzeln genannt die »Gegensatzlehre« – deren erster Entwurf im selben Jahr in Freiburg erschien – und ein »Handbüchlein des inneren Lebens«[40], das im Todesfalle von Josef Weiger herausgegeben werden sollte, sowie Predigten und andere Manuskripte. Aufschlußreich sind die Angaben über die offensichtlich recht reichhaltige Bibliothek, die wohl noch im Mainzer Elternhaus stand. Erwähnt werden theologische, philosophische und kulturwissenschaftliche Bücher, besonders auch aszetisch-religiöse Schriften von wissenschaftlicher Bedeutung (»Mystikertexte, Schriften von Newman, Briefe der hl. Katharina von Siena u. dgl.«), außerdem profanhistorische, literarische, kunstgeschichtliche Werke, auch Kunstgegenstände und Reproduktionen.

Bezeichnend ist die thematische Fülle, die in nuce Guardinis später ausgefaltete »Weltanschauung«, gerade mit dem Blick auf Literatur und Kunst vorwegnimmt. Die Betonung der aszetisch-religiösen Schriften zeigt, auch im Umkreis der Bonaventura-Arbeit, Guardinis damalige existentielle, mystisch vertiefte Ausrichtung an.

Die Freude an Büchern, aber mehr noch die innerliche und ernsthafte Art des jungen Priesters und Gelehrten fällt ein Jahr später den Mainzer »Juvenen« auf, die ihren geistlichen Leiter erstmals im Pfarrhaus von St. Ignaz besuchen. »Der neue Mann. Schmal, zurückhaltend, freundlich, vornehm. Der Raum geordnet, kühl, apart. Keine überladene Heiligkeit, Stiche von Dürer, an den Wänden Bücher – wie der kurze Überblick zeigt, ganz anderer Art, als sonst in Kaplanszimmern zu entdecken ... Auf die etwas neugierige Frage an ihn, wieviel Jahre man zu einer Doktoarbeit brauche, holt er schweigend einen langen Zettelkasten hervor mit etwa tausend fein säuberlich geschriebenen Exzerpten und Stellenverweisen zu seiner großen Bonaventura-Arbeit. Dazu noch ein kleiner Kasten mit Literaturverweisen.«[41]

Kaplan, Militärkrankenwärter und Leiter der Juventus in Mainz (1915–1920)

1915 ist in der Biographie Guardinis ein einschneidendes Jahr. Im Frühjahr promovierte er in Freiburg und kehrte anschließend nach

---

[40] Ob es mit den drei Vorträgen »Über einige Fragen des inneren Lebens« (in: Der neue Ring 1, 1928, später in: Das Gute, das Gewissen und die Sammlung, 1929) identisch ist, muß offenbleiben.
[41] Alfred Schüler, Mainz 1915–1920. Frühe Begegnungen mit Romano Guardini, in: Romano Guardini. Der Mensch – Die Wirkung – Begegnung, 78.

Mainz zurück, wo er ab August 1915 die Leitung der Juventus erhielt. Seine Familie zerstreute sich des Krieges wegen: Der Vater ging in die Schweiz, zwei Brüder nach Italien. Teilweise war auch spürbar, daß sich das deutschnationale Gefühl gegen die Ausländer abgrenzte. Übrigens hörte man bei einer bestimmten Windrichtung den Kanonendonner von der französischen Grenze her.

Aus demselben Jahr gibt es einige wichtige Briefe des Kaplans Guardini an seinen Beichtvater und Ratgeber Domkapitular Georg Lenhart[42], bei dem sich öfter das Trio Guardini, Neundörfer und Josef Pascher zu Gesprächen einstellte. Zwei der Briefe beleuchten die gewissenhafte Arbeitsmethode und den Willen zum systematischen Eigenstudium, nachdem die Promotion eben erst abgeschlossen war. Die geistige Zielsetzung des Dreißigjährigen wird darin sichtbar: eine Ausrichtung auf die zwei Pole Askese (die sich später in den Begriff »Selbstbildung« wandelt) und philosophisch-theologische Forschung.

»Hier schicke ich Ihnen zwei Heftchen. Das eine enthält die wichtigsten Erkenntnisse, die ich bisher auf aszetischem Gebiet gewann, z. T. schon durch viele, manchmal 10 – 20fältige Umformung durchgegangen. – Das andere faßt die Gedanken zusammen, die mir bei der Durchsicht meiner philosophischen Notizen aus den letzten zehn Jahren die fruchtbarsten schienen, ein bunt' Gewebe aus den verschiedensten Fäden. Hoffentlich läßt's Gott ein einheitliches Muster werden.«[43]

Noch vielsagender der zweite Brief: »Soll ich also jenen Gehorsam, der frei macht, noch lernen, so muß es jetzt geschehen, da das Gemüt noch elastisch und jung ist. In wissenschaftlicher Beziehung denke ich mir das Gehorchen so, daß ich das Erbgut der katholischen Philosophie und Theologie gründlich kennen zu lernen suche. Ich möchte also für einige Jahre die eigene produktive Gedankenarbeit zurücktreten lassen. Zuerst die griechische, platonisch-aristotelische Philosophie kennen lernen, und dann die thomistische studieren ... Das soll als Gehorsam geübt, mich frei machen, dann in rechter Weise selber zu forschen. Das biblische und, soweit die Zeit reicht, das

---

[42] Guardini bat den Domkapitular brieflich, sein Beichtvater zu sein. Der Brief ist im Besitz von Änny Schüler, Mainz, aber so persönlich gehalten, daß er nach dem Wunsch von Frau Schüler nicht veröffentlicht werden sollte (Mitteilung vom 22.7.1984).

[43] Zitiert von Alfred Schüler, Romano Guardini. Eine Denkergestalt an der Zeitenwende, in: Archiv für mittelrheinische Kirchengeschichte 21 (1969), 134 f. Vielleicht handelt es sich bei dem ersten ›Heftchen‹ um einen Entwurf zu ›Der religiöse Gehorsam‹, erschienen 1916 und später in der Sammlung ›Auf dem Wege‹ von 1923; bei dem zweiten um den Gedankenbereich von ›Gegensatz und Gegensätze‹, Freiburg 1914.

patristische Studium muß natürlich, als ständige Beschäftigung mit den Quellen, nebenhergehen. – Mein Verlangen nach kulturellem Besitz denke ich im Zusammenhang mit dem vorentwickelten Plan so zu befriedigen, daß ich mich fortlaufend mit Kulturgeschichte (also zunächst der griechischen, was auch dem Bibelstudium zu gut kommt) beschäftige und die wichtigsten Literaturwerke einfüge. – Ebenso wichtig ist die aszetische Seite dieser Gehorsamsschule. Und hier brauche ich vor allem Ihre Hilfe. Hier will ich überhaupt keinen Plan entwerfen ... Sagen Sie mir, was ich in spiritualibus lesen, betrachten, was ich tun soll, auch in äußerer Beziehung – dann will ich einfach folgen und hoffe, in diesem Gehorsam jenen inneren Durchbruch zu finden, der bisher noch immer nicht zustande kam.«[44]

»Gehorsam« ist jenes Grundwort, das Guardini in diesen Jahren ständig begleitet und nach seiner eigenen wesensmäßigen Anverwandlung auch für die Weitergabe an andere, für die Begegnung und Grenzziehung der katholischen Jugendbewegung fruchtbar werden soll. In der »Gehorsamsschule« wächst jenes von der Wurzel her verstandene Begreifen von Kirche, das für Guardini gerade nicht mit Enge und Gebot, sondern mit Freiheit zu tun hat. Dieser grundlegende Gehorsam wird konkret erprobt in den kommenden fünf Mainzer Jahren (und muß vermutlich deswegen »erlernt« werden).

Allein schon das »Wandern«: Der Kaplan wird viermal versetzt, am 20.5.1915 nach St. Ignaz, am 25.11.1915 an die schöne Rokokokirche St. Peter, am 1.2.1916 nach St. Emmeran, am 21.8.1916 wieder nach St. Peter. Außerdem wird er im Herbst 1916 bis zum Frühjahr 1918 als Krankenwärter zum Militärdienst, was vorwiegend Büroarbeit bedeutet, eingezogen. Er übernimmt die Aufgabe freiwillig, um damit Adam Gottron, einem Mitglied seiner Juventus, Urlaub vom Mainzer Festungslazarett zu erwirken. Der Diakon Gottron war durch diese Verpflichtung in seinem Theologiestudium unterbrochen worden; dank Guardinis Stellvertretung konnte er sein Examen machen und wurde am Jahresende 1917 zum Priester geweiht.[45] Guardinis Militär-Litewka ging übrigens an Silvester 1920/21 als Geschenk an den »nicht wohlhabenden Theologiestudenten« Walter Dirks über.[46]

---

[44] Ebd., 135.
[45] A. Gottron, Die Jodampullen-Station im Festungslazarett Mainz während des ersten Weltkrieges, in: Gymnasium Moguntinum 28, Dez. 1968, 28–32.
[46] Walter Dirks, Romano Guardini. Denker in Kirche und Kultur, in: Bruno Moser (Hg.), Große Gestalten des Glaubens. Leben, Werk und Wirkung, München 1982, 91.

Exkurs: Vom Dienst am Vaterland und Europa

Zu diesem weiterhin nicht kommentierten Militärdienst noch ein Wort. Guardini hat einige Jahre später, auf der bekannt gewordenen Quickborn-Tagung im schlesischen Grüssau an Pfingsten 1923, eine Überlegung daran geknüpft, die ihm wie so vieles zu einer grundsätzlichen Betrachtung gerät. Die Äußerung ist um so weniger zu übersehen, als sie eigentlich unvorbereitet, also auch nicht geglättet geschieht.

In Grüssau sollte über Volk und Politik gesprochen werden (1923 war das Jahr der harten Inflation!), aber ausdrücklich nicht in der Weise der »landläufigen und patriotischen Redensarten über Volk, Volkstum, Vaterland«[47]. Der vorgesehene Redner erschien nicht; Guardini wurde rasch gebeten mit der bezeichnenden Begründung, »weil er die besondere Gabe hat, sich in die feinsten und verästeltsten Wesensbeziehungen unserer Bewegung einzufühlen und sie in Ausdruck und Begriff zu prägen«.[48]

Guardini schickte seinen Gedanken eine ihn tief beleuchtende Rechtfertigung voraus, weshalb er als gebürtiger Italiener über ein »deutsches« Thema spreche. »Sein geistiges Wesen wurzele in der deutschen Kultur. Er habe als Soldat im Heer gestanden und der Krieg und der Zusammenbruch hätten ihn aufs Neue vor die Entscheidung gestellt, zu welchem Volk er gehöre. Er habe sich für Deutschland entschieden ... Zu seinem Volk zu stehen und sein Werk mitzutragen, ist innerste sittliche Pflicht. Das ergibt sich aus dem 4. Gebot, das die Forderung aufstellt, die großen Gegebenheiten und Wirklichkeiten des Lebens zu ehren: Kirche, Volk, Eltern. Diese Pflicht besteht für normale, erst recht in außerordentlichen Zeiten, wenn das Volk in Not gerät; dann muß die Treue doppelt tief und die Einheit doppelt groß sein.« Und überraschend persönlich: »Bei dem Zusammenbruch hatten wir das Gefühl eines Ertrinkenden, dem es um Ehre und Sein geht. Jedem, der im besetzten Gebiet wohnt, war das Hellste dunkel, wenn er die fremden Uniformen sah.«[49]

Nach diesem bekenntnishaften Einsatz ein für Guardini typisches Ausgreifen auf einen übergeordneten Zusammenhang: Europa. Ausdrücklich vermerkt der Bericht das Unerwartete, die »Neuheit der Formulierung«, die erst nur eine zögernde Aussprache in Gang setzte.

Und hier wird Guardinis weiter Vorausblick deutlich, den seine bezeugte Treue zum deutschen Volk und seiner Kultur nicht engstir-

---

[47] Josef Aussem, Grüssau, in: Schildgenossen 3, 5/6 (1923), 191.
[48] Ebd.
[49] Ebd., 192.

nig oder gar liebedienerisch macht: *objektiv* gebe es das Volk als »abgeschlossene Welt« nicht mehr. Verkehr und Wirtschaft, materielle und kulturelle Abhängigkeit ließen ein Volk mit dem anderen wachsen und fallen: all das in besonderem Maße für Europa gültig.

Dem entspreche *subjektiv*, daß im Geistigen bei feinfühligen Menschen ein lebendiges Ausgreifen über die völkische Ebene hinaus geschehe. »Wir meinen nicht die Verärgerten, die sich aus einem Ressentiment dahin abwenden und ablenken. Es gibt Menschen mit übervölkischem Zusammenhangsgefühl. Mit dieser geistigen Ebene darf nicht der Begriff des sozialistischen Internationalismus verwechselt werden ... Wir sehen das *lebendige Europa*, das in einer Anzahl Menschen aufgetaucht ist, lebt und sich auswirkt.«[50]

Guardini ordnet erstmals – und eigentlich bisher übersehen – der Jugendbewegung die europäische Frage als eigenste Aufgabe zu: also nicht nur den Bereich einer Erneuerung von Glaube, Kirche, Geistigkeit. Gewiß hat er die Verpflichtung gegenüber Europa nicht im selben Maße betont und in seiner Bildungsaufgabe längst nicht so häufig zu Wort gebracht. Aber die grundsätzliche Einsicht wird formuliert und, über das Befremden der Jungen an diesem gänzlich Neuen hinweg[51], als notwendig zu erlernen vorgestellt.

»Wer ist jugendbewegt? Es ist der, der innerlich aufgerissen, von diesen Fragen beunruhigt ist, dem sie zum Schicksal werden. Seine Aufgabe ist es, das Faktum Europa zu sehen. Die Lösung kann nicht aus irgend einem Ressentiment gefunden werden. Wir müssen uns entscheiden, ob wir demagogisch handeln, oder ob wir wesenhaft sehen und aus der Verantwortung der neuen Entwicklung denken und handeln.«[52]

Dies als Randbemerkung zu Guardinis bewußt geleistetem Dienst im deutschen Heer.

Die Juventus

In der Kaplanszeit vertiefen sich die Erfahrungen mit der Liturgie, mit der Jugend – und mit den Vorgesetzten. Schon erwähnt wurde das tägliche Meßopfer vor dem ausgesetzten Allerheiligsten, das

---

[50] Ebd.
[51] Eine Großquickbornerin aus Hessen schreibt im Nachhall: »Was Guardini über ›Volk und Europa‹ sagte, war für mich persönlich, nachdem ich die anfängliche Befremdung über den Ausdruck ›Europa‹ überwunden hatte, einfach erlösend, weil es eine Reihe von Sorgen, die mich schon die ganze Zeit gequält hatten, zusammenfaßt und das einheitliche Problem aufzeigte, das dahinter steht.« Ebd., 200 f.
[52] Ebd., 192.

Aufnahme aus dem Jahr 1914

Guardinis Auffassung von der Eucharistie als dem »Vorübergang des Herrn« so schmerzlich widerstreiten mußte. Aus demselben Jahr, noch in Freiburg beim Studienabschluß, gibt es eine Bemerkung Guardinis nach dem Besuch der barocken Gottesackerkapelle: »Ob ich wohl noch erlebe, daß ich mich bei der heiligen Messe umwende, um das ›Dominus vobiscum‹ zu sagen, und es antwortet jemand anderer als der kleine Ministrant, der nicht versteht, was er sagt.«[53]

Schwierigkeiten anderer Art entstanden durch Guardinis zeitweilig wenig feste Gesundheit. Im Juli 1918 bat er um einen jahrelang nicht wahrgenommenen Urlaub, den er wegen eines schweren Lungenkatarrhs unfreiwillig verlängern mußte. Sein Pfarrer fühlte sich übergangen und reichte eine Beschwerde beim Ordinariat ein.[54] Überhaupt beobachtete das Ordinariat den Kaplan nicht von vornherein mit Wohlwollen. Eine der Ursachen war Guardinis ungewohnte Art, die *Juventus* zu führen.

Diese Juventus bildet Guardinis grundlegende Berührung mit dem Geist der Jugendbewegung und lenkt später mittelbar auf den Einsatz in Burg Rothenfels hin – waren es doch einige Mitglieder dieser aus der Marianischen Kongregation entstandenen Gruppe, die 1919 auf dem Ersten Deutschen Quickborntag im August auf der Burg dabei waren und dem Leiter zuhause von der ergreifenden Stimmung dieses Ortes erzählten, so daß er zu Ostern 1920 erstmals selbst dorthin ging.

Guardini hatte von Bischof Kirstein am 15. August 1915 die Leitung der Juventus übertragen bekommen. In dieser Gruppe junger Gymnasiasten finden sich Namen wie Alfred Schüler, Adam Gottron, Ludwig Neundörfer und Hanns Ruffin, die von dem noch unbekannten Priester geprägt wurden; ja, Walter Dirks geht so weit zu sagen, daß die Mainzer Juventus »als ein zweiter, zwar sehr kleiner, aber bedeutender Ursprung der katholischen Jugendbewegung der Zwanziger Jahre genannt werden kann«.[55] Guardini sieht 1958 selber ein unerwartetes Weiterwirken dieses zunächst unscheinbaren Anfangs: »Es liegt wie auf der anderen Seite eines Gebirges – und steht doch in so mannigfachem Zusammenhang mit dem, was heute vor sich geht.«[56]

Was war die Juventus? Welches Profil verlieh ihr Guardini, welches Profil gewann er selbst an ihr?

---

[53] Wolfgang Müller, Selbsterlebte Kirchengeschichte, Selbstverlag Theatinerkreis im Quickborn 1981. Die Bemerkung wird von Alois Eckert, dem späteren Caritaspräsidenten, berichtet.
[54] Personalakte (Diözesanarchiv, Mainz).
[55] W. Dirks, Ein großer Mann, in: Gymnasium Moguntinum 42, Juni 1982, 7.
[56] Brief an Alfred Schüler vom 31.10.1958 (mitgeteilt von Änny Schüler).

Gegründet war sie um 1890 als Ersatz für die im Kulturkampf verbotene Marianische Kongregation.[57] In ihr trafen sich ohne vereinsrechtliche Form und irgendwelche Satzungen die katholischen Schüler der sechs Mainzer Gymnasien in freiwilliger Teilnahme; damals freilich in die strenge Form kirchlicher Jugendpflege eingebunden; auch der junge Romano war Juvene gewesen.

Seit 1905 kam auch in dieser durchaus braven Einrichtung etwas Ungreifbares in Gang. Eine Nachtfahrt auf den Großen Feldberg in diesem Jahr[58] scheint etwas zu markieren: das Lebensgefühl der Jugendbewegung in ihrer atmosphärischen Prägung durch den Wandervogel, das auch in der Juventus unaufhaltsam durchbrach.

So kam ein Eichendorffkreis zustande, der den nicht leicht zugänglichen, von großer Unendlichkeitssehnsucht durchzogenen Roman »Ahnung und Gegenwart« las. Trotzdem hatte die Juventus keine unmittelbare Berührung mit dem Wandervogel, ja kannte ihn nicht. Die Mainzer Wandervögel, zu denen auch Carl Zuckmayer gehörte, schlossen sich erst 1912 zusammen – im selben Jahr wie die erste Mainzer Quickborngruppe. Auch mit ihr ergab sich eine Verbindung erst später: 1917 durch die »Fünfjahresfeier«, durch einen Besuch Hermann Hoffmanns während des Krieges bei Guardini und endgültig 1919 durch Burg Rothenfels.

Unter dem neuen Kaplan und Doktor – welchen Titel die Juvenen erst später wahrnahmen – wurde die Juventus nachhaltig umgeformt, weniger im äußeren Rahmen als in der geistigen Regsamkeit. Für Guardini selbst bedeutete es ein Erproben seiner späteren Meisterschaft in der Jugendführung, das erste Erbauen eines »Jugendreiches«.

Vorgegeben war der Verlauf der Treffen: am wichtigsten zunächst die »Sonntagsstunde« von halbelf bis zwölf Uhr im Freizeitraum des katholischen Lehrlingshauses, die für alle galt, vom Sextaner bis zum Primaner. In diesem Raum gab es eine Bibliothek, die gut mit Jugendliteratur, außerdem mit Spielen (Halma, Schach) und Werkmöglichkeiten ausgestattet war. Davor lag ein großer Hof mit Turngeräten und Schaukel. In der Stunde wurde erst gespielt. Die Hauptsache aber waren die Vorträge des Leiters und teilweise der älteren Schüler selbst. Auch Adam Gottron hat Guardini in Vorträgen »assistiert« und sich besonders der Jüngeren angenommen, zu denen Guardini nicht dasselbe lebendige Verhältnis fand wie zu den Älteren – ein Zug, der sich später im Quickborn ähnlich erwies. Erhalten ist unerwarteterweise Guardinis persönliches, aufschluß-

---

[57] Die Vorgeschichte seit 1858 ist lesenswert entwickelt bei Adam Gottron, Die Mainzer Juventus 1890–1921, in: Mainzer Almanach 1967, 127–141.
[58] Ebd., 133f.

reiches »Notizbuch« mit den Titeln und der Kurzcharakteristik dieser sonntäglichen Vorträge und Anregungen[59]. Es geht meist um unmittelbare erzieherische Hilfen, aber auch um eine Bewußtmachung, woraus die religiöse Haltung natürlich erwachse – in manchem eine Frühform der »Briefe über Selbstbildung«, die hier vorformuliert werden, einfach, aber mit dem Siegel des Selbsterprobten versehen.

So lauten einige Vortragstitel: »Einspringen«; »Wie man einen Vortrag hört und sich merkt«; »Wahre Höflichkeit«; »Sich genieren«; »Das Beispiel«; »Wunden anfassen«; »Ordnung halten«; »Gediegene Leistung«; »Die nichts ernst nehmen können«; »Totenlektion: Allerseelen«; »Morgengebet«; »Der besondere Vorsatz«; »Auf den Glokkenschlag«; »Sich abhärten«; »Des Deutschritters Ave – das Gebet«; »Was die Juventus ist und will«.

Die Sonntagsstunde schloß in der Kapelle mit einer Lesung und einem Psalm aus der Sonntagsvesper, zuletzt sang man eine lateinische marianische Schlußantiphon, der Leiter erteilte den Segen.

Außer dieser Stunde gab es am Samstag- und Sonntagnachmittag kleine Wanderungen, Spiele auf dem Spielplatz und im nahen Gonsenheimer Wald; dabei wurde gesungen, vorgelesen, erzählt. Einmal »verlor« man zwei Juvenen; als sich Guardini nach langem Suchen schweren Herzens entschloß, den Eltern davon Mitteilung zu machen, saßen die beiden bereits zuhause. Daraufhin wurde – wie Hanns Ruffin berichtet – ein Vers auf den Wanderungen gesungen: »O Guardini, armer Feldherr! Wußtest du, daß so die Welt wär?«[60]

Das Ziel dieser Wanderungen war unterschiedlich: zuweilen ein zwei Stunden vor der Stadt gelegenes Ferienquartier in Drais für Waisenkinder, wo auch Nachmittage und Abende verbracht, ja sogar ein Ferienlager gehalten wurde. Die Fahrt zum Feldberg wird öfter von kleinen Freundesgruppen wiederholt; am 23.5.1918 unternimmt Guardini mit hundert Buben eine (Wall-)Fahrt nach Marienthal mit dem Rückweg über Rüdesheim.[61]

Guardini gab sich in diese einfache Form des Zusammenlebens ganz hinein – Vorübung für die spätere, ungleich zahlreichere und vielgestaltigere Jugend auf Burg Rothenfels. Er prägt dabei der Juventus seine eigene klare Kontur auf, änderte auch vieles an dieser

---

[59] Im Besitz von Änny Schüler, Mainz, einer Schwester des Juvenen Alfred Schüler, der hier für die Einsicht in das Notizbuch und für zahlreiche Hinweise gedankt sei.
[60] H. Ruffin, Guardini und die Mainzer »Juventus«, in: Romano Guardini. Der Mensch – Die Wirkung – Begegnung, 76.
[61] Ein Verzeichnis der Wanderungen 1916–1918 sowie ein Photoalbum 1914–1918 mit den Jüngeren (ohne Romano Guardini) liegt im »Nachlaß Gottron« des Mainzer Diözesanarchivs.

vorher biederen Einrichtung. So holte er sich einige begabte Jungen, die musikalisch, wissenschaftlich, religiös, geistig ansprechbar waren und richtete mit ihnen eine »Akademie« ein, die alle vierzehn Tage zusammenkam. Hier ging es um erstaunlich anspruchsvolle Vorträge, häufig durch die Jugendlichen selbst, mit eingehendem Nachgespräch.[62] Josef Seipel[63] sprach einmal über den Mithraskult und seinen Einfluß auf die christliche Lichtliturgie, Ludwig Neundörfer über den irischen Freiheitskampf, andere über Michelangelo und Dürer (Guardinis eigene Themen spiegeln sich darin); Guardini selbst behandelte schwierige theologische Fragen: Gottesbeweise, die Dreieinigkeit (»eindringlich und bewegend«[64]), Maria. Auf der anderen Seite sprach er über »Handgreifliches« wie einen Zettelkasten, oder über »Haltungen«: »Wie betrachtet man ein Bild?«; »Verhältnis zum anderen Geschlecht«; für die einrückenden Rekruten über »Der Glaube im Soldatenrock«, »Der Soldat und die Frauen«, »Der Soldat und die Kameraden und Vorgesetzten«. Oder er hielt den an die Front versetzten Juvenen zwei unvergessene Einkehrtage über die Stelle im Alten Testament: »Ich lege euch vor Leben und Tod. Wählet.«[65] Oder: »An einem Abend, als wir von Hattstein nach Hause kamen, nahm uns Romano mit in sein Zimmer, entzündete eine Kerze und las uns Eichendorffsche Gedichte vor. Mit einem Schlag ließ er in unseren Herzen die Tür zu dem Wunderland der Romantik aufspringen.«[66]

Im Juni 1917 hörte man zum fünfjährigen Bestehen des Mainzer Quickborn einen Lehrer Hammer über die »Quickbornbewegung«. Ein Flugblatt Bernhard Strehlers vom 1. Juni 1918 mit einer Empfehlung von Hermann Hoffmanns Aufsatz »Vom neuen Lebensstil« findet den Weg zur Juventus, ebenso der Aufsatz selbst. Darauf ist freilich die anonyme Bemerkung notiert: »Schlapp! und oberlehrermäßig! und die Hauptsache fehlt! ›Der hat des neuen Geistes auch keinen Hauch verspürt!‹«[67] Unerheblich, wer diese Zeilen schrieb (vielleicht doch Guardinis Handschrift?) – sie sind ein Zeichen für das Selbstgefühl der Juventus, das sich aus einem Bewußtsein um das »Neue«, das die Zeit forderte, speiste.

Schließlich gab es ab November 1918 »Abende beim Leiter« mit Themen wie »Ist eine Revolution berechtigt und erlaubt?«, »Der

---

[62] Die Titel der Vorträge stehen bei Adam Gottron, Die Mainzer Juventus, 135 f.
[63] Nach 1948 Vorsitzender der »Vereinigung der Freunde von Burg Rothenfels e. V.«.
[64] H. Ruffin, Guardini und die Mainzer »Juventus«, 76.
[65] A. Schüler, Mainz 1915–1920, 80.
[66] Aus den Erinnerungen von Adam Gottron, in: Ein Leben im Schatten des Domes. Zum Gedächtnis an Adam Gottron, Mainz o. J., 39.
[67] Nachlaß Gottron (Diözesanarchiv Mainz).

eigentliche Sinn der Abstinenz«, »Gefühl und Erkenntnis«, »Glaubenszweifel«, »Mystik«, »Wesen des Tragischen« und anderen.

»Gipfelfreude in diesen fünf Jahren war es, von ihm eingeladen zu werden auf sein Zimmer. Ein engster Kreis, drei, vier. Ganz anderer Ton als in der Akademie, ungezwungenes Gespräch; Dürer-Bilder, Texte von Raabe, Stifter, Schieber. Guardini konnte gut vorlesen. Ganz konzentriert, pointiert, ohne Pathos. (Die Friedensrede des Christoph Pechlin im Böblinger Streit von W. Raabe kann wohl kaum besser gebracht werden.) Eine eigenartige, aber höchst verständliche Anziehungskraft, die eines reichen Menschen, ging von ihm aus. Und das alles – wohlgemerkt – distanziert. Ich kann mir nicht helfen: eine Atmosphäre der Vornehmheit, Kultiviertheit, Lauterkeit, Verletzlichkeit war da inmitten aller Natürlichkeit zu spüren. Als ›Fremder‹ hätte ich auf einen Aristokraten getippt.«[68]

Ein anders Zeugnis: »Großer Ernst bei hoher Bildung ... und eine bezwingende Eindringlichkeit des Denkens und Sprechens waren bei ihm verbunden mit gewinnender Natürlichkeit, Unbefangenheit und einer besonnenen Herzlichkeit.«[69]

Die Schrift »Aus einem Jugendreich« (1919) hält Ideen und Ziele dieses Aufbruches in der Jugendarbeit fest.[70] Friedrich Wilhelm Foersters »Selbsterziehung«, die Guardini schätzte, stand wohl im Hintergrund. Guardini hebt in seinem eigenen Entwurf bereits wesentlich auf die befruchtende Spannung von Gehorsam und Freiheit ab – sein großes Thema dieser und der kommenden Jahre, das er in Rothenfels variieren sollte. Aus Erfahrungen mit den Juvenen entstand zudem die »Gemeinschaftliche Andacht zur Feier der heiligen Messe« (1920); der Juventus gewidmet wurde ferner die wesentliche programmatische Schrift »Neue Jugend und katholischer Geist« (1920).

Zuletzt noch etwas Unerwartetes. Auch Theaterspiele finden statt: Guardini führt in Graf Poccis Puppenspiele ein – welch überraschender Zug an ihm! –, und die Juvenen bieten sie der Stadt ergötzlich dar.[71] Auch auf Burg Rothenfels machten sich die Mainzer 1920 übrigens durch ein siebenaktiges »Trauer«-Spiel nachhaltig bekannt.[72]

[68] A. Schüler, Mainz 1915–1920, 80.
[69] H. Ruffin, Guardini und die Mainzer »Juventus«, 77.
[70] Adam Gottron nennt als Anlaß der Schrift einen Artikel in der »Allgemeinen Rundschau« über die Frage der religiösen Jugendorganisationen. Die üblichen Kongregationen galten als ungenügend. So schlug Guardini vor, das eigene »Jugendreich« wegweisend vorzustellen. Gottron wie Guardini machten je einen Entwurf; Guardini veröffentlichte dann den seinen. Darüber und über ein folgendes kleines Zerwürfnis s.: Aus den Erinnerungen von A. Gottron, 40f.
[71] A. Schüler, Mainz 1915–1920, 81.
[72] Quickborn Jg. 8, Heft 6/7 (1920), 166.

Exkurs: Über Puppenspiel und Leiblichkeit

Mit diesen Spielversuchen ist nicht nur eine absichtslose geistige Nähe zur Jugendbewegung und ihrer Erneuerung des Laienspiels gegeben; Guardinis gedanklicher Anstoß kommt vielmehr aus einem nachhaltigen eigenen Angerührtsein von Kleists Aufsatz über das Marionettentheater, den er den Jungen erschloß.[73] Wieder taucht diese Einsicht später in einem größeren Zusammenhang fruchtbar auf: 1924 legt Guardini in den »Schildgenossen« die ihn neu bewegenden Gedanken über das Puppenspiel im Rückblick auf das Mainzer Gespräch von 1919 dar. Ausgang war die »rätselhafte Zweiheit des Kunstwerks«: der Zwiespalt zwischen dem wirklich in die Sinne Fallenden, Wahrnehmbaren (Stein, Töne, Farben) und dem eigentlich Gemeinten, der »inneren Gestalt«. Diese sei nicht einfach fertig da, sondern bilde sich im Geist, fordere ein Nachschaffen. Daraus der weitere Gedanke, daß jene »Außenseite« sich zu stark vordrängen könne, zu sehr auf sich selbst verweise – Guardini sieht das als Schwierigkeit des Schauspielers, dessen Leistung das Urteil vom Eigentlichen ablenkt. Stattdessen sollte aber gerade die Frage der Leistung »vergessen« sein, wenn die Aufführung wesentlich wird. Und hier setzt der Rang des Puppenspiels ein: Es verweist von vornherein auf jenes unwirkliche, reine Gemeinte, spielt in seiner Armut nicht die Schauseite aus. »Wir sahen: Gute Puppen, gut geführt und ein Stück, das ihnen auf den Leib geschrieben ist, sind ein nicht höheres, aber auf ihrer niederen Stufe vollkommeneres Kunstwerk als fast jede Tragödie des Theaters. Ein reineres, und in seiner Reinheit stärkeres Kunstwerk. Und daher die lautere, durch keinen Mißton getrübte Freude, die sie uns geben. – Ich erinnere mich noch, mit welcher Fröhlichkeit das Gespräch uns erfüllte. Es war die Freude, die aus einer ganz eindeutigen, starken, klaren, ja, ich kann nur sagen: vollendeten Sache über uns kommt.«[74]

Guardini erhellt in diesen Erinnerungen, sieht man genau hin, wieder etwas über sich selbst. Wäre der Begriff nicht eher abgegriffen, so könnte man es sein Angezogensein von der Meta-Physik nennen, von der Gestalt hinter und besser in den Verhüllungen. Gewiß ist darin auch Platon vernehmbar, mit dem Gedanken von der Verborgenheit der Idee in allem Stoff und der Wahrheit als einem Vorgang des Entbergens. Aber Guardinis Entzücken am Puppenspiel und an dem Kleistschen Kabinettstück stammt letzten Endes ja nicht aus der Wiederholung oder Anwendung einer Theorie, es sei

---

[73] Ein Merkzettel in Guardinis »Notizbuch« notiert »Kleist, Marionettentheater« gemeinsam mit »Nietzsche« und einigen anderen Stichworten.
[74] Puppenspiel, in: Schildgenossen 4 (1923/24), 317.

denn, man nehme »Theorie« wörtlich als »Schau«. Guardini konnte »schauen«, und so gerieten ihm die einfachen Belustigungen Poccis zu Lehren über »die geheimnisvolle, allezeit gleiche Psychologie der Menschenseele«[75]. Daß noch ein anderer Italiener, der große Historiker Lodovico Antonio Muratori (Autor der »Antiquitates Italicae Medii Aevi« und der »Rerum Italicarum Scriptores«), das Puppenspiel geradezu studierte – »die feierliche Moral all dieser Holzköpfe, ihre Schliche, ihre Heimtückereien, ihren Übermut, ihre verrückten Einfälle«[76] –, ist für Guardini gerade Ausweis seiner historischen Begabung (und vielleicht umgekehrt ein Zeichen für Guardinis »italianità«). »Ich verstehe wohl, wie man von den Puppen für tiefste geschichtliche Fragen lernen kann.«[77]

Ausdrücklich: Guardini sieht hinter und in dem Holz die »Seele«, im einfachsten Vorgang eine elementare Psychologie. Und noch tiefer ausgeholt: an seiner Leiblichkeit gewissermaßen eine theologische Kritik am Verlust leiblicher Harmonie. Guardini ist konkret genug (Erzieher genug), den »Riß in uns« auf das aktuelle Angebot der Rhythmik zu übertragen und eben darin ihre Vorläufigkeit, zugespitzt gesprochen ihren Mangel an Theologie zu kennzeichnen. »Sind unsere Rhythmiker nicht zumeist naive Optimisten? Denen die Natur schlankweg gut ist, und jegliche harmonische Bildung möglich? Wer von ihnen gräbt tiefer, und sieht die innere Tragik?«[78]

Wieder spricht Guardini nichts Anstudiertes aus, sondern selbst Erlebtes: die Nichtbehausung in der Leiblichkeit. Sie wird sein Thema auch und gerade da, wo er die Jugend neu und zustimmend auf die Bedeutung der Leiblichkeit aufmerksam macht: in Rothenfels. Aber welches Maß der Beobachtung, wie weit das Außen das Innen überhaupt zu tragen, auszusagen vermag und wo nicht überwindbare Grenzen eingezogen sind! Und gerade weil Guardini der Jugend nicht nur die Würde, sondern die menschliche Bedeutsamkeit aller leiblichen Vorgänge wieder vermittelte, desto ernster seine Worte vor der Gefahr eines nichts als schönen, nur harmonischen Leibempfindens.

So großartig sich alles über die Juventus Gesagte liest – die Arbeit konnte nicht ungetrübt durchgeführt werden. Dem Kaplan drängen sich Zeichen einer Beaufsichtigung, ja verschiedentlichen Mißtrauens auf. Eine Maßregelung erfolgt: 1918 verwahrt sich ein Domdekan gegen einen dreitägigen Ausflug der Juvenen, weil dadurch dem Domchor am Sonntag Kräfte entzogen würden.[79]

[75] Ebd., 315.
[76] Ebd.
[77] Ebd., 316.
[78] Ebd., 314.
[79] Personalakte (Diözesanarchiv Mainz).

Die sonntäglichen Vormittagsstunden mußten aus dem Lehrlingsheim (bis vor kurzem Kettelerhaus in der Breidenbacherstraße) verlegt werden in ein weniger ansehnliches »Nest« im »Holzturm«.[80] In diesem alten und verwahrlosten Mainzer Stadtturm, in dem Schinderhannes gesessen hatte, richteten sich die Jungen eine Woche lang selbst einen Raum her, reinigten und verglasten ihn. Beim Einzug las Guardini ein Stück aus dem geliebten »Stopfkuchen« Wilhelm Raabes vor; aus Gießkannen gab es dazu Kriegskaffee.

Weiterer Ärger entstand durch die immer größere geistige Selbständigkeit der »akademischen« Gruppe, die mit der Zeit die Führung in die Hand bekam. Als schließlich 1919 nach der Rückkehr von Burg Rothenfels die Mehrzahl dieser Gruppe das Leben der Juventus im Sinne des auf der Burg Erlebten ändern wollte, kam es zu ausgedehnten Auseinandersetzungen. Auch das Ordinariat, die Lehrer und ein Teil der Eltern mischten sich in den Streit ein. Guardini erklärte, er sei Freund und Berater der Jugend, im übrigen solle sie ihr Leben in der Juventus frei und selbstverantwortlich gestalten, wie er tatsächlich Eigenrecht und Mitwirkung in der Führung immer zugelassen hatte. Dieser Steit wurde heftig und lange ausgefochten, besonders von Seiten der Lehrer. Guardinis Wunsch nach Beurlaubung und sein Weggang nach Bonn hängen unausgesprochen mit dieser Auseinandersetzung zusammen, obwohl sich dafür noch mehr Gründe fanden, wie sich zeigen wird.

Bei Guardinis Wechsel nach Bonn übernahm Karl Neundörfer ab Ostern 1920 die Juventus als geistlicher Leiter; freilich bildeten die Selbständigen bald eine eigene Quickborngruppe. Der Rest der Juventus wurde in die bisherigen Formen kirchlicher Jugendarbeit rückgeführt und löste sich in den 30er Jahren unter dem nationalsozialistischen Druck auf.

Die von Guardini angeleitete und ausgelöste Aufbruchsfreude der Juvenen in ein »anderes« Leben als das bürgerlich-gewohnte bezeugt sich einerseits im natürlichen Einmünden dieser kleinen Gruppierung in die tragende, geistig viel weiter gespannte, anspruchsvollere Gemeinschaft des Quickborn; andererseits in der gewonnenen Lebenshaltung der jungen Männer, welche in Guardinis Anregungen grundgelegt wurde – wie viele Rückblicke bezeugen.

»Eine Einheit von Empfänglichkeit für Natur, natürliches Leben, für Kultur, geistige und religiöse Sammlung, Erfahrung mit Freiheit

---

[80] Ludwig Neundörfer, Juventus, in: Gymnasium Moguntinum 19/20/21, Mai 1963, 49.

und Selbständigkeit waren wohl das Herzstück unseres damaligen Lebens, zu dem uns Guardini geführt, das er uns mit seiner hierfür besonderen Begabung vermittelt, ja geschenkt hat.«[81]

Guardini selbst bestätigt die gewählte Methode der Jugendführung – Klarheit im Grundsätzlich-Christlichen, Eigenverantwortung in der Durchführung, Sich-Einlassen auf die anstehenden Zeitfragen – im nachhinein als richtig. »Wie lange ist es schon her, daß wir gemeinsam in der Mainzer Juventus arbeiteten! Ein halbes Jahrhundert, und in wie vielem haben wir recht behalten!«[82]

Vielleicht ist es erlaubt, Guardinis verhaltene Art des Hörenkönnens und die kluge und wohltuende Weise, die Kräfte des anderen zum Eigentlichen zu entbinden, zu vergleichen mit einem anderen Wirken. Guardini hat sich öfter bemüht, das Phänomen lebendiger Pädagogik zu kennzeichnen; in seiner unverstellten und also maßgebenden Form findet er es in der Unaufdringlichkeit Gottes selbst: »Was von Gott kommt, kommt meist in der Form des Beginnens, nicht der fertigen Wirkung. Gott wirkt nach der Weise des Lebens: Er rührt an und löst Bewegung aus; er legt einen Samen, der keimt, wenn es Zeit ist; er senkt eine Gestalt ein, die dann langsam durchdringt.«[83]

Es ist nicht daran gedacht, diese höchste Form, Leben anzuregen und zu fördern, auf Guardini zu übertragen. Aber im Grundsätzlichen hat er sich um denselben Typus der »Mehrerschaft« des Lebens, der wahren Autorität, im Umgang mit der Juventus bemüht. Grundlegende Einsichten für die anstehenden größeren Aufgaben sind gewonnen in der bescheidenen, jedoch vorbehaltlosen Arbeit mit einer kleinen Jugendgruppe.

Zusammenarbeit mit Richard Knies im Matthias-Grünewald-Verlag

Guardini gewinnt für Mainz noch eine andere Bedeutung über seinen Weggang hinaus. Er hatte sich mit Richard Knies befreundet, von Beruf Geometer, der aber kleine schriftstellerische Erfolge mit einer weitgespannten Kenntnis religiöser und theologischer Literatur, vorwiegend meditativer und mystischer Art, verband.

Zu den liebenswürdigen Erzählungen von Knies bemerkte Guardini einmal, was seine Wahrheitsliebe, sein Gespür für Sprache und geformten Inhalt und seine geistige Führung gleichermaßen

---

[81] H. Ruffin, Guardini und die Mainzer »Juventus«, 77.
[82] Brief an Alfred Schüler vom 8.2.1967 (Stabi).
[83] Wille und Wahrheit, 28.

beleuchtet: »Die Geschichten sind mir recht nahe gegangen und haben lange nachgeklungen. Wenn ich etwas aussetzen dürfte, so wäre es dies: mir schien, als ob zuweilen die intellektuelle Analyse, der Psychologie, nicht ganz vom schauend-gestaltenden Dichter aufgesogen sei. Das fällt einem gerade deswegen auf, weil sonst soviel Duft und Klang und so greifbar-leibhaftige Gestalt ist. Wirklich nur ein paar dürre Stellchen, die der starke Saft des Bäumchens in einem nächsten Frühling ohne Mühe resorbieren, und zu frischem Leben umbilden könnte.«[84]

Knies wird in der Folge seine eigenen Hervorbringungen zurücknehmen zugunsten der theologischen Vermittlungsaufgabe; er wird etwas damals Bahnbrechendes: »einer der ersten Laientheologen«.[85]

Im Advent 1918, kurz nach der demoralisierenden Niederlage des ersten Weltkrieges, legte der ehemalige Landmesser den Programmentwurf des neu gegründeten Matthias-Grünewald-Verlages vor, unter dem vielsagenden Titel »Das Neue Münster – Baurisse zu einer deutschen Kultur«. Das neue Vorhaben begann mit den Worten: »Es ist kein Zweifel mehr: Eine Kultur, oder was man so nannte, ist im Versinken.« Mit dieser Kultur ist, den Gedanken der Romantik verpflichtet, das deutsche Mittelalter und seine Gotik gesehen, zeichenhaft erfaßt in Grünewalds Meisterschaft. Knies blickt aber, nach dem durch den Krieg markierten Ende einer Denkkultur, in die Zukunft: »Wir wollen uns nicht mehr nur mit der ewigen mechanischen Wiederholung des konventionellen Bestandes der dogmatischen Kompendien und apologetischen Lehrbücher begnügen. Wir wollen klar und offen allen Problemen, die die Zeit aufwirft, ins Auge sehen ... Sie (die neuen Schriften) wollen sich nicht in akademisch-professoraler Gelehrsamkeit und ›Wissenschaftlichkeit‹ ergehen, die das ›Volk der Dichter und Denker‹ nicht vor dem seelischen Zusammenbruch bewahrt haben.«[86]

Mit diesen programmatischen Sätzen, die er in einer erstaunlichen Tätigkeit verwirklichte, wurde Knies neben dem »Hochland« Carl Muths und den Rothenfelser »Schildgenossen« zum Wortführer eines neuen Katholizismus des 20. Jahrhunderts. 1919 erschien zum Auftakt »Gott und die Seele« von John Henry Newman; 1920 waren bereits »Neue Jugend und katholischer Geist« und der »Kreuzweg« Guardinis im Verlagsprogramm. Es folgten über zwanzig andere Schriften Guardinis, darunter »Der Gegensatz« und »Unterschei-

---

[84] Brief vom 18.6.1918 (Nachlaß Knies, Diözesanarchiv Mainz).
[85] Jakob Laubach, Zur Geschichte des Matthias-Grünewald-Verlages, in: J. Laubach (Hg.), 50 Jahre Grünewald-Bücher. 50 Jahre Erneuerung der Theologie 1918–1968. Ein Almanach, Mainz 1968, 8.
[86] Ebd., 7.

dung des Christlichen«. Der Grünewald-Verlag kann so – neben dem später gegründeten Werkbund-Verlag – als *der* Guardini-Verlag angesehen werden. In einer zweiten Hinsicht gilt dies aber auch, weil Guardini Knies eine Fülle wichtiger Anregungen für die vorgesehenen Veröffentlichungen gab und den jungen Verlag durch seine Belesenheit und theologische Urteilskraft befruchtete. Die Zusammenarbeit schlägt sich in einigen wichtigen Briefen nieder, die Guardinis Denken um 1919/20 erhellen und seine Bedeutung für die Gesamtlinie des Verlages unterstreichen. So schreibt Guardini 1919 dem Verleger einen Brief, der die klarste Standortbestimmung des damals 34jährigen, eine Art geistiges Koordinatensystem gibt. Seiner Bedeutung wegen sei der Brief – nur unwesentlich gekürzt – wiedergegeben:

»Ihre Bedenken betr. des Dürer-Aufsatzes haben mich insofern überrascht, als ich eigentlich auf eine prinzipielle kulturphilosophische Kritik gar nicht gefaßt war. Das Aufsätzchen sollte nichts sein, als ein Trost und eine Aufforderung, sich zusammenzunehmen. Und da meine ich, daß in solchen Zeiten ratloser Untätigkeit die einzige Mahnung, die etwas hilft, heißt: ›Faß an, tu etwas, das erste, nächstliegende.‹ Also nichts prinzipielles (!); und am allerwenigsten ein Programm.

Meine Gedanken über den Vorrang von Wahrheit und Wahrheitsverehrung, über Willenswert und Tat halte ich natürlich im vollsten Umfange aufrecht. Doch muß das nur als Überordnung aufgefaßt werden, und als nichts mehr. Denn arbeiten müssen wir, freilich soll es eine beseelte und die Seele fördernde Arbeit sein, kein Hetzen und gegenseitiges Andiewanddrücken. Hierüber werden wir auch wohl kaum Meinungsverschiedenheiten haben. –

Wo ich nicht recht mit kann, das ist die starke Betonung der Mystik; ja geradezu die Erstrebung einer neuen mystisch fundierten Kultur.

Sehen Sie, ich meine, man soll Mystik nicht »pflegen«, und vollends nicht bewußt zu merken suchen. Wahre Mystik ist eine Gabe, die kommt, »wenn der Geist weht«, wenn Gott sie eben gibt. Und ein bewußtes Sich-Konzentrieren auf sie, wenigstens in weiterem Maße, in öffentlicherem Kreise, verscheucht sie, oder, was schlimmer ist, erzeugt Mystizismus; subjektive, illusionäre, phantastische Strömungen, für die der Boden heute ohnehin vorbereitet genug ist. Ich kann mir Ihre Entgegnung denken: also verbreiten wir *gute* Mystik, damit die schlechte nicht aufkomme! Zur Verfügung halten, auf sie hinweisen, unter anderem auch ihre Schriften herausbringen – das ja. Aber sie zum wichtigsten Programmpunkt machen, aus ihrem Geiste heraus eine Kultur bewußt schaffen wollen, – das macht mich bedenklich. Ich liebe die Mystik; weiß, daß in ihr Schätze auserlesenster Edelkeit liegen, und zwar nicht nur für wenige Bevorzugte, sondern für ganz weite Kreise. Aber es ist ein Gebiet, in dem auch viel seelischer Sprengstoff verborgen ist, viel Fratzen und Nebelgespenster ihr Wesen treiben. Ich habe einen heiligen Respekt vor diesen Erziehern der Seele! Und ich bin erst ruhig, wenn auch hier der »Primat des Logos«, des klaren, ruhigen Gedankens, ich sage es schärfer, des genauen Begriffes feststeht. Wir dürfen nie vergessen: die große mystische Kultur des Mittelalters, mit ihrem alle sozialen Schichten durchziehenden Geäder, war *so* nur möglich, weil auch eine ebenso allgemeine *theologische* Kultur da war; weil ein sehr großer Schatz klarer, tieferlebter theologischer Ideen weithin Gemeingut war. Eckehart, Seuse und Tauler setzen eben alle *nachweislich* Thomas von Aquin voraus. Und selbst Thomas von Kempen, der fast antirationalistisch spricht, ist eben doch nur denkbar als lebendiger Gegenpol des Aquinaten, von dem er zehrt. Haben wir aber heute eine solche religiös-theologische Gemeinkultur? Werden die etwa wachgerufenen mystischen Regungen den klärenden »Logos« finden? Oder wird es ein Chaos geben?

Das sind so meine Bedenken, auch betr. Ihres Verlagsprogrammes. Ich fürchte, es wird heftiger Ablehnung begegnen ... Und es tut mir leid, wenn ich denke, daß Newman hier wahrscheinlich als Programm eingeführt werden wird ... Denn Newman ist kein Denker für Programme, ist überhaupt kein Theologe für weitere Kreise. Er ist einer, dem man sich persönlich gegenüberstellen muß, mit viel Ehrfurcht aber auch mit wacher Kritik; ein Name, der in keine Diskussion hineingehört ...

Falls Sie übrigens ein sehr gutes – wohl das beste – Buch über Mystik interessiert: A. Poulain, Des grâces d'oraison, Paris ...«[87]

Knies übernahm nicht alle Vorschläge Guardinis. Die Newman-Ausgabe, teils in der hervorragenden Übersetzung von Maria Knoepfler, wuchs entgegen der Warnung Guardinis auf viele Bände und genoß weites Ansehen (auch dem Namen Josefine Schleußner begegnet man wieder in der Übertragung der kleinen Schrift »Der Traum des Gerontius«). Einmal unterbreitete Guardini den Gesamtplan einer kleinen Reihe von alten biographischen Texten[88]. Sie wurde nicht verwirklicht, wirft aber ein Licht auf Guardinis Lektüre in den Jahren 1920 bis 1922: 1. Acta Martyrum, 2. Ausgewähltes aus des Palladius' Mönchsleben, 3. Einige der Nekrologe des heiligen

---

[87] Brief vom 29.4.1919 (Nachlaß Knies, Diözesanarchiv Mainz).
[88] Notiert auf einer undatierten Postkarte mit unleserlichem Poststempel im Nachlaß Knies (Diözesanarchiv Mainz). Da beim Absender Pützchen als Wohnort vermerkt ist, kann es sich nur um die Zeit zwischen April 1920 und Sommer 1922 handeln.

Hieronymus (Paula, Eustochium ...), 4. Otloh von St. Emmerans »Geschichte seiner Trübsale« (11. Jahrhundert).[89]

Neue Weichenstellung

Die beiden letzten Mainzer Jahre Guardinis, 1918–1920, bereiten eine Entfernung – räumlich, aber auch innerlich – von Mainz vor. Das Erscheinen des Buches »Vom Geist der Liturgie« (1918) machte den Autor schlagartig bekannt; in der Folge erhielt er aus Maria Laach eine Einladung zur Mitarbeit in liturgicis, die ihn – verbunden mit einer zweiten Entscheidung – aus der Heimatstadt führte. Denn ein anderes Angebot, das einmal greifbar in der Luft lag, wurde nicht mit Bestimmtheit wiederholt. Guardini hatte am 12./13. November 1918 sein Pfarrexamen mit der Gesamtnote 1 im Schriftlichen und 1–2 im Mündlichen bestanden.[90] Trotzdem blieb er bis Anfang 1920 Kaplan an St. Peter, während er begründet erwartet hatte, daraufhin, ja schon seiner Promotion wegen, als Professor an das Mainzer Priesterseminar zu kommen. Als dieser Plan hintertrieben wurde – an seiner Stelle kam Reatz auf den Posten[91] –, fühlte sich Guardini nicht nur gekränkt, sondern auch in seinem weiteren Wirken ohne sinnvolle Aussicht.

In alldem ist eine zweite Wunde in Guardinis Beziehung zu Mainz berührt, nach der Erfahrung im Priesterseminar. Promotionserlaubnis, eine wenig zeitraubende Kaplanei, der Auftrag in der Juventus – alles hatte darauf hingedeutet, daß eine theologisch-akademische Arbeit in Aussicht stand. Stattdessen – nichts; bei genauerem Hinsehen aber ein Widerstand, unerwartet in der Gestalt des Generalvikars Dr. Ludwig Bendix. Guardini schildert ihn mit Offenheit, bei aller Enttäuschung im Rückblick dankbar für den endgültig verbauten Weg: »Ein interessanter Mann, begabt und von persönlicher Kultur. Seine Familie muß irgendwie mit der Welt der Romantiker zusammengehangen haben ... Diese Zusammenhänge haben sich aber bei Bendix nicht im Sinne einer geistigen Weitung und Anregung ausgewirkt, sondern er war ein Reaktionär reinsten Wassers ... Wenn er wollte, konnte er bezaubernd sein. In der Regel wollte er aber nicht; so haben ihn wohl die meisten mit einem etwas finsteren, vielleicht sogar verächtlichen Ausdruck im Gedächtnis. Ich glaube, er war ein enttäuschter Mann; das hat den romantischen Pessimismus

---

[89] Ebd.
[90] Personalakte (Diözesanarchiv Mainz).
[91] Brief an Bischof Albert Stohr vom 12.1.1948 (Stabi).

verschärft und mitgeholfen, aus ihm den Gegner jeder Bewegung ins Weite und Freie, jeder geistigen Selbständigkeit, jeder echten Auseinandersetzung mit der Zeit zu machen, als der er lange Jahre auf der Diözese gelastet hat. Das alles mußte sich auch in meiner Angelegenheit auswirken. Wenn ich recht sehe, war meine Designierung gegen seinen Wunsch, oder doch ohne seine Initiative erfolgt; vielleicht hat er aber auch bloß seine Ansichten über mich geändert. Ich habe immer Sympathie für ihn empfunden, und wenn ich bei ihm war, fühlte ich eine ebensolche von ihm her. So könnte ich mir denken, daß seine Stellungnahme zu mir zwiespältig war, und er schließlich glaubte, aus grundsätzlichen Gesichtspunkten gegen seine freundlichen Gefühle handeln zu müssen. Was ihn dazu veranlaßte, weiß ich nicht, vermute aber, daß es die Weise war, wie ich die »Juventus« leitete. Diese war von ihm und seinem Bruder ... gegründet worden, und er hat sie immer als ihm besonders nahestehend angesehen. Daß ich sie, ohne zu wissen, was Jugendbewegung sei, in deren Bahnen lenkte, muß ihn beunruhigt und vielleicht auch verletzt haben. Jedenfalls wurde mir klar, daß er meine Berufung an das Mainzer Seminar nicht wünschte ... Ich entschloß mich daher, einen Antrag zu stellen, der, wenn man in irgend einer Weise auf mich rechnete, nach den Mainzer Traditionen unter allen Umständen abgelehnt werden mußte: ich bat, zur Fortsetzung meiner Studien wieder zur Universität gehen zu dürfen. Der Antrag wurde ohne weiteres genehmigt, und ich wußte nun, woran ich war ... Wenn ich zu schüchtern gewesen wäre, jenen Antrag zu stellen, oder aus irgend einem anderen Grunde geschwiegen hätte, wäre Jahr um Jahr vergangen, und ich wäre schließlich irgendwohin geraten. Die Sache ist mir zuerst sehr nahe gegangen. Dann habe ich freilich erkannt, welch gütige Fügung darin gelegen hat. Ich bin gezwungen worden, aus der engen Mainzer Luft ins Weite zu gehen, und kann dafür nicht dankbar genug sein. In Mainz hätte ich entweder die größten Schwierigkeiten bekommen, oder wäre zu Grunde gegangen – geistig und wahrscheinlich auch körperlich.«[91a]

Nun ergab sich Verschiedenes, das sich zu einer neuen Lebensmöglichkeit verdichtete. Im Frühjahr 1919 hatte Guardini seine Schrift »Vom Geist der Liturgie« an Max Scheler nach Köln gesandt. Schelers erhaltener Antwortbrief vom 4. Juli 1919 gibt außer den sachlichen und ermutigenden Beurteilungen der liturgischen und der kleinen »Gegensatz«-Arbeit Guardinis eine providentielle Weichenstellung im letzten Satz. Der bisher unbekannte Brief sei seiner Bedeutung wegen größtenteils abgedruckt:

[91a] Berichte, 28 ff.

»Sehr verehrter Herr Guardini!

... Lassen Sie vor allem Ihnen sagen, wie sehr mich (auch meine Frau) Ihre Schrift über die Liturgie in Ecclesia orans bereichert hat. Ich finde Ihre kleine Arbeit geradezu klassisch vollkommen für ihren Zweck und freue mich auch besonders, daß sie so viel gelesen wird. Der Geist dieser Schrift ist mir so *nahe*, wie (ich muß es leider sagen) das Meiste unserer deutschen religiösen Litteratur (!) der Gegenwart fremd. Das Kapitel über »Logos und Ethos« ist ganz besonders notwendig gewesen – gerade in einer Zeit, in der der Johannestext gegenüber dem falschen und durch unsere Niederlage in einem Riesenexperiment als falsch auch erwiesenen »Am Anfang war die Tat« wiederherzustellen ist. Nehmen Sie auch schönsten Dank für Ihre Arbeit über die Ehre Gottes, die ich schon gelesen hatte, jetzt aber um so lieber von Ihrer Hand besitze.

Es ist schon lange mein Wunsch, Sie kennen zu lernen. Ich hoffe anfangs August auf ein paar Tage nach Mainz zu kommen und werde Sie dann aufsuchen. Sollte Sie Ihr Weg hierher führen, so bitte ich um Ihren Besuch. Vielleicht sehen wir uns auch einmal in Maria Laach; ich habe mit Herrn Abt Ildefons viel über Ihr Werkchen gesprochen.

Vor allem aber bitte ich Sie sehr, mir Ihre Arbeit über Lebensgegensätzlichkeiten, die Sie J. Rickert schon vorgelegt, *bald* zur Lectüre zu übersenden; dann haben wir neuen Stoff für unsere hoffentlich baldige mündliche Unterhaltung. Ich sehe in Manchem, daß Sie durch Windelband und Rickert in Ihren Werken vielfach bestimmt wurden – und würde Ihnen gern einmal über meinen inneren Gegensatz zu dieser Schule nur meine eigenen positiven Ansichten (Sie finden, was die Ethik betrifft, in meinem ›Formalismus in der Eth. u. die naturale Wertethik‹ (Niemeyer) über dieselben Fragen Einiges) sagen.

Ich sehe ein freundliches Geschick darin, Ihnen jetzt (durch meinen Wohnort) näher zu sein. Apropos! Haben Sie nie daran gedacht, sich zu habilitieren?

Einstweilen nehmen Sie nochmals herzlichen Dank für reiche Anregung von Ihrem hochachtungsvollst ergebenen Max Scheler ...«[92]

Scheler, der den Brief über Maria Laach leitete, traf Guardini erst später in Bonn – über den gegenseitigen Eindruck soll an geeigneter Stelle gesprochen werden. Hier sei nur hervorgehoben, daß Scheler zweimal in Guardinis Leben eine weittragende und klärende Entscheidung hervorrief, ja in einer weniger auffallenden Weise, näm-

---

[92] Brief vom 4. Juli 1919 aus Köln (Stabi). Klammer nach »Einiges« fehlt in der Handschrift.

lich in der anhaltenden methodologischen Anleitung, Guardini nicht minder beeinflußte.

Beim ersten Mal taucht jene knappe Frage nach der Habilitation auf, die Guardini einen Ausweg aus der Mainzer Perspektivenlosigkeit eröffnet. Beim zweiten Mal wird Scheler zum Begriff der »Weltanschauung« die einzig hilfreiche Lösung vorschlagen, die Guardini zu seiner Meisterschaft des anschauenden Deutens entbindet. Mit dem dritten Mal ist die Hinführung zur Phänomenologie gemeint, die Scheler von Husserl übernommen und weitergebildet hatte und mit der ihm eigenen Faszination vertrat. Mit ihrer Hilfe löste sich Guardini endgültig aus den »systematischen« Konstruktionsansätzen der Schulphilosophie und gewann damit auch seine Gegensatz-Lehre neu. Phänomenologie, »organisches« Denken geht in die eigentümliche Methode Guardinis ein, fern aller neuscholastischen Begriffstheologie.

Der Eindruck, den Guardinis große liturgische Erstlingsfrucht auf Scheler machte, scheint sich übrigens ebenso unmittelbar Carl Muth mitgeteilt zu haben. Guardini erwähnt selbst, daß ihm jemand die Aussicht einer Mitarbeit im »Hochland« angedeutet habe[93]. Darauf eine bezeichnende Zurückhaltung: »Bin überhaupt kein Mann für feste Abkommen; ich schreibe sehr langsam, und kann nichts erzwingen.«[94]

Noch bevor Guardinis weitere Pläne Gestalt annahmen, geschah ein anderer Einschnitt. Kaum war der Vater nach Kriegsende aus der Schweiz wieder nach Mainz in die Gonsenheimer Hohl zurückgekehrt, starb er am 30. September 1919, erst 62 Jahre alt. Letztlich brachte dies die Lösung der Familie von Deutschland: Die Mutter siedelte mit den drei anderen Brüdern an den Comer See, nur der Älteste blieb – was ihm die Mutter nie recht verzeihen konnte. So traf ihn nicht nur der Tod des Vaters, sondern zugleich der diesmal tiefreichende Abschied von der sonstigen Familie, ja die Auflösung des elterlichen Hauses.

Noch bevor all diese Umwälzungen vollzogen waren, reifte Guardinis Entschluß, auch selbst Mainz zu verlassen. Zu den beiden Schicksalsfügungen, der Nichtberufung ans Priesterseminar und dem Tod des Vaters mit all seinen familiären Folgen, kam ein willkommener äußerer Beweggrund hinzu. Ihm wurde von Maria Laach aus die Leitung der zweiten Abteilung des neugegründeten »Jahrbuchs für Liturgiewissenschaft« übertragen. Es war neben Abt Ildefons Herwegen vor allem P. Kunibert Mohlberg OSB, ein Freund

---

[93] Brief an Richard Knies vom 29.4.1919 (Diözesanarchiv Mainz).
[94] Ebd.

Ende der 20er Jahre auf Burg Rothenfels

Guardinis seit dem Theologiestudium, der ihn dem Herausgeber Odo Casel nachhaltig empfohlen hatte. Guardini richtete am 3. Dezember 1919 ein Gesuch um Studienurlaub auf ein Jahr an das Ordinariat (Dr. Bendix!) mit zwei Begründungen: »Es wäre nun nötig, daß er sich in den umfangreichen Stoff einarbeite, wozu ihm aber eine größere Bibliothek und vor allem mehr Zeit gegeben sein müßte, als sie die Seelsorge frei läßt. Ferner hat er eine umfangreiche dogmatisch-liturgische Untersuchung begonnen, für die er ebenfalls zahlreicher bibliographischer Hilfsmittel und ausgiebiger Zeit bedarf.«[95]

Offensichtlich handelt es sich bei diesen Untersuchungen noch nicht um die Habilitationsschrift, die die genannte Hinsicht nicht einbezieht, sondern um eine andere Grundlagenarbeit. Am Ende des Gesuchs wird mit einem kaum merklichen bitteren Unterton die existentielle Lage des nicht mehr so jungen Priesters, sein Wunsch nach einem sinnvollen Weiterarbeiten an seiner Begabung ausgesprochen: »Er bittet Hochwürdigste Behörde, geneigtest in Erwägung ziehen zu wollen, daß er sich bereits im 35. Lebensjahre befindet. Nachdem er so lange (er steht im 10. Priesterjahre) die wissenschaftliche Arbeit neben der seelsorgerlichen betrieben hat, steht er vor der dringenden Notwendigkeit, mit letzterer zu einem greifbaren Ergebnis zu kommen.«[96]

Am 15. Januar 1920 gewährt der Generalvikar den einjährigen Studienurlaub; bereits am 21. Januar folgt Guardinis Dank und eine Neuigkeit: »Inzwischen ist an ihn die Anregung herangetreten, sich an der Bonner Universität zu habilitieren.«[97] Nach Scheler scheint auch P. Kunibert Mohlberg die Anregung dazu gegeben zu haben[98]; jedenfalls leitet Abt Herwegen die nötigen Schritte ein.

Er »hatte zur Bonner Fakultät gute Beziehungen, vor allem zu dem Moralisten, Prof. Fritz Tillmann, der – ebenfalls ein günstiger Faktor in der ganzen Situation – damals Rektor der Universität war. Wie die Fakultät über meine Habilitation dachte, kann ich jetzt nicht mehr im Einzelnen sagen. Entschieden ablehnend muß nur Prof. Heinrich Schrörs gewesen sein, der zwar emeritiert war, aber Einfluß hatte, und ihn, wie man sagte, besonders dazu benutzte, anders zu wollen als die anderen. Prof. Arnold Rademacher ... zeigte sich mir gegenüber sehr freundlich und war jedenfalls auch in diesem Sinne wirksam. Meine Hauptstütze war Tillmann, der in mir einen im damaligen Sinne modernen, das heißt liberal-kritischen

---

[95] Personalakte (Diözesanarchiv Mainz).
[96] Ebd.
[97] Ebd.
[98] Berichte, 32.

Theologen sah. So waren die Aussichten günstig, und ich wagte den Schritt aus Mainz nach Bonn.«[99]

Als Habilitationsvater erklärte sich der Dogmatiker Professor Gerhard Esser bereit, und offenbar wurde auch damit gerechnet, daß Guardini selbst den Lehrstuhl dieses bereits kranken Theologen übernehmen könne.[100]

Durch Freundeshand aus Maria Laach ist für eine Wohnung im Sacré Coeur in Pützchen bei Bonn gesorgt, wo Guardini neben seinen Studien die Aufgabe eines Hausgeistlichen für die Schwestern übernimmt.

Damit ist der Weggang von Mainz an Ostern 1920 eingeleitet, sinnfällig ausgedrückt durch die Auflösung auch der elterlichen Wohnung. Dazu gibt es eine anrührende Erinnerung Alfred Schülers, des Weggefährten in der Juventus, die wegen ihrer Genauigkeit und zeichenhaften Einzelheiten wiedergegeben sei: »Eine Woche lang kann ich ihm dabei helfen, die vielen Bücher zu verpacken. Köstlich die begleitenden Bemerkungen zu so manchem Exemplar, wie es erworben wurde, welches Gewicht, welchen Rang es gewonnen hat. Die Pausensitzungen auf den verpackten Kisten waren eine höchst belehrende, kritische Revue über geistige Schätze. Daß er dann davon einiges dem Helfer vermachte und ihm noch half, die Last unter dem Radmantel heimzutragen an's andere Ende der Stadt, bleibt ihm unvergessen. Ein überdurchschnittlich großes weißes Kreuz kam später in die Burgkapelle in Rothenfels, unten rechts. – Am Ende dieser Arbeitswoche erscheint seine Mutter – sie drückt mir die Hand mit der Bitte: ›Bleiben Sie ihm gut!‹

Einige Tage später ist der Abschiedsabend in der Mainzer Juventus. Statt Abschiedsrede wird ihm als Dank ein Märchen erzählt von einem Riesen, der in das Land der Zwerge kam, gegen Fremdheit zu kämpfen hatte, aber alle gewann.«[101]

Der Schritt in die Berühmtheit: »Vom Geist der Liturgie« (1918)

Die Voraussetzungen des Erfolgs

Guardinis *öffentliche* Bedeutung setzt unerwartet mit einem schmalen Werk ein. 1918 erscheint als erster Band der Reihe »Ecclesia orans«, herausgegeben von Abt Ildefons Herwegen aus Maria Laach,

[99] Ebd.
[100] Ebd.
[101] A. Schüler, Mainz 1915–1920, 81.

die berühmt, ja klassisch gewordene kleine Schrift »Vom Geist der Liturgie«. In knapp fünf Jahren kam es zu 12 Auflagen; 1983 erschien die bisher letzte, erneut mit Herwegens Vorwort[102].

Woher diese von niemand vorhergesehene Wirkung? Sie entstand aus dem Zusammentreffen eines allgemeinen Aufbruchs in Theologie (ablesbar an der Liturgie) und der Feinfühligkeit Guardinis, der die Umwälzungen nicht nur wahrnahm, sondern sie im Formulieren klärte und zur Bewußtheit brachte. Hinzu tritt die Unmittelbarkeit seiner denkerischen Bemühung, die gerade auch für Laien, ja für solche von »außerhalb« der Kirche keiner nochmaligen Übersetzung bedurfte. Die Klarheit der Schrift verdankt sich bereits dem Weiterdenken der »Gegensatz«-Struktur, ihre Tiefe und der ab und zu spürbare Eros aber Guardinis eigenstem Angerührtsein.

Wie kann man den »allgemeinen Aufbruch in Theologie« treffend kennzeichnen, weshalb kann man ihn an der Liturgie ablesen? Hier kann nur Hinführendes angedeutet werden. Die Theologie des ausgehenden 19. und beginnenden 20. Jahrhunderts war zutiefst der Neuscholastik verpflichtet. In ihr herrschte tonangebend jene systematische Aufgliederung und verstandesmäßige Aneignung der Glaubenswahrheiten, die die Theologie zu einer Sache der Wissenschaftler machte und von der »Volksfrömmigkeit« abhob. Kierkegaard hatte bereits 1851 aus protestantischer Sicht diese Haltung glossiert, ja betrauert: Die erfolgreichste Methode, sich vor dem Anspruch des Christentums und der Stimme Christi in Sicherheit zu bringen, sei die theologische Wissenschaft. »O unübersehbare Weitläufigkeit! Wieviel gehört im strengeren Sinne zu Gottes Wort? Welche Bücher sind echt? Stammen sie auch von den Aposteln? Und sind diese auch zuverlässig? Haben sie selbst alles gesehen? Oder dies und jenes doch nur von anderen gehört? Und nun erst die Lesearten! 30000 verschiedene Lesearten! Und dann dieses Durcheinander und Gedränge von Gelehrten und Meinungen und gelehrten und ungelehrten Ansichten über den Sinn der einzelnen Stelle!«[103]

Als Guardini zu schreiben beginnt, ist dieser Geist des Rationalismus, wie es einmal bei Odo Casel[104] heißt, »heute lebendiger als je, aber auf den Höhen rötet sich ein neuer Tag, der über den Rationalis-

---

[102] Freiburg 1983, mit einem Nachwort von Hans Maier.
[103] Zur Selbstprüfung der Gegenwart anbefohlen. Kopenhagen 1851; dt. Jena 1922.
[104] Odo Casel wurde am 27.9.1886 in Koblenz geboren, war seit 1905 Benediktinermönch in Maria Laach, ab 1922 Spiritual im Benediktinerinnenkloster Herstelle/Weser, wo er in der Osternacht, am 28.3.1948, starb.
Zu Casel vgl. die Arbeit von Arno Schilson, Theologie als Sakramententheologie. Die Mysterientheologie Odo Casels, Mainz 1982, und eine kommende Arbeit von Judith Krahe OSB.

mus und Materialismus hinweg ... zu einer Mystik zurückstrebt.«
Casel, der selbst mit allen Kräften an der Erneuerung der Liturgie
mitschuf und dessen Einfluß auf Guardini trotz aller Unterscheidung
unbestreitbar ist, wandte sich aus tiefstem Antrieb gegen eine vom
Verstand überzogene Deutung des Glaubensgutes und entwarf an
ihrer Stelle eine »Erfahrungstheologie«, worin er sich immer wieder
grundlegend auf das Christusmysterium, seinen Vollzug und seine
»Gnosis« bezog. Hier liegt der Überschritt zur liturgischen »Äußerung« dieser »Gnosis«: sie wird sich »vor allem in der Feier des
Kultmysteriums, der Liturgie, selbst ... ihre Betätigung suchen und
aus dieser heraus zur vollkommenen Erkenntnis vorstoßen ... Hier
wird Theologie wieder, was sie ursprünglich war: theologia, taterfülltes Sprechen über Gott aus Gott.«

Guardinis kraftvoller Anstoß in dieser Wende bezieht seine Wirkung in gleicher Weise aus einem Neudenken der Theologie wie
sogar aus einem versuchten Neudenken der Geistesgeschichte. Es
geht ihm nicht kurzatmig um Änderung der Liturgie unmittelbar,
sondern um Änderung der geistigen Haltung, aus der heraus Liturgie erneut möglich ist. Und es ist dieses Neuschreiben der geistigen
Haltung, welches das Buch bedeutend macht, schon frühzeitig eine
»Überwindung der Neuzeit« einleitet.

Um diesen Durchbruch würdigen zu können, ein Blick auf das
Umfeld und den Anlauf des liturgischen Erneuerungswillens.[105]

Die Phasen der Liturgischen Bewegung

Guardini selbst versuchte viel später, die Geschichte dieses Erneuerungswillens in Abschnitte einzuteilen, die er an Epiphanie 1953 zu
Heinrich Kahlefelds 50. Geburtstag vortrug: »Die Liturgische Bewegung hat zuerst die restaurative Phase durchlaufen (Solesmes); dann
die akademische (Maria Laach, Beuron, Akademikerverband); dann
die realistische (Rothenfels, Leipziger Oratorium, Klosterneuburg) –
jetzt tritt sie in die pädagogische: ob der heutige Mensch die
tradierten Texte und Agenden überhaupt realisieren könne?« (Tagebuch vom 26.5.1953)[106].

---

[105] Die Gesamtdarstellung der deutschen Liturgischen Bewegung ist noch nicht geschrieben; Vorarbeiten liefern W. Birnbaum, Das Kultusproblem und die liturgischen Bewegungen des 20 Jh. Bd. I: Die deutsche katholische liturgische Bewegung, 1926, Tübingen ²1966; F. Kolbe, Die Liturgische Bewegung, Aschaffenburg 1964. Th. Maas-Ewerd, Die Krise der liturgischen Bewegung in Deutschland und Österreich. Zu den Auseinandersetzungen um die ›liturgische Frage‹ in den Jahren 1939–1944, Regensburg 1981. – Demnächst erscheint eine Monographie über Romano Guardini und die liturgische Bewegung von Johannes Hendriks.

[106] Wahrheit des Denkens, 31.

In den ersten beiden Unterscheidungen sind die Vorarbeiten genannt, die sämtlich mit den Namen von Benediktinerabteien verknüpft sind. Prosper Guéranger macht die belgische Abtei Solesmes zum Begründungsort der ganzen Bewegung, dort freilich noch ganz auf die Mönchsliturgie bezogen. (Von Simone Weil gibt es ein Zeugnis ihres tiefen Eindrucks vom dortigen Choralgesang.) Unter Maurus und Placidus Wolter geht die Aufgabe an Beuron Ende des 19. Jahrhunderts über, und Guardini ist als Student in Tübingen zuinnerst und heimatlich angerührt von dem dort Gehörten und Gesehenen.

Das »Mechelner Ereignis« von 1909, in dem erstmals die Volksliturgie durch das Übersetzen der Meßtexte einen tiefen Anstoß erhielt, wurde ebenfalls von einem Benediktiner, Lambert Beauduin von der Abtei Mont-César (Keyserberg) in Löwen, ausgelöst. Ildefons Herwegen (1874–1946) aus Beuron verpflanzte das Anliegen weitwirkend und überaus erfolgreich nach Maria Laach. Als Abt öffnete er Priestern wie Laien den Zugang zu den großen liturgischen Feiern des Konvents; ferner knüpfte er einen lebensvollen Bezug zum katholischen Akademikerverband als Vortragender, ja bald als beauftragter Seelsorger und erreichte damit Studenten und Akademiker maßgeblicher Art. Wesentlich ist zudem die verlegerische Arbeit: »Ecclesia Orans« ist eine Laacher Gründung, ebenso das »Jahrbuch für Liturgiewissenschaft«. Und eine weitere Begabung Herwegens, die für Guardinis frühen Entwurf hilfreich wurde: er besaß eine Ader für Kunst, Sinnlichkeit, Ästhetik der Liturgie[107].

Auch die ökumenische Bedeutung dieser Bemühungen darf nicht übersehen werden.[108] Im Protestantenblatt des Jahres 1920 dazu eine bemerkenswerte Äußerung: »Wer die neue evangelische Agende schaffen will, der muß eidlich verpflichtet werden, nicht eher den Mund aufzutun, bis er nicht mindestens ein Vierteljahr lang bei den Benediktinern in Maria Laach und zwar in der Passionszeit studiert hat.«[109]

Guardini fand von Mainz und Bonn aus (1915–1923) den naheliegenden Weg nach Maria Laach. Mit P. Kunibert Mohlberg OSB verband ihn eine förderliche und bis ins Alter tragende Freund-

---

[107] S. dazu die Arbeiten Herwegens: Das Kunstprinzip der Liturgie, 1912; Die Innenwelt des christlichen Künstlers, in: Von christlichem Sein und Leben, 1921, 109–119; Gedanken über kirchliche Kunst, in: Lumen Christi 1923, 67–106; Christliche Kunst und Mysterium, 1929.

[108] A. Schilson, Theologie als Sakramententheologie, 61f, berichtet von den Beziehungen Herwegens zu Hans Lietzmann und Einar Molland und deren (teils begeisterten) Eindrücken.

[109] Zit. von Engelbert Krebs, in: Jahrbuch der deutschen Katholiken 1920/21, Augsburg 1921, 24.

schaft[110], die bald zur anregenden Begegnung mit Abt Herwegen führte.

»Zufälliger« Anlaß des Werkes

Daß Herwegen Guardini mit dem Einführungsband in die neugegründete Reihe »Ecclesia orans« beauftragte, geschah nicht blindlings. Es gibt dazu eine bislang unbekannte Vorgeschichte, die in einem zufällig erhalten gebliebenen Gespräch Guardinis mit seinem Sekretär Erich Görner vom 25.2.1934 so lautet: »Ich wollte einem Freunde religiöse Dinge klar machen, es war zu Anfang des Krieges. Und da schrieb ich ihm einige längere Episteln. Die waren schon so wie die Kapitel des Buches vom Geist der Liturgie. Diese kamen dann einem Liturgiewissenschaftler in die Hände, und dieser zeigte sie Abt Herwegen. Dieser war ganz begeistert, ganz außer sich. Auf meinen Vorschlag wurde auch dieses kleine handliche Format für das Büchlein gewählt, einige Kapitel kamen dazu, und so entstand das Buch ... Damals war z.B. Sonnenschein so begeistert, daß er gleich 1000 Stück bestellen wollte, um sie ins Feld zu schicken.«[111]

Somit ist die Teil-Entstehung des Buches auf 1914 zurückzudatieren; leider ist der auslösende Adressat nicht genannt. Der »Liturgiewissenschaftler« war Kunibert Mohlberg selber, und die Begeisterung Herwegens entspricht der Wahrheit: er gewann Guardini außerdem neben Odo Casel als Mitherausgeber des »Jahrbuchs für Liturgiewissenschaft«, von dem sich Guardini freilich nach zwei Jahrgängen (1921 und 1922) aus noch zu beleuchtenden Gründen trennte.

---

[110] Reizend der Ton, den Mohlberg aus langer Vertrautheit in den Briefen anschlägt: »Carissime liebes Kaninchen (...) Ich habe Deiner heute früh mit aller Inbrunst gedacht und wünsche mir, daß Du noch manches Jahr ein recht fruchtbares Kaninchen bleiben mögest, Du lieber grosser und so bescheidene(r) Romano«. Brief an Guardini vom 17.2.1955 (70. Geburtstag) (Stabi). Vgl. den Brief vom 13.2.1955 (ebd.).

[111] Romano Guardini im Gespräch mit Erich Görner, 12. – Görner (geb. 1909) arbeitete von 1932 bis 1935 in Berlin als Guardinis Sekretär und hat dabei, wie er selbst sagte, »nur selten und während eines kurzen Zeitraums Gespräche mit Guardini aufgezeichnet. Diese Notizen, gesammelte Zettel – in der Stadtbahn auf seinem Heimweg geschrieben – sind zufällig erhalten geblieben.« Leider sind nur von Ende 1933 bis Mitte 1934 Stenogramme vorhanden, die ohne stilistische Korrektur abgeschrieben und 1983 im Eigendruck beim Theatinerkreis in Quickborn (München) erschienen sind. Bei der raschen Niederschrift half dem jungen Mann sein ausgezeichnetes Gedächtnis, mit dessen Hilfe er sich auch längere Gespräche teils wörtlich merken konnte. –
Weniger ausführlich ist von der Vorgeschichte in der Autobiographie die Rede.

Grundspannung des Ganzen

In dem schmalen Band »Vom Geist der Liturgie« spricht Guardini von dem *Grund,* der Liturgie trägt. Nicht Einzelfragen, sondern der Geist des Ganzen wird gesucht, und hierin gelingt Klassisches. Dies ist Guardinis eigenem Verständnis gemäß gemeint: Nicht Einseitiges kommt zur Sprache, sondern das unter mehreren Hinsichten Gültige, ein Sich-Rundendes.

Sucht man den Kern des Ansatzes, so läßt er sich wohl so formulieren: Guardini zeigt die unerschöpflichen, lösenden, klärenden Zusammenhänge zwischen natürlicher seelischer Vorgabe und Liturgie. »Natur und Gnade haben ihre Regeln. Es gibt bestimmte Voraussetzungen, unter denen das natürliche und übernatürliche Geistesleben gesund bleibt, wächst und reich wird.«[112] Die Stärke der Gedankenführung beruht nicht nur darauf, daß sie sich an jeden, auch an den mit Liturgie nicht Vertrauten wendet, sondern daß sie außerdem in gänzlich unklerikaler Sprache auszufalten bemüht ist, wie sehr die Kirche eine unübertroffene Erfahrung in der wesensgemäßen Ordnung gemeinschaftlichen Andachtlebens besitze. Guardini entwickelt das Wort »katholisch« wohltuend unkonfessionell aus dem griechischen »katà toû hólou«, »dem Ganzen gemäß«. Ohne die vom Volk geliebten Formen abzuwerten, wird doch jenes »Mehr« der Gesamtkirche in Formung und Verbindlichkeit aufgewiesen. Es ist der Vorzug des lange Durchdachten, an der Wahrheit Erprobten, welcher die von der Kirche gestaltete Liturgie als Führung zur inneren Freiheit erfahren läßt. »Die Wahrheit macht das Gebet kräftig, durchströmt es mit jener herben, erhaltenden, belebenden Energie, ohne die es weichlich wird ... Der dogmatische Gedanke macht frei von der Knechtschaft des Gemütes, von der Verschwommenheit und Trägheit des Gefühls.«[113] Wenn Guardini von der Notwendigkeit des lange Durchdachten spricht, so ist ihm das Denken niemals nur verblaßtes Leben. Es ist von vornherein an die Kraft des Herzens gebunden – ein Zusammenhang, den er später durch die »Theologie des Herzens« überhöhen wird. Trotzdem aber kommt das Herz nicht unmittelbar, sondern »adelig«, überwunden ins Spiel: »Die Liturgie als Ganzes liebt das Übermaß des Gefühls nicht. Es glüht in ihr, aber wie in einem Vulkan, dessen Gipfel klar in kühler Luft steht. Sie ist gebändigtes Gefühl.«[114]

Guardinis im »Gegensatz« schwingendes Denken führt auf eine unvergeßliche Weise, woran sich seine ersten Leser immer erneut

---

[112] Vom Geist der Liturgie, Freiburg 1983, 17.
[113] Ebd., 24 f.
[114] Ebd., 28.

erinnern[115], auf jene Zeile aus dem Benediktinischen Brevier hin, die verdichtet alles aussagt, was die Haltung der Liturgie spannungsvoll durchziehen soll: »Laeti bibamus sobriam/Ebrietatem spiritus«, »Froh laßt uns kosten die nüchterne Trunkenheit des Geistes«.[116]

Aus diesem Spannungsbogen heraus sind die sieben Kapitel des Buches geschrieben: über Beten, Gemeinschaft, Stil, Symbolik, Spiel und Ernst der Liturgie, schließlich über den Primat von Logos oder Ethos. Herausgegriffen seien ihrer Wichtigkeit wegen die »Liturgie als Spiel«, sowie das Kapitel über den Logos. In beiden erweist sich die Fähigkeit Guardinis, nicht kurzschlüssig vom engeren liturgischen Bezug auszugehen, sondern Klärung im Grundsätzlichen zu leisten, stärker sogar von der Philosophie als von der Theologie her.

Liturgie und Spiel: ein Durchbruch

Der Gedanke vom »Spiel der Liturgie« war für die damalige Zeit etwas durchaus Neues. Gerade dieser Neuheit wegen wurde er besonders von den jugendlichen Lesern als so hinreißend empfunden.[117] Guardini klärt hilfreich die Unterscheidung von Zweck und Sinn (im Grunde eine alte aristotelische Überlegung): Im Zweck ruht ein Ding nicht in sich selbst, sondern wird als Durchgang auf ein außerhalb liegendes Ziel eingesetzt; Sinn aber läßt den Schwerpunkt eines Dinges in ihm selbst aufleuchten. Gerade die wesentlichen Vorgänge des Lebens sind zwecklos, aber sinnvoll. Die Wahrheit, ebenso aber das Kunstwerk verfolgen keine Zwecke, jedenfalls nicht unmittelbar, tragen aber unbedingt Sinn an sich (jener Zug an ihnen, der ihre Schönheit begründet).

Die Kirche kennt durchaus zweckgebundene Vorschriften, so für das kanonische Recht, die Verwaltung und anderes. Liturgie aber ist keineswegs »zweckmäßig«. Weder hat sie erzieherische noch absichtsvoll künstlerische Aufgaben; ihr tiefster Sinn ist einfach »Schau«, und zwar Schau von Gottes Herrlichkeit.

---

[115] Burkhard Neunheuser, Romano Guardini. Ein Rückblick, in: Erbe und Auftrag 44 (1968), 483: »(...) es war der Heroldsruf zum Durchbruch einer neuen geistlichen Welt, dessen faszinierende Macht wir uns heute nur noch schwer vorstellen können. Damals hat es uns, die ›wilden fahrenden Gesellen‹ jener Zeit, in seinen Bann geschlagen; viele jener Generation verdanken ihm Wesentliches, nicht zuletzt ihre Berufung zum benediktinischen Mönchtum Beuroner Prägung. Unvergeßlich das Kapitel ›Liturgie als Spiel‹ (...) Unvergeßlich die Worte aus dem Hymnus des Ambrosius, die dort zitiert waren ...«

[116] Vom Geist der Liturgie, 29f.

[117] Walter Dirks, Romano Guardini, in: Tendenzen der Theologie im 20. Jahrhundert. Eine Geschichte in Portraits, 250.

Guardini zitiert das ungeheure Bild aus den Gesichten Ezechiels: «Wie sind diese flammenden Cherubim, die ›gerade vor sich hingingen, wohin der Geist sie trieb ... und sich nicht umwendeten im Gehen ... hin- und zurückgingen wie das Leuchten des Blitzes ... gingen ... und standen ... und sich vom Boden erhoben ... deren Flügelrauschen zu vernehmen war wie das Rauschen vieler Wasser ... und die, wenn sie standen, die Flügel wieder sinken ließen ...‹ – wie sind sie ›zwecklos‹! Wie geradezu entmutigend für einen Eiferer vernünftiger Zweckmäßigkeit!«[118]

Grundsätzliches: der Vorrang des Wahren vor dem Guten

Abschließend – oder eher: eröffnend – entwickelt Guardini eine für die Grundlegung des Ganzen noch entscheidendere These: vom Primat des Logos über das Ethos. Entscheidender ist sie deshalb – obwohl sie gar nicht unmittelbar auf Liturgie abhebt –, weil hier in philosophischer Anstrengung jene Überwindung Kants, mithin des neuzeitlichen Subjektivismus angezielt wird, die Guardini bis in sein hohes Alter als *die* Aufgabe der Zeit begreift. Anders formuliert: es ist die Neubegründung der Wahrheit *vor* aller Sittlichkeit, *vor* allem Handeln, sogar *vor* der Liebe. Logos meint jenen letzten Grund, der weder einer Entscheidung noch selbst einer Begründung noch einer Anerkennung bedarf, um wahr zu sein; der aus dem Willen des Subjektes, aus der Tathandlung des Menschen, aus dem Streben des Lebens nicht abgeleitet werden kann, vielmehr unbedingt in sich ruht.

»Die Wahrheit ist Wahrheit, weil sie Wahrheit ist. Es ist an und für sich für sie völlig gleichgültig, was der Wille zu ihr sagt und ob er mit ihr etwas anfangen kann.«[119] Es klingt für geschärfte Ohren sehr modern (und gegen Nietzsche!), wenn Guardini weiterführend vom Vorrang des Seins gegenüber dem Werden spricht. Nur entspringt die Begründung dafür nicht einer Verzweiflung an einem sich überschlagenden Tun, wie es nicht nur heute, sondern 1918 nach dem so bitter empfundenen Ende des Weltkriegs in der Luft lag. Max Scheler, dem Guardini das Werk sandte, kommt in einem schon zitierten Brief auf diese naheliegende Gedankenverbindung, gleichsam als eine Forderung der Stunde: »Das Kapitel über ›Logos und Ethos‹ ist ganz besonders notwendig gewesen – gerade in einer Zeit, in der der Johannestext gegenüber dem falschen und durch unsere

---

[118] Vom Geist der Liturgie, 97 f.
[119] Ebd., 138.

Niederlage in einem Riesenexperiment als falsch auch erwiesenen ›Am Anfang war die Tat‹ wiederherzustellen ist.«[120]

Aber Guardini schreibt weniger aus einem Willen zur aktuellen Hilfe, sondern aus einem tief angesetzten Einsehen eines Endgültigen, das – ob alt oder neu – nicht einfach auf Gegenwart gemünzt, sondern überhaupt stimmig ist. Solche Stimmigkeiten, von Guardini gerne »ewig« genannt, durchziehen ohne jeden Anspruch auf Aktualität und gleichwohl aktuell sein erstes Werk. Darin liegt bis heute die Anziehungskraft seiner Gedankenführung. »Liturgie hat etwas an sich, was an die Sterne erinnert, an ihren ewig gleichen Gang, ihre unverrückbare Ordnung, ihr tiefes Schweigen, an die unendliche Weite, in der sie stehen.«[121] Die Frage, ob dies alles rückständig oder avantgardistisch sei, stellt sich gar nicht; die Entdeckung der »unabänderlichen Gesetze alles Lebens«[122] steht nicht unter dem Diktat von Modernität. Daß sich Guardini von Anfang an einer solchen Modernität entzog und sie gleichwohl absichtslos einholte, macht seinen Erstling bis heute zu einem Klassiker.

Zwei erhellende Postscripta

Eine Nachbemerkung Guardinis zu dem Buch sei nicht vorenthalten. Sie relativiert aus dem Abstand eines Mannes, der sein Spätwerk zu schreiben anhebt, diesen ersten, ihn an die Öffentlichkeit katapultierenden Schritt. Die damalige Unbekümmertheit ist einer stärkeren Scheu gewichen: »... Ich kann mich heute eigentlich nicht mehr mit ihm identifizieren. So bitte ich Sie, bei der Auswahl der abzudrukkenden Stellen darauf zu achten, daß sie nicht allzu – sagen wir – enthusiastisch klingen.«[123]

Trotzdem: diese Bemerkung schwächt den Wert des Buches nicht ab. Unabhängig von der Zurückhaltung des Autors gilt es heute ohne Vorbehalt als eine Grundschrift der Liturgischen Erneuerung dieses Jahrhunderts.

Und ein zweites: Guardini arbeitet unmittelbar anschließend – »gegensätzlich« – an der Aufwertung der volkstümlichen Andachtsformen. So sehr erscheinen sie ihm als eine notwendige Ergänzung, daß sich daran eine tiefe Auseinandersetzung mit Maria Laach entzünden wird, aber sich umgekehrt seine früh in ihm wirksame universale Betrachtungsweise verstärkt. Dem Verlegerfreund Knies

---

[120] Brief an Guardini vom 4.7.1919 (Stabi).
[121] Vom Geist der Liturgie, 143.
[122] Ebd., 142.
[123] Brief an Cécile Trübi (Redaktion »Unser Weg«, Basel) vom 27.11.1950 (Stabi).

schreibt er 1919: »Jetzt ist ein ›Kreuzweg‹ mit einer ›Einführung über das Wesen der Volksandacht‹ fertig geworden. Er soll das Bändchen ›Vom Geist der Liturgie‹ ergänzen und fortführen.«[124] Diese Liebe Guardinis zu den volkstümlichen Versenkungsweisen wird ihn zwei Jahre später die Mitarbeit am »Jahrbuch für Liturgiewissenschaft« kosten, weil dort nur die Hochformen liturgischen Lebens als beachtenswert galten. »Als ich meinen ›Kreuzweg‹ schrieb, habe ich meinen ganzen Kredit verloren.«[125] Aber Guardinis eigene geistliche Bewußtheit ließ ihn diese anders gewichtete Frömmigkeit wägen und er befand sie keineswegs als zu leicht.

---

[124] Brief an Richard Knies vom 29.4.1919 (Nachlaß Knies, Diözesanarchiv Mainz).
[125] Zitiert bei Ernst Tewes, Romano Guardini, in: Liturgisches Jahrbuch 19, 3 (1969), 136.

VI. Aufbruch in das akademische Wirken

Fruchtbare Jahre:
Habilitation in Bonn (1920–1922)

1920 war für Guardini das Jahr mehrerer schicksalhafter Fügungen und sich weithin öffnender Wege. Seit dem »Weißen Sonntag« im April 1920 war er zum Studium beurlaubt, das ihm in Bonn die Bekanntschaft mit Hermann Platz, Martin Buber und Max Scheler (in dessen Kreis auch mit Paul Ludwig Landsberg) brachte und ihn schließlich zur Professur nach Berlin führte. Und bereits an Ostern 1920 betrat er erstmals Burg Rothenfels am Main, in einer »Scheitelstunde«, und geriet seit den Augusttagen desselben Jahres rasch, durch sein Charisma geradezu unwiderstehlich, in den Kreis der Führung sowie als Mitarbeiter in die Zeitschrift »Die Schildgenossen«. Beide Lebensinhalte, die akademische Aufgabe und die Jugendführung, sollten auch gleichzeitig ein durch den Nationalsozialismus erzwungenes Ende finden: im Frühjahr 1939 durch die Aufhebung des Lehrstuhls und die im August folgende Schließung der Burg; ebenso mußten die »Schildgenossen« 1940 ihr Erscheinen einstellen. Ein »Nebengeleise«, das nach zwei Jahren aufgegeben wird, eröffnet sich 1920 außerdem durch die Mit-Schriftleitung am »Jahrbuch für Liturgiewissenschaft«.

So beginnen 1920 knapp zwei Jahrzehnte von »Gesellenjahren«, wie sich Guardini später ausdrückt: Jahre eines raschen, aber disziplinierten Aufstiegs, Jahre des scheinbar zufliegenden, in Wirklichkeit des erarbeiteten Erfolgs, dichteste Verantwortung und glückhaftes Gelingen – trotz und in aller politischen Verdunkelung seit 1933. In diesen zwei Jahrzehnten entfaltet sich *theologisch* aus den Schriften zur Liturgie die Ekklesiologie, aus dieser notwendig die Christologie. *Philosophisch* wächst mit und aus der Anthropologie (Gegensatzlehre) und frühen Ethik die Bildungslehre und eine erste Kritik der Technik. Theologie und Philosophie weiten und erproben sich gegenseitig in der »Anschauung« bedeutender abendländischer Gestalten – in der Spannweite zwischen Sokrates und Rilke.

All diese eigentlich vorbildlosen Entfaltungen setzt das Jahr 1920 endgültig frei: Guardini gerät in die seiner Begabung entsprechende und sie aufrufende Welt.

Ein neuer Kreis:
Gespräche, Vorträge, Freunde im Umfeld der Jugendbewegung

Vom 13. April 1920 bis Sommer 1922 lebte Guardini als Hausgeistlicher (»Rector Ecclesiae«) im neugegründeten Kloster St. Adelheid der Ordensfrauen vom hl. Herzen Jesu (Sacré Coeur) in Pützchen bei Beuel/Bonn. Da seine Tätigkeit im wesentlichen auf Gottesdienst und Beichte beschränkt war, blieb ihm genügend Zeit zum Schreiben, und in der Tat hatte er seine Habilitationsschrift bereits Ende Juni 1921 abgeschlossen[1]. Die Konzentration befreite ihn; eine Karte kurz nach der Übersiedlung lautet: »Ich bin nun glücklich angelangt. Hier ists ziemlich einsam, was einem aber nach der Großen Bleiche[2] gut tut.«[3]

Die Einsamkeit hielt nicht lange an: Guardini wurde – besonders nach seinem ungewollt anziehenden Erscheinen im August 1920 auf Rothenfels – von Quickbornern aus nah und fern besucht, erwiderte selbst die Besuche und legte dabei den Grund für manche anhaltenden Freundschaften, so mit Werner Becker und Gerta Krabbel. Er begann, regelmäßig Abendvorträge in Pützchen für einen kleineren Kreis zu halten, wobei er Vorstufen der Arbeit »Vom Sinn der Kirche« und »Von heiligen Zeichen« ausbreitete. Werner Becker erinnert sich an eine abendliche Stunde über das Weihwasser und fügt, den unvergessenen Eindruck frisch im Gedächtnis, hinzu: »Nie wäre ich Priester geworden ohne Dich«.[4]

---

[1] Eingabe an das Bischöfliche Ordinariat Mainz vom 29. Juni 1921 (Personalakte, Diözesanarchiv Mainz).
[2] Der Seelsorgsbezirk um St. Peter in Mainz.
[3] Undatiert an Richard Knies (Nachlaß Knies, Diözesanarchiv Mainz).
[4] Brief von W. Becker an Guardini vom 29.1.1965 (zum 80. Geburtstag, Stabi). Werner Becker (geb. am 17.5.1904 in Mönchengladbach, gestorben am 1.6.1981 in Leipzig) war eine der glücklichen vielfältigen Begabungen, wie sie in der Jugendbewegung nicht selten sind, und die umgekehrt von ihr eine frühe Prägung erfahren haben. Nach dem Abitur mit 17 Jahren promovierte er bereits mit 21 Jahren zum Doktor der Rechte, übernahm mit 24 Jahren die Redaktion der Zeitschrift »Abendland«, arbeitet später in den »Schildgenossen« mit und studierte ab 1926 Philosophie und Theologie in Bonn, Paris, Tübingen und Köln. Unter Guardinis Einfluß wollte er Priester werden und wurde 1932 in Aachen zum Priester geweiht. Lange Jahre war er Studentenseelsorger, nur unterbrochen durch seinen Sanitätsdienst im Krieg. 1938 schloß er sich dem Leipziger Oratorium an, dem er bis zu seinem Tod verbunden blieb. Seine Zuneigung galt der Gestalt Newmans, den er auch

Schon hier ist Guardinis Meisterschaft des Durchleuchtens der Phänomene voll entfaltet, ein Durch-Sehen, das sogleich in eine absichtslose Seelenführung übergeht.

Kunibert Mohlberg, ebenfalls ein häufiger Gast in Pützchen, dankt später für die Frucht dieser Jahre: »Was Du still in meine Seele gesenkt hast und Dein Vorbild und Deine Geduld und Deine große Liebe und Deine Treue«.[5]

Das ausführlichste und farbigste Zeugnis dieser Jahre stammt von einem Studenten, der später unter Guardinis Einfluß ebenfalls Benediktiner in Maria Laach wurde und der die unvergleichliche Dichte, die Vielzahl geistiger Höhepunkte dieser Zeit nachhaltig erinnert: »Regelmäßig traf man sich zu gemeinsamen Abenden in Pützchen. Guardini kam aus seinem Pfarr-Rektoratshaus hinunter, wir von Bonn. Wieder saßen wir im Kreis, wie einst im Rittersaal von Burg Rothenfels; aber diesmal spielte alles auf anderer, höherer Ebene. Guardini legte uns die Grundgedanken seines (1923 veröffentlichten) Buches vor: ›Liturgische Bildung‹; darin vor allem die ganz grundsätzliche Frage, die entscheidend bleibt bis auf unseren Tag: ›Worin liegt das Wesen liturgischen Verhaltens? Wie muß der Mensch sein, wie die Gemeinschaft, wenn sie wesensgerecht in der Liturgie stehen wollen? Welche Kräfte gehören dazu? Welche Organe? Welches Sein ...?‹ ... Ich erinnere mich an Guardini, wie er die gemeinsame Arbeit unterbrach, um an einem Stehpult aus einem großen, aufgeschlagenen Brevier die Vesper zu beten, ein Vorgang, der sich mir unauslöschlich eingeprägt hat. Dort aber hat er uns endlich in einem Abendgespräch seine letzten Intentionen dargelegt über Quickbornleben, benediktinisches Leben und vor allem die letzten Wurzeln seines gesamten Lebenswerkes: den ›Gegensatz‹ als Grundgeheimnis aller konkreten Existenz ... Vielleicht haben wir damals die ganze Tiefe solcher Gedanken nicht erfaßt. Aber das lebendige Wort des Meisters ist mit uns gegangen.«[6]

---

herausgab. Eine Mitte seiner Lebensarbeit war die Una Sancta; aufgrund seiner großen Bewährung wurde er 1961 als Konsultor in das »Sekretariat für die Einheit der Christen« berufen und nahm von 1963 bis 1965 an den Sitzungen des II. Vatikanischen Konzils teil.

Während seines Studiums in Berlin war er zeitweise Sekretär von Guardini und arbeitete sich tief in seine Gedankenwelt ein. Becker war ein Mann des Gespräches und der Freundschaft, von seltener Anziehungskraft für alle, die ihn kannten. Er war einer der letzten, die Guardini vor seinem Tode besuchten und ihn bis in die Sterbestunde hinein begleiteten.

[5] Brief an Guardini vom 13.2.1955 (zum 70. Geburtstag, ebd.). Guardini widmet diesem Freund später die »Vorschule des Betens«, Einsiedeln 1943.

[6] Burkhard Neunheuser, Romano Guardini. Ein Rückblick, in: Erbe und Auftrag 44 (1968), 484f.

Erkennbar ist die glückliche Weise, in der sich nun endlich Guardinis vielfache Fähigkeiten entfalten konnten, in der die unterschiedlichen Strebungen von Anlage, Erkenntnis, pädagogischer Führungskraft überzeugend zu einer Einheit zusammentraten und bis in die Tiefe prägend auf die jungen Leute wirkten.

Erwachtes Selbstbewußtsein:
»Neue Jugend und katholischer Geist« (1920)

Gebündelt und unmittelbar fruchtbar gemacht wurden viele dieser »zusätzlichen« Gedanken in der Grundschrift Guardinis zur Jugendbewegung (1920 noch vor dem Anschluß an den Quickborn geschrieben): »Neue Jugend und katholischer Geist«. Hier kommt jene Klarheit, jene tragende geistige Zukunftsmeisterung zu Wort, die ein Ausdruck für Guardinis eigenen, seiner selbst immer gewisseren Aufbruch zu diesem Zeitpunkt war.

Hauptaufgabe der ebenso kleinen wie vielgelesenen[7] Schrift ist ein zweifacher, im Guardinischen Sinne ein sich tief ergänzender Gegensatz: den Charakter des »Jung-Seins« und den Charakter des »Katholisch-Seins« zu klären und im letzten zusammenzubinden.

Klärung zunächst über den neuen Geist, das Anderssein der Jugend: Darin sieht Guardini, gewollt oder ungewollt, eine neue Autonomieformel ausgesprochen, die Selbstsetzung des Jungseins. Diese vom Hohen Meißner 1913 stammende Formel gibt dem Lebensgefühl der Jugendbewegung auf dem Boden der Kantischen Philosophie eine Fassung, nämlich die Überzeugung von der Eigenständigkeit alles Geistigen; sie wurzelt also in einer gedanklichen Entscheidung, welche Größe und Verhängnis der Neuzeit ausmacht. (Auch hier hat Guardini den im viel späteren »Ende der Neuzeit« entfalteten Gedanken im Grundzug schon »bereit«.) Deutlicher faßt sich die befreiend ersehnte Automomie in der Charakteristik: Jungsein heißt: ein Werdender sein, heißt wahr sein, heißt Schöpfer sein, heißt unbedingt sein, heißt der Natur nahestehen. In all dem zeigt Guardini mit der Meisterschaft des Gegensatz-Denkens, daß damit immer Wesentliches ausgespart bleibt: die Endgültigkeit des Seins, die gegebene Wahrheit anstelle der erlebten, das menschheitliche Erbe, alles Bedingte, das Gesamt der Kultur.

---

[7] Die 32 Seiten erfahren eine rasche Auflagenfolge; bereits im Oktober 1920 wirbt das Heft »Quickborn« (8. Jahr, Heft 6/7 »Der zweite deutsche Quickborntag«) im Anzeigenteil dafür: »... diese Schrift wünsche ich in die Hand jedes Quickborners« (Hermann Hoffmann).

Klärung auch über den katholischen Geist, der eben diese ausgesparten Bereiche vor Augen stellt, aber nicht der Restauration oder einer Ehrenrettung wegen, sondern kraft der sachlichen Ordnung eines Vorrangs. »Katholischer Geist stellt das Sein vor das Werden und vor das Schaffen ... Der Vorrang, von dem hier die Rede ist, meint ein Vor-stehen in der Ordnung; ein Übergeordnetsein im Ganzen des Lebens.«[8]

»Er stellt die Wahrheit vor die Tat. Die Autorität vor das persönliche Urteil, das Recht der Allgemeinheit vor das des einzelnen. Die Überlieferung und ihre lebendige Fortbildung vor die Forderung des Augenblicks.«[9]

Damit ersteht ein *noch Neueres* als die Neuzeit. Es geht, zukunfts- und nicht vergangenheitsbezogen, um die Überwindung Kants und – zwischen den Zeilen zu lesen – die Überwindung Nietzsches, des Prototyps der Autonomie, dem seit jeher Guardinis Interesse galt: »Ob die Form oder die Fülle, die Ordnung oder der dunkle Drang, Gestalten oder Schaffen? Allgemeines oder Besonderes, Sinn oder Werden und Tat? Der Zusammenhang oder der Augenblick? Apollo oder Dionysos? Und er beantwortet die Frage – wiederum sei es gesagt: auf das Ganze und Allgemeine hin, und tausend Einschränkungen zugegeben – für die erste der beiden Reihen. Das Ganze des Lebens bejahen, aber in diesem Ganzen den Mächten den Vorrang geben, denen er den innersten Gesetzen alles Seins gemäß zukommt, das ist katholischer Geist.«[10]

Die endgültige Klärung kommt also aus einer Kritik des Autonomiegedankens überhaupt und der autonomen Jugendlichkeit im besonderen. Bedingtes und Unbedingtes werden von Guardini gesondert, die Absolutsetzung des Menschlichen und in ihrer neuen Form der selbstherrlichen Jugendlichkeit werden in ihrem Überreizt-Gewollten des Selbstbetruges überführt. Wieder sieht Guardini die Freiheit erst durch ihren »Gegensatz« wirkend: durch die ungescheute Demut, die gleich Wahrheit (über die eigene Unselbständigkeit) ist. Demut ist als Haltung gemeint, worin aller Eigenstand auf das Ganze bezogen bleibt, oder: die das geschöpfliche Leben dem göttlichen unterordnet. Die Begründung des Gehorsams aus dem Geiste der Freiheit: Das erscheint nachdrücklich als die erzieherische, über die Neuzeit hinausdrängende Aufgabe. Als letzte Herausforderung formuliert Guardini die Bindung alles Wahrheitswillens an die Kirche. Sie ist hier theozentrisch verstanden: umfassende

---

[8] Guardini verweist in einer Fußnote selbst auf denselben Gedanken im letzten Kapitel »Vom Geist der Liturgie«: »Der Primat des Logos über das Ethos«.
[9] Neue Jugend und katholischer Geist, Mainz ²1921, 15f.
[10] Ebd., 18.

Hinführung zu Christus und zu Gott, notwendig über alles subjektiv-gutgemeinte Wollen hinaus, um dem Widerspruch in sich selbst gegen das Unbequeme, Störende an Gott Herr zu werden, es nicht aus natürlicher Einseitigkeit des Urteils abzufälschen. »Die aufrichtige Seele begreift sie (die Kirche) als die einzige Form, wie der wirkliche Mensch mit dem wirklichen Gott Ernst machen kann.«[11]

Man kann jung sein und katholisch zugleich – diese Folgerung ist »der Jugend letzte Fülle und klarste Form«[12]. Guardini hat mit dieser Schrift durch seine Gabe der Unterscheidung der katholischen Jugendbewegung Selbstbewußtsein und Richtung ohne Einengung gegeben. Zugleich drückt sich in ihr auch Guardinis eigenes Selbstbewußtsein gegen die anhebende Kritik aus. Eine erstaunliche Sicherheit, gegründet auf ein nachhaltiges Durchdenken des Problems, spricht aus dem Vorwort zur vierten Auflage (1924): »Es stehen etliche Jahre wachen Lebens hinter der Schrift, und eines Denkens, das nicht gerade gewohnt ist, den Fragen aus dem Wege zu gehen. Dem es freilich eben diese Gewöhnung, nach der ganzen Wirklichkeit zu suchen, unmöglich macht, große Entschiedenheiten auszusprechen. Es scheint aber sehr schwer zu sein, ihre Ganzheit eines Problems zu sehen!«[13]

Zusammenarbeit mit Odo Casel am »Jahrbuch für Liturgiewissenschaft« *(1921/22)*

Ein anderer Bereich öffnete sich durch die Mitherausgabe des von Odo Casel verantworteten »Jahrbuchs für Liturgiewissenschaft«[14]. Im Sommer 1921, nach den Abschlußarbeiten an der Habilitationsschrift[15], übernimmt Guardini mehrere Aufgaben, darunter die

---

[11] Ebd., 36.
[12] Ebd.
[13] Ebd., Vorwort zur 4. Auflage 1924, 6.
[14] Der Brief Guardinis an Odo Casel vom 13.12.1920 gibt einige Einzelheiten: »Mit Freuden erfahre ich von Ihnen, daß das ›Jahrbuch‹ nun trotz der Schwierigkeiten doch erscheinen soll. Nach wie vor bin ich bereit, so weit ich kann, mitzuhelfen. Bevor ich bindend zusage, möchte ich aber noch erst mit R. P. Kunibert Mohlberg in Fühlung treten. Ich habe s. Zt. meine Mitarbeit auch als eine Sache persönlichen Zusammenarbeitens aufgefaßt, hätte ich mich doch ohne seine selbstlose Hilfsbereitschaft nie entschlossen, etwas derartiges zu übernehmen.« (Archiv Herstelle; dieser und die anderen Briefe an Casel wurden mir zugänglich gemacht durch Sr. Dr. Judith Krahe OSB, der hier dafür gedankt sei!).
[15] Brief Guardinis an Odo Casel vom 19.6.1921: »Mit Schrecken höre ich, daß der große R.H. seinen Beitrag nicht liefern kann. Sie schreiben, ich solle auch für den 3. Aufsatz sorgen. Liebster Herr Pater, wann soll ich das denn machen? Ich stehe seit Monaten unter Hochdruck; bis Ende Juni, Anfang Juli hoffte ich mit meiner Arbeit fertig zu sein. Dann bin ich aber auch mit den Nerven soweit, daß ich einige

ausführliche Besprechung von M. Festugière, Liturgie catholique (1913), in dem Aufsatz »Das Objektive im Gebetsleben«. So sehr Festugière in Guardinis Augen zu Recht versucht, im kirchlichen Kult das Objektiv-Gemeinschaftliche bewußt zu machen, so sehr vernachlässigt er darüber – wieder »gegensätzlich«! – das geistliche Leben des Einzelnen. Statt eines »sowohl – als auch« formuliert Festugière ein nicht hilfreiches »entweder – oder«; die wahre Spannbreite des Problems muß für Guardini aber lauten: »Liturgie und persönlich-individuelles Beten; Liturgie und volkstümliches Beten«[16]. Oder anders: »Es gibt keine Kirche, deren Gläubige nicht zugleich in sich ruhende Innenwelten wären, mit sich und mit ihrem Gott allein. Es gibt keine christliche Persönlichkeit, die nicht zugleich als lebendiges Glied in der kirchlichen Gemeinschaft stünde.«[17]

Über diesen Aufsatz kam es zu einem grundlegenden Auseinandertreten der Standpunkte. Casel kritisierte in einer Fußnote eigenmächtig die fehlende mystisch-christologische Ausrichtung Guardinis, was diesen verärgerte – »auch wenn Guardini schon wenige Jahre später Casel der Sache nach grundsätzlich zustimmt«[18]. Vorausgegangen war außerdem ein recht ablehnender Brief Casels, den Guardini mit Entschiedenheit beantwortete: »Ich bin mir wohl bewußt, daß sie (= meine Ansicht) in manchem von dem Standpunkt abweicht, wie er z. B. in Ihrem Briefe zum Ausdruck kommt. Das ist aber bereits früher der Fall gewesen, ehe noch an das Jahrbuch gedacht war, und ich habe daraus kein Hehl gemacht. Daß ich trotzdem zur Mitarbeit an der Schriftleitung aufgefordert wurde, mußte mir ein Beweis sein, daß man meine Ansichten gelten lasse ... So können Sie sich denken, wie schwer mir Ihr Brief wiegt ... Zur Frage selbst möchte ich kurz sagen, was mich zu meiner Stellungnahme veranlaßt. Ich betrachte die Liturgie im Rahmen der heutigen Kirche. Diese legt mir die Liturgie als verbindlich vor; andererseits empfiehlt sie mir aufs nachdrücklichste die ignatianische Methode. Also kann zwischen beiden kein Widerspruch bestehen. Die einzig mögliche Folgerung ist demnach, daß man sich frage, welche Stellung im Ganzen des katholischen Gebetslebens beide Gebetsweisen

---

Wochen fort muß; und dann kommt bereits das, was gegebenenfalls für die Habilitation nötig wird, Probe-, Antrittsvorlesung usw. Das einzige, was ich Ihnen bis Anfang August liefern kann, ist der methodologische Aufsatz, der noch einmal gründlich überarbeitet werden muß. Und dann allenfalls, aber erst für Ende August bzw. Mitte September, den Aufsatz über Festugière (Das Objektive im Gebetsleben) *vorausgesetzt*, daß es mir gelingt, für die schwierigen darin erörterten Fragen eine befriedigende Lösung zu finden.« (Archiv Herstelle).

[16] Das Objektive im Gebetsleben, in: Jahrbuch für Liturgiewissenschaft 1 (1921), 120.
[17] Vom Sinn der Kirche, 48.
[18] Arno Schilson, Theologie als Sakramententheologie, 85.

haben ... Es liegt mir fern, Sie in Ihrer Richtung als erster Schriftleiter beeinflussen zu wollen. Ich mußte Ihnen aber ganz klar die für mich maßgebenden Gesichtspunkte darlegen, um dann selbst mich endgültig entscheiden zu können.«[19]

Die sachlichen Spannungen führten ab dem dritten Jahrgang zum freiwilligen Ausscheiden Guardinis. Die »ignatianische« Frömmigkeit, der Einzelne im Angesicht seines Gottes, waren ihm unverzichtbar – gerade ihm als dem Warner vor aller zu unbeschnittenen Subjektivität. Ja, Guardini wurde paradoxerweise eine Zeitlang als Individualist verdächtigt, was sein »Kreuzweg« gleichsam bestätigte.

Eine spätere und trotz der einfachen Formulierung bedeutende Reflexion beleuchtet die geistige Trennung von Maria Laach und letztlich auch von Abt Herwegen. Sie entspringt zutiefst Guardinis bewußtem, man könnte sagen wesensgemäßen Sowohl – Als auch. In einem Gespräch über die Ablehnung seines »Kreuzwegs« fielen die Äußerungen: »Vollends verstand man in Maria Laach nicht seine Liebe für das Nordische. Diese schwörten nur auf Antike und südliche Klarheit. Die Liturgie wurde so ausgeweitet, daß sie das ganze religiöse Leben umfaßte. Die Folge war, daß sie den Blick für den Menschen verloren, wie er wirklich war, sie wurden zu unpsychologisch. Sie sahen die Wirklichkeit des profanen Lebens nicht mehr. Die Folge ist, daß alles starr wird. Hier ist Maria Laach mit der neuen Staatsauffassung einig. Diese sagt: Die staatstreue Individualsphäre gibt es nicht. Und jene: Die liturgiefreie Frömmigkeit gibt es nicht. Es gibt auch das, wo der Mensch mit sich vor Gott alleine ist. Das ist die Stelle, wo der Protestantismus in die Kirche hineingeholt werden muß. Guardini erwähnt auch, daß Abt Herwegen, als er ihm sein Dostojewskibuch gesandt hatte, nur geschrieben hat, daß er es bekommen hat. Er wird es wahrscheinlich abscheulich gefunden haben. Dagegen war er über den Dante-Aufsatz ganz begeistert. Man spürte, wie wohl es ihm war, daß er von ganzem Herzen loben konnte.«[20]

Es blieb bei dieser Trennung, aber sie trug zu Guardinis eigenständiger und auf das Ganze bedachter Sicht bei. Natürlich band ihn die Freundschaft mit Mohlberg nach wie vor an Laach, aber er war auf die dortige liturgische Linie nicht festzuschreiben. Das hinderte ihn freilich nicht, sich Casels Mysterienlehre anzueignen und in ihrer Nähe seine »Liturgische Bildung« (1923) zu schreiben oder einen Versuch unter dem vielsagenden Titel »Vom liturgischen Myste-

---

[19] Brief an Odo Casel vom 8.10.1921 (Archiv Herstelle).
[20] Romano Guardini im Gespräch mit Erich Görner, 12f (25.2.1934).

rium« (1926). Aber hier geschieht Übernahme *und* Anverwandlung in Eigenes, ohne die vorangehende Anerkennung der strittigen Frömmigkeitsformen aufzugeben.

Ein anderes Nachspiel: Guardini und Ildefons Herwegen trafen sich auf der Tagung des katholischen Akademikerverbandes 1922 in Bonn und sprachen sich öffentlich gründlich aus. Ein Teilnehmer berichtet aus der Erinnerung, daß für Abt Herwegen das Leben im Kloster und in der Mönchsgemeinde ein unverzichtbarer Bestandteil der Liturgie war: Liturgie als Gemeinsamkeit. Dadurch sei etwas Militärisches in das Leben und die Gestaltung des Religiösen gekommen. Guardini habe dagegen das Beispiel des Bauern gebracht, der beim Pflügen im Feld Zügel und Peitsche weglege, um den Angelus zu beten: auch das sei liturgisch. Abt Herwegen habe das energisch abgelehnt (trotz einiger späterer Zugeständnisse). Im Ganzen: für Herwegen war Liturgie eine streng gemeinschaftlich geregelte Weise religiösen Lebens, für Guardini eher eine Haltung.[21]

Der »Schelerkreis« und Paul Ludwig Landsberg

Die dritte Beziehungsebene, in welche Guardini in Bonn rasch geriet, war der »Schelerkreis«. Dazu gehörten weniger Scheler selbst, mit dem sich Guardini etwa zweimal traf, sondern vor allem Paul Ludwig Landsberg (1901–1944), Heinrich Lützeler (geb. 1902) und andere Studenten, vielleicht auch Theodor Steinbüchel, der sich ebenfalls in Bonn habilitierte.

Paul Ludwig Landsberg[22] war die führende Gestalt in dem Kreis, angehender Philosoph, ganz der Phänomenologie Schelers verschrieben. Schon 1921 legte er sein Manuskript »Die Welt des Mittelalters und wir« vor (das von Scheler freilich als zu romantisch und rückgewandt, bei aller Virtuosität, beurteilt wurde)[23]. Guardini schätzte Landsberg offensichtlich als Gesprächspartner, da er wohl seiner eigenen Geistigkeit nahestand. Von seiner Bonaventura-Schrift ausgehend drang Guardini ja tief in die gedanklichen Grund-

---

[21] Der Erinnerungsbericht stammt von Josef Seipel, Düsseldorf, vom September 1984; ihm sei dafür und für andere dienliche Hinweise gedankt!
[22] Sohn eines bedeutenden Bonner Rechtshistorikers und einer Jüdin, in seiner Schulzeit zunächst von kommunistischen Ideen entzündet, begeisterte sich dann an Scheler, bei dem er promovierte, lehrte seit 1928 als Privatdozent für Philosophie in Bonn, emigrierte 1933 nach Paris, wurde 1943 unter einem anderen Namen von der Gestapo verhaftet und starb am 2. April 1944 im Konzentrationslager Sachsenhausen – immer noch unter seinem Pseudonym – an Lungenentzündung.
[23] Heinrich Lützeler, Persönlichkeiten. Konrad Adenauer, Paul Clemen, Kardinal Frings, Johannes XXIII., Erich Rothacker, Max Scheler, Freiburg 1978, 114.

lagen des Mittelalters ein; es darf nicht übersehen werden, daß im Umkreis seiner damaligen Arbeit bereits andere Aufsätze ähnlicher Fragestellung reiften wie »Anselm von Canterbury und das Wesen der Theologie« (1921). Darin findet sich die – für Guardini bezeichnende – Stelle, die gegenwärtige Zeit, die er später die »noch unbekannte Epoche«[24] nennen wird, sei dem aufsteigenden Mittelalter in wesentlichen Zügen verwandt; diese weitreichende These wird durch die ungewöhnlich empfehlende Fußnote gestützt: »Ich verweise auf Paul Landsbergs mit klarer Schau und tiefer Liebe geschriebenes Buch ... Es ist in den letzten Jahren nicht viel erschienen, das ich dieser Schrift an die Seite setzen möchte.«[25]

Landsberg arbeitete in dieser Zeit an seiner zweiten Schrift »Wesen und Bedeutung der platonischen Akademie« (hg. v. Max Scheler, Bonn 1923). Bedenkt man Guardinis Liebe zu Platon, bedenkt man die bereits einsetzenden Überlegungen, in Burg Rothenfels eine Art Akademie zu gründen, bedenkt man überhaupt Guardinis Grundbegabung einer sokratisch-platonischen Entbindung des Gesprächs, so liegt es nahe, gerade über dieses Thema eine fortlaufende Verständigung im »Schelerkreis« anzunehmen.

Landsberg fand Sätze, die die Bedingungen eines heraufkommenden Weltalters des Geistes, zuerst gebunden an die Blüte einer Jugend, schilderten. Freilich bedürfe es dazu wesensgemäß einer herrscherlich führenden Gestalt wie etwa Platons, »Gründer nicht einer leiblichen Familie, sondern eines jugendlichen und dann geistigen Reiches, das mit der Akademie beginnt«.[26] Trotzdem ist nicht eigentlich dieser Lehrer, sondern das Göttliche, wovon er lehrt, das eigentlich Bindende – ein Gedanke, den Landsberg seinerseits in einer Fußnote Guardini dankt.[27] »Nur durch solchen Dienst an einem Wesen, das über den Individuen steht, kann es auf die Dauer menschliche Gemeinschaft geben.«[28] Auch dies ein Satz, den Guardini in Rothenfels gesagt haben könnte.

Übrigens folgte ihm Landsberg als Hörer für einige Zeit nach Berlin und war wohl auch zur Mitarbeit an den »Schildgenossen« vorgesehen.[29]

Zweifellos war Guardini jedoch in seiner Gedankenführung Landsberg – dem wesentlich Jüngeren – und den anderen Teilneh-

---

[24] Die Macht, Würzburg 1951, 10.
[25] Auf dem Wege, 45.
[26] Wesen und Bedeutung der platonischen Akademie, Bonn 1923, 88.
[27] Ebd., 92.
[28] Ebd.
[29] Ein »Bonner Heft« mit Landsberg ist 1929 vorgesehen: »Romano meint, man könnte daran das illustrieren, was er neuplatonisches Denken nennt.« (Brief von W. Becker an R. Schwarz vom 21.7.1929; Archiv Burg Rothenfels).

mern der Gespräche überlegen. Die kurze Bemerkung einer Mitdisputantin hält fest:»Und dann denke ich an den Schelerkreis, wo sehr viel geredet und debattiert wurde und Sie das allein Endgültige aussprachen.«[30]

Begegnungen und ihre Folgen:
Paul Clemen, Hermann Platz, Martin Buber

Andere Treffen fanden statt mit dem bedeutenden Bonner Kunsthistoriker Paul Clemen und seiner Frau Lily[31]. Diese Begegnungen regten Guardini an und förderten seine Gesprächskunst, ja, ein Abend im Hause Clemen brachte – ihm selber einmalig – einen wirklichen Dialog zur literarischen Geburt, und es ist wohl nicht ganz verfehlt, auch hier die platonischen Gespräche und Gespräche über Platon atmosphärisch wirken zu sehen. Jedenfalls entsprang der Dialog rasch und leicht und wirft ein Licht auf das Auslösen der schöpferischen Vorgänge in Guardini selber, der zu dieser Zeit offenbar von Einsichten und Gedanken überbordete, so daß ein unversehener Anstoß genügte, um Neues zu Tage zu fördern. In Guardinis Erinnerung:»Der Weg war lang, aber die Nacht schön. Und während der Stunden im Hause Ihrer Eltern hatte mich etwas angerührt – dort angerührt, wo der Gedanke entspringt, wenn er mit lebendigem Wort verbunden ist. Mein Denken ist ja nie rein wissenschaftlicher Art gewesen; immer war – zum Nutzen oder zum Schaden, je nachdem man die Sache betrachtet – ein gewisses künstlerisches Element wirksam. Das begann sich also zu rühren, und auf dem Wege über den Rhein hinüber hatte sich etwas entfaltet, das mir nur dieses eine Mal geraten ist, nämlich ein Dialog zwischen mehreren Personen über jene Gestalt, die mich immer stärker in ihren Dienst nehmen sollte. Es war das ›Gespräch vom Reichtum Christi‹, das die verschiedenen Aspekte seiner Gestalt zu zeichnen versucht ... Etwas Derartiges ist mir, wie gesagt, nur dieses eine Mal geschehen ...«[32] »Als ich zu Hause anlangte, war ich ziemlich erschöpft, aber das ganze komplizierte Gedankengeflecht stand klar in meinem Geiste. Es mag das ein Hinweis sein, wie stark damals die geistige Produktivität einsetzte, und wie wenig ihre Wege die der regulären theologischen Wissenschaft waren.«[33]

[30] Brief von Frau Tony Förster an Guardini vom 20.2.1965 (zum 80. Geburtstag, Stabi).
[31] Über Clemen und seine Frau ebenfalls ausführlich H. Lützeler, Persönlichkeiten, 61–81.
[32] Brief an Herrn Clemen jun. vom 20.11.1963, der einen Beitrag für eine Freundesgabe an seine Mutter erbeten hatte. (Stabi). Das »Gespräch« ist in dem Sammelband »Auf dem Wege« abgedruckt.
[33] Berichte, 35.

In anderer Weise fruchtbar wurde die Bekanntschaft mit Hermann Platz (1880–1945), dem Kulturphilosophen und Romanisten von Rang[34]. Er war es, der Guardini im Sommer 1920 die dringende Anregung gab, nochmals nach Rothenfels zu kommen; ja er nimmt den Zögernden im August dorthin mit, insbesondere zur »zweiten Führerwoche«[35], und würdigt die wichtige Schrift »Neue Jugend und katholischer Geist« nachhaltig zustimmend im »Hochland«[36]. Platz bewunderte »die hinreißende Persönlichkeit und die zwingende Formulierungskunst des Jugendfreundes mit dem südlichen Blute«, der dieser Jugend »liebend und bis zur Selbstaufopferung hilfsbereit zur Seite stand.«[37] Platz hat vermutlich Guardinis europäische Ausrichtung gestützt, er war ein Sprecher der deutsch-französischen Aussöhnung im Zeichen Europas, wie sein Buch »Um Rhein und Abendland« (1924) bezeugt. Zusammen mit dem Germanisten Theodor Abele und Freunden wie den späteren Staatsmännern Heinrich Brüning und Robert Schuman sowie den Hochschullehrern Paul Simon, Alois Dempf und Thomas Michels OSB vermittelte er den französischen »renouveau catholique«, auch in seinem liturgischen Aufbruch, nach Deutschland. Dieser Vorkämpfer der katholischen Erneuerungsbewegung, die letztlich in das II. Vatikanische Konzil einmündete, war auch ein mannhafter Streiter gegen den Nationalsozialismus, der ihn mundtot zu machen versuchte.

Als der Privatdozent Guardini ab Sommersemester 1923 Vorlesungen hielt, fand eine Begegnung mit Martin Buber statt. »Ich habe seither auch Guardini kennen gelernt, der mir im Gespräch sehr nahe kam, in der Vorlesung, die ich hörte, aber wieder in die Ferne der gesicherten Kirchlichkeit rückte.«[38] Buber plante 1923 ein jüdisch-christliches Gespräch in Frankfurt, zu dem er fast nur evangelische Christen eingeladen hatte; Guardini zog er in Erwägung. Erhalten ist ein Antwortschreiben Guardinis vom 22. 3. 1923 aus Niederholtorf, in dem er ankündigt, nach Möglichkeit zu kommen (ob es sich verwirklichte, ließ sich nicht klären). Dann aber der wichtige Hinweis auf Bubers Lektüre: »In Ihrem Buche (= »Ich und Du«) habe ich nun

---

[34] Vgl. dazu den Sammelband: Vincent Berning (Hg.), Hermann Platz (1880–1945). Eine Gedenkschrift, Düsseldorf 1980, mit Beiträgen von V. Berning, H. R. Schlette, H. Lutz, M. Schlüter-Hermkes, A. H. Berning.
[35] S. den Bericht in: Quickborn 1920, 6/7, »Der zweite deutsche Quickborntag«, 186–189.
[36] Der Wille der neuen Jugend: Der Quickborn, in: Hochland 18 (1921), 213. 1935 lieferte Platz einen Beitrag zur Festschrift für Romano Guardini zum 50. Geburtstag (Christliche Verwirklichung, hg. v. Karlheinz Schmidthüs, Rothenfels 1935).
[37] Hermann Platz, Das Religiöse in der Krise der Zeit, Einsiedeln 1928, 77.
[38] Martin Buber an Friedrich Gogarten vom 9.12.1922; in: Martin Buber, Briefwechsel aus sieben Jahrzehnten, Bd. II: 1918–1938, Heidelberg 1973, 144.

schon längere Zeit hindurch gelesen. Ich lese in Ehrfurcht darin und es tut wohl. Vielleicht komme ich auch dazu, Ihnen zu sagen, was ich dawider habe. Aber das steht ganz unter dem Positiven.«[39] Guardini begründete seine Ansicht des Buches nicht; vermuten läßt sich, daß er sie am Gegensatz-Denken prüfte. – Erst viel später, bei der Verleihung des Friedens-Preises des Deutschen Buchhandels an Buber 1953, kam es zu einer Wiederbegegnung der beiden.[40]

Ausbruch der geistigen Schaffenskraft: Beginn der »vielen Bücher«

Guardini war zu dieser Zeit hauptsächlich mit dem systematischen Eindringen in das Werk Bonaventuras befaßt[41]. Anfänglich gab es einigen Widerstand gegen das mit der Promotion verwandte Thema, und wieder wurde die fehlende geschichtliche Einordnung bemängelt[42]. Erstaunlich Guardinis Nonchalance gegenüber dieser eigentlichen Hauptaufgabe der Habilitation. Er war bereits von anderen Themen angezogen: »In dieser Arbeit bewegte ich mich viel sicherer als in der ersten, da ich genauer wußte, was ich wollte ... Nachher wurde sie mir gleichgültig, und ich habe mir weiter keine Mühe mehr damit gemacht.«[43] Jedenfalls ließ sich Guardini nicht davon abhalten, sich auch mit anderen Themen und einer weit ausgreifenden Lektüre zu beschäftigen. Seine geistige Kraft erscheint wie in einem Ausbruch: Die schriftstellerische Ergiebigkeit und vor allem Spannweite dieser drei Bonner Jahre ist erstaunlich. Der Matthias-Grünewald-Verlag warb bereits 1921 in einem Prospekt für die »Guardini-Bücher«, was der so unfreiwillig Geehrte abzustellen bat: »Mir graut vor dieser Popularität«.[44] Guardini las damals so Ver-

---

[39] Ebd. 162. »Ich und Du« wurde von Guardini in einem kleinen philosophischen Kreis an Silvester 1929/30 auf der Burg besprochen, zusammen mit Kierkegaards »Philosophischen Brocken«, Mannheims »Ideologie und Utopie«, Heinemanns »Neue Wege der Philosophie« und Heideggers »Sein und Zeit«. S. die undatierte »Einladung« Guardinis, als Typoskript erhalten im Archiv Burg Rothenfels. An der Tagung nahmen nur 15 Gäste teil, darunter Heinemann selbst und Gustav Siewerth. (E. Wilmes-Merz, Chronik, 15).

[40] Auffallend ist, wie oft Guardinis und Bubers Bildungslehre miteinander verglichen wurden; s. dazu die Verweise in: Hans Mercker, Bibliographie Romano Guardini (1885–1968), Paderborn 1978.

[41] »Die Bedeutung der Lehren von der gradatio entium, dem lumen mentis und der influentia sensus et motus für das theologische System Bonaventuras«; veröffentlicht unter dem Titel »Systembildende Momente in der Theologie Bonaventuras«, Leiden 1964.

[42] Berichte, 32f.

[43] Ebd.

[44] Brief an Richard Knies vom 11.12.1921 (Diözesanarchiv Mainz).

schiedenartiges wie Friedrich Hebbel und als »Juwelen«[45] die Akten der Martyrer; er hatte bereits in Pützchen eine Ethik (!) ausgearbeitet »in der Schublade«[46]; es entstehen »Von heiligen Zeichen« (1922) und »Liturgische Bildung« (1923), abgesehen von den Beiträgen für »Quickborn« und »Schildgenossen«, nicht zu vergessen den Hochlandbeitrag[47] mit dem genial-programmatischen ersten Satz: »Ein Vorgang von unabsehbarer Tragweite hat eingesetzt: Die Kirche erwacht in den Seelen.« »Vom Sinn der Kirche« (1922) erwächst daraus, was Guardinis ekklesiologische Ausweitung anzeigt. Wenn 1920 der wichtige theoretische Beitrag »Thule oder Hellas? Klassische oder deutsche Bildung?« (unter dem Pseudonym Anton Wächter) erschien, so wurden diese Gedanken 1921 auch für das unmittelbare Tun weitergeführt in den »Briefen über Selbstbildung« (damals noch unter dem Titel »Gottes Werkleute«). Ein fast gleichzeitiger Entwurf wesentlicher Schriften also, Liturgie, Ekklesiologie, Anthropologie, Pädagogik betreffend, all das in Begleitung der dogmatisch-systematischen Grundlagenarbeit über mittelalterliche Theologie.

Die Probevorlesung über Anselm von Canterbury

Im Januar 1922 wurde die Habilitation mit Colloquium und Probevorlesung abgeschlossen; Guardini behandelte – einzig in seinem Werk – den von ihm geschätzten Anselm von Canterbury[48], in dessen theologischem Grundsatz »credo ut intelligam« er verwandtes Denken spürte. »Glauben, um einzusehen« war tatsächlich Guardinis selbstentdeckter methodischer Leitsatz gegen den Erkenntnisrelativismus der Zeit. So kam es durch diese Vorlesung zu einer eigenartigen Verschiebung seiner Einschätzung: »Schrörs, der zuerst gegen mich opponiert hatte ..., gratulierte mir aufs wärmste; Tillmann hingegen sagte nachher, wie ich hörte, er habe das Gefühl gehabt, als hätte ihm jemand auf den Kopf geschlagen. Er hatte geglaubt, in mir einen ›kritischen‹ Theologen zu haben, der seine Richtung stützen würde; kritische Haltung aber war ... im Grunde ein durch Gehorsam gegen das Dogma eingeschränkter Liberalismus. Meine Vorlesung hingegen machte Offenbarung und Glauben zur Basis des Erkennens ... Gerade die Verantwortlichkeit wissenschaftlichen Denkens müsse fordern, daß sie auf einen eigenen Erkenntnisgegenstand, nämlich

---

[45] Ebd.; Guardini empfiehlt, die Akten der hl. Perpetua, des hl. Polykarp u.a. in das Verlagsprogramm zu nehmen.
[46] Brief von Kunibert Mohlberg OSB vom 17.2.1955 (zum 70. Geburtstag, Stabi).
[47] 19. Jg., Heft 2 (1922), 257–267.
[48] In dem Sammelband »Auf dem Wege«, Mainz 1923.

die Offenbarung und ein eigenes Erkenntnisprinzip, nämlich den im Dogma verfaßten Glauben begründet sei – wozu natürlich alles zu kommen habe, was Sorgfalt der Methode und Achtung vor den empirischen Fakten heißt. Tillmann hatte für diese Denkweise kein Verständnis, sondern sah in ihr einen unwissenschaftlichen Dogmatismus.«[49]
Trotzdem: Guardini wurde zum Privatdozenten für Dogmatik ernannt. Eine Spiegelung dieses so vieles auslösenden Vorgangs aus späterer Zeit: Als Guardini im Juni 1959 anläßlich des Jahresempfangs des Ordens Pour le mérite wieder in Bonn weilte, ging er am nächsten Tag in der Stadt umher, voller Gedanken an das so lange vergangene Ereignis. »Viel Anlaß zum Sich-Erinnern und Sich-Wundern. Das dürfte der Höhepunkt gewesen sein.«[50] Offenbar holten die Empfänge beim Rektor der Universität und beim Bundespräsidenten tags zuvor nicht das Gewicht der Erinnerung an die so fruchtbaren Bonner 20er Jahre ein.

»Entlassung« von Pützchen nach Niederholtorf (1922)

Guardini ist zu dieser Zeit mit Burg Rothenfels und dem Quickborn so entschieden geistig und persönlich verbunden, daß diese Entschiedenheit ihm zweimal zum Nachteil gereicht. Beide Male war das Vorkommnis aber wenig bedrückend, verhalf ihm sogar, zumindest im letzteren und wichtigeren Fall, zu einer notwendigen eigenen Klärung.

Das eine Ereignis betraf seinen Aufenthalt in Pützchen. Für den Quickborn hatte man damals im Sacré Coeur nicht die geringsten Sympathien. Guardini versuchte alles Mögliche, um die selbst- und traditionsbewußten Ordensfrauen für den neuen Aufbruch in der Jugend zu gewinnen. 1922 fand ein Treffen der Jungmädchen (und Burschen?) auf einer der Wiesen im Park des Klosters statt, wobei sie in weiten Röcken und barfuß um einen Erntekranz tanzten, bündisch-völkisch-jugendbewegt, mit Klampfen und einem abendlichen Lagerfeuer ... Guardini schilderte »mit maliziösem Vergnügen«, daß ihm dieser Tag das Ende der Beziehung zum Pützchen gebracht habe. Bald danach sei er von der Vikaroberin zu ungewöhnlicher Zeit ins Sprechzimmer gebeten worden. Es sei besser, man trenne sich, die pädagogischen Vorstellungen paßten zu schlecht zusammen; die Schwester, die ihn versorgte, habe seine Sachen schon zusammenge-

---

[49] Berichte, 33 f.
[50] Tagebuch vom 11.6.1959; Wahrheit des Denkens, 117.

packt, gleich nach dem Mittagessen stünde das Fahrzeug bereit, und dann hätte sich die zierliche kleine alte Oberin mit großer Anmut erhoben und sei vor ihm in die Knie gegangen mit der Bitte um seinen priesterlichen Segen.[51] Daraufhin wurde ihm die Seelsorge in Niederholtorf im Siebengebirge – gegenüber von Bonn – zugewiesen, eine mäßige Aufgabe, die der Privatdozent mit der Vorbereitung seiner Vorlesungen leicht teilen konnte, freilich nicht allzulange. Aus Pützchen nahm er eine Haushälterin, Elisabeth Thomas, mit, die ihn bis Mooshausen 1948 begleitete.[51a]

Privatdozentur in Bonn (SS 1922 – WS 1922/23)

Der Anfang und die Erfahrung eines fachlichen »Zwischendaseins«

Doch nun zum ersten Semester des jungen Gelehrten in Bonn. »Unvergeßlicher Sommer 1922!« schreibt Burkhard Neunheuser[52], der zu der starken Quickborngruppe zählte, die, aus verschiedenen Fakultäten stammend, Guardinis erste Vorlesung füllte. Guardini las über »Sakrament und Opfer«, daraufolgend über »Die Lehre von der Erlösung«. In ersterem ging er auch auf Karl Barth ein, »keineswegs eng, sondern froh über einen theologisch eröffnenden Menschen«.[53] Die Anregung gerade dieser Vorlesung wirkte so stark, daß ihre Spuren bis Ende der 60er Jahre ins Päpstliche Liturgische Institut in S. Anselmo zu Rom zu verzeichnen sind.[54]

Guardini wirkte zu dieser Zeit – nach Lützelers Zeugnis – im Hörsaal schüchtern, er sprach stockend. Doch führte ihm die unkonventionelle Art seiner Theologie bereits ungewöhnlich viele Hörer zu, etwa 120 bis 180, darunter viele aus der Jugendbewegung und

---

[51] Die Anekdote ist zu verdanken Sr. Isa Vermehren rscj, die sie Anfang des Krieges bei einem Berliner Gespräch zwischen Romano Guardini und Eugen Jochum hörte (Brief vom 13.7.1984 an die Autorin).

[51a] Berichte, 104f: »Es war schon Inflation; so konnte man nichts mehr kaufen. Von Hause hatte ich einige Möbel bekommen... Diesen kleinen Hausrat luden P. Kunibert und ich auf einen Wagen und begleiteten ihn, zur Seite gehend, den Weg nach Holtorf hinauf. Ich bekam dort eine recht unzulängliche kleine Wohnung, in einem Hause, das, wenn ich mich recht entsinne, einem Bäcker gehörte. Das Schlafzimmer war so feucht, daß die Tapete herunterhing. Die Frage meines Unterhaltes wurde so geregelt, daß eine Familie sich bereit erklärte, mir jeden Tag einen Liter Milch, eine andere, mir jede Woche ein Brot zu geben; andere gaben gelegentlich bald dieses bald jenes. Außerdem wurde jede Woche für mich gesammelt. Nach einiger Zeit war das ein Waschkorb voll Geld, mit welchem Fräulein Thomas dann schleunigst nach Bonn fuhr, um irgend etwas zu kaufen. So war alles sehr armselig, aber das Jahr steht mir ganz hell in der Erinnerung.«

[52] Romano Guardini. Ein Rückblick, in: Erbe und Auftrag 44 (1968), 484.

[53] Heinrich Lützeler in einem Brief vom 25.3.1984 an die Autorin.

[54] B. Neunheuser, Romano Guardini. Ein Rückblick, 485.

eine Reihe älterer Damen, was sich bis Berlin (»Crêpe de Chine-Kolleg« im Studentenjargon) und München fortsetzen sollte.

Die »Schüchternheit« hatte in der Tiefe noch einen anderen Grund als nur Veranlagung. In Bonn begann, was Guardini ein Leben lang begleitete: das Empfinden, kein Theologe von Fach zu sein. Noch die Ehrenpromotion in Philosophie durch die Freiburger Fakultät berührt diesen empfindlichen Punkt an ihm, sein »Zwischendasein« zwischen den Gebieten.[55] So die Selbstcharakteristik: »Du weißt, welchen Respekt ich vor der exakten Wissenschaft habe – einen Respekt, der mit einem leichten Gruseln verbunden ist, weil ich mich selbst zu den Werken der exakten Wissenschaft so wenig befähigt fühle.«[56] Sogar die Tatsache, daß Guardini keine Schüler promovieren wollte, gehört in diesen Zusammenhang: »Dabei hat mich auch die Befürchtung bestimmt, die eigentümliche Stellung dessen, was ›Weltanschauung‹ heißt, zwischen Fachtheologie und Fachphilosophie, könne die fragwürdige Gattung von Studierenden anziehen, bei denen an Stelle methodischer geistiger Arbeit ein gewisser Dilettantismus steht.«[57]

Dieses Gefühl des Einzelseins beginnt in Bonn, ja es beginnt – was sich ebenfalls fortsetzt – die Nichtverbindung mit anderen Kollegen der Fakultät. Die weite Entfernung von Niederholtorf nach Bonn war gleichsam nur Ausdruck eines inneren Entferntbleibens. »Im Grunde gehörte ich nicht wirklich zu ihr (= der Fakultät). Ich war nun einmal kein Fachtheologe, und mehr als einmal habe ich mit Beunruhigung die Frage empfunden, wie ich ein solcher werden solle, denn einen anderen Weg durch die akademische Welt als den eines Dogmatikprofessors sah ich ja nicht.«[58]

Ein Sicherwerden: die Vorträge »Vom Sinn der Kirche« (1922)

Andererseits bildet sich aus dem Empfinden des Einzelseins auch das Empfinden der Einzigkeit der Aufgabe heraus. Dies geschieht bemerkenswert zuerst im außeruniversitären Raum: bei der Tagung

---

[55] Der Freund Johannes Spörl hatte die Ehrenpromotion angeregt: »Abgesehen von persönlichen Gründen wollte er, meine Zugehörigkeit zur Münchener philosophischen Fakultät solle auch in dem Punkt komplett werden, daß ich nicht nur den theologischen, sondern den eigentlich vorgeschriebenen philosophischen Doktor hätte.« (Brief an Josef Weiger vom 13.2.1954, Stabi). Im Grunde ist damit auch Guardinis eigene Beunruhigung beruhigt. – Oder an Max Müller: »Meine Arbeit ist sehr früh auf das Zwischengebiet zwischen Theologie und Philosophie übergegangen«. (Brief vom 27.1.1954, Stabi).
[56] Brief an Kunibert Mohlberg OSB vom 14.6.1961 (Stabi).
[57] Brief an Karl Rahner vom 17.12.1966 (Stabi).
[58] Berichte, 34f.

des Katholischen Akademikerverbandes in Bonn 1922. Guardini sprach über den »Sinn der Kirche«: »daß die Kirche nicht unfrei mache, sondern im Gegenteil die volle Freiheit zum Ganzen des Daseins gebe; daß sie nicht den Charakter der Einschränkung, sondern den der Fülle habe ... In ihnen (= den Vorträgen) wurde mir auch deutlicher, was meine eigentliche Aufgabe sei: nicht die Forschung eines theologischen Faches fortzuführen, sondern mit wissenschaftlicher Verantwortung und auf hoher geistiger Ebene die christliche Wirklichkeit zu deuten.«[59]

Guardini war damit nicht nur der Schritt aus seinem ersten Themenkreis, der Liturgie, in den nächsten, die Ekklesiologie, gelungen, gelungen war ihm auch das immer bewußtere Standfassen in seiner eigenen, so wenig normierbaren Begabung. Der erste Satz der Vorträge, vom »Erwachen der Kirche in den Seelen«, wurde berühmt – aber nur deshalb, weil hier wirklich ein geniales Formulieren des Atmosphärischen gelang, wie es keinem fachbegrenzten Blickwinkel möglich war. Mit dieser Last und Gnade seiner Begabung begann Guardini seine Laufbahn. Es waren diese Vorträge, die – ohne daß er es wußte – eine Entscheidung über sein Leben vorbereiteten.

Zunächst blieb alles noch eine Weile beim alten: Es war die Zeit, in der Guardini programmatisch das »neuzuschaffende katholische Weltbild«[60] als seine Aufgabe formulierte und der schlecht bezahlte Privatdozent in der beginnenden Inflation sich zugleich um offene Geldbeträge von seinem Verlag bemühte für die »Wintereinkäufe: Holz, Kohle, Mehl ...«[61]

Ablehnung einer ersten Berufung

Binnen kurzem lag ihm freilich das Angebot einer Bonner Professur für »Praktische Theologie und Liturgiewissenschaft« auf dem Tisch. Gebunden war der Lehrstuhl allerdings an die Aufforderung, die Nähe zum Quickborn und zu Rothenfels aufzugeben – zum zweitenmal ein Versuch, diese »andere Seite« an ihm auszuschalten. Die Forderung beleuchtet in treffender Weise das damalige Mißtrauen sowohl der Kirche wie der Universität gegenüber der Jugendbewegung, deren Zielrichtung und Ernst noch nicht hinreichend deutlich war, deren Potential nicht genügend an die üblichen Formen gebun-

---

[59] Ebd., 36f.
[60] Brief an Richard Knies vom 18.8.1922 aus Mooshausen, wo Guardini im August und September seine Ferien verbrachte und das Vorwort zu den »Heiligen Zeichen« schrieb (Nachlaß Knies, Diözesanarchiv Mainz).
[61] Ebd.

den schien. Guardini lehnte diesen möglichen Ruf ab, nicht nur des Quickborn wegen, den er seinen eigenen Worten gemäß nicht aufgegeben hätte.[62] Die Vorbehalte betrafen auch seine Unsicherheit, worauf seine unbestreibar großen Gaben eigentlich zielten. Schon seine mehrmaligen Studienanfänge, mehr noch seine wenig erfolgreichen Mühen in der praktischen Seelsorge und im Schulunterricht hatten ihm zwar seine Grenzen, noch nicht unbedingt aber das Zentrum seiner wissenschaftlichen Stärke gezeigt. Jedenfalls glaubte er sie nicht in der akademischen Vermittlung der Liturgie und der Seelsorge wahrgenommen. Eine Fußnote der Geschichte: 1939 bei der zwangsweisen Aufhebung seines Berliner Lehrstuhls sollte er erneut nach Bonn auf den Lehrstuhl für Dogmatik verwiesen werden – und wieder lehnte er diese ihm unangemessene Aufgabe ab. 1923 freilich kannte er das ihm Gemäße noch nicht, sondierte nur das seiner Empfindung noch Ungelegene aus.»Man hat sein Zögern gelegentlich falsch gedeutet; so als ob er sich prinzipiell von der wissenschaftlichen Normalität absetzte. In Wirklichkeit galt dieser seine uneingeschränkte Hochachtung. Zugleich aber war er sich seiner Erfahrung gewiß, daß sich seine Produktivität nur auf seinem eigenen Weg entwickeln könne. Dieser Weg lag nicht auf dem Feld der fachlich-theologischen Forschung ...«[63]

In Guardinis eigenen Worten:»Bei dieser Gelegenheit möchte ich sagen, daß ich, nachdem mein geistiges Leben überhaupt erwacht war, ein starkes Gefühl von dieser inneren Linie gehabt und die verschiedenen Entscheidungen meines Lebens, beruflicher, geistiger und persönlicher Art, im Grunde immer von ihr aus getroffen habe.«[64]

Der Ruf nach Berlin und das angenommene Wagnis (1923)

Das Zögern oder besser die Treue zum eigenen Weg sollten sich lohnen. Nach nur zwei Semestern Vorlesungserfahrung ergeht im Frühjahr 1923 ein zweiter Ruf durch den preußischen Kultusminister Carl Becker. Dieser Gelehrte und bedeutende Kulturpolitiker hatte den Plan des »Weltanschauungsprofessuren« entwickelt, deren Inhalt nicht besonders beschrieben war. Dr. Maria Schlüter-Hermkes, deren Mann Mitarbeiter im Kultusministerium war, gab den überzeugten Hinweis auf Guardini, seit sie ihn auf dem Bonner

---

[62] Berichte, 36.
[63] Felix Messerschmid, Romano Guardini, in: Romano Guardini. Der Mensch – Die Wirkung – Begegnung, 18.
[64] Berichte, 35.

Akademikertag beeindruckend gehört hatte. Zudem schätzte Becker Guardinis letzten Selbstbildungsbrief »Staat in uns« so ausnehmend, daß er ihn in den Schulen verteilen ließ. Becker hielt viel von der Jugendbewegung, nicht zuletzt von ihren neuen pädagogischen Ansätzen, und erneuerte die Lehrerbildung in Preußen in deren Geist. Dem Katholizismus stand er unvoreingenommen, ja wohlwollend gegenüber.

Becker war es auch, den Guardini im Januar 1926 aufsuchte, um Gelder für den Ausbau von Burg Rothenfels zu erwirken.[65] Ein solches Treffen fand wahrscheinlich mehrfach statt.

Beckers Berufungsvorschlag stieß an der protestantischen oder vielmehr laizistischen Universität Berlin jedoch auf Widerstand. Weder die evangelisch-theologische noch die philosophische Fakultät in Berlin war zur Angliederung des neuen Lehrstuhls bereit. Organisatorisch wurde die Frage durch eine Taktik gelöst: Guardini wurde an die theologische Fakultät der Universität Breslau berufen, mit dem ständigen Lehrauftrag in Berlin – rangierte deswegen freilich im ersten Vorlesungsverzeichnis hinter dem Sport, bis der Minister eingriff. Auch der Pedell gab anfangs etwaigen Fragen nach dem Hörsaal mürrisch Bescheid, daß es hier keinen Professor Guardini gebe. Die zweite Hilfe kam durch den evangelischen Theologen Adolf von Harnack, der die Bedenken des Senats mit dem abgewandelten Wort aus der Apostelgeschichte beruhigte: »Lassen Sie Herrn Guardini ruhig kommen. Hat er uns etwas zu sagen, wollen wir uns dessen freuen. Hat er nichts zu sagen, erledigt sich dieser Fall von selbst ohne unser Zutun.«[66]

So stand Guardini vor der Überlegung, wie er den unbeschriebenen Lehrstuhl für »Religionsphilosophie und katholische Weltanschauung« auszufüllen habe, und das in der wenig freundlichen, dem Katholizismus gegenüber jedenfalls voreingenommenen Atmosphäre im Berlin der 20er Jahre. »Es war damals eine unerhörte Sache, und wenn ich heute daran zurückdenke, so weiß ich nicht, woher ich den Mut genommen habe, mit nur zwei Semestern Vorlesungserfahrung den Ruf dorthin anzunehmen! Als der damalige Ministerialdirektor Wendland vom Kultusministerium mit mir über die Berufung verhandelte, fragte ich ihn, was der Auftrag, über ›katholische Weltanschauung‹ zu lehren, für einen Inhalt habe. Da antwortete er mir, das müsse ich selber wissen. So hatte ich mir darüber klar zu werden...«[67]

---

[65] Brief Guardinis an Rudolf Schwarz vom 15.1.1926 (Archiv Burg Rothenfels).
[66] Alfred Schüler, Romano Guardini. Eine Denkergestalt an der Zeitenwende, 135.
[67] Brief an Heinrich Fries vom 1.7.1952 (Stabi).

»Ich war also auf mein Gefühl angewiesen, hier sei etwas zu tun, was mir liegen würde – im übrigen war es wohl so etwas wie noch jugendliche Unbekümmertheit, was mir den Mut gab, den Auftrag zu übernehmen.«[68]

Max Schelers Rat

In dieser Unsicherheit, aus der weder Rademacher noch Tillmann halfen, geschieht etwas Providentielles, das dem Anlaß nach Paul Ludwig Landsberg zu verdanken ist: ein ausführliches Treffen mit Max Scheler. Im Frühjahr 1923, kurz nach der Guardini so herausfordernden Berliner Berufung, luden die Eltern Landsberg ihn und Scheler gemeinsam zu einem Nachmittag in ihren schönen Bonner Garten ein. Die Begegnung war bedeutsam für beide Seiten. »Welch ein Gegensatz! Scheler sagte erschüttert zu uns, seinen Schülern, es bewege ihn tief, daß einer so fest in Gott stehen könne.«[69] Und dabei fiel die entscheidende Auskunft, die Schelers Intuition für die Besonderheit des noch unberatenen, seiner selbst nicht gewissen Dozenten durchaus beweist: »Wie er denn wohl den Begriff ›Weltanschauung‹ interpretiere, fragte ihn Scheler und schlug ihm gleich ein halbes Dutzend Möglichkeiten vor. Guardini, gar nicht belesen, war völlig verschüchtert. Uns Studenten schien es damals, als sei ein Menschenfresser auf den verwirrten Dozenten der Dogmatik zugegangen. Nachher aber zeigte sich Scheler bewegt davon, daß es dies noch gab: einen Menschen unserer Gegenwart, ungezwungen und weiten Herzens aus der Ordnung lebend.«[70]

Die Bewegtheit Schelers erklärt sich wohl zutiefst daraus, daß er bei all seiner (auch von Edith Stein bezeugten[71]) Brillanz und Genialität mit seinen Gegensätzlichkeiten nicht zu Rande kam – und hierin in Guardini, der selbst aus dem Gefüge großer Spannungen lebte, einen Antipoden erkannte, dessen Fassung in einer lebendigen Mitte er neidvoll erriet. »Wenn Gott allmächtig und allgütig ist, wie konnte er dann einen so zerrissenen Menschen schaffen wie mich!«[72]

---

[68] Zur Streichung des k.w.-Vermerks bezüglich meines Lehrstuhls. Bericht in der Fakultätssitzung am 25.1.1963 (Stabi).
[69] Briefliche Auskunft von Heinrich Lützeler (dem an dieser Stelle für seine wertvollen Mitteilungen gedankt sei) vom 25.3.1984 an die Autorin.
[70] H. Lützeler, Persönlichkeiten, 117.
[71] Edith Stein: »Nie wieder ist mir an einem Menschen so rein das ›Phänomen der Genialität‹ entgegengetreten.«
[72] Scheler, zitiert von H. Lützeler, Persönlichkeiten, 112. – Theodor Haecker hat 1925 in seinem Aufsatz »Geist und Leben« Schelers innere Zerissenheit und auch seine nicht faßbare Vieldeutigkeit in einer harten, aber wohl zutreffenden Weise gekenn-

In dieser Begegnung offenbart sich die gegenseitige Anerkennung, ja Schätzung der bei aller Verwandtschaft doch so unterschiedlichen Lebens- und Denkentscheidungen. Scheler erkannte auf den ersten Blick in Guardini nicht nur die »Ordnung« des Glaubenden, sondern, wie Josef Weiger berichtet, den Eros des Erziehers[73]; er bezeichnete ihn noch kurz vor seinem Tode als den »deutschen christlichen Pädagogen schlechthin.«[74]

Diese Charakterisierung enthielt freilich eine Unterscheidung zu Scheler selbst. Er bemerkte einmal, er habe über alle Bereiche der Philosophie gelesen, nur nicht über Pädagogik. Sie galt ihm zu sehr als bewußtes Führen, Beherrschen, gegenständliches Abschätzen der Person aus einem Gegenüberstehen[75] – eine Kennzeichnung, die Guardini freilich als Verkennung des wesentlich Pädagogischen leicht widerlegt hätte.

Guardini seinerseits wußte wohl, was er an gedanklicher Vorarbeit Max Scheler verdankte – unbeschadet der Auseinandersetzung mit ihm, die dann vor allem die Gegensatzlehre leistete. Schon in »Neue Jugend und katholischer Geist« verwies Guardini auf den »wundervollen Aufsatz« Schelers über die »Rehabilitierung der Tugend«

zeichnet: »Scheler ist eine der tragischen Erscheinungen der neueren Geistesgeschichte, weithin sichtbar ob seiner großen Gaben und Werke, von denen einige der Ruhm sind und bleiben werden und eines Trost sind eines geschlagenen und über alle Maßen der Ungerechtigkeit gedemütigten Volkes; er ist eine tragische Erscheinung, weil er einen Augenblick nach dem Höchsten gegriffen hatte, und es schien, als hätte er es ergriffen, nur um im nächsten Augenblick es seiner Hand wieder entgleiten zu lassen. Zwar ist es gewiß nicht so. Zwar habe ich ihn niemals für einen christlichen Philosophen gehalten, auch damals nicht, als er als Katholik, ja gewissermaßen als ein geistiger Führer der Katholiken galt; denn niemals hatte ich in ihm, was doch so mancher Protestant hat, was zum Christen, also wesentlich zum Katholiken gehört, gefunden: den Glauben, den Gehorsam des Glaubens, die bedingungslose Annahme der Offenbarung, nie bei ihm verspürt ein verborgenes, unsichtbares Leben der Gnade, nie den Hauch eines Gebetslebens – aber wohl war in erstaunlichem Grade gegeben eine ›natürliche‹ Übereinstimmung einer großen, weiten, weltumspannenden Vernunft mit katholischem Geiste, und die große, namentlich auf den ersten Blick große Ähnlichkeit eines mit natürlichen Geistesgaben gefundenen hierarchisch gegliederten Wertsystems mit gewissen Seiten katholischen Denkens und Lehrens, so daß es schien, als sei wieder einmal der unendlich seltene Fall eingetreten, daß die Natur zwar nicht von sich aus ohne weiteres die Übernatur ergreift, aber so sehr ihr nahe kommt, so sehr zielgerichtet ist auf sie, daß sie sie annehmen kann, als sei nicht ein Wesensunterschied zwischen ihnen, und sie annimmt ohne die Geistes- und Seelenkämpfe, die sonst vorangehen. Davon ist nun gewiß keine Rede mehr... Ungeniert und fast brutal... geht Scheler an Schöpfer und Welt heran, entlarvt sie und stellt sie bloß: Ecce Deus!« (In: Haecker, Christentum und Kultur, München/Kempten 1927, 240 ff.)

[73] Erinnerungen an Romano Guardini. Zur Verleihung des Friedenspreises, in: Der christliche Sonntag 38/IV (21. 9. 1952), 298.

[74] Josef Weiger, Romano Guardini, in: Kirchliche Nachrichten für das Bistum Mainz 51/II (22. 12. 1946), 227.

[75] H. Lützeler, Persönlichkeiten, 87.

(1915, ²1919). Von Bonn aus gerieten beide dann »in eine Beziehung ..., die innerlich nie abgerissen ist«[76]. Schelers Kirchenbild, überhaupt seine Religiosität wurden Guardini zunehmend fremd (und umgekehrt), trotzdem gibt es bis zum frühen Tod Schelers ein »dennoch« gegenseitiger Zuneigung: »Wie kann man nur so über die Kirche schreiben! Und dennoch muß man ihn lieben, diesen Vulkan an Geist ...«[77] Das Nachmittagsgespräch aber nahm sich, in Guardinis Erinnerung unvergessen eingegraben (bei seiner sonstigen »Geschichtslosigkeit«!), folgendermaßen aus: »So möchte ich mit Dankbarkeit den Namen des Einzigen nennen, der mir wirklich Richtungsweisendes gesagt hat, den von Max Scheler. In einem für mich sehr folgenreichen Gespräch sagte er zu mir: ›Sie müßten tun, was im Wort ›Weltanschauung‹ liegt: die Welt betrachten, die Dinge, den Menschen, die Werke, aber als verantwortungsbewußter Christ, und auf wissenschaftlicher Ebene sagen, was Sie sehen.‹ Und ich entsinne mich noch, wie er detaillierte: ›Untersuchen Sie doch zum Beispiel die Romane von Dostojewski, und nehmen Sie von Ihrem christlichen Standpunkt her dazu Stellung, um so einerseits das betrachtete Werk, andererseits den Ausgangspunkt selbst zu erhellen.‹«[78]

Exkurs: Max Scheler, Guardini und der Ansatz der Phänomenologie

Guardini nimmt in seinen Studienjahren, die man bis 1922, dem Abschluß seiner Habilitation, zählen darf, atmosphärisch teil an der Entwicklung der deutschen Philosophie, die zu dieser Zeit nach wie vor Weltgeltung hatte. An den Namen Edmund Husserl, Max Scheler und schließlich Martin Heidegger (den Guardini seit 1907 in Tübingen kennt) läßt sich die Bedeutung des philosophischen Denkens der Zeit markieren.

Max Scheler (1874–1928) ist jener Philosoph, der die phänomenologische Methode Husserls insbesondere auf die Religionsphiloso-

---

[76] Berichte, 38.
[77] Mündliche Mitteilung über einen Brief Guardinis an Heinrich Getzeny von Hermann Kiefer.
[78] Stationen und Rückblicke, Würzburg 1965, 19f. In einer anderen Version heißt es: »Einen wirklichen Rat hat mir aber nur Max Scheler gegeben, der mir von Bonn bzw. von Köln her nahe stand. Er sagte mir: ›Lassen Sie sich fürs erste auf keine systematischen Themen ein. Nehmen Sie einen Gegenstand der Geistesgeschichte, analysieren Sie ihn, und entwickeln Sie an Hand dieser Analyse Ihre eigene religiös-theologische Stellungnahme.‹ Dieser Rat wurde sozusagen zur Keimzelle alles Späteren.« Zur Streichung des k. w.-Vermerks bezüglich meines Lehrstuhls, (Stabi).

phie anwandte. Erst seit ihm kann man begründet von einer katholischen Religionsphilosophie in Deutschland sprechen; schon insofern wußte sich Guardini durch seinen Lehrstuhl diesen gedanklichen Vorarbeiten verpflichtet.

Scheler schreibt 1912 folgende Kennzeichnung der neuen Richtung: »Die neue Haltung mag ... als ein Sichhingeben an den Anschauungsgehalt der Dinge, als die Bewegung eines tiefen Vertrauens in die Unumstößlichkeit alles schlicht und evident Gegebenen, als mutiges Sichselbstloslassen in der Anschauung und in der liebenden Bewegung zu der Welt in ihrer Angeschautheit bezeichnet werden. Diese Philosophie hat zur Welt die Geste der offenen, aufweisenden Hand, des frei und groß sich aufschlagenden Auges. Das ist nicht der blinzelnde, kritische Blick, den Descartes – mit dem universellen Zweifel beginnend – auf die Dinge wirft, nicht Kants Auge, aus dem der Geistesstrahl so entfremdet, wie aus einer anderen Welt, und so herrschaftlich auf die Dinge fällt und sie durchbohrt. Der Mensch, der hier philosophiert, hat weder die Angst, welche moderne Rechenhaftigkeit und den Berechnungswillen der Dinge gebiert, noch die stolze Souveränität des ›denkenden Rohres‹, die in Descartes und Kant Urquell – das emotionale Apriori – aller Theorien ist. Vielmehr umspült ihn bis in seine geistige Wurzel hinein der Strom des Seins wie ein selbstverständliches und schon als Seinsstrom selbst – von allem Inhalt abgesehen – wohltätiges Element. Nicht der Wille zur Beherrschung, Organisation, eindeutiger Bestimmung und Fixierung, sondern die Bewegung der Sympathie, des Daseingönnens, des Grußes an das Steigen der Fülle, in dem einem erkennend hingegebenen Blick die Inhalte der Welt allem menschlichen Verstandeszugriff immer neu sich entwinden und die Grenzen der Begriffe überfließen, durchseelen hier jeden Gedanken«.[79]

Deutlich wird hieran eine »kopernikanische Wende gegen Kant« oder über Kant hinaus. Die Phänomenologie ermöglichte eine Kritik des Kantianismus, nämlich des Subjektivismus, wenn nicht Skeptizismus der Erkenntnis, und die Begründung einer Erkenntnis des Objektiven. Anders und weitergehend als Husserl war es gerade Scheler, der diese Objektivität nicht bloß als Intentionalität (Objektgerichtetheit) des Bewußtseins, sondern wirklich als »Welt«, als gegebenen und den Sinnen zugänglichen Gegen-Stand erschloß.

Jener Wille zum Objekt ist damit durch eine neu begründete Entschiedenheit zur Gestaltwahrnehmung gekennzeichnet, die die Philosophie des 20. Jahrhunderts in eine beträchtliche Nähe zur

---

[79] Max Scheler, Vom Umsturz der Werte I, Leipzig 1912, 164f.

antiken, patristischen und überhaupt mittelalterlichen Philosophie rückt. Nicht umsonst hat Edith Stein, die Husserl-Schülerin, den ebenso angestrengten wie grundsätzlich richtigen Versuch unternommen, in ihrem Werk »Endliches und ewiges Sein« Husserl mit Thomas von Aquin zu versöhnen. Schelers Leistung[80] war es fernerhin, »Sphären« dieser Welt unterschieden und in ihrer unterschiedlichen Erkennbarkeit durchdacht zu haben, darunter erstmals wieder philosophisch den Bereich der Religion und der ihr genuin zugeordneten Erkenntnishaltung. Damit wurde das Phänomen der Religion aus aller vermeintlichen Subjektivität, Gefühlsbezogenheit, der nicht-theoretischen, nicht-philosophischen Unmittelbarkeit, ja Selbst-Täuschung wieder zum Gegenstand theoretischer und ernstzunehmender Wahrheitsbemühung, die vor dem Forum kritischer Vernunft verhandlungsfähig war. So setzte mit Scheler der Schritt über die bloße Apologetik des Christentums ein, sogleich auch die Herausforderung des Zeitgeistes durch das Messen an der Offenbarung, also eine ebenso unerwartete wie überfällige Selbstbewußtwerdung und Neubesinnung des katholischen Denkens. Scheler vollzog, allerdings nur in seiner mittleren »katholischen« Zeit, den nicht religiösen, sondern philosophischen Schritt, aus der unfruchtbaren Anthropozentrik der Neuzeit hindurchzustoßen zu einem Theomorphismus: zu einer Lehre vom Menschen, die ihn als Gottes Bild und Gebilde annimmt.[81] Dieser heuristische Gesichtspunkt war unerhört neu, und gleichgültig, ob Scheler ihn später selbst zu einem Pantheismus verschwimmen ließ, so verdankt doch Guardini einen bedeutenden Faktor seiner »Weltanschauung« demselben Angelpunkt, daß die Welt nur von Gott her wahr betrachtet, richtig gedeutet, sinnvoll bestanden werden könne. Es kann hier unbesprochen bleiben, welche Varianten unter den Phänomenologen, zwischen Husserl und seiner engeren Schule zu Max Scheler, zu Helmuth Pleßner, zu Hedwig Conrad-Martius und anderen bestehen. Der Aufbruch der Phänomenologie ermöglicht in jedem Fall ein Hinausgehen über die Systematik des Deutschen Idealismus, in den Grundzügen also ein Hinausgehen über die in der Neuzeit gewonnene Autonomie des Subjektes. Hier liegt der Ansatz, für den Guardini ein offenes Ohr besaß. Seine Kritik der neuzeitlichen Geisteshaltung beruht zutiefst und durchgängig auf einem Abrücken von der übersteigerten Selbsteinschätzung des Ich, auf einer Kritik der Selbstsetzung überhaupt. Entgegen kam ihm in der

---

[80] Vgl. zum Folgenden Heinrich Fries, Die katholische Religionsphilosophie der Gegenwart, Heidelberg 1949, bes. 137–156.
[81] Vgl. Felix Hammer, Theonome Anthropologie. Max Schelers Menschenbild und seine Grenzen, Den Haag 1972.

Phänomenologie die Betonung des »Sehens«, jene »evidentia objectiva«, für die er durch seine Schulung in der mittelalterlichen Philosophie, gerade an der Lichtmetaphysik Bonaventuras, ohnehin die erkenntnistheoretischen Voraussetzungen besaß.

Unleugbar war Guardini auch von der Anlage her ein Mensch des Auges. Viele Erkenntnisvorgänge beschrieb er über das Sehen, das Hinblicken, das Aufleuchten im Schauen: »Ich möchte gleichsam neue Augen auftun, um es neu zu sehen: jedem eine schöpferische Kraft seines Innern zu Bewußtsein bringen, die bisher durch den ›Verruf des Gehorchens‹ niedergehalten wurde. Also nicht beweisen, sondern neu sehen helfen. Denkt, in einem trüben Raum sei ein Bild. Man kann nun durch chemische Untersuchungen die Trefflichkeit der Farben zeigen oder durch geschichtliche Berichte beweisen, es stamme von einem malgewaltigen Meister. Man kann aber auch durch die Wand gegenüber ein Fenster schlagen, nun flutet Licht herein, und die Farben leuchten auf. Dann braucht man nichts mehr zu beweisen. Man sieht.«[82]

Guardini versucht in einem frühen Anselm-Aufsatz, der erstaunlich wenig rezipiert wurde, das in der Philosophie Geleistete auch auf die Theologie seiner Zeit zu übertragen. Ohne Scheler oder die Phänomenologie zu nennen, ist deutlich, daß Guardini sich von den dort entwickelten Gedanken wesentlich zu seiner eigenen Klarheit führen läßt. »Gegenüber dem ganz ins Begrifflich-Abstrakte eingeschlossenen Denken der jüngsten Vergangenheit erleben wir heute ein gewaltiges Erwachen des Wirklichkeitsbewußtseins ... Darin wird der Mensch, und zwar gerade der zeitgerechteste, gerade der aufgeschlossenste und klarsichtigste wieder den Stoß der Wirklichkeit spüren. Wieder scheint das Denken sich verehrend nach dem Sein richten zu wollen.«[83]

Wenn Guardini 1920 in der Auseinandersetzung mit der Formel vom Hohen Meißner von Grund auf eine Überwindung Kants anzielt, so steht er auch in dieser jugendpädagogisch bezogenen Absicht in einer Überwindung neuzeitlicher Selbstherrlichkeit. »Wir werfen den Bann der Autonomie Kants von uns und begreifen, wie groß und lebenssteigernd es ist, wenn eine Persönlichkeit sich der anderen in freigewolltem, sinnbegriffenem Gehorsam hingibt.«[84]

---

[82] Vom Sinn des Gehorchens (1920), in: Auf dem Wege, 20.
[83] Anselm von Canterbury und das Wesen der Theologie (1921), ebd., 45. Guardini erwähnt Nikolai Hartmanns »Metaphysik und Erkenntnis« von 1921; außerdem entwickelt er Schelers phänomenologischen Grundsatz von den verschiedenen Erkenntnishaltungen des Subjekts gegenüber den verschiedenen Seinsgebieten (ebd., 47).
[84] Neue Jugend und katholischer Geist, 13.

Vielleicht hätte Guardini die Stärke seines gedanklichen Ansatzes nur durch die Schulung an der mittelalterlichen Philosophie nicht in dem Maße entfalten können, wenn nicht die Zeitströmung der Phänomenologie selbst, freilich ohne Absicht in bezug auf Jugendbildung, geschweige denn Theologie, jene Relativierung Kants und des Individualismus geleistet hätte. Daß Guardini in dieser Strömung eigenstes katholisches Gut wiederentdeckte oder doch damit ohne Zwang in Verbindung bringen konnte, ist freilich eine Zugabe, die er selbst zu leisten berufen war. Gegenüber ähnlichen Versuchen dieser Art zeichnet sich Guardini dadurch aus, daß er diese Konvergenz nicht mit Gewalt und nicht im Unmaß betrieb, daß er, dem phänomenologischen Ansatz verpflichtet, bis in sein Alter mit dem dort gewonnenen »Sehenkönnen« jene Keuschheit des Blickes verband, der nicht mit unterschwelligen Absichten, auch nicht religiöser Art, arbeitet.

Katholischer Aufbruchswille Anfang der 20er Jahre

Im Spiegel des »Jahrbuchs der deutschen Katholiken« 1920/21

Wie bekannt Guardini um das Jahr 1920 bereits war – wohl durch Rothenfels bedingt, aber auch unabhängig davon –, zeigt das »Jahrbuch der deutschen Katholiken« von 1920/21. Es versammelt eine für die damalige Zeit hochinteressante Reihe von katholischen Gelehrten, unter ihnen Guardinis Doktorvater Engelbert Krebs, seinen Bonner Freund Hermann Platz, Max Scheler, Matthias Laros (mit Guardini über den Matthias-Grünewald-Verlag bekannt), Nikolaus Ehlen und Hermann Hoffmann aus den Reihen der Jugendbewegung, und auch Romano Guardini selbst. Erstaunlich ist, wie häufig er von den Mitautoren bereits zitiert wird. Engelbert Krebs sieht als einer der ersten durch Guardinis Aufsätze bereits die Mauern der katholischen Einengung im protestantischen deutschen Bürgertum durchbrochen.[85] Sein eben erschienener »Kreuzweg« wird von Hermann Platz und von Matthias Laros als Schrift für die Gebildeten empfohlen.[86]

Nikolaus Ehlen, der einen hellsichtigen Aufsatz über die noch nicht eingelöste Aufgabe der katholischen Jugendbewegung beiträgt, verweist auf den Ansatz Guardinis in »Neue Jugend und

---

[85] Jahrbuch der deutschen Katholiken 1920/21, Augsburg 1921, 15: »So greifen sie (die Jugendbewegten), entgegen dem früheren Grundsatz des deutschen Bürgers, ›Catholica non leguntur‹, hoffend und lernend nach Guardinis Aufsätzen und Schriften und zeigen so, daß auch sie vom Protestantismus wenig oder nichts mehr, von der Kirche aber vieles erhoffen.«

[86] Ebd., 53 und 130.

katholischer Geist«.[87] Daß Hermann Hoffmann Guardini erwähnt, ist ohnehin selbstverständlich.[88] Das ganze Heft vermittelt den Standort katholischer Geistigkeit dieser Jahre in ihrem vorwärtsdrängenden, über das gewohnte katholische Minderwertigkeitsbewußtsein weit hinausgreifenden Aufbruchswillen. Hermann Platz zitiert zustimmend die Rathenau-Formulierung: »Es ist Zeit zum Aufbruch der Seele«.[89] Wie Guardini diesen Satz umbildet und einlöst, wird zwei Jahre später deutlich.

Guardini selbst beschließt das Heft mit einer Kritik von Friedrich Heilers »Das Wesen des Katholizismus« von 1920. Es ist die Antwort auf Heilers Historismus, die dessen bloß mechanistische Anschauung von Kirche aufdeckt und statt dessen den Gedanken eines lebendigen Ganzen in seiner Identität von Anfangs- und Endgestalt entwickelt. Nicht Teile, wie der Historismus sie an der Kirche wahrnimmt, sondern genetische Entwicklung bilden die lebendige Gestalt der Kirche. Guardini überwindet in diesen wenigen Seiten den Vorwurf der »complexio oppositorum« – des Verwachsenseins unzusammengehöriger Gegensätze – durch den Gedanken der geeinten Gegensätzlichkeit. »Gerade weil der Katholizismus diese Gegensätze in sich befaßt – und andere noch dazu –, ist er lebendig und einheitlich. Gerade weil er alle Gegensätzlichkeiten voll entfalteter Lebendigkeit enthält, ist er wahr und seines Namens wert. Denn der besagt: nach all ihren Seiten umspannte Wirklichkeit; vollkommene Positivität ohne alle ›Hairesis‹.«[90] Guardini versucht, mit dem so entdeckten Strukturgesetz des Lebendigen die modernistische Spannung zwischen Übernatürlichkeit und Natur, zwischen Offenbarung und Geschichte wenigstens thesenhaft zu beantworten. »Mit all dem ist der Übernatürlichkeit und Endgültigkeit des Christentums in keiner Weise Eintrag getan. Der Inhalt, das Samenkorn, Offenbarung und Gnade, kommt von Gott; die Linie der Entwicklung, die Logik der Auswahl, das Gesetz des Aufbaues ebenso; die Geschichte aber liefert vielfältiges Material und jeweils den Anstoß, damit bestimmte, im Keim bereits vorhandene Anlagen zur Entfaltung kommen.«[91]

Im Spiegel der Akademikertagung Ulm 1923

Guardini hatte eben im Sommersemester 1923 in Berlin seine Feuerprobe an der Universität abgelegt. In den Semesterferien fand ein

---

[87] Ebd., 143.
[88] Ebd., 145 und 147 f.
[89] Ebd., 43.
[90] Romano Guardini, Universalität und Synkretismus, ebd. 154.
[91] Ebd., 154 f.

bedeutendes Ereignis statt, das sich in der Erinnerung der Teilnehmer als ein Höhepunkt katholischer akademischer Öffentlichkeitsarbeit darstellte. Der Verein katholischer Akademiker hatte vom 10. bis 16. August 1923 nach Ulm eingeladen. Guardini nahm teil, zusammen mit den damals bedeutenden Köpfen des deutschen Katholizismus, darunter Abt Ildefons Herwegen von Maria Laach und Erich Przywara SJ. Guardini war bereits so bekannt durch seine Mitarbeit in der liturgischen Bewegung und der Jugendbewegung, daß Przywara, dem drei Hauptvorträge zufielen, sich auf Guardini als Exponenten des neuen katholischen Geistes beziehen konnte. Die Vorträge Przywaras beleuchten in anspruchsvoller Weise die Fragen der damaligen Stunde. Auffallend ist, daß er verschiedene Formulierungen gebrauchte, die auch Guardini zu eigen waren, obwohl er sie kaum von dem Jesuiten übernommen haben konnte. Es kennzeichnet vermutlich die gemeinsame geistige Atmosphäre der Zeit, daß die beiden eigentlich recht verschiedenen Denker zu so ähnlichen Folgerungen gelangten.

Przywaras Leistung war es, die drei Bewegungen der zwanziger Jahre zu kennzeichnen und miteinander in Verbindung zu bringen: die Phänomenologie, die liturgische Bewegung, die Jugendbewegung.[92] Przywara sah die Phänomenologie natürlich nicht als innerkatholische Bewegung, erkannte jedoch eine unerwartete Wendung der an Kant orientierten deutschen Philosophie zu der alten »philosophia perennis«. Sogar das Auftauchen der Gestalt des Thomas von Aquin im Umkreis der Phänomenologie galt ihm als Anzeichen des ungestümen Versuchs, die cartesisch-kantische Verengung durch den Willen zum Objekt, den Willen zur Wesenheit, den Willen zu Gott zu überwinden.[93]

In der liturgischen Bewegung sah Przywara als besonderes Ethos oder, wie er sagte, als »Psychogramm« ausgedrückt: »Wille zur Form gegenüber freiwachsendem Leben, Wille zur Gemeinschaft gegenüber einseitigem Individualismus, Wille zur in Gott ruhenden, selbstwertigen vita contemplativa gegenüber der Verzwecklichung einer übersteigerten vita activa.«[94] Unmittelbar wird angespielt auf den Guardinischen »Primat des Logos« mit seinem Willen zur Form. Wenn Przywara hier außerdem den »priesterlichen Aristokratismus« von Stefan George assoziiert, so nur, um von dessen Einsamkeit auf die Gemeinsamkeit des Formwillens und der bereits gefundenen Form in der katholischen Liturgie überzuleiten. In der Liturgie sieht

---

[92] Erich Przywara SJ, Gottgeheimnis der Welt. Drei Vorträge über die geistige Krisis der Gegenwart, München 1923, 9.
[93] Ebd., 11.
[94] Ebd., 32.

Przywara, wie es auch Guardini hätte formulieren können,»jene Gegensatzspannungen und unendlichen Weiten des flutenden Lebens«[95] gebändigt durch den energischen Willen zur Form. Was die Jugendbewegung angeht, so hält Przywara in der großen »secessio in montem sacrum« die bloße Ablehnung und den Umsturzwillen für überwunden, wie er im ersten Aufbruch der freideutschen Jugend so aufdringlich erkennbar war.»Durch die unverdrossene Arbeit Romano Guardinis und seines Kreises sowie des Kreises der ›Schildgenossen‹ stehen wir nun in einem Zeitpunkt verhältnismäßiger Klärung und können eine Art von Analyse der Individualseele der Jugendbewegung wenigstens in Umrissen wagen.«[96]

Przywara erkennt besonders in der katholischen Jugendbewegung drei Komponenten, die einer Krankheit des deutschen Geistes entgegenwirkten:»Es ist der Wille zum Eigenwert der Person im Gegensatz zur Verknechtung unter die Sachwerte von Beruf und Amt. Es ist zweitens der Wille zum freien, inneren Wachstum der Liebe im Gegensatz zur rein äußeren Knechtschaft der Nur-Pflicht. Es ist endlich drittens der Wille zu solchen Formen und Gesetzen, die der äußere Ausdruck des inneren Wesens des Lebens sind, im Gegensatz zu Formen und Gesetzen, für die das Leben nur knechthaftes ›Anwendungsgebiet‹ ist. Wille zur Person, Wille zur Liebe, Wille zur Lebensform.«[97]

Es ist erstaunlich, daß Przywara in seiner Gedankenführung beständig von den polaren Ergänzungen spricht, wodurch eine Seelenhaltung eine andere ausgleichen müsse. Eine polare Ergänzung leistet z. B. die liturgische Bewegung im Verhältnis zur Jugendbewegung, und umgekehrt. Hier fällt erneut der Name Guardinis,[98] womit in der Tat dessen eigene Denkstruktur angesprochen war, ohne daß Przywara dies wissen konnte (der »Gegensatz« Guardinis erschien erst 1925). Przywara plädiert für eine Überwindung aller Antithesen durch ein »Sowohl-als auch«, für eine Philosophie dynamischer Polarität. Wieder fallen guardinische Gedanken.»Nicht Objekt *oder* Subjekt, Werden *oder* Sein, Person *oder* Form; auch nicht ein ›ein für allemal‹ fertiger statischer Ausgleich zwischen ihnen. Nein: die Philosophie einer hin- und zurückflutenden Bewegung zwischen beiden Polen, die Philosophie einer nie gelösten Spannung zwischen beiden Polen, die Philosophie der dynamischen ›Einheit der Gegensätze‹, die Philosophie der ›Spannungseinheit‹.«[99]

---

[95] Ebd., 38.
[96] Ebd., 40.
[97] Ebd., 48f.
[98] Ebd., 51 und 54.
[99] Ebd., 137f.

Przywara schließt mit dem Bilde einer Versöhnung des Objektes mit dem Subjekt, gefaßt unter die Gestalten von Thomas von Aquin und John Henry Newman. Im letzten also eine polare Ergänzung von Seinslehre und einer Lehre des konkreten Werdens, eine Versöhnung von Hinsichten, die in ihrer Spaltung zu den Extremen des Integralismus und des Modernismus ausgeartet waren. Es ist nicht unwesentlich, vor diesem Hintergrund auch Guardinis Aussagen zu Thomas von Aquin zu betrachten, wie sie ein Jahr später, im August 1924, auf der Burg fielen.

Guardini schreibt im Rückblick auf die Tagung vom Comer See aus: »In Ulm war allerlei Schönes. Es war zu viel; zu viel Menschen und zu viel Vorträge... – Die Tagungen stehen aber in Gefahr, zu einem Katholikentag neuer Art zu werden.«[100]

Auch in Berlin schließt sich Guardini dem Akademikerverband nicht an. Ihm lag, wie aus dem Wort »Katholikentag« hervorgeht, nicht die Form des Demonstrativ-Katholischen auf öffentlicher Ebene.

---

[100] Brief an Richard Knies vom 23.10.1923 (aus Varenna, Lago di Como) (Nachlaß Knies, Diözesanarchiv Mainz).

VII. Hingabe an die Jugendbewegung: Burg Rothenfels am Main (1920–1926)

Die erste Begegnung: Ostern 1920

Im August 1919 waren bereits einige Mitglieder der Mainzer Juventus (darunter Ludwig Neundörfer) tief angerührt von Burg Rothenfels am Main zurückgekehrt. Damit war das Kommen Guardinis angebahnt. An Ostern 1920, also kurz bevor er von Mainz nach Bonn wechselte, besuchte er die Burg zum erstenmal; zum zweiten deutschen Quickborntag im August 1920 lud ihn Hermann Hoffmann selbst ein, der ihn noch während des Krieges der Juventus wegen in Mainz aufgesucht hatte. Trotz einigen Unbehagens, das Guardini zuvor wegen der ihm unvertrauten Jugendbewegtheit des Quickborn empfand, folgte er doch dem Rat des Romanisten Hermann Platz, die Einladung anzunehmen. Die Begegnung Guardinis mit der Burg war schicksalhaft für beide Seiten; zu dieser Zeit war freilich noch nicht erkennbar, daß sie das am meisten in die Zukunft weisende Ereignis darstellte. Knapp dreißig Jahre später erinnert sich Guardini am Pfingstmontag 1949 seiner damaligen Erschütterung: »1919 waren einige von uns auf Fahrt gewesen und erzählten nach ihrer Rückkehr von einer alten Burg am Main, Rothenfels, wo aufregende Dinge geschähen. Da kommandiere keiner, sagten sie, und doch sei großartige Ordnung. Es werde gearbeitet und gefeiert, aber alles komme aus den Leuten selbst; Jungen und Mädel seien da beisammen in Ernst und Fröhlichkeit, aber alles schön und sauber. So bin ich denn 1920 zu Ostern selbst hinauf gegangen, und das hat für mich Folgen gehabt wie wenige Dinge sonst; denn damals ist in mein Leben eine starke Welle von dem eingeströmt, was Jugendbewegung heißt, und ich war doch selber schon gar nicht mehr so jung.«[1]

So setzt eine kaum zu überschätzende Begegnung einer Großzahl junger und begeisterungsfähiger Menschen mit einem damals bereits 35jährigen Mann ein, der in der Folge die Prägung dieses

---

[1] Rede am Pfingstmontag 1949, in: Burgbrief 1949.

ungeheuren Potentials verantwortungsbewußt und selbst auch herausgefordert von den neuen Möglichkeiten übernahm. Was Guardini am Schreibtisch durchdachte, vom Katheder aus lehrte, in seiner Seelsorge versuchte, wurde in Rothenfels mit den jungen Leuten im unmittelbaren Leben erprobt, besprochen und zuweilen durchgekämpft, auch so weit es ging, verwirklicht. Und: es ist ihm zu verdanken, daß er die katholische Jugendbewegung aus ihren frühen Zielen, die teilweise allzu harmlos oder zu unreif gewesen waren, löste und sie einer vertieften Fragestellung, einer neuen geistigen Verantwortung, auch einer klareren Selbstdeutung zuführte.

Grundzüge der deutschen Jugendbewegung

Der Aufbruch der deutschen Jugendbewegung läßt sich darstellen als ein kräftig wachsender Widerspruch gegen die Gesellschaft des ausgehenden 19. Jahrhunderts, gegen die Erziehungsformen in Schule (und Kirche), gegen die bürgerliche Lebens-, Berufs- und Kulturauffassung. »Ausstand aus der Gesellschaft« hat es Felix Messerschmid einprägsam genannt.[2]

Wäre es nur bei dem Widerspruch geblieben, so hätten sich nicht gerade die Besten unter der Jugend dieser Bewegung angeschlossen. Wenn Karl Fischer den Wandervogel gegen die oberflächliche und starre Unlebendigkeit bürgerlichen Umgangs geschaffen hatte, so unter den Formen von Wandern, Abstinenz, Laienspiel, Volkslied, Musik und insgesamt dem einfachen, jugendgemäßen Leben. Auch die überaus bitteren Erfahrungen des ersten Weltkrieges konnten die Bewegung nicht beenden, im Gegenteil. Unverzichtbar hatte sich in der deutschen Jugend ein Streben nach Freiheit, Selbstbestimmung, anderer und besserer Lebensform herausgebildet. Als 1913 die Jahrhundertfeier des Sieges über Napoleon in der Leipziger Völkerschlacht begangen wurde, trafen sich zweitausend junge Menschen aus dem Wandervogel, den freideutschen Gruppen, den Freischaren, den abstinenten Schülervereinen auf dem Hohen Meißner bei Kassel, um ein anderes Deutschland für die Jugend und durch die Jugend

---

[2] Felix Messerschmid, Katholische Jugendbewegung, in: Grundschriften der deutschen Jugendbewegung, hg. v. Werner Kindt, Dokumentation der Jugendbewegung, III.: Die deutsche Jugendbewegung 1920–1933. Die bündische Zeit, Düsseldorf/Köln 1974, 680. – Kindts maßgebliche Quellenpublikation umfaßt in Band I »Grundschriften der Deutschen Jugendbewegung«, in Band II »Die Wandervogelzeit«. – Empfehlenswert zur Gesamtübersicht ist Walter Laqueur, Die deutsche Jugendbewegung. Eine historische Studie, Köln 1962, Nachdruck 1978; außerdem Harry Pross, Jugend – Eros – Politik. Die Geschichte der deutschen Jugendverbände, Bern/München/Wien 1964.

zu fordern: »Die freideutsche Jugend will aus eigener Bestimmung, vor eigener Verantwortung, mit innerer Wahrhaftigkeit ihr Leben gestalten.«

In dem ein Jahr später ausbrechenden Weltkrieg blieben von den zehntausend Wandervögeln ein Fünftel auf den Schlachtfeldern, aber die ausgesprochenen Wünsche und neugefundenen Lebensformen büßten ihre Wirksamkeit nicht ein.

Der große Pädagoge Friedrich Wilhelm Foerster, den Guardini besonders schätzte, schrieb 1923, das jugendbewegte Tun sei nach außen hin durchaus spielerisch gewesen, aber es habe aus ausgeprägter, unbewußter Sicherheit, weniger aus bewußter Überlegung heraus, ein neues Anachoretentum geschaffen, Formen für einen Auszug der Jugend aus der zeitgenössischen Kultur. Darin und dahinter stecke ein weltgeschichtlicher Ernst. Gehe es doch um die Wiederentdeckung der tiefsten Werte des Menschseins, die Wiederentdeckung der Seele, der Einmaligkeit der Person und ihrer Verpflichtung zur Gemeinschaft über alle Begabungs- und sozialen Unterschiede hinaus, um eine Einigung in einer bestimmten Weise des Fühlens und Denkens aus dem Willen, unmittelbar an Dinge und Menschen heranzukommen, echter und einfacher im Leben zu stehen.[3]

Der Quickborn und seine Eigenart

Der Quickborn wuchs ursprünglich aus diesen geistigen Vorgaben als ein »katholischer Wandervogel« heraus, wie Friedrich Wilhelm Foerster es nannte. Gemeinsam mit dem Wandervogel war ihm die eindeutig jugendbewegte Lebensform: Abstinenz, Wandern, bewußte Einfachheit und Wahrhaftigkeit in Leben, Sprache, Denken, die Wiederentdeckung von Lied, Tanz, Spiel. Darüberhinaus brachte der Quickborn aber bestimmte Berichtigungen gerade am Gedanken der Selbstbestimmung an; seine Eigenprägung war die freie Bindung an die religiöse, ja kirchliche Überlieferung, wodurch der radikale Ansatz des Hohen Meißner von innen überwunden wurde.

Dieses spannungsreiche Zusammenbinden unterschiedlicher Anstöße im Quickborn drückt sich schon 1921 aus: »Durch das Wandern mit all seinen Auswirkungen, Freude an Natur und Heimat, an Volkslied und Volkstanz, Rückkehr zur Einfachheit in Nahrung, Kleidung und Wohnung, durch Enthaltung von Rausch-

---

[3] Zitiert nach Heinz Fleckenstein, 50 Jahre Bund Quickborn – 40 Jahre Burg Rothenfels, in: Burgbrief Burg Rothenfels am Main 1/1960, 1.

und Rauchgift, durch Abkehr von allem verbogenen Schein und leerem Formelkram, durch Verschmähung minderwertiger Vergnügungen suchen die Quickborner herauszukommen aus der Giftluft der modernen Asphaltkultur, um frei und bereit zu werden, in edler Natürlichkeit und tätigem Katholizismus ihre Jugend zu leben, die Rückkehr aus der Naturentartung zur Natürlichkeit, von den Äußerlichkeiten zum inneren Gehalt, von den Vergnügungen zur Freude, von der Selbstsucht zum Brudersein, von der Ausgelassenheit zur Besinnlichkeit. Die rechte Einstellung der Seele zu Gott, zu sich selber, zum Mitmenschen, zur Natur ist Ziel des Quickbornstrebens.«[4]

So trat zur starken Gemeinsamkeit des jugendbewegten Lebensstils, der die Unterschiede zwischen den Richtungen unterfing, ein spezifisch Neues für die katholische Jugendbewegung, das im Wesentlichen von Quickborn, Jungborn, Neudeutschland und Heliand ausgebildet wurde. Ihr Verhältnis zu Religion und Kirche war von großem Ernst getragen, wenn auch nicht ohne Spannung zu den kirchlichen Autoritäten. Waren doch gerade die katholischen Bünde aus Gründungen der Kirche mit dem Ziel einer Jugendpflege herausgewachsen. Aber die Weiterentwicklung aus dieser bloßen Betreuung zu einem eigenverantwortlichen Jugendleben wurde von der Kirche anfänglich mit Mißtrauen begleitet, wenn es auch in der Folge, als die »guten Früchte« erkennbar waren, manche Zustimmung gab.

Dieses Mißtrauen hatte Gründe: Das kirchliche Verbandswesen war im 19. Jahrhundert unter den Bedingungen des Zusammenschlusses der Katholiken in einem protestantischen Reich geschaffen worden. Die herkömmliche Benachteiligung der Katholiken sollte durch eine geschlossene Erziehung besonders der Jugend in ihren Verbindungen und Vereinen wenigstens zum Teil aufgeholt werden, was durchaus Erfolg hatte. In der demokratischen Entwicklung Deutschlands nach 1918 hatten sich jedoch gerade diese Bedingungen verändert: Die Öffnung des deutschen Katholizismus und seine Zusammenarbeit mit anderen gesellschaftlichen Gruppen in der jungen Demokratie waren das Gebot der Stunde. Jedes Verharren in der Vereinzelung hätte Schwächung und nicht Stärkung der Position bedeutet. Trotzdem mußte die Kirche dieses demokratische Kräftespiel erst mit und an der offenen Haltung der Jugend lernen.

Die Bindung dieser Gruppen an die Kirche gelang wiederum nicht über die einfache Unterwerfung, sondern durch eine Besinnung auf die »eigentliche« Gestalt von Kirche und Glauben, genau genommen

[4] Ebd., 2.

durch ein neues Aufdecken ihres »Wesens«. Hätte die katholische Jugendbewegung, insbesondere der Quickborn, nicht Autoritäten gefunden, die der Jugend Auge und Ohr, ja ihre gesamte Leiblichkeit für die überkommenen Wahrheiten erschloß, so wäre auch diese Jugend unter dem Gesetz ihrer überbordenden Dynamik vermutlich nicht für den Glauben zu gewinnen gewesen. »Wer aber Autorität nur von außen oder unter Berufung absoluter Gültigkeiten für seine Person geltend machen wollte, hatte keine Aussicht, gehört zu werden, wollte er drängen statt zu argumentieren. Daß es solche Männer (wirklich geistigen Ranges) gab und daß sie zu uns stießen, aufmerksam geworden durch ihre Hellhörigkeit für einen epochalen Vorgang in der Jugend, war unser Glück, das Glück der Außerordentlichkeit.«[5]

Kritisch wurde die Beziehung zur Kirche auch durch ein neues Verhältnis der Geschlechter, und auch hier setzte sich ein anderer Entwurf durch. Im Quickborn galt Trennung in den Gruppen, aber Zusammenarbeit unter manchen Formen, besonders auf der Burg. Gerade dieses Zusammenleben wurde mit Wachsamkeit beobachtet; für die damalige Erziehung war es ein unerhörter Vorgang, Jungen und Mädchen gemeinsam tagelang zusammen feiern und leben zu sehen.

Nach Jahren wurde freilich die von den Jugendlichen selbst erarbeitete und aufrechterhaltene Form des Zusammenlebens, die man heute den Versuch einer neuen Ethik nennen könnte, anerkannt: sie bestand ohne nennenswerte »Entgleisungen« ihre Bewährungsprobe.

Garanten für dieses offene Zusammenleben waren weniger die Priester als vielmehr die innere Einstellung der jungen Menschen selbst. Auch hier ließ sich die neue Haltung aus religiösen Quellen speisen. Man entwickelte andere Formen der Anrede, vermied das »Du« ebenso wie das bürgerliche »Sie« und sagte »Ihr« – eine zugleich nahe und doch unterschiedene Art der Anrede. Das geschwisterliche Verhältnis von Jungen und Mädchen im Bund wurde durch eine immer wieder angesprochene Ritterlichkeit und von seiten der Mädchen durch eine Besinnung auf den fraulichen Selbstwert eingeübt.[6]

Eine weitere Neuheit war die Einbeziehung der Werktätigen in den Kreis der höheren Schüler oder Akademiker. Der Jungborn als Bund der Werktätigen war seit 1921 nicht nur dem Geiste nach dem

[5] Felix Messerschmid, Katholische Jugendbewegung, 681.
[6] Vgl. dazu Guardinis Beitrag 1921 »Von Mannestum und Fraulichkeit. Aus den Aussprachen«, in: Hermann Hoffmann (Hg.), Des Königs Banner. Der dritte deutsche Quickborntag, Burg Rothenfels 1921, 83–90.

Quickborn nahe verbunden, sondern die Zielvorstellung beider Gruppen über die Neuformung des Lebens waren in der Tat dieselben. Die jungen Arbeiter und Handwerker brachten in fruchtbarer Weise ihre Erfahrungen des Arbeitslebens einer technisierten Welt mit in die Auseinandersetzungen auf der Burg. Der Bund gewann damit an Lebensnähe; ein gewisser Sinn für die Bereiche von Technik, Gesellschaft, Wirtschaft, Politik ist, wenn auch nicht erstrangig ausgeprägt, so doch in die Verantwortung einer gemeinsamen Neugestaltung übernommen, zumindest dem Willen nach.

Und noch etwas Ungewohntes: Der Quickborn war eine Laienvereinigung, an der die Priester nicht als »Führer«, sondern als Brüder in einer Gemeinschaft mitwirkten. Im Unterschied zu Neudeutschland waren die Priester stark in die demokratische Ordnung des Quickborn eingebunden; jede Form von Bevormundung war undenkbar. Selbstverständlich übten die Priester geachtet ihr Amt in Gottesdienst und Beratung aus; auf der anderen Seite waren sie durch nichts bevorzugte Glieder des Bundes. Viele der Jungen, die sich zum Priestertum entschieden, lernten an der freien Art des Umgangs mit den Mädchen im Quickborn eine neue Weise des Verhältnisses zur Frau kennen, die sich wohltuend von der sonst üblichen Praxis unterschied. Quickborn wurde einmal kühn und nicht unzutreffend ein »katholischer Laienorden«[7] genannt, der Menschen unter einem gemeinsamen Lebensstil für Aufgaben in der Welt vorbereite und vereine. Die Wochen auf Burg Rothenfels, zehn Jahre nach der Gründung des Quickborn begonnen, dienten unter einem solchen Gesichtspunkt der geistigen Stärkung und neuen Klärung der weit im Land verstreuten Mitglieder.

Im Rückblick ist deutlich zu sagen, daß dieser »fahrende Orden« gewiß nicht über Jahrzehnte hinweg und in anhaltender Steigerung eine solche kultur- und glaubensgeschichtliche Bedeutung gewonnen hätte, wenn er nicht eine bauliche, geistige, ästhetische Mitte gefunden hätte. Burg Rothenfels am Main war der Glücksfall des Bundes: der unabdingbare Halt der Bewegung.

Ursprünge des Quickborn

Was war der Quickborn und wie geriet »der Bund« so glückhaft an »die Burg«? Quickborns Anfänge reichen zurück zu einem 1909 im oberschlesischen Neisse gegründeten katholischen Schülerzirkel,

---

[7] Ludwig Neundörfer, Burg Rothenfels heute. Rede am Karfreitag 1960, 8 (Archiv Burg Rothenfels).

der sich der Abstinenz verpflichtet hatte und dem damaligen »Kreuzbund« angehörte. Drei Priester stehen als »schlesische Dreifaltigkeit« am Beginn des Quickborn. Der eigentliche Gründer, Dr. Bernhard Strehler (1872–1945), hatte als Präfekt in dem bischöflichen Neisser Konvikt eine Schar von Jungen für die Enthaltsamkeit von Alkohol und Nikotin gewonnen. Dr. Klemens Neumann (1873–1928), sein Freund und Mitarbeiter, ein franziskanischer Mensch, brachte in den kleinen Bund von Anfang an ein frisches, musikalisches Leben über das Volkslied und das gemeinsame Musizieren, nicht zuletzt auch das Laienspiel. Der dritte, Professor Hermann Hoffmann (1878–1972), gesellte sich 1912 von Breslau aus hinzu und regte das gemeinsame Wandern an. Ein hervorragender Zug an ihm war, ähnlich wie bei Klemens Neumann, das Bemühen um Völkerverständigung nach Westen (Frankreich) wie nach Osten (Polen).[8]

Bernhard Strehler versuchte in einer Grundsatzüberlegung »Aus dem Werden und Leben Quickborns« (Würzburg 1927) rückblickend die unfruchtbare Atmosphäre der damaligen Jugenderziehung zu kennzeichnen, aus deren tödlicher Langeweile sich notwendig eine neue Sehnsucht nach einem anderen Leben ergab. Es kennzeichnet Strehlers pädagogische Einsicht, wie er die Schwierigkeit der jungen Leute verstehen konnte: »Es war für die Jugend an höheren Schulen eine müde Zeit. Ein Schulbetrieb, gekennzeichnet durch Lehrstoff, Pensum, Lehrkörper, Schülermaterial und rote Tinte. Eine Schulordnung, die das ›Jugendleben‹ in drakonisch strenge Paragraphen zwängte, und in der die gerade durch F. W. Foerster angeregte ›Selbstregierung‹ sich etwa als Papieraufleren auf dem Schulhof ›auswirkte‹. Grammatik-Regeln und algebraische Formeln und Horaz-Oden, auswendig gelernt, waren Maßstäbe und Gradmesser der ›wissenschaftlichen‹ Reife. Die Behandlung der Schüler war zwar bei einzelnen Lehrern wirklich vornehm-wohltuend. Aber in vielen Klassen und Stunden herrschte ein Unteroffizierston, der das echte Selbstgefühl herabdrückte und die Entwicklung zum Reifwerden hemmte. Das ganze Schulleben war auf weite Strecken wie ein staubiger Betrieb, arm an Freude, an Schwung, an innerer Befriedigung. Wenige Schüler erfuhren als erhebendes Erlebnis, was es heißt, in die inneren Tiefen eines Gebietes einzudringen, die wirklichen Spannungen einer geistigen Schwierigkeit und das beglückende Bewußtsein ihrer Lösung oder Aufhellung zu verkosten. Selbst der Religionsunterricht, vorwiegend als Wissensfach gewertet und erteilt, unterschied sich darin wenig vom Betrieb in anderen

---

[8] Vgl. die Darstellung der »drei Väter« bei Johannes Binkowski, Jugend als Wegbereiter. Der Quickborn von 1909 bis 1945, Stuttgart/Aalen 1981.

Stunden. Was sollten fünfzehn- bis achtzehnjährige junge Menschen
– mit ihrer glühenden Phantasie, ihrem Lebenshunger, ihren drängenden
Kräften, ihren hochgespannten Erwartungen und ihren
tiefen Abstürzen in finstere Mutlosigkeit – auf solchen Anstalten
anfangen?«[9]

Die ursprüngliche Bindung an Abstinenz war tatsächlich nur der
Ausgangspunkt für die vielleicht bedeutendste Gruppierung der
katholischen Jugendbewegung, die sich ab 1913 den selbstgewählten
Namen »Quickborn« (»sprudelnder Quell«) zulegte und seit demselben
Jahr eine gleichnamige Zeitschrift herausgab. In ihren Beiträgen
ist abzulesen, wie rasch sich der junge Bund zu einer umfassenden
Lebensbewegung veränderte und seine Ziele auf neuentdeckte
Werte erweiterte.

1912 breitete sich die Gründung bereits nach Breslau aus an das
Königliche St. Matthias-Gymnasium, wo Hermann Hoffmann Religionslehrer
war. Damit waren die »Heiligen Drei Könige« Quickborns[10]
für die gemeinsame Arbeit beisammen; über Breslau gelang
auch der Anschluß an die Lebensform der deutschen Jugendbewegung.
Angesprochen waren zunächst Schüler zwischen zwölf und
zwanzig Jahren; nach kurzer Zeit (viel rascher als im Wandervogel!)
kamen bereits Mädchen hinzu. Im November 1913 hatte die Zeitschrift
schon 1440 Abonnenten; im ganzen Reich bildeten sich nun –
wie bei einem Steppenbrand – neue Gruppen. Langsam entstand die
Notwendigkeit, sich einen baulichen Mittelpunkt zu schaffen, an
dem gemeinsame Feiern, gemeinsames Sicherwerden über den
anderen Lebensstil und gemeinsames Erproben neuer Gedanken
beheimatet werden konnten. So entstand 1913/14 in Neisse der
»Heimgarten« als alkoholfreies Volkshaus des Kreuzbundes. Vor
allem Bernhard Strehler und Klemens Neumann brachten dorthin die
weitwirkenden Anregungen zu Leben, Fest und religiöser Feier.
Immer deutlicher entfaltete sich aus der ursprünglichen Abstinenz
der Wille zur umfassenden Veränderung des Lebens, gegründet auf
einem erneuerten Glauben: »Abstinenz ist ein erster Schritt zur
Veredlung des natürlichen Lebens: sie soll uns auch den Weg
bereiten hinein in das Hochland katholischer Frömmigkeit... Willensstark
in der Zurückweisung alles Gemeinen und Schlechten,
gewissenhaft in der täglichen Arbeit, frisch beim Spiel und heiter
beim Wandern, sind die frischen abstinenten Jünglinge und Mädchen
erfreulich oft auch die ersten und eifrigsten am Tische des
Herrn, tapfer und entschieden im Bekenntnis unseres Glaubens und

---

[9] Aus dem Leben und Werden Quickborns, Würzburg 1927, 5 f.
[10] So von Ignaz Klug, Passau, auf dem zweiten deutschen Quickborntag 1920 genannt.

in der treuen Anhänglichkeit an unsere Mutter, die katholische Kirche.«[11]

Der Erste Weltkrieg konnte das Aufblühen der Quickborn-Gemeinschaften nicht unterbrechen. Im Westen des Reiches wurden neue Gaue gegründet; Gruppenabende und gemeinsame Wanderungen wurden Keimzellen für das Leben des Bundes. Daß die Mädchen fast von Anfang an mitarbeiteten, sich in eigenen Gruppen und Gauen zusammenschlossen, war für die damalige Zeit besonders im katholischen Raum eine fast umstürzende Neuigkeit; Schule und Kirche sahen die Bewegung teilweise nicht gerne, da über ihre Ziele unter bürgerlichen Gesichtspunkten noch nicht genügend Klarheit bestand. Trotzdem nahm der Gedanke des Bundes, gerade in seinen Forderungen und Ansprüchen, die jungen Menschen ein: Ende 1917 verzeichnete man fast 7000 Mitglieder. Die große Zahl bedurfte einer besseren Organisation und eines Hauses in der Mitte des deutschen Reiches; die Führung von Schlesien aus lag doch zu weit im Osten.

Bernhard Strehler, Klemens Neumann und Hermann Hoffmann gründeten im August 1917 in Frankfurt am Main eine »Vereinigung der Quickborn-Freunde e.V.«, die in Pflochsbach bei Lohr ein Quickbornhaus errichten wollte. Fürst Alois von Löwenstein bot der Vereinigung jedoch jene ihm wenig dienliche alte Burg Rothenfels nahe Pflochsbach an, die damals noch von einigen Bauern bewohnt, von Viehställen besetzt und vorwiegend als Lager für Feldfrüchte und Wein genutzt war (im Rittersaal waren Kartoffeln untergebracht). Der bauliche Bestand war nicht allzu gut; zwar war Rothenfels keine Ruine, doch fehlte im Grunde genommen alles, von den sanitären Anlagen bis zur Wasserversorgung, was sie für eine größere Zahl Jugendlicher bewohnbar gemacht hätte.

Trotzdem waren die drei »schlesischen Väter« von diesem »Deutschen Quickbornhaus« so begeistert, daß schon im Februar 1919 der Kaufvertrag über 80000 Reichsmark unterzeichnet wurde. Die Summe wurde durch Selbsthilfe der vielen Quickborngruppen, durch Singen, Theaterspielen und Hilfsarbeiten aller Art, auch durch Spenden einiger Eltern bis 1921 (!) so rasch zusammengebracht, daß der Fürst sie schließlich auf 70000 Reichsmark ermäßigte. Klemens Neumann, von seinem Bischof für ein halbes Jahr freigestellt, zog nach Rothenfels, um die Burg mit Freiwilligen bis zum August 1919 einigermaßen bewohnbar zu machen. Für den 10. bis 13. August wurde zum ersten allgemeinen deutschen Quickborntag eingeladen:

---

[11] Quickborn 2 (1914/15), 37 f. Zitiert nach Franz Henrich, Die Bünde der katholischen Jugendbewegung. Ihre Bedeutung für die liturgische und eucharistische Erneuerung, München 1968, 61.

Es war das hochgestimmte Treffen aller deutschen Quickborn-Gaue, die nach dem Ende des ersten Weltkrieges das Einweihungsfest der Burg zugleich als Fest des Aufbruchs in ein neues Jugendreich begingen. Die helle Begeisterung dieser Zeit, der Reichtum des Erlebten und Bedachten, das überwältigende Gemeinschaftsgefühl durchziehen bis zum heutigen Tage eine von Hermann Hoffmann herausgegebene Erinnerungsschrift »Die Tage auf Burg Rothenfels«; seitdem war Rothenfels als Leuchtfeuer der katholischen Jugendbewegung im ganzen Reich bekannt.

Geschichtliche und bauliche Entwicklung von Burg Rothenfels

Westlich von Würzburg schneidet das Maintal steil in die Ostabdachung des Spessart ein. Roter Buntsandstein bestimmt das Erscheinungsbild der Landschaft neben den ausgedehnten Laubwäldern auf den sanften Höhen des Mittelgebirges. Die niemals zerstörte Burg erhebt sich auf einem roten Felsen, von dem aus das umliegende Gebiet und die Wasserstraße hervorragend überblickt werden konnten. Ihre Gründung geht auf den Edelherrn Marquard von Grumbach, einen fränkischen Gefolgsmann der Stauferkönige Konrad III. und Friedrich Barbarossa zurück. Angeblich zum Schutz des Benediktinerklosters Neustadt eine Wegstunde mainaufwärts errichtete Marquard 1148 die eindrucksvolle Innenburg, deren drei romanische Türme zusammen mit dem Bering bis heute erhalten und an den hervorragend vermauerten Buckelquadern aus rotem Sandstein erkenntlich sind. Die heute den Innenhof bestimmenden drei spätgotischen Wohnpalase stammen bereits aus der fürstbischöflichen Zeit, da die Burg seit dem 15. Jahrhundert nach mancherlei Streitigkeiten in den Besitz der Kirche von Würzburg kam und von ihr als Außenstelle gegen das angrenzende Fürstbistum Mainz weiter befestigt wurde. Damals wurden auch die Speicher- und Verwaltungsbauten der Außenburg geschaffen, die zu dem wehrhaften Charakter der Innenburg die reichen Vorratsräume der Außenburg hinzufügten. In der Säkularisation gelangte die Burg 1803 an das Fürstenhaus Löwenstein-Wertheim-Rosenberg.

Die Weitläufigkeit der Burg, ihre Fülle an Räumen, Höfen, Gärten konnte zu den verschiedensten Zwecken vorteilhaft genutzt werden. Im äußeren Burgbereich wurden die Mädchen untergebracht, in der Innenburg die Jungen. Die Schlafsäle in den riesigen Palas-Speichern wie überhaupt alle Räumlichkeiten waren von größter Bescheidenheit, abgesehen von den romanischen und gotischen Bauelementen; erst im Laufe der späteren Gestaltung durch Rudolf Schwarz gewann alles an Wohnlichkeit und Stil. In den ersten Jahren schlief man auf aufgeschüttetem Stroh, später auf Strohsäcken, erst viel später in immer noch einfachen Jugendherbergsbetten. Decken gab es üblicherweise zu wenig; besonders an Ostern war die Burg wegen ihrer Kälte bekannt. In den ersten Jahren bediente man sich noch des alten Kriegsgeschirrs zum überaus einfachen Essen; im Innenhof stand eine ausrangierte »Gulaschkanone«. Mithilfe der jungen Leute bei der Vorbereitung des Essens war unabdingbar. Solange die Wasserversorgung bis auf den dünnen Wasserfaden des Brunnens im Außenhof fehlte, mußte die »Burgwache« täglich in Eimern Wasser aus dem Main holen. Kartoffelschälen, Tischdienst, Spülen, Putzen waren selbstverständlicher Anteil am Tagungsgeschehen. Diese nicht ersonnene, sondern notwendige Ora-et-Labora-Haltung wurde durchaus bewußt eingenommen.

Gut geeignet waren die unzähligen Räume der Burg verschiedener Größe für Gespräche, auch für den Gebrauch bestimmter Gruppen und Gaue (Schlesierzimmer, Westfalenzimmer) und zum Kochen für kleinere Gruppen (Hexenküche). Sofern die Speisesäle nicht reichten, deckte man oft im Freien, entweder im Innenhof oder auf der Reigenwiese. Der Rittersaal im Ostpalas, dem eigentlichen Festpalas, der durch eine Freitreppe vom Innenhof aus erreicht werden konnte, bot Raum für 400–500 Menschen. Er wurde zum großen Vortragssaal, konnte aber auch für Konzert, Gottesdienst, Sprechchöre, Fest, Tanz, Spiel genutzt werden. Von der Freitreppe aus ließ sich zum baulich schön geschlossenen Innenhof sprechen. Mittelpunkt der Burg war die Kapelle, die freilich kaum 200 Menschen Platz bot, weswegen die großen Gottesdienste (providentiell zur Neugestaltung herausfordernd) in den Rittersaal oder den Hof verlegt wurden. Auch die Umgebung der Burg war in die Tagungen einbezogen: die Reigenwiese, die unterste, ursprünglich barocke Terrasse des Gartens diente als Versammlungsplatz und zum Tanz (die Wiederentdeckung des Volkstanzes und die Bildung neuer Reigenformen ist eine Leistung der Jugendbewegung).

Vor dem Außentor befand sich als Teil der alten Festungsanlage ein »Halsgraben«, der gerne in den heißen Sommertagen für Vorträge und zu den »Things« benutzt wurde, da er ähnlich wie ein Amphitheater nach oben anstieg; und tatsächlich wurde in ihm auch Theater gespielt. Nicht zu vergessen schließlich die »Spessartwiese«, eine halbe Wegstunde nördlich der Burg: Diese schöne Lichtung wurde vor den großen Festen gemäht und bot Hunderten von Gästen genügend Raum für Spiel, Theater, Tanz und Aufzüge.

Die führenden Leute im Quickborn, die wie Bernhard Strehler, Klemens Neumann oder später Romano Guardini längere Zeit auf der Burg verbrachten, konnten in einigen besseren Zimmern der Burg, getrennt vom großen Herbergsbetrieb, wohnen. Besonders das freistehende fürstbischöfliche Amtshaus im Außenbering (erbaut um 1780) bot mit seinen mittelgroßen Räumen dazu eine schöne Möglichkeit. Im ganzen war die Burg in ihren Anfangsjahren von franziskanischer Einfachkeit, und dies nicht nur notgedrungen. Die übergroße Belegung war nur durchzustehen, wenn alle sich zur Rücksicht und zur Mithilfe verpflichtet fühlten; das Hinwegsehen über das Fehlen primitivster Anforderungen (Wasser, Licht, Toiletten) war nur möglich, weil die Anziehungskraft und geistige Ausstrahlung der Burg so ungeheuer groß waren.

Auf der anderen Seite bot gerade die nicht vorbestimmte und sogar mangelnde Gestaltung der Anlage einen Anreiz, das Haus nach den Erfordernissen zu verändern. Es war das Werk von Rudolf Schwarz, gemeinsam mit Guardini in der Innenarchitektur der Burg auch eine neue zeitgemäße und der Zeit vorauseilende Ästhetik zu entwickeln, deren Vorbild weithin wirkte.

Die Gralsburg

Es ist nicht zu überschätzen, daß schon die Baulichkeit einer Burg dem inneren Bild der Jugendbewegung von sich selbst im Unbewußten und dann auch im Bewußten entsprach. Als Guardini im Sommer 1920 dort war, erkannte er sofort die Stimmigkeit von ritterlichem Bau und dem inneren Wollen der Jugend. Er sprach vom Zusammenhang der Burg mit Bergen und Geborgensein und von Rittern, derer die Burg bedürfe. In der Folge bildete sich das Wort von dem »Aufstieg auf den Heiligen Berg«, »secessio in montem sacrum«, für Rothenfels heraus. Und der Felsen mußte wirklich erklommen werden. »Wie ein großes Dennoch, Forderung und Hoffnung zugleich, steht unsere Burg auf ihrer Höhe über dem Main; in all dem grenzenlosen Zerfall, in all der Ratlosigkeit unserer Zeit Ausdruck von etwas Hohem und Helfendem.«[12]

Guardini benutzte das Bild der Burg mit den dazugehörigen Elementen immer wieder, um besonders die Jungen zur Selbsterziehung anzuleiten. So ging es 1921 um »neuen Adel und Ritterlichkeit im Quickborn«.[13] Dazu entfaltete er den Gedanken vom Spiel als

---

[12] Zum Geleit, in: Burg Rothenfels, ohne Datum (1929), ohne Seite.
[13] Des Königs Banner, 82.

Schule der Ritterlichkeit. »Im Spiel wollen wir lernen, wie man eine kraftvolle Sache schön und beherrscht machen kann.«[14] Dies diente gerade dem Unterschied zum Sport, bei dem es um Gewinnen und Rekord geht. Im Spiel aber werde Leistung zugleich an Schönheit gebunden, an die zur Anmut gebändigte Kraft. Es gehe um Gleichgewicht der Kräfte, nicht um Einseitigkeit; Beherrschung seiner selbst und nicht Niederzwingen des anderen sind gefragt.

Gesucht ist der »Ganzkämpfer« der Griechen, vereint mit dem »alten ritterlichen Knappenspiel des Mittelalters«.[15] Wie immer leitet Guardini aus diesem »neuen Adelsbewußtsein« auf das Gebiet des Geistigen über, vom Leiblichen auf die innere Haltung: »Was heißt denn das, adelig zu sein? Es heißt: mehr Verantwortung in sich tragen als andere. Mehr Mut zu haben als andere. Heißt wissen, daß man für die Ehre da ist. Daß man dort hingehört, wo die größere Gefahr ist. Daß es im Grunde nur einen Feind gibt, das Gemeine.«[16]

Rothenfels als Gralsburg wurde immer wieder beschworen. 1920 hieß es auf dem zweiten deutschen Quickborntag: »Das Wort Quickborner soll den Klang haben: ein echter Christ. Das Wort Rothenfels den Klang: eine Gralsburg. Die Quickbornbewegung den Klang: eine wirklich aus dem Herzen kommende christliche Erneuerung.«[17] Guardini benutzte dieses Bild 1922, um die Jugend mit dem Suchen Parzivals zu vergleichen und ihr in diesem Bild den Spiegel ihrer eigenen Sehnsucht vorzuhalten. Dieser programmatische Text sei wegen seiner Bedeutung (und auch um einen unbekannten Guardini vorzustellen) wiedergegeben:

»*Parzival.* Es war vor einiger Zeit, eines Abends im Wald. Alles stand in kühlem Licht. Da wurde mir mit einem Mal die alte Mär so lebendig, daß ich meinte, ich sehe ihn zwischen den schweigenden Stämmen daherkommen, den Ritter auf dem roten Streitroß Ithers von Gahavies. In langem Schritt ging das Roß, stät und schwer von weiten Wegen. Vieler Straßen Staub lag auf des Ritters Gewand. Von vielen Kämpfen waren ihm Schild und Panzer zerhauen. Im Antlitz tiefe Furchen und schmerzenden Wissens voll der Mund. Aber um die unbeugsam entschlossenen Lippen schien eine Jugend zu schlummern, bereit, in frohem Lächeln zu erblühen. Ruhig gingen seine Augen über alles am Weg. Den weiten Dom der Baumkronen sahen sie und den zierlichen Farn am Boden. Aber es war, als schauten sie doch durch alle Dinge hindurch, in eine weite Ferne, zu

---

[14] Ebd.
[15] Ebd., 85.
[16] Ebd.
[17] Wehender Geist, 31.

einem Ziel, davon ein sehnsüchtiger Glanz in ihrem Grund widerstrahlte.
Parzival wars. Und ich wußte: Die Märe ist nicht tot. Wieder reitet er durch die Welt und sucht den Gral.
Brüder und Schwestern, Quickborns Seele ist Parzival! Seit Jahren ist er ausgezogen, und sucht. Wie der Sohn der Herzeleide ist Quickborn. Ein Tor so oft in den Augen der Weltklugen – o, Brüder und Schwestern, daß er doch nie deren Lob verdiente! – Verkannt von vielen. Falsch gelobt von manchen. Wirklich verstanden und mit rechter Liebe geliebt von wenigen...
Das ist der Gral: Wahrheit und Liebe in Christi Kraft. Nach dem sucht Quickborn, wie einst Parzival...
Wo immer Brüder und Schwestern zueinander stehen, und sich und Quickborns Sendung die Treue halten, in selbstloser, zuchtvoller Gemeinschaft, da ist die Burg, und darin der Gral...
Brüder und Schwestern, wieder reitet Parzival durch die Lande und sucht. Wieder ist Monsalvat bereit, aufzuleuchten, mitten in der lärmendsten Stadt, im ärmsten Dorf, im bedrängtesten Haus.
Laßt uns wach sein und bereit. Wir wissen nicht, wie lang Gott uns Zeit läßt. Wir wollen suchen in nie müder Sehnsucht. Wir wollen wagen und opfern, was von uns verlangt wird, damit wir finden. Und was wir finden, wollen wir hüten in Treuen, damit wieder die heilige Burg stehe, und den Gral berge!«[18]

Guardinis erster Rothenfelser Sommer: 1920

Abendgespräche und ihre Wirkung

Wenn der erste deutsche Quickborntag den heißen Aufbruch und das mitreißende Gemeinschaftserlebnis bedeutet hatte, so war das Treffen im August 1920 von der religiösen Suche bestimmt. Im Mittelpunkt standen Christus, Liturgie und Kirche. »Christus – unser Führer«, so das Thema der Festpredigt von Joseph Heiler; es erhellt den eigentlichen Leitgedanken des Treffens. Der religiöse Erneuerungswille war überaus stark: Die Tagung war von einer großen Zahl von Priestern, darunter mehreren Benediktinern, begleitet, was bereits zu diesem Zeitpunkt die Verbindung zur liturgischen Bewegung herstellte.

Daneben kam die Frage nach »Autorität und Freiheit« auf, da die freideutsche Jugendbewegung, vor allem mit der Formel vom Hohen

---

[18] In: Der neue Anfang. Vierter deutscher Quickborntag 1922, Burg Rothenfels 1922, 17 f.

Meißner 1913, die Selbstbestimmung der Jugend programmatisch gegen alle Autorität verkündet hatte. Eine weitere Auseinandersetzung war zu führen über die strittigen Möglichkeiten »Jugendbewegung oder Kulturbewegung?« Die Älteren über 20 Jahre gründeten im Sinne der Kulturbewegung einen »Großquickborn«, der sich mit den »Schildgenossen« eine eigene Zeitschrift schuf. An all diesen Auseinandersetzungen nahm Guardini großen Anteil; die langsam reifende Klärung dieser Fragen ist nur unter seinem Einfluß denkbar.

Um Guardinis »ersten Sommer« und sein ungewohnt heimatliches Hinzugehören zu kennzeichnen, hier eine Charakterisierung der Tagung in ihren allgemeinen Zügen. Schon die Zahl der Teilnehmer sprengte alle Grenzen: man schätzte 1500 junge Leute neben Teilnehmern von Seiten der Regierung, der Behörden, der Presse und anderer Bünde.

In einer vorausgehenden Führerwoche erprobte man das Arbeiten in kleinen Gruppen, woraus später die »Kreise« der Werkwochen entstanden. Erstaunlicherweise wurde sogar von einer »Erneuerung der platonischen Akademie«[19] gesprochen – ein Gedanke, der ja später durch Guardini selber ins Spiel kam. Ebenso war die Haupttagung durch eine »liturgische Woche« vorbereitet, die P. Willibrord Ballmann OSB aus Maria Laach verantwortete. Hermann Hoffmann gebrauchte im Bericht über einen Vorfall während dieser Woche den Satz: »Die Kirche war erwacht und lebendig geworden in der Jugend.«[20] Fast bis in die Formulierung hinein wird Guardini diesen Satz zwei Jahre später wiederholen. Was Pater Willibrord liturgisch erarbeitete, war zwar noch nicht eine Mitfeier der Heiligen Messe nach einem deutschen Text. Guardinis deutsche »Messandacht« (1920) war bereits erschienen, doch übte man damals auf der Burg erst die »Missa recitata«, eine lateinische Mitrezitation der Meßtexte.

Vorgeschlagen waren jedoch bereits ein Opfergang und eine Zelebration »versus populum«! Pater Willibrord vertrat auch den von Guardini oft ausgefalteten Gedanken, daß in der Liturgie die Antike und ihre starke Formkraft als Zügel für die Romantik des Quickborn zu dienen habe.

Guardini war von den Augusttagen auf der Burg tief beeindruckt: »Ein solches Ernstnehmen der Glaubenswahrheiten, der kirchlichen Wirklichkeit und des Geistes Christi bei einer größeren Zahl habe ich noch nicht gefunden.«[21] Seine Unsicherheit über das Kommende wich einer Begeisterung, über die er selbst berichtete: Er sei erst ganz kurz auf der Burg gewesen, habe sich dort umgesehen und sei mit

---

[19] Wehender Geist, 7.
[20] Im Dienste des Friedens, 173.
[21] Quickborn. Tatsachen und Grundsätze, Burg Rothenfels ²1922, 20.

einigen ins Gespräch gekommen. Man habe sich für den Abend verabredet, um miteinander weiterzureden, habe dann in einem Zimmer des Amtshauses über die Freideutschen gesprochen und über das eigene Katholischsein,»und damit waren wir in dem Bereich, den die Abendgespräche nicht mehr verlassen sollten, der Religion«.[22]
Guardinis Anziehungskraft fand immer mehr Zuhörer, so daß die Teilnehmer in den Rittersaal wechselten. Dies bildete in der Regel den Abschluß des Tages und wurde von vielen als unbeschreiblicher Höhepunkt empfunden. Guardini schreibt selbst: »Wir stellten in der rechten hinteren Ecke Bänke ins Geviert, eine Kerze auf den Boden, und nun wars schön! Draußen funkelten die Sterne über dem tiefen Maintal. Der Saal war dämmrig, bald dunkel. So viele wir waren, wir fühlten uns doch eins. Der warme Schein der Kerze hielt den Kreis zusammen und bildete den äußeren Ausdruck für die Stimmung des Geistes und Herzens, die alle band. Ja es war eine Gemeinschaft, nicht wahr? Alle eins in der Gesinnung und eins im Schaffen...Wenn einer etwas Schönes aussprechen konnte, so war ihm das von den fordernden Augen aus dem Geiste gerufen worden. Jeder Gedanke war die Antwort auf eine Frage. Was der eine sagte, nahm ein anderer auf und führte es weiter. Und noch ist nichts gesagt von jener wunderbaren Macht, die das beste herausgelockt hat, vom Segen der Stunde. Und wenn dann endlich ein kurzes Gebet alles schloß..., dann rundete sich alles und empfing seine letzte Weihe. Oh, es war schön! Wie oft kehre ich im Geiste dorthin zurück, und immer stehen jene Abende in ihrem starken, warmen Leuchten vor der Seele.«[23] Die unvergeßlichen Gespräche hatten Verschiedenes zum Inhalt, aber immer unerwartet Bewegendes: »Nie werde ich den Abend vergessen, da wir lange über die heiligste Dreieinigkeit gesprochen haben, mit einer fast leidenschaftlichen Ergriffenheit, vom Nächstliegenden zur Tiefe vordringend, und wie dann aus dem Kreise selbst die Brücken von diesem Geheimnis zur Wirklichkeit des täglichen Lebens geschlagen wurden. Oder wie an fast drei ganzen Abenden die Idee der evangelischen Räte, ihr Wesen, ihre Bedeutung für die Allgemeinheit durchgesprochen und schließlich in ihrem Geiste die letzte Krönung des Quickborngeistes erkannt wurde: als Wille zu religiöser Großmut und zur Überwindung der

---

[22] Wehender Geist, 86.
[23] Wehender Geist, 86f. Diese abendliche Gesprächsrunde um eine brennende Kerze herum hat sich der Erinnerung vieler Teilnehmer ebenso unauslöschlich eingeprägt: erwähnt seien nur Josef Pieper, Eine Erinnerung an Romano Guardini, und Ludwig Neundörfer, Von einem Teilnehmer, in: Quickborn, 8. Jahr, H. 6/7, 188f.

Lebensaufgaben aus der Gesinnung heldenmütigen Christentums.«[24]

»Lebendig steht es mir vor der Seele, mit welcher Ergriffenheit sich der Kreis am Abend – er war von wenigen auf schließlich an 200 angewachsen – über die Kirche als Gemeinschaft besprach.«[25] Die bedeutende Folgerung daraus lautete: »Wir waren eins in unserem Willen zu einem ganz starken, klaren, rücksichtslosen katholischen Leben.«[26]

Mit diesen Erfahrungen war Guardini auf Dauer für Burg Rothenfels gewonnen. Ohne weiteren Zweifel gab er sich nun in die Gemeinschaft mit allen Vorläufigkeiten und Fragwürdigkeiten hinein. Einer Erinnerung nach zog er selbst mit einer ganzen Schar an einem Karfreitag singend die Straße von Lohr nach Rothenfels entlang[27] – ein Zeichen, wie stark ihn die Bewegung zu dieser Zeit doch ergriffen hatte. Er erkannte sie als jenen Sauerteig für die Kirche, der auch umgekehrt die Bindung an die Kirche brauche, um nicht in Einseitigkeiten seine Kraft zu verbrauchen.

Im August 1920 wurde Bernhard Strehler Burgleiter: »Wir wählen ihn hiermit feierlichst und aus freien Stücken zu unserem König.«[28] Trotzdem war es zunehmend Romano Guardini, der der Jugend Inspirationen gab, immer mehr Kreise erreichte, teils über das geschriebene Wort, mehr noch aber über den sorgfältigen und gleichzeitig hinreißenden Vortrag, zutiefst auch über seine Art, mit Liturgie umzugehen. Und umgekehrt ist deutlich, wie erhellend für den noch jungen Guardini das Arbeiten mit dieser ausgewählten Jugend war. Weder die Aussagen über die Liturgie noch über die Kirche noch über Bildung und vieles andere wären ohne die Burg so vertieft und zugleich einfach zustande gekommen. Ein Zeugnis von Walter Dirks: »Er war nicht nur ein Gebender, sondern er hatte auch nehmen können. In Rothenfels war vieles leibhaftig gegenwärtig, was sich weder in Studierstuben lernen noch in den einseitigen Schüler-Lehrer-Verhältnissen in der Jugendarbeit, in der Schule und auf der Universität erfahren ließ. Die Partnerschaft zwischen dem überlegenen älteren und dem jungen Menschen war eine kostbare Erfahrung für diesen großen Pädagogen. In unzähligen Gesprächen, Kursen, Ansprachen im Werktag der Burgarbeit und in festlichen Stunden hat er uns aus der ›Natürlichkeit‹ ins Reich des Geistes

---

[24] Quickborn. Tatsachen und Grundsätze, 20f.
[25] Ebd., 18.
[26] Wehender Geist, 88.
[27] Ludwig Neundörfer, Burg Rothenfels heute. Rede vom Karfreitag 1960, 3 (Archiv Burg Rothenfels).
[28] Quickborn, Jg. 8, H. 6/7, Sept./Okt. 1920, 167.

gerufen, ohne uns einen Verrat an unseren ›franziskanischen‹ Anfängen zuzumuten. Er hat unseren Sinn für den Leib und für das Spiel in eine theologisch-anthropologische Vorstellung des ganzen Daseins eingeordnet.«[29]

Ein anderes Zeugnis von Josef Pieper (übrigens mit Walter Dirks zusammen Guardini-Preisträger des Jahres 1982): »Damals, im August 1920, habe ich zum erstenmal Romano Guardini gesehen, aus einiger Entfernung im Innenhof der fränkischen Burg Rothenfels am Main inmitten einer Schar von einigen hundert Jungen und Mädchen, die dem zu uns Redenden zuhörten, schweigend und gebannt. So oft mir heute Rothenfels in Erinnerung tritt, denke ich sogleich und fast ausschließlich an Guardini. Mit seiner erstaunlichen Ausstrahlungskraft stellte er vom ersten Augenblick an alle anderen in den Schatten, auch z. B. den durchaus profilierten und liebenswerten Bernhard Strehler, der fast zu einer tragischen Figur geworden ist angesichts der ihn sicherlich ratlos machenden Erfahrung, daß dieser von ihm selbst ins Leben gerufene Jugendbund nun mit erschreckender Vehemenz seine brav-bürgerlichen Anfänge übersprang und den Gründer rücksichtslos beiseite schob und einfachhin vergaß. Auf einmal gab es für diese Verwandlung, die uns selber fast wie eine Naturgewalt ergriff, nach unserer Überzeugung nur noch eine symbolische Gestalt: Romano Guardini ... Uns faszinierte das nie zuvor Vernommene, das dieser Mann, in einer kaum glaublichen Einfachheit der Diktion, uns zu sagen wußte. Natürlich fanden wir es auch über die Maßen malerisch, uns, auf dem Fußboden hockend, um eine brennende Kerze herum zur abendlichen Gesprächsrunde zu versammeln. Aber das uns wahrhaft Hinreißende blieb doch, daß sich uns während dieser stundenlangen Nachtgespräche in Guardinis klaren und, bei aller durchaus spürbaren eigenen Bewegtheit, dennoch völlig nüchternen Worten eine bis dahin nicht einmal geahnte Dimension der Welt auftat, die wir dann sogleich leidenschaftlich ergriffen haben.

Zum erstenmal habe ich das Jahrtausende alte Wort ›anima forma corporis‹ gehört und gedeutet bekommen – besagend, die Seele sei die von innen her den Leib prägende Kraft, so daß im Menschen nichts rein ›innerlich‹ zu bleiben vermag; vielmehr drängt alles Geistige in die sinnfällige Gestalt, und eben hierin gründet das sakramentalisch-liturgische Leben der Kirche.«[30]

---

[29] Walter Dirks, Fünfzig Jahre Burg Rothenfels, Burg Rothenfels am Main 1968, Rothenfelser Schriften, 6.
[30] Josef Pieper, Eine Erinnerung an Romano Guardini, in: Deutsche Tagespost Nr. 139 (20./21. November 1981), 16.

Autorität, Freiheit, Gehorsam: eine Auseinandersetzung

Der Frage »Autorität und Freiheit« nahm sich Guardini mit Entschiedenheit an. Vorgegeben waren durch die Meißner-Formel einige Grundsätze, die sich auf drei Thesen zurückführen ließen. In der Formulierung von Max Bondy, einem Führer der Freideutschen, lauten sie: »1. Die moderne Geschichte ist Revolutionsgeschichte, hinzielend auf die Emanzipation des Ich. 2. Diese Revolution ist als Sinn der Geschichte zu bejahen. 3. Aufgrund dieser Bejahung muß Wahrheit als Funktion des geschichtlich bedingten Ich verstanden werden.«[31]

Guardini besaß in den »Schildgenossen« ein Organ, das ihm zur Auseinandersetzung mit diesen Thesen diente und zugleich die geistige Aufgabe des Quickborn im Umfeld der Jugendbewegung entschieden zu konturieren half. Er entwickelte in einem längeren Hin und Wider mit Bondy, weshalb Autorität eigentlich Freiheit erst ermögliche oder, anders ausgedrückt, weshalb Freiheit im Sinne bloßer Bindungslosigkeit sich selbst von Grund auf verfehle. Die Argumentation setzt zutiefst auf eine Überwindung des kantischen Autonomiegedankens, also auf eine Überwindung neuzeitlicher Denkhaltung. Insofern ist die Autorität, die Guardini »ihrem Wesen nach« entfaltet, nicht einfachhin ein Rückgriff auf alte Vorgaben, sondern ein Ausgreifen über die Neuzeit hinaus, eine moderne Ablösung von Kant. Wie tief dieser Gedanke aus Guardinis eigenster Überzeugung stammt, zeigt noch die späte Stelle von 1950: »Was aber die Autorität angeht, so ist es nicht nur wohlfeil, sondern falsch, von ›Unfreiheit‹ zu reden. Der Affekt dieses Urteils kommt aus dem Autonomie-Erlebnis der Neuzeit, das sich gegen die autoritäre Denkweise des Mittelalters durchgekämpft hat; aber auch aus dem Ressentiment der gleichen Neuzeit, welche weiß, daß in ihr die Revolution zum dauernden Zustand geworden ist. Sie lebt in vieler Beziehung von Verbrennungseffekten, was auf die Dauer zur Barbarisierung führen muß. Und da die Autorität ein Grundelement nicht nur des unmündigen, sondern jedes Menschenlebens, auch des reifsten ist; nicht nur eine Hilfe für den Schwachen, sondern wesenhafte Verkörperung von Hoheit, muß die Zerstörung der Autorität ihr Zerrbild, nämlich die Gewalt, erzeugen.«[32]

Aus derselben Durchleuchtung der Autonomieformel entstand Guardinis Entwurf »Vom Sinn des Gehorchens«[33] (1920). Er entwickelt die Polarität Gehorsam und Freiheit in ihrer Spannung und

---

[31] Schildgenossen 3 (1922), 42f.
[32] Das Ende der Neuzeit, Basel 1950, 38.
[33] In: Auf dem Wege, Mainz 1923.

aufeinander angewiesenen Zuordnung. Schon die Bestimmung von Freiheit führt zu der Unterscheidung der Wahlmöglichkeit, auf die Trieb und Instinkt Einfluß nehmen, und der Freiheit vom Wesen her. Diese Klarstellung mündet von sich aus in der Erkenntnis: »Freiheit ist Wahrheit. Ein Mensch ist frei, wenn er ganz das ist, was er seinem Wesen nach sein soll. Freiheit ist die Weise, wie einer ganz er selbst ist und zu allen Dingen im rechten Verhältnis steht. Zu dieser Freiheit aber führt der Weg durch den Gehorsam.«[34] Wieder gelingt es ihm, den Gehorsam durchsichtig zu machen nicht auf bloße Pflichterfüllung, sondern auf ein Gehorchen in Großmut, nämlich im Blick auf die vom Gehorsam angezielte »zuversichtliche Selbständigkeit«[35]. Dadurch wird der Gehorsam schöpferisch, nicht sklavisch. Nur aus dieser Haltung heraus ist Gemeinschaft aufzubauen, »nicht nur des Nebeneinander, des Austauschens und Helfens, sondern auch eine sittliche und lebendige Gemeinschaft, die im Befehlen und Gehorchen, im Führen und Folgen zum Ausdruck kommt.«[36] Das Faszinierende an dieser Deutung des Gehorsams, die von der damaligen Quickborn-Jugend angenommen wurde, ist eben das Erreichen des eigentlich ursprünglich Gewollten, nämlich das selbständige Auswirken und Verwirklichen des eigenen Wesens. Es entsteht »eine durchaus positive Gesinnung, offen, wagend, reich. Es ist die Sinnesart des Ritters, der dient aus Kraft und nie fürchtet, er könne dabei geringer werden.«[37]

Neue Horizonte Quickborns

Es ist merkwürdig, daß das Jahr 1920 Bernhard Strehler im Rückblick bereits als ein »Höhepunkt und Wendepunkt im Quickborn«[38] erschien: Offensichtlich war der eigentlich jugendbewegte Beginn einem Anspruch gewichen, der eine geistige Herausforderung auf Dauer, in der Form des Erwachsenseins bestehen wollte. Für Strehler war die eigentliche Jugendfrische der Bewegung damit eingebüßt; es kam eine in seinen Augen ernüchternde Arbeit: »Bis dahin glich unsere Bewegung einem Fluß in seinem Oberlauf, wo die Wellen schäumend an den Steinblöcken sich brechen. Jetzt begann der Mittellauf. Das Wasser muß Mühlen treiben und Wiesen bewässern und für Betriebszwecke dienen. Das ist unvermeidlich und soll so

---

[34] Ebd., 20.
[35] Ebd., 25.
[36] Ebd., 27.
[37] Ebd., 28.
[38] Aus dem Werden und Leben Quickborns, Würzburg 1927, 30.

sein. Wenn nur die Quelle weitersprudelt und der Oberlauf nicht versiegt und versandet und an Fülle und Kraft nachläßt.«[39]

Anders Guardinis nach vorne gewandte Deutung in einem vergleichbaren Grundsatzentwurf »Quickborn. Tatsachen und Grundsätze« (Burg Rothenfels am Main, 1922). Es lohnt sich, diese kleine Schrift, in welche schon die Erfahrung der Augusttage 1921 eingearbeitet ist, auf ihre Vertiefung der gewohnten Quickbornwerte hin zu lesen. Guardini entfernt sich von dem rein jugendbewegten Ideal (von dem, was Strehler als »Quelle« empfand), versucht aber, von den Merkmalen an der Oberfläche gerade zu einer Erfassung des wesentlichen und vielleicht sich selbst noch nicht verstehenden Anliegens zu kommen. Seine Zielvorstellung ist nichts geringeres als das »Werden eines neuen Menschen, einer neuen Zeit«[40]. Unter diesem Anspruch gewinnen die jugendbewegten Elemente erst einen sicheren *geistigen* Sinn, ob es sich um die Enthaltsamkeit, um den reinen und beseelten Leib, um Reigen und Spiel, um das »Eigenkleid« oder um das Wandern handelt. In all dem ist nicht spielerische Romantik zu sehen, sondern »das Wort romantisch hat überhaupt mit dem, was diese Jugendbewegung im Tiefsten will, sehr wenig zu schaffen und kann nur Mißverständnisse hervorrufen, es kommt vielmehr aus einem ganz sicheren und richtigen Trieb nach jenen Wesenszusammenhängen, aus denen allein unser in wahnwitziger Zerrissenheit verzuckendes Kulturleben wieder gesunden kann.«[41]

Wegweisend ist, daß Guardini den Quickborn nicht als Lebensform des Individuums allein kennzeichnet, sondern ihn an die Neugestaltung des »Volkes« bindet. Damit ist nicht die Suche nach Volkstümlichkeit, erst recht nicht Eingang in die Masse gemeint, sondern Anschluß an jene übergreifende Gemeinschaft, in welcher Wissenschaft, Kunst, Beruf und Leben möglich sind, welche im Geistigen das Individuum überbaut.[42]

In die Zukunft blickt ferner sein Entwurf vom Zusammensein von Jungen und Mädchen, worin ein wesentliches Erziehungsziel gegen die nur negative Behandlung dieses Problems zu Wort kommt. In Anbetracht dieses bereits erfahrenen auch kirchlichen Widerstandes ist es erstaunlich, wie nachhaltig und grundsätzlich Guardini die Öffnung zu einem bejahenden Verhältnis der Geschlechter herausstellt. Auch hier sieht er klar eine grundlegende – nicht nur auf die

---

[39] Ebd.
[40] Quickborn. Tatsachen und Grundsätze, 11, oder: »den neuen Mann wollen wir, die neue Frau« (Des Königs Banner, 1921, 83).
[41] Ebd., 16f.
[42] Ebd., 16.

Burg bezogene – Aufgabe von Jahrzehnten, im Untergang der alten Gesellschaftsformen etwas gänzlich neu Verantwortetes zu schaffen.[43]

Insgesamt sind drei große Spannungsbereiche an dem neuen Menschen wirksam und von ihm zu einer neuen Einheit zusammenzubinden, worin sich für Guardini die letzte Aufgabe des Quickborn für die Gesamtkultur formuliert: »Gelingt es ihm, jugendliche Selbständigkeit mit dem Geiste des Gehorsams zu vermählen, Unbefangenheit gegenüber dem anderen Geschlecht mit dem Geiste der Keuschheit und ein ursprüngliches Verhältnis zu der Natur und den Dingen mit dem Geiste der Armut Christi, dann wird er das Seine dazu beitragen, jene Probleme, welche die freideutsche Jugend sich stellt und niemals lösen kann, wirklich einer Lösung näherzuführen.«[44]

Die Anfeindungen gegen den Quickborn wegen des gemeinsamen Lebens auf Burg Rothenfels gingen ja so weit, daß besonders den Mädchen durch die Religionslehrer der Beitritt zum Quickborn untersagt wurde.[45] Es gab einen Antrag an die Fuldaer Bischofskonferenz, den Quickborn als unsittlich zu verbieten.[46] Nur wenige Bischöfe standen – aus eigener Erfahrung – dem Bund aufgeschlossen und wohlwollend gegenüber; darunter waren die Bischöfe von Würzburg, Rottenburg, Breslau und besonders Kardinal Faulhaber von München.[47] Als Professor Ignaz Klug, ein Moraltheologe aus Passau, 1920 Nuntius Pacelli um den päpstlichen Segen für den Quickborn bat, erhielt er die Antwort, daß es dafür noch zu früh sei und man erst eine Bewährung über einen längeren Zeitraum abwarten müsse.[48]

---

[43] Quickborn. Tatsachen und Grundsätze, 24–27.
[44] Ebd., 29.
[45] Hermann Hoffmann, Im Dienste des Friedens, 177.
[46] Johannes Binkowski, Jugend als Wegbereiter, 82.
[47] Franz Henrich, Die Bünde katholischer Jugendbewegung, 106, Fußnote 247. – Faulhaber schrieb am 19. September 1920: »›Quickborn‹ und ›Hochland‹ legen ihre Fundamente auf heilige Berge. Wir erwarten viel von dieser Jugendbewegung, wir erwarten, daß von diesen Höhen uns reife Menschen, ganze Christen und echte Apostel herabsteigen.« (Zitiert in: Guardini, Quickborn. Tatsachen und Grundsätze, 29).
[48] Handschriftlich im Pfarramt Bessenbach; mitgeteilt von Thomas Kessler, Liturgische und ekklesiologische Impulse von Quickborn und der Burg Rothenfels, Diplomarbeit Würzburg 1982, 107 f. – Hermann Hoffmann schrieb nach dem dritten deutschen Quickborntag: »Es gehört zu den traurigsten Erfahrungen unserer Jugend, daß sie soviel Anfeindungen, Verkennung und Verleumdung hat erfahren müssen. In dem Jahre, wo Großquickborn seine Aufgabe gefunden, seine Quickbornhochziele im Beruf durchzusetzen, von der Jugenderneuerung zur Volkserneuerung, von der Jugendbewegung zur Kulturbewegung zu kommen, wurde den staunenden Katholiken verkündigt, Quickborn fehlt das bewußte Sich-empor-

Gaben und Aufgaben der folgenden Jahre

Im August 1921 war Romano Guardini auf der Burg bereits die bestimmende Gestalt. Er selbst bezeichnete das Ringen der Jugendbewegung um die Wirklichkeit als Merkmal dieser dritten Burgtagung. Es sei um ein lebensfähiges Maß und um die Einheit der Bewegung gegangen. Der übertriebene Gemeinschaftswille fand einen ergänzenden Gegenpol im Gedanken der Persönlichkeit.[49] Und umgekehrt: Am Ende der Tagung stand eine neue Erfahrung von Kirche. Nicht mehr ihr äußerliches Verständnis als Institution und Gesetzesorganisation wirkte bestimmend, sondern sie war als mystischer Leib Christi wiederentdeckt, als Kirche »von innen«. Ein urchristlicher Gemeinschaftsgeist brach sich Bahn. Darüberhinaus stellte sich die verwandte Frage der Gemeinschaft in Familie, Gruppe, Schule, Volk. Gerade bei letzterem wurde die Stellung der Werktätigen im Bund mit Heftigkeit diskutiert. Walter Dirks vom Westfalengau setzte sich mit Erfolg für ihre Aufnahme in die bisher akademisch gefärbte Atmosphäre Quickborns ein; Guardini verhielt sich eher zögernd. Offensichtlich war mit dieser dritten Tagung der Durchbruch der katholischen Jugendbewegung zur öffentlichen Wirksamkeit vollzogen, nachdem im außerkatholischen Bereich bereits der Höhepunkt überschritten war.

Schon nach diesen wenigen Jahren der Mitarbeit läßt sich sagen: Das Schicksal des Quickborn wäre anders verlaufen, wäre nicht Romano Guardini als die überragende geistige Führergestalt hinzugestoßen. Auch die religiöse Grundlegung des Quickborn, die von der schlichten und innigen Frömmigkeit der drei »schlesischen Väter« geprägt war, hätte auf die Dauer vermutlich über die Anfangsbegeisterung hinweg nicht standgehalten, da sie stark von der Stimmung und dem Gefühl zehrte. Es war Guardini, der den Aufbruchswillen und die begeisterte Freude der jungen Menschen an einer Wiederbelebung des Glaubens durch seine Einsichten in die objektiven Bedingungen des religiösen Lebens schulte und zur Beständigkeit führte. Der Unterschied in der grundsätzlichen Art und Weise der »Frömmigkeit« war leider, aber wohl unumgänglich der tiefe Grund für eine Spannung zwischen ihm und Bernhard

---

Recken zum Manne. In einer Zeit, wo Quickborns Grundsätze über Buben und Mädchen gedruckt allen zugänglich sind, wurde immer wieder verbreitet, im Quickborn wandern Buben und Mädchen gemeinsam. Schlimmeres, Schlimmstes will ich übergehen, was uns angedichtet wurde. Aber das sei gesagt: vogelfrei ist Quickborn nicht. Und auch ihm gegenüber sollten die Gesetze der Gerechtigkeit und der Wahrhaftigkeit gelten [...]« (Quickborn, Jahrgang 9, Heft 6/7, 1921, 125f).

[49] Die Schildgenossen, 2 (1921–22), 25–28.

Strehler. Ein Beispiel: Strehler pflegte jeden Abend unter der Burglinde das Abendgebet zu sprechen, mit dem Segen für die Quickborner in aller Welt. Nach Hermann Hoffmanns Aussage fand Guardini dieses Gebet kindisch und meinte, das könne man im Konvikt in Neisse beten, aber nicht in der Jugendbewegung.[50]

Es war gerade Guardinis Leistung, den Quickborn aus dem subjektiven Wollen in objektive Bestimmtheit überzuführen, den Willen zur subjektiven Wahrhaftigkeit an der objektiven Wahrheit maßnehmen zu lassen. Hierzu diente ihm sein zur Meisterschaft entwickeltes Denken »im Gegensatz«, um das elementare jugendliche Strömen in einen gemeinsamen Bau, der die Jahre des bloß intensiven Fühlens überdauerte, einzubinden.

Neue Religiosität innerhalb der Kirche

Beispielhaft läßt sich dies an zwei Vorgängen erläutern: Einmal gelang es Guardini, das elementare Erlebnis der Gemeinschaft, das auf dem ersten und noch auf dem zweiten Quickborntag so ausdrücklich die Jugend geradezu überschwemmt hatte,[51] in eine objektive Orientierung an der Kirche zu verwandeln. Gerade die schmerzliche Erfahrung mancher jugendbewegter Kreise, daß die bloß auf dem Gefühl aufruhende Gemeinschaft so vergänglich war, überwand er durch Erziehung zur Form, zur objektiven Institution und ihren erprobten Überlieferungen. Daß die Kirche alle Vorläufigkeiten des »Erlebens« immer durch die erst freimachende Form übersteige, verhinderte religiöse Übertreibungen und sektiererische Neigungen. Wie stark und notwendig diese Leistung war, zeigt sich erst deutlich, wenn man die verschwommene Religiosität anderer Gruppen der Jugendbewegung mit der im Quickborn angestrebten Bewußtheit vergleicht: »Glaube ist das Wirklichkeitserlebnis des Unendlichen. Im Wandervogel wurde uns dieser Glaube geboren. Der große schwingende Klang des hellen Tages und der hohen Nacht, die schweren, lebentragenden Kräfte des Meeres und der Erde haben unser Wissen um eigne Unendlichkeiten geweckt, dunkel, ahnend, stumm, froh. Sie gaben uns in dem Gefühl des Unendlichen einen stolzen und doch demütigen Willen zur Freiheit, die jenes unendliche Wesen in uns besitzesfroh und staunend in die Sonne hielt.«[52]

[50] Hermann Hoffmann, Im Dienste des Friedens, 184.
[51] Guardini, Quickborn. Tatsachen und Grundsätze, 17 f: »Ein Gefühl der Zusammengehörigkeit, das einen förmlich erlebnishaft überfluten konnte«.
[52] Nach K. Buchholz, Religiöse Kräfte in der deutschen Jugendbewegung, Leipzig/Berlin o. J., 1.

Erst recht war eine Beziehung zur Kirche durch die unklaren Frömmigkeitsempfindungen unmöglich gemacht: »Der Begriff des Wortes Frömmigkeit war zu Luthers Zeit Bibel- und Kirchenlehrengläubigkeit und als solche allgemein verbreitet. Heute findet man diese Frömmigkeit nur noch vereinzelt bei kleinen Kindern und dann auch bei alten Mütterchen, die sich in der Wirrnis dieser Zeit nicht zurechtgefunden haben und deshalb auf dem einfacheren Wege des Gottesglaubens geblieben sind. Für den heutigen Menschen (besonders den Freideutschen) ist an die Stelle dieser Frömmigkeit die Religiosität getreten, ein Wort, das den Begriff der Stellung des Menschen zu der ihn umgebenden Natur und zum Weltall umfaßt.«[53]

Guardinis frühe Vision von Kirche erfaßt sie dagegen als den unvermuteten Garant der gesuchten Freiheit, als ein unglaubliches Vermitteln von Gegensätzen, als spannungsgeladenen Reichtum entfernter Pole. Kirche ist in seiner Erfahrung jener Ort, wo die Autorität zur Freiheit heranbildet und der Gehorsam zur Selbständigkeit: zwei verwandte Paradoxe, die er in seiner Sprache die »ergänzenden Gegensätze« nennt. Jeweils mit Kraft das eine zu ergreifen heißt unerwartet, das andere als Geschenk (nicht als Forderung) überraschend mitzuerhalten.

Daß Kirche auf diese Weise in der *Seele* erwacht, ist deswegen so neu, weil sie bisher weitgehend als eine Größe im *Außen* verstanden und verstellt wurde, als »das Haus, das in Glorie steht«, ja, Guardini wählt das Wort »Herrschaftsmacht«.[54]

Nun wurde die Kirche entdeckt als das von innen heraus Lebenspendende: »Der Einzelne erfuhr sich so, daß er aus der Kirche heraus lebte; daß sie in ihm lebte; daß zwischen ihr und ihm ein Verhältnis bestand wie zwischen dem lebendigen Teil des Organismus und dessen Ganzem.«[55]

Das unterschwellige Fremdsein in der Kirche wurde damit gelöst zu einer befreienden Liebe zu ihr. Ja, es erwies sich, daß das so begeisternd empfundene Gemeinschaftsgefühl der jungen Leute gereinigt und gefestigt wurde durch das Einfügen in die große Gemeinschaft, den großen Atem der Kirche. Zu dieser Zeit schrieb Gertrud von Le Fort ihre von jubelnder Überraschung erfüllten »Hymnen an die Kirche«, in denen das Lebenkönnen, das heilsame Herausgezogenwerden aus dem Individualismus besungen wurde.

Guardini hat denselben geistigen Aufbruch an sich selbst erfahren und anderen gedeutet. Kirche nicht mehr als Festung in der Welt und

---

[53] Freideutsche Jugend, Jg. 2 (1916), Nr. 1, 20.
[54] Vom Sinn der Kirche. Fünf Vorträge, Mainz 1922, 13.
[55] Ebd.

gegen sie,[56] sondern Kirche als Sperma in der Welt selber, die Welt betrachtend und gleichzeitig auf sie hörend: Katholizität und Weltoffenheit schlossen sich nicht mehr aus, Weltanschauung wurde geradezu Aufgabe des Christen.

Daß das Rothenfelser »ver sacrum catholicum« dieser frühen Jahre bemerkt wurde, erweist eine besondere Veröffentlichung. Zwischen 1921 und 1923 erschienen drei katholische Sonderhefte der »Tat«, einer Monatsschrift für die Zukunft deutscher Kultur. In diesen Heften schrieben neben Guardini seine Freunde oder seinem Gedankenkreis Nahestehende: Funk, Weiger, Hefele, Getzeny, Karl Neundörfer. Er selbst veröffentlichte einen Beitrag über »Die Sendung der katholischen Jugend«. Im Schlußwort bemerkte der Herausgeber Ernst Michel 1923:

»Es war hier Katholiken Gelegenheit gegeben, von der Wirklichkeit der Kirche Zeugnis abzulegen und darin zu erweisen, daß sie selbst – Menschen dieser Zeit – aus der Kirche wirklich leben – nicht nur sich in sie ›hineingelebt‹, sie bloß zu ihrer Sache gemacht haben. Nicht Anwälte der Kirche, sondern glaubwürdige Zeugen durften hier zu Worte kommen. Die Kirche ist sich der ›Welt‹ schuldig. Die Kirche ist, wenn sie ist, die sie ist, nicht Gesetz, sondern Gnade, nicht Religions-Ghetto, sondern Reich der Freiheit der Kinder Gottes. Das heißt aber im Hinblick auf die Welt, daß sie zur Welt hin immer und überall grenzenlos geöffnet ist, daß kein Zustand der Welt sie schrecken kann, von ihrer Treue zu lassen«.[57]

Der Blick auf die politische Wirklichkeit

Zum zweiten gelang Guardini in einem ähnlichen Erziehungsvorgang auch die Bindung des Quickborn an eine zumindest dem Willen nach anerkannte politische Wirklichkeit. Nach Messerschmids Meinung ist sogar der »Ausstand aus der Gesellschaft« mit seinen überzogenen Ansätzen und seiner politischen Verweigerung durch Guardini theoretisch überwunden worden, und zwar in dem grundlegenden, im Quickborn viel gelesenen Aufsatz »Möglichkeit und Grenzen der Gemeinschaft« (1930).[58] Daß die politische Bildung im Quickborn trotzdem in weit schwächerem Maße als die religiöse und soziale Bildung betrieben wurde, liegt an verschiedenen Umständen, sicherlich zu einem nicht geringen Teil an dem frühen Tod von Karl Neundörfer (†1926), der nach Guardinis Vorstellung eine Grundlegung der Politik und des Rechtwesens in den Bund

---

[56] Ebd., 15.
[57] Zitiert nach Ludwig Neundörfer, Burg Rothenfels heute, 7.
[58] Felix Messerschmid, Katholische Jugendbewegung, 682.

hätte einbringen sollen. Zur politischen Artikulation, wie sie über die »Schildgenossen« betrieben wurde, ist später noch ein Wort zu sagen.

In den folgenden Augusttagungen von 1922–24 arbeitete man weiter an einer Klärung und Verdeutlichung des Erneuerungs- und Eroberungswillens. In teilweise harten Auseinandersetzungen, wie sie für die Burg lange (vielleicht bis heute) typisch blieben, wurden die Schlacken abgestreift, die dem Quickborn von seiner Herkunft verblieben waren: die Idee des »Jugendreiches« mit seiner Nähe zur abstinenten Schülervereinigung und den für die bloße Jugendarbeit dienlichen erzieherischen Zielen. Gerade bei den Älteren weitete sich der Blick für die soziale und politische Wirklichkeit; das Hineinwachsen in die liturgische Bewegung führte dem Quickborn eine nicht rasch, sondern nur in Jahren zu lösende Aufgabe zu, die allein in der elementaren Besinnung auf das Wesen der Kirche und ihre gültige Gebetshaltung zu bewältigen war. Gerade darin aber begriff sich Burg Rothenfels selbst immer tiefer als Sammlungsort vorwärtsdrängender katholischer Erneuerung.

Ordnung der »Werkwochen«

Die Ostertagung 1922, die unter dem Themenkreis »Glauben – Gemeinschaftsleben – Kunst« stand, ist deswegen erwähnenswert, weil auf ihr die Geburtsstunde der »Werkwoche« stattfand, wie sie für die kommenden Burgtage verbindlich bleiben sollte. Dieses Modell bedeutete, daß im Anschluß an den gemeinsamen Vortrag Kreise untergliedert wurden, die ein bestimmtes Fragegebiet unter einem Leiter besprachen. Eine feste Ordnung der Tage wurde gefunden: gemeinsamer Gottesdienst, gemeinsame Mahlzeiten, Ruhe, körperliche Arbeit, Singen und Spielen am Abend, strenges Stillschweigen nach dem Abendgebet bis zum nächsten Frühstück. In dieser Ordnung klingt die Weisheit der Regel des heiligen Benedikt an, und darin die vermittelnde Stimme Guardinis.

Hervorzuheben ist schließlich, daß 1922 der zelebrierende Priester im Rittersaal bereits dem Volke zugewandt stand.[59]

Neue Ästhetik

Seit 1924 bahnte sich jener architektonisch-künstlerische Neubeginn an, der mit dem Namen von Rudolf Schwarz verbunden ist, mit dem

---

[59] Der neue Anfang. Vierter deutscher Quickborntag, Burg Rothenfels am Main, 1922, 11.

die Burg aus einem bloß übernommenen mittelalterlichen »Gehäuse« des Bundes zu einem überlegt und überlegen gestalteten Denkmal moderner Innenarchitektur der 20er und 30er Jahre wurde. Damit wuchs neben der schon gewonnenen neuen Ethik und der neuen Religiosität auch eine neue Ästhetik. Sie darf freilich nicht nur als Zugabe zu anderen Entwicklungen gesehen werden, sondern war von vornherein eine neue Ästhetik des Glaubens, wie sie in der Zusammenarbeit zwischen Schwarz und Guardini schließlich 1928 in der Neugestaltung der Burgkapelle und nicht minder überzeugend im Rittersaal sichtbare Gestalt gewann. Die epochale Wiederentdeckung des Religiösen war von Anfang an auch eine Wiederentdeckung des Sichtbaren. Auch hier überwand Rothenfels das eingeschränkte Verständnis des individuellen Leib-Seele-Bezuges, indem man die Wechselwirkung überhaupt des Geistigen und des Sinnlichen, die Verbindung des Wahren mit dem Schönen neu zu erfassen suchte.

Die Ausweitung zur Kulturbewegung: August 1924

Konturen der Tagung

Ein Durchbruch zur geistigen Weitung und in die zukünftige Richtung geschah im Jahr 1924 durch die berühmt gewordene Werkwoche im August. Sie sei deshalb auch im Reichtum ihrer Einzelheiten vorgestellt. In ihr wurde endgültig die Frage überwunden, ob sich der Quickborn als Bund abschließen oder in die geistige Auseinandersetzung mit den Ansprüchen der Zeit – religiös, kulturell, sozial, künstlerisch – einlassen sollte. Man entschied sich für die durchgreifende Öffnung auf die Fülle der zeitgemäßen Aufgaben, wie sie sich jedem jungen Menschen von wachem Verstand stellte. Das bündische Erbe wurde gleichsam als Grundausstattung benutzt, um mit den andrängenden Fragen besser gewappnet umgehen zu können, doch war es nicht die Absicht, einfachhin aus dem überkommenen Ideenvorrat der Jugendbewegung zu zehren.

Eine genauere Kennzeichnung gerade dieser Tagung erweist, daß es Guardini war, der das neue Begreifen anleitete. Vierhundert Teilnehmer aus dem Kreis der Älteren stellten sich seiner Frage nach der »Kulturkrise unserer Tage und den Ansatzpunkten neuer Kulturgestaltung«. Der Ablauf dieser zehn Tage zeichnete sich durch ein besonders reiches, ja fast verwirrend vielseitiges Programm aus, in dem tatsächlich nichts Wesentliches, was die Jugend damals bewegen konnte, ausgespart blieb. Wichtig ist die Einteilung der großen Zahl in zwölf Arbeitskreise nach den grundsätzlichen Referaten von

Guardini. Die Titel der Arbeitskreise sprechen für sich; manche überraschen durch ihre bis heute anhaltende Modernität. »Das Menschliche im religiösen Glauben. – Grenzfragen von Staat und Kirche; Kirche und einzelner; Recht und persönlich-religiöse Sphäre. – Die geistes-geschichtliche Wende. – Leib und Seele der Sprache. – Gestalt, Ausdruck, Lebensschau in der neuen Kunstbewegung. – Volk und Staat. – Fragen der Volkswirtschaft. – Der Fragenkomplex der Frauenbewegung.«[60]

Gerade zu dieser Tagung sind eine Reihe von persönlichen, bis ins Einzelne gehenden Zeugnisse erhalten geblieben. Bernhard Strehler, zu dessen Stellung innerhalb der Tagung noch eine Charakteristik zu geben ist, empfand in ihr neben Größe und Reichtum ein ungeheures Andrängen fast zu schwieriger Probleme. »Beurteiler, die als Mitarbeiter ihr freundlich verbunden waren, stellten fest, daß in den ersten Tagen die Vielheit und Gegensätzlichkeit der Sprachen und Sprachweisen, der Gedankenbahnen und Beurteilungen viel befremdet habe. Eine Unrast, eine geistige Hochspannung ließ einen nur schwer zur Ruhe und Sammlung kommen. Man durfte zweifeln, ob alle die Problematik, von der man sprach, und die man hörte, wirklich so ganz tief und echt aus den Menschen aufbrach, und ob nicht manches Tiefere davon übertönt wurde.«[61]

Ausführliche und lebendige Tagebuchnotizen einer 19jährigen Studentin[62] geben eine genaue, reizvoll persönlich gefärbte Schilderung vom Ablauf, von Tief- und Höhepunkten der zehn Tage. Vom Tagesrhythmus angefangen bis zum Verhältnis von Vorträgen und Arbeitskreisen und dem Aufbau auf die abschließenden drei Festtage hin sind die Formen gefunden, die auch für die Zukunft in Rothenfels verbindlich blieben. Der Tag begann grundsätzlich mit einer Gemeinschaftsmesse, der großen Zahl wegen im Rittersaal als Missa recitata und – z. B. durch Klemens Neumann – versus populum (!) gehalten. Nach dem kirchlichen deutschen Abendgebet bat Guardini um Schweigen bis zum frühen Morgen. »Schweigen ist mehr als nicht reden. Schweigen ist Fülle, macht, daß Fülle sein könne. Schweigen ist für das Leben der Menschen das, was der Resonanzboden für eine klingende Saite ist.«[63] Am Vormittag waren Guardinis Vortrag im Rittersaal und die Arbeitskreise, am Nachmittag Übungen in Chorgesang und Sprechchor, in Rhythmus und Gymnastik, Leichtathletik und Spiel. Nach dem Abendessen gab Guardini, unabhängig vom morgendlichen Thema der Kulturkrise, einen Auf-

---

[60] Bernhard Strehler, Aus dem Werden und Leben Quickborns, 41.
[61] Ebd., 43.
[62] Katharina Kappes, Tagebuchnotizen, veröffentlicht in: Burgbrief 1/83, 2–22.
[63] Ebd., 3f.

riß lebendiger Glaubenslehre; danach fand ein Konzert oder anderes statt.

An der Tagung wirkten eine Reihe von Personen mit, die für die künftige Arbeit der Burg entscheidend wurden oder auch sonst von Bedeutung waren. Felix Messerschmid[63a] und Rudolf Schulz-Dornburg waren für die Musik zuständig, Rudolf Schwarz hielt einen Arbeitskreis über Grundformen der Architektur, Erich Przywara SJ und Ernst Michel begleiteten die Tagung, Vilma Mönckeberg übte den Sprechchor ein (avantgardistisch für diese Zeit!), Leo Weismantel, Heinrich Bachmann, Alois Johannes Lippl vertraten die Dichtung; abgesehen von Klemens Neumann und Bernhard Strehler hielt Pater Thomas Michels OSB aus Maria Laach ebenfalls die Gemeinschaftsmesse, Karl Neundörfer war im Arbeitskreis über den Staat tätig, Helene Helming und Gerta Krabbel im Arbeitskreis über die Frauenbewegung. Die Vielzahl von Namen, die in irgendeiner Weise im Quickborn und auf der Burg eine Rolle spielten, ist hier nicht im einzelnen zu würdigen.

Zum Ästhetischen ist hervorzuheben, daß der Rittersaal – noch vor seiner Gestaltung durch Rudolf Schwarz – auf Quickbornart einfach, aber wirkungsvoll geschmückt war: »Vier große Tannenkränze hin-

[63a] Felix Messerschmid, geboren am 14.11.1904 in Ulm, gestorben am 15.3.1981 in München, gehörte seit 1915 zum Quickborn. Auf der Burg war er seit den 20er Jahren, und zwar als Musikmeister, der den geliebten Klemens Neumann (†1928) ablöste und den Quickborn aus dem musikalischen Umkreis des »Zupfgeigenhansel« herausführte. Messerschmid war ein Mitschöpfer der »Jugendmusikbewegung«, die zwei beachtenswerte Öffnungen im musikalischen Verständnis vollzog: die eine der zeitgenössischen Arbeit zugewandt, die andere der Entdeckung der Vorklassik. Romano Guardini war auf ihn besonders in der Liturgie angewiesen; »Liturgie und Gemeinde« von 1940 geben Messerschmids bahnbrechende Überlegungen vom Gesichtspunkt des Musikers zu diesem Fragengebiet wieder.
Eine zweite Grundbegabung war Messerschmids Eros zur Politik im Bereich von Erziehung und Bildung. Vor dem Krieg wurde er Direktor der Akademie für Erziehung und Weiterbildung in Calw, nach dem Krieg in der Akademie für politische Bildung in Tutzing. Der Mitherausgeber der Zeitschrift »Geschichte in Wissenschaft und Unterricht« und »Gesellschaft, Staat und Erziehung« veröffentlichte auch Bücher, so 1954 »Musische Bildung«, 1956 »Die Weiterbildung des Lehrers«, 1961 »Die Volkshochschule«, 1963 »Historische und politische Bildung«. Die Vereinigung politischer und musischer Begabung war die seltene Charakteristik dieses Mannes, der das Ganze aus einem nie verratenen jugendbewegten Aufbruch heraus gestaltete, ohne im Alter den Fragen der Gegenwart auszuweichen. 1968 wurde Messerschmid hauptverantwortlicher Nachlaßverwalter für Guardini bis zu seinem Tode 1981.
Verdienstvollerweise gehen die wenigen posthumen Veröffentlichungen aus Guardinis umfangreichem Nachlaß auf die Anregung und die Unnachgiebigkeit Messerschmids zurück. Insbesondere ist ihm die Herausgabe des unveröffentlichten Tagebuchs »Wahrheit des Denkens und Wahrheit des Tuns« (1980) zu verdanken. Messerschmid hat wohl in den Zeiten des Schweigens über Guardini nach 1968 die treffendsten Aussagen in einigen Aufsätzen und Vorträgen über seinen Freund gemacht und damit das Andenken Guardinis hoch gehalten.

gen von der Wand, besteckt von brennenden Kerzen. An der einen Längswand ein dunkelblauer Wandvorhang, umkränzt von einer Tannengirlande. In der Mitte wieder ein großer Tannenkranz mit bunten Astern. Wie der Saal lebte in dem lebendigen Licht, das von den Kerzen ausging. In der Mitte ließen wir einen Raum frei. Dicht gedrängt im großen Kreis... Wir gingen dann hinüber in die Kapelle. An der Decke ein riesengroßer Tannenkranz mit brennenden Kerzen. Auch hier lebt der Raum geheimnisvoll im lebendigen Licht.«[64]

Der Kranz diente übrigens als Vorbild für den späteren Silberreif von Rudolf Schwarz.

Die Krise der Gegenwart

Guardini arbeitete in dieser Werkwoche an einer Konturierung der Gegenwart, an jener epochalen Gefährdung, die er in den »Briefen vom Comer See«[65] zu Bewußtsein bringen wollte. Die Tagebuchnotizen geben im Spiegel eines jugendlichen Bewußtseins die Art und Weise, wie die Vermittlung dieses schwierigen Gedankens an die Jugend gelang. Die Grundgestalt der Analyse ist dabei nicht einfachhin negativ eingefärbt, sondern versucht, aus dem Versinkenden das Kommende vorauszusehen. Diese Doppelbewegung, durchaus einen Verlust zu benennen, zugleich aber gewissermaßen in Selbstüberwindung das Neue zu bejahen, ist für den jungen Guardini deswegen wichtig, weil er mit zunehmendem Alter jene zweite Bewegung mühsamer vollzieht, ja sie letztlich nur mit Willen und unter Anstrengung vertritt. Erhellend dazu ist ein Satz, den er kurz nach 1945 in seinem gewachsenen Pessimismus formulierte: »Eines Tages, in Tübingen, wollte der Beifall am Schluß des Kollegs nicht aufhören, und ich fragte einen sehr klugen und schon älteren Zuhörer, was eigentlich gewesen sei? Die Antwort lautete: ›Die Studenten haben Ihnen gedankt‹. – Wofür aber? ›Dafür, daß Sie ihnen Mut gemacht haben‹. – Tue ich denn das sonst nicht? – ›Nein, sondern Sie sehen das Gute im Gewesenen und lehnen das Werdende ab.‹ Das war ein schwerer Stoß, und hat die Frage aufgerufen, ob ich wirklich, im Ganzen und Wesentlichen genommen, das geschichtlich Vergangene mit dem Richtigen gleichsetze? Genauer gesagt: das für mich Schlimme – nämlich den Zerfall der Kulturform, der ich mich verbunden fühle – mit dem absolut Schlimmen, nämlich

---

[64] Katharina Kappes, Tagebuchnotizen.
[65] 1925 als »Briefe aus Italien« in den »Schildgenossen« veröffentlicht; 1927 als Buch im Grünewald-Verlag erschienen; heute als Taschenbuch unter dem Titel »Die Technik und der Mensch«.

dem geschichtlichen Zerfall einfachhin? So schien es tatsächlich zu sein.«[66]

1924 erfaßte Guardini eine ähnliche Trauer, obwohl er die Jugendlichen zur Annahme des Kommenden zu bestimmen versucht. Trotzdem: »Er sagt ja zu der heutigen Welt, nennt sie aber nicht Kultur, sondern Barbarei.«[67] Barbarei ist für ihn (eine ungewöhnliche Feststellung!) die überall einsetzende Bewußtmachung bisher unbewußt bleibender »Gründe des Lebens«. »Immer mehr wird das Dunkel gelichtet; alles wird in scharfes, grelles Licht gezogen, durchforscht, gesichtet, registriert.«[68] Diese Bewußtheit wirkt zerstörend, sofern sie Dinge, die vom Dunkel zu schützen sind, in die zergliedernde Helle zieht. Für Guardini ist darin auch der Überschritt vom langsam eindringenden Schauen zum gewalttätigen Herrschaftswillen vollzogen. (Hier bis in die Formulierungen hinein eine Vorwegnahme allerdings anders motivierter Aussagen der Frankfurter Schule!) Jenes technische Verhalten zur Natur wird sogar auf das Seelische übertragen: Es fällt das Wort »Psychotechnik«. Ökologische Beobachtungen werden in Schärfe vorweggenommen: »Dieser Herrschaftswille verwüstet. Wir sehen die Ausrottung von ganzen Pflanzen- und Tiergattungen. Es gibt nur noch kanalisierte Flüsse, rationalisierten Wald. Die Besitzergreifung der Erde wird bezahlt mit Blut und Leben.«[69]

Ein letztes zweideutiges Moment tritt in der Gegenwart zu Tage: das Hochkommen der Masse, die sich im Geistigen wie im Wirtschaftlichen als steigende Produktion, sei es von Büchern, sei es von Gebrauchsartikeln ausdrückt. Darin liegt ein Verlust der Rangordnung ebenso wie eine Typisierung und ein Sinken der Qualität. Guardini setzt diese Entwicklung auf eine Ebene mit der Demokratisierung und Nivellierung alles Geistigen.[70]

Um so erstaunlicher, daß er im anschließenden Lösungsversuch mit Entschiedenheit an den Anfang stellt: »Wir wollen kein Zurück, sondern wollen ein festes Ja sprechen zum Heute. Uns fest hineinstellen in unsere Zeit. Wir müssen hineingehen in Industrie und Technik«.[71] Er spricht mit dieser Entschiedenheit, weil er für die

---

[66] Brief an Josef Pieper vom 2.3.1951 (Stabi).
[67] Katharina Kappes, Tagebuchnotizen, 8.
[68] Ebd.
[69] Ebd., 13.
[70] Ebd., 15.
[71] Ebd., 17. – Guardini gab diesen Rat auch persönlich weiter. Ein Physiker erinnert sich an die hilfreiche Weisung: »Ich sagte, ich sei so enttäuscht von meinem Leben, nicht als Betriebsleiter für Arbeiter, sondern als Theoretiker und Konstrukteur für Großturbinen ... ich überlegte, ob ich meinen Beruf als Ingenieur aufgeben sollte. Da sagte Romano Guardini zu mir: Kurt, versuche, ein Meister deines Faches zu

Jugendbewegung eine Gefahr sieht, die er »sich flüchten« nennt. Das Bestehen der Zeit ist jeweils die grundsätzliche Aufgabe, ein Bestehen allerdings, in dem die Gedanken der Jugendbewegung aufs engste mit dem Berufsleben vereint werden sollten. Deutlich wieder sein Denken »aus dem Gegensatz«: »Ein Hinausgehen aus der Zeit, um dann desto fester darin zu stehen.«[72]

Zu leisten ist dies nur durch das Anderswerden des Menschen. Der neue Mensch vereint in sich das Paradox, eben die sachlichen (technischen) Ordnungen ganz zu bejahen, sogar zu lieben, und dennoch ursprünglich lebendig zu sein und Lebendiges zu schaffen.

Ein anderes Paradox: Jener neue Mensch müßte sich zutiefst der Gleichheit vor Gott bewußt sein, dennoch aber Gefühl für Rangordnung, d. h. für Unterschied haben (eine seiner wesentlichen Unterscheidungen: daß die Gleichheit der Menschen im Unbedingten nicht auch Gleichheit im Bedingten bedeute, sondern sehr wohl Wertung zulasse).

Guardinis Versuch schließt mit einer Erwartung: der Erwartung des ganz Neuen. Es ist bewegend zu sehen, wie er auch persönlich, trotz aller warnenden Widerstände gegen jenes unbekannte Kommende, dessen Anläufe eher zerstörend als aufbauend erschienen, sich zu einer Zustimmung entschließt. Jene Bereitschaft zur Zukunft war ein Zug, der gewiß nicht gefühlsmäßig, sondern reflexiv bestimmt war, gerade die Jugend aber vor einer Flucht in eine unhaltbare romantische Position bewahrte.

Der unerlöste Mensch und die Erlösung

In die Struktur der Tagung hatte Guardini den Gedanken des Abendvortrags eingebracht, vermutlich angeregt durch die unvergessenen Abendgespräche von 1920. Er behandelte das Thema im Rahmen einer Vertiefung des Glaubens und ging von der schwierigen Frage aus, was der unerlöste Mensch sei und wie er Erlösung an sich erfahren könne (im Hintergrund schattenhaft, wie so manches Mal, Nietzsche?).

Der erste Abend läßt in der Erinnerung der »Tagebuchnotizen« einen weniger bekannten Guardini hervortreten, jenen, der in seiner Schwermut und ihren geistigen Beweggründen noch darzustellen ist. »In harten, scharfen Worten zeichnet G. den unerlösten Men-

---

werden! Von da aus kannst du dann in diese Welt wirken!« (K. Jaroschek, Friedrich Dessauer im Erlebnis eines Ingenieurs, in: Staatspolitischer Arbeitskreis Rothenfels. Werkwochenberichte, 1981, 7; Archiv Burg Rothenfels).
[72] Katharina Kappes, Tagebuchnotizen, 17.

schen. So habe ich G. noch nie sprechen hören, so hart, so unerbittlich. Ich glaube sicher, daß er gerade vorher eine Enttäuschung erlebt hat, irgendwie; es war manchmal fast bitter, was er sagte. Und fast leidenschaftlich sprach er. Er stand in der Mitte des Saales vor dem Klavier. Seitlich hinter ihm eine Kerze; die eine Hälfte des Gesichtes scharf beleuchtet, die andere in Dunkel getaucht. Eine Stimmung lag über dem ganzen Raum, so schwer, daß sie fast die Wände zu sprengen drohte.«[73]

Was Guardini zur Sprache bringt, zeichnet tatsächlich eine tiefe Gefährdung des Menschlichen, und zwar nicht von der Seite des abstoßend Bösen, sondern eher von der Seite des Dämonisch-Schönen. Vermutlich spricht er die Warnung davor mit solcher Schärfe aus, weil er sie wohl in seiner Empfänglichkeit für das Schöne als eigene Gefährdung kannte. Jenes dichte Angrenzen des Bösen an gute Kräfte ist ihm das unerlöste, ganz durchsetzte Dasein des Menschen, für den in jedem Kunstwerk, jeder Tat, überhaupt in allem etwas Irreführendes auf der Lauer liegt.

Trotzdem – in der Erinnerung von Vilma Mönckeberg[74] – hat für Guardini der Künstler Anteil an dieser Dämonie, was ihm für das Schöpferische seines Werkes zugestanden werden muß. Zugleich ergibt sich aber daraus die Fragwürdigkeit des Künstlers. Und wiederum ist er nur ein Exponent des Menschen, der in allem schöpferischen Tun an Kräften teilhat oder sie entbindet, die dem Bösen verwandt sind oder sogar ihm entstammen.

Diese existentielle Unerlöstheit bringt Leiden, und sichtlich sind die Beobachtungen nicht nur pädagogischen, sondern selbsterlebten Charakters: »Wir alle tragen Masken voreinander und es ist gut so, sonst wäre es unerträglich. Wir alle haben Stunden in unserem Leben zu verzeichnen, von denen wir nicht wünschen, daß andere darum wissen.«[75]

Die Gegenfrage nach der Erlöstheit führt er ein mit der Beobachtung bestimmter Menschen: »Sie sehen alle Dinge mit vollem, ungetrübtem Blick und scheinen aus einer ganz köstlichen Freiheit heraus zu handeln.«[76] Die Erklärung wurzelt in einem Paradox: Ihre Freiheit stammt aus der Verlegung ihres Mittelpunktes in die Mitte Christi. Diese Verlegung der Mitte ist gleichbedeutend mit dem Wachsen des Reiches Gottes – ein Gedanke, der in der Nähe der Überwindung neuzeitlicher Selbstbewußtheit liegt. Wieder gewinnt

---

[73] Ebd., 7.
[74] Vilma Mönckeberg, Rothenfels vor 50 Jahren. Aus den Tagebuchblättern, 7 (Archiv Burg Rothenfels).
[75] Katharina Kappes, Tagebuchnotizen, 7.
[76] Ebd., 12.

er am Ende die Lösung nur in der Form eines lebendig ausgehaltenen Paradoxes: »Wir müssen einsehen, daß wir nichts vermögen und dennoch alles vermögen durch unser Eins-Sein mit Christus. In Zuversicht warten auf die Gnadenstunde.«[77]

Das Wesen der Klassik

Der letzte große Beitrag Guardinis zu dieser Werkwoche war eine offensichtlich aus der Eingebung des Augenblicks entstandene Feierstunde zum 175. Geburtstag Goethes am 28. August. Überraschend bezog er den Vergleich zu Thomas von Aquin in seine Überlegung über das Wesen der Klassik ein. In den Gedankengängen wird klar, daß er klassische Klarheit und Ruhe nicht unbedingt als eine erste Größe empfindet – wie er ja Goethe gegenüber Zeit seines Lebens eine bezeichnende, wenn auch nie ehrfurchtslose Zurückhaltung bewahrte.

Trotzdem war die Feier an dieser Stelle innerhalb der Tagung sichtlich von einem Kairos gekennzeichnet. »Die ganzen Tage vorher waren alles andere als klassische Klarheit und Ruhe gewesen. Alles war Aufgewühltheit, Aufgerissenwerden, Verwirrung, Kampf. Gerade darum war dann das Wort Goethes wie lindes Öl, als es aufklang. So empfanden wir den alten, weisen, herrlich klaren Goethe – ein paar Gedichte – ein kristallklares Stück von Bach – G. sprach ein paar stille Worte über das Wesen der Klassik – ein Kapitel ›Hermann und Dorothea‹ – und als Beschluß die ›Selige Sehnsucht‹ aus dem Diwan.«[78]

Es gibt das Zeugnis eines Studenten, dem in dieser Stunde eine wirkliche Lebensklärung aufging. Niemand geringerer als Josef Pieper wird »durch ein einziges Wort« aus Guardinis Deutung des »Klassischen« und seinem Respekt vor dem wahrhaft Wirklichen auf eine entscheidende Fährte gesetzt.

»In eben diesem gleichen Augenblick geschah es mir, daß die gedanklichen Materialien, die ich seit langem schon in der trüben Lauge mühsamen Grübelns zur Formung drängen fühlte, wie unter einem zaubrischen Anstoß plötzlich zu kristallischer Gestalt zusammenschossen. Mit einem Mal vermochte ich nun auch das verworren Geahnte ins deutliche Wort zu fassen: Alles Sollen gründet im Sein; das Gute ist das Wirklichkeitsgemäße. Wer das Gute wissen und tun will, der muß seinen Blick richten auf die gegenständliche Seinswelt;

---

[77] Ebd., 20.
[78] Vilma Mönckeberg, Rothenfels vor 50 Jahren, 15.

nicht auf die eigene ›Gesinnung‹, nicht auf das ›Gewissen‹, nicht auf die ›Werte‹, nicht auf eigenmächtig gesetzte ›Ideale‹ und ›Vorbilder‹. Er muß absehen von seinem eigenen Akt und hinblicken auf die Wirklichkeit.«[79]

Spannungen

Diese bedeutende Werkwoche hatte auch Tiefpunkte. Ihr Reichtum an Gedanken wurde, wie in manchen Eindrücken festgehalten, mit Unruhe oder Überforderung bezahlt. Der von Guardini verantwortete neue Kurs hatte auch seine Gegner, nicht so sehr durch ausdrücklichen Widerstand, sondern durch ein stillschweigendes Wegbleiben oder durch Beschwerden, die im Hintergrund blieben. Schon die straffe Tageseinteilung bedeutete eine Überanstrengung: Am dritten Tag war der Rittersaal bei der Gemeinschaftsmesse nur noch halb voll, ähnlich in den kommenden Tagen. Dieses Nachlassen wird von Guardini mit einer Bitte um neue Zucht beantwortet.[80] An einem Abend im Rittersaal gelingt es auch ihm nicht, die Teilnehmer zu erreichen: Die Wechselbeziehung zwischen Redner und Hörer war gestört.[81] Zudem gab es Spannungen um einzelne Arbeitskreisleiter; Leo Weismantel büßte seinen Arbeitskreis ein aufgrund der undurchführbaren Idee, mit den Teilnehmern selbst ein Theaterspiel zu schreiben[82]; das größte Für und Wider entstand aber um Vilma Mönckeberg und ihren Sprechchor, da ihre Technik, mehr aber noch das Auftreten in einer quickbornfremden Weise (nicht zuletzt in anderer Kleidung) als zu außengewendet und zu ästhetisch empfunden wurde.[83] Auch der Kreis über Rhythmik wurde kritisiert, da er über die Gymnastik hinaus fast in einen Schönheitskult ausartete.[84]

Gelungenes Experiment: der Sprechchor

Guardini mußte im Hintergrund und teilweise auch öffentlich diese Spannungen oder Ausfälle auffangen. Was Vilma Mönckeberg angeht, so stützte er sie wegen ihrer großen Begabung. Seine Empfindlichkeit für Sprache hatte ihm offensichtlich sofort gezeigt,

---

[79] Josef Pieper, Noch wußte es niemand. Autobiographische Aufzeichnungen 1904–1945, München 1976, 70.
[80] Katharina Kappes, Tagebuchnotizen, 12 und 15.
[81] Ebd., 15.
[82] Vilma Mönckeberg, 50 Jahre Burg Rothenfels, 9.
[83] Katharina Kappes, Tagebuchnotizen, 3 und 14.
[84] Ebd., 18.

welches Können sie auf die jungen Leute zu übertragen imstande war. In der Tat stellte sich heraus, daß gerade das Zusammenwirken von Sing- und Sprechchor zu einem einzigartigen Höhepunkt bei der abschließenden Feier wurde. Dieser letzte Abend brachte im Rittersaal eine bisher unerhörte Neuheit: Der Sprechchor sprach – lange geübt – Guardinis Übertragungen der liturgischen Adventstexte, der Singchor beantwortete dieses Flehen um Erlösung bereits mit der Erfüllung, Teilen der Passion von Heinrich Schütz.[85]

Von der sprachlichen Kultur her war das Geleistete ein erstmaliger Versuch, der sogleich einen Höhepunkt erreichte. Ähnliches scheint sich in Rothenfels in solcher Angespanntheit nicht wiederholt zu haben, und Guardini empfand die Stunde, nach der Anstrengung der ganzen Woche, wohl tiefer als jeder andere. »Und als er seine Dichtung von uns gesprochen hörte, war er ganz offen glücklich. Und das war bei ihm nicht Eitelkeit, die stolz ist, wenn ihr Werk redet; er kontrolliert sich und die Umwelt fortwährend, und er hätte unter jedem falschen Ton Qualen gelitten. Er hätte vielleicht nicht gesagt, daß es schlecht war, aber er hätte gesagt: ich verstehe es so nicht. Aber er verstand es. Er, der sonst unbeweglich zuhört – ernst oder mit einem netten Lächeln –, schlug die Hände vors Gesicht, bis ans Ende. Später sagte er zu mir: ›Ich habe immer geahnt, daß Worte leuchten können, seit heute weiß ich es.‹ Und als er mit zur Bahn ging, fragte er, ob er wohl auch dem Wort noch nahe kommen könnte, in seinem Alter. ›Sie schon‹, sagte ich. ›Aber wer lehrt es mich?‹, fragte er. ›Ich will es tun‹, sagte ich und wunderte mich, wie es möglich wäre, daß ich solchen Menschen etwas lehren könnte. – Ganz zuletzt kam er noch einmal heran und sagte: ›Ich möchte Ihnen nur sagen: gestern haben Sie etwas getan, das hat sie alle bezwungen‹.«[86]

Guardinis Anziehungskraft: der Sinn für Wahrheit

Fragt man nach der Gesamtgestalt der Tagung, so ist sie nicht ablösbar von der geistigen Leistung Guardinis. Ernst Michel schrieb in der »Rhein-Mainischen Volkszeitung«, die Tagung sei der Höhepunkt der bisherigen Entwicklung der katholischen Jugendbewegung gewesen, in ihr seien die »Keime eines neuen katholischen Geistesfrühlings«[87] sichtbar geworden. Ohne Zweifel war dies dem zielbewußten Arbeiten Guardinis zu verdanken. Und es war nicht nur seine Geistigkeit und seine überlegene Öffnung auf Zukunft,

---

[85] Ebd., 21.
[86] Vilma Mönckeberg, 50 Jahre Burg Rothenfels, 4.
[87] Zitiert von Franz Henrich, Die Bünde katholischer Jugendbewegung, 131.

sondern es war ebenso seine Persönlichkeit selbst, seine Hingabe an das Fragen, seine Rückhaltlosigkeit. Im Tiefsten aber war es wohl, wie in den Zeugnissen hervortritt, sein Sinn für Wahrheit, der alle seine Absichten, auch seine sprachliche Gestaltung, durchdrang und beherrschte. Daß er niemals ein Idol werden wollte, sondern daß er nichts anderes als die Wahrheit der Stunde zu formulieren suchte, machte ihn zu einer verehrten, ja geliebten Autorität.

Ein vielleicht überzogenes, aber gewiß so empfundenes Zeugnis: »Er ist von innen heraus schön, so daß man nicht mehr sieht, wie er aussieht. Nur seinen Mund, den sieht man... Seine Worte sind wie klares, nüchternes Wasser. Wenn Schulz-Dornburg redet, ist es wie Sekt – schäumend, spritzend, prickelnd, berauschend... G. aber gibt ihnen Wahrheit, lautere Wahrheit... G. spricht leise und schnell, aber ganz deutlich und klar. Er fügt die Sätze schnell und sicher wie eine kostbare Perlenschnur aneinander. Er spricht Sätze wie ein Dichter, so schön gewachsen, nie eine Phrase, nie ein leeres Wort – immer tief, aber nie kompliziert – immer voll inneren Horchens, ob das Dichtende in ihm die Wahrheit nicht verschleiert, überwuchert. Es liegt ihm nichts daran, zu berauschen oder zu überzeugen. Er will, daß die Menschen selbst denken und finden. Er will nicht glücklich machen. Er will die Menschen weit machen, so sie offen halten für alles, auch für das Schreckliche, wenn es da ist. Nur nichts sich vormachen – die Welt ist nicht schön, der Mensch ist nicht gut, die Natur ist nicht fühlend – die Zeit heute ist nicht wegzuleugnen, sie steht da, wie sie ist, und kein romantischer Nebel macht ihre Wirklichkeit zweifelhaft. Wandern ist gut, singen ist gut, spielen ist gut, aber nur, wenn es Kraft gibt, die Welt, wie sie ist, zu ertragen, zu bewältigen, nicht wenn es dazu dient, sich vor ihr zu verstecken, sich ein Leben vorzutäuschen, wie es heute nicht mehr sein kann. – Oft ließ er uns ganz allein zurück, nur Abgründe vor uns, um uns. Wir selber, nicht von uns wissend, maskenhaft, hilflos – er auch. Das war so erschütternd: er schloß sich nie aus, war nie der Wissende, nur immer selbst Suchender, aber einer, der die ganze Wahrheit sucht und sich keine Fetzchen davorhängt und sich und andere damit täuscht. Wissen, daß wir den Weg zu unserer Zeit, zu uns, zu Gott noch nicht gefunden haben und doch glauben. Gott läßt sich nicht zwingen, er kommt, wann er will, vielleicht nicht heute, nicht in Jahren – aber einmal wird er kommen, wenn wir glauben.

Stand er da vor uns mit seinem scharfen Gesicht vor dem dunklen Vorhang, bekam er etwas unheimlich Geisterhaftes und Steinernes zugleich. ›Durchsichtig und undurchdringlich‹, so nannte er einmal das Wesen der Klassik, und so ist er selbst. ›Ein Bach, der klar ist, daß wir die Steine auf dem Grund sehen, das ist etwas Liebliches. Ein See aber, der klar ist, doch so tief, daß wir den Grund nicht sehen, seht ihr‹, – sagte er – ›das ist etwas unendlich Geheimnisvolles.‹ Und so ist er selbst. ›Eine griechische Vase‹ – sagte er – ›ist klar in jeder Linie. Aber diese Klarheit ist voll von Geheimnis.‹ So sprach er von Goethe und von der Klassik – er sprach zugleich von sich.

Bei den Mahlzeiten saß er zwischen den Jungen, und wo er saß, war lautes Gelächter um ihn, denn er strahlt eine starke Fröhlichkeit aus – etwas ganz Einfaches, so daß man schwer an das Dämonische, was beim Reden aufspringt, glauben kann. Und immer ruhig bleibt er, auch wenn Dumme reden, auf sein Schönstes ganz dumm und ungefragt antworten. Dann schweigt er einen Augenblick mit unbeweglichem Gesicht, und dann antwortet er freundlich. Ich glaube, er hält den Weisesten noch für so töricht – am Göttlichen gemessen –, daß er keinem das Recht einräumt – sich selbst am allerwenigsten –, gegen gröberen Unverstand hochmütig zu sein.«[88]

Wechselvolle Entwicklung des Bundes

Guardinis Weiterführen der Jugendbewegung zu einer tatsächlichen Kulturbewegung kann mit diesem Jahr 1924 als gelungen betrachtet werden. Diese Phase der Entwicklung ist freilich vielfach mißverstanden worden, nicht zuletzt von den Gründern des Quickborn, die zunächst vor allem erkannten, daß das bündische Leben dabei notwendig an Bedeutung verlieren müsse. Es kam für die Zukunft mehr darauf an, daß sich der Einzelne seine Aufgabe in der Welt und eine Antwort auf ihren Anspruch erkämpfte. So standen die folgenden Tagungen weithin unter der Belastung, daß sich eine große Zahl innerer Meinungsverschiedenheiten bildete und der alte Bundesgedanke fast seiner Auflösung entgegenging. Richtungskämpfe und Aufsplitterungen in neue Gruppen waren die Regel. Vielleicht wäre die katholische Jugendbewegung des Quickborn ähnlich wie die freien Bünde auf halbem Wege steckengeblieben und geistig zerfallen, wenn nicht Guardini auf der Burg zugleich eine Zusammenführung und tiefere Grundlegung der auseinanderstrebenden Kräfte geschaffen hätte. Dieses Zusammenbinden bezog auch solche ein, die gar nicht aus dem Bund stammten, sich aber dem anziehenden Strom des »katholischen Geistesfrühlings« nahe fühlten und mitzuarbeiten wünschten. Statt des Zerfalls wurde Burg Rothenfels umgekehrt ein noch stärkeres Symbol der Ausstrahlung dieser neuen Geistigkeit. Die Frage der Bundeseinheit spiegelt sich in den Mittei-

---

[88] Vilma Mönckeberg, Rothenfels vor 50 Jahren, 2ff.

lungsheften dieser Jahre. Anfang 1924 formulierte die Bundesleitung, zu der damals Bernhard Strehler, Josef Aussem, Romano Guardini, Maria Liedl und Ludwig Neundörfer gehörten, den Beschluß, die Trennung zwischen Älteren und Jüngeren im Bund zugunsten der *einen* Bewegung wieder aufzuheben.[89] Ein Jahr später wurde eine neue Formel der Einheit in der »Bundesordnung« gefunden. Sie ist bemerkenswert offen gehalten: »Die Zugehörigkeit ist vor allem abhängig von dem mit Worten nicht Faßbaren, was uns geschenkt ist, was uns zusammenführt. Dann aber von freier und fester Entscheidung.«[90]

Wieder ein Jahr später (1926) löste sich der Bund jedoch selbst auf, vor allem deswegen, weil er z. B. für die Jungenschaft »keine klar umrissene Gestalt«[91] bot, mit der man einen Bund hätte eingehen können. Man richtete eine »Verweserschaft« ein, bestehend aus Bernhard Strehler, Grete Ammann und Ludwig Neundörfer. Damit sollte nicht die Substanz des Bundes angetastet werden, nur ihre Ausformung in einer bestimmten Ordnung war zu undeutlich, als daß sie sich verbindlich für alle aussagen ließ.

Ein halbes Jahr später wurde diese Unsicherheit in einem »Thing des Bundesrats« vom 10./11. Oktober 1926 auf Burg Rothenfels dadurch überwunden, daß man sich zu einer einheitlichen geistigen Leitung der Burg durchrang. Für diese Aufgabe wurde Guardini, und er allein, vorgeschlagen. Es mußte genügen, daß er nur zu bestimmten Zeiten seiner Ferien selbst auf der Burg anwesend sein konnte. Unter seiner Leitung sollten die Werkwochen den Mittelpunkt für die ganze Bewegung suchen und verbindlich bestimmen. Die Abfassung des Berichtes zeigt deutlich Guardinis Sprache und damit seinen Willen, aus der Uneinheit der Kräfte mit einem Grundsatzprogramm herauszuführen:

»Der tiefste Grund, der uns eint, ist das Religiöse. Im Anfang war es sehr stark; vielleicht zu stark. Dann kam eine Zeit, in der es zurücktrat. Die kulturellen Fragen drängten sich vor. Nun müssen wir uns neu auf diesen unseren lebendigsten Mittelpunkt hin besinnen. Quickborn ist religiös, gläubig, oder er ist überhaupt nicht. Auch hier werden Werkwochen und Ähnliches helfen können. Der wahre Sinn der Abstinenz ist ebenfalls vielfach verschleiert. Die einen haben aus ihr eine starrgesetzhafte Bindung gemacht. Und so ist das Lebendige daraus verloren gegangen. Andere sind lässig geworden. Sie wollen in der Zeit und in ihrer Arbeit stehen. In Wahrheit verlieren sie sich in der Zeit. Wir brauchen irgendwo ein

---

[89] Quickborn, Jg. 12, H. 1, Mai 1924.
[90] Quickborn, Jg. 13, H. 1/2, Mai/Juni 1925.
[91] Quickborn, Jg. 13, H. 11/12, April 1926.

Nein, wo an und für sich ein Ja stehen könnte. Eine freiwillig gezogene Grenze, die uns wach hält. So sehr wir das Törichte und Hochmütige im Anders-Sein-Wollen abgelegt haben oder noch ablegen müssen, dennoch ist etwas anderes in unserer Art und in unserem Wollen gegenüber der Allgemeinheit. Und das muß irgendwo in einer freiwilligen Selbstbindung zum Ausdruck kommen. Doch heißt abstinent sein nicht bloß, keinen Alkohol trinken. Es ist mehr. Es bedeutet eine bestimmte Haltung, die sich im frei gesetzten Verzicht ausdrückt, aber auch sonst zur Geltung kommt. Die letzten Jahre haben gezeigt, daß die frühere Fassung des Abstinenzgedankens zu einfach war.«[92]

Die Schildgenossen

Entstehung, Entwicklung, Zielrichtung

Beim zweiten deutschen Quickborntag im August 1920 hatten sich die Älteren über 20 Jahre von den Jüngeren getrennt und zum »Großquickborn« zusammengeschlossen.[93] Diese Älteren erkannten die Notwendigkeit, sich mit einer Zeitschrift, den »Schildgenossen«, ein eigenes Organ zu schaffen, das über die Mitteilungen der Quickborn-Hefte hinausging – sie wurden als zu jugendlich-ungenügend empfunden. Bernhard Strehler trat verletzt von der Schriftleitung zurück – nachdem er einen Tag zuvor zum »König des Quickborn« gewählt worden war. Das erste Heft der Schildgenossen erschien unter der Schriftleitung von Rolf Ammann bereits im Oktober 1920 und wurde ein Forum nicht nur der Großquickborner, sondern auch der abstinenten Studentenverbindung »Hochland«.

---

[92] Quickborn, Jg. 14, November 1926.
[93] Rolf Ammann, in: Schildgenossen 1 (Oktober 1920), 1f: »Zur Quickborntagung, dem Treffen heranreifender katholischer, studierender Jugend, waren sie gekommen. Aber zu einem großen Teil waren sie schon in das Berufsleben eingetreten oder waren auf die Hochschulen gegangen und dort in der Mehrheit Hochländer geworden. Sie hatten schon lange erkannt, daß die ganze Arbeit, das Streben und Ringen im Quickborn nur dann einen Zweck haben kann, wenn die Ideale, die dort errungen wurden, im Ernste des Lebens in die Tat umgesetzt würden. Sie waren sich aber auch bewußt, daß ein Einzelner in einer ganz anders denkenden und daher feindlich gesinnten Welt nicht auf die Dauer bestehen kann, daß er erdrückt würde, und so haben sie sich zusammengeschlossen zu einer Schar, zu einer Treuegemeinde, um sich gegenseitig im Kampfe zu stärken, zu stützen, zu schirmen, um gemeinsam Mittel und Wege zu suchen, zunächst ihre Gesinnung zu wahren und dann hart und zäh Boden zu erkämpfen für die eigene Sache. So ist Großquickborn entstanden.«

Der recht romantische Name »Schildgenossen« bedeutete eine frühmittelalterliche Kampfgemeinschaft, die aus dem Schutz eines einzelnen Schildes angreift. Er galt ursprünglich nur für die »Gaugrafen« und »Gaugräfinnen« des Quickborn. Sie trafen sich an Weihnachten 1920 auf der Burg, um über die Weiterführung der Jugendbewegung in eine Kulturbewegung zu sprechen – jenes Thema, das im Hintergrund der neugegründeten Zeitschrift stand.[94] Bemerkenswert ist, daß Guardini bereits zu diesem ersten Treffen eingeladen war und die Gespräche wesentlich mitbestimmte. Durch zwei »Bürgen«, Rolf Ammann aus Bayern und Elisabeth Driessen aus Westfalen, wurde er feierlich in die Schildgenossen aufgenommen, seinen Worten nach »ein noch nicht erlebtes dankbares Glück von Aufgenommensein, Lebensverpflichtung in Treue, auf Mitmenschen, auf Gott hin!«[95] Die Schildgenossen erschienen 20 Jahrgänge lang bis zum Verbot durch die Nationalsozialisten 1941. Die Schriftleitung wechselte öfter; von Rolf Ammann übernahm der damalige Burgkaplan Josef Aussem 1923 die Aufgabe, 1924 trat Guardini als Mitherausgeber hinzu, 1926 Karl Neundörfer und Rudolf Schwarz, später, nach Neundörfers Tod, auch Heinrich Kahlefeld und Helene Helming. Zu dem engeren Mitarbeiterkreis gehörten Theo Abele (Pädagogik), Rolf Ammann (Industrie, Technik), August Heinrich Berning (Literatur, Politik), Helene Helming (Schule), Idamarie Solltmann (Soziale Arbeit, Wohlfahrt). An Autoren finden sich auch Namen wie Peter Wust, Karl Adam, Eugen Rosenstock, Heinrich Getzeny. In inneren wie äußeren Schwierigkeiten wachsend, entwickelte sich die Zeitschrift aus einem Mitteilungsorgan des Großquickborn zu einer Stimme des geistigen katholischen Lebens weit über den Bund hinaus. Spätestens ab 1923 löste sich die Zeitschrift aus dem engeren Leben des Bundes und suchte die Verbindung mit dem allgemeinen Leben der Zeit zu knüpfen. Vom siebten Jahrgang an (1926/27) lautete der Untertitel zutreffend »Zeitschrift aus der katholischen Lebensbewegung«, an Einfluß je länger je mehr dem »Hochland« von Carl Muth vergleichbar, wobei Rudolf Schwarz gerne betonte, daß »Die Schildgenossen« dem »Hochland« an Modernität und Auseinandersetzungsfreude überlegen wären. Diese Wirkung war mit Sicherheit der Mitarbeit Guardinis zu

---

[94] Margarete Kaltenhäuser, Der dritte Tag, in: Quickborn, 8. Jahr, Heft 6/7, Oktober 1920, 180: »Bedeutungsvoll wird die Neugründung einer eigenen Zeitschrift für den kräftig aufstrebenden Großquickborn als Kulturbewegung.«

[95] Mitteilung von Elisabeth Driessen-Steidle, Mai 1984 (Archiv Burg Rothenfels). Die Namen der ersten zwölf Schildgenossen waren: Rolf Ammann, Klara Schaetz, Hans Altenburger, Lorenz Fischer, Seraphie Schaneng, Kurt Jaroschek, Jupp Schäfer, Grete Kaltenhäuser, Maria Liedl, Rudolf Leder, Hubert Schiel, Elisabeth Driessen.

danken, der häufig noch nicht veröffentlichte Teile seiner Bücher und Ansprachen dort abdrucken ließ[96]; zu einem anderen Teil war es die Mitarbeit von Rudolf Schwarz, der die Auseinandersetzung mit der modernen sakralen Kunst, insbesondere der Baukunst, in die Zeitschrift einbrachte (so die ersten Fotos und Besprechungen der Kirchen von Dominikus Böhm und Mies van der Rohe).[97]

Immer stärker lassen sich große gedankliche Zusammenhänge durch die Jahrgänge hindurch verfolgen: die Fragen der Kirchenmusik, dort vor allem des erneuerten Volksgesangs (Felix Messerschmid), des sakralen Bauens und der dazugehörigen Ausgestaltung (Rudolf Schwarz), die Neuerschließung abendländischer Gestalten für die Gegenwart (Guardinis Deutungen von Augustinus, Hölderlin, Dostojewski – wogegen Rudolf Schwarz so gerne polemisierte), die Neugewinnung der Grundhaltungen des Glaubens (Romano Guardini). Demgegenüber bleiben die Ansätze auf politischem Gebiet ohne eine solche sich durchhaltende Linie. Der Tod von Karl Neundörfer (1926) hatte eine solche Lücke auch in dieser Beziehung in die Herausgeberschaft gerissen, daß leider kein in ähnlicher Weise der Wirklichkeit des Rechtes, des Staates, der sozialen Ordnung verpflichteter Mann mehr gefunden werden konnte. Erhellend für die Aussage der Zeitschrift ist ihr Aufbau, der im Grunde durch alle Jahrgänge hindurch Gültigkeit behielt: Aufsätze und Dichtung, Texte der Überlieferung, Übersetzungen, »Aus der Zeit«, Bücher und Bilder. In einer Werbung Mitte der 20er Jahre findet Guardini folgende Kennzeichnung: »Die Schildgenossen sind eine Zeitschrift junger katholischer Christen, die sich verbindlicher Gegenwartsarbeit verpflichtet wissen. Wir glauben an die innere Allumfassung der sichtbaren Kirche. Wir suchen rein, ohne Zweck und Absichten, aus der lebendigen Wahrheit dieser Kirche zu sprechen und sind überzeugt, daß ein solches Wort eher das Ohr auch der nicht katholischen Menschen findet, als es irgendeine apologetische Bemühung vermag. Zu uns rechnen wir alle, die sich und die Zeit im Umbruch

---

[96] Brief Guardinis vom 8. 2. 1930 an Hubert Schiel (Archiv Burg Rothenfels): »Nun ist es für mich bereits ein wirklicher ›Idealismus‹, fast meine gesamten (!) Aufsätze den Schildgenossen zu geben, da ich bei anderen Zeitschriften ein weit höheres Honorar erhalten könnte« – auf das er angewiesen war, weil er es vielfach weiterverteilte.

[97] Brief von Rudolf Schwarz vom 1. 5. 1929 an Werner Becker (Archiv Burg Rothenfels): »Meinerseits schlage ich vor, für eines der nächsten Hefte Mies van der Rohe in Bewegung zu bringen. Er kann sich über Großstadt äußern und hierzu Bilder aus seinen Beständen liefern oder auch was Neues zusammenzeichnen. Ich könnte mir denken, daß man diese Angelegenheit groß aufmachen könnte und mit viel Grundrissen und Bildern versehen. Der Mann ist eine unserer wertvollsten Bekanntschaften und wie alle anständigen Katholiken innerhalb des katholischen Kulturkreises so gut wie unbekannt, während ihn die andern sehr schätzen.«

sehen und darin einen Gegensatz zum selbstsicheren Denken der Vorkriegszeit empfinden: die ein Gefühl dafür haben, daß die Fragen auf einmal wieder offen sind. Alle jene, die dankbar sind, ›in dieser Zeit geboren zu sein‹, aber wissen, daß es ihnen in die Hand gegeben ist, was aus dieser Zeit wird. Und – wir fügen es als eine Warnung an uns selbst hinzu – daß nicht Literatentum und unverbindliches Gerede schaffend sind, sondern nur wirkliche Überzeugung und ehrliches Tun... Aus den Kräften der Zeitenwende und aus dem Heiligen Geist, der in Gottes Kirche wirkt, wollen wir sorgsame Arbeit tun. Gutes Werk für Einzelleben und Staat, Schule und Wirtschaft, Haus und Politik, Wissenschaft und Kunst, Welt und Kirche; im Maß unseres Könnens. Nüchtern, aber in Zuversicht.«[98]

Schwierigkeiten

Im Kreis der Mitarbeiter gab es verschiedentlich Spannungen, ja ernste Auseinandersetzungen über die Zielrichtung der Zeitschrift; hinzu kamen finanzielle Gefährdungen der geringen Abonnentenzahl wegen (zeitweise waren es nur 800).[99] Besonders in den Jahren 1926 bis 1929 spitzten sich die unterschiedlichen Vorstellungen über Aufgabe und Inhalt der Zeitschrift zu. Sie entzündeten sich in der Regel an Guardinis ungewollter, aber hervorragender Rolle innerhalb der Herausgeberschaft. Guardini hatte der Zeitschrift seine Handschrift aufgeprägt, so daß manche Mitarbeiter schon vom »Stempel Guardinischer Einseitigkeit« sprachen.[100] Karl Neundörfer hatte 1926 vorgeschlagen, als Basis der Schildgenossen die Voraussetzungen von Guardinis Gegensatzlehre zu nehmen. Dabei dürften dann aber nicht nur »bloße formale Umschreibung der Bildungsfaktoren, sondern Darstellung der elementaren Kräfte, der Realtatsachen und ihrer aktuellen Auswirkung«[101] wiedergegeben werden. Darin drückt sich aus, was Guardini immer wieder vorgeworfen wurde,

---

[98] Archiv Burg Rothenfels.
[99] Brief Guardinis an Richard Knies vom 23.1.1927 (Nachlaß Knies, Diözesanarchiv Mainz): »Sachliche und persönliche Schwierigkeiten stellten sich heraus; der schaffende Kreis, an dessen Existenz ich geglaubt hatte, zerstreute sich; z.T. war von vornherein nicht das vorhanden, was ich angenommen hatte. Dann kamen hinzu die lähmenden finanziellen Schwierigkeiten. Der Matthias-Grünewald-Verlag mußte sparen, und mit vollstem Recht. Dadurch aber wurde manche Publikation unmöglich, die sonst möglich gewesen wäre. So zerging jene ideelle Einheit des ›Werkkreises‹, welche gefordert hatte, daß die Zeitschrift dabei bliebe. Dazu kam dann die finanzielle Not der Schildgenossen selbst. Ludwig Neundörfer sowohl wie ich haben unser Möglichstes getan, sie reich und interessant zu machen. Es ist uns aber offenbar nicht gelungen, und die Beziehrzahl nahm ab.«
[100] Brief von Josef Aussem an Rudolf Schwarz vom 7.5.1926 (Archiv Burg Rothenfels).
[101] Ebd.

daß er zu stark im Gedanklichen und zu wenig im aktuellen Eingehen auf die Zeit arbeite. »Die Schildgenossen als Fortsetzung der Guardini-Akademie ist nur *eine* Seite der Schildgenossenarbeit.«[102] Die Gegensätze ließen sich auch formulieren unter »dem Gedanken einer Bildungszeitschrift, aufgebaut auf den Werkwochen Romanos, und dem Gedanken einer Bewegungszeitschrift, die Heimat für alle in aussichtsreicher Bewegung stehenden Kräfte innerhalb des Katholizismus wäre.«[103] Man entschied sich im Juli 1926 in einer Paderborner Besprechung für die zweite Möglichkeit, die ganz besonders Rudolf Schwarz vertrat. Dieser war der Überzeugung (zusammen mit Josef Emonds), was Guardini sehr wohl wußte, »es komme heute nicht so sehr darauf an, gegenständlich Richtiges und Wertvolles zu sagen, sondern das Sagen müsse aus einem Tun kommen, oder doch aus der erlebten Notwendigkeit eines solchen und auf ein Tun führen.«[104]

Schwarz vermißte in seiner zeitweise harten Kritik jene Unmittelbarkeit, der auch eine direkte politische Aussage möglich sein müsse. Hier taten sich wirkliche Unterschiede im Konzept auf: »Ich weiß, daß Romano meine Klage, daß diese (politische) Arbeit im Stich gelassen wurde, bzw. ins Pädagogische abgebogen wurde, gewaltig krumm genommen hat.«[105] Schwarz sah eigentlich keinen »einheitlichen Arbeitskreis mit gemeinsamem Willen« mehr am Wirken, sondern ein »reines Nebeneinander«[106]. Er war andererseits hellsichtig genug zu erkennen, daß Guardinis Aufgabe tatsächlich in dem bestand, was er der Zeitschrift liefern konnte: »Auch die Beiträge Guardinis entstanden aus einer großen Einsamkeit heraus und tragen durchaus nicht die Züge einer erzeugenden Gemeinschaft... Es wurde uns ohne jeden Vorwurf und ohne jede Ungerechtigkeit klar, daß solche Gemeinschaftlichkeit nicht der geistigen Struktur Romanos entsprach. Ich meine, daß er so ungewöhnlich große andere Gaben hat, daß man ihm sein eigentlichstes Wesen niemals zum Vorwurf machen darf. Aber man muß diese Erkenntnis doch nun in die Schildgenossenarbeit einbauen, daß man von ihm nicht dauernd Dinge erwartet, die er einfach nicht geben kann und wird und sicher auch, wenn er es versuchte, nicht den hohen Wert sagen wir seiner religiösen Essais hätten.«[107]

---

[102] Brief von Josef Aussem an Rudolf Schwarz vom 22.6.1926 (Archiv Burg Rothenfels).
[103] Brief von Rudolf Schwarz an Werner Becker vom Juli 1926 (Archiv Burg Rothenfels).
[104] Brief von Guardini an Josef Aussem vom 12.3.1928 (Archiv Burg Rothenfels).
[105] Brief von Rudolf Schwarz an Josef Aussem vom Dezember 1927 (Archiv Burg Rothenfels).
[106] Ebd.
[107] Ebd.

Ein Beispiel dafür, wie sich Schwarz die Arbeit konkret vorstellte, findet sich in einem Brief von 1930, der nicht mehr die Schärfe der Spannungen von 1927 ausdrückt, aber in aller Ironie sachlich dieselben Einwände macht:

»Es geht einfach nicht, die zeitschrift in einer zeitentrückten idealität weiterblühen zu lassen...natürlich sind in wüsten massen wieder aufsätze da über dichter und über maler der gegenwart und noch viel mehr der vergangenheit und wir könnten doppelhefte draus machen, aber mit dem erfolg, daß kein lebendiger mensch sie lesen würde. die wirklichen fragen der wirklichen menschen bleiben aber nach wie vor unbekannt und nachher staunt dann die welt über die offenbarungen des herrn muth in seinem hochland, die wir doch wirklich besser und netter geben könnten...es *wäre* aber viel da, wenn wir weniger starke ewigkeitsansprüche stellten. z. b. wäre da deine abendansprache in leipzig, ferner die darlegung von walter dirks über sozialismus, ferner deine antwort. ich weiß, daß diese dinge noch nicht die höchsten gipfel menschlicher erkenntnis erklommen haben, aber ich weiß auch, daß die menschheit nicht vorhat zu warten, bis wir mit den schildgenossen diese höhen erklommen haben...es weiß ja auch jeder, daß sie (die veröffentlichung) vorläufig ist, ich würde es aber nicht verstehn, wenn man...es für angebrachter erachtete, etwa jetzt den fünften aufsatz über stifter oder den achten über hölderlin in großdruck erscheinen zu lassen...also sei bitte nicht böse, aber wir brauchen wirklich unterstützung in form von lebensvollen manuskripten. sieh mal, du hast ungefähr 32 000 bekannte, und darunter sind zierden der wissenschaft, dotterblumen auf der weide des geistes, zentralsonnen in der milchstraße der filosofie. ist es denn gar nicht möglich, diesen erhabenen wesen äußerungen zu entlocken als schlichte beweise ihrer herablassenden güte? ...aber es kommt ja niemand auf den gedanken, daß dinge, die für unser eigenes zeitalter bestimmt sind, in die schildgenossen gehören...sieh mal, wenn ich oder schmidthues zitternd vor ehrfurcht diesen milchkühen der weisheit ihre süße milch abzumelken versuchen, dann wenden sie sich ab. sie schlagen im großen brockhaus unter sch nach und sie finden uns dort nicht. wie werden aber ihre herzen aufjauchzen, wenn sie ein handsigniertes schreiben von dir erhalten und wie werden sie kopfüber in die tinte stürzen!«[108]

Guardini versuchte, auf diese Anregung einzugehen. Ein Beispiel, das freilich selten blieb, war seine Bitte an Schwarz, zu dem Aufsatz über »Natur und Kultur« in loser Form Fragen zu reihen, dann kämen

---

[108] Brief von Rudolf Schwarz an Guardini vom 2.11.1930 (Archiv Burg Rothenfels).

seine Antworten und wieder Einwände. »Er muß es ja umso lieber tun, weil es doch seiner Idee vom experimentierenden Denken entspricht. Außerdem habe ich selbst den Aufsatz, soweit diese Seite mir überhaupt liegt, auf solches Experimentieren angelegt.«[109] Andererseits war Guardini nicht willens, seine Art der Theorie auf ein unmittelbares Tun hinzulenken. »Trotz aller Unverbindlichkeit ist es auch heute gut und nötig, einen vertretbaren Gedanken aus ihm selbst heraus zu entwickeln, vorausgesetzt natürlich, daß er uns lebendig angeht. Der Maßstab dieses Angehens aber darf nicht nur aus dem Schwarz-Edmonds'schen Standpunkt genommen werden.«[110]

Guardini wußte freilich sehr gut, was Schwarz für die Linie der Zeitschrift bedeutete, und stützte, soweit es ging, auch die Wiedergabe seiner neuen Kirchen in der Zeitschrift. Sie trafen sich immer wieder, auch auf der Grundlage eines beiderseitigen Humors. Guardini schlug einmal einen Aufsatz über die psychologische (kontemplative) Bedeutung der Litanei vor, außerdem einen Vortrag über das Religiöse bei Dostojewski. Maliziös fügte er hinzu: »Angesichts der herrschenden Abneigung gegen alle Aufsätze ›über...‹ bitte ich um Mitteilung, ob sie für die Sch. in Betracht kommen. Andernfalls würde ich mich damit an das Hochland wenden.«[111] Schwarz schrieb umgehend: »Ob dostojewski-aufsätze erwünscht, ist nicht sofort zu beantworten...traureden, natur und kultur, litanei, litaneien, alles überaus knorke.«[112]

Zur politischen Blickrichtung der Zeitschrift

Es ist bezeichnend, daß die gefühlte Notwendigkeit politischer Neuorientierung zweimal zu einer anderen Zeitschriftengründung neben den »Schildgenossen« führte, da in ihnen offenbar dieses Anliegen nicht genügend berücksichtigt war. Im Anschluß an eine Politische Werkwoche auf Burg Rothenfels 1931 entstanden die »Werkhefte junger Katholiken«. Nach zwei Jahrgängen löste sich freilich die Herausgeberschaft auf, doch schloß sich für weitere zwei

---

[109] Brief Guardinis an Karlheinz Schmidthüs vom 12.12.1930 (Archiv Burg Rothenfels).
[110] Brief Guardinis an Josef Aussem vom 12.3.1928 (Archiv Burg Rothenfels).
[111] Brief Guardinis an die Schriftleitung der Schildgenossen vom Januar 1930 (Archiv Burg Rothenfels).
[112] Brief von Rudolf Schwarz an die Schriftleitung der Schildgenossen vom 22.1.1930 (Archiv Burg Rothenfels).

Jahre die Zeitschrift »Gestalt und Zeit« unter Ida Coudenhove, Rudolf Schwarz, Ludwig Neundörfer und Georg Volk mit ähnlichen Zielen an.

Betrachtet man eingehender die politischen Ansätze in den »Schildgenossen«, wie es Heinrich Lutz in einer kurzen, aber fundierten Skizze getan hat,[113] so ergibt sich folgendes Bild: Der Aufbruch junger Katholiken in den Anfangsjahren der Weimarer Republik trifft auf ein vielseitiges Kräftespiel. Vom Ansatz her war die Quickborn-Generation in erster Linie für den kulturell-religiösen Wandel maßgebend. Trotzdem war naheliegend, daß auch diese Kultur-Bewegung politische Folgen haben würde. Einen Zusammenhang dieser Art äußert bereits Hermann Platz im Rückblick auf die Quickborntagung vom Sommer 1920: »Der Krieg und die Ereignisse der Nachkriegszeit haben die Eiterbeule, die in der Großstadt gereift ist, aufbrechen lassen. Das Geld gewinnt im heutigen Schieber-, Wucher- und Protzentum die letzte Bedeutung, die ihm als Symbol der vergangenen Kulturentartung zukommt. Die schicksalhafte Verflochtenheit mit all diesen Dingen ist unser tiefes Leid und das Ziel unserer heimlichen Sehnsucht ist es, irgendwo an das andere Ufer zu gelangen, wo das neue Seelentum zu sprießen beginnt. – Das war mein Erlebnis auf Burg Rothenfels: Diese Abgelegenheit und Erhabenheit waren Leben und Sinn... Hier zerbrach die Allmacht des Geldes, so weit weg, so hoch drüber war es. Hier war Seele an Seele gelehnt, Wille an Wille gereiht und gerichtet, und der Flügelschlag des neuen Geistes war vernehmbar... Man spürte es: Hier bereiten sich ganze Menschen zu ganzen Taten. Die Welt hat genug der Halbheit...Dumpf trieb alles einer Lösung zu, die dann der Weltkrieg brachte. Und heute darf niemand mehr auf der alten Ebene weiterarbeiten. Heute ist jeder, der die Weltkriegsnot gespürt hat, gezwungen, aus anderer Tiefe zu schöpfen und anderer Höhe zuzustreben. Wir sind in die Wüste geführt und den Urgewalten des Lebens gegenübergestellt. Aller Ersatz ist verworfen. Wir graben unterhalb der Kulturschichten ins Unbedingte.«[114]

In der Folge formulieren die Schildgenossen versuchsweise eine Neuwerdung der institutionellen Ordnungen von Familie, Beruf und Staat. Wie Lutz anmerkt, will dies nur gerade beim Staat nicht recht gelingen. Gewiß war es nicht Guardinis eigene Aufgabe, auch auf diesem Gebiet zu einer Klärung beizutragen, doch schien es jedenfalls nicht möglich, der verwickelten Aufgabe einer Umstellung von der Monarchie auf die Republik geistig vorzuarbeiten. In den Jahren

---

[113] Heinrich Lutz, Demokratie im Zwielicht. Der Weg der deutschen Katholiken aus dem Kaiserreich in die Republik 1914–1925, München 1963; besonders 112–123.
[114] Schildgenossen 1 (1920), 30f.

1922–1923 wollte die Zentrumspartei über die Windthorstbünde die katholische Jugend zur parteipolitischen Mitarbeit gewinnen.[115] Dazu bildete sich gerade in den Reihen des Quickborn zunächst eine abwartende Haltung, schließlich aber Ablehnung. »Unsere geistig-seelische Haltung biegt sich heute mit keiner Linie dem geschichtlich überkommenen Gebilde zu, das man Partei nennt. Auch die Partei, die uns weltanschauungsgemäß am nächsten stehen soll, betrachten wir nicht als eine ewige Kategorie...Wir glauben nicht an die völkische Heilkraft des vom liberalen Westen geerbten Parlamentarismus, selbst dann nicht, wenn er sich in den Flittermantel einer formal sauberen Demokratie hüllt.«[116] Zunehmend kamen in den Schildgenossen Stimmen zu Wort, in denen Mißtrauen gegen den Parlamentarismus und damit gegen die zugegebenermaßen unfertige Demokratie zum Ausdruck kam. Zudem werden diese Stimmen verstärkt durch den katholischen Staatsrechtler Carl Schmitt. Aber Schmitt hätte seinen antiliberalen und antiparlamentarischen Grundgedanken auch in den »Schildgenossen« nicht so offen aussprechen können, wenn er nicht auf ein analoges Denken in dieser neuen katholischen Jugend gestoßen wäre. Grundlage dieses Denkens war die klassische Übergewichtung der Ordnung gegenüber der Freiheit, worin die Begriffe von Autorität und Hierarchie gottgewollter Art die tragende Rolle spielten. Hiervon ist auch Guardini nicht ganz freizusprechen. 1925 erörterte er seine Vorstellungen von politischer Autorität durch den Satz: »Ordnung, mithin auch Autorität, kann in ihrer Gültigkeit nicht an die konkreten Qualitäten des Trägers gebunden sein, sondern entstammt eigenem Bereich. Sie ist immer irgendwie ›von Gottes Gnaden‹.«[117]

Unter diesen Voraussetzungen, verbunden mit der Führungsschwäche des Weimarer Staates, wurde der Vorrang der Ordnung und Autorität vor der Freiheit und dem demokratischen Kräftespiel immer nachdrücklicher auch im Bewußtsein der katholischen Elite betont. Es war verhängnisvoll, daß die in der Theologie gewonnenen Einsichten unverändert auf die politische Ebene übertragen wurden, wo sie – im Wechsel vom Unbedingten zum Bedingten, was damals offensichtlich nicht bemerkt wurde – eine andere Bedeutung annahmen: »Als im Jahre 1870 die Unfehlbarkeit des Papstes definiert wurde, da nahm die Kirche auf der höheren Ebene jene geschichtliche Entscheidung voraus, die heute auf der politischen Ebene gefällt wird: für die Autorität und gegen die Diskussion, für den Papst und

---

[115] Lutz, Demokratie im Zwielicht, 113.
[116] Ebd., 114, Zitat aus: Quickborn 1922.
[117] Schildgenossen 6 (1925/26), 149.

gegen die Souveränität des Konziles, für den Führer und gegen das Parlament.«[118]

Freilich lesen sich diese Sätze von 1933 heute anders als zu ihrer Zeit. Es schien nicht möglich, unter den Prämissen der damaligen geistigen Gestimmtheit Warnungen einzuzeichnen, die heute durch die Erfahrung der anschließenden zwölf Jahre leicht auszusprechen sind. Jedenfalls läßt sich wohl zu Recht auch in den »Schildgenossen« ein mangelndes Grundempfinden für die Demokratie mit all ihren ausgeprägten Schwächen erkennen, der ein völkisches Bewußtsein oder besser der Neuaufbau des Volkes entgegengesetzt werden sollte. Die Kräfte waren freilich zu schwach und der Anlauf zu kurz, um eine solche Erneuerung tatsächlich zu leisten.

Rudolf Schwarz hatte des öfteren verbal versucht, in die »Schildgenossen« einen stärkeren politischen Bezug einzubringen. Er selbst konnte diese Aufgabe jedoch nicht einlösen, da sie seiner eigenen Begabung nicht zukam. In einem Brief von 1926 wird erkennbar, wie stark Schwarz sich gegen die bestehenden Parteien der Mitte aussprach und wie sehr er eine Lösung durch andere Ideen erwartete. Es ist vielleicht deswegen interessant, Schwarzens Gedankengang wiederzugeben, weil er die in sich völlig offene Art zeigt, womit große Teile der Jugendbewegung überhaupt den Parteien gegenüberstanden. Bemerkenswert auch eine Reihe von Fehleinschätzungen: »Die Großväter in den Mittelparteien bekommen ihre Impulse von Erinnerungsresten an die civitas Dei, die ›Welt des Mittelalters und wir‹, den Kirchenstaat und andere derartige Angelegenheiten. In die Zukunft weisend, zeitgemäß empfunden sind dagegen die Gedanken des Bolschewismus, des Faschismus, gewisser Teile der Völkischen, der rationalistischen Europa-Bewegung, vielleicht auch des Abendlandgedankens usw. Aussichtslos, weder von einer Gläubigkeit noch von einer Haltung getragen scheint mir die Politik der meisten Parteien. Am schlimmsten dürfte es bei den Deutsch-Nationalen, dem Zentrum und den Mehrheitssozialisten stehen. Es läßt sich recht gut fühlen, wo urwüchsig Neues aufbricht, und wo Historiker, Konservatoren, Klerikale, Parteibonzen an der Arbeit sind.«[119]

Neugründung nach dem Kriege?

Als nach dem Kriege die Wiedergewinnung der Burg für den Quickborn betrieben wurde, erhob Rudolf Schwarz gleichzeitig die

---

[118] R. Grosche, in: Schildgenossen 13 (1933/34), 48.
[119] Brief von Rudolf Schwarz an den namentlich ungenannten Führungskreis vom 1. 8. 1926 (Archiv Burg Rothenfels).

berechtigte Frage, ob die »Schildgenossen« nicht ebenfalls eine Wiedergeburt erfahren sollten. Es beleuchtet die Wichtigkeit, die Guardini diesem damaligen Organ beimaß, daß er den Vorschlag sofort befürwortete und versuchte, die Aufgabe der Zeitschrift wieder auf die Not der Zeit hin zu formulieren. Der Plan kam zwar nicht zustande, doch ist seine Reflexion darüber zugleich eine hervorragende Beleuchtung der Leistung der alten Zeitschrift. »Ich glaube, Deine Formulierung, ›wir sollten die Zeitschrift wiederum auf eine absichtslose Christlichkeit stellen‹, trifft genau das, worauf es ankommt. Damit ist nicht gesagt, daß die anderen Gesichtspunkte nicht auch zu Worte kommen sollten: der Hinweis auf die jetzige und künftige Not und die Mitarbeit am Neubau Deutschlands. Das Erste aber ist die Hauptsache. Darin hat ja doch der Wert der alten ›Schildgenossen‹ bestanden, daß wir keine Programme und keine Formeln hatten. Allerdings stand hinter ihnen die Werkstatt ›Rothenfels‹, ›Aachener Kunstgewerbeschule‹, ›Leipziger Oratorium‹ usw. Das ist jetzt nicht mehr bzw. nicht mehr im gleichen Maße der Fall. Hoffentlich kommt es aber wieder, und wir müssen über die Frage, ob nicht doch eine Stelle menschlich-religiöser Bindung wieder geschaffen werden kann, und wie das zu geschehen hat, noch sprechen. Mir liegt der Gedanke der Akademie immer noch im Sinn. Jedenfalls sehe ich aber heute keine einzige Zeitschrift, wo aus wirklicher Erfahrung, mit dem Gefühl für Altes und Neues und mit Niveau aus den christlichen Voraussetzungen heraus über das Dasein so gesprochen wird, daß ›Die Schildgenossen‹ überflüssig wären. Die ›Frankfurter Hefte‹ sind sehr gut; sie sind aber ausgesprochen aktuell, zum Teil unmittelbar politisch, so fehlt das, was ›Die Schildgenossen‹ waren und das müßte wiederkommen...Worauf es uns ankommt: Jene Wesentlichkeit zum Sprechen zu bringen, die nicht nur aus dem Heute, sondern auch aus dem Gestern und aus dem Ewigen redet.«[120]

Der Plan kam nicht zustande; es blieb bei den zwanzig Jahrgängen. Ihnen kommt bei allen Mängeln und Kurzsichtigkeiten eine hervorragende Rolle zu, gerade was die Vermittlung des neuen Katholizismus in der Prägung Guardinis und seines engeren Kreises an die Geistigkeit der Zeit betrifft. Aus einem Mitteilungsblatt für Burg und Bund waren sie zu einem ernst genommenen Zeugnis herangewachsen. Wie es in einem Entwurf der Selbstbeschreibung 1926 heißt: »...Ergriffen werden von dem Wehen des heiligen Geistes in der Kirche, damit von der Aufgabe, diese unsere Zeit aufzubauen auf der sakramentalen Ordnung des Reiches Gottes, also vom Ursprung her.

---

[120] Brief an Rudolf Schwarz vom 1.5.1947 (Stabi).

Jede Romantik ist dabei auszuschalten. Es geht bis ins letzte nicht darum, vergangene Zeiten heraufzubeschwören... Aber auch jeder Art eines unverbindlichen Denkens geschäftiger Literatur, einer falschen Toleranz, einer negativen Weitherzigkeit sind wir feind. Wir glauben an die innere Katholizität als eine Grundeigenschaft der sichtbaren Kirche. Indem wir zweck- und absichtslos aus der Wahrheit und dem Wahrheitsbesitz der Kirche zu sprechen versuchen, glauben wir leichter und eher das Ohr nichtkatholischer Menschen zu finden, als irgend eine apologetische Haltung es finden kann.«[121]

Exkurs: Liturgie und Leib

Die Transparenz von Innen und Außen

Guardini wurde auf Rothenfels geradezu ausdrücklich in die Möglichkeit verwiesen, die Jugendlichen im Sinne seines ersten Werkes in den »Geist der Liturgie« einzuführen. Nach der Tagung vom August 1920 begann er, auch über das geschriebene Wort auf den Bund zu wirken. Seit Anfang 1921 veröffentlichte er in »Quickborn« eine Fortsetzungsreihe über »Liturgie im Alltag«, beginnend mit einer Besinnung über das Kreuzzeichen. Diese meisterhaft durchgeformten Skizzen erprobte er zu gleicher Zeit in seinen Gesprächsabenden in Pützchen. Die ebenso einfachen wie grundlegenden Bausteine einer liturgischen Kultur faßte er 1927 in dem elementaren Buch »Von heiligen Zeichen« zusammen, welches gerade für die Jugend einer der wichtigsten »lebbaren« Beiträge zur Ausbreitung des liturgischen Bewußtseins wurde. Teile daraus erschienen nach dem Kriege sogar in Lesebüchern für die Schule, wie der über die Kerze.

Die Beiträge sind unterschätzt, wenn man sie nur im Rahmen von Guardinis Bemühungen zur »Volksliturgie« sieht. Wie die »Gemeinschaftliche Andacht zur Feier der hl. Messe« (1920), der »Kreuzweg« (1919) und »Der Rosenkranz unserer Lieben Frau« (1940) gehört das Büchlein natürlich in diesen anspruchsloseren, aber von Grund auf durchdachten Rahmen. Die Beobachtungen sind – was für Guardini immer wesentlich blieb – grundlegend auf Einsichten in den Leib-Seele-Zusammenhang aufgebaut. Die Hand, das Kreuzzeichen, das Knien, das Weihwasser, die Flamme, die Kerze, die Pforte, die Stufen, die Glocken, der Name Gottes – es gelingt Guardini, unerwartet Elementares über diese alten Dinge zu sagen, und zwar deswegen

---

[121] Anonymer Entwurf (Archiv Burg Rothenfels).

so anrührend neu, weil er an die Erfahrung der Leiblichkeit anknüpfte.

Eine andere Frucht erzieherischer Arbeit in Rothenfels zeitigte das Bändchen »Liturgische Bildung« von 1923. Guardini gelingen im Vorwort programmatische Ausblicke: »Der ganze Mensch trägt das liturgische Tun. Wohl die Seele, aber sofern sie sich im Körper offenbart.«[122] Ziel einer solchen Bildung ist »durchgeistigte Leiblichkeit«, nicht »rein geistige Frömmigkeit«. Hier fällt bereits das später zur zögernden Frage umgeformte Wort, der Mensch müsse wieder »symbolfähig« werden.[123] Erneut arbeitet Guardinis Denken an der grundsätzlichen Überwindung eines theoretischen Irrwegs: »Wir müssen weg von der verlogenen ›Geistigkeit‹ des 19. Jahrhunderts. Verleibter Geist sind wir...«[124]

Zum Ausdruck kommt hier die denkbar einfache Grundlegung liturgischen Vollzugs: das Durchscheinen der seelischen Haltung im Leib, Liturgie als Transparenz von Innen und Außen, von Göttlichem und Menschlichem, von Unsichtbarem und Sichtbarem. Oder: erweckt wird der Sinn für das Symbol, für das Ganze aus zwei Hälften. Wenn die eine Hälfte, der vollziehende Ausdruck, fehlt, so ist das Innere nicht nach außen gedrungen, nicht wahrnehmbar, nicht wirklich. Deswegen ist Guardinis Grundbesinnung auf die Liturgie nicht von der Ästhetik – wie ihm unterstellt wurde –, sondern von der Symbolik geleitet. Daraus bezieht sie ihre Stärke, die eben nicht auf einem innerlich gefühlten Erlebnis, sondern auf dem durchdachten, durchreflektierten Wahrnehmen eines Ganzen beruht.

In dieses Ganze konnte sich jeder einüben, und Guardini übte mit den jungen Leuten: Atmen, Schreiten, Stehen, Schweigen, auch gemeinsames Sprechen von Psalmenchören (wie 1924 auf der denkwürdigen Rothenfelser Werkwoche mit Vilma Mönckeberg). Diese Liturgie war für jeden gedacht und denkbar, sie war nicht eine Sache geschulter Mönche. Guardini überbrückte die Kluft zwischen der bisherigen monastischen Erneuerung der Liturgie und der für die Laien vollziehbaren – wie Rothenfels überhaupt die Neugestaltung des Lebens aus dem Glauben für die *Laien* werden sollte und wurde.

Ignatius, Franziskus oder Benedikt?

Wie Walter Dirks als Zeuge dieser frühen Bemühungen schildert, gelang es Guardini, auch eine andere Auseinandersetzung zu befrie-

---

[122] Liturgische Bildung, Rothenfels 1923, Vorwort.
[123] Ebd., 15 f.
[124] Ebd., 26.

den. Wenn man von damaligen Abiturienten ausgeht, so standen sie unter dem Einfluß eigentlich dreier klassischer Orden mit verschiedenen liturgischen und religiösen Modellen. Auf der einen Seite die Jesuiten, welche den Katholizismus apologetisch vertraten und für den Einzelnen eine Haltung der Innerlichkeit im Geist der »Nachfolge Christi« von Thomas von Kempen lehrten. Ein Gegengewicht dazu entstand in dem anders gerichteten Quickborn, der franziskanische Ursprünge aus seiner schlesischen Verwurzelung mitbrachte (gerade die Gestalt von Klemens Neumann erinnert in den Grundzügen an Franziskus). Die Wiederentdeckung elementarer Einfachheit hatte sich auch auf eine verhältnismäßig freie Religiosität übertragen, die in der Natur mehr Frömmigkeit zu finden glaubte als in den kunstvoll durchgeformten liturgischen Feiern der Kirche. Von Beuron wiederum ebenso wie von Maria Laach gingen Anregungen an die jungen Studenten und an die Jugendbewegung insgesamt aus, gewissermaßen im Gegenzug gegen das franziskanische Ideal, in der strengen Formgebung der Kunst, in einer Theorie der Form und des gregorianischen Gesangs, »der sofort dem klampfen- und geigenbegleiteten ›Erde singe‹ Konkurrenz machte.«[125]

Daß Guardini unter diesen verschiedenen Ansätzen eine Versöhnung stiften konnte, gelang ihm bedeutsamerweise über das Phänomen der Leiblichkeit. Die Jugendbewegung hatte ja von der ersten Stunde an die Freude am Leib in all seinen Ausdrucksformen, dem Wandern, Tanzen, Sport neu entdeckt. Guardini benutzte diese natürliche Vorgabe – freilich nicht in zweckhafter Absicht –, um zu zeigen, daß Liturgie des Leibes bedarf, ja der Leib in der Liturgie eine sonst unbekannte Formung und Adelung erfährt.

Die Ganzheit des liturgischen Vollzugs führte notwendig auch zu einer Wiederentdeckung der Ganzheit des Symbols. Zugleich wurde deutlich, daß eine Gemeinde von Jugendlichen diese Ganzheit anders zu feiern hatte als ein Mönchsorden, vielmehr eigene Gestaltungen finden mußte.

Wie Walter Dirks überzeugend ausführt, hat gerade Guardinis Kapitel über »Liturgie und Spiel« auf die Jugendbewegung lösend und anziehend gewirkt. Man muß bedenken, daß der Blick auf den »homo ludens« erst wesentlich später durch Huizinga und Hugo Rahner geschah und daß Guardini der erste war, der dieses »menschliche Existential« überhaupt zur Betrachtung liturgischen Handelns anwendete: nicht um einfach Neues ins Gespräch zu bringen, sondern weil er es von der Sache her begründen konnte.

---

[125] Walter Dirks, Guardini als Führer zur Liturgie. Dank und Bericht, in: Liturgisches Jahrbuch 10, 4 (1960), 204.

Umgekehrt konnte Guardini gegen den Anspruch allzu straffer Form und einer liturgisch lückenlosen Regelung – der ästhetischen Versuchung der Benediktiner – auch »Franziskus« zu seinem Recht in der Jugendbewegung verhelfen: Liturgie wurde niemals Selbstzweck, bei aller Durchleuchtung von Leib-Seele-Bezogenheit, sondern sie war immer – und diese Unmittelbarkeit durfte nicht aufgegeben werden – ein in seiner Gestaltung veränderbarer Weg zu Christus. Auch daß Guardini selbst in seinem Leben mit der Jugend außerhalb aller Liturgie eine grundsätzliche Einfachheit bewahrte, ließ ihn zum wohlbegriffenen Beispiel für die Vereinigung von Einfachheit mit einer ausgeprägten Liebe zur Form werden. Messerschmid erinnert daran, wie bescheiden Guardinis erste Wohnung als Universitätsprofessor in Potsdam war: Er bezog dort zwei winzige Zimmerchen. »Konnte man von den nächtlichen Gesprächen nicht mehr nach Berlin zurück, bekam man sein Schlaflager auf einer Matratze auf dem Fußboden, die noch zu einem Teil unter den Tisch geschoben werden mußte. Wir fühlten uns dennoch sehr wohl in der Zimmerstraße 4: franziskanische Existenz sagte uns Studenten zu, lag aber auch Guardini nicht fern.«[126]

Zurück zur Leiblichkeit als jenem Grund, auf dessen Ausdrucksgenauigkeit Guardini die Jugend aufmerksam machte. Wenn in Rothenfels Versuche in der Neugestaltung des Gottesdienstes unternommen wurden, so eben nicht von einem beliebigen Konzept aus, sondern immer einleuchtend von der durch die Tradition vorgegebenen Aufgabe in der Verwirklichung in Geist und Leib. So konnten dort gefundene Formen, die heute überaus einfach, um nicht zu sagen gewöhnlich wirken, weil sie bereits wieder zur Routine geworden sind, eine geradezu unglaubliche Ergriffenheit auslösen. Josef Pieper gibt im späten Echo einen Eindruck von einem damals fast umstürzenden Vorgang: »Dies nämlich war das uns am tiefsten Bewegende: wir sahen uns, belehrt und ermutigt durch Romano Guardini, unversehens dazu aufgefordert, jene unerhörten alten Wahrheiten in leibhaftige Realität umzusetzen. Ich bin sicher, daß meine Kinder oder gar meine Studenten es sich schlechterdings nicht mehr vorstellen können, daß und wieso uns einfach der Atem stockte, als Guardini eines Sonntagmorgens die Meßfeier damit begann, laut und feierlich zu sprechen: Introibo ad altare Dei, und wir allesamt nicht minder laut und feierlich, antworteten: Ad Deum, qui laetificat juventutem meam.«[127]

Der Vollzug gelang so überzeugend, weil er nicht an die Person, auch nicht an die Person Guardinis gebunden war, sondern weil

---
[126] Felix Messerschmid, Romano Guardini, 17.
[127] Josef Pieper, Eine Erinnerung an Romano Guardini, 1.

dieser die sachliche Stimmigkeit des Außen-Innen-Verhältnisses entwickelt hatte.

»Wir lernten begreifen, was ein ›heiliges Zeichen‹ in Wahrheit ist und daß, jenseits aller uns beengenden, geschwätzig moralischen und doktrinären Zudringlichkeit, im sakramental-kultischen Vollzug der Mysterienfeier *das* als Realität geschieht, wovon sonst bestenfalls geredet wird und daß dies der Kern allen geistig-geistlichen Lebens ist – nicht allein im Christentum, sondern auch in aller vor- und außerchristlichen Religion. Solches Lernen aber spielte sich ab in einer Atmosphäre heiterer, uneingeschränkter Weltoffenheit. Guardini war ein unvergleichlicher Lehrer; alles Professorale war ihm fremd; zugleich aber ließ er, was durchaus nicht jedermann gefiel, keinerlei Distanzlosigkeit zu. Mir selbst ist es auf Burg Rothenfels wie auch später an der Universität Berlin niemals in den Sinn gekommen, ihn auch nur anzusprechen.«[128]

Entdeckung des Leibes

Daß das Verhältnis zum Leib natürlich nicht nur aus liturgischen Gründen bedacht wurde, sondern tatsächlich die Einsicht in seine anthropologische Symbolik voraussetzte, zeigt sich in der Einstellung der Quickbornjugend überhaupt zu der Leiblichkeit. So wurde selbstverständlich die Übung des Leibes als Voraussetzung für einen jugendbewegten Menschen betrachtet. Aufschlußreich dazu ist ein Text der Quickborn-Jungenschaft:

»Das Bekenntnis zur ›Jungenschaft‹ war Bekenntnis zu einer ganz straffen und klaren geistigen Haltung in allen Dingen des Jungenlebens. Unter ›geistiger‹ Haltung (ist) nicht eine Haltung nur im Geiste gemeint, sondern dabei sofort mitgedacht und mitgelebt deren Durchsetzung in den täglichen Aufgaben des Jungenlebens. Also nicht nur gute Meinung, sondern wirkliche Arbeit an den Fragen und Aufgaben jeder neu heraufkommenden Minute.

Im einzelnen Praktischen bedeutet das Bekenntnis zu einer straffen Leibesbildung auf allen Gebieten der Leibesübungen. Zu einem rechten und wahrhaft bewegten Jungen gehört auch die Beweglichkeit der seither oft reichlich unbeweglichen Glieder! Die Leibesübung bedeutet uns nicht Sport im üblichen Sinne, dessen Ziel zu sehr im Rekord liegt. Uns bedeutet die Leibesübung die selbstverständliche Durchbildung des ›Tempels des Heiligen Geistes‹ zu einem wahrhaften Tempel aus der Schlamperei der Bequemlichkeit

---

[128] Josef Pieper, Noch wußte es niemand, 42 f.

heraus... Diese straffe Art, diese harte und bestimmte Haltung wird das ganze Jungenleben durchziehen. Das geht von der pünktlichen Bezahlung der Jungenschaftssteuer bis zu einem tadellosen äußeren Auftreten! Die neue Zucht wird sich in der Widerstandsfähigkeit gegen den Lockruf der Eismänner bewähren, wird die Schlafmützigkeit morgens vor dem Aufstehen austreiben, wird kurz gesagt in allen Dingen des Jungenlebens eine eindeutige, sichere, entschiedene Haltung der Kraft sein.«[129]

Auch daß Leiblichkeit mit dem Bezug zum anderen Geschlecht zu tun hat, wurde wieder entdeckt, d. h. im Sinne des Aufbruchs in eine neue Ethik durchgeformt. Daß dies das Gegenteil von Zügellosigkeit auf der einen und prüder Schüchternheit auf der anderen Seite bedeutete, erfuhren die jungen Leute wiederum befreiend. Auf der wichtigen Augusttagung 1924 war die Frage der Leiblichkeit in dem Arbeitskreis über Gymnastik und Rhythmik aufgetaucht und sogleich an einen gefährlichen Punkt geraten.

Die Rhythmik warf die Frage auf, ob damit nicht eine fast religiöse Aufmerksamkeit auf den eigenen Körper ausgelöst würde. Helene Helming hatte, um die sich aufdrängenden Spannungen zu Wort zu bringen, zu einem »Thing« zusammengerufen, auf dem Guardini den Unterschied zwischen Rhythmik und Gymnastik zu formulieren versuchte. Das erste habe mit dem Schwingen des Körpers, einem Spüren des Kosmischen, dem Kult der Schönheit zu tun; das zweite mit dem Lösen des Körpers, das frei, froh, gesund mache. »Zwei Gefahren: eine zu starke Betonung des Körperlichen, ein Herrwerden des Körpers über den Geist. Eine Gegensätzlichkeit zum Reich Christi. Ein tiefer Riß klafft zwischen dem Reich Christi und zwischen dem Reich des Schönen, in dem etwas Heidnisches liegt. Guardini: Wir sollen schlicht und einfach Gymnastik üben. Doch dürfen wir denen, denen Rhythmik mehr ist, nicht mißtrauen. Ebenso müssen diese den anderen ihr Recht lassen, sie nicht als Spießer verachten.«[130]

Daß überhaupt Reigen und Tanz bis hin zum Ausdruckstanz auf dieser Tagung geübt wurden, deutet in die Richtung, wie Vilma Mönckeberg anmerkt, daß man den Körper weder versteckte noch verleugnete. Dieser »Schritt zur Freiheit« drückte sich auch an dem festlichen Morgen im Rittersaal aus: zur Musik von Bach tanzte Leni Hannes eine kleine Suite. »Sie sah sehr keusch und lieblich aus in ihrem braunen Kittel und es bedeutete schon etwas, daß da vor so

---

[129] Quickborn, Jg. 18, ohne Nummer, Juni 1930; ungezeichnet, wahrscheinlich Ernst Fuhry.
[130] Katharina Kappes, Tagebuchnotizen, 18. Vgl. Guardini selbst in seinem Bericht in den Schildgenossen 5 (1924/25), 11–13.

viel Geistlichkeit und Jugend ein junger Körper, nur mit einem kurzen, kurzen Röckchen angetan und hübschen nackten Beinen und Armen sich zeigen durfte.«[131]

Sinneserfahrung und Religion

Hier war natürlich ein Gebiet betreten, das für die Jugendbewegung katholischer Prägung nicht selbstverständlich war. Um so bedeutsamer ist es, daß eine Freiheit dieser Art wenigstens für eine gewisse Zeit erworben wurde; noch bedeutsamer, daß das Gewonnene nicht in die Gefahr esoterischen Körperkultes ausartete, sondern tatsächlich im Dienst symbolischen Ausdrucks stand. Die Bindung der Leiblichkeit an den Geist macht es in der jahrelangen Schulung auf Rothenfels möglich, daß in der Tat die Liturgie nicht allein vom Willen und vom Intellekt, sondern von einer trainierten »Sinnlichkeit« her durchgebildet wurde. Guardini konnte aus diesem Geist heraus sein wesentliches Buch über »Die Sinne und die religiöse Erkenntnis« (1950) verfassen. Ebenso dienen die Aufzeichnungen »Wille und Wahrheit« (1933), die aus Übungen auf Burg Rothenfels hervorgingen, demselben elementaren Gedanken, daß nichts in die Erkenntnis gelange, was nicht zuvor durch die Sinne gegangen sei. Nur wurde es hier wieder in der nachneuzeitlichen Weise gewendet, daß es sich dabei nicht um Schritte im Nacheinander, von unten nach oben, von außen nach innen handle, sondern daß von vornherein das Ganze der menschlichen Existenz betroffen sei, ob man nun »von innen« oder »von außen« daran rühre.

Das unmittelbare Vorbild dieser Rothenfelser Bemühungen für die Liturgiereform des II. Vatikanischen Konzils ist allbekannt. Rahner sagt zurecht: Wohl selten »ist der Ursprung einer geistigen Bewegung von weltweiter Art und unermeßlicher Tiefe in Geist, Herz und in der religiösen Existenz fast eines einzelnen Menschen geschichtlich so deutlich greifbar wie in diesem Fall«.[132]

Die späte Sorge um die Liturgiefähigkeit

Hat man die Grundbewegung des Liturgischen bei Guardini erfaßt, das Sichtbarwerden eines Unsichtbaren, die Verleiblichung des Geistes als den Nachvollzug der Inkarnation Jesu in den Zeichen der

---

[131] Vilma Mönckeberg, Rothenfels vor 50 Jahren, 14.
[132] Festvortrag, in: K. Forster (Hg.), Akademische Feier zum 80. Geburtstag von Romano Guardini, Würzburg 1965, 21.

Sakramente, so ist die Frage des späten Guardini 1964 einfachhin folgerichtig, ob der Mensch heute noch liturgiefähig sei, d. h. nämlich, ob er »die andere Seite« im liturgischen Tun überhaupt wahrnehmen könne. Guardinis zunehmende Befürchtung ist ja gerade, daß im Laufe der Neuzeit der Mensch diese andere Seite überhaupt nicht mehr spüre, erfahre, bedenke, ernstnehme. Wenn dies aber der Fall ist, nämlich der Fall der Autonomie und Selbstgenügsamkeit in dieser Welt, so kann ein »Hören und Gehorchen« dem anderen Bereich gegenüber nicht plötzlich liturgisch hergestellt oder »gemacht« werden.

Dieser Gedanke berührt sich mit Guardinis nach dem Krieg immer klarer ausgesprochenen Sorge um die Neuzeit. Mit ihr scheint jene Epoche heraufgekommen, in der der religiöse Bereich, jener »natürliche« Nährboden des Glaubens, »aufgeklärt«, wegrationalisiert wurde – geschweige denn daß der Glaube und seine liturgische Hingabe noch auf eine freudige Erwartung träfen. Welche Feste läßt die Neuzeit zu außer den Festen selbstverdankter Befreiung? Wo »Erlösung« zur soziopolitischen »Befreiung« innerhalb der Welt umgeschrieben, umempfunden wird, kann Erlösung aus nicht verdienter, nicht erarbeiteter »Huld« auch nicht mehr im freudigernsten Spiel der Liturgie gepriesen werden.

Guardinis späte Sorge um die Liturgiefähigkeit erwächst aus dem Wahrnehmen religiöser Verkümmerung. Wenn der göttliche Bereich, die Kraft des Numinosen (Walter F. Otto) nicht mehr die Erfahrung berührt, sie vielleicht sogar überwältigt, wie läßt sich Liturgie ohne diese Grunderfahrung durchführen? Könnte man sich eine Liturgie denken, die sich – so merkwürdig es klingt – aus anderen Quellen als dem Erleben und Erfahren speist? Gleichsam eine »nackte« Liturgie, rein aus dem Glauben, bloß aus dem Gehorchen? Eine Liturgie, die kein Echo im Subjektiven mehr hat? Diese Entblößung zeichnet sich für Guardini je länger je mehr ab. Der Weg des Glaubens in die Zukunft ist ihm mehr von der Armut des Nicht-Wissens und Nicht-Sehens als vom Reichtum bezeichnet; dieselbe Armut zeigt sich auch an der Liturgie.

VIII. Rothenfels als Mitte einer Kulturbewegung: Guardini als Burgleiter (1927–1939)

Die Ablösung Bernhard Strehlers

Guardini hatte 1924 im wesentlichen bereits die Verantwortung für die Sommertagung zu tragen. In einem persönlichen Gespräch während der Tage äußerte er, »wie er sich augenblicklich manchmal – da ja alle Fäden der Tagung in seiner Hand zusammenlaufen – gegen das Gefühl wehren müßte, das Ganze als seelenlose Technik zu betrachten.«[1]

Anders betrachtet: die alten »Väter« des Quickborn standen bereits im Hintergrund. Dies betraf in erster Linie Bernhard Strehler, in geringerem Maße auch Klemens Neumann. Erhellend ist der Eindruck verschiedener Teilnehmer, besonders von dem unausgesprochenen, aber wohl empfundenen Widerstand Strehlers gegen die neue Entwicklung. Am ersten Abend sprach Strehler die eigentliche Einleitung zum Sinn der Werkwoche. »Aber ich glaube, er hat ihn nicht verstanden, deshalb kann er auch nicht klar darüber sprechen. Ich war voll innerer Opposition. Vater Bernhard ist nicht mehr für die Bewegung.«[2] – In einer anderen Sicht: »Im Amtshaus vor dem Tor haust der alte Burgkaplan Vater Bernhard, Stifter des Quickborn, den er sich als fröhlich-sentimentales, antialkoholisches, brav-katholisches Gemeinwesen dachte und nicht begreift, wie dieses Kind mit den Jahren sich völlig gewandelt hat, wie Lied und Abstinenz nur noch mit dabei sind, aber ganz andere geistige Kräfte dazugekommen sind, die sich unsentimental, furchtlos, mit allem, was Leben heißt, auseinandersetzen wollen, Schutt und Staub wegwischen auch von kirchlichen Dingen und wieder zu den Urquellen des Glaubens und seiner kirchlichen Form zurückwollen. – Pater Bernhard hat weiße Haare, und er soll sie erst seit wenigen Jahren haben. Er sieht nur noch ein kleines Häuflein um sich, alles andere geht über ihn hinweg, schart sich um den neuen Führer, den er selbst

---

[1] Katharina Kappes, Tagebuchnotizen, 17.
[2] Ebd., 3.

einließ, nichtahnend, daß dieser zu einer neuen Macht würde durch die Kraft seiner herrlichen Persönlichkeit. Es ist Romano Guardini.«[3]

Zwei Jahre später, im Herbst 1926, wird Guardini bereits als »Burgleiter« vorgeschlagen, doch wird Strehler noch bis zum ersten Mai 1927 die Führung behalten. Tatsächlich bestand nicht einfach ein offener Widerspruch zwischen den beiden Persönlichkeiten, sondern es war in der Tat das Schicksal Strehlers, einem Größeren weichen zu müssen; etwas weniger auf die Person bezogen ausgedrückt: dem größeren Gedanken weichen zu müssen. Ähnliches ist von Klemens Neumann zu sagen: »Auch er sieht voll Sorge der neuen Entwicklung zu. Besonders auch der Einbruch der Kunst – also wir – macht ihm Sorgen. Und er spricht bedenklich und warnend davon.«[4]

Es war sogar eher so, daß Guardini Strehler unvoreingenommen schätzte, seit er – bereits im Jahre 1913 – an seiner Jugendarbeit lernte, »wie ein Gemeinschaftsleben aus Freiheit und Verantwortung Aller aufgebaut wird«.[5] Ja, es gibt eine überaus lobende und dabei absichtslose Bemerkung über Strehler in Guardinis Tagebuch, die ihn in eine Linie mit dem großen Pädagogen Friedrich Wilhelm Foerster stellt. »Foerster ist derjenige, von dem ich am meisten pädagogisch gelernt habe. Eigentlich, wenn ich Strehler hinzunehme, dessen Konvikt in Neisse mich für immer beeindruckt hat, der Einzige.«[6]

Bemerkenswerterweise war es Bernhard Strehler selbst, der im Oktober 1926 Guardini zu einem Gespräch nach Rothenfels bat. Dieser machte auf der Rückreise von Isola Vicentina nach Berlin einen Abstecher zur Burg, wo ihm Strehler eröffnete, daß ihn sein Bischof nach Schlesien zurückgerufen habe. Er selbst bat ihn, sein Nachfolger zu werden. Guardini sagte nach längeren Beratungen zu und mußte sich nach der Bekanntgabe dieses Entschlusses auch gleich um neue Mitarbeiter am Burgwerk bemühen. So erklärte z. B. Seraphie Schaneng, die »erste weibliche Quickbornerin«, sie werde Bernhard Strehler nach Schlesien begleiten. Dafür fand Guardini in Lene und Elisabeth Merz sogleich ein Schwesternpaar, das ihm unschätzbare Dienste leisten sollte.

Leitung von Burg und Bund

Bernhard Strehler schlug auf dem Osterthing 1927 Guardini zur Wahl vor. Vom 1. Mai 1927 bis zum 7. August 1939, dem Tag der Beschlagnahmung der Burg durch die Nationalsozialisten, war er dann in

---

[3] Vilma Mönckeberg, Rothenfels vor 50 Jahren, 1f.
[4] Ebd., 5.
[5] Brief an eine Entnazifizierungsstelle vom 12. 11. 1946 (Stabi).
[6] Tagebuch vom 9. 3. 1954; Wahrheit des Denkens, 86.

Personalunion Burg- und Bundesleiter, und zwar in Zusammenarbeit mit einem »Bundesrat« und einem engeren Kreis persönlicher Freunde und Mitarbeiter, besonders was den Ausbau der Burg betraf. Für die Gesamtrichtung von Bund und Burg war er jedoch hauptverantwortlich und nahm diese Verantwortung trotz der wenigen Wochen, die er im Jahr auf der Burg verbringen konnte, sehr ernst. Die Verantwortung erstreckte sich nicht allein auf die geistige Grundlegung, von der ja ein Zusammenhalt des Bundes in seinen verschiedenen Bestrebungen erwartet wurde, sondern ebenso auf die immer mangelhafte Finanzlage und die bauliche Erneuerung, die er mit Rudolf Schwarz zusammen zu verwirklichen strebte.

Guardini hat den Tenor seines Amtsantrittes selbst unmißverständlich benannt, was eben den Ernst kennzeichnet, mit dem er die Aufgabe als die seine annahm.

»Damals hat sich an der Art, wie die Burgdinge geführt wurden, etwas geändert. Als ich ihre Führung übernahm, habe ich den Leuten gesagt: ›Auf der Burg herrscht Demokratie, so ehrlich und echt als irgendwo. Allein nur dort, wo sie hingehört. Ihr wählt den Burgleiter, und er arbeitet in euerm Auftrag. Wenn ihr ihn nicht mehr wollt, sagt es, und er geht. Im Werk aber gibt es keine Demokratie. Da redet keiner herein, der nicht dazu befugt ist‹ ...

Die Burg blieb das Heim des Bundes; aber die Türen wurden geöffnet, und auch von außerhalb des Bundes konnte jeder kommen, der sich dem Geist der Burg fügte. Oft haben wir uns gefragt, ob dieser Geist stark genug sein werde, dem Einströmenden stand zu halten, ja es zu formen; aber wir hatten Vertrauen in ihn, und der Erfolg hat uns recht gegeben.

Die Burg ist immer mehr zu einer Kraft geworden, die am Leben des christlichen Deutschland mitgeformt hat. Ihr Einfluß war nie laut; von Werbung und Reklame hat sie nie viel gehalten. Ihre Wirkung ging davon aus, daß das, was droben getan wurde, richtig war und daß es um der Sache willen getan wurde. Damit sollen Fehler gewiß nicht geleugnet werden; welche Arbeit, die durch so lange Zeit und auf so verschiedenen Gebieten getan wird, hat keine? Aber zehn Jahre Abstand – und was für Jahre! – geben klaren Blick. Aus diesem Abstand sehen wir: Weg und Werk waren gut.

Die Burg war eine richtige Werkstatt, wo im Lauf von zwanzig Jahren die verschiedensten Dinge ausgeprobt worden sind.

Vor allem eine Weise, in Freiheit und Ordnung, in Fröhlichkeit und Ernst, in offener Begegnung und guter Form miteinander zu leben ... Daß die liturgische Bewegung ihren Weg so tief ins Volk genommen hat, ist zu einem nicht geringen Teil der Art zu danken, wie hier jahraus, jahrein, in festlichen und stillen Zeiten der Gottesdienst gefeiert wurde ... Wichtige Formen der geistig-menschlichen Gemeinschaftsarbeit sind hier ausgedacht und erprobt worden. So hat zum Beispiel die erste Werkwoche hier stattgefunden. Und wenn einmal eine Geschichte der deutschen Jugendbewegung und Jugendarbeit geschrieben wird, wird sie auch sagen müssen, welch ein tiefer, beständiger Einfluß von Rothenfels ausgegangen ist – auch in Bereiche, die ihm ablehnend gegenüberstanden.«[7]

Der Ausbau der Burg

Schwierigkeiten

Um bei den äußeren Sorgen anzufangen: Die Burg war, bedingt durch die Inflation nach 1923 und durch die Weltwirtschaftskrise 1929, in ihrem ohnehin niemals reichen Fundus tief getroffen. Die von den jungen Leuten aufgebrachten Spenden und Beiträge waren gering oder bereits beim Eintreffen entwertet. Schon Strehler hatte bis 1926 große Mühe, wenigstens einigermaßen die äußerste finanzielle Not abzuwenden. Sein eisernes Sparen, ja, seine persönliche Aufopferung, die auch seine Mitarbeiter teilten, machten es möglich, wenigstens den gefährdeten Burgbesitz zu erhalten. Die drei bundeseigenen Betriebe (Früchteverwertung, Zeughaus, Versandbuchhandlung) hatte er 1923 verselbständigt, um ihren finanziellen Ruin abzuwenden.

Guardini erschloß durch seine Stellung die Möglichkeit, bei den Behörden in Berlin, nicht zuletzt immer wieder durch Gespräche mit dem ihm gewogenen Kultusminister Becker, Gelder für die Burg aufzutreiben. Hier kommt eine wenig bekannte Begabung zu Wort. »Seine persönliche Leistung im Ausbau war die Finanzierung. Er stammte aus einer Familie von Großkaufleuten und war der geborene Geschäftsmann. Er disponierte mit Summen, bei deren Höhen mir schwindelte, und trieb sie in Berlin auf. Dann stöhnte er: ›Läge die Burg doch nicht in Unterfranken. Wenn ich im Reichsministerium des Inneren sagen muß, sie ist bayrisch und katholisch, dann ist das für die Zuschußbewilligung zweimal zu viel‹. Jedoch die Macht seiner Persönlichkeit wirkte. Bauzuschüsse verschaffte er von den Behörden; für die Kirchenkunst gewann er großzügige Spender und griff ständig in die eigene Tasche. Bevor er Anträge stellte, orientierte er sich selbst am Ort, ließ sich Minimal- und Maximalpläne mitsamt den Kostenvoranschlägen vorlegen und erwog die Fristen für Aus-

---

[7] Gedenkfeier am Pfingstmontag 1949 auf Burg Rothenfels, in: Burgbrief 2/1949.

führung und Zahlung. Er verhandelte am liebsten persönlich. Dafür hatte er die wesentlichen Daten im Kopf, ob es sich um Installation, Hydranten oder Herbergsräume handelte. Die endgültigen Anträge stellte er erst, wenn er von ihrer Bewilligung überzeugt war.«[8]

Eine »Chronik der Burg«, zwischen 1926 und 1927 von der damaligen »Kanzlistin« der Burg, Elisabeth Wilmes-Merz, aufgezeichnet, zeigt im Einzelnen die Bauabschnitte und die durch Guardini aufgebrachten Zuschüsse. Für heutige Verhältnisse nehmen sie sich bescheiden aus (meistens einige 1000 Mark, nie mehr als 10 000 Mark).

Um so dringlicher war die genaue Planung, die er ebenfalls zum großen Teil selbst leistete, und in der von Mal zu Mal die Summen bestmöglich angelegt wurden. Der Kampf ums Geld schloß jedoch nicht aus, daß auch erholungsbedürftige Quickborner oder überhaupt Arbeitslose kostenlose Ferientage auf der Burg verbringen durften, für die er ebenfalls Spenden freimachte oder selbst aufbrachte.[9]

Rudolf Schwarz (1899–1961)

Für die Bauarbeiten gewann Guardini den jungen Architekten Rudolf Schwarz, einen gebürtigen Straßburger, den er vermutlich 1923 in Berlin kennengelernt hatte und von dem er sagte, er sei der einzig Geniale in seiner Umgebung.[10] Schwarz kam nicht aus der bündischen Jugend, sondern als Freund Guardinis, durch den er auf der Burg blieb und zum »Burgwerk« angeregt wurde. Daß er kein »Quickborner« war, sondern ein Einzelgänger, heißt nicht, daß er sich nicht in die Gemeinschaft einfügte und in Rothenfels wie viele andere seine geistige Heimat fand. Zeitweise hieß es über ihn, er sei mürrisch, hochmütig und eigenbrödlerisch. Ludwig Neundörfer, der ihn aus langer Rothenfelser Erfahrung kannte, gibt dazu eine tiefer überzeugende Erklärung. »Jeder, der mit ihm zusammentraf, weiß in der Tat, daß er Menschen, die er kannte, einfach übersehen konnte, daß er auf der Straße an ihnen vorüberging, ohne zu grüßen oder einen Gruß zu erwidern, daß er mit sarkastischen und ironischen

---

[8] E. Wilmes-Merz, Erinnerungen II B und II C, 34.
[9] Vgl. im einzelnen Elisabeth Wilmes-Merz, Jahre auf Burg Rothenfels. Chronik 1926–1937, 7–30.
[10] Mündliche Mitteilung von Felix Messerschmid. – Die wichtigsten Werke von Rudolf Schwarz sind: Über die Verfassung einer Werkschule, Aachen o. J.; Gottesdienst. Ein Zeitbuch, Würzburg 1937; Betendes Werk. Ein Zeitbuch, Würzburg 1937; Vom Bau der Kirche, Würzburg 1938; Von der Bebauung der Erde, Heidelberg 1947; Die Baukunst der Gegenwart, Düsseldorf 1958; Kirchenbau, Heidelberg 1960.

Worten verletzen konnte, verletzt hat und sich damit Feinde geschaffen hat, daß es nicht leicht war, mit ihm und unter ihm zu arbeiten und viele ihn deshalb verlassen haben, ja in Unfrieden von ihm gegangen sind. Aber war diese Art aus der Unfähigkeit zu menschlichem Kontakt geboren oder war sie nicht vielmehr die notwendige, wenn auch unangenehme Hülle einer inneren Gesammeltheit? Es gibt eine Einsamkeit aus innerer Leere, die man notdürftig mit konventionellen Umgangsformen überdecken kann. Es gibt auch eine Einsamkeit aus innerer Fülle, aus einem ganz nach innen Gewandtsein, einer Konzentration auf das Geistige, die bedrängt wird und die geschützt sein will vor Angriffen von außen. Solche Einsamkeit läßt das Nahe übersehen, die Augen sind immer auf das Ferne gerichtet. Sie ist eine immerwährende Meditation, auf die Mitte, das Wesentliche gerichtet und wehrt Unwesentliches als störend unwillig ab. Wer Rudolf Schwarz näher kannte, weiß um ganz zarte Töne, um seine Offenheit für das Schöne und das Wahre, um die Freude, es zu entdecken und um die Hingabe daran.«[11]

Rudolf Schwarz wird zum ersten Mal in Rothenfels bei der Augusttagung 1924, die den Durchbruch von der Jugend- zur Kulturbewegung bringt, näher bekannt und näher beschrieben. Guardini hatte ihn zur Leitung eines Kreises über Architektur gebeten. Erhalten sind zwei vielsagende Zeugnisse über den Eindruck, den die Teilnehmer von ihm gewannen: »Rudolf Schwarz ist noch sehr jung, ein feines, gütiges Gesicht, ein Ausdruck in den Augen – wie ein Kind so rein. Etwas Fertiges konnte er uns nicht geben. Es sollte nur ein Versuch sein, uns eine Haltung den architektonischen Dingen gegenüber zu geben.«[12] Und eine weitere Charakteristik: »Rudi Schwarz, der wie ein junger, visionärer Heiliger aussieht, und die Burg renoviert. Er ist Baumeister, sehr seltsam, so als ob er immer innerlich schaut.«[13]

Es ist nicht unwichtig, die damals von Rudolf Schwarz vertretenen Thesen, auch im Unterschied zu Guardinis Kulturkritik, in der Spiegelung einer Teilnehmerin zu betrachten. In dem Kreis klärte er die Grundformen der Architektur: Plastik und Raum. Schwarz plädierte dafür, einer Plastik nicht mit Kritik, nicht mit intellektuellen Prinzipien und Gesetzen zu begegnen. »Einfach uns ihm hingeben, unsere Seele hineinsenken. Das Ding wird sich uns wieder schenken; es spricht nur zu uns, wenn wir uns ihm hingeben. Wir müssen

---

[11] Ludwig Neundörfer, Rudolf Schwarz zum Gedenken. Rede am Pfingstmontag 1961 in Burg Rothenfels (Archiv Burg Rothenfels).
[12] Katharina Kappes, Tagebuchnotizen, 5.
[13] Vilma Mönckeberg, Rothenfels vor 50 Jahren, 7.

es gleichsam neu erschaffen. Es wird so vor unseren Augen dastehen, wie wir es durch unsere Hingabe erschaffen haben.«[14]

Schwarz zeigte an Beispielen, wie der Mensch im Betreten eines Raumes selbst die Maße dieses Raumes annehme: Der umgebende Raum werde gleichsam der neue Leib. In dieser Übernahme des Räumlichen kann sich eine Empfindung des Unbehagens und des Fehlerhaften ausdrücken, wenn der neue Leib dem Wesen nicht gemäß ist. Im Raum können damit Gefährdung und Unruhe liegen. Daraus die konkrete Überlegung, wie die eigentlich menschliche Bauweise dem eigenen Wesen entsprechen müsse; Schwarz fand als Vorbilder dafür das römische Haus und das westfälische Bauernhaus. Ein Unterschied zu Guardinis Kritik an der Technik war der Gedanke, daß sie nicht aus Zweckmäßigkeit, sondern aus innerer Notwendigkeit heraus entstünde. Schwarz sah weit weniger als Guardini einen Riß in der Entwicklung vom Handwerk zur Technik, sondern eine stetig fortschreitende Entfaltung. – Schließlich versuchte Schwarz, drei Kunstformen und damit drei dahinterstehende Weltbilder zu zeichnen. Die griechische Kunst geht ihm von einem ruhigen, geschlossenen Weltbild aus; die gotische Kunst ist ein über sich Hinauswachsen, ein Sprengen der Form; die heutige Kunst gründet auf dem Weltbild der Einsamkeit im unendlichen Raum. In diesem Kosmischen löst sich alle Bodenständigkeit auf. Schwarz spricht von dem »nur kleinen Keim«, aus dem sich die neue Kunst formen müsse. Und ein interessanter und für den damaligen Aufbruch vielsagender Gedanke: Der Katholik habe eine andere Formkraft durch die communio sanctorum, insofern auch eine andere Linie im Sakralbau.[15]

Das Burgwerk

Noch bevor Guardini 1927 die Burgleitung innehatte, sprach er mit Strehler im Mai 1925 über den offiziellen Auftrag an Schwarz, den Ausbau der Burg zu übernehmen. »Ich brauche Dir wohl nicht zu sagen, wie *sehr* ich wünsche, und andere mit, daß Du die Leitung in die Hand nimmst. ... Du weißt aber, daß es sich hier nicht um eine bloß architektonische Aufgabe handelt. Wir dürfen nicht nur von einer Burg Rothenfels ausgehen, die Wohnung und geistiger Ausdruck eines bestimmten uns näherstehenden Menschenschlages ist, sondern zu ihr soll der Quickborn Beziehung fühlen, wie er ist, und in ihm sind eben verschiedene Richtungen ... Mir kommt es darauf

---

[14] K. Kappes, Tagebuchnotizen, 5 f.
[15] Ebd., 5–18.

an, daß Du die eigentliche ausschlaggebende Leitung in der Hand behältst, möchte aber, daß Du im Einzelnen anderen Geschmacksrichtungen entgegenkommst, bzw. ihnen Raum gibst. Wo jeweils die Grenze liegt, mußt Du natürlich selber sehen.«[16]

Schwarz sagte zu, ließ freilich im Burgwerk kaum Kompromisse zu. Der Ausbau diente nicht nur den Gesichtspunkten der Nützlichkeit und Zweckmäßigkeit der halb unbewohnbaren Burgräume. Schwarz besaß in der Tat die Genialität, aus dem damaligen Notstand nicht einfach etwas wenig Teures und Primitives zu machen, sondern die Erneuerung zugleich unter den Anspruch des Stils zu stellen. Dabei vereinte er nicht nur die durch das Bauhaus und die zeitgenössische Architektur beeinflußten Formen mit den ungewöhnlichen Notwendigkeiten der Burg, sondern versuchte auch, den staufischen und mittelalterlichen Bestand in diese moderne Planung einzubeziehen.

Es kennzeichnet Schwarz in seinem Gedankenreichtum, daß er sich niemals scheute, auch etwas Fertiges erneut zu durchdenken und nötigenfalls zu verbessern. Er galt als »stoischer Experimentator«.[17] Gerade in den Versammlungssälen, insbesondere im Ostpalas, waren Schwarz und Guardini überhaupt für ein neues ästhetisches Konzept, das, ähnlich wie im Leib-Seele-Verhältnis, auch den gedanklichen Anspruch der Gemeinschaft in der baulichen Außenseite zur gestalteten Form bringen sollte. Unter dieser Überzeugung begann die Erneuerung der Kapelle, des Rittersaals und der Eßsäle; die kleineren Räume wurden im Sinne des großen Entwurfs mitgestaltet. Die Erneuerung bezog nicht nur bauliche Elemente ein, sondern erstreckte sich bis auf die Möbel, ja bis auf Beleuchtung und Geschirr.[18] Das Geleistete, wie es im ersten Burgbuch von 1929 zu

---

[16] Brief an Rudolf Schwarz vom 19. Mai 1925 (Archiv Burg Rothenfels).
[17] E. Wilmes-Merz, Erinnerungen II A, 33.
[18] Brief Guardinis an Rudolf Schwarz vom 16.6.1930 (Archiv Burg Rothenfels): »Es wäre auch gut, wenn wir allmählich mit dem Einfluß der Burg auf die Gestaltung von Hausrat, Wohnungsbau und dergl. anfangen. Da haben wir uns folgendes gedacht: Ihr entwerft uns eine Reihe von Möbelstücken; Bett, Kleiderschrank, Waschtisch, Bücherschrank mit geschlossenem Unterteil, Tisch, Stuhl, Hocker, Bücher- und Aktenablage. Einen einzigen Typus berechnet auf den Durchschnitt des Geschmacks und Bedürfnisses. ... Das Zimmer unter meinem Schlafzimmer ... wollen wir als Musterzimmer einräumen. D. h., der Schreiner muß uns von jedem Typ ein Stück für diesen Zweck zur Verfügung stellen. Eine ähnliche Abmachung treffen wir mit einer Firma für einen guten Bestecktypus; desgl. für Kaffee- und Eßgeschirr. Dann kann man daran denken, drei bis vier durchgearbeitete Vasentypen zu entwerfen (eine hohe-schlanke und eine mittelhohe-breite, eine Schale und einen Teller). Auch hierfür könnte man mit einem Hafenlohrer Töpfer Abmachung treffen. – Ähnliches käme in Betracht für Decken und Vorhänge ... Auf diese Weise könnten wir einigen erzieherischen Einfluß ausüben, und zugleich auch etwas verdienen.«

sehen ist, ist in seiner überzeugenden Form immer wieder zu messen an den unzureichenden geldlichen Bedingungen. Die Durchführung der Pläne war nur möglich, weil in der Zehntscheune eine eigene Schreinerei mit freiwilligen Helfern errichtet wurde und weil Rudolf Schwarz in großzügiger Weise seine Mitarbeiter an der Aachener Kunstgewerbeschule zur Verfügung stellte.

Das Verhältnis Rudolf Schwarz – Romano Guardini

Schwarz war wesentlich von Guardinis Mitdenken getragen. Seine Experimentierfreude wurde in der Regel von diesem etwas in Schranken gehalten. Umgekehrt hatte Schwarz für die Probleme des Bauens den fachkundigen und genialen Blick, demgegenüber sich Guardini durchaus zweitrangig fühlte. Bei der Planung zu der Werkwoche 1927 bat er Schwarz um eine Architekturinterpretation, weil er selbst darin »nichts als blutigen Dilettantismus verzapfen könnte«.[19] Tatsächlich hätte er ohne Schwarz das Burgwerk längst nicht in solcher Gültigkeit gestalten können, wie z. B. aus seinem Vorschlag zur Kapellengestaltung 1923, also vor Schwarzens Mitwirken auf der Burg, hervorgeht.[20]

Ihr Umgangston war beiderseits offen, von Schwarzens Seite sehr temperamentvoll. Das veranlaßte Guardini häufiger als sonst, selber in den Briefen kräftiger zu reden, z. B. über den großen Silbertabernakel, der ihm in der Funktion nicht gelungen erschien: »Es ist ein ewiger Ärger bei jeder Messe ... Sieh doch zu, daß Du ihn irgendwo los wirst ... Der Altar ist so schön, daß er einen immer aufs Neue freut. Um so leidiger ist dieser Fehler, den man gar nicht übersehen kann, weil er sich immer wieder aufdrängt.«[21] Oder zum Entwurf des Weihwasser-Kessels: »Sagt einmal, Kinder!; was habt Ihr Euch eigentlich bei diesem Gewicht gedacht? Dinge des kirchlichen Gebrauchs sind doch zum Brauchen da!«[22]

[19] Brief an Rudolf Schwarz vom 8.7.1927 (Archiv Burg Rothenfels).
[20] Schildgenossen 4 (1923–24), 33: »Vor allem sollen Decken und Wände schöne, echte Farben erhalten. Dann brauchen wir einen Altar, breit, schwer, ohne Aufbau, nur mit Tabernakel und sechs Leuchtern, damit er uns so recht als Opfertisch vor Augen stehe. Über dem Altar an der Wand wahrscheinlich ein großes Kreuz, das zugleich als Altarkreuz dient. Die Seitenaltäre rechts und links sollen weg, damit nur der eine groß dasteht. Dafür sollen die breiten Wandräume durch einige schöne Blattpflanzen gegliedert werden (Kirschlorbeer oder dergl.). (...) Kommunionbank soll weg; (...) Und dadurch wird der Raum freier. Wie es mit den Bänken wird, wissen wir noch nicht. (...) Für den Tabernakel weiße Seide zum Auskleiden und für den inneren Vorhang, und um den Tabernakel Seide für eine Umhüllung, deren Farbe nach den liturgischen Zeiten wechselt. (Also weiß, rot, grün, violett, schwarz.)«
[21] Brief an Rudolf Schwarz vom 25.8.1930 (Archiv Burg Rothenfels).
[22] Brief an Rudolf Schwarz vom 3.3.1930 (ebd.).

Rudolf Schwarz umgekehrt vertrat seinen Standpunkt immer mit Leidenschaft. In einer Auseinandersetzung über ein Schildgenossen-Heft schreibt ihm der Burgkaplan Josef Aussem: »Ich erinnere mich noch sehr gut, mit welch' fauchender Unerschütterlichkeit Du G. mit Haut und Haaren in den Orkus warfst.«[23] Oder: »Ich hörte Dich öfter gegen Guardini opponieren, auch gegen seine philosophisch-theologischen Aufstellungen, und sehe Dich doch in Deinen schriftstellerischen Arbeiten in der gleichen Geistesbahn und Art wandeln. (Übrigens hast Du Ostern 23 auf dem Heimweg von Karlshöhe nach Rothenfels G. mit Haut und Haar gefressen.)«[24]

Das Ganze war möglich, weil beider Beziehung zutiefst von gegenseitiger Hochschätzung getragen war. Als Guardini längere Zeit kränklich war, ermahnte ihn Schwarz: »Wir sind deswegen beunruhigt, weil wir empfinden, wie sehr Deine ganze Existenz körperlich gefährdet ist. Auch, wie das zu Dir gehört und sich nicht viel dagegen machen läßt. Ein wenig mußt Du übrigens auch daran denken, daß Du innerhalb der Kirche unersetzbar bist (ich wollte nur, die Leute sähen das so sehr wie ich).«[25]

Guardini wiederum war hartnäckig, wenn ihm ein Entwurf nicht gefiel. Besonders in der Kapelle war er empfindlich. So verwarf er Schwarzens ersten Entwurf eines sechseckigen Radleuchters, der ihm zu schwer erschien, bis Rudolf Schwarz auf die Grundform des Kreises zurückgriff.[26] Erstaunlich auch das Maß des Mitdenkens in den Einzelheiten: »Nicht ganz klar bin ich mir darüber, ob die breite Seite der Leuchter, die von den circumstantes voll gesehen wird, nicht zu schwer wirkt ... Gut wird es sein, wenn Ihr Euch einmal die

[23] Brief an Rudolf Schwarz vom 25. 4. 1927 (ebd.).
[24] Brief von Josef Aussem an Rudolf Schwarz vom 5. 5. 1927 (Archiv Burg Rothenfels).
[25] Brief an Guardini vom 6. 12. 1930 (ebd.).
[26] Elisabeth Wilmes-Merz, Erinnerungen II A, 16: »Unter der Flachdecke hing ein großer, geschmiedeter Reif, auf dem Kerzenhalter für die Beleuchtung angebracht waren. Vor Ostern und im Herbst umflocht ihn Willi Fiege mit frischem Tannengrün. Der mächtige, duftende Kranz begann in der Kerzenhitze bald abzurieseln. Kundige Kapellenbesucher blieben darunter weg. Welke Nädelchen sanken in Flocken auf die Sonntagskleider und in die Gebetbücher. Rudolf Schwarz sann auf Abhilfe. Er erklärte die Anlage von elektrischem Licht für vordringlich und bastelte selber einen kolossalen sechseckigen Hängeleuchter. Er stieg damit auf eine Anstreicherleiter und brachte ihn an. Dann rief er R. Guardini zur Begutachtung. Der kam unverzüglich, sah in die Höhe und machte kehrt, um mich aus der nahen Kanzlei zu rufen. ›Bitte, Elisabeth, kommt doch mal mit, und seht Euch den Leuchter von Rudolf Schwarz an.‹ Ich war ebenfalls verblüfft und stellte mir das umfangreiche Modell erhellt vor. Rudolf Schwarz sah selber, daß er sich noch in der Mitte einer Versuchsserie befand, er holte das Ding mißmutig herunter. Es wurde viel besprochen. Immer wieder sagten wir Burgleute: ›Der alte Kranz war ja schön.‹ Da besann sich Rudolf auf dessen Grundform. Er behielt die Idee des Kranzes bei ... und so entstand der wunderbare Radleuchter, der noch heute nach vielen Jahren den Raum krönt.«

durchschnittlich gebrauchten Altarkerzen anseht, um festzustellen, wie dick und wie hoch der Dorn sein darf. Die Kerze muß mit ihrem Fuß auf dem Tropfplatz aufstehen. Sobald der Dorn zu lang wird, hängt sie in der Luft.«[27]
Umgekehrt ein Beispiel, das Guardinis Bindung an die herkömmlichen Gestaltungen verrät, worin Rudolf Schwarz weit mehr Mut und avantgardistischen Blick besaß. Schwarz hatte 1928 drei Soffittenreihen aus Leuchtstoffröhren im Rittersaal vorgeschlagen, um den Taum taghell auszuleuchten und die Grundform des weißen Würfels ohne Störung zur Geltung zu bringen.»Also, schimpf nicht zu wüst und überlege mal den Fall ... Abermals in großer Bescheidenheit bemerke ich, daß schließlich doch der Gedanke, die Burg als Folge großer, reiner und fast leerer Räume mein höchstpersönlicher Einfall war zu einer Zeit, wo die Architekten das sonst noch nicht wußten (die meisten wissen es heute noch nicht) und als auf der Burg Gemütlichkeit Trumpf war. Habe mich wegen der leeren Kapelle doch reichlich prügeln müssen. So könntet Ihr mir eigentlich schon einige Sachkenntnis zubilligen.«[28] Guardini war aber der Entwurf zunächst unbehaglich:»Dein Plan für die Beleuchtung des Rittersaal hat etwas sehr Einfaches. Es kann wohl sein, daß er die Lösung ist. Nur kann ich mir die Wirkung nicht gut vorstellen. Ich habe offenbar noch sehr starke Bindungen an alte Formen in mir.«[29] Noch stärkere Einwände kommen gegen die Beleuchtung des Pfeilersaales:»Diese Körper sind mir fremdartig. Ich kann sie nicht verstehen. Ich möchte hier überhaupt ganz grundsätzlich ein Bedenken aussprechen, das mir öfter gekommen ist. Die Räume der Burg haben doch alle einen ausgeprägten Charakter, der durchaus ›vortechnisch‹ ist. Da empfinde ich immer ein lebhaftes Mißbehagen, wenn in diese Räume ausgesprochen technische Formen – nimm das Wort als Ersatz für den eigentlichen Ausdruck, den ich nicht weiß – gesetzt werden.«[30]

[27] Brief an Rudolf Schwarz vom 10.11.1929 (Archiv Burg Rothenfels).
[28] Brief an Guardini vom 15.1.1928 (Archiv Burg Rothenfels). Ebenda noch eine sehr schöne Begründung:»Es entsteht so mit den denkbar einfachsten Mitteln eine strahlend helle und sehr festliche Beleuchtung. Die Lampen sind durchsichtiges Glas und deshalb tagsüber kaum zu sehen, namentlich wenn auch noch die Bemalung etwas darauf abgepaßt wird. Der reine Raumwürfel des Saals wird in keiner Weise gestört ... Ich verweise noch darauf, daß die vorgeschlagene Anlage ermöglicht, den Raum durch die Lichtführung zu modellieren.«
[29] Brief an Rudolf Schwarz vom 2.2.1928 (Archiv Burg Rothenfels). Im selben Brief übrigens ein Satz, der Guardinis Überlastung und damit Überforderung durch die vielen Aufgaben ausdrückt:»Es ist so vieles, daß ich ein Gefühl der Unsicherheit habe, und in Manchem gar nicht mehr weiß, wo Dinge und Menschen stehen.«
[30] Brief an Rudolf Schwarz vom 11.1.1928 (Archiv Burg Rothenfels). Dieser Brief artikuliert im Folgenden Guardinis Empfindung am ausführlichsten:»Die Form der Beleuchtungskörper ist in sich stark, würde in einem modernen Raum sicher

In den Zeiten der großen Entwürfe hatte Guardini übrigens immer Bildmappen der romanischen Kunst Italiens und Südfrankreichs griffbereit. Nicht von ungefähr seine Bemerkung von der Bindung an die alten Formen! Zugleich war er aber mit der zeitgenössischen Kunst durch eigene Anschauungen und Zeitschriften vertraut. Der Grundgedanke war »durchformte Einfachheit«, wie sie Rudolf Schwarz zu gestalten und auch im Wort auszudrücken wußte.

Vision des neuen Bauens

Rudolf Schwarz war in Lehre und Praxis vom Dessauer Bauhaus, besonders von Mies van der Rohe beeinflußt. So galten für ihn ähnliche Wertmaßstäbe: Echtheit des Materials (unter dem Silberblech des Radleuchters in der Kapelle wurde schweres Eichenholz verwendet) und die Übereinstimmung von Zweckbestimmung und

gewaltig wirken; an dieser Stelle sind sie nicht am Platz. Noch viel mehr habe ich den Eindruck von dem Beleuchtungskörper für die Kapelle. Ich sage ganz aufrichtig: Wenn dieser Körper in die Kapelle kommt, dann ist sie für mein Gefühl zerstört. Er hat eine so gewalttätige Kraft und kommt aus einem so ganz anderen Formgefühl als alles andere, dass ich ihn nicht zusammenbringen kann. Die alte idyllische Kapelle haben wir schon mit dem Augenblick aufgegeben, wo wir zu den einfachen Formen übergingen. Das ist sicher. Es gibt aber eine Einfachheit, die hat den Zusammenhang mit dem Uebrigen der Burg. Diese Art Einfachheit ist gewahrt am Altar; ist gewahrt in der Madonna, wenigstens so weit ich aus den Bildern und dem mangelhaften Eindruck in den Kisten sehen kann. Dieser Leuchtkörper aber überschreitet eine Grenze. Ich weiss nicht, ob ich mich deutlich machen kann. Mir läge aber daran, dass Du das nicht irgendwie in einem reaktionären oder sentimentalen Sinne nähmest. Es geht mir darum, dass der Ausbau der Burg Kontinuität behalte mit dem, was sie jetzt ist; dass nicht irgendwo Gestaltungen auftauchen, die notwendig als Fremdkörper empfunden werden müssen. Das, was in einem in der Stadt und aus einheitlichem Empfinden errichteten Gebäude möglich ist, ist es nicht in einer alten Burg im Maintal. Abgesehen von Deiner grundsätzlichen Stellung zu diesem Gedanken, wirst Du dann fragen, was man tun solle? Was den Pfeilersaal angeht, so könnte ich mir denken, dass hier einige einfache Hängelampen immer noch das Richtigste wäre; diese Form wäre das Anspruchsloseste, würde den Raum am wenigsten antasten. Was die Kapelle angeht, so würde ich es begrüssen, wenn wir uns die Möglichkeit, sie ganz unter Kerzenlicht zu stellen, erhalten würden. Die Kapelle ist sie selber am meisten in Kerzenlicht. Und die Kerze ist nichts Vergangenes. Ich kann mir denken, dass, wenn die Technik des elektrischen Lichtes ihre Konsequenz vollzogen hat, die Kerze wieder zu ihrem Recht kommt. Könnte man es nicht so machen, dass an den Seitenwänden zwei sehr einfache Wandarme hingen, die den gewöhnlichen Lichtbedarf befriedigen. Dann in der Mitte ein Beleuchtungskörper in der Form des Reifes, möglichst einfach, zur Aufnahme von Kerzen, und zur Anbringung des Kranzes bestimmt, etwa nach der Art des jetzigen, natürlich ganz unzulänglichen. Du hast einmal ein Wort geschrieben von der *»Gotteskammer«*. Das war eines Deiner tiefsten, besten. Wenn irgendwo, dann muss das in der Burgkapelle verwirklicht werden. Ich glaube aber nicht, dass das durch solche Formen, wie die des Leuchtkörperentwurfes möglich ist.«

Gestalt, wie sie in dem neuentdeckten Wort von Augustinus ihren Ausdruck fand, Schönheit sei der Glanz des Wahren. Schwarz entwickelte darüber hinaus in besonderer Weise die Ästhetik des Sakralen, vom Kapellenraum bis zu kleinem Gerät wie dem berühmten Rothenfelser Kelch, der »seine erste Kirche« wurde. Ein Grundwort dieser Architektur lautete »Wahrhaftigkeit«. Gemeint war jene neue Sachlichkeit, die sich an der Wahrheit des Gebrauchs, an der handwerklichen Gediegenheit der Herstellung, an der auf ihren Sinn durchsichtigen Schönheit ausdrückte; ein anderes Wort dafür hieß »Formgerechtigkeit«.

Schwarz war 1927, im Jahr angespannter Arbeit auf der Burg, auch in den Vorstand des deutschen Werkbundes eingetreten, wo er den Plan einer »Werkhütte« mit einem Kreis Gleichgesinnter durchführen wollte. Diese Werk- und Lebensgemeinschaft, in der Mies van der Rohe mitarbeitete, hatte ihre Parallele in Guardinis Entwurf der »Werkwoche«, in der ebenfalls, wenn auch nur für kurze Zeit, ein Zusammenleben, -denken und -arbeiten in der Ganzheit von Geist, Leib und Seele erprobt werden sollte. (Es ist richtig, daß dies eine Vorstufe moderner Akademien wurde, nur ist zu berücksichtigen, daß die heutigen Akademien weit stärker intellektuell arbeiten und z. B. alles Musische eher als Schmuck am Rande eingesetzt wird.)

Schwarz kennzeichnet seine Vision des neuen Bauens, das er in Werkbund und Burg gleichzeitig erprobte: »Uns war Bauen kein Bemühen um Stile, was es den Männern des Jugendstils noch gewesen war, sondern Mühe um gerechte Gestalt und Ordnung der Dinge ... Wir sprachen von dem baumeisterlichen Zeitalter, das jetzt kommen müsse ... Sie (die Jugend) braucht die Burg nicht, um Eichendorff-Idylle zu nähren, sondern in einem sehr nüchternen Sinn als Freiraum, um darin zu erproben, wie man aus dem Gemeinsamen handelt und lebt.

Es war eine Kapelle da, und sie war neu einzurichten. Wir haben sie sehr einfach gestaltet ... Wichtiger ist, was wir mit dem großen Festsaal unternahmen. Wir hatten den Rittersaal so erweitert, daß er den größten Teil des Obergeschosses im Palas einnahm, hatten ihn zu einem klaren Würfel gemacht, indem wir allerlei barocke Ornamente entfernten und Decken und Wände weiß strichen. An der Decke wurden drei Reihen Soffitten angebracht ... Als einzige Ausstattung erhielt der Raum Hunderte Schemel, kleine schwarze Würfel aus Holz. Das war alles ... Hier wurde Ernst damit gemacht, daß eine Gemeinde aus sich heraus Raumgestalten hervorbringen kann: ... Daß das alles gelingen kann, hat sich ja in Rothenfels gezeigt, aber man muß dann auch die gleichen Voraussetzungen haben ... Die Art, wie die Gemeinde in Rothenfels Liturgie feierte, hat eine

Bedeutung erlangt, die wir nicht erwartet hatten, als wir daran gingen, es für uns richtig zu machen ... Es ist schön, wenn der heilige Raum ganz in der Gemeinde und ihrem Tun gründet, aus der Liturgie heraus errichtet wird und mit ihr wieder versinkt, und auf jede architektonische Veranstaltung verzichtet wird, anfangs nichts da ist, als Weltraum und nachher nichts dableibt als Weltraum: der Herr ging vorüber.«[31]

Es ist das Verdienst von Schwarz, mit seinen Mitarbeitern Rothenfels zu einem Denkmal des neuen Bauens umgestaltet zu haben. Daß er dabei auch alte Bauformen ohne Bedauern entfernte (wie den spätromanischen Kamin im Kapitelsaal oder die gotischen Türen im Erdgeschoß des Ostpalas), muß zugegeben werden; andererseits vereinheitlichte er das ganze Bauwerk nach seiner überzeugenden Vision, die in dem ersten Burgbuch von 1929 bis heute eindrucksvoll sichtbar ist. Durch den Krieg wurde die Gestalt vieler Einzelheiten zerstört, so daß eigentlich nur noch Kapelle und Rittersaal seine Handschrift erkennen lassen. Aber auch in der zurückgenommenen Form ist die Prägung durch Schwarz in einer so eindrücklichen Weise modern, daß die Räume in der Tat als ein wichtiger Keim des modernen Kirchenbaus nach 1945 erscheinen. Für die Gestaltung im Detail steht nach wie vor der berühmte Kelch als Beispiel vor Augen; hier werden dieselben Form- und Materialgrundsätze sichtbar, die auch im Großen galten: »Ich konnte (1927) an meinem einzigen wirklichen Auftrag arbeiten, einem ganz einfachen Meßkelch. Daran zeichnete ich jeden Tag einige Stunden, ein halbes Jahr lang, bis der Kelch eine Form erlangt hatte, die mir hinlänglich hart und endgültig zu sein schien.«[32]

Die »neue Ästhetik« im einzelnen

Kapelle

Die wichtigste Neugestaltung betraf die Kapelle. In ihr drückt sich gleichermaßen der Formwille von Schwarz wie von Guardini aus; gerade hier ist die gegenseitige Beeinflussung wesentlich.

[31] Rudolf Schwarz, Kirchenbau, Heidelberg 1960, 36f und 40.
[32] Ebd., 12. In den »Heiligen Zeichen«, im Frühjahr 1927 veröffentlicht, hat Guardini eine Meditation über den Kelch aufgenommen, die zwar einen alten Beuroner Kelch beschreibt, aber in der Intensität offensichtlich den erst in der Planung befindlichen Kelch von Rudolf Schwarz vorwegnimmt. »Er stand auf breitem Fuß, fest, sicher auf dem Grund. Herb stieg der Schaft auf, sehr schlank. Man fühlte die steigende, zusammengedrängte, tragende Kraft, und endlich, auf der Höhe des Schaftes, dort, wo ein schmaler Ring die edle Stärke noch in letzte Zucht sammelte, sproßte feines, strenges Blätterwerk und darin ruhte des Kelches Herzschale, die Cuppa.« Von heiligen Zeichen, Mainz 1961, 47f.

1910 war die alte, aus dem Laurentius-Saal stammende Schloßkapelle einen Stock höher in einen spätgotischen Wohnraum mit Kamin verlegt worden, um den Dorfbewohnern die beschwerliche Treppe zur Stadtkirche zu ersparen. Noch 1926 stand darin ein St. Georgs-Altar von 1711 (jetzt in der Kirche von Neustadt). Schwarz räumte die Kapelle auch von den Kirchenbänken leer und setzte ein Eichenpodest mit breiten Stufen an die Südwand, darauf einen mit Silber platierten Altar.[33] Mit 800 Silbernägeln wurde die Sichtfläche in geometrischem Muster verziert; ähnlich gestaltet wurden der später eintreffende Tabernakel und die vier Altarleuchter. Der Kronreif enthielt ebenfalls ähnliche Elemente, und mit seinem blauen Emaille entsteht farblich eine Verbindung zu den blau und braun gestalteten Fenstern von Anton Wendling.

Guardinis Anregung ist der Ewig-Licht-Leuchter zu verdanken, der ihm zu seinem 20jährigen Priesterjubiläum vom Bund geschenkt wurde und den Rudolf Schwarz nach seinen Anweisungen entwarf.

Die einzigen Plastiken der Kapelle waren ein Kruzifix links vom Altar, das aus Guardinis Familie stammte und von einigen Juvenen zu Fuß aus Bonn nach Rothenfels getragen wurde; zum anderen die Madonnenstatue von Maria Eulenbruch an der rechten Seitenwand. Sie war so ungewöhnlich, daß der Bischof von Würzburg 1935 ihre Entfernung anordnete, wobei die Figur durch ihre Aufstellung in dem profanen Barocksaal später aus ungeklärten Gründen zu Schaden kam.

Bemerkenswert ist, daß Guardini, um die jungen Leute mit diesem ungewöhnlichen Bildwerk vertraut zu machen, eine einfühlsame Predigt über Armut und Adel der Figur hielt – ein Zeichen für seine Einfühlung auch in die zeitgenössische Kunst. Daß dieser Stil durch die Nationalsozialisten verfemt wurde, versteht sich fast von selbst. Auch in dieser Hinsicht wurde auf der Burg eine »Augenübung« betrieben, die dem Landläufigen entgegenwirkte und sich mit den Formen der Avantgarde auseinandersetzte.

Rittersaal

Mit der Kapelle zusammen bildet der Rittersaal die eindrucksvollste bauliche Gestaltung durch Rudolf Schwarz. Ihm ist zu verdanken,

---

[33] Guardini verteidigte den Entwurf gegen Einwände, wie aus einem Schreiben an Rudolf Schwarz vom Frühjahr 1925 hervorgeht (Archiv Burg Rothenfels): »Altar: Ich wehre mich energisch dagegen, daß ein anderer kommt. Alle waren mit diesem einverstanden. Er ist schön und viel Arbeit steckt darin. Strehler gegenüber habe ich erklärt, wir alle wollten ihn, und habe dadurch vielleicht – was mir leid tut, denn er ist eine nicht gewöhnliche Persönlichkeit – seine gute Meinung verscherzt.«

daß er in dem Saal den einfachen weißen Würfel herausarbeitete, der bis dahin durch eine Fachwerkwand und Sandsteinblenden an den Fenstern sowie durch ein farbiges Wappen viel unruhiger gestaltet war. Schwarz ließ diese Elemente überstreichen, so daß der Rittersaal nur von dem auf den weißen Wänden wandernden Licht lebte. Die helle Ausleuchtung durch die technisch anmutenden Leuchtstoffröhren gab dem Saal eine zusätzliche geistig gemeinte Nüchternheit. Dazu kontrastierte Schwarz die kubischen Hocker, die in der Burgschreinerei aus schwarz gebeizter Eiche hergestellt wurden. Ihr Vorteil war die unterschiedliche Möglichkeit der Anordnung: Der Kreis diente der Unterredung, das offene Hufeisen dem Vortrag, das Rechteck den Aufführungen.

Guardini liebte den Saal in seiner Klarheit überaus (1920 hatte er dort die unvergeßlichen Abende der ersten Gespräche erlebt). Er pflegte öfter zu sagen, daß man diesen Saal nur aufgerichtet betreten dürfe und ihn gewissermaßen in den Schultern empfinden müsse.

Bibliothek

Es ist bezeichnend, daß bei all dem Raumbedarf der Burg doch eine Bibliothek eingerichtet wurde. Darin fanden zumeist Leihgaben von Guardini Aufstellung, außerdem war der Bestand von ihm ausgesucht. Es gab dort nicht nur die deutschen Klassiker in Gesamtausgaben, wie Gottfried Keller, Clemens Brentano, Josef von Eichendorff, Jeremias Gotthelf. Besonders die große russische Literatur von Tolstoi und Leskow bis zu Dostojewski, ebenso die große französische Literatur, darunter Francis Jammes, Bernanos und Claudel waren von Guardini ausgewählt. Vor den Tagungen wurden noch eigens Texte, z. B. von Newman oder Kierkegaard, eingeräumt. Guardini stellte auch zahlreiche Bildmappen zur Verfügung: von den griechischen Tempeln, den antiken Plastiken, den französischen Kathedralen, über Michelangelo und die Frührenaissance bis zum Impressionismus und dem zeitgenössischen frühen Expressionismus. Die Weite des Blickes und die Kostbarkeit der Sammlung bezeugten das Noa-Noa-Buch von Gauguin ebenso wie die Bilder von Franz Marc.

Immerhin dachte Guardini für eine kleine Leseecke vor der im strengen Bauhausstil ausgestatteten Bibliothek, worin die Atmosphäre schweigenden Studiums herrschte, auch an leichtere Kost: Er selbst schlug Karl May vor.[34]

---

[34] E. Wilmes-Merz, Erinnerungen II A, 19 f.

Speisesäle

Bezeichnend für die Gestaltungsweise von Rudolf Schwarz ist das Beispiel, wie er die Säle im Erdgeschoß des Ostpalas einander zuordnete. Im Laurentiussaal wie im Pfeilersaal gab es eine verhältnismäßig schmale gotisch-spitzbogige Tür. Schwarz fand eine neue Lösung, deren Entstehung für seine Arbeitsweise und seine visionäre Kraft typisch ist (wenngleich man heute die Entfernung der gotischen Eingänge bedauern mag).»Sinnend stellte er sich mit dem Blick zum Pfeilersaal vor die Mitte der Quermauer. Mit der linken Hand stützte er die Hüfte, in der Rechten ließ er ein dickes Stück Maurerkreide pendeln, und den Kopf neigte er ein wenig zur Schulter. Nun sah er mit der Vorstellungskraft eines genialen Architekten buchstäblich durch die Wände. Erst zeichnete er den Türeingang des künftigen Tagesraumes mit den gültigen Maßen auf die Mauer. Dann sagte er: ›Der Eingang zum Pfeilersaal muß etwas verlegt werden, damit ein Durchblick entsteht.‹ Wir eilten, von der Idee ergriffen, zum Heilbronnersaal. Vor dessen Wand machte er Halt: ›Auch hier läßt sich die Stelle des Eingangs verändern, dann ergibt sich eine Saalflucht von Format!‹ Während er die Durchgänge auf die Wände zeichnete, holte ich R. Guardini zur Besprechung an Ort und Stelle. Er war von der Vereinheitlichung des Grundrisses begeistert und sprach einen weiteren Vorteil aus: ›Nun können wir durch alle Räume eine große Tischgemeinschaft bilden.‹

Der Längsblick durch die Mitte des gesamten Erdgeschosses wurde bezaubernd. Die Sonne schien schon in der Frühe auf die neuen Fenster. Ihre Strahlen strömten in breiten Bahnen in die Helligkeit, die von der Gegenseite hereinflutete. In der Pfeilerhalle webte ›das richtige Licht.‹

Während der Tagungsmahlzeiten saß R. Guardini frontal zu den Gästen vor der Südwand des Heilbronner Saales. Wenn man in beiden Speiseräumen die Plätze eingenommen hatte, klopfte er an den Tellerrand. Wir erhoben uns. Vernehmlich sprach er ein kurzes Gebet.«[35]

Andere Räume

Schwarz arbeitete gerne nach dem Prinzip der »rhythmisierten Kastenperspektive«, wie er sie in seinem Buch »Das Gesetz der Serie« entwickelte. Dies bedeutete die Wiederholung von Raumformen, auch von Innenarchitektur, die im Durchblick einen Rhythmus

[35] Ebd., 24.

ergaben. In dieser Form gestaltete er die Schlafsäle unter dem Dach des Ostpalas. Der verwahrloste Dachboden, der durch das Gebälk eigentlich von besonders schöner Gestalt war, wurde von Schwarz in seinem vorgegebenen Rhythmus aufgegriffen und nicht nur wohnlich, sondern vom Stil her gesehen sogar ausgesucht gut gestaltet. Die kleineren Räume, besonders in den Türmen, möblierte er mit den wuchtigen Blockformen, die für Tisch, Hocker, Bänke, Truhen und Schrank gleichermaßen verwendbar waren. Außer den Holzmaserungen, sofern die Möbel nicht schwarz gebeizt wurden, ließ er keine Verzierung zu; nur gelegentlich durfte ein Bild aufgehängt werden (Guardini bevorzugte dafür meistens van Gogh, der damals noch ungewohnt war) oder ein irdenes Gefäß mit Blumen stehen. Erst die Belebung der Räume durch die Jugend machte diesen strengen und bis ins letzte durchformten Stil in seinem geistigen Anspruch deutlich.

Im Amtshaus wohnte Schwarz selbst im zweiten Stock am Ende des Flurs in einem engen Kämmerchen. Er hatte von dort einen Ausblick sowohl auf das Maintal wie auf das geschlossene Bild der Innenburg. Ab 1927 entwarf Schwarz auch neue Möbel für die einfachen Räume des Amtshauses nach den schon bewährten Modellen. Ab 1930 mußte er die Küche im Amthauskeller ausbauen; auch in dieser Zweckgestaltung arbeitete er nach dem Gesetz der Rhythmik, wie überhaupt für ihn in allem Zweckgerechten eine besondere Schönheit lag.

Burgleiterzimmer

Guardini bezog 1927 den oberen Stock im Auhaus, dem kleinen barocken Torwarthaus rechts vom Innentor. Für seine Räume entwarf ihm Rudolf Schwarz die gewünschte Möblierung[36], wie sie im Burgbuch 1929 fotografiert sind (übrigens durch den bekannten

---

[36] Brief Guardinis an Rudolf Schwarz vom 7.1.1927 (Archiv Burg Rothenfels): »Vielleicht wäre es gut, das *Repositorium* für Akten usw. etwas breiter zu machen. Es kommt links neben das Fenster, dort, wo jetzt die kleine Bank steht. Den *Bücherschrank* würde ich bitten, so zu machen, dass der untere Teil verschlossen werden kann; der obere Teil ein offenes Regal darstellt. An ihm sowohl, wie am Repositorium bitte ich um Zahnleisten, um die Böden verstellen zu können. Man wird wohl den Bücherschränkchen die Beine kürzer machen müssen, damit man nach unten hin Raum gewinnt. Dem Schreiner habe ich dann gesagt, ich hätte gern in der Ecke, wo jetzt des Bett steht, bzw. das Kopfende des Bettes, eine *Bank*, die um die Ecke herumgeht, mit einer bequem gestellten Rückenlehne und zwei Armlehnen an den Enden, und dann davor einen runden *Tisch* mit zwei *Stühlen*. So würde also in dem Studierzimmerchen stehen: Schreibtisch und Stuhl, Repositorium, Bücherschrank, Eckbank, runder Tisch und zwei Stühle.«

Fotografen Albert Renger-Patsch). Alles war im gewohnt strengen und praktischen Stil gehalten: Arbeitstisch, Schreibsessel und eine Manuskriptablage aus fünf übereinandergesetzten Eschenplatten. Diese Möblierung, die Guardini 1932 bei seinem Umzug ins größere und hellere Gartenhaus mitnahm, wurde gewissermaßen berühmt: Es gab Anfragen nach den Maßen, um diese vorbildliche moderne Möbelgestaltung nachschreinern lassen zu können.

Ein persönliches Zeugnis seiner Arbeitsweise in dieser Wohnung: »Für die sachlichen Besprechungen zog er sein behagliches Wohnzimmer der nüchternen Büroatmosphäre vor. Dadurch konnte alles bei ihm zur Sprache gebracht werden. Er erkundigte sich nach Menschen und Lebensverhältnissen, schon wenn sie mittelbar in Beziehung zur Burg standen. Während der Unterredung entschied er sich allmählich. Wenn sein Entschluß gefaßt war, wischte er mit gespannter Hand über die Tischdecke. Man erhob sich. Bald darauf klapperte die Schreibmaschine bei der Übertragung des Stenogramms und am Telefon setzten die Rücksprachen mit den Handwerkern ein. Für R. Guardini war die Angelegenheit erledigt. Von uns erwartete er selbständige und verantwortliche Mitarbeit. Wir bemühten uns, ihn mit weiteren Belastungen zu verschonen.«[37]

Das Gartenhaus bot Guardini noch eine andere Annehmlichkeit, er konnte das kleine »Küchengärtchen« zur Besinnung vor dem morgendlichen Gottesdienst benutzen. Er liebte dieses Gärtchen ganz besonders, das in der Mitte eine tiefe Furche für Kakteen besaß, sonst aber eine Überfülle von Blumen bis zum Spätherbst aufwies.

Das geistige Profil der Burg zwischen 1927 und 1939

Die Arbeit Guardinis für den Bund

Durch Guardinis Leitung wurde die Burg zu einer weithin ausstrahlenden Mitte für die katholische Jugend, aber auch für aufgeschlossene Intellektuelle, auf welche die religiöse und geistige Erneuerung eine Anziehung ausübte. Und er wurde auch für den Bund jene haltgebende Größe, die den unterschiedlichen Richtungen immer eine Möglichkeit ließ, ihnen aber nicht die Sprengung der Einheit erlaubte. Die festigende Wirkung war schon auf dem Bundesthing der jüngeren Quickborner im August 1927 zu erkennen. Der alte Streit um die Abstinenz in der Bundesordnung wurde von ihm wieder einmal hilfreich gelöst, so daß sich auch die Jungen zu einem

---
[37] Elisabeth Wilmes-Merz, Erinnerungen IIB und IIC, 34.

gemeinsamen Bekenntnis erklären konnten. Wieder wurden programmatische Worte gefunden, die einen neuen Aufbruch erwarten ließen.

»Quickborns Sinn liegt letztlich im Ewigen, so wie alles Geschehen vor Gott. Wir sind uns klar darüber, daß Quickborn nur Zeiterscheinung, aber zeitnotwendig ist. Jetzt ist er und hat zu wirken.

Quickborn ist uns – ganz umfassend gesagt – Lebenserneuerung auf allen Gebieten, ist uns religiöse, geistige, sittliche Erneuerung, bedeutet uns ein neues Verhältnis zur Natur, zu den Dingen, zu den Menschen, zum Beruf, zur Ehe, zur Familie, zur Kunst, zu all dem Leben, in dem wir stehen. Nicht auf einzelne Dinge und Gebiete des Lebens richtet sich unser Erneuerungswille, sondern auf die Ganzheit des Seins. Und Zugehörigkeit zum Bund ist uns wie das Zeichen für die gleiche Sehnsucht und den gleichen Willen.

Aber es kann nicht die Aufgabe des Bundes als Gesamtheit sein, diese Erneuerung zu geben; es ist allerpersönlichste Aufgabe jedes einzelnen. Die Bildung der Einzelpersönlichkeit ist die Hauptsache und nicht einseitiges Kulturschaffen. Kultur kann organisch nur dort werden, wo vollwertige Persönlichkeiten gewachsen sind. Anders wäre es Konstruktion. Vor jedem aus uns erheben sich die Hochziele, jeder hat den Weg zu gehen von Unnatur zur Natur, zu edler Lebensgestaltung, zu vollem Mannestum, das Reinheit, Freiheit, Güte und Kraft harmonisch verbindet, zu echtem Frauentum, das nie völlig aus der Zelle der eigenen Seele heraustritt und sich nie an die Außenwelt verliert. Wir sind Guardini und anderen viel Dank schuldig dafür, daß sie uns diese Ziele in einem neuen, hohen Lichte gezeigt haben und uns Wege dazu wiesen.

Diese wesenhafte Haltung – ›heroische Haltung‹ hat sie Guardini einmal genannt – ist vorbereitet und wird dauernd gestützt durch unsere Abstinenz. Wir fühlen die Abstinenz als einen Teil unseres Wesens, den wir uns nicht nehmen lassen können ...

Ein neuer Frühling ist unter uns angebrochen. Jugend bleibt geschlossen und läßt sich die Abstinenz nicht rauben. Wir wollen kein Ghetto sein im Quickborn und dulden keinen Bund, der nicht geschlossen eintritt für volle Abstinenz. Wenn wir die Älteren darin eins wissen mit uns, dann steht unser Bund fest wie je, und nichts kann ihn erschüttern.«[38]

Die Bundesarbeit verlief seit 1927 kontinuierlich, einmal abgesehen von verschiedenen Neu- und Umgruppierungen besonders der Quickborn-Jungen. Rothenfels wurde als »Experimentierfeld« und »Werkstatt« während Ostern, Pfingsten und den Sommer über zu

---

[38] Quickborn, Jahrgang 15, Heft 3/4, Aug./Nov. 1927.

einem Anziehungspunkt für Tausende. Der Nachwuchs der Jüngeren drängte herein und wurde erst 1933 durch die Repressalien der Nationalsozialisten eingedämmt.

Im August 1928 wurde während der Werkwoche ein Festzug durch die Stadt mit Fahnen und Klampfen durchgeführt. Der Westfalengau hatte ein Pferd dabei. Auf dem überfüllten inneren Burghof erklang plötzlich der Ruf: »Guardini aufs Pferd!« »Er stieg auf und ritt unter begeisterten Hoch-Rufen und dem Wimpelschwenken der Jungen und Mädchen eine Runde.«[39]

Von der Burg nicht wegzudenken waren die Streitereien und unterschwelligen Unterscheidungsversuche zwischen den Jüngeren und Älteren. Die Jungenschaft der unter 18jährigen stand oft in der Revolte gegen die Älteren. Es ist bemerkenswert, daß Guardini dabei versuchte, eine Mittelstellung einzunehmen, obwohl ihm die Jüngeren nicht so lagen. Es gibt ein erhellendes Zeugnis eines damaligen Jungen, der von dem Bundesthing an Ostern 1928 mit seinen nicht nachvollziehbaren Fragen grausam enttäuscht wurde: »Und was wurde da diskutiert, geredet, zerredet, Probleme wurden geschaffen, an die wir zuvor überhaupt mit keinem Gedanken gedacht ... ›Gerungen‹ wurde um den ›Standpunkt des Quickborn in der Gesellschaft‹, gedeutet wurde, ob wir zuerst ›deutsch‹ oder zuerst ›katholisch‹ sein müßten. Oder seien. Oder sein sollten ... Und sieh da, sieh da, simsalabim gab es ›die Generationenfrage‹. Plötzlich wurde bewußt, daß ›Jugendbewegung‹ ja nicht nur von Jugend getragen, gestaltet und gelebt wird. Daß da ja noch ›Ältere‹ sind, schon vor uns aufgebrochen ins Land der blauen Blume. Und daß wir ja eigentlich nur in eine bereits bestehende ›Jugendbewegung‹ reinmarschiert sind mit Klampfen und Wimpeln und Kluft ... Und auch da, bei all diesen ›Problemen‹, diesen Debatten, diesen ›Things‹, bei all diesen Geisteskämpfen, auch da, war eben Romano Guardini immer und hellwach in vorderster Reihe der ›Gestaltenden‹.«[40]

Guardini bemühte sich in der Tat, die Burg für *alle* Gruppen offen zu halten. Es wurde ihm ja oft das Gegenteil unterstellt, sogar zum Vorwurf gemacht. Dazu gibt es jedoch eine wesentliche Äußerung von ihm selbst: »Die Grundgegensätze (zwischen Älteren und Jüngeren) bestehen nach wie vor. Allein ich glaube, die Voraussetzungen für einen neuen Beginn sind da. Einmal, daß ich ausschließlicher ‹Vorgesetzter› auf Burg R. bin. Dann, daß offenbar viel Bereitschaft unter den Mittleren und Jüngeren besteht, mit uns zu arbeiten, wenn

---

[39] Elisabeth Wilmes-Merz, Jahre auf Burg Rothenfels. Chronik 1926–1937, 11.
[40] Erinnerungen von Ricardo Blank vom 3.5.1984 (Archiv Burg Rothenfels).

man ihnen nur offen entgegenkommt, und sie hereinzieht. Wichtig ist nun, daß man zuversichtlich arbeitet; überall an die Leute herangeht; richtig für sie da ist – und sich vor extremen Beurteilungen hütet. Je richtiger und menschlicher alle Dinge genommen werden, desto besser.«[41]

Guardini war freilich nicht vorrangig für den Bund da, jedenfalls nicht im Sinn einer geschlossenen Gemeinschaft. Weitung, Öffnung zu den Fragen der Zeit und zu allen aufrichtig Fragenden war sein Anliegen. Sein Nachdenken über »Gemeinschaft« arbeitete immer erneut das Unverfügbare des Anderen heraus: »Die eigentliche Gemeinschaft besteht darin, daß ich den Anderen anerkenne, nicht nur in seinem Eigensein, sondern auch in seiner Fremdheit ... Nicht auf dem Durchschauen ruht die grundlegende Anerkennung, sondern die Anerkennung ist schöpferisch; ist vor dem Durchschauen und über ihm ... Hinüber (zum Anderen) führt – eigentlich – nichts. Und doch wieder – offenbar – etwas. Dieses ›Nein und Dennoch‹ ist der personale Akt. Er ist Erkenntnis, aber eines Geheimnisses; ist Geben und Nehmen, aber eines Sich-Entziehenden; ist Gewißheit, aber ohne feststellbare Gewähr. Er verhält sich zum Wissen wie das Glauben; zum Greifen wie die Liebe; zur Sicherung wie die Hoffnung ...«[42]

Die Burg im Spannungsfeld von Universität und Akademie

Guardini hatte bereits Anfang 1922 eine denkwürdige Vision dessen entworfen, was Rothenfels im Unterschied zur Universität werden solle. Die Programmatik dieser Sätze konnte nun durch die konzentrierte Burgleitung eingelöst werden:

»Viele sind mit der Universität unzufrieden. Sie sagen, die Hochschulen häufen nur totes, zersplittertes, ohnmächtiges Wissen. Sie fordern, man müsse Geistesschulen aus ihnen machen, wo lebendige Anschauung von Welt und Leben gewonnen werde; Werkstätten, in denen alles Geistige zur Einheit zusammengefaßt werde und von denen aus das Schaffen des ganzen Volkes Antrieb und Richtung empfange; Lebensschulen, in denen der innere und äußere Mensch zu reiner, starker Gestalt heranwachse. Hier wird aber Wahres und Falsches vermengt ... Die Universität (muß) bleiben, was sie ist: Eine Schule des Forschens ... Aber neben der Universität brauchen wir Stätten menschlicher Bildung – das Wort in seinem tiefen Sinn genommen. Da soll wieder ein Bild vom wesenhaften Menschen erstehen, der ist, wie Gott ihn gedacht hat, und vom Volke, das

---

[41] Brief an Mathilde Schütter vom 9.4.1932 (Archiv Burg Rothenfels).
[42] Mögliche Gemeinschaft, in: Schildgenossen 8 (1928), 384 ff.

wirklich Volk ist und nicht Masse; ein Bild der wesensgemäßen Gemeinschaft in Leben und Schaffen, der Gesellschaft und des Berufes; ein lebendiges Bild von der Welt und vom Menschen in ihr. Das alles aber einbezogen in die tief und voll gesehene Wahrheit des Glaubens, an ihr gemessen und geordnet ... Dazu aber gehört viel: nicht nur bloßes Denken, sondern der ganze Mensch, mit Leib und Geist. Nicht nur der einzelne, sondern die Gemeinschaft. Kein vereinzelter Stand von Gelehrten, oder der Student in seinen paar Lehrjahren, sondern Menschen aus allen Bereichen des Lebens, aus allen Ständen und Berufen, das heißt Volk. Nicht nur das Werk des Augenblicks, sondern lebendige Überlieferung. Freies Schaffen und zuchtvolle Ordnung, Wissenschaft und Kunst, Arbeit und Spiel ... Und die Grundhaltung darf keine skeptische, sondern muß, bei allem Ernst und aller Sorgfalt des Fragens und Prüfens, gläubig sein, damit sie nicht, wie bisher immer, in den Vorprüfungen stecken bleibe, sondern bauen könne.«[43]

Auf der anderen Seite tauchte immer wieder der Ausdruck »Akademie« für die Burgarbeit auf. Damit wurde viel Unruhe gestiftet, weil gerade der Quickborn die Burg nicht im Sinne einer Akademie geführt haben wollte und daraus mancher jugendbewegte Unmut entstand. Guardini trug dem durchaus Rechnung. Freilich waren viele Tagungen in akademischem Stil durchgeführt, und die »Schildgenossen« wurden von verantwortlicher Stelle »als Fortsetzung der Guardinischen Akademie« bezeichnet[44]. Dies gilt für ihre durchgängige geistige Höhe, ist aber nicht im Sinn einer Institution gemeint.

Gerade um die Burg von einer solchen Institution freizuhalten, hatte Guardini zeitweise den Plan, an anderer Stelle eine ausdrückliche Akademie auf höchster Ebene für Geistes- und Naturwissenschaftler zu gründen. An Ostern 1933 fuhr er mit Nelly Planck (der Schwiegertochter von Max Planck), Hans Waltmann und Mathilde Schütter, der er die Hauswirtschaftsleitung in spe anvertrauen wollte, zu einem nahegelegenen Schlößchen im Spessart, um es für die geplante Neugründung in Augenschein zu nehmen. Es stellte sich jedoch als zu abgelegen heraus, außerdem begann 1933 bereits der Druck der Nationalsozialisten auf die Burgarbeit, so daß zu dieser Zeit der neue Plan nicht zu verwirklichen war.[45]

In jedem Fall ist festzuhalten, daß die späteren katholischen und evangelischen Akademien, die sämtlich nach dem Zweiten Weltkrieg gegründet wurden, im Entwurf auf das Vorbild von Guardinis Rothenfelser Arbeit zurückgehen.

[43] Schildgenossen 2 (1922), 144 f.
[44] Brief von Josef Aussem an Rudolf Schwarz vom 22. 6. 1926 (Archiv Burg Rothenfels).
[45] Mündliche Mitteilung von Mathilde Schütter, München, vom 19. 10. 1984.

Anspannung und Erfolg: Guardinis Einsatz

Verfolgt man die »Chronik« von 1926–37 gerade in ihren minutiösen Einträgen, so fällt auf, daß Guardini bei aller Arbeitslast in Berlin nicht davor zurückscheute, auf der Burg an Tagungen kleiner und kleinster Art teilzunehmen. Abgesehen von den großen Tagungen an Ostern und Pfingsten und eineinhalb Monaten im Sommer fand er sich auch fast immer über Silvester auf der Burg ein. Verzeichnet ist einmal eine philosophische Tagung mit nur fünfzehn (!) Teilnehmern vom 28. bis 31. Dezember 1929. Der Kapitelsaal genügte zur Silvesterfeier. Neben Guardini waren noch Heinemann und der Thomas-Kenner Gustav Siewerth anwesend.[46] Auch sonst konnte es vorkommen, daß er eine Woche mit nur 35 Teilnehmern leitete.[47]

Die pädagogische Meisterschaft Guardinis in diesen Jahren ist vielfach belegt. Besonders hatte sie sich auszuweisen bei den unterschiedlichen Altersgruppen, aber auch beim ungleichen Bildungsstand der vielen Teilnehmer. Gerade die mancherlei Banalitäten, denen er bei den Aussprachen ausgesetzt war, muteten seiner Fassungskraft einiges zu, ohne daß er tatsächlich ungeduldig wurde. In diesem Fall antwortete er meist ohne erkennbare Verärgerung, bemühte sich aber gleichzeitig, allzu großen Belastungen dieser Art auszuweichen.[48]

Um Kräfte zu sparen, kam es vor, daß er bei großen Tagungen allein oder im engsten Kreise im Amtshaus das Essen einnahm. Eine gewisse Abschirmung schien unumgänglich, um die tatsächliche Überbeanspruchung nicht ins Unerträgliche zu steigern.

[46] Elisabeth Wilmes-Merz, Chronik, 15.
[47] Ebd., 8: z. B. die Gauleitertagung 27.–31.12.1927.
[48] Brief von Sr. Isa Vermehren an die Autorin vom Juli 1984: »Noch eine nachträgliche Bemerkung zur Begegnung in Rothenfels: vor allem unter den mittelalterlichen Frauen gab es einige, die gerade schwärmerisch an ihm hingen – sie waren ihm wirklich eine böse Versuchung, ausfallend, kränkend zu werden, weil sie gewöhnlich die dümmsten Fragen stellten. Gute Freunde versuchten, sich schützend dazwischen zu schieben, um Mißstimmung und Frustration (das Wort allerdings kannten wir damals noch nicht) zu verhüten. Die Ehrfurcht vor dem kleinen sensiblen Professor war groß; sein Verständnis für den Menschen, das Menschliche, das Menschlich-Göttliche bzw. Gottfeindliche schien unermeßlich. Umso erstaunlicher und für manche vielleicht enttäuschend, daß er sich gewöhnlich mit größter Scheu vom besonderen Interesse für den Einzelfall zurückhielt. Eine Erklärung, die ich damals hörte, war die, daß er das nicht ertragen könne, daß das viele Un- und Nicht- und Mißverstehen, das ihm dabei entgegenkäme, zu viel Ungeduld in ihm wecke, zu viel Abwehr auch – es hieß damals und auch später, daß er deswegen z. B. vom Beichthören dispensiert gewesen sei. Wirkliche Seelenführung hätte er nur bei einigen wenigen ausgeübt. Bei jenen, die mit ihm befreundet waren, tat er es mehr indirekt durch seine große Gesprächsbereitschaft – am meisten und mit einem unübersehbaren Radius taten es seine Bücher, in denen er einem als der große, alles verstehende, alles wissende Freund entgegentritt, als Kenner des menschlichen und des göttlichen Herzens.«

Guardini hatte in diesen Jahren vor 1933 sicherlich einen Höhepunkt seiner Schaffenskraft auf der Burg, wobei seine Berliner Tätigkeit in ihren gedanklichen Anregungen für seine Vorträge auf der Burg sehr dienlich war. 1930 schreibt er in einer Art »Lebenslauf« an seinen ersten Pfarrherrn in Heppenheim: »Im ›Quickborn‹ finde ich eine schöne und reiche Aufgabe, die, trotz allem, was dagegen gesagt wird, meist von solchen, die ihn gar nicht kennen, sehr schöne Früchte ermöglicht ... Also Arbeit in Fülle; fast mehr, als die Kräfte bewältigen können.«[49]

Ein Zeichen dieses »Hochgefühls« ist Guardinis sich stabilisierende Gesundheit – im Vergleich zu seinen häufigen Erkrankungen als Kaplan sind die Jahre als Burgleiter nicht stark beeinträchtigt. Wie er freilich einmal bemerkt, sei ihm ab Mitte der 20er Jahre das linke Auge unbrauchbar geworden.[50] Trotzdem gilt, auch mit einer gewissen Befriedigung festgestellt: »Die Gesundheit war nie sehr fest; seit einigen Jahren hat sie sich aber gebessert, und eine ziemlich strenge Diät hält sie in Ordnung.«[51]

Im August 1929 wurde mit 1200 Gästen der 10jährige Besitz der Burg gefeiert. Von diesem durch die gesamte Atmosphäre überwältigenden Fest berichtet ein Sonderheft des »Quickborn« unter dem Titel »10 Jahre Rothenfels«. Guardini versuchte in der Ansprache, das Unterscheidende von Burg und Bund gegenüber anderem herauszuarbeiten. Er entwarf eine Vision, die den früheren Gedanken der Gralsburg durch größere Nüchternheit, aber in derselben Leidenschaft ausdrückte. Dabei unterschied er zwischen der Welt der vorfindlichen Dinge und der Welt »des Geistes, des Ideals, der hohen Dinge«[52]. Die Burg wird ihm ein Mahnzeichen für eine andere Welt, die doch in dieser Welt Gestalt gewinnen möchte. Es bedeutet im tiefsten, daß die Burg Unterpfand von etwas anderem ist, das zur Erscheinung drängt. Zugleich ist dieses Drängen nicht etwas Kurzes, schnell Eingelöstes; es bedarf der Geduld und Festigkeit, um nicht alle Kraft scheinbar vergeblich »in die Erde zu verlieren«. Guardini erinnert – immer erneut bewegt – an das Zusammensein in der Rittersaalecke vor neun Jahren, wo die Abendgespräche große Gedanken zum Inhalt hatten: »Wo sind sie alle hin? ... Die Zeit, da wir geglaubt haben, rasch große Dinge hinstellen zu können, ist vorbei. Viele können gar nicht mehr davon reden. Viele sind still

---

[49] Brief an den Prälaten von Heppenheim vom 15. 9. 1930 (Personalakte, Diözesanarchiv Mainz).
[50] Unveröffentliches Tagebuch vom 3. 4. 1963 (Ana 342,9; Stabi).
[51] Brief an den Prälaten von Heppenheim vom 15. 9. 1930 (Personalakte, Diözesanarchiv Mainz).
[52] 10 Jahre Rothenfels, 66.

geworden. Eine Festigkeit; ein Nichtnachlassenwollen ist an die Stelle getreten. Es muß und es wird. Damals haben wir gedacht: ›Die Welt wartet auf uns; wir müssen nur kommen.‹ Heute sagen wir: ›Die Welt ist unglaublich zäh; aber wir wollen‹.«[53]

Unaufhaltsam war Guardini durch Rothenfels und Berlin zu einer Bekanntheit gelangt, durch seine Schriften und die »Schildgenossen« auch zu einer großen Leserschaft über alle konfessionellen Grenzen hinweg, so daß Maria Jochum im Januar 1934 nicht übertrieben sagen konnte, daß er »außerhalb des Quickborn jemand ist, auf den die Elite Europas hört«[54]. Dieser Satz wird dokumentiert durch die Festschrift »Christliche Verwirklichung« bereits zum 50.(!) Geburtstag Guardinis am 17. Februar 1935. Die »Schildgenossen« sammelten dazu Beiträge nicht allein aus dem engeren Kreis von Rothenfelsern und persönlichen Freunden, sondern fanden Beiträge auch aus den Niederlanden (F. J. J. Buytendijk), Frankreich (J. Maritain), Italien (M. Bendiscioli). Hermann Platz entwickelte einen Bezug von Henri Bremond's Stichwort der »religiösen Verwirklichung« zu Guardini. Eine Reihe von Überlegungen sind deutlich aus dessen Geist und Sprache erwachsen.

Guardini selbst hat eine Zusammenschau des Gewollten und Erreichten in einem späten Rückblick, als die Burgarbeit unerwartet von anderer Seite her gefährdet war, versucht und dabei eine gültige Verdichtung gefunden. Da sie unveröffentlicht ist, mögen seine Worte den Überblick abrunden und zugleich vertiefen:

»Der Eindruck war tief, und er hat in vieler Beziehung mein Leben bestimmt. Nicht nur dadurch, daß ich von da ab die ganze freie Zeit, welche die Arbeit an der Berliner Universität mir ließ, nach Rothenfels getan habe, sondern auch so, daß es für mich zu einem Symbol geworden ist. Das Symbol ist durch nun über vierzig Jahre lang lebendig geblieben, und ist es noch – und das will bei einem Mann, der nicht weit vom 80. Lebensjahr steht, wohl etwas besagen.

Ich habe versucht, in wenigen Worten zusammen zu fassen, was dieses Symbol mir bedeutet hat, und noch bedeutet. Schließlich hat sich bei mir alles auf drei Worte verdichtet: Glaube, Freiheit und Verantwortung. Glaube als lebendige Verbundenheit mit der Offenbarung; Freiheit als Form der Verwirklichung alles dessen, was wert ist, verwirklicht zu werden; Verantwortung als Bewußtsein, daß wir für unser Tun vor Gott einstehen müssen.

Die Burg ist für mich der Ort, wo immer wieder Wege gesucht wurden, wie Glaube, Freiheit und Verantwortung zu leben seien.

[53] Ebd., 68.
[54] Brief von Maria Jochum an Ludwig Neundörfer vom Januar 1934 (Archiv Burg Rothenfels).

Das ist in verschiedener Weise geschehen, denn Rothenfels ist gewachsen und hat von einer Lebensstufe zur anderen neue Formen gewonnen. Ich will diese Abschnitte zu zeichnen versuchen, ohne Theorie noch Polemik – so, wie sie mir im Rückblick erscheinen.

Gegründet wurde ›Rothenfels‹ als Jugendburg; das heißt, als eine Stätte, wo in einer bürgerlichen, aber auch bereits erschütterten Welt wirkliche Jugend gelebt werden konnte. Das geschah im Zusammenhang jener großen Strömung, die Jugendbewegung heißt, und bereits Geschichte geworden ist. Es wurde entdeckt, was Natur, was Gemeinschaft, was Freude in Ehren ist, und für alles nach Formen gesucht, die echt und schön wären. Uns mutet das heute vielleicht ein wenig romantisch an. Wie echt und sauber es aber gewesen ist, wissen die, die damals dabei waren.

Für alles das bedurften wir eines Raums, der uns gehörte, und das war die Burg. Von ihr sollten die ›Nester‹ überall im Land Abbilder sein. Abstinenz von Alkohol und Nikotin sollte dem Leben auf der Burg die Kräftigung einer gewissen Strenge geben. Die heute längst vergessene Anrede des ›Ihr‹ bei solchen, die nicht ›Du‹ zueinander sagten, war ein Ausdruck der Zusammengehörigkeit.

Die Burg sollte den zum Bunde Gehörenden vorbehalten sein. Wenn einer hinaufkommen würde, der nicht zu seiner Gemeinschaft gehörte, dann sollte er sich als Gast fühlen.

Was die Gestaltung der Burg angeht, so sollte sie ganz in der Hand des Bundes, das heißt, der Jugend selbst liegen und keine andere Aufgabe haben, als Raum ihres wachsenden Lebens sein.

Das ging einige Jahre so. Dann setzte eine Krise ein. Die tragende Schicht wurde älter, und sie empfand, was es heißt, nicht nur zu leben, sondern ein Werk zu schaffen, nicht nur sich zu entfalten, sondern etwas zu leisten. Die Burg wurde immer mehr als Aufgabe angesehen, die in ihren Einrichtungen sachgemäß und in ihren Formen schön werde. Man drängte darauf, die wirtschaftlichen Dinge sollten ihre zuverlässige Ordnung haben. Was aber die Tagungen angeht, die vorher der gesammelte Ausdruck des Jugendlebens gewesen waren, so wurde der Gedanke immer stärker, in ihnen müsse sich die Auseinandersetzung mit den Aufgaben des Lebens und den Problemen der Zeit ausdrücken.

Daraus ergaben sich mancherlei Gegensätze zwischen solchen, welche die Burg als das erhalten wollten, was sie bis dahin gewesen war, und den Erwachsenen sagten, sie sollten sich die Stätte für ihre Absichten anderswo suchen, und denen, die meinten, auch sie hätten ihr Recht auf die Burg, und aus ihr müsse eine Stätte mündigen Lebens und Schaffens werden.

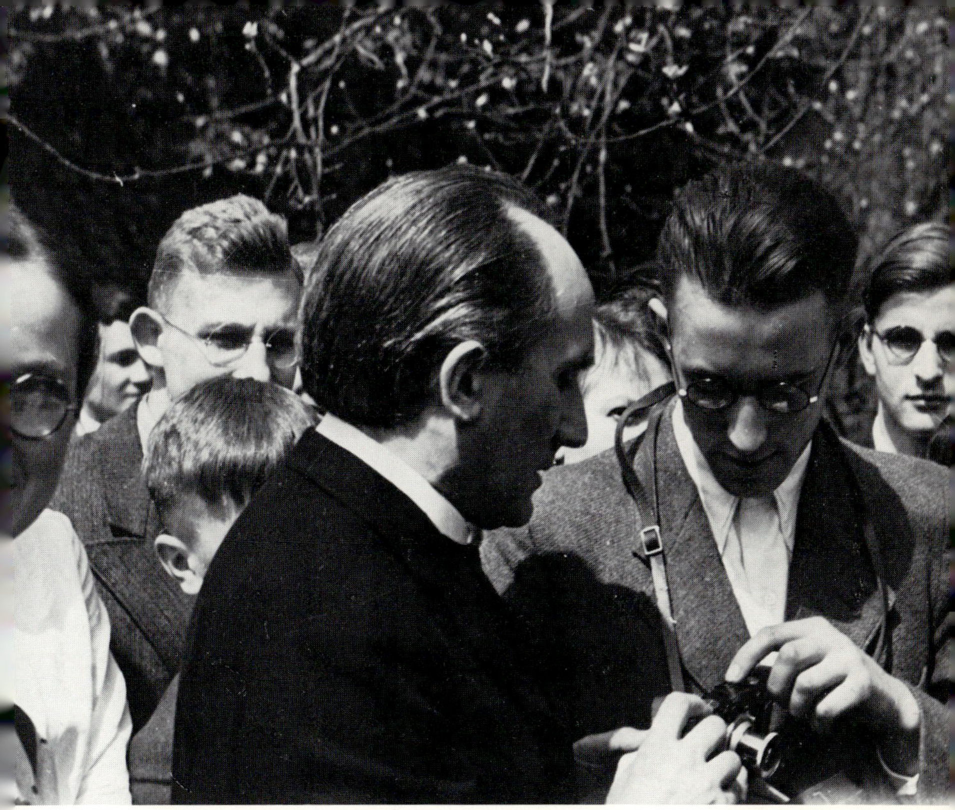

Ostern 1935

Ostern 1937

Hinzu kam das steigende Bewußtsein, jene, die in Rothenfels ihr Heim hatten, seien nicht allein in der Welt. Es gebe noch andere, Vereinigungen wie Einzelne, die Ähnliches suchten, und mit denen man in Fühlung und Austausch treten wolle.

Alles das lief zusammen und führte dazu, die Burg in einer neuen Weise zu sehen. Sie sollte von dem immer neuen Anfangen, Umordnen und Ändern herausgenommen und zu einer folgerichtig ausgestalteten Stätte gläubigen Lebens, innerer Befreiung und der Auseinandersetzung mit den Fragen der Zeit werden.

Dieser Wille fand seinen Ausdruck darin, daß die Burg aus ihrem unmittelbaren Verhältnis zum Bunde gelöst, in sich selbst gestellt und einem verantwortlichen Leiter übergeben wurde, der seinerseits sich einen Kreis von Mitarbeitern schuf. Doch sollte die Burg immer auch Heim des Bundes sein, nur daß dieser sich entschloß, auf die unmittelbare Gestaltung der Burg zu verzichten und in ihr ein der Sache verpflichtetes Werk zu achten.

In dieser Zeit ist viel geschaffen worden. Schon vorher waren aus dem Leben auf Burg Rothenfels viele und reiche Anregungen ins Land gegangen. Es hatte auf die Denkweise der christlichen Jugend, auf die Einsichten und Methoden der Erziehung, auf die Pflege von Musik und Geselligkeit vielfältigen Einfluß ausgeübt. Das setzte sich nun auf reiferer Ebene fort.

Wenn wir etwa auf das blicken, was die Kirche im jetzt tagenden Konzil über das liturgische Leben sagt und beschließt, so sehen wir mit verwunderter Freude, wie vieles davon in Rothenfels gedacht, versucht und gestaltet worden ist. Auch habe ich so manches Mal gedacht, was Demokratie heiße – jene schwerste aller Verfassungen, die immerfort aus dem Glauben an die Würde des Menschen, in Freiheit und Verantwortung neu geschaffen werden muß – das sei auf Rothenfels in seinen besten Stunden Wirklichkeit gewesen.

Man hat der Rothenfelser Arbeit den Vorwurf gemacht, sie habe sich nicht genug um das bemüht, was Politik heißt. Das wird wohl wahr sein. Ein Fehler, den die Rothenfelser Arbeit mit allem geteilt hat, was aus der Jugendbewegung hervorgegangen ist, und nachher eine der stärksten Ursachen davon, daß sie nicht bei Zeiten erkannt hat, was der Nationalsozialismus in seinem Wesen war, der sich dann so vieles von ihren Ideen und Formen angeeignet, freilich auch verfälscht hat. Hier ist viel nachzuholen.

Der Anspruch des Nationalsozialismus brachte die Burg in große Gefahr. Mit viel Mühe, viel Klugheit, manchen Opfern wurde sie aber doch bis zum Jahre 1939 gehalten; dann wurde sie enteignet.«[55]

---

[55] Brief an Heinz Fleckenstein vom 20.5.1963 (Archiv Burg Rothenfels).

Der politische Druck 1933–1939

Das Standhalten

Im Jahre 1933 wurde die Entwicklungsstufe, die sich seit 1924 datieren läßt, abgeschlossen. Natürlich liegt hier der Zwang der politischen Ereignisse vor, der die enge Verbindung von Burg und Bund zur Auflösung brachte. Es ist trotzdem nicht unrichtig zu sagen, daß mit dieser Auflösung zugleich eine von selbst gereifte geschichtliche Entwicklung auch von innen her zum Ausdruck kam. Rothenfels war über die »Jugendburg« mit ihren bündischen Begrenzungen endgültig hinausgewachsen. Die lebendige Geistigkeit katholischer Prägung hatte die Burg zu einer allgemein anerkannten »Werkstatt« auch für Intellektuelle und Künstler außerhalb der konfessionellen Grenze gemacht. So war die erzwungene Selbstauflösung des Quickborn 1933 tiefer gesehen nicht einfach ein leidiger Zufall.

Tragisch wird jedoch in dieser weiteren Entwicklung, daß der politische Druck von außen die Arbeit wesentlich beeinträchtigte. Die Werkwochen wurden auf das rein Religiöse zurückgedrängt; die »Jugendarbeit«, die eigentlich durch die großen Scharen nachwachsender Jugendlicher notwendig war, aber von der NSDAP nicht geduldet wurde, mußte in ihrem großen Anspruch der Jahrzehnte vorher aufgegeben werden. Es ist ohnehin kaum glaublich, daß die Burg unter den bedrückenden Bedingungen noch sechs Jahre lang ein Leuchtfeuer christlicher Orientierung sein konnte.

Guardini kennzeichnet in seinem Rückblick von 1949 die Lage zurückhaltend, aber deutlich:

»Wieder fragten wir uns, ob die innere Gestalt der Burg, ihr lebendiger Geist stark genug sein werde, um standzuhalten. Nicht nur ihr eigenes Leben, sondern auch die ganze Arbeit der Tagungen, Ernst wie Frohsinn, Geist und Gottesdienst standen ja unter einem beständigen feindlichen Druck. Was wir denen verdanken, die während dieser Zeit hier oben gearbeitet und ausgeharrt haben, ist nicht vielen bekannt. Tatsächlich ist Burg Rothenfels denn auch eines der ganz wenigen Gebilde dieser Art, die sich gehalten haben, bis der Ausbruch des großen Brandes 1939 alles vernichtete. Das heißt nicht nur, daß die Burg fortgefahren hat zu arbeiten, sondern daß sie sich selbst in Geist und Arbeit treu geblieben ist. Es war ein wirklicher Sieg, nur mit der Kraft des Geistes ausgefochten, andere hatten wir ja nicht. Im August 1939 war es aber auch für sie zu Ende. Die Gewalt brach ein, Recht und Freiheit hörten auf. Die Burg wurde konfisziert und manch einer, der für sie gestanden hatte, mußte viel Bedrängnis aushalten. Das schöne Leben erlosch, Geist und Freude verstummten.«[56]

In einem anderen Rückblick betont Guardini, daß trotz aller diplomatischen Bemühungen kein wirkliches Einlassen auf die widerrechtlichen Gewalthaber stattgefunden hatte: »Gegen einen Satz muß ich aber in aller Form Einspruch erheben: ›Es wird anerkannt, daß es durch die politischen Entwicklungen seit 1933 sehr schwierig war, immer den ganz geraden Weg zu gehen.‹ Das könnte dahin verstanden sein, daß der Weg ein wenig krumm war. Das muß ich ablehnen. Der Weg war ganz gerade. Die andere Seite hätte ihn nicht gerader gehen können. Es ist sehr leicht, aus der sicheren Stellung des Kritisierenden heraus über eine so komplizierte Situation zu urteilen, wie sie droben bestanden hat.«[57]

Tatsächlich war es so, daß die Tagungsarbeit auf das rein Religiöse zurückgedrängt wurde und daß notwendig ein ängstlicher Abstand zu jeder »Jugendarbeit« eingehalten werden mußte. Unter dieser Einengung verkümmerte das bisherige große Ausgreifen in die Fragen der Zeit.

Der Freiwillige Arbeitsdienst (1933–1935)

Das Jahr 1933 wurde für die Burg sofort denkwürdig durch die massenhafte Einquartierung des Freiwilligen Arbeitsdienstes (FAD). Schon seit geraumer Zeit war der Plan entwickelt, den Main zu kanalisieren und ihn zu einer Großschiffahrtsstraße von Mainz über Nürnberg durch das Altmühltal bis nach Passau auszubauen. Damit sollte eine europäische Wasserstraße von der Nordsee bis zum Schwarzen Meer gewonnen werden. Außerdem wäre damit eine Arbeitsbeschaffung größten Ausmaßes gelungen.

Auf dem Main wurde unterhalb von Rothenfels der Bau einer Staustufe geplant. Schon am 1. Februar 1933 (nur zwei Tage nach der Machtübernahme Hitlers!) erschienen die Unterhändler der Rhein-Main-Donau-AG zu Gesprächen auf der Burg, um geeignete Büro- und Schlafräume für vier Hundertschaften auszuwählen.[58] Guardini war über dieses Ansinnnen, das ihm telefonisch und schriftlich übermittelt wurde, bestürzt, während Rolf Ammann (als Vorsitzen-

---

[56] Rede bei der Gedenkfeier am Pfingstmontag 1949 auf Burg Rothenfels, in: Burgbrief 2/1949.
[57] Brief an Josef Seipel vom 28.10.1948 (Archiv Burg Rothenfels).
[58] Elisabeth Wilmes-Merz, Erinnerungen II B und II C, 1 f.

der der Vereinigung der Quickbornfreunde) darin positiv eine Arbeitsbeschaffung für die jungen Arbeitslosen sah.[59]

Am 8. 4. 1933 begann Rudolf Schwarz mit dem Umbau der »Westfalenscheune« für den FAD, wodurch ihr geschichtlicher Charakter – eine Zehntscheune mit großem Eingangstor des 16. Jahrhunderts – leider vollständig verlorenging. Auch der Pfeilersaal wurde durch den Arbeitsdienst in Beschlag genommen, ab Oktober 1933 auch die Mädchen- und Jungenherberge.

Von der Einquartierung waren das Schicksal der Burg und ihre gesamte Atmosphäre zutiefst betroffen. Zwar vollzog sich die Ostertagung 1933 noch in der herkömmlichen Form, aber in den Beratungen wurden die künftigen Schwierigkeiten vorhergesehen; man sprach erstmals von der Selbstauflösung des Bundes. Am 11. Juni 1933 wurde das Arbeitsdienstlager sogar mit einem Festgottesdienst eingeweiht, bei dem Guardini über Volk, Staat und Vaterland predigte. »Die Kapelle hatte sich schon gefüllt, als ich eintrat. Ich sah junge Arbeitsdienstler, auch in der letzten Reihe die gesamte Führerschaft des Lagers in Uniform, die der Predigt mit undurchdringlicher Miene zuhörte. Das war das erste und einzige Mal, daß ich diese Leute in der Kapelle antraf. Das Arbeitsdienstlager dominierte nun auf der Burg. Wir hatten uns anzupassen und wurden immer mehr in den Hintergrund gerückt.«[60]

Seit dieser Zeit mußten burgeigene Tagungen, nicht nur der Belegung, sondern vor allem der religiösen Thematik wegen mit dem FAD und dessen nationalsozialistischen Leitern abgesprochen werden. Die Einquartierung dauerte zwar nur bis zum September 1935, hinterließ aber die Räume in schlechtem Zustand; außerdem nahm die Überwachung in anderer Form deutlich zu. Während dieser Zeit hing die Hakenkreuzfahne vom Bergfried, und die Tagungen bedurften zunehmend des ganzen Geschicks der Burgverwaltung, damit sie überhaupt erlaubt wurden. Es war insbesondere der Verhandlungsfähigkeit von Hans und Lene Waltmann[61] zu verdanken, daß die

---

[59] Ebd., 2.
[60] Ebd., 3.
[61] Ein Wort zu Lene Merz, die später Hans Waltmann heiratete. Sie war in Werden an der Ruhr geboren, nahm 1923, als sie keine Stellung im Schuldienst erhielt, eine Tätigkeit als Büroangestellte an. Seit 1920 oder 1921 war sie über den rheinischen Quickborn mit Guardini, der noch Privatdozent in Bonn war, bekannt geworden, möglicherweise in Essen, wohin er öfter zu Vorträgen eingeladen wurde. Lene Merz besaß eine starke Ausstrahlung; es wird berichtet, daß die Menschen immer auf sie zugingen – während ihres ganzen Lebens. Sie besaß neben großer Vitalität Mut, Hilfsbereitschaft und unerschöpfliche Einsatzfreude.
Was sie für Guardini und das »Burgwerk« bedeutete, geht aus einem Gutachten hervor, das er wegen ihrer späteren Mitarbeit in der NS-Frauenschaft von Rothenfels ausstellen mußte:

»Ich habe den Wert ihrer kraftvollen und aufopfernden Arbeit sehr schätzen gelernt. Als mir im Jahre 1927 die geistige Leitung der damals noch dem ›Quickborn‹ gehörenden Bildungsstätte Burg Rothenfels am Main übertragen wurde, habe ich sie gebeten, deren hauswirtschaftliche Direktion zu übernehmen. Nicht zum wenigsten durch ihre Initiative ist das Burgwerk aufgeblüht und hat vielen Menschen körperliche und geistige Förderung vermittelt. So ist es auch geblieben, nachdem sie Herrn Waltmann geheiratet und auf der Burg ihren Hausstand gegründet hatte.

Burg Rothenfels ist in den zwanzig Jahren ihres Bestehens (1919–1939) immer im entschiedensten christlichen und demokratischen Geiste geführt worden. Burg Rothenfels wurde zu einem der wichtigsten Mittelpunkte anti-nationalsozialistischer Bildung; so mußte sie bald verdächtig werden. Tatsächlich wurde sie denn auch, wie nachgewiesen werden kann, beständig überwacht und in jeder Weise bedrängt. Die Gefahr der Konfiskation wuchs immer mehr. Um diese zu verhindern, entschloß sich Frau Lene Waltmann im Jahre 193?, um Aufnahme in die nationalsozialistische Partei nachzusuchen. Diese wurde ihr im Jahre 193? zugestanden und auf 1933 zurückdatiert. Später mußte sie auch die Leitung der NS-Frauenschaftszelle Burg Rothenfels übernehmen, da der Kreisleiter drohte, wenn keine Frauenschaft zustande käme, würde er gegen die Burg vorgehen. Wie Frau Lene Waltmann die Frauenschaftsgruppe geführt hat, kann jedes Mitglied bezeugen. In Wahrheit sah die Gruppe einer christlichen Frauenvereinigung so ähnlich, daß z. B. Ausflüge den Charakter von Wallfahrten annehmen und die Vorträge sich immer auf allgemein ethische Fragen richteten. Im Jahre 1939 wurde Frau Waltmann denn auch von ihrem Posten abgesetzt, ja sogar aus der Frauenschaftsliste gestrichen.

Wenn Burg Rothenfels bis zum Herbst 1939 ihrer ganz anti-nationalsozialistischen Arbeit erhalten werden konnte, so ist das zu einem guten Teil der Tatsache zu verdanken, daß Frau Lene Waltmann durch ihre Zugehörigkeit zur Partei und ihre Stellung in der Frauenschaft immer wieder die Lage entspannen, Angriffe auffangen, Gegenaktionen durchführen konnte usw.

Trotzdem Frau Lene Waltmann in der Partei war und die Leitung der Frauenschaftszelle von Burg Rothenfels inne hatte, ist sie eine viel entschiedenere Anti-Nationalsozialistin gewesen, als so manche andere Frau, die sich von der Partei ferngehalten hat, aber auch die Dinge gehen ließ, wie sie wollten.

Wie genau die Partei und die Gestapo gewußt haben, mit wem sie es zu tun hatten, geht denn auch aus den schweren Benachteiligungen hervor, welche Frau Lene Waltmann sowohl wie ihr Gatte erfahren haben. Sie verlor im Jahre 1939 ihre Wohnung auf der Burg, ihr Wohnrecht in der Gemeinde, das Pachtrecht des Gästehauses auf der Burg und erfuhr die Beschlagnahme der Vermögenskonten. Nicht zu rechnen alles das, was an persönlicher Bedrängnis und Gefahr der Verhaftung usw. zu erdulden war.« (Gutachten Guardini an eine Entnazifizierungsstelle vom 11.5.1946; Stabi).

Hans Waltmann (geboren 1903 in Essen, gestorben am 17.3.1981 in Bayrischzell), war schon mit 16 Jahren zum Quickborn gestoßen und hatte bereits als höherer Schüler Verbindung zum Benediktinerkloster Gerleve, wo Pater Willibrord Verkade die liturgische Bewegung vertrat. Er studierte Philosophie und Pädagogik, konnte aber des Dritten Reiches wegen nicht promovieren. In den 20er Jahren war er zeitweise Privatsekretär Guardinis in Berlin; als dieser 1927 die Burgleitung übernahm und mit Rudolf Schwarz den Ausbau der Burg verantwortete, wurde Hans Waltmann Stellvertreter des Burgleiters mit ständigem Wohnsitz auf der Burg. Zusammen mit seiner Frau Lene hatte er in die Jahre der Burgrenovierung durchgetragen, schließlich ab 1933 bis 1939 die überaus schwere Zeit des aufgezwungenen Zusammenlebens mit dem FAD und der Überwachung durch die Nationalsozialisten zu bestehen. Die Gestapo verhörte im August 1939 bei der Beschlagnahmung das Ehepaar Waltmann nachhaltig und entzog ihnen die Wohn-

Burg bis 1939 überhaupt für die Benutzung freigegeben wurde. Anfangs war dies durch manche sachlichen und persönlichen Verbindungen zum FAD noch verhältnismäßig einfach: Lene Waltmann hatte als Wirtschaftsleiterin für die Verpflegung der Mannschaften zu sorgen und nahm sich der Gattin des Würzburger Kreisleiters während einer Krankheit so an, daß er eine private Weisung an den Lagerleiter gab, die Burgleute zu schonen. Dieser ließ seine Truppen auf dem Burgterrain sogar ohne Gesang marschieren, wenn Guardini in der Kapelle oder im Rittersaal sprach.[62] Trotzdem war die Beeinträchtigung auch der Atmosphäre deutlich: Täglich mußte der Arbeitsdienst im äußeren Burghof eine bis zwei Stunden exerzieren. Die Beobachterin notiert: »Der Jargon (der Truppführer) war vulgär und sadistisch.«[63]

Guardini vermutete in einem Gespräch: »Wenn der FAD herunter ist, dann ist die Burg nicht mehr zu halten, dann wird sie von der Hitlerjugend übernommen werden.«[64]

Notmaßnahmen der Burgträger

Außer dieser Belastung drohte die Umwandlung der Burg in eine nationalpolitische Schulungsstätte; das Verbot des Quickborn hing in der Luft. Das Reichskonkordat vom 20.7.1933 hatte nicht ausdrücklich vom Fortbestand der katholischen Jugendorganisationen gesprochen. Nach dem Osterthing 1933 holte Guardini, der über die

erlaubnis im Gartenhaus der Burg. Waltmann hatte ab 1933 auch als Schriftleiter des »Burgbriefes« gewirkt; die Erfahrung auf diesem Gebiet bewog Guardini, seine Werke im »Werkbundverlag«, einer Art Selbstverlag, zu veröffentlichen und die Leitung Hans Waltmann zu übertragen. Nach dem Krieg waren die Würzburger Verlagsräume völlig zerstört, die Buchbestände verbrannt. Bis 1968 zu Guardinis Tod veröffentlichte Waltmann aber weiterhin wichtige Arbeiten Guardinis. Als seine Frau Lene 1964 starb, zog er nach Bayrischzell in das Haus des Bildhauers Philipp Harth und seiner Frau – einige Häuser weiter hatte Guardini eine Ferienwohnung. Als Philipp Harth 1968 fast gleichzeitig mit seinem Mainzer Jugendfreund Guardini starb, half Waltmann der Witwe des Künstlers bei der Ordnung und Verwaltung des großen Besitzes.
Die Beziehung Guardinis zu Waltmann war nicht ungetrübt; die Schwierigkeiten entstanden in der Regel wegen der Verlagsarbeit aus einer gewissen Unzuverlässigkeit des Verlegers. Andererseits war Waltmann Guardini uneigennützig zu Diensten, nicht zuletzt half er ihm als Chauffeur, begleitete ihn im Urlaub, kümmerte sich auch in den letzten, einsam gewordenen Jahren um Guardini. Guardini setzte ihn als Mitglied in die Nachlaßkommission ein.
[62] E. Wilmes-Merz, Erinnerungen II B und II C, 6.
[63] Ebd., 9.
[64] Romano Guardini im Gespräch mit Erich Görner 1933/34, 6.

Lage weitgehend richtige Vermutungen aufstellte, im Mai und Juni des Jahres Informationen bei führenden katholischen Persönlichkeiten ein. Am 4.7.1933 versammelte er den Bundesrat auf der Burg zur Besprechung der Lage. Man entschloß sich nicht zur »Gleichschaltung«, was eine Überwachung und Bevormundung des Quickborn durch den NS-Staat bedeutet hätte, sondern zur Selbstauflösung. Am 27. August 1933 fand die entscheidende Generalversammlung des EV statt, an der auch Bernhard Strehler teilnahm. Er beriet sich lange mit Guardini wegen der belastenden Unklarheiten, wie Burg und Bund die schweren Zeiten überleben könnten. »Vor dem Fenster störte der Gesang marschierender Kolonnen. Über dem Burghof hallten die scharfen Kommandos exerzierender Trupps.«[65] Eine Lösung wurde darin gefunden, daß der EV die »Vereinigung der Quickbornfreunde« und den Titel »Deutsches Quickbornhaus« auflöste, was am 7.12.1933 juristisch amtlich wurde, und stattdessen die unverfänglich klingende »Vereinigung der Freunde von Burg Rothenfels e.V.« gründete. Unter diesem Namen wurden die Tagungen mit Guardini jeweils angemeldet und mit behördlicher und kirchlicher Erlaubnis durchgefürt. Burg Rothenfels gehörte auf diese Weise zu den letzten christlichen Stätten, die während der nationalsozialistischen Zeit ihre Arbeit fortsetzen konnten, wenn auch nur bis zum Ausbruch des Zweiten Weltkriegs.

Guardini scheint zeitweise den Gedanken verfolgt zu haben, die Jungenschaft möge sich auflösen und in die Hitlerjugend eintreten.[66] Dieser Gedanke ist allerdings nur für 1933 bezeugt und läßt vermuten, daß Guardini zu dieser Zeit noch von der Hoffnung beseelt war – wie manche andere –, die neuen Machthaber könnten durch solche Angliederungen zu einer gewissen Änderung ihrer geistigen Grundlegung veranlaßt werden. Wenig später war ihm aber die Unmöglichkeit dieser Hoffnung deutlich bewußt.[67]

[65] Elisabeth Wilmes-Merz, Erinnerungen II B und II C, 11.
[66] Johannes Binkowski, Jugend als Wegbereiter, 229, unter Berufung auf Kurt Döbler. Diese Behauptung wird gestützt durch Hans Jörg Oeschger, Kritische Besprechung (Binkowskis) mit Ergänzungen aus der Sicht der Quickborn- und späteren Deutschmeisterjungenschaft, in: Quickborn, April 1982, 28: »Ich habe im Sommer oder Herbst 1933 zweimal eine derartige Aufforderung (zum Eintritt in die HJ) telegrafisch und brieflich erhalten.«
[67] Romano Guardini im Gespräch mit Erich Görner 1933/34, 6 (am 20.1.1934): »Diese Jungen (HJ) sind sehr eingebildet. Mit denen ist darum nicht viel anzufangen. Statt daß sie zur Bescheidenheit erzogen werden, redet man ihnen andauernd vor, daß sie die Zukunft Deutschlands sind usw. Genau wie in Italien. Die erste Jugendbewegung war zwar auch selbstbewußt. Aber das wurde dadurch kompensiert, daß sie ein Risiko hatte. Sie stand in der Auflehnung gegen Schule und alte Generation. Aber heute fehlt dieses Risiko ganz. Darum wirkt sich diese Selbstüberhebung viel gefährlicher aus.«

Überwachung durch die Gestapo

Andere Beeinträchtigungen stellten sich ein. Die Überwachung durch die Gestapo begann schon um 1934 und setzte sich fort zu intensiver Beobachtung der großen Burgtagungen ab 1936. Ein Beispiel für den auf der Burg liegenden Druck: Bei der Volksabstimmung vom 19.8.1934 über die Zusammenlegung der Ämter des Reichspräsidenten und Reichskanzlers wollten die Tagungsteilnehmer nicht im Ort zur Wahl gehen, um durch die Überzahl der Nein-Stimmen nicht die Gestapo zusätzlich auf die Burg aufmerksam zu machen. Man bestellte Busse zu auswärtigen Wahllokalen, wo aber die Angereisten aus ähnlicher Angst nicht an die Urnen gelassen wurden.[68]

Seit 1936 wurden die nationalpolitischen Lehrgänge, wie in der »Chronik« erkennbar, zahlreicher. In der Regel handelte es sich jedoch um Freizeiten von Gymnasien, deren Lehrkräfte der Burggemeinde nahestanden. So war die Gesinnung, in welcher die Lehrgänge durchgeführt wurden, meist anderer Art, als von den Machthabern angestrebt.

Der offene Druck auf die Burg wurde so groß, daß die »Chronik« ab 1937 nicht mehr weitergeführt wurde, um der Geheimen Staatspolizei kein Material zu bieten. Erst vor wenigen Jahren wurde bekannt, daß die Gestapo von Tagungsteilnehmern, und erst recht von den Referenten und Verantwortlichen der Burgarbeit, Überwachungslisten führen ließ. Etwa 200 Rothenfelser, die meist davon keine Ahnung hatten, wurden darin nach Weltanschauung und politischer (Un-)Zuverlässigkeit aufgelistet und in die Zentrale im Würzburger Gestapoquartier gemeldet.[69]

In Anbetracht dessen, was nachfolgte, war die Belegung durch den FAD noch ein kleineres Übel gewesen, zumal man wegen der schlechten Heizbarkeit der Burg darauf verzichtete, sie weiterhin zu nationalsozialistischen Zwecksetzungen auszunutzen. Trotzdem war die Belegung eine Zumutung, nicht nur weil die Zehntscheune zu einer Art Kaserne umgebaut werden mußte, sondern auch weil der Bau der Staustufe einen unerträglichen Lärm verursachte. Das sich überschlagende Echo der Preßhammerschläge erreichte ungebrochen die Burg vom frühen Morgen bis zum späten Nachmittag. Zusätzlich sorgten die NS-Mitglieder im FAD für eine Dauerbespitzelung der Burg.

Immerhin gelang hier ein Ausweichen, das einem Zufall zu verdanken war. Nach einer großen Tagung 1933 hatte Guardini die

---

[68] Elisabeth Wilmes-Merz, Erinnerungen II B und II C, 13.
[69] Ablichtungen davon jetzt im Archiv Burg Rothenfels.

erschöpfte Burgfamilie mit einer Kutsche nach Lichtenau ins Hafenlohrtal fahren lassen. Bei der anschließenden Wanderung entdeckte man das leere Forsthaus »Diana«. Guardini kam sofort der Gedanke, das Haus wenigstens am Wochenende zu bewohnen, um dem Lärm und der ideologischen Belästigung auszuweichen. Obwohl ohne Licht und Wasser und nur mit einfachster Tannenholzmöblierung versehen, wurde das Waldhaus zu einer Zuflucht für manche Jahre. Guardini wanderte oft zu Besprechungen mit maßgeblichen Leuten nach »Diana«.[70] Allerdings geht aus den in Würzburg liegenden Gestapoakten hervor, daß auch dieses Forsthaus als angebliches »Nest des Widerstandes« der Beobachtung nicht gänzlich entzogen war.

Die Beschlagnahmung im August 1939

Am 7. 8. 1939 wurde die Burg überfallartig beschlagnahmt. Es war kurz vor Beginn der großen Werkwoche; die Teilnehmer sowie Guardini konnten noch rechtzeitig telefonisch verständigt werden. Auf der Burg weilten zu dieser Zeit mehrere hundert Kinder, die nicht sofort abtransportiert werden konnten, so daß die Räumungsfrist, die der Burgverwaltung gestellt wurde, widerwillig verlängert werden mußte. Es gelang in dieser Zeit, noch einige wichtige Namenslisten zu vernichten; Lene und Hans Waltmann mußten die Situation zusammen mit dem Herbergsvater Willi Fiege allein meistern.

Für diese Schreckenstage gibt es einen Zeugenbericht, der die schwierige Lage kennzeichnet: »Anläßlich einer Fleischbeschau in Uettingen – welch schicksalhafter Zufall – hörte ich aus einer daneben liegenden Küche von einigen Männern (wohl Gestapo), daß in den nächsten Tagen die Burg ›aufgeräumt‹ werden sollte. Nichts wie heim und nach dem alten Forsthaus ›Diana‹ im Spessart, wo die Waltmanns, wohl auch mit den Wilmes sich aufhielten. Nach eiliger Benachrichtigung von Guardini, der Ferien bei Sattlers am Waginger See verbrachte, fuhr ich mit Felix Messerschmid kurzerdings nach München, um uns dort mit ihm zu treffen. Rasch entschlossen ging's gleich nach Schwabing zu Rolf Ammann, dem damaligen Vorstand der Burgfreunde. Ich seh's noch wie heute, daß wir all die vielen Dokumente und Unterlagen zu unserem nicht geringen Schmerz im lodernden Feuer seines Kachelofens verbrannten. Besonders belastend für Guardini erschienen uns als dem Nachfolger von Dr.

[70] Elisabeth Wilmes-Merz, Erinnerungen II A, 50.

Strehler dessen kaum wieder erbringlichen Vorstellungen eines
›sozialistisch verdächtigen‹ Gemeinschaftslebens auf der Burg, die
sich wohl auch kurzfristig vordem verwirklicht hatten. Selbst auf der
Heimfahrt entledigten wir uns noch im Altmühltal mancher heute
wieder wichtigen Papiere. Vielleicht haben wir G. dadurch vor
weiteren Gräuslichkeiten (KZ?) bewahrt. Selbst nach der Besetzung
hat Hans Waltmann durch eine nicht unbedenkliche Kletterei nächtlicherweilen weiteres gefährliches Material aus dem bewachten Büro
am Burgeingang herausgeholt und wohl dann auch vernichtet.«[71]
Im Zuge der widerrechtlichen Enteignung wurde auch das Vermögen der »Rothenfelser Stiftung e. V.« eingezogen. Davon waren alle
sakralen Gegenstände in Kapelle und Sakristei betroffen. Guardini
protestierte gegen diese Einziehung und hatte Erfolg (wie sich jetzt
seine vorausblickende Trennung der Rothenfelser Stiftung von der
sonstigen Vereinigung juristisch bewährte). Am 9. September 1940
wurden die Gegenstände bereits offiziell an Guardini zurückgegeben mit der Auflage, eine geeignete Person mit der Abholung aus
Rothenfels zu betrauen. Guardini wählte hierzu Werner Becker aus,
der die transportierbaren Dinge entfernte, während Guardini in
einem anderen Schreiben zurecht darauf hinwies, daß z. B. der Altar
und der Hängeleuchter nicht sinnvoll aus der Kapelle entfernt
werden könnten. So verblieb die Einrichtung zum größten Teil an
Ort und Stelle. Die Auflistung gibt ein genaues Bild der damals in
Kapelle und Sakristei befindlichen Wertgegenstände, die bis auf
einige Meßgewänder noch heute im Besitz der Burg sind:
1 Altar mit Silberschlag und Eichensperrholz,
1 Tabernakel mit Silberbeschlag,
1 Altarpodium, massiv Eiche,
1 Altarkruzifix, Corpus v. Prof. Minkenberg, Kreuz Silber,
4 Altarleuchter, Silber,
1 Hängeleuchter, Silber emaill,
1 Meßkelch, silber-vergoldet (Entwurf Rud. Schwarz),
1 Ciborium, Silber,
1 Ewiglichtständer mit Schale (versilbert),
1 Weihrauchfaß,
1 Weihrauchschiffchen,
1 weißes Meßgewand aus Honangseide (Entwurf Prof. Wendling),
2 weiße Dalmatiken, dazugehörend,
1 rotes Meßgewand aus Honangseide (Entwurf Prof. Wendling),
1 grünes Meßgewand aus Ripsseide mit Webarbeit,
1 weißes Meßgewand aus Atlasseide,

---

[71] Brief von Walther Baier an Ingeborg Klimmer vom März 1983 (im Besitz der Autorin).

1 violettes Meßgewand aus Ripsseide,
1 Weihwasserkessel mit Sprengel,
1 Kommunion-Patene,
1 Meßbuch,
1 Wandteppich hinter dem Altar,
1 Kreuzwegstation, Terrakotta, Plastik.[72]

Wie sehr Guardini von der Enteignung der Burg getroffen war, spiegelt sich in einem Brief von 14. August 1945, also sechs Jahre später, an Bischof Albert Stohr von Mainz: »Die Burg ist mit großen Opfern ausgebaut worden. Sowohl die führenden Persönlichkeiten, wie auch jene, die droben ihren Dienst taten, haben ein Maß von Arbeit hineingesteckt, das der Außenstehende nicht ermessen kann. So ist die Burg rechtlich, menschlich und geistig das Eigentum jener, die sie getragen haben. Daß die Staatspolizei sie unter der Lüge staatsfeindlichen Verhaltens enteignete, war ein Raub, der keines der bestehenden Rechte aufgehoben hat.«[73]

---

[72] Schreiben des Oberfinanzpräsidenten von Würzburg an Guardini vom 9.9.1940 (Stabi).
[73] Brief an Bischof Albert Stohr vom 14.8.1945 (Nachlaß Stohr, Diözesanarchiv Mainz).

IX. Die Entdeckung der eigenen Methode: der Gegensatz und die Weltanschauung

1923 beginnt Guardini in Berlin, seinen Lehrstuhl für Weltanschauung zu konturieren, seine Laufbahn – man ist versucht zu sagen – sieghaft anzutreten. Zur Würdigung seines dortigen Wirkens ist es sinnvoll, von Anfang an die Besonderheit seiner wissenschaftlichen Methode hervorzuheben, die die Einzigkeit seiner Begabung kenntlich macht.

Der Gegensatz

Guardinis Geistigkeit wird nur richtig in den Blick genommen, wenn seine Gegensatzlehre erfaßt wird. Sie zählt zu den frühesten Versuchen einer Lebensdeutung, die schon der Student (in dem entscheidenden Berliner Winter 1905) und dann der junge Priester mühsam unternahm und bis zum Ende, ihre Spur vielen Büchern aufprägend, bewahrte. Sie kann als Struktur von Guardinis Denken angesprochen werden und ist schon von daher kaum zu überschätzen; zugleich aber diente sie ihm zum eigenen Leben, zum Aushalten und Standhalten in eigenen Gegensätzen. »Mir kommt immer wieder der Gedanke, wie die Spannungen im Atom dessen Einheit zusammenhalten, so ist es das Moment des Gegensatzes – nicht des Widerspruchs! –, was das ›menschliche Atom‹, die Persönlichkeit zusammenhält. Tatsächlich ist auch das Phänomen des Gegensatzes und seine Äußerungen aus ganz persönlichen Problemen herausgewachsen.«[1]

Vorarbeiten und Nachbemerkungen

1914 erschien – nach vier kleineren Titeln – eine unbeachtet gebliebene Arbeit über »Gegensatz und Gegensätze«, die Guardini zwischen 1905 und 1912 beschäftigt hatte. Im gemeinsamen Denken mit

---
[1] Brief an Richard Wisser am 7.2.1968 (Stabi).

Karl Neundörfer entstand dabei eine Grundlegung, die 1925 in dem Buch »Der Gegensatz« mit dem Untertitel »Versuche zu einer Philosophie des Lebendig-Konkreten« ausgearbeitet erschien. Zu dieser Zeit äußerte sich Guardini dem Verleger gegenüber zuversichtlich: »Dem Charakter nach ist's Philosophie, aber mit viel lebendiger Fülle und, glaube ich, sehr aktuell.«[2] Zwanzig bescheidene Seiten stehen 1914 sichtlich am Anfang eines umfassenden Willens zur Theorie. Wie es dem Zwang und der Unsicherheit eines solchen Anfangs entspricht, versucht der junge Autor, den »Entwurf eines Systems« vorzulegen, gewissermaßen nach den Regeln der Kunst zu konstruieren. Es ist für Guardinis Werdegang erhellend, daß er den ersten Leitgedanken eines »Systems«, wie er Ziel der philosophischen Entwürfe des Deutschen Idealismus war, in dem ausgefalteten Werk von 1925 ausdrücklich abweist. »Sie (= die Gegensatzidee) bedeutet kein geschlossenes System, sondern ein Aufgetansein der Augen und eine innere Richtung im lebendigen Sein.«[3] Das Schulmäßige der ersten Fassung wird überwunden; ja, man kann vermuten, daß Guardinis durchblickender Wunsch, die Arbeit noch einmal tiefer anzusetzen, auch das »Lebendige« dieser Methode noch deutlicher gestalten wollte.

»Sie bildet für mich eine Beunruhigung, mit der ich irgendwie fertig werden müßte. Das ist aber nicht leicht. An sich müßte ich sie neu schreiben und die Probleme mit der Genauigkeit und in der Breite behandeln, die sie verlangen dürfen. Dazu komme ich aber nicht mehr ...«[4]

Gegen Ende seines Lebens fällt die erstaunliche Bemerkung in einem Gespräch: »Ich weiß, was dieses mein Buch bedeutet – die Darstellung einer neuen, die bisherige übersteigenden Denkrichtung. Ich hatte vor, darauf eine neue Theologie zu gründen, aber es ist zu spät – ich vermag es nicht mehr.«[5] Trotzdem wahrt der Autor immer auch eine nachsichtige Ferne zu diesem ausgreifendsten Struktur- und Methodenversuch, schon in den damaligen Vorworten. Zurückhaltung zeigen nämlich zwei »Vorbemerkungen«, worin es 1925 zur ersten Auflage heißt: »Thesen und Lösungen sind sicher vielfacher Verbesserungen bedürftig«, und 1955 zur zweiten Auflage: »Es war nicht viel mehr als eine Jugendarbeit.«[6]

[2] Brief an Richard Knies, undatiert, vermutlich Anfang 1925 (Diözesanarchiv Mainz).
[3] Der Gegensatz, Mainz ²1955, 212.
[4] Brief an Alfred Schüler vom 25.2.1950 (Besitz Änny Schüler).
[5] Alfons Rosenberg. Die Welt im Feuer. Wandlungen meines Lebens, Freiburg 1983, 149.
[6] Ähnliche Zurückhaltung in einem Brief an Marcel Reding vom 5.7.1954 (Stabi): »Was ich geschrieben habe, ist seinem Charakter nach wenig mehr als ein Jugendversuch, und geht kaum über die Skizze einer Idee hinaus«. – In einem Brief an

Bei aller vermeintlichen Unvollkommenheit begleitet das Buch Guardini als ständige Anforderung bis ins hohe Alter. Kurz nach dem Krieg, 1947, wollte er bereits eine Neuherausgabe durchführen, desgleichen 1950, ein drittes Mal 1967[7]. Dieser letzte Versuch (ein Jahr vor seinem Tod!) wird getragen von dem unerwartet aufgehellten Grundempfinden, sein Werk werde erst jetzt seine eigentliche Bedeutung einlösen. »Heute ist mir etwas sehr Erfreuliches widerfahren. In der ›Frankfurter Allgemeinen Zeitung‹ stand ein Aufsatz des vatikanischen Korrespondenten über ein neu erschienenes Buch von Prof. Guitton. Dieser zieht das Ergebnis von offenbar verschiedenen Gesprächen mit Papst Paul VI. zusammen und zeichnet dadurch den geistigen Charakter und die Intention des Papstes, daß dieser nicht einfach regiert, sondern mit dem Anderen, um den es sich handelt, in einen Dialog tritt. Das Wesen dieses Verfahrens besteht darin, daß der Andere nicht als Gegner, sondern als ›Gegensatz‹ erscheint, und die beiden Standpunkte Satz und Gegensatz zur Einheit gebracht werden. Dann nennt der Verfasser Namen von Persönlichkeiten, die die gleiche Methode vertreten, in Deutschland den meinigen. Wenn man die Bedeutung, die der Dialoggedanke heute gewinnt, hinzunimmt, so sehen Sie, daß jetzt die Stunde meines Buches über den ›Gegensatz‹ kommt. Das ist auch schon ausdrücklich ausgesprochen worden. Die Gegensatzlehre ist die Theorie für die Auseinandersetzung, welche nicht durch Kampf gegen einen Gegner, sondern durch Synthese fruchtbarer Spannung, das heißt durch Aufbau der konkreten Einheit geschieht.«[8]

Wer diese Struktur des Guardinischen Denkens kennt, sieht sie allenthalben hervortreten. »Meine Versuche über ... Bonaventura ...; dann die Schriften ›Vom Geist der Liturgie‹, ›Vom Sinn der Kirche‹ und über ›Liturgische Bildung‹; endlich eine Reihe kleinerer Untersuchungen, von denen der Band ›Auf dem Wege‹ einige zusammenfaßt, tragen die Gegensatzidee als Richtung und Maß in sich.«[9] Und, könnte man hinzufügen, ebenso das Vorwort zu Pascal, das Nachwort zu Dostojewski, der Versuch über Franziskus, ja die Bildungs-

---

Horst Fuhrmans vom 10.5.1968 (Stabi) heißt es zuversichtlicher: »Das an sich höchst unzulänglich-jugendliche Buch wird, glaube ich, bald seine Zeit haben.« Und an Richard Wisser vom 7.2.1968 (Stabi): »Das Buch ist praktisch kaum bemerkt worden, was man leicht verstehen wird, da es ja eine Jugendarbeit ist. Ich glaube aber, für das Verständnis eines Menschen und der menschlichen Dinge wird es noch seine Bedeutung gewinnen.«

[7] Brief an Richard Knies vom 4.3.1947 (Diözesanarchiv Mainz); Brief an Alfred Schüler vom 25.2.1950 (Besitz Änny Schüler); Brief an Jakob Laubach vom 21.11.1967 (Stabi).
[8] Brief an Jakob Laubach vom 21.11.1967 (Stabi).
[9] Der Gegensatz, 210f.

lehre insgesamt, die auch in der zeitgenössischen Pädagogik unter diesem Gesichtspunkt ausführlich hin- und hergewendet wurde.[10] Und immer begleitet in Guardinis Empfinden das Wissen von der Gewichtigkeit seiner Denkweise ein Ungenügen an der Darstellung. Woher diese Zweifel?

Einordnung in die Geschichte des Gegensatzdenkens

Guardini hat sich mit seinem Thema auf ein Gebiet gewagt, das in der Tat nur mit einem gewissen Wagemut betreten werden kann: handelt es sich doch um philosophisches Urgestein. Seit ihrer Entstehung wird die Philosophie zwillingshaft von der Frage des Gegensatzes begleitet; genauer: ihre Entstehung selbst ist an das Denken des Gegensatzes und an seine Überwindung in dem Einen gebunden. Wer sich auf dieses Thema einläßt, muß diesen lang angewachsenen Schatten, vielleicht sogar den Alptraum im (geistesgeschichtlichen) Rücken haben, selbst und gerade dann, wenn es um ein »Neudenken aus der Sache« gehen soll.

Wenn Guardini Wirklichkeit unter dem lebendigen Gesetz des Gegensatzes gebaut sieht, so verdankt er seine Art des Fragens dem alterältesten philosophischen Denken, den Eleaten. Besonders freilich tritt Platon als Inspiration hervor, aber auch der Deutsche Idealismus und hier unübersehbar Hegel, von dessen Dialektik Guardini sich abzusetzen versucht. Ungenannt, aber im Hintergrund gegenwärtig stehen Kierkegaard und vor allem Goethe: mit seinem gelassenen Aussprechen von Systole und Diastole, von polarer Ergänzung der »zweierlei Gnaden« in jedem Atemzug, welcher das Leben überhaupt abbildet. Schließlich ist in der Erinnerung gegenwärtig die deutsche Romantik, die nicht mehr das auf eine Mitte sich einlassende Denken vorstellt, sondern das bodenlos werdende, sich überstürzende »Fühlen« und Fügen der Nacht- zu der Tagseite, des Unheimlichen zum Heimlichen, der Gefährdung zur Traulichkeit.

In der genialen Jugendschrift »Die Lehre vom Gegensatze« hatte Adam Heinrich Müller 1804 bereits den Versuch einer systematischen Klärung des Problems unternommen. Mit seinem ehrfürchtigen Dank an Goethe verband Müller die Absicht, die kantische Zerreißung von erkennendem Subjekt und unerkennbarem Ding-

---

[10] Die Diskussion wird zusammengefaßt bei: Josef Speck, Guardinis Gegensatzlehre und das sogenannte ›dialektische‹ Denken in der Pädagogik, in: VjS für wissenschaftliche Pädagogik 40 (1964), 89–115 und 187–226.

an-sich zu überwinden: durch den Gedanken der Polarität. Welt und Menschheit galten ihm als ein »erweiterter Körper«, als *ein* Organismus, nicht als Summe selbstherrlicher Teile. Die Idee des Ganzen setzte die einzelnen Glieder in fruchtbare Spannung zueinander, niemals aber in Widerspruch oder gegenseitige Ausschließlichkeit. Einheit und Mannigfaltigkeit kamen für Müller ohne logische und ontologische Kluft zusammen in dem »Urphänomen der Polarität«, wie es auch Schelling in der Naturphilosophie formuliert. Über diese Vorarbeiten hinausgehend verdankt sich die Philosophie des 19. und 20. Jahrhunderts dem Gegensatzdenken: zu nennen sind Schleiermacher, Schopenhauer, Kierkegaard, Nietzsche, Bergson, Simmel, Dilthey, Driesch, Scheler, Nicolai Hartmann, Ferdinand Ebner, Erik Peterson, Martin Buber, Karl Barth. Guardini nennt keinen von ihnen, aber als Auslöser, »Wegbereiter« und unterscheidend angezielte Adressaten sind sie anwesend; bis zu welchem Grade, ist Guardini, dem »Selbstdenker«, wohl nicht deutlich bewußt und auch nicht wichtig. Offensichtlich steckt in der bescheidenen Gestalt eines »Versuches« doch eine Art Summe und zumindest angezielte Überwindung dieser Tradition. Jedes Vorwissen bleibt aber absichtlich im Hintergrund: Dem in der Geistesgeschichte nicht bewanderten Leser wird die darin verborgene, nur ab und zu in die Fußnoten verwiesene Kenntnis von der Herkunft des Ganzen nicht augenfällig.[11]

Mit dieser scheinbar unvermittelten, dabei höchst gesammelten Arbeit am Begriff gewinnt das Buch den Charakter »reiner Philosophie« in einem grundsätzlichen Sinn, der sonst bei Guardini nicht in dieser Weise gewohnt ist. Selbstverständlich wird von ihm Philosophisches in der fruchtbaren Grenzoffenheit zur Theologie verhandelt, ja, darum geht es letztlich immer. Aber meist ruhen Guardinis Beobachtungen auf einem viel leichter zu übernehmenden »Hinblick« auf. Die »reine« Problementfaltung erscheint demgegenüber

---

[11] Gerade die Ortung im Geschichtlichen empfindet Guardini später als mangelnd. Ähnlich wie bei der Neuherausgabe seiner programmatischen Berliner Antrittsvorlesung 1923 »Vom Wesen katholischer Weltanschauung« sucht er für die zweite Auflage des »Gegensatzes« einen Mitarbeiter zu gewinnen, der diese Ortung vornehmen könne (ihm selbst liegt diese Art geschichtlicher Einordnung zu ferne!). »Die Einleitung bzw. das Nachwort müßte eine – je nachdem mehr oder weniger vollständige – Geschichte der Gegensatzidee geben. Vor allem fragen, ob und wie die Unterscheidung des echten und des falschen Gegensatzes; der wirklichen Polarität auf der einen, des Widerspruchs und des Schichtungsunterschiedes auf der anderen Seite herausgearbeitet worden ist. Dann wäre zu zeigen, an welcher Stelle in diesem Gesamtzusammenhang mein Versuch steht – selbstverständlich auch Kritik an ihm zu üben und zu sagen, wo fernere Arbeit zu leisten wäre.« (Brief an Alfred Schüler vom 25.2.1950; Besitz Änny Schüler). Eine ähnliche Bitte war auch schon an Aloys Goergen herangetragen worden (ebd.).

Mitte der dreißiger Jahre

fast einzigartig. Vielleicht liegt darin der Grund, weshalb die Aufnahme des Buches nur zögernd erfolgte und Guardini selbst die geringe Resonanz auf seinen Entwurf öfter bedauerte.

Die »Kritik der konkreten Vernunft« und der Reichtum des Wirklichen

Worum geht es? Guardini bildet mit dem Denken des Gegensatzes ein Grundmodell von Wirklichkeitserfassung aus, das in seiner allgemeinen Gültigkeit – die herauszuschälen ihm offenbar jahrelange Mühe bereitete – anwendbar wird auf unterschiedliche Fragen. Es handelt sich um ein Gewinnen der *Methode*, wie Wirklichkeit umfassend, und zwar wesentlich von *zwei* Seiten her, gesehen und außerdem noch einmal in den Verschränkungen der Gegensätze begriffen werde. Es ist, in ihrer Vollendung angewandt, die Methode, einen Reichtum der Betrachtung zu gewinnen, der den Reichtum der Verflechtungen des Wirklichen vor Augen stellt. Guardini sucht das Heraustreten aus der subjektiven Sicht und das Einfinden in die objektive Ganzheit, die aber in ihren unterschiedlichen Strebungen und Spannungen gerade nicht verworren und unübersichtlich erscheint, sondern als strukturiert und also geordnet, geistig zugänglich erfahren wird. Denken des Gegensatzes ist Denken des Ganzen; Entfalten des Gegensatzes ist Gewinnen des Ganzen.

Daran wird deutlich, daß mit dem »Gegensatz« für Guardini nicht eine Sonderfrage gelöst werden will, sondern die größtmögliche Aufgabe, den ungeheuren Reichtum der Wirklichkeit sich im Denken methodisch zu eröffnen. Wenn die Philosophie diese Aufgabe lösen will, muß sie aus der vielfach geübten Teilbetrachtung, gerade aus dem nämlich, was an ihr als abstrakt empfunden wird, heraustreten und zu der im Untertitel genannten »Philosophie des Lebendig-Konkreten« gelangen. In dieser Formulierung liegt nicht eine Bescheidung, als genüge es einmal versuchsweise, Philosphie ohne Abstraktionen zu erproben, sondern im Grunde erhebt Guardini den größtmöglichen Anspruch, über die Abstraktionen hinaus und sie durchlaufend zu einer Sicht des von der Philosophie (jedenfalls im landläufigen Sinn) so oft verlassenen Konkreten zu gelangen. Es geht, um den Anspruch am tiefsten zu benennen, um eine nachkantische und Kant überholende »Kritik der konkreten Vernunft«.

An dieser Formulierung wird einsichtig, weshalb Guardini der sonderbar scheinenden Frage nach dem Gegensatz eine so wesentliche, ihn ursprünglich ergreifende Bedeutung beimaß. Ebenso wird deutlich, daß ihm, am Anfang seiner Studien stehend, die künftige

Mitte seines Denkens zugleich bewußt wie unentfaltbar wird. Und daß die schließliche Ausfaltung Jahre braucht, zwei Jahrzehnte zwischen 1905 und 1925, daß aber die erreichte Klarheit immer noch als bloßer Versuch, als ein Unzureichendes, worin der ausführende Wille die zugrundeliegende Idee nicht einholte, bezeichnet wird, ja daß der Autor in schmerzlichem und fast demütigem Abstand zu seinem Werk dessen Unvollendetheit und bloße Anfangshaftigkeit entschuldigend hervorhebt. Und doch ist an dem Buch immer wieder der Charakter der ersten Liebe, des ersten Eros zu einer ursprünglichen Einsicht augenfällig – besonders am Schluß, wenn die mühseligen Unterscheidungen durchgearbeitet sind.

Polarität und ihr unverfügbares Gesetz

Guardinis bestimmende Einsicht begreift den Gegensatz als *Polarität*, welche das gesamte Lebendige durchzieht, ja das Konkrete (theologisch gesprochen das Geschöpfliche) überhaupt ausmacht. Gegensatz ist nicht eine Eigenschaft *am* Lebendigen, sondern das Lebendige selber. Mit dem Gegensatz scheint das Bau- und Wirkprinzip alles Wirklichen gefunden, das »Urphänomen« des Lebens. Es kommt alles darauf an, das Gefundene in größter Deutlichkeit zu fassen: nämlich den Gegensatz gerade nicht zum Widerspruch, zu einem Zerreißen der Kräfte entarten zu lassen. Gegensatz heißt beides zugleich: relative Ausschließung und relative Verbindung von Kräften an ein und demselben Ding.

Damit ist der Gegensatz konträr (d. h. eben gegensätzlich-ergänzend) und niemals kontradiktorisch (d. h. widersprüchlich, unbedingt ausschließend) verstanden. Als Beispiel der Kontradiktion, die sich gerade *nicht* vermitteln läßt, führt Guardini den Widerspruch von gut und böse an: Hier »hilft« keine Dialektik des Zugleich. Ein solches Ineinander-Umschlagen lehnt er mit Entschiedenheit ab. Guardini immunisiert von vornherein gegen eine Verführung durch Gnosis, auch durch eine »gnostische« Psychologie; sie betreibt ihm ein Verschleifen besonders des Gegensatzes von gut und böse. Auch insofern ist sein Strukturdenken nachneuzeitlich, gestützt vom Gedanken der Scheidung und Bestimmtheit. Noch in einer späten Tagebuchstelle (20. 1. 1964) kommt dies zum Ausdruck: »Die Gegensatzlehre wird noch Zukunft haben. Überall die gnostische Grundidee wirksam, daß die Widersprüche Polaritäten sind: Goethe, Gide, C. G. Jung, Th. Mann, H. Hesse ... Alle sehen das Böse, das Negative ... als dialektische Elemente im Ganzen des Lebens, der Natur.«[12]

---

[12] *Wahrheit des Denkens*, 133.

Diese Scheidung ist der neuralgische Punkt der ganzen Untersuchung, an dem Guardini eine Reihe philosophischer »Vordenker«, von den Griechen bis zu Hegel und Kierkegaard, verläßt. Guardini weist sehr viel später eine mögliche Ahnenreihe seines Gedankens ab: »Sie haben vollkommen recht, wenn Sie sagen, daß die Gegensatzlehre nichts mit Schleiermacher zu tun hat, wirklich gar nichts – wie überhaupt nicht mit der romantischen Philosophie, auch der Wiener Richtung. Sie geht, wie Sie vermuten, ganz aus dem Durchdenken des konkreten Lebens hervor – sogar aus der Notwendigkeit, mit konkreten menschlichen Beziehungen fertig zu werden... Sie hat ihrer Entstehung nach auch nichts mit theologischen Versuchen – zum Beispiel Pilgrams »Physiologie der Kirche« zu tun. Besonders betonen muß ich, daß meine Gegensatzlehre auch mit Goethes Begriff der Polarität nichts zu tun hat. In der Buchausgabe habe ich leider versäumt, auf die Frage einzugehen, wie das Phänomen des Gegensatzes zu dem des Widerspruchs stehe. Die ganze Weltanschauung hängt davon ab, daß man sie aufs schärfste unterscheidet. Goethe identifiziert beides – wie die liberale Theorie es überhaupt tut, was unabsehliche Konsequenzen hat.«[13]

Eine mögliche Verwandtschaft scheint Guardini, was eine gewichtige Aussage ist, nur mit der aristotelischen Theorie der »Mitte zwischen zwei Extremen« zuzulassen.[14]

Guardini nimmt den Gegensatz als jene Urerscheinung, woran sich der eine Pol weder aus dem anderen ableiten noch in den anderen überführen läßt. Beide bleiben ebenso streng getrennt wie zugleich nur am anderen möglich. Jeder die Voraussetzung des anderen, trotzdem niemals sich berührend: Der Übergang vollzieht sich immer in einem Absprung, nie in einem Weitergleiten oder Fließen; »feste Haltungen«, nicht ein »schillerndes Ineinander« sind gemeint[15]. Wie dieser »reine Sprung« möglich sei, ist in der Vorstellung nicht mehr zu vollziehen, und doch wird er dauernd gelebt, ja das Leben ist von vornherein mehr als die statische Summe beider

---

[13] Brief an Horst Fuhrmans vom 10.5.1968 (Stabi).
[14] Brief an Marcel Reding vom 5.7.1954 (Stabi): »So schiene sie mir z.B. für eine Fortführung und Vertiefung oder aristotelischen Theorie der ›mesotes‹ von erheblicher Bedeutung.« – Allerdings ist zu vermerken, daß Guardini Aristoteles nicht berücksichtigt. Dieser hatte den konträren Gegensatz gerade an gut und böse erläutert, zwischen denen es ein Mittleres gebe – aber nicht absolut, sondern erfahrungsmäßig gesprochen; kontradiktorisch sind ihm dagegen einfach bejahende und verneinende Aussagen wie ›sitzen – nicht sitzen‹. Eigentlich kennt Aristoteles und mit ihm die Überlieferung sogar vier Arten des Gegensatzes bei Begriffen: zusätzlich nämlich den relativen: ›doppelt – halb‹, und den privativen: ›sehend – blind‹; beide erwähnt Guardini nicht.
[15] Der Gegensatz, 91.

Seiten, nämlich ihr nicht logisch, aber tatsächlich vollzogener Bezug aufeinander. Zu Beginn des uferlosen Themas wird die Einschränkung getroffen, der Gegensatz werde hier nicht *überhaupt* am Konkreten, sondern am *Menschlichen* besonders aufgezeigt. Innerhalb dieser Beschränkung bildet Guardini folgende Systematik aus:

	Kategoriale Gegensätze		*Transzendentale Gegensätze*
intraempirisch	transempirisch		
1. Dynamik – Statik	1. Produktion – Disposition		1. Verwandtschaft – Besonderung (qual.)
2. Form – Formloses	2. Ursprünglichkeit – Regel		2. Einheit – Mannigfaltigkeit (struktiv)
3. Integration – Differenzierung	3. Innewohnen – Darüberstehen		

So trocken diese Aufstellung erscheint, so reich wird sie durch die Ausführung und Anwendung. Überzeugend gelingt es Guardini, in der Beschreibung die »Ränder« des Gemeinten mitzubeleuchten, auch in ihrer schillernden Wertigkeit, so wenn er etwa in der »Ursprünglichkeit« auch Randerscheinungen wie »Unstäte«, »Haltlosigkeit« mit angelegt sieht, oder in der dazu gegensätzlichen »Regel« auch Rhythmus, Gesetz, Zucht, Dauer und schließlich Starre. Durch dieses weite Einbegreifen vermeidet er ein naheliegendes Schwarz-Weiß-Schema, in dem die eine Seite gewollt oder ungewollt in einen weniger angesehenen, sogar belasteten (Un)wert abgleitet. Vielmehr sind die Pole in sich vieldeutig und werden – was Guardinis bemerkenswerte Beobachtung ist – erst durch die Verankerung am gegensätzlichen Pol »gerichtet«, nämlich in ihrem inneliegenden Unguten, Gefährlichen aufgefangen. Gerade so beweist sich, daß der Gegensatz als sich selbst justierende Spannung und nicht als bloß auseinandertreibende Widersetzlichkeit aufgefaßt werden darf. Guardini versucht, das Wort »Dialektik« so lange hintanzuhalten wie möglich und das Phänomen aus seiner theoretischen Allgemeinheit auf das menschliche Leben einzugrenzen: offenbar um den Boden der Erfahrung unter seine und des Lesers Füße zu bekommen. Dabei beschreibt er, nachprüfbar und mitzuvollziehen, das Verhältnis der Gegensätze im Lebendigen, das sich im Unterschied zu der bisherigen Aufstellung nicht mehr in reiner Trennung zeigt, sondern meist in gegenseitiger Annäherung. Denn selten wird die reine Typik der Gegensätze angetroffen – und dann als »Grenzwert«, als äußerste Gefährdung gerade wegen ihrer Reinheit, die nichts Lebendiges mehr an sich hat. Das Genie läßt sich diesem Grenzwert zurechnen, wenn es in die Nähe reiner Form oder reiner Fülle gerät: Es bezahlt diese Einseitigkeit mit dem Leben. Dem tödlichen Extrem des unvermischten Gegensatzes entspricht – wiederum im »Leben« – ein inneres Extrem: wenn die Gegensätze einmal, in einem glückhaften und doch schon verzehrenden Augenblick so ausgewogen zueinander stehen, daß sie das Maß des Gleichgewichts erreichen. In dieser Harmonie ginge der lebensbestimmende Rhythmus, die ständige Verschiebung der einen zur anderen Seite verloren, jenes Pulsieren, das nicht nur ein Nebeneinander, sondern auch ein Nacheinander der Gegensätze kennt. Das Ungleichgewicht ist daher das Normale, das ständige Pendeln der Gegensätze ist Gefährdung und freilich auch rhythmische Vitalität für den Einzelnen wie für die Gemeinschaft. Die Krise, will sagen: das Mischverhältnis des Gegensätzlichen, wird Ausweis des Lebens; die reine Gegensetzung, auch die reine Aufhebung wird Ausweis des Nicht-Lebensfähigen.

Worauf Guardini ausdrücklich Wert legt, ist das strenge Auseinanderhalten der beiden Gegensatz-Pole, die zu einer gedachten Synthese weder kommen noch kommen sollen, wenn nicht die Spannung der Wirklichkeit zusammenbricht. Jener gefährlichste Zustand gleichgewichtiger Einung hat für Guardini nur als nie anstrebbare, »zugefallene« Ausnahme des Augenblicks Gültigkeit. So beseligend die Ausnahme wirken kann, so unerträglich ist sie auch im genauen Sinn des Wortes. Ein für allemal geht es um das Erlernen der Schwebe und nicht der Befriedung.

Leben: Berichtigung des Denkens und der Wissenschaft

Was bedeutet der Ausdruck »Leben« in diesem Entwurf? In der Absicht Guardinis soll er das philosophische Gegensatzdenken aus dem Bereich der Logik in den Bereich der Konkretion ziehen. Ja, es erweist sich, daß der Gegensatz gar nicht zuallererst vom Denken aufgerichtet wird, sondern sich am Leben immer schon zeigt. Lebendig ist gleich gegensätzlich, heißt es; die Struktur des Lebens selbst zwingt das Gegensatzdenken auf und überholt sogleich seine logischen Ungereimtheiten: Auseinandertreten und doch Zusammengehören. Vor aller Logik und Unlogik leistet das Leben selbst die Einung des Gegensätzlichen und andererseits sein Pulsieren im Hervorheben einmal des einen und dann des anderen Poles. Im Leben ereignet sich grundsätzlich, was im Denken nur noch mühsam oder nicht zusammengefügt wird.

»Leben« ist also bei Guardini der Vorgang, der das Korrektiv des Denkens darstellt und damit auch das Korrektiv von Wissenschaft. Wenn das konkrete Leben geformte Fülle ist, so greift Wissenschaft daran nur die eine Seite, die Form nämlich, zur Betrachtung heraus – glaubt aber, in der Begriffsbildung die ganze Wirklichkeit zu »haben«.[16]
Die Forderung wäre, ein »lebendiges Denken« zu lernen, in dem die bloße Form des wissenschaftlichen und die ebenso einseitige bloße Fülle des intuitiven Erkennens in der ursprünglichen Konkretion beisammenbleiben oder nach dem methodischen Durchlaufen und Trennen der aufs höchste gespannten Gegensätze sich wieder zusammenschließen. Dieses über-rationale und über-intuitive Denken nennt Guardini »Anschauung«[17], die selber wieder nur augenblickshaft, in einem Gleichgewichtszustand der Erkenntniskräfte, gelinge. Mit Sokrates sieht er diese Anschauung als »Zeugung« zweier in der Liebe zur Wahrheit Verbundener.[18]
Griechisches Denken »hat den Begriff bejaht, die Abstraktion bis ins Letzte durchgeführt. Aber wie stark waren in der Antike die Kräfte mystischen Erlebens und symbolischer Anschauung! ... Entschlossener Intellektualismus, Arbeit formalen Verstandes, Kraft zum scharfen Begriff stehen im gleichen Zusammenhang mit dem Irrationalen zugewandter Intuition und schöpferischer Gestaltung.«[19]
Im Mittelalter wirkt dieselbe polare Haltung. »Zuversichtliches, durch keinerlei Begriffsmüdigkeit geschwächtes Denken, das aber die Kraft mystischen Schauens nicht störte ... Die großen Mystiker waren auch Scholastiker ... Die klaren Begriffsgebilde eines Thomas von Aquin, nicht zu reden von Bonaventura oder den Viktorinern (erhalten) ihre eigentliche Sinnfülle und gespannte Kraft erst, wenn sie als Formung metaphysischen oder religiösen Erlebens erkannt werden.«[20] Wiederum ist es erst die Neuzeit, welche diesen lebendigen Bezug verloren gibt und aus der Trennung zwei Extreme entstehen läßt: den Rationalismus und den Intuitionismus. Damit sind Begriff und Anschauung zu beider Schaden zerrissen. »Wir neigen dazu, lebensnahe Intuition und abstrahierende Begriffsbildung als Widerspruch anzusehen. Ja meinen, begriffliches Denken müsse lebendige Anschauung zerstören, diese wiederum müsse das Denken verfälschen.«[21]

[16] Ebd., 167.
[17] Ebd., 181.
[18] Ebd., 184.
[19] Ebd., 179.
[20] Ebd.
[21] Ebd.

Das Einlassen auf das »Ganze«

Was wird damit zu begreifen und neu-ursprünglich, aus der Tradition wie aus der Sache, zu erhellen versucht? Guardini steht mit seinem Beitrag in einer geistesgeschichtlichen Strömung, die auf eine Überwindung der gängigen Wissenschaft mit ihrem begriffsgebundenen Denken in Quantitäten und Analysen abzielt. Diese Überwindung wird von einer grundlegenden Wandlung der Philosophie begleitet oder sogar hervorgerufen. Ihre Kennzeichen sind ein verdichtetes Wahrnehmen des Geistigen, fern von dem »Stigma der Abstraktion«, das Erkennen der Unzulänglichkeit des Rationalen, aber auch des bloß Fühlend-Intuitiven, und schließlich eine Wendung zum »Ganzen,«, wie vorsichtig und vorläufig es immer formuliert werden mag. In diesem »Ganzen« ist (wichtig und bezeichnend) die übersteigerte Abhebung auf den Menschen als ausschließlichen Gegenstand des Nachdenkens, wie es z. B. Existentialismus und Existenzphilosophie vollziehen, zurückgebracht auf ihr ausschnitthaftes Maß innerhalb einer Gesamtwirklichkeit. Es spricht für die Tiefenschärfe von Guardinis Blick, daß er schon so früh Entwicklungen sah und benannte, die heute erst entfaltet sichtbar zu werden beginnen. Im wesentlichen nimmt er eine Wissenschaftskritik kraft Ganzheitsdenken voraus, und das heißt auch ungescheut, daß in der Ablösung der notwendig einseitigen Objektivität der Wissenschaft wieder das Subjekt, in Guardinis Sprache die Person, das ganzheitliche Erfassen des konkreten Gegenstandes ausüben muß. So bringt Guardini vorausblickend auch das Vor-Urteil ins theoretische Spiel, d. h. alle Vorbedingungen und subjektiven Beschränktheiten, um diese Beschränktheit durch das Sehenlernen größerer Zusammenhänge aufzuheben.

Die Aufgabe der Zukunft bestünde nach Guardini darin, das Ganze der Welt in den Blick zu nehmen und den Betrachter dabei einzubegreifen. Der Betrachter selbst müßte eine Haltung der Universalität gewinnen, die auch ein Bewußtsein vom Kosmos umschließt.[22] Und er müßte – wie der Pädagoge Guardini anmerkt – auch reif genug sein, um die große Gefahr der universalen Haltung mitzuerkennen und ihr zu begegnen: die Lähmung der Tatkraft, der Entschiedenheit für eines und nicht gleich auch für das andere – ausgehaltene, schwebende Spannung des Gegensatzes *im* universalen Wahrnehmen selber. Wie es der gedrängten, auf das Wesentliche verkürzten Darstellung entspricht, ist dieser Schluß Guardinis allgemein gehalten. Trotzdem ist es fast bestürzend, Stichworte zu lesen,

---

[22] Ebd., 198.

deren Wahrheit heute erst aufzugehen beginnt – wie hier im Wort von der Ganzheit des Wirklichen.

Offene Haltung und bejahte Grenze

Eingangs war davon die Rede, daß Guardinis innerer Werdegang ihn von dem anfänglichen Willen zum »System« wegführte. Es ist nun deutlicher zu sehen, daß dies mit seinem Gewinnen einer »offenen Haltung« zusammenhängt. Auch in diesem zweiten Stichwort liegt ein wesentlicher Neuansatz seines Umdenkens. Offene Haltung hat für Guardini nichts mit einem Unbestimmt-Standpunktlosen zu tun, sondern mit »Einsicht in die eigenen Grenzen«, mit »Überwindung der Anmaßung und der engen Individualwelt«[23]. Diese Formulierung spricht nichts anderes als die Forderung aus, die Neuzeit als tiefeingeprägte Epoche des Denkens und Handelns zu verlassen, besser: über sie hinausgehend eine andere Haltung anzunehmen. Haltung deswegen, weil sie einem Gehaltensein entspricht – erstmals wieder und neu. Von Haltung zu reden bedeutet nämlich, die seit 400 Jahren eingeschliffene Ichverhaftung des Individuums aufzugeben, damit seine neuzeitliche Setzung als Maß und Mitte der Welt, seinen Glauben an die Grenzenlosigkeit – sei es des Fortschritts oder der eigenen »Macht« oder eigener wie fremder Veränderbarkeit.

Was Guardini mit der Überlegung von der »offenen Haltung« leistet, ist ein befreiendes Hinweisen auf das mögliche Bestehen der Zukunft. Die Merkmale des anstehenden, ja zwingenden Epochenwechsels stellte er auch im »Ende der Neuzeit«, freilich düsterer, vor. Hier in seiner Anfangsschrift gibt er eine hoffnungsvolle Sicht auf das kommende »Neue«, das er hier noch als Haltung des Einzelnen versteht – während die moderne Erfahrung seine Worte viel eher als gemeinschaftliche, wenn nicht weltweite Aufgabe zu lesen lernte. Statt Grenzenlosigkeit tritt ihm – als Grund der Offenheit! – die *Grenze* in den Blick, aber nicht die mit Widerwillen eingeräumte, sondern die *bejahte*. Die »Grenze zum Gesetz der Vollkommenheit machen«: ein großartiger Satz, ebenso großartig die Wendung von der »Form durch Schranke«[24]. Seinerzeit war es möglich, darin ein »romanisches Formbedürfnis« durchbrechen zu sehen; heute ist es weit gerechter und souveräner möglich, darin Guardinis Sinn für die Grundgefahr einer Epoche zu sehen, die sich in ihren ursprünglich kraftvollen wie gefährlichen Anlagen überschlägt: daraus die unbe-

---

[23] Ebd., 205.
[24] Ebd., 208.

stechliche Klarheit über das einzig Not-Wendige. Das hat nichts mit einem ästhetischen Empfinden zu tun, um Guardini vor diesem unverständigen Urteil zu verteidigen, weil es sich nicht mehr um den alten Formbegriff handelt.

Guardini schlägt den Verzicht vor: Erst im Verzicht auf eine seit langem eingeübte Unendlichkeit des Wollens (gleich Unmäßigkeit) gelingt das jetzt Entscheidende, »die Sättigung des Endlichen mit Vollendung«[25].

Hier erscheint das letztlich bewegende Ziel des guardinischen Entwurfes in seiner ganzen Helle: nicht allein der Wille zur ganzheitlichen Sicht, sondern die souveräne Neufassung beladener und belasteter Begriffe wie Grenze, Schranke, Endlichkeit, Zucht, Mitte, Maß. Daß es möglich sein soll, in diesen zum Schein abgestandenen, sogar überwundenen Haltungen noch etwas Neueres als die Neuzeit heraufzuführen, ja ihre zerreißenden Gegensätze zu heilen, zu »ergänzen«, das ist das Erregende des Gedankens. Guardini behauptet das Eröffnen der Zukunft *durch die angenommene Grenze*. In dieser paradoxen Überlegung liegt die eigentliche Frucht des Gegensatzdenkens vor. Das Großartige an dieser Betrachtungsweise ist, daß »Grenze« nicht matt erduldet werden muß. Aufgegeben ist nicht das bloß keuchende Überleben, sondern das Gewinnen einer aufgerichteten, in sich klaren Identität, aus der heraus die Schwebe zwischen den Un-Möglichkeiten (des heutigen Niedergangs und Aufgangs in einem) möglich wird. Gerade das bestimmt Guardini als Menschsein[26].

Nähe und Ferne zur Scholastik

Freilich muß man immer gegenwärtig halten, daß Guardinis »Methode« nun nicht selbst wieder eine »Scholastik des Konkreten«[27], will sagen ein schematisch lehrbares Schulsystem bildet. Die Anstrengung des Denkens wird nicht erspart, sie wird nur vor der Unvollständigkeit des Betrachtens bewahrt. Gerade in der Erwägung der Gesichtspunkte von verschiedenen berechtigten Seiten her hat sich Guardinis Meisterschaft in einer Reihe verwickelter Fragen bewährt. Überhaupt ist der Vergleich mit der Scholastik nicht stimmig, weil er Guardinis Leistung, zumindest die Zielrichtung des Gewollten unterschätzt. Er versucht durchaus eine Neubegründung

---

[25] Ebd., 208.
[26] Ebd., 210.
[27] Wie Maria Schlüter-Hermkes, Die Gegensatzlehre Romano Guardinis, in: Hochland 26,5 (1928/29, 539) meint.

ganzheitlichen Denkens (in dem von ihm geklärten Sinne: katholischen Denkens). Darin findet sich freilich alter Bestand an Vor-Gedachtem, besonders was die Betonung der »Baureihe« gegenüber der »Aktreihe« angeht. Wenn die Lebensphilosophie in ihren Anfängen gerade das Schaffen akzentuiert hatte, so weist Guardini den Primat erneut dem Sein zu, allerdings nicht den Primat des Wertes oder Ranges, sondern der (eben seinsmäßigen) Ordnung. Daß dies antik-mittelalterlich grundgelegt ist, liegt auf der Hand. Trotzdem rückt bei Guardini alles Denken in jene Bemühung um das Ganze ein, die doch auch durch die kantische Kritik gegangen[28] und in der zeitgenössischen Phänomenologie ausgebildet ist. So verwehrt er sich gegen Versuche, sein Denken nur als eine »Wiederbelebung« zu würdigen, es in eine vergangene Ahnenreihe zurückzugliedern. »Der Nachweis, welche Nähe zwischen meinen Gedanken und der aristotelisch-thomistischen Tradition besteht, hat mich sehr interessiert. Ich habe immer sozusagen naiv geschrieben; ›en parrhesia‹, wie es beim Apostel Paulus heißt, einfach von der Sache her. So ist eine solche Bestätigung, daß die Gedanken in der Tradition des katholischen Denkens stehen, schön und beruhigend. Ich habe nur den Eindruck, daß das Eigene der Gegensatzidee dabei nicht genug herauskommt.«[29]

Nähe und Ferne zu Max Scheler

Das Denken des polaren Gegensatzes erstellte auch die Kategorien, die *Schelers* Abgleiten in theoretische Einseitigkeiten von vornherein aufhoben.

Scheler hatte die verschiedenen Sphären des Seins unterschieden: die Sphäre der Werte, des Göttlichen, des Personalen, der Realität, der Wesenheit. Jedem dieser Bereiche ordnete er eine »sphärenkongeniale Erkenntnis« zu. Damit gelang ihm ein ungeheurer Reichtum methodischer Betrachtung, eine Sonderung der Erfahrungen, mithin ein unschätzbarer Pluralismus in der Phänomenologie. Wiederum aber entglitt ihm diese Sonderung je länger je mehr zu einer

---

[28] In »Anselm von Canterbury und das Wesen der Theologie« entwickelt Guardini den nahen Zusammenhang von zeitgenössischer und mittelalterlicher Philosophie, gerade um auch den geschichtlichen Abstand einzutragen: »Gewiß, wir stehen dem Sein nicht mehr mit der ungebrochenen Sicherheit jener jugendstarken Zeit gegenüber; die Jahrhunderte der Kritik sind nicht auszulöschen. Aber eine neue, wenn auch ruhige und zurückhaltende Zuversicht erwacht, denkend und lebend mit Wirklichkeiten verbunden zu sein und im Zusammenhang mit dem Ganzen zu stehen.« (Auf dem Wege, 46).

[29] Brief an P. Guido Sommavilla SJ vom 30.5.1962 (Stabi).

Vereinzelung, zu einer solchen Zusammenhanglosigkeit, daß die Grundlegung all dieser Sphären in dem verbindenden Sein, in einer Ontologie, außer den Blick geriet. Damit aber durchzieht sein Werk ein immer deutlicherer Dualismus, ein nicht organisches Auseinandertreten der Wirklichkeit in Einzelungen. Auf fatale Weise wirkte sich der Dualismus schließlich in der Religionsphilosophie selbst aus: Zwar könne das Wesen der Religion – durch phänomenologische Schau – betrachtet werden, aber ihre Wahrheit ließe sich nicht begründen. Andere Dualismen kommen ins theoretische Spiel: zwischen Wert und Sein, zwischen *eros* und *logos*, zwischen Dynamik und Selbststand der Person, zwischen Religion und Metaphysik.

Gerade an diesen Trennungen setzt Guardinis anderer Lösungsversuch an. Grundsätzlich gilt, daß Gegensätze nicht ausschließend und auch nicht mit einer Wertung der einen vor der anderen Seite gesehen werden dürfen. Guardini denkt Differenz *und* Bezogenheit, ja macht eines am anderen einsichtig. Und soll schon ein Vor-Rang eingeführt sein, dann nicht als Vorrang im Wert, sondern als Ordnung im Sein selber: Guardini gründet seine Gegensatzlehre auf Ontologie. Sie wird jener letztlich gemeinsame Grund, der das scheinbar Auseinanderstrebende in eins zusammenbindet, keine selbstgesetzliche Einzelung zuläßt. So sieht Guardini in Schelers Dualismen jedesmal den Vorrang der Ordnung umgekehrt: Sein ist Guardini vor dem Wert, *logos* im Primat vor dem *eros* (*ethos* wird er es im »Geist der Liturgie« nennen).

Zeichenhaft und von Scheler sich lösend ist auch Guardinis Verständnis des »Herzens« als Erkenntnisorgan. Für Scheler treten Herz als Gefühlsbereich und Geist als Erkennen auseinander, im Leben wie in der Religion. Für Guardini aber gibt es eine Philosophie und Theologie des Herzens: Es ist »nicht Ausdruck des Emotionalen im Widerspruch zum Logischen; nicht Gefühl im Widerspruch zum Intellekt; nicht ›Seele‹ im Widerspruch zum ›Geist‹ ... Herz ist der vom Blut her heiß fühlend gewordene, aber zugleich in die Klarheit der Anschauung, in die Deutlichkeit der Gestalt, in die Präzision des Urteils aufsteigende Geist.«[30] »Im Herzen begegnet der Geist dem Körper und macht ihn zum ›Leibe‹; im Herzen begegnet das Blut dem Geiste, und er wird zur ›Seele‹.«[31]

Ähnlich überwindet Guardini auch Schelers Personbegriff, für den die Person die Mitte dynamischer Handlungen ist, nur ein Gefüge von Akten: auch für Guardini ist die Person intuitiv, im nicht ableitbaren Hinblick auf ihre dynamische Erscheinung zu erfassen,

---

[30] Christliches Bewußtsein, 186 f. Vgl. das Nachwort zu Madeleine Sémer, Mainz 1929, 255.
[31] In Spiegel und Gleichnis, ⁶1960, 47.

von dort aber geht er auf die Frage nach ihrem Sein, ihrem metaphysischen Selbststand zurück, faßt also die Person ergänzend zu ihrer Phänomenologie auch ontologisch. Guardini sucht das Lebendig-Konkrete, wie der schöne Untertitel des »Gegensatzes« lautet, aber er sucht es auf dem unbestrittenen Fundament des Seins.

Ein letzes Beispiel der Abhebung von Scheler, wenn sie sich auch nicht auf eine von Scheler vorgegebene Frage bezieht. Guardini hat bekanntlich in aller Schärfe die natürliche Religion von der Offenbarung zu sondern versucht (schon der Titel »Unterscheidung des Christlichen« zielt darauf ab). Trotzdem vermeidet er auch in dieser These, die zur Mitte seines Denkens gehört, eine Fehlform: die Unwerterklärung der Schöpfung und ihre Profanierung zu einer ungöttlichen und außergöttlichen »Weltlichkeit«, ebenso wie die reine Jenseitigkeit des Schöpfers. So wird Religion, trotz aller Vorläufigkeit vor der Offenbarung eben doch Vor-Läufer, gerade zu ihrer Wahrheit erlöst durch das Christentum. Guardini entgeht damit dem dualistischen Abgrund zwischen Offenbarung und Religion, aber auch zwischen Offenbarung und Kultur, dem menschlichen Schöpfertum. Was bei Scheler zur Schärfe gerät, vom ausschließlich phänomenologischen Ansatz her, wird bei Guardini aufgefangen durch seine (theologische) Verankerung in der Ontologie. Und es dürfte nicht zuletzt seine Schulung in der Seinslehre des Mittelalters gewesen sein, die Schulung an Bonaventura, an Anselm, ja an Thomas von Aquin[32], die ihm diese polare Ergänzung der Phänomen-Schau durch die klassische Metaphysik zur Verfügung stellte. Guardini ist Phänomenologe, aber wäre er das allein geblieben, hätte er nur epigonal zu Scheler und anderen gearbeitet. Gerade die Verbindung von Objektwerdung (aus dem Banne Kants heraus), gewissermaßen zum Physischen, *und* die darüberhinausgehende Wendung zum Sein, zum Metaphysischen, macht Guardinis Methode aus: die Bindung eines nach-neuzeitlichen Impetus an das klassisch antike und mittelalterliche Denken.[33]

Die Probe aufs Exempel wird gleichsam erzwungen durch die zugewiesene Aufgabe, die Welt »anzuschauen«.

[32] Die Thomaskenntnis Guardinis wird oft unterschätzt. In dem frühen Aufsatz »Zum Begriff der Ehre Gottes« (1918) werden die Summa contra gentiles und die Summa theologica als Hauptquellen zitiert.

[33] Guardini erkennt sich in Nicolai Hartmanns »Metaphysik der Erkenntnis« (Berlin/Leipzig 1921, 62) wieder: »(Die Erkenntnisrelation) muß auf jene (die Seinsrelation) als die umfassende zurückgeführt werden, muß vielleicht als untergeordnetes Glied, eingeordnet in ein ganzes Gefüge von Seinsverhältnissen, verstanden werden.« Guardini kommentiert: »Es ist dem Lesenden, als ob darin durch strengstes wissenschaftliches Denken die Pforten zur Wirklichkeit aufgesprengt würden.« (»Anselm von Canterbury und das Wesen der Theologie«, 1921, in: Auf dem Wege, 45).

Die Weltanschauung

*Die geistigen Vorgaben des neuen Lehrstuhls:
Dilthey, Troeltsch, Jaspers, Scheler*

Zunächst zu den Bedingungen, unter denen Kultusminister Carl Becker einen Lehrstuhl für katholische Weltanschauung errichten wollte. Insbesondere in Berlin war die Vorherrschaft des Protestantismus in Kultur und Wissenschaft so selbstverständlich ausgeprägt, daß die katholischen Studenten in einem beständigen Nachteil waren. Andererseits hatte der katholische Bevölkerungsteil im ersten Weltkrieg, durch die hohen und freiwillig gebrachten Opfer an Leib und Leben, ein neues Selbstbewußtsein gewonnen, das sich in der Mitarbeit an der neu zu schaffenden Republik nach dem ernüchternden Ende von 1918 ausdrückte. Die Notwendigkeit, den gewünschten Lehrstuhl in Breslau zu verankern, zeigt freilich deutlich, daß es noch genug Widerstände gab. Guardini selbst war über den Titel seines Lehrstuhls nicht uneingeschränkt glücklich. Es hing durchaus ebenso von seinem Geschick und seiner Methodenfindung wie von seinem Wahrheitsverständnis ab, den Lehrstuhl von dem Geruch eines möglicherweise propagandistischen Instruments der katholischen Kirche freizumachen und ihn einfach durch die Qualität der Aussage aus einem bloß apologetischen Zusammenhang zu lösen.

Was die inneren Voraussetzungen betrifft, so fand Guardini das Wort »Weltanschauung« eindeutig besetzt vor. Und noch während seiner Lehrtätigkeit sollte sich eine fanatisch ausschließliche Weltanschauung entwickeln, die in ihm einen auszuschaltenden Gegner witterte und in deren vergiftendem Umfeld er seinen Entwurf überzeugend vertreten mußte.

Guardini kennzeichnet später selbst jene vorgefundenen Möglichkeiten, auf die Welt zu blicken: »Zuerst war er (= der Begriff Weltanschauung) der Ausdruck des neuzeitlichen Relativismus und Subjektivismus in religiösen Dingen, der nicht mehr an eine Wahrheit glaubte, sondern nur an eine von persönlichen, geschichtlichen und volklichen Voraussetzungen bedingte Anschauung (vgl. Dilthey, Troeltsch, Jaspers). Dann kam die Bedeutung, die ihm der politische Totalitarismus gegeben hat usw. Dem gegenüber mein Versuch, ihm seinen Ort zwischen Offenbarungsglaube einerseits und empirischer Betrachtung andererseits anzuweisen.«[34]

Das angezeigte Problem ist in erster Linie von der Geistesgeschichte ererbt. Seit Wilhelm Dilthey über den Zusammenhang von

---

[34] Brief an Heinrich Fries vom 1.7.1952 (Stabi).

Wahrheit und Geschichte nachgedacht hatte, gelang es weder ihm noch seinen Nachfolgern, den Gegensatz zwischen dem Absoluten und Relativen zu überwinden. Für Dilthey war Wahrheit nur noch in der Gestalt des Geschichtlichen anzutreffen. Weltanschauung wird damit vom Wesen her perspektivisch, nämlich standpunktgebunden und also relativ, wenn sie auch nach wie vor in aller Subjektivität zumindest Anteil an der Wahrheit beansprucht. Es gelingt ihr jedoch nicht mehr, das Verhältnis von Subjektivität und Absolutem so zu klären, daß auch in der Aussage des einzelnen die Wahrheit »ganz« anwesend ist. Nur das Zusammen der vielen möglichen Weltanschauungen ergibt in summa eine allgemeine und verbindliche Theorie. Für Dilthey ist es das »Leben« selbst, das die Summierung verschiedener Perspektiven leistet. Ernst Troeltsch versuchte auf dem gewiesenen Wege den Gegensatz zwischen Historie und dem Normativen erneut zu versöhnen. Aber an Stelle einer Bewältigung dieser Antinomie trat eher eine folgenschwere Relativierung des Begriffes absoluter Wahrheit. Sofern das Christentum sich selbst in diesem absoluten Anspruch verstand, führte Troeltsch auch das Christentum auf seine geschichtlichen Bedingungen zurück. Zwar blieb es ihm Gipfelpunkt aller bisherigen Religionen, doch konnte Troeltsch vom Ansatz her nicht ausschließen, daß die geschichtliche Entwicklung nicht noch weitergehende religiöse Entwürfe entfalten könne.

Was schließlich Karl Jaspers betrifft, so versuchte er, anders als Dilthey und Troeltsch, durchaus das »Ganze« als Gegenstand aller Anschauung zu begründen. Trotzdem ergab sich ihm nach dem Durchdenken dieser Theorie nur der Schluß, daß die einzelnen Weltanschauungen zwar nur unter dem Postulat des Ganzen entstehen könnten, doch tatsächlich wiederum nur »Hinblicke« individueller Art vorstellten.[35]

Guardini erwähnt in seiner Aufzählung nicht die vom späten Scheler geleistete Charakterisierung der Weltanschauung. Für diesen entsteht sie aus den »Realfaktoren«, d. h. vorwiegend aus soziologischen Bedingtheiten. So sind Christentum und Kirche für Scheler in seiner letzten Phase vor allem religiöse Organisationsformen, die unter soziopolitischem Druck entstehen. Es liegt auf der Hand, daß damit keine Allgemeingültigkeit, geschweige denn Wahrheit der Weltanschauung gewährleistet sein kann.

---

[35] Eine ausgezeichnete geistesgeschichtliche Ortung des Guardini-Entwurfs gibt Heinrich Fries im Nachwort zur Neuherausgabe der Antrittsvorlesung 1953. – In Guardinis Besitz befand sich übrigens der ältere Überblick von Friedrich Klimke, Die Hauptprobleme der Weltanschauung, Kempten/München 1911 (mit eigenen Anstreichungen) (Archiv Burg Rothenfels).

Guardinis Anspruch auf die Wahrheit und das Ganze

Es besteht Anlaß zu der Vermutung, daß der Berliner Lehrstuhl seine Gründung nichts anderem verdankte als dem Durchspielen einer neuen Variante im Reigen der Perspektiven. Liest man Guardinis Antrittsrede im Rahmen der genannten Vorgaben, so ist sie im Grunde genommen unerhört. Er griff den Gedanken der Ganzheit als Thema der Weltanschauung auf, bestritt aber zu gleicher Zeit, daß diese Ganzheit sich nur aus individuellen Perspektiven zusammensetzen lasse. Guardini sprach von Wahrheit, wo vorher nur von Relativität die Rede gewesen war. Guardini sprach von der Offenbarung als Garant der Wahrheit, wo vorher die Religion bereits als eine der möglichen Perspektiven selbst relativiert worden war. Ja, er führte den Begriff des Katholizismus nicht als Variable in den Reigen möglicher Standpunkte ein, sondern nahm ihn ausdrücklich, wenn auch in keiner Weise polemisch, aus der Schar der anderen Variablen heraus und erklärte ihn zur einzig möglichen Konstante. Daß dieser Versuch unwidersprochen blieb, mag zum Teil an der Liberalität des Berlins der 20er Jahre liegen, zum Teil aber an Guardinis Art, den so sicher vollzogenen Blick auf die Welt seinen Hörern zu vermitteln. Als die Nationalsozialisten diesen Anspruch der Objektivität 1939 durch einen Gewaltakt aufhoben, zeigten sie damit ungewollt die instinktiv richtige Einschätzung des Anspruchs.

Im Laufe von Guardinis langer Lehrtätigkeit (insgesamt 34 Jahre!) erwies sich deutlich, daß er auf diesem Lehrstuhl sein Eigenstes entfalten konnte. Ja, in der Tat so sehr sein Eigenstes, daß das Bayerische Kultusministerium bei der Emeritierung Guardinis im Jahre 1962 erwog, den Lehrstuhl überhaupt aufzuheben.

Guardini hatte in seiner Arbeit, was er sehr wohl wußte und was Reiz und Schwierigkeit der Aufgabe ausmachte, ein – sein – Zwischengebiet zwischen Theologie und Philosophie betreten. Oder stärker im eigentlich Positiven ausgedrückt: Er hatte eine Begegnung beider Gebiete herbeigeführt, »eine Begegnung zwischen dem Glauben bzw. der Theologie auf der einen Seite, und dem kulturell-philosophischen Selbstverständnis auf der anderen ... Fragen also, die sich von der Theologie her auf kulturelle Probleme, und vom allgemeinen Bewußtsein her auf theologische Probleme richteten.«[36] Jene »wechselseitige Aufhellung, Befruchtung und Vertiefung«[37] zielte aber nicht einfachhin auf eine dritte Disziplin zwischen Theologie und Philosophie. Wieder kommt bei dem Versuch einer

---

[36] Zur Streichung des k.w.-Vermerks bezüglich meines Lehrstuhls, 3.
[37] Entwurf für den Antrag auf Streichung des k.w.-Vermerks betr. den Lehrstuhl für Religionsphilosophie und christliche Weltanschauung, ohne Datum, 2 (Stabi).

letzten Bestimmung Guardinis Überzeugung vom Geistigen als dem Ganzen ins Spiel. Ganzes ist aber nicht das, was auf dem Feld des Erkennens, der Wissenschaft und ihrer Distanz zum Gewußten verbleibt. Auch die Begegnung von Theologie und Philosophie ist nicht selbstgenügsame Lust an Theorie. Begegnung wird ein Sich-Einlassen auf das Erkannte, zieht unabdingbar in eine Hingabe hinein, eben in den Glauben.»Lassen Sie mich noch einmal formulieren, worum es bei dieser Lehraufgabe geht: Nicht um Geschichte, oder Psychologie oder Typologie möglicher Weltanschauungen – aber auch nicht einfach um Theologie bzw. Philosophie, sondern um die Begegnung des christlichen Glaubens mit der Welt. Um die Fragen, die vom Weltbewußtsein her an den Glauben ergehen; andererseits um die Aufschließung dieses Weltbewußtseins vom Glauben her.«[38] Guardinis Methode versucht, *aus dem Ganzen auf das Ganze zu blicken*. Dieser hochaktuelle Gedanke, den man heute wohl »integrales Einsehen« nennen würde, überwindet die Konstruktion, das gesuchte Addieren. Guardini wird sich über diese Notwendigkeit klar, weder ein Drittes aus Phänomenologie plus Metaphysik oder – um die andere Ergänzungsbedürftigkeit zu nennen – ein Drittes aus Phänomenologie plus Historie oder ein Drittes aus Theologie und Philosophie zu »seiner« Wissenschaft zu machen.

Im »Gegensatz« nannte Guardini den Geist polar bestimmt, »ein Höchstmaß von Intuition durch ein Höchstmaß von Begriffskraft geformt«[39], aber nicht als einfache Hinzufügung des einen zum anderen gedacht, auch nicht als Ruhepunkt einer ausgewogenen Mitte, sondern als »Durchgang von einer Grenzwert-Nähe zur anderen«[40]. Dieser Gedanke des Durchgangs oder des lebendigen Vorübergangs (der im übrigen auch Guardinis Eucharistieverständnis tief prägt) verhindert auch in der Weltanschauung den trockenen Schematismus des Denkens. Ja, wo selbst die Phänomenologie zu stark und zu schnell aus dem Anschauen des vor Augen Liegenden in die allgemeine Wesenserfassung überwechselt, beharrt Guardini zumindest der Absicht nach auf dem Betrachten des Einzeldings, der Existenz, der Geschichte (und dies um so bewußter, als er damit seiner eigenen »platonischen Versuchung« zur Idealität entgegenarbeitet).

Bereits in der Antrittsvorlesung, »Vom Wesen katholischer Weltanschauung«[41] (1923), gelingt Guardini die Formulierung und Einsicht in *seine* eigentliche Methode, die ihm zugleich den Inhalt seiner

---

[38] Zur Streichung des k.w.-Vermerks, 4.
[39] Der Gegensatz, Mainz 1925, 219.
[40] Ebd.
[41] Neu aufgelegt Basel 1953, mit einem Nachwort von Heinrich Fries.

Aufgabe deutlich macht (wie eben der Weg das Ziel einschließt). Sie beginnt mit dem Abschied vom bloßen Zusammenfassen anderer Methoden: »Die Weltanschauung hingegen sucht das Ganze nicht durch Synthese von Einzelheiten ... Das Ganze, Weltmäßige, darauf sie sich richtet, bedeutet nicht, daß alle Einzelheiten tatsächlich erfaßt und zusammengeordnet seien; besteht nicht in einer Vollständigkeit der Sachgehalte, sondern in einer vom ersten Augenblick an und in jeder Einzelheit erfaßten Ordnung, Richtung, Bedeutung der Dinge. Die Weltanschauung sieht jedes Ding von vornherein ›ganzhaft‹. Sieht es als Ganzheit in sich selbst und als in eine Ganzheit eingefügt. Diese Ganzheit, diese ›Welt‹ ist, wiederum gesagt, kein Endergebnis, das herauskommt, sobald alle Teile erfaßt sind, sondern von vornherein da.«[42]

Was Guardini hier sich auszudrücken bemüht, ist die bisher wenig gewürdigte Mitte seines Hinblicks auf Wirklichkeit. Es handelt sich nicht um ein gliederndes Verstehen, das aus beobachteten Einzelheiten Schritt für Schritt zu einem Ergebnis weitergeht, oft in der Sprachform »wenn – dann« oder »weil – deshalb«. Hier geht es nicht um ein abschließendes (!) Ziel, sondern am Ende ist der Gedanke des Anfangs wieder erreicht, aber nicht einfachhin als derselbe, sondern: alles »rundet« sich reicher als zuvor, bleibt aber offen für immer Weiteres, wie die Spirale.

Guardini weist später darauf hin, daß der Evangelist Johannes – im Unterschied zu den Synoptikern – jeden Satz unmittelbar aus dem Innersten hervorhole. Schon in seinem Prolog wird deutlich: Es ist ein Reden in großen Schwingungsbögen, nicht kausal, sondern alles in sich selbst begründend, kein Satz hängt vom andern ab und doch fügen sie sich ineinander. Woher eine solche Kraft der Rede? Sie arbeitet nicht auf einen Gedanken hin, nimmt ihn nicht auseinander, sondern ist immer gleich ursprünglich da, mit unwiderstehlicher Kraft. Man braucht ihn nicht zu beschwören, nicht auszuwickeln, nicht hervorzubringen: Sofort ist er da und ganz wirksam. Guardini sieht wenige Denker im vollen Besitz dieser »Methode«, bei Augustinus findet sie sich, wohl auch bei Pascal. Und sie wäre die genuine Methode des ihm zugewiesenen Lehrauftrags: »Die Weltanschauung hingegen hat dieses Ganze bereits im ersten Griff. Auch sie schreitet fort, aber nicht auf das Ganze hin, sondern nach innen; nach immer größerer Tiefe, Fülle und Klarheit innerhalb der sofort erfaßten, mindestens sofort gemeinten Ganzheit.«[43]

---

[42] Ebd., 10 f.
[43] Ebd.

Abgrenzungen:
zur Metaphysik, zur Geschichte, zum (politischen) Handeln

Das »Ganze« wird universitär auch durch andere Wege – und das heißt letztlich in einer anderen Fassung des Zieles – gesucht. Guardini kennzeichnet unterscheidend zu seiner Methode zuerst die Metaphysik – schon deswegen ist es unrichtig, zumindest einseitig, ihn einen Metaphysiker von Ursprung zu nennen. Die Schulung an der scholastischen Metaphysik hatte Guardini als gedankliche Durchdringung sehr bereichert; sie ist nicht nur durch das Theologiestudium »von außen« an ihn herangetragen, sondern die frühen Aufsätze »Auf dem Wege«, zwischen 1916 und 1922 verfaßt, sind Zeugnisse eines nicht aufgenötigten, sondern ursprünglichen Interesses, ja eines Angezogenseins durch die mittelalterliche Denkweise. Dies gilt freilich für das Früh- und Hochmittelalter, wie es von den Namen Anselm von Canterbury, Thomas von Aquin und Bonaventura vergegenwärtigt wird, nicht aber für die Spätscholastik und ihren nominalistischen Untergrund.

Metaphysik ist für Guardini in der klärenden Schrift von 1923 die Frage nach dem Wesen in reiner Allgemeinheit: Wirklichkeit wäre ihr nur »Fall«, der die Erkenntnis zum allein bedeutungsvollen Wesentlichen anstößt. Metaphysik betrachtet das Ganze, aber betrachtet es »überhaupt«; Weltanschauung dagegen betrachtet die Welt »in deren ganz leibhaftiger Einmaligkeit«[44].

Die andere Abgrenzung von der Geschichte als der Wissenschaft des Einzelnen führt Guardini zu einer Unterscheidung: einmal der Geschichte als Gesetzlichkeit der Einzelfälle, zum zweiten Geschichte als Versuch, sich »auf die lebendige Gestalt, auf Wirkbild und Sinn-Ganzes einer Persönlichkeit oder eines Geschehnisses« zu richten.[45] Diese zweite Möglichkeit berührt sich mit Guardinis Entwurf der Weltanschauung; die Frage bleibt im Augenblick jedoch offen, ob er sich dieser Nähe zur Geschichte immer bewußt war.

Die dritte und letzte Abgrenzung ist jene vom lebendigen Handeln. Sie ist deswegen für Guardinis tieferes Verstehen, auch seiner Persönlichkeit, wichtig, weil darin eine Kritik an ihm vorweg beantwortet wird. Sie läßt sich auf den Nenner bringen, daß Guardini nie, auch nicht in der Zeit des Nationalsozialismus, sich unmittelbar politisch geäußert, daß er seine sonstigen Themen nicht einmal abgewandelt habe. Allgemeiner gefaßt lautet der Vorwurf, daß Guardini überhaupt kaum unmittelbare Deutungen der Zeit gege-

---

[44] Ebd., 14.
[45] Ebd.

ben habe, fast ausschließlich in einer *theoretischen* Haltung verblieben sei. Diese Beobachtung stimmt zunächst, allerdings eigentlich nur auf dem Feld des Politischen. Guardini war sehr wohl in der Lage, unmittelbar Praktisches, bis in Kleinigkeiten hinein, anzuraten: auf dem Gebiet der persönlichen und gemeinschaftlichen Frömmigkeit, in der Lebensführung, im Bereich dringlicher seelischer Nöte. Es sei nur gedacht an die »Briefe über Selbstbildung«, die »Vorschule des Betens«, »Von heiligen Zeichen« mit den genauen und klugen Hinweisen auf das Innen-Außen-Verhältnis, die Spiegelung der Seele im Leib, des Leibes in der Seele. Es sei erinnert an den »guten Rat«, den er vorwiegend in unentwirrbaren seelischen Vorgängen bei mündlichen und brieflichen Anfragen erteilte. Allerdings äußert er sich in der Regel nicht vom Lehrstuhl herab zu solchen Fragen, dort ist er tatsächlich »anschauend«, nicht »handelnd«. Verstärkt gilt diese Haltung in politicis. Guardinis Wille zur Grundlagenerhellung läßt ihn darin kaum Konkretes raten, höchstens mittelbar Stellung beziehen. Eine einzige Ausnahme scheint in der Bonner Vorlesung 1922 aufgetreten zu sein: Dort unterbrach Guardini seinen Gedankengang, um das Unerhörte an der Ermordung Walther Rathenaus herauszustellen.

Als in den 50er Jahren die Übung der Unterschriftslisten und öffentlichen Appelle an Politiker und Kirchenmänner begann, wurde Guardini mehrfach um Äußerung und Namen gebeten; er blieb jedoch ausdrücklich in der Zurückhaltung, ja meinte, daß ihm für eine Vielzahl öffentlicher Belange der Überblick fehle. Mehr noch war ihm aber schon der *Modus* solcher Erklärungen unangenehm; er empfand sie als Ansprechen eines Kollektivs durch ein Kollektiv und vor allem als Zwang, in den die eine Seite durch die Öffentlichkeit des Antrages gerate. »Das alles widerspricht meinem Gefühl ... Die Publizitäts-Besessenheit unserer Zeit ist mir unerträglich.«[46]

---

[46] Brief an Walter Dirks vom 28.4.1958 (Stabi), zu einem Appell an die deutschen Bischöfe wegen der Ausrüstung der Bundeswehr mit Atomwaffen.
Der Brief beleuchtet Guardinis inneres Widerstreben in seinen Beweggründen aufs deutlichste: »Den Inhalt der Erklärung lasse ich auf sich beruhen; was mich bestimmt hat, ist der Modus. Durch eine Vielzahl von Personen werden die deutschen Bischöfe angeredet, sozusagen Kollektiv durch Kollektiv. Die Erklärung selbst sowie die Tatsache, daß sie an die Bischöfe gegangen ist ..., sollen dann der Öffentlichkeit zur Kenntnis gebracht werden; also weiteste Publizität. Das alles widerspricht meinem Gefühl. Ich meine, solche Dinge sollte nicht eine ›Anzahl von Katholiken‹ zu ›den Bischöfen‹, sondern der einzelne katholische Christ zu seinem Bischof sagen. Was er zu tun hat, wenn sein Wort kein Verständnis findet, ist eine Frage weiterer Überlegung. Wenn aber ›die Bischöfe‹ angesprochen werden, so wie man ›die Abgeordneten des Bundestages‹ anspricht, dann bringt das etwas Wichtiges auf eine verkehrte Ebene. Die Wirkung wird sein, daß die Bischöfe das Gefühl bekommen, in eine Zwangslage gebracht zu werden.«

Trotzdem: Guardini leistete in politischen Belangen Grundlagenklärung. »Ich habe mich immer aus politischen Fragen herausgehalten. Das aber nicht aus mangelndem Interesse oder Pflichtgefühl, sondern weil ich es eben nicht für meine Sache halte. Den Einfluß, den ich etwa ausüben könnte, suche ich auf die Grundlagen des politischen Verhaltens zu richten. Und das ist ja auch wichtig.«[47] Oder: »Es lag nicht im Bereich meiner Fähigkeiten, direkt in die politisch-soziale Arbeit einzutreten. Mein Bestreben ging vielmehr darauf, in indirekter Weise zur Klärung der Begriffe und Wertordnungen beizutragen.«[48] »Der Heilbringer in Mythos, Geschichte und Offenbarung« ist eine im Mooshauser Exil geschriebene Durchleuchtung des Führerkultes, eine beispielhafte Abhandlung im Grundsätzlichen. Für Ohren, die Zwischentöne zu hören vermochten, geschah eine solche reinigende Unterscheidung besonders in den Berliner Vorlesungen ständig. Schon die Hölderlin-Deutung war zu dieser Zeit eine mittelbare Auseinandersetzung mit dem ideologisch mißbrauchten Werk des Dichters durch die Nationalsozialisten. Für diesen verborgenen, aber wirksamen Einfluß steht das Zeugnis von Willi Graf, Mitglied der »Weißen Rose«, der am 1.12.1942 in sein Tagebuch notiert: »... Daneben lese ich immer wieder und oft bei Guardini, der uns soviel zu zeigen und zu sagen hat«[49].

Entscheidend bleibt für Guardini die Nichtabsicht eines, modern gesprochen, politischen oder anderen »Engagements« vom Lehrstuhl aus. Eine derartige Einstellung war ihm nicht nur fremd, sondern er schloß sie 1923 in seiner Berliner Antrittsvorlesung sogar aus seinem Auftrag aus. »Das eigenste Ethos des Weltanschauens besteht gerade in der Lauterkeit dieses Blicks. Gewiß darf, ja soll dieser Blick von aller Glut getragen sein, aber einer Glut des Schauens, nicht des Tuns. Jene macht den Blick weit und tief, ist doch nur die Liebe sehend. Diese hingegen würde ihn wohl trüben. Weltanschauung schafft nicht, sondern sieht. Wohl wirkt ein Gestalten in ihr, eine tiefe schöpferische Kraft, aber ein Gestalten aus der Schau heraus. Da sieht der Mensch die Dinge, wie sie in sich sind, nicht aber macht er sie zu dem, was er will, und wäre dieses Wollen auch ein ›transzendentales‹. Was die Weltanschauung sieht, ist bereits da. Sie ist wohl ein Verhalten des ganzen Menschen, aber ein solches, das im Sehen, in der Erkenntnis gipfelt. Ihre Tätigkeit steigert (sich) bis zur größten Kraft und Innigkeit, bleibt aber stets schauend, nicht handelnd.«[50]

[47] Brief an Josef Müller-Marein (»Die Zeit«) vom 23.9.1957 (Stabi).
[48] Brief an Bernhard Pfister vom 16.3.1955 (Stabi).
[49] Zitiert in: Gymnasium Moguntinum (Mai 1979), 6.
[50] Vom Wesen katholischer Weltanschauung, 17.

*Der Abstand zum Ganzen
oder die Fülle der Perspektiven: Christus und die Kirche*

Guardini nimmt eine weitere wesentliche Unterscheidung zu den sonstigen Weltanschauungslehren vor: Nicht nur Ganzheit ist das »Programm« dieses Blicks, sondern auch Abstand vom Ganzen. Also sowohl ein »Darinsein« wie ein »Darüberstehen«. Wie ist das möglich?

Wieder kommt jene Paradoxie ins Spiel, die Guardini als »Gegensatz« zu fassen suchte: »Der Schauende (muß) die Welt umfassen, ja durchdringen, zugleich aber von ihr frei sein«[51]. Es kann sich bei diesem Freisein allein um eine andere Qualität des Standpunkts handeln, der die Welt weder verneint noch unbeteiligt sich selbst überläßt noch in ihr aufgeht, sondern sie beurteilt nach dem Maßstab einer anderen Qualität: der Wahrheit. Bei aller Bescheidenheit im Ton bringt Guardini gegenüber der Tradition der Weltanschauungen das Reizwort des *unabhängigen* Standpunktes zur Sprache. Ungenannt ist es das Postulat der Wahrheit, formuliert wird sie religiös als Offenbarung. Guardini wird deutlich: Die Gestalt Christi, worin die Offenbarung gipfelt, stellt die Welt in Frage und unter ein Gericht. »Christus hat den vollen Blick der Weltanschauung. Der weltschauende Blick ist der Blick Christi.«[52]

Guardini setzt damit einen unerhörten Auftakt an der liberalen Berliner Universität jener Zeit: die Behauptung einer »angefochtenen Zuversicht«[53] des Glaubens, der alles beurteilt, selber aber nicht beurteilt wird. Eine weitere »Zumutung«: Er macht die Fülle des Glaubens, die Fülle der gewonnenen wahren Einsichten fest am Katholizismus, d. h. an der Kirche. Sie wird in keiner Hinsicht triumphalistisch verstanden, sondern als Bündelung wechselnder geschichtlicher Perspektiven in der wesenhaften Mitte des Glaubens, welche der Zufälligkeit enthoben bleibt und die Erkenntnis des Einzelnen vor aller Einseitigkeit sichert.

Damit garantiert die Kirche Ganzheit für die normalen Blickbeschränkungen des Typus. Es beleuchtet Guardinis Kirchenverständnis aufs tiefste, daß ihm die Besonderheit der geschichtlichen Einzelpersönlichkeit im Ganzen der kirchlichen Wahrheit aufgehoben scheint: eine ungeheure Beheimatung, in welcher das Mißtrauen gegen die Relativität der Erkenntnis als unzureichend zurücktritt. Daraus der ungewöhnliche Satz: »Das Katholische ist kein Typus neben anderen ... (Es) umfaßt in sich alle typischen Möglichkeiten

[51] Ebd., 21.
[52] Ebd., 25.
[53] Ebd., 27.

wie das Leben selbst.«[54] Guardini weiß sehr wohl, daß die geschichtliche Erscheinung des Katholizismus, insbesondere seiner eigenen Zeit, sich in eine ungute Vereinzelung neben den und gegen die anderen Konfessionen drängen ließ. »Man hat versucht, einen ›katholischen Menschen‹ neben den protestantischen, buddhistischen, antiken, kapitalistischen zu stellen. Dieses Nebeneinander, und jedes solcher Art, ist falsch.«[55] Guardini formuliert hier, die kirchliche Verengung des Selbstverständnisses im 19. Jahrhundert lösend, daß der Katholizismus seine ursprüngliche Ganzheit nur wiedergewinne und damit unter Beweis stelle, wenn er die Gegensatzhaltung zu anderen religiösen Gruppen aufgebe. Die Gegensetzung dränge ihn nämlich in eine Einzel-Typik, die der »Umfassendheit« seines eigenen Anspruchs zuwiderläuft.

»Wir haben nun die letzte Antwort auf die Frage gewonnen, was katholische Weltanschauung sei: Der Blick, den die Kirche im Glauben, aus dem lebendigen Christus heraus und in der Fülle ihrer übertypischen Ganzheit auf die Welt tut.«[56] Guardinis Absicht ist es im letzten, nichts anderes als diesen Blick lebendig in der Gegenwart zu wiederholen. So beansprucht er nicht, Neues zu sagen. Er betrachtet sich vielmehr als jemanden, der dem seit jeher von der Kirche Gewußten Sprache verleiht.

In einem Brief, eineinhalb Jahre später entstanden, aber aus derselben Bescheidung heraus geschrieben, heißt es ähnlich: »Vor einiger Zeit hatte ich mich einmal zu besinnen, worin ich Aufgabe und Sinn meiner Arbeit sehe. Da konnte ich aus lauterer Überzeugung sagen: Ich will Interpret der Kirche sein, sonst nichts. Eigenes, Neues habe ich nichts irgend Wesentliches zu sagen. Ich möchte selbst lernen, durch alles Oberflächenwesen hindurch zum Herzen der Kirche zu dringen, um von dort her Gott und Christus und das Leben zu verstehen, soweit mir davon zugemessen ist, die Maßstäbe zu finden, nach denen bewertet werden muß, und die Ordnungen, nach denen alles recht ist ... In meinem persönlichen Schaffen, Kanzel, Schule, Lehrstuhl, immer ist es das Gleiche. Und wenn mir jemand sagt, ich sage doch eigentlich bekannte Dinge, so habe ich im Grunde nichts dagegen.«[57]

---

[54] Ebd., 33 f.
[55] Ebd., 34.
[56] Ebd., 38.
[57] Brief an Frater Manfred Hörhammer vom 26.12.1925 (Archiv Burg Rothenfels).

X. Der akademische Lehrer:
Berlin (1923–1939)

Der schwere Anfang

Als Guardini im Sommersemester 1923 nach Berlin kam, damals nach New York und London die drittgrößte Stadt der Welt, geriet er in die widersprüchlichen und aufregenden »goldenen« 20er Jahre. »Man nennt es das goldene und das korrupte, das mythische und das hektische, das zukunftsträchtige und das tolle, das freiheitliche und das anarchistische Jahrzehnt. In ihm feierte die Wissenschaft Triumphe, fanden Putsche und Straßenschlachten statt, blühten Kunst, Literatur und Korruption, waren Hunger und Reichtum, Arbeitslosigkeit und großer Idealismus zu Hause. Die einen sprachen von nun erreichter Freiheit des Denkens, die anderen vom Chaos der Reformideen, von denen kaum eine verwirklicht wurde und die ihrer schillernden Art wegen den Boden für das kommende Verhängnis bereitet haben...In der Stadt der 127 Zeitungen, des Rundfunks, des Theaters und Films, der Operettenuraufführungen, des Chansons und Kabaretts, wurden alle geistigen und politischen Strömungen auf verhältnismäßig engem Raum wahrnehmbar.«[1]

Schon hier läßt sich einschieben, daß Guardini die musische Vielfalt Berlins (wie schon diejenige Münchens in seiner Studienzeit) sehr liebte: Nicht selten war er in Kino und Theater, nicht selten ließ er sich Illustrierte mitbringen.[2]

Guardinis erste Zeit in Berlin brachte ihm einprägsam zu Bewußtsein, welches Wagnis er eingegangen war: Nicht nur daß er eigentlich zu wenig Erfahrung für die Vorlesungen und erst recht für diesen noch unbeschriebenen Lehrstuhl gesammelt hatte, sondern auch daß die Atmosphäre der Friedrich-Wilhelms-Universität für ihn und seine Themen nicht wirklich offen war. Zeichenhaft war bereits der Umzug: »Die Übersiedlung war schon äußerlich schwierig. Damals war das Rheinland besetzt, und mein kleiner Hausrat konnte daher

---

[1] Stanis-Edmund Szydzik, Romano Guardini (1885–1968), 82.
[2] Mündliche Mitteilung von Aloys Goergen.

nur auf Schmuggelwegen ins Reich gelangen. Noch sehe ich den Möbelwagen vor mir, dem auf seiner Odyssee die Hinterwand herausgebrochen war, so daß man sie mit Stricken festbinden mußte. In Berlin gab es damals keine Wohnungen. Durch Vermittlung...fand ich eine provisorische Aufnahme im Kloster der Borromäerinnen in Potsdam. Ich bekam dort eineinhalb Zimmer, die dann freilich mehr einem Möbellager als einer Wohnung glichen. Ein Trost war das nahe Sanssouci... Wie oft bin ich hineingegangen und habe meine Ratlosigkeiten zu den schönen Bäumen des Parkes getragen!«[3]

Am Ende des Sommersemesters 1923 schreibt Guardini an seinen Verlegerfreund Richard Knies:»Hier fehlts nicht an Schwierigkeiten. So habe ich z. B. noch nicht den Ersatz meiner Umzugskosten vom Mai; keine der Nachzahlungen zum Gehalt...und es fällt einem schwer, bloß technische Schwierigkeiten in alledem zu sehen!«[4]

Von den äußeren Bedingungen abgesehen, war der Empfang durch die Kollegen kühl, Guardinis Schüchternheit wiederum so groß, daß er sich zurückhielt, was Kontakte anging.»Für die Universität war ich der vom Zentrum aufgezwungene Propagandist der katholischen Kirche, welcher an der ›Hochburg des deutschen Protestantismus‹ nichts zu suchen hatte, und sie zeigte mir das auf jede Weise. Auch als es im Laufe der Jahre jedem deutlich sein konnte, daß meine Vorlesungen nichts mit Propaganda zu tun hatten und das akademische Niveau hielten, habe ich nie auch nur das leiseste Zeichen einer Großmut empfangen, welche ihrer absoluten Übermacht gewiß angestanden hätte.«[5]

An anderer Stelle, eher privat formuliert:»...Es war anfangs sehr schwer, denn ich stand ganz allein, ohne jeden geistigen und persönlichen Anhalt, in der großen Universität. Die Arbeit ging ganz still voran, und nun ist doch eine gewisse Tradition geschaffen. Die Vorlesungen sind gut besucht. Es ist gelungen, ohne jede Polemik, und ohne Feindseligkeiten zu erregen, der katholischen Glaubenswelt eine, wie ich hoffe, ganz eindeutige und energische Vertretung zu schaffen, die auch von Andersdenkenden gehört wird.«[6]

Und in einem viel späteren Rückblick:»Die zwanzig Jahre dort waren eine strenge, aber wichtige Schule. Die Berliner Universität hat – ich sage wohl besser, hatte – nichts, was einen katholischen Theologen aufnehmen und ermuntern konnte. So habe ich etwas von

---

[3] Berichte, 39.
[4] Brief an Richard Knies vom 12.7.1923 (Nachlaß Knies, Diözesanarchiv Mainz).
[5] Berichte, 40 f.
[6] Brief an den Prälaten von Heppenheim vom 15.9.1930 (Personalakte, Diözesanarchiv Mainz).

der Aufgabe gelernt, über die Wahrheit des Glaubens in einer fremden Atmosphäre zu sprechen.«[7]

Nach und nach kommt es natürlicherweise zu einem Freundeskreis, zum einen Teil aus der Jugendbewegung, zu einem anderen Teil aus Künstlerkreisen, so die Bekanntschaft mit dem Maler Werner Scholz und dem Architekten Mies van der Rohe; schließlich auch mit einigen Kollegen aus den Geisteswissenschaften: »Ich begann mit einer systematischen Vorlesung, die wohl nur deswegen Hörer fand, weil mein Name durch meine Tätigkeit in der Jugendbewegung bekannt geworden war. Ein Interesse an der Sache zeigte der Kultusminister Carl Becker, mit dem ich mich öfter austauschen konnte; von Kollegen nur Werner Sombart[8], ein wenig Eduard Spranger, später Werner Jaeger.«[9] Letzterer verehrte ihm sein Buch »Paideia«, das Guardini als Vorbereitung auf die Lektüre Platons las, weil sich darin manches mit seinem Denken berührte.[10]

Im ganzen blieb Guardini an der Universität von den Kollegen kaum wahrgenommen. Aber wie er in jeder Sache zwei Seiten zu sehen gewohnt war, erkannte er auch hierin richtig, daß dieses amtliche »Halbvorhandensein« ihn während der Zeit der ideologischen Überwachung der Geisteswissenschaften durch die Nationalsozialisten unerwartet schützte. Bis zum Ende des Wintersemesters 1938/39 erlebte er keine Störung durch sie, obwohl der Inhalt seiner Vorlesungen und seine Person selbst dies jederzeit erwarten ließen.

Begleitend zur Universität hielt er bald auch Vorlesungen an der *Lessing-Hochschule,* an der ihn – im Rahmen der Erwachsenenbildung – ein nicht studentisches Auditorium erwartete, woraus manche Hörer mit in den Hörsaal der Universität überwechselten.

Die Vorlesungen: Arten und Stil

Die Einzigkeit der Lehraufgabe Guardinis erforderte ein stetes Nachdenken über den Inhalt der Vorlesungen. Wie es seinem Gespür für Ordnungen und für sein eigenes Können entsprach, fand er bald eine Themengliederung, die er für die sechzehn Berliner Jahre beibehielt. »Mit der Zeit bildete ich mir einige Typen von Vorlesungen heraus, die sich bewährt haben. Das waren zunächst solche von systematischem Charakter, welche Probleme der Daseinsdeutung im Zusammenhang behandelten; zum Beispiel Hauptfragen der Ethik,

---

[7] Brief an Bischof Alfred Bengsch vom 14.4.1965 (Stabi).
[8] Vgl. die Erinnerungen des Sohnes Nicolaus Sombart, Jugend in Berlin 1933–1943. Ein Bericht, München/Wien 1984.
[9] Zur Streichung des k. w.-Vermerks bezüglich meines Lehrstuhles (Stabi).
[10] Romano Guardini im Gespräch, 11 (Notiz vom 18.2.1934).

oder Grundlinien christlicher Anthropologie. Ich hielt mich dabei nicht an Lehrbücher oder traditionelle Gedankengänge, sondern suchte vor das Problem selbst zu gelangen und es mit eigenen Mitteln zu beantworten. Eine zweite Gruppe waren Vorlesungen über das Neue Testament; Versuche also, den Inhalt der Offenbarung gleichsam aus ihrem Urlaut heraus zu erfassen. Auch dabei war ich bemüht, ohne fachtheologische Voraussetzungen und Terminologien, vielmehr ganz vom Phänomen her zu arbeiten. Eine dritte endlich waren Interpretationen religiöser, philosophischer und dichterischer Texte und Gestalten. Ich erkannte die Bedeutung, welche echte Interpretation für eine geistig verwaschene Zeit hat, immer besser, und bildete mir allmählich eine Methode heraus, von der genauen Deutung des Textes zum Ganzen des Gedankens und der Persönlichkeit vorzudringen und damit grundsätzliche Fragestellungen zu verbinden...Bei diesen wie bei den beiden anderen Gruppen war ich besonders bemüht, die christlichen Sinngehalte aus all den Verwässerungen und Vermengungen zu lösen, in die der neuzeitliche Relativismus sie gebracht hatte.«[11]

Guardini las dreimal je eine Stunde in der Woche, meist abends um sieben Uhr, und hielt zwei Stunden Übungen, alles thematisch unterschieden. Dies erforderte eine gründliche Vorbereitung in den Ferien und zusätzlich die aktuelle Einstellung auf die abendliche Vorlesung, die Guardini meist zwischen vier und sieben Uhr nachmittags in dem von ihm geliebten Lesesaal der Staatsbibliothek leistete. »Das Bereitstellen der Vorlesung hatte keinen bloß wissenschaftlichen Charakter. Es bedeutete nicht nur, eine Sache methodisch zu durchdenken und klar darzustellen, sondern war immer auch ein künstlerischer Vorgang. Der Gedanke durfte nicht nur objektiv erfaßt werden, sondern mußte durch das produktive Zentrum gehen, sich von dort herausheben, Material an sich ziehen und seine Gestalt entwickeln. Wenn das gelang, entstand mehr als eine bloß wissenschaftliche Darlegung; wenn nicht, weniger als eine solche. Ich mußte also immer durch diesen Prozeß hindurch. Das war sehr anstrengend: beglückend, wenn er sich richtig vollzog; entmutigend, ja beschämend, wenn es nicht geschah. Und mehr als einmal in jedem Semester mußte ich die Vorlesung absagen, weil ich einfach nichts zu Stande brachte, aber zu unbehilflich oder auch zu ehrlich war, um irgend etwas zusammenzuschreiben. Aus dem gleichen Grunde erregte mich auch das Sprechen immer sehr, oft so sehr, daß ich während der ganzen Stunde auf den Fußspitzen stand.«[12]

---

[11] Berichte, 45 f.
[12] Ebd., 49.

Liest man die Ankündigungen seiner Themen in ihrer zeitlichen Entfaltung, so ergibt sich deutlich eine Anreicherung, ein Ausgreifen in unerwartete Fragestellungen – auch in solche, die dem klassischen Leserkreis Guardinis unbekannt blieben. Einiges sei herausgegriffen: von der ersten Vorlesung mit dem ein wenig hilflos anrührenden und zugleich anspruchsvollen Titel »Gott und die Welt« (WS 1923/24) differenziert und weitet es sich zu »Übungen zur Kritik am Christentum im 19. Jahrhundert« (SS 1925), zu »Christentum und Kultur im Anschluß an die Problemstellung Sören Kierkegaards« (WS 1925/26), »Das Religiöse bei Plato« (WS 1926/27), »Die evangelischen Räte (das Ordensleben) und die christliche Weltordnung« (WS 1927/28), »Michel Montaigne (Die Skepsis und die Gewißheit)« (WS 1929/30), »Kultur und Arbeit im Neuen Testament« (SS 1931), »Endlichkeit und Ewigkeit (Versuch einer Interpretation von Nietzsches Zarathustra)« (WS 1931/32), »Das Religiöse bei Shakespeare, in noch zu bestimmender Abgrenzung« (WS 1932/33), »Der Tod des Buddha. Die buddhistische Sinndeutung des Daseins und ihre Bedeutung für das Verständnis des Christentums« (WS 1937/38), »Das Problem des Todes. Die platonische und die christliche Antwort« (WS 1938/39).

In manchen bis dahin unformulierten (und bis heute nicht wiederholten) Fragen wird sichtbar, wie sehr Guardini aus Eigenem lebte, und wie sehr er aus der Freiheit seines Lehrstuhles konfessionelle Begrenzungen überwand. Die Öffnung zu allem »groß Gedachten« geschah, ohne angekündigt, ohne angriffslustig, ohne verteidigend zu sein – einfach aus der Anziehungskraft der Wahrheit heraus, die der christlichen Wahrheit ja nicht gegenteilig sein konnte. Freilich stellte Guardini alles »Fremde« unter das Maß des Christentums, aber nicht ängstlich und andere Größe abwehrend, sondern wirklich um der Wahrheit willen – man könnte auch sagen, um fremde, außerkirchliche, außerchristliche Größe sich selbst besser zu erhellen und damit auch zu »richten«.

Guardini hatte zu dieser Zeit bereits eine Eigenart ausgeprägt, die auch auf der Burg bekannt war und sich bis zu seinen Münchner Vorlesungen immer stärker ausbilden sollte: er vertrug keine Störungen durch Lärm, Zuspätkommen oder irgendeine Unaufmerksamkeit. Ein einziges Beispiel aus zahllos anderen: Zu Beginn einer Vorlesung im Sommersemester 1925 entschuldigte er sich, daß er den letzten Teil der vorigen Stunde wiederholen müsse, weil ein Student vor ihm gegessen habe; das habe ihm die Konzentration geraubt.[13]

Guardinis eigene Erklärung dieser Empfindlichkeit nennt einen sachlichen und einen persönlich verwurzelten Grund: »Ich hatte Zeit

---

[13] Brief von Elisabeth Grabe vom 21.2.1984 an die Autorin.

meines Lebens nicht viel Selbstgefühl, und fand mich nun einer geschlossenen Welt gegenüber, für die ich Verehrung empfand, die aber mich ablehnte. So blieb mir nichts übrig, als mich zurückzuziehen. Später wurde mir gesagt, man halte mich für abweisend und hochmütig – der so oft eintretende falsche Eindruck, den der Schüchterne erweckt. In Wahrheit habe ich immer einen inneren Anlauf nehmen müssen, wenn ich in das Universitätsgebäude eintrat. Sobald ich dann freilich auf dem Katheder stand, war alles vorbei, und es existierte nichts mehr, als die Frage, die zu behandeln war und die Freude an ihrer Entwicklung. Doch nein, auch das stimmt nicht ganz. Das Gefühl der Unzulänglichkeit hat mich auch da noch bedroht, so daß ich jede Art mangelhaften Benehmens bei den Zuhörern als Widerstand empfand und sie – oft sehr scharf – rügte. Dadurch habe ich wohl erreicht, daß in meinem Hörsaal eine musterhafte Haltung herrschte, sicher aber auch manch einem Unrecht getan.«[14]

Umgekehrt bildete sich in dieser Stille ein Resonanzboden, der nicht selten die Hörer in eine Ergriffenheit versetzte, wie sie an der Universität in der Regel nicht anzutreffen ist – eher als später Nachklang der platonischen Akademie, oder als erster Vorklang eines Kommenden.

Guardini löste damit selbst seinen Entwurf einer Universität der Zukunft ein, die nicht mehr nur Bildungsanstalt, aufruhend auf der Wissensvermittlung, sein sollte.

»Wesenhafte Bildung wurzelt nicht im Wissen, sondern im Sein« – diesen unüberholt modernen Satz brachte er selbst zur Darstellung, zu der er die Hörer mitzerzog, ja nur gemeinsam mit ihnen die Arbeit einer »Expedition nach der Wahrheit«, wie Kafka es formulierte, unternahm. So waren Störungen nicht nur Nachlässigkeit, sondern mangelndes Einlassen, wenn nicht Verweigerung des Dialogs, der sich im Hörsaal ereignen mußte – oder es ereignete sich eben nicht die gemeinsame Wahrheit dieser Stunde.

Aus demselben Grund waren Einwände, Wenn- und Aber-Fragen nicht beliebt: »Sie brachten eine Gegenbewegung in Gang, bevor noch die erste Bewegung, die vom Referat ausgegangen war, ans Ziel gelangen konnte. Fragen, die der Verdeutlichung, dem besseren Verständnis galten, waren ergiebiger, sie steigerten vor allem Guardini zu wirklichen Höhepunkten seiner Kunst, das schwer oder eigentlich Unsagbare verbaliter ans Licht zu holen. Dieser Dialog enthielt darum die Samenkörner für immer weitere Arbeiten und Ausarbeitungen.«[15]

---

[14] Berichte, 41 f.
[15] Brief von Sr. Isa Vermehren vom Juli 1984 an die Autorin.

Ein Typus der Vorlesungen befaßte sich mit Gestalten der Geistesgeschichte in der genannten erstaunlichen Breite zwischen Sokrates und Rilke, ja mit dem Ausgriff auf Buddha. Welt-Anschauung wird hier zur Gestalt-Anschauung, und zwar mittels der Sprache: des Gedichtes, des Textes. Die Gestalt aber wird Spiegel der Welt, mehr noch: jeweilige Mitte der Welt. Universalität war für Guardini ja nie nur ein enzyklopädisches Sammeln, sondern die innere Fruchtbarkeit, mit der sich die Welt in einem Einzelnen findet, mit der ein Mensch auf die Welt zurückwirkt. Daß es diese neuartigen Vorlesungen waren, die am meisten Hörer anzogen, erweist ihren existentiellen, nicht musealen Charakter – nicht nur für das Auditorium, viel mehr noch für Guardini selbst.

Victor von Weizsäcker hat aus einer immer wieder erneuerten Bekanntschaft mit Guardini heraus einmal die gewagte und prüfenswerte Kennzeichnung versucht:»Aber von Barth ebenso verschieden wie von Wittig, ist er der eigentliche homo religiosus; ich meine damit den unablässigen subjektiven Kampf eines Menschen um die religiöse Wahrheit... Guardini ist kein Theologe, er ist fast ein Märtyrer der geistigen Versuchungen zu nennen. Immer muß er einen Ketzer an seine Brust drücken und mit ihm ringen, Kierkegaard, Dostojewskij, Sokrates; Barth ist imposant, Wittig ist liebenswert, Guardini ist ergreifend.«[16]

Tatsächlich befragt sich Guardini in den gewählten Gestalten selbst, findet in ihnen den unbegründbaren Widerhaken eigenen Interesses – und ist dabei am wirksamsten.»Im Grunde genommen habe ich nicht gefragt, welche Gegenstände mein Lehrstuhl mir auferlege, oder was meine Hörerschaft zu wissen wünsche, sondern über das gesprochen, was mir jeweils selber wichtig war, überzeugt, es müsse auch den anderen wichtig sein. Ich hatte immer die vielleicht vermessene, jedenfalls aber lebendige und gar nicht weiter erörterte Gewißheit, die Dinge, die mich interessierten, seien wert, gesagt zu werden, da sie alle angingen.«[17]

Ausdruck desselben inneren Angezogenseins ist Guardinis gleichzeitiger Abstand von Sekundärliteratur. Er mußte sich zwingen, zu einem Thema über das Notwendigste hinaus Arbeiten anderer Interpreten zu lesen; im Vorwort zum Hölderlin-Buch steht kurz und knapp:»Eine solche Unterlassung ist vom Standpunkt wissenschaftlicher Genauigkeit aus sehr bedenklich; ich muß den Kritikern, welche sie bei meinen früheren Schriften gerügt haben, zustimmen. Es wäre auch nicht leicht, zu erwidern, wenn man das

---

[16] Victor von Weizsäcker, Begegnungen und Entscheidungen, Stuttgart 1949, 33.
[17] Berichte, 47.

Verfahren für anmaßend erklärte. Aus mancherlei Gründen kann ich aber dem Mangel nicht abhelfen.«[18]

Guardini sieht selbstkritisch diese Unterlassung als Folge eines eigentlich geringen Faktenwissens. Die so rasch angetragene Professur verhinderte ein organisches Wachsen geschichtlichen Wissens; sie verlangte Vorlesungen, wo eine umfangreiche Stoffaufbereitung hätte vorangehen müssen. Guardini sieht im Rückblick zweierlei in diesem Zwang: »So fühlte ich mich einer Entscheidung zugedrängt: Sollte ich versuchen, in rastloser Arbeit so viel als möglich zu lernen und zu wissen, um dieser Forderung zu genügen? Dann hätte ich etwas unternommen, was meiner Natur fremd war, hätte meine Kräfte zerstört und wäre am Ende doch gescheitert. Also machte ich sozusagen aus der Not eine Tugend. Ich verzichtete bewußt auf das jeweilige Fachwissen. Ich suchte, so gut ich es vermochte, vor die Fragen selbst zu gelangen und mit ihnen fertig zu werden; so tief als möglich in die Texte einzudringen und aus ihnen heraus zu arbeiten. Das bedeutete natürlich ein Wagnis – man kann auch sagen, eine Vermessenheit.«[19]

Deutungen der menschlichen Existenz

Kann man Guardini als »Existenzdenker« ansprechen, da er in seinen Werken von einer Vielfalt von Existenzen tief gefährdeter und tief bewegender Art ausgeht und noch in der nachgelassenen »Existenz des Christen« (1976) bis in den Titel hinein diese Thematik wiederholt? Eugen Biser hat zurecht darauf hingewiesen, daß Guardini jedoch nicht seine eigene Existenz zur Sprache bringe, sondern sich an dem Ineinander von Leben und Denken anderer entzünde.[20] Diesem Urteil würde Guardini selbst Recht geben, zumal er gerade in den Berliner Jahren wiederholt seinen Studenten sagte, alles sei schon gedacht, alles sei schon gesagt – es käme nur darauf an, es neu in die Gegenwart hineinzusagen.[21]

Übrigens ist auch ein Gesetz der Umkehrung wirksam: Nicht nur übersetzte Guardini das »Ursprüngliche« in die Sprache der Zeit, sondern seine Doppelleistung war es, das »Zeitlich-Eigene in das Licht des Ewig-Neuen zu tragen«.[22] Dies gilt sogar für die entlegen

---

[18] Vorwort zu: Hölderlin. Weltbild und Frömmigkeit, Leipzig 1939, 17.
[19] Berichte, 47.
[20] Eugen Biser, Interpretation und Veränderung. Werk und Wirkung Romano Guardinis, Paderborn 1979, 21 ff.
[21] Isabella Rüttenauer, Die Sorge um den Menschen. Festvorlesung zum 80. Geburtstag von Romano Guardini an der Pädagogischen Hochschule Münster I, in: Katechetische Blätter 90 (1965), 198.
[22] Ebd.

scheinende Deutung Rilkes in der Zeit des Nationalsozialismus: »Aber was als Ästhetizismus anmutete, war die Transposition der bedrängenden Tagesfragen auf eine sehr viel höhere und damit gültige Ebene.«[23]

Zum Zurücktreten Guardinis hinter die Gestalt eines anderen ist zu sagen: Natürlich drückt sich schon an der Auswahl Guardinis eigenes Erleben und denkerisches Durcharbeiten aus. Zweifelsohne gilt der Satz Goethes: »Hätte ich nicht die Welt durch Antizipation bereits in mir getragen, ich wäre mit sehenden Augen blind geblieben, und alle Erfahrung wäre nichts gewesen als ein ganz totes und vergebliches Bemühen.« So spricht Guardini aus »Wahlverwandtschaft« auf ein Denken an, das ihn in seinem Eigensten intuitiv anrührt. Damit ist nur eine mittelbare Selbstdarstellung gegeben, und doch ist sie Ausweis von Guardinis wirklicher Stärke. Hier kommt ins Spiel die Qualität der Ehrfurcht, die dem Größeren gegenüber die Erfahrung des eigenen Ungenügens macht, zugleich aber ein verehrendes Einlassen auf dieses Größere darstellt. Wenn man nicht zu den wenigen tief Entflammten gehört, so ist doch der Nachvollzug dieser Entflammung erfahrbar: Hier leitet die Intuition, der Blick auf den schöpferischen Anderen wenigstens ein Nachschaffen an. Anverwandlung ist deswegen nicht ein Eingeständnis der Schwäche, sondern die dem Ehrfürchtigen mögliche Größe. Guardini unterscheidet in der Münchner Dante-Vorlesung 1952 zwei Weisen der Größe: »Selbst groß zu sein oder anzuerkennen, daß andere größer sind als man selbst, und man gewinnt Anteil.«[24]

Für Guardinis Hingabe an ein anderes Denken gilt auffallend, daß er vorgefaßte Konstrukte, abstrakte Gliederungen nicht kennt. Das größere Augustinus-Buch, in dem sich Guardinis vielleicht tiefste Wahlverwandtschaft ausdrückt, ist dem Vorwort nach nicht so entstanden, »wie der Schreiber wünscht, sondern wie es selbst will«.[25] Das Einlassen auf eine andere Existenz geschieht nicht unter der Vorstellung eines objektiven Gegenüber, dem das interpretierende Ich begrifflich zu Leibe rückt und sich damit selber ausklammert, sondern Auslegungskunst ist *Dialog* (wie auch die Vorlesung ein Dialog mit dem Auditorium war). Doppeltes wird von dem Interpreten gefordert: Er muß sich selbst erst in die geistige Haltung bringen, die sein Gesprächspartner für das Erkanntwerden

---

[23] Isabella Rüttenauer, Die Sorge um den Menschen, 198.
[24] Mitschrift von Elisabeth Gössmann, der hier für die Überlassung des Manuskriptes gedankt sei.
[25] Die Bekehrung des heiligen Aurelius Augustinus. Der innere Vorgang in seinen Bekenntnissen, Leipzig 1935, 13.

braucht.[26] Bereitung zu dieser Haltung ist durchgehend ein Anliegen der inneren Askese, der Zurücknahme eigener Wünsche. Die Begegnung im Gespräch bedarf aber auch eines Zweiten: Sie muß ein nicht Erklärbares als Grund der Person des anderen stehenlassen. »In der Begegnung tritt nicht nur das Wesenhafte und Einmalige, sondern auch das Geheimnis hervor.«[27] So ist es bezeichnend, daß in den Werken Guardinis zehnmal der Untertitel »Versuche« steht – trotz und wegen allen angespannten Gesprächs jener noble Abstand, der nicht glauben machen will, alles oder gar das Letzte über einen anderen gesagt zu haben.

Als Siebzigjähriger kennzeichnet Guardini sein Umgehen mit einer vergangenen Gestalt als »inneres Sprechen«[28], das in seiner Notwendigkeit gleichzeitig immer schon die sprachliche Form bereithalte. Mit einem anderen Wort: Man könnte Guardinis Deutungen als geistige Begegnungen im personalen Sinn bezeichnen, tatsächlich in der Art eines gegenseitigen Anschauens, als »Her-Blick und Hin-Blick«[29]. Schon dadurch entzieht sich die gedeutete Gestalt einer herangetragenen Systematik, sofern sie nicht in ihrer eigenen Struktur Systematik aufweist. Es ist aber bezeichnend, daß die von Guardini gewählten Gestalten in der Regel weniger von der Systematik als vielmehr von visionären Erfahrungen, plötzlichen Einsichten, bis in die Tiefe anrührenden Bekehrungen geprägt sind. Auch hier ist Augustinus *das* Beispiel, in dem Guardini strukturell seine eigene Erkenntnisform vorgebildet sah. Besonders im »Anfang«[30] ist die Gleichsetzung mit Augustinus unübersehbar.

Bekanntlich hat Guardini niemals Thomas von Aquin ausführlich zum Gegenstand seines Nachdenkens gemacht – mit Gewißheit aus dem Grund, weil gerade jene personale Berührung, die den Betrachter in die Unmittelbarkeit mit dem Göttlichen hineinnimmt, bei Thomas unter dem Systemdenken verborgen, vielleicht läßt sich sagen, in dem Willen zur allgemeinen Aussage geglättet worden ist. Hier ist es für Guardinis Methode aufschlußreich, daß er sich offensichtlich die Frage stellte, wie man dem mittelalterlichen Denken seine existentielle Betroffenheit ablauschen könne. Zu dem Buch von Gilson, Le Thomisme (Paris 1927), hat sich ein Zettel folgenden

[26] Der Tod des Sokrates. Eine Interpretation der platonischen Schriften Eutyphron, Apologie, Kriton und Phaidon, Berlin 1943, 180: »Jeder Gegenstand bedarf, um wirklich erkannt zu werden, einer ihm zugeordneten Haltung.« – Auch hieran ist die Nähe zu Scheler, wie besprochen, deutlich.
[27] Religion und Offenbarung I, Würzburg 1958, 13.
[28] Stationen und Rückblicke, 28.
[29] Religion und Offenbarung I, 20.
[30] Anfang. Eine Interpretation der ersten fünf Kapitel von Augustins Bekenntnissen, Colmar 1944.

Inhalts erhalten: »Woher dieser Eindruck des Fremden, Sterilen, Konstruierten, Wirklichkeitslosen, Abseitigen und Künstlichen?... Man muß ausgehen von ihrem Lebensgefühl, ihrem existentiellen Einsatz; von dem, was sie vom Denken erwarteten; von ihrem Seinserlebnis, ihrem architektonischen und symbolischen Schaffen, ihrer Heiligkeit, ihrer mystischen Erfahrung, ihrem Formwillen, ihrem Leibes- und Sinnlichkeitserlebnis – und von daher ihr Denken verstehen... Aufgabe: Eine Thomasinterpretation aus dem mittelalterlichen Existenzgefühl, Weltgefühl, Konstruktions- und Symbolwillen, Liebeserlebnis, mystische Erfahrung, Rittererfahrung (?) – und dann die Frage nach dem Äquivalent innerhalb unserer Voraussetzung.«[31]

Deutlich sucht Guardini am Grunde aller Rationalität den Funken personaler Berührung, von dem aus das Zwiegespräch sinnvoll wird. Anders gewendet: Er liest die geschichtlichen Texte nicht museal, sondern gegenwärtig, zeitfrei, kraft ihrer aufzusuchenden Ursprünglichkeit. Übrigens ergab sich daraus unabsichtlich und erst in zweiter Linie doch eine gewisse Systematik, die allerdings nur die Zusammenschau der behandelten Denker in einer nachträglichen Ordnung betraf. 1934 fügte Guardini in einem Gespräch das bisher Geleistete in folgende Koordinaten ein: »Dostojewskibuch – Osten. Dantebuch – Süden. Beide sind Gegenpole. Pascal – Westen. Kierkegaard – Norden. (Augustinus?)«[32]

Guardini hat einmal versucht[33], Sinn und Weise des Interpretierens zu klären, d. h. nach dem Grund zu fragen, aus dem heraus er bereits Vorgedachtes beständig ins Gespräch nahm. Zwei Möglichkeiten, historisches Interesse und Interpretation als bemäntelte Schwäche des eigenen Denkens, schließt er als Motive aus. Gültig ist ein Drittes: das Lernen an den Werken der Vergangenheit für das eigene Werk. »Vor allem den Unterschied von Echt und Unecht, von Groß und Gering zu lernen, und den Sinn für das zu gewinnen, was Vollendung heißt.«[34]

Der eigentlich beunruhigende Hintergrund dieses Wunsches ist der Umbruch der Gegenwart im gedanklichen Bereich, worin Möglichkeiten zutage treten, die bisher nicht im Blick, noch weniger im Griff des Menschen lagen. Von daher ist die Beratung aus der Vergangenheit eher schwächer geworden, ja abgerissen, da aus dem

---

[31] Romano Guardini im Gespräch, 20 f.
[32] Ebd., 11.
[33] Bemerkungen über Sinn und Weise des Interpretierens, in: Gegenwart und Geheimnis. Eine Auslegung von fünf Gedichten Eduard Mörikes, Würzburg 1957, 98–113.
[34] Ebd., 100 f.

Bisherigen keine Antworten mehr erwartet werden. Auch Guardini richtet sich nicht auf das eigentlich Vergangene, das nicht von sich aus schon Maßcharakter hat, sondern – wie immer – auf jenes Ursprüngliche, das für alle Zeiten gleich gegenwärtig bleibt. Eine eindrucksvolle persönliche Selbstbeobachtung lautet: »Ich bin konservativ mit dem Gesicht nach vorn, denn der Heilige Geist geht immer nach vorne.«[35]

Damit kommt ins Spiel, daß »die Welt« nicht ein statisches Gebilde, nicht eigentlich objektiv festzuhalten oder abzulehnen ist, sondern in ihrem Wesen erst durch den Blick des Menschen auf die Dinge entsteht. Von daher »gibt« es die Vergangenheit nicht, sondern Antworten und Schicksal, die erneut unter der Anfrage der Gegenwart lebendig werden können. Guardini ist in seiner Weltanschauung ausdrücklich Antikantianer, noch weiter formuliert: Anticartesianer. Weder das Subjekt noch das Objekt als abgeschlossene Größen sind Erklärungsmodelle für Mensch und Welt, für das, was als wechselseitiger Prozeß in Gang kommt, wenn der Mensch auf die Welt blickt und Geschehnisse im Sinne von Schicksal auf den Menschen auftreffen. Beides vereinigt sich für Guardini unter dem Wort »Geschichte«. In der Geschichte sind Subjekt und Objekt in eine nicht ohne grobe Mißverständnisse zu lösende Beziehung getreten; die Aufgabe, anders als bei Descartes und Kant, lautet, die Beziehung in ihrer ungeheuer reichen Verflochtenheit zu denken, wie sie immer schon zuvor gelebt wird. Wenn es schon einen Primat innerhalb dieser Beziehung geben soll, allerdings nicht zeitlich vorrangig verstanden, sondern ontologisch, so ist es die Wahrheit des Gegebenen, der sich der erkennende Geist auszusetzen hat. So wird die Wahrheit, anders als in den Entwürfen des Deutschen Idealismus, nicht vom Subjekt geschaffen, sondern anerkannt. Dies aber nicht in der Weise, daß das Subjekt allein empfangend re-agiert, sondern tatsächlich ist es erst der Bezug, der die Wahrheit vollendet. Bis zum Äußersten gedacht, vollendet sich auch ein alter Text erst dadurch, daß er befragt wird. »Das Wort wird sogar erst im Geist und Herzen des Hörenden voll und fertig.«[36]

Ein letzter Gedanke, in dem sich Guardinis Verhältnis zur Sprache und besonders zur dichterischen Sprache anzeigt: In ihr scheint ein »Mehr« sich auszusagen, das Dasein selbst, ein Mächtigeres, als dem Dichter bewußt ist. In Dante und in Hölderlin sieht er dieses Durchbrechen eines Größeren am deutlichsten – Hinweis auf die Göttlichkeit des Wortes und auf das Wort als Aussage des Göttlichen.

[35] Mitteilung von Pater Manfred Hörhammer, in: Romano Guardini – Gedenktagung auf Burg Rothenfels am 27./28. Oktober 1973 (Archiv Burg Rothenfels).
[36] Bemerkungen über Sinn und Weise des Interpretierens, 109.

Von daher hat der Interpret und Unterredner die Aufgabe, jenes Mächtigere gerade durch seine Deutung zu Wort kommen zu lassen, selbst nur »Mundstück« eines Höheren zu sein. Auch hier spielt der Gehorsam in einem nicht theologischen Sinne eine Rolle: Guardini nennt ihn diesmal unter der Facette der Sophrosyne, der klugen Offenheit für das, was sich aussagen will. Unabdingbar, auch und gerade vor diesem Hintergrund, steht dieses objektive Mehr unter dem Maßstab der Wahrheit. Er beklagt sich darüber, es habe ihm »manche Kritik eingetragen, wenn er aus der historisch verstehenden und ästhetisch würdigenden Behandlung dichterischer Texte ... zur Frage nach ihrer objektiven Wahrheit überging. Der Relativismus der ausgehenden Neuzeit duldet nicht, daß diese an einen solchen Text herangetragen werde. Er erlaubt nur Fragen wie die, was der Dichter meine; wie er das, was er meint, zum Ausdruck bringe; von welchen Gedanken- und Gefühlsströmungen er beeinflußt – nicht aber, ob das, was er meint, wahr sei. Genauer gesagt, wohl, ob es das im subjektiven Sinne sei, also echt im Gefühl und rein im Wort – nicht aber im objektiven: ob es der Wirklichkeit des Seins entspreche.«[37]

Sprache ist für Guardini in doppeltem Sinne an Wahrheit gebunden: Einerseits und zu Anfang spricht sich Wirklichkeit selbst in unerschöpflicher, unausdenklicher Weise aus, und dieser »Anspruch« muß wahrgenommen werden. Andererseits antwortet der Mensch darauf, indem er die Welt in immer neuen Deutungen erschließt. Sprache ist die ver-antwortlich zu gebrauchende Kraft, Wirklichkeit zu öffnen. Zu diesen Deutungen gehört nicht nur das Wort, sondern gehören alle leibhaft-sinnlichen, auch die in der Kunst offenbaren Ausdrucksweisen. Das wirkliche Ernstnehmen dieser Vielzahl von Worten und Antworten heißt für Guardini aber von der Sache her, sie an der Erscheinung des »lebendigen Wortes« zu messen. Sprache ist Ausdruck von Wahrheit, oder sie ist überhaupt nicht.

Das Echo der Hörer

Die Form des »beständigen, oft sehr bedrängten geistigen Suchens und Wagens«[38] wurde von den Hörern in der Erinnerung als überaus eindrucksvoll beschrieben. Es gibt eine Reihe dieser Zeugnisse,

---

[37] Rainer Maria Rilkes Deutung des Daseins. Eine Interpretation der Duineser Elegien, München 1953, 21.
[38] Stationen und Rückblicke, 71.

unter denen nur einige besonders farbige herausgegriffen seien, das erste von dem Erlanger Religionsgeschichtler *Hans Joachim Schoeps:*
»Von allen Kollegs, die ich in Heidelberg, Berlin, Marburg und Leipzig – meine Studienplätze durch zehn Semester – gehört habe, machten auf mich den weitaus stärksten Eindruck die von Romano Guardini, im Vorlesungsverzeichnis in einer besonderen Rubrik geführt: der des ständigen Gastes der Universität Berlin. Guardini war mir in diesem Zeitpunkt kein Fremder mehr, denn ein älterer Freund hatte mich, als ich noch Obersekundaner war, in den Hörsaal 241 im dritten Stock verschleppt und seither war ich ein ebenso regelmäßiger wie begeisterter Schwarzhörer geworden. Guardini sollte an der Berliner Universität die katholische Weltanschauungslehre vertreten. Aber diese vertrat er so, daß er nicht Wissensstoffe dozierte, auch nicht das kirchliche Dogma auseinandersetzte, sondern so, daß er lebendige Zwiesprache hielt mit christlichen Gestalten oder mit Gestalten, die am Rande des Christentums standen. Dante, Montaigne, Pascal, Kierkegaard, Hölderlin, Rilke und Dostojewskij sind in diesen Jahren lebendig geworden – aber aus Räumen gesichtet, die hinter dem Akademischen liegen. Daher ging auch seine Wirkung weit über den Bereich hinaus, den akademische Rede kennt, und eine sonderbare Hörergemeinde fand sich hier zusammen, die durch ein Sensorium für Spirituelles miteinander verbunden war. Diese Vorlesungen waren im Grunde Aussagen über eine neue Form christlichen Glaubens gewesen, wie er heute allein zeitgemäß geworden ist: der Glaube in der Reflexion, dessen ständige Leistung darin zu bestehen hat, im Tragen von Zweifeln auszuhalten.

Hier wurde aus einer sehr modernen Katholizität heraus etwas ausgesprochen, was meinen eigenen Empfindungen und Einsichten entgegenkam. Die Frage nach dem Gottesglauben hatte mich seit meinen ersten bewußten Denkversuchen nie mehr losgelassen.«[39]

Paul Fechter gibt ein ausführliches Kapitel über Guardini, aus dem nur das eigentlich Beleuchtende herausgegriffen sei, weniger spirituell aufgefaßt als bei Schoeps:
»Ich habe ihn zuerst in abendlichen Vorlesungen der Lessing-Hochschule gehört... Der Hörsaal am Lützowplatz, im Hause des Lyceum-Klubs, war dicht besetzt, die vorderen Reihen größtenteils durch ältere und jüngere Damen, von denen eine Welle schwärmerischer Verehrung zu dem Sprecher auf dem Katheder emporstieg. Der hatte damals wenig Professorales: eine schmale, fast knabenhaft zarte Gestalt stand da oben mit einem feinen, freundlichen, bartlosen Gesicht, aus dem ein paar graublaue, helle Augen mit einem Zug

[39] In: Gymnasium Moguntinum 1970.

natürlicher innerer Heiterkeit auf die Hörer niederblickten. Er hatte, in Deutschland aufgewachsen, kaum etwas Italienisches, auch nicht im Tonfall und der Melodie des diskreten, unpathetisch mitteilenden Sprechens; auch den Geistlichen spürte man fast gar nicht, höchstens einmal in der selbstverständlich unbetonten Sicherheit, mit der irgendeine Erfahrung aus dem Bereich des Religiösen, eine Betrachtung formuliert wurde, die einer für den Vortragenden außerhalb jeder Diskussion stehenden ewigen Wahrheit galt. Wenn er ein Problem aufgriff, dessen Beantwortung für ihn selbst noch nicht feststand, das zum großen Teil noch Frage war, lächelte er fast ein bißchen verlegen. Es war ein so charmantes, bezauberndes Lächeln, daß man durchaus die Welle der beglückten Verehrung begriff, die fast sichtbar aus den Reihen des Auditoriums zu ihm emporstieg, wie man es ebenso begriff, daß ernsthafte Berliner Rechtsanwälte diesem Mann widerstandslos verfielen.«[40]

Und schließlich *Albrecht Goes,* damals Student der evangelischen Theologie:
»Universität Berlin, Wintersemester 1928/29. Am schwarzen Brett der Philosophischen Fakultät war angezeigt als einstündige Vorlesung: Montag 17 bis 18 Uhr – Romano Guardini, Pascal. Oft und oft haben später Teilnehmer sich dessen erinnert: wie intensiv wir alle die Atmosphäre dieser Vorlesung geatmet haben und wie wir sie, seltsam richtig, verstanden als ein Fest im Abschied...Keineswegs nur etwa Studenten, sondern Angehörige aller Schichten der Berliner Bevölkerung, Arbeiter und Nonnen, Professoren und Hausfrauen, ein gut Teil Nichtkatholiken. Das seltsame Gebrodel aus der Viertelstundenpause vor dem Klingelzeichen geht uns nicht aus den Ohren, solange wir leben. Dann kam Guardini, es wurde still – nicht eigentlich ›feierlich still‹, die Vorlesung hatte immer etwas von einem Gespräch, und da war der Mann, der damals noch viel vom Asketen an sich hatte, ein Mentor der katholischen Jugendbewegung, ein Stück Italien, ein Stück Deutschland, ein Humanist. Wie heiter er – nach Humanistenweise – sein konnte, wußten wir damals noch nicht; zwei, drei Gran Furcht waren ständig in unsre Verehrung gemischt. Und dann erstand Pascal; unvergeßlich der Januartag, an dem aus dem großen Glaubensdokument Pascals, aus dem memorial, das Wort Feuer gedeutet wurde.«[41]

Guardini erinnert sich selbst dankbar eines Grundbestands von Studenten, die in dem natürlichen Wechsel von Semester zu Semester blieben und eine Art zusammengehöriger Gemeinde schufen. Es

---

[40] Paul Fechter, An der Wende der Zeit. Menschen und Begegnungen, Gütersloh 1949, 160f.
[41] Albrecht Goes, Tagwerk. Prosa und Verse, Frankfurt 1976, 203.

zeigte sich rasch, daß die von ihm Angezogenen nicht allein aus der Jugendbewegung stammten. Der wachsende Besuch erwies, daß Guardini mit seinen Themen und in der Art des Vortrags ein wirkliches Bedürfnis getroffen hatte. In den drei Arten seiner Angebote unterschieden sich auch die Zahlen der Teilnehmer: Er schätzte dreißig bis fünfzig bei den neutestamentlichen Kollegien, sechzig bis achtzig bei den systematischen Vorlesungen und über dreihundert bei den Gestalt-Deutungen; in den Übungen waren es rund zwanzig.[42]

Ablehnung

Robert Kosmas Lewin

Guardini mußte in Berlin auch manche Auseinandersetzungen, sogar Angriffe bestehen. Einer der schärfsten und gleichzeitig ungerechtfertigsten erreichte ihn nicht unmittelbar, sondern über ein Buch, das ärgerlicherweise in einem Guardini nahestehenden Verlag[43] erschienen war. Es stammte von Robert Kosmas Lewin und trug den Titel »Apostaten-Briefe« (1928). Lewin hatte Guardini offenbar in den Vorlesungen gehört und griff ihn in unklarer, nichtsdestoweniger überaus heftiger Weise an. Die verschiedenen Angriffspunkte waren zum ersten Guardinis Kolleg über »Das Konkrete und das Reich Gottes«, worin einerseits die reale Welt mit allen ihren Ordnungen in thomistischer Konzeption auftauche, er aber andererseits »der blassen Abstraktion einer Staatsidee, die des Menschen Seele auszufüllen habe«, huldige.[44]

Ein zweiter Angriff, ohne Guardini unmittelbar zu nennen, galt der Anknüpfung »an Hölderlins präseniles Gesumse«[45], die der angebliche katholische Frühling mit Rückgriff auf andere »Verstaubtheiten« betreibe. Ein dritter, Guardini empfindlich treffender Vorwurf betraf Stil und Sprache: »Noch bei den feinsten Geistern findest du die Stigmata der Unproduktivität, der Verschrobenheit und Verstiegenheit. Etwa der romantische Guardini! schreibt cum calamo epiromantico Germanorum! Schafft sich einen erdfernen Bastardstil aus Nietzsche und Hölderlin! Wirklich mutet er in solcher Mimikri wie ein echter epi-romantischer Neutöner an.«[46]

---

[42] Berichte, 50f.
[43] Im Verlag Hermann Rauch, Wiesbaden, der in den wirtschaftlich schwierigen Jahren der Inflation die Auslieferung für den Matthias-Grünewald-Verlag übernommen hatte.
[44] Apostatenbriefe, 83.
[45] Ebd., 123.
[46] Ebd., 123f.

»Der so fein organisierte Romano ist dem deutschen Guardini ins Garn gegangen, wie seine Sprache lehrt! Er lebt im gefühlsübertönten Idiom der Schlegel – Hölderlin – George ›Edelkeit‹, ist selbst Neutöner. Dabei meint man zuweilen, Guardini steige zu wunderbaren Höhen empor und er zwingt uns Verehrung ab. Was, von der Seele gesehen, unantastbar ist, geht aber leider in einem unlateinischen, unübersetzbaren Idiom unter.«[47]

Der vierte Angriff betraf Guardinis Liturgieverständnis: »Er schreibt Liturgie! Scharen von Jungmannen und Jungmädchen setzt er in Bewegung. Da setzt man Liturgie um in jegliche Gebärde des Alltags. Man muß liturgisch tagen, liturgisch freiluftspielen, liturgisch wandern und Klampfe zupfen. Römisch-katholischer Priester, vergißt dieser Lateiner im germanisch-romantischen Blaudunst, daß Liturgie ein intramurales Eigenleben führt ... Im Grunde sind alle diese Vertreter eines aktivitätlichen, jugendbündlichen, neo-katholischen Intellektualismus – im Grunde sind sie allesamt Esoteriker. Sintemalen jedoch unsere heilige Religion unter allen Religionen die einzige nicht-esoterische ist, kommen diese Esoteriker ohne ihr Wissen gar nahe an die Häresie...Jene Liturgiker stehen den Mystagogen und Keyserling-Esoterikern peinlich nahe.«[48]

Daß Lewin Guardini in die Nähe von Stefan George und Rilke rückte, liegt damit auf der Hand. Der letzte und ausgesponnenste Vorwurf betraf die Gegensatzlehre. »Ein schöner, aber anaemischer Gedanke! Die germanische Erbschaft im romanischen Guardini trieb den armen Philosophen in das kimmerische Dunkel monströser Philosopheme. Er wird sich vergeblich dagegen sträuben, aber faktisch ist er in den Fängen der Hegel – Fichte – Kant – Abstrusitäten. Schon, weil er aus Erbaffinität das Idiom jener Geister adoptiert. Denn auf Lateinisch oder Italienisch hätte Guardini sein Buch nicht schreiben können. Nur ist Guardini, eben wegen der Quote von Latinität in seiner Geistigkeit, nicht so verschwommen wie jene Köpfe. Aber, Gott sei's geklagt, er spricht den ideologischen neuromantisch prezieusen Jargon wie nur einer.«[49]

Guardinis klare und gedanklich durchgearbeitete Einfachheit wird für Lewin zu »Gemeinplätzen«, die Entfaltung der Lebensgegensätze zur »Spielerei«. Die Folgerung, die trotz ihrer unbeschreiblichen Verkennung Guardini tief treffen mußte, lautete: »Daher denn wurde aus Guardinis Typologie eine Normentafel für die Ökonomie des spießerlichen Lebens; eine neue Lebenskunst für die goldene Mittel-

---

[47] Ebd., 396f.
[48] Ebd., 124, 392.
[49] Ebd., 392f.

mäßigkeit; so etwas wie praktische Bürgerkunde mit Eignungsprüfung.«[50]

Die Vorwürfe waren zu undiskutabel, als daß sich Guardini sachlich mit ihnen auseinandersetzen mußte. Er verwahrte sich nur in einem Schreiben an den Verleger Rauch dagegen, ein solches Buch, ohne ihn oder Richard Knies davon zu unterrichten, herauszubringen.[51] Kennzeichnend bleibt nur die Atmosphäre, gegen die Guardini gerade in seiner maßvollen Art bestehen mußte, und jene merkwürdig aufgeheizte Stimmung des Widerspruchs, die in dem expressionistischen Lebensgefühl der jungen Leute von ihm gebändigt werden mußte.

Carl Sonnenschein

Härter war die Auseinandersetzung mit einer anderen Seite, gerade weil sie nicht in dieser vollständig unmöglichen Weise argumentierte. Es handelt sich um den Widerstand des bedeutenden und beliebten Studentenseelsorgers Dr. Carl Sonnenschein gegen die Jugendbewegung, mit der er Guardini identifzierte und damit eigentlich aus dem Gesichtskreis der Berliner Katholiken verschwinden lassen wollte. Zwei Beispiele dafür: Sonnenschein stellte in dem illustrierten Heft »Das katholische Berlin« alle bedeutenden Köpfe der Stadt in Wort und Bild dar; Guardini, der die katholische Weltanschauung an der Berliner Universität unbestreitbar mit größtem Erfolg vertrat, wurde nicht vorgestellt.

Das zweite Beispiel: »Einen Hauptstreich gegen die Jugendbewegung versuchte Sonnenschein zu führen, indem er eine seiner Aussprachen bei der Delegatur anberaumte und bei der über das Thema ›Jugend und Autorität‹ gesprochen werden sollte, bei der aber Guardini hingerichtet werden sollte, in dem Sonnenschein einen Haupträdelsführer der Jugend sah und den er ansah als Urheber der blassen Intellektualisierung, der alles ›problematisch‹ ist, Gott, Christus, Kirche ›fragwürdig‹ sind, die sich einen Sport aus ›Zerrissenheit‹ und ›moderner Kompliziertheit‹ macht. Doch Guardini riß das Steuer der Aussprache an sich und begann damit, daß er ausführte, die Frage der gefährdeten Autorität sei nur zu einem kleineren Teil Frage der unbotmäßigen Jugend, zum größeren Teil sei sie die Frage der Autorität, die ihre Autorität mißbrauche usw. Und Sonnenschein mußte, geschlagen durch die Beweisführung Guardinis und auch noch unmöglich gemacht durch sein eigenes Verhalten

---

[50] Ebd., 394.
[51] Brief an Hermann Rauch vom 10.11.1928 (Nachlaß Knies, Diözesanarchiv Mainz).

bei der Aussprache, in sein Wigwam zurückkehren, ohne den erhofften Skalp Guardinis am Gürtel.«[52]

Guardini kannte seinen Kontrahenten bereits seit dem Theologiestudium in Tübingen, wo er ihn in Temperament und Rednergabe durchaus schätzte, ja, ihm half, einen sozialen Studentenzirkel zu gründen.[53] In Berlin versuchte Sonnenschein, Guardini in seine Arbeit einzubeziehen; dieser wehrte sich aus dem richtigen Instinkt, hier – wie es Sonnenscheins Art war – zu sehr der Sache wegen ausgenutzt zu werden. Tiefer trennte sie freilich ein geistiger Unterschied, woran zugleich Guardinis offene Katholizität sichtbar wird, seine Wendung aus der Apologie ins freie Gespräch: »In Berlin war sein (Sonnenscheins) Standpunkt: ›Wir sind in einer belagerten Stadt; darin gibt es keine Probleme, sondern nur Parolen.‹ Die Formel mag Eindruck machen, ist aber falsch. Man kann Probleme nicht verabschieden; wer sie empfindet, muß sich ihnen stellen, besonders wenn er für das Geistige verantwortlich ist. Echte Praxis aber, das heißt richtiges Handeln, geht aus der Wahrheit hervor, und um die muß gerungen werden...Ich jedenfalls war für das Fragen da und konnte mich nicht in seine Praxis einspannen lassen. Ich weiß, daß er über mich scharf geurteilt hat. Er hat in mir einen Menschen gesehen, der Unruhe erregt. In Wahrheit war es, fürchte ich, so, daß er keine Fragen ertrug.«[54]

Guardinis Nähe zur Jugendbewegung war vermutlich der Grund, daß auch zwischen Bischof Konrad von Preysing und ihm keine engere Beziehung zustandekam.[55] Und sie war wohl ebenso der Grund, weswegen Guardini schon 1924, als es um die Herausgabe einer dogmatischen Sammlung beim Matthias-Grünewald-Verlag ging, in vorsichtiger Ablehnung formulierte: »Muß auch ein wenig zurückhaltend sein. Ich bin bereits exponiert genug.«[56]

Persönliche Züge

Gesundheit

Guardinis erwähnte Empfindlichkeit für Störungen im Hörsaal war keine gewollte und dokumentierte Reizbarkeit, sondern entsprang

---

[52] Ernst Thrasolt, Dr. Carl Sonnenschein. Der Mensch und sein Werk, München 1930, 336.
[53] Berichte, 111.
[54] Ebd., 111 f.
[55] Brief von Elisabeth Baronin Warsberg, einer Nichte Preysings, vom 18.3.1984 an die Autorin.
[56] Brief an Richard Knies vom 30.7.1924 (Nachlaß Knies, Diözesanarchiv Mainz).

einer tief eingewurzelten Empfänglichkeit für alles, was um ihn vorging. Es war eine Empfänglichkeit, die ihn gerade in den Berliner Anfangsjahren unter dem Zwang, seinen Weg zu finden, oft auch in gesundheitliche Bedrängnis brachte. Schon im April 1924, nach den Ferien in Italien, schreibt er: »Gestern kam ich von der Reise zurück, eigentlich nicht sehr erholt. Der Kräftestand ist im allgemeinen offenbar überbeansprucht worden, und das erholt sich nicht mehr so rasch wie in jungen Jahren.«[57]

Im Dezember desselben Jahres formuliert er ähnlich, als Entschuldigung für einen unterbliebenen Brief: »...Weil doch Zeit und Kraft so gering sind. In Italien bin ich viel krank gewesen, und hier ist eine greuliche Hetze.«[58]

Mitte der Zwanziger Jahre büßte Guardini, wie einmal im Tagebuch erwähnt, die Sehkraft seines linken Auges ein. Im allgemeinen stabilisierte sich seine Gesundheit etwas mit den Jahren, zumal er »eine ziemlich strenge Diät«[59] einhielt. Anfällig blieb er aber immer, und es ist nicht zu weit hergeholt, wenn man darin einen psychosomatischen Zusammenhang sieht. Sätze wie: »Ich bin leidlich erholt. Man muß sich begnügen«[60], drücken oft das höchst Erreichbare aus. Oder humorvoll: »Mit seiner Gesundheit geht es kariert, blau und weiß durcheinander – d. h. das ist ja bayrisch. Ich muß also sagen: grau und weiß, oder sonst passende Farben.«[61]

Sein Sekretär Erich Görner berichtet, daß Guardini in den Jahren 1932–1935 zeitweise aus Überanstrengung so heftig an Kopfschmerzen gelitten habe, daß sogar die Augen versagten und die Vorlesung ausfallen mußte. Auch schwere Nierenkoliken – während der Abfassung des Pascal-Buches 1934/35 – sind nicht selten. Guardini gab diesen Krankheiten nur soweit nach, als er ihnen nicht ausweichen konnte. Die Kopfschmerzen konnten auch plötzlich wieder aufhören; Guardini wurde wie erlöst, ganz heiter; ging nicht selten mit seinem Mitarbeiter dann ins Kino.[62]

Die Wohnungen und das Zuhause

Guardini zog in Berlin unentwegt um: von Potsdam nach Zehlendorf, nach Eichkamp, in den Grunewald, nach Charlottenburg, nach

---

[57] Brief an Richard Knies vom 27.4.1924 (Nachlaß Knies, Diözesanarchiv Mainz).
[58] Brief an Vilma Mönckeberg vom 27.12.1924 (Archiv Burg Rothenfels).
[59] Brief an den Prälaten von Heppenheim vom 15.9.1930 (Personalakte, Diözesanarchiv Mainz).
[60] Karte vom Herbst 1927 aus Vicenza an Alfred Schüler (Besitz Änny Schüler).
[61] Brief an Mathilde Schütter vom 26.1.1936 (Besitz Mathilde Schütter).
[62] Mündliche Mitteilung von Erich Görner vom 2.10.1980 (Archiv Burg Rothenfels).

Schlachtensee – zwischen 1922 und 1935 neunmal!«... Denn daran waren immer nur Verhältnisse und Schicksale schuld, nie ich, wie herz- und verständnislose Menschen behaupten. Ich halte überhaupt immer weniger von den Menschen. Die tragischsten Dinge werden komisch genommen und das Offenkundigste wird nicht verstanden.«[63]

Guardini war der vielen Umzüge mehr als müde. Er benutzte den ironischen Satz, dreimal umgezogen sei soviel wie einmal abgebrannt. Als sich die Möglichkeit ergab, in der Sophienstraße in Charlottenburg im Garten einer befreundeten Familie »ein altes Stallgebäude, alten Berliner Stils«, auszubauen, trug er sich zum ersten Mal mit Baugedanken, um sich ein wirkliches Zuhause zu schaffen.[64] Er bat Schwarz, den Umbau zu übernehmen, der gleichzeitig bis in die Möbel hinein von seinem Formwillen durchgestaltet werden sollte. Die genauen Vorschläge dazu und eine Skizze für die Bibliothek sind erhalten.

Guardini bezog zwar das Haus vorläufig, aber Rudolf Schwarz entwarf ihm stattdessen ein gänzlich neues Wohnhaus in Berlin-Schlachtensee, Chamberlainstraße 50, das für monatlich 150 Reichsmark an Guardini vermietet wurde. Das Haus war berühmt für seine Modernität und Schönheit; in der Beschreibung von Paul Fechter nimmt es sich folgendermaßen aus: »Es war unauffällig und diskret, hatte etwas auf sich Zurückgezogenes und war zugleich mit dem großen, hellen, fast den ganzen Umfang des Hauses ausfüllenden, sonnigen Arbeitsraum im ersten Stock von einer herrlichen Freiheit und Weltoffenheit, die auch von der sonst immer etwas drückenden Nähe der Grunewaldkiefern nicht gestört wurde.«[65]

Im Januar 1936 bezog Guardini das neue Haus mit dem Gefühl größter Erleichterung. »Nun steht die Arche so ziemlich auf dem Trockenen. Heute habe ich zum ersten Mal im neuen Eßzimmer zu Mittag gegessen...Sei nicht böse, wenn ich in den Greueln des Umzugs – es ist mein zehnter seit 1922! – noch nicht geschrieben und gedankt habe...Das Haus – man kann darüber nicht mit kurzen Worten schreiben. Es hat bereits eine Geschichte, die einer entsprechenden Aufzeichnung würdig wäre, und verdiente auch eine entsprechende Beschreibung. Jedenfalls ist es bemerkenswert und enthält viel Erfreuliches. Gebe das Schicksal, daß nun nicht zu bald ein elfter Umzug kommt.«[66]

---

[63] Brief an Mathilde Schütter vom 26.1.1936 (Besitz Mathilde Schütter).
[64] Brief an Rudolf Schwarz vom 11.1.1928 (Archiv Burg Rothenfels).
[65] P. Fechter, An der Wende der Zeit, 165.
[66] Brief an Mathilde Schütter vom 26.1.1936 (Besitz Mathilde Schütter).

Der elfte Umzug kam nicht so schnell. Erst als das Bombardement Berlins nachhaltiger wurde – Guardini konnte nach einem Bombenangriff den ganzen Tag nicht mehr arbeiten –, überlegte er ein Verlassen der Stadt (seine Vorlesungsverpflichtung war ja aufgehoben). Damals fragte er verschiedentlich bei Bekannten an, unter anderem bei dem Ehepaar Dr. Walter und Elisabeth Eisenbach, ob sie nicht sein Haus mieten würden. Schließlich verließ er Berlin im Sommer 1943 und zog nach Mooshausen. Am 6. März 1944 wurde das Haus bei einem Fliegerangriff zu 60 % beschädigt; heute liegt es im Ostberliner Gebiet.

Arbeitslast und Arbeitsweise

Aufgaben und Belastungen der Berliner Zeit drängten überaus vielseitig heran. Es waren ja nicht nur die Vorlesungen und Kollegien vorzubereiten, sondern »nebenher« ging die ganze Rothenfelser Arbeit über Guardinis Schreibtisch, bis in die kleinsten Einzelheiten des Ausbaus und der geistigen Gesamtverantwortung, dazu die zweimonatlichen Lieferungen an die »Schildgenossen«, Vorträge reihum im Land (Dresden, Leipzig, Heidelberg und viele andere Orte), Vorlesungen an der Lessing-Hochschule, die zehrenden Sprechstunden und nicht zu vergessen die sonntäglichen Studentengottesdienste mit Ansprache. Ein Beispiel für eine solche außeruniversitäre Sonderbelastung ist eine vom katholischen Akademikerverband vorbereitete Franziskusfeier 1926, zu der Guardini einen Vortrag beisteuerte, aber auch für eine Rezitation von Franziskustexten durch Vilma Mönckeberg sorgte.[67] 1928 war Guardini bereits so bekannt, daß er mit Martin Buber im Jüdischen Lehrhaus in Stuttgart ein Gespräch über »Religion und Autorität – Form und Freiheit« führen sollte, das allerdings nicht zustande kam (an Guardinis Stelle sprach sein ehemaliger Tübinger Freund Hermann Hefele).[68]

Selbstironisch – was er wohl war – porträtiert sich Guardini Anfang 1936: »...Und der Schreiber dieses entwickelt sich so rapid zu einem Weisen, daß er selber gar nicht nachkommt. Er schreibt Bücher in Masse und gedenkt durchaus noch nicht damit aufzuhören, denn es gibt noch viel Platz in der Welt.«[69]

Guardini konnte die zehrenden Aufgaben nur mit Hilfe von Mitarbeitern bewältigen. Von Anfang an hatte er Sekretäre, die seine

---

[67] Siehe den Briefwechsel mit Vilma Mönckeberg aus dem Jahre 1926 (Archiv Burg Rothenfels).
[68] Martin Buber, Briefwechsel aus sieben Jahrzehnten, Band II, 326.
[69] Brief an Mathilde Schütter vom 26.1.1936 (Besitz Mathilde Schütter).

konzentrierte und hingegebene Arbeitsweise all die Jahre hindurch bezeugen. Darunter sind die Namen Werner Becker, Walter Dirks, Hans Ruess, Aloys Goergen, Hans Waltmann, Wolfgang Rüttenauer, Erich Görner, Maria Pinsk-Görner, Käthe Zelazny und andere. Erich Görner, dem die »Gespräche« zu verdanken sind, hat in persönlichen Erinnerungen den Arbeitsstil, wie Guardini Bücher oder Vorlesungen schrieb, überliefert. Er pflegte von einem ersten Entwurf in Gabelsberger Stenografie langsam zu diktieren. Seit er das von Rudolf Schwarz entworfene Stehpult aus amerikanischem Nußbaum besaß, sprach er im Stehen. Der Vormittag bis zum Mittagessen war damit gefüllt, am Nachmittag wurde die Reinschrift getippt. Guardini hatte Geduld, wenn es langsam ging; wichtiger war, keine Fehler zu machen. Wenn er Manuskripte verschenkte, wie einmal einen Dante-Vortrag an Fanny Kempner (ihr wurde das Buch »In Spiegel und Gleichnis« gewidmet), so bat er darum, sich nicht ein einziges Mal zu vertippen. In diesen Dingen war er fast pedantisch; er gab zum Beispiel genau an, wie breit Rand und Abstand sein mußten, wann Absätze, große oder kleine Buchstaben, gesperrte und unterstrichene Wörter kamen; das Schriftbild sollte sehr schön sein.

Guardini arbeitete seine Manuskripte immer wieder um; der breite Rand diente dazu, die neuen Fassungen einzutragen. Aus einer Seite entstanden oftmals drei und mehr neue. In den Jahren 1934 und 1935, bei der Abfassung des Pascal-Buches, lag Guardini wegen seiner Nierenkoliken zeitweise im Bett, von wo aus er trotzdem diktierte. »Wenn die Schmerzen kamen, hat er sich abgewandt, hat mich um Entschuldigung gebeten.«[70] Oder er ging in seinem großen, hellen Arbeitszimmer auf und ab, schräg von einer Ecke in die andere. Eine Sekretärin erinnert sich, daß er im Laufe des Diktats seine Stimme steigerte, die Worte immer betonter und schneller kamen, so daß sie manchmal mit dem Stenografieren nicht mithielt. Typisch auch der kleine Zug: »Es störte ihn übrigens oft, wenn ich an meinem runden Tisch mit dem Stenogramm-Block unbequem saß, schief und krumm, manchmal einen Arm herunterhängend. Er sorgte dann dafür, daß ich mich richtig hinsetzte.«[71]

Die Sonntage sahen anders aus: Guardini hielt in Charlottenburg in der Benediktkapelle einen Gottesdienst für Studenten mit Ansprache. Während der Zeit, als Erich Görner bei ihm arbeitete (1932–1935), predigte er über den »Herrn«; die Teilnehmer standen dicht gedrängt und in großer Stille bis zum Ausgang. Danach fuhren beide mit der S-Bahn nach Hause, Guardini trotz seines 1. Klasse-

---

[70] Mündliche Mitteilung von Erich Görner am 2.10.1980 (Archiv Burg Rothenfels).
[71] Brief von Käthe Zelazny vom Juli 1984 an die Autorin; Frau Zelazny war zwischen 1937 und 1940 bei Guardini tätig.

Abonnements in der 2. Klasse, meistens ohne zu reden, da er noch in sich gesammelt war. Nach dem gemeinsamen Frühstück diktierte er etwa eine dreiviertel Stunde lang unmittelbar seine Predigt; zuweilen fragte er, ob man einen bestimmten Gedanken verstanden habe. Anschließend gingen sie mit dem Hund spazieren, öfter vor schönen alten Bäumen stehenbleibend. Beim Mittagessen gegen halb zwei Uhr wurde nicht laut gebetet, »wir standen nur, machten ein Kreuzzeichen. Still, gesammelt, nichts gesprochen, auch beim Essen nur das Notwendigste gesprochen. Aber manchmal nach dem Essen haben wir uns noch lange unterhalten, wie es sich gerade ergab.«[72]

Seel-Sorge

Die Gabe des Rates

Guardini blieb in aller akademischen (geliebten und oft übermäßigen) Verpflichtung ein Priester jenes brüderlichen Typus, den er als den seinen erkannt hatte. Das schloß zwar Teilnahme an allem Vereinswesen aus, trug ihm aber eine Vielzahl von Ratsuchenden (oft von entlegenen Orten) zu, denen er sich weit über die vorgenommene Sprechstunde hinaus öffnete. Ursprünglich war eine Stunde am Mittwoch von 4 bis 5 Uhr angesetzt, sie zog sich aber meistens bis in den Abend hin und weitete sich später noch auf den ganzen Samstagnachmittag, zum Teil auch noch den Sonntagnachmittag aus. »Wenn es sich nur darum handelte, auf eine bestimmte Frage Auskunft zu geben, war man bald am Ende; in der Regel handelte es sich aber um menschliche Konflikte, oder um religiöse Zweifel und Ratlosigkeiten, oder um das Suchen nach der eigenen geistigen Linie. Da durfte es auf Zeit nicht ankommen. Ich lernte immer besser zuzuhören und den Raum zu schaffen, in welchem der andere nicht bloß zum Sprechen frei wird, sondern auch sich selber richtig vor den Blick bekommt. Und zu verstehen; keine fertigen Schemata anzulegen, sondern den Menschen, der ja immer ein Einziger ist, aus ihm selbst heraus zu erfassen. Daraus ergibt sich das klärende und richtungweisende Wort oft ganz von selbst. Wenn nicht, dann muß man ehrlich sagen, daß man nichts weiß und, was ein Gespräch nicht gegeben hat, von einem zweiten erwarten. Auch hier darf man keine raschen Ergebnisse suchen, sondern muß Geduld haben. Menschliche und geistige Dinge gehen nicht rasch; sie wollen ihre Zeit. Und

---

[72] Mündliche Mitteilung von Erich Görner vom 2.10.1980 (Archiv Burg Rothenfels).

noch besser ist es, überhaupt keine ›Ergebnisse‹ zu wollen, sondern das Gespräch ganz aus der Sache und aus der Bewegung der Stunde heraus gehen zu lassen.«[73]

Erich Görner berichtet von einer Vielzahl von Studenten, dazu kamen aber auch Leute aller Art und aus allen Schichten. In einem Fall schickte Guardini einer Breslauer Studentin sogar das Fahrgeld, wie er überhaupt bis in die Münchner Zeit vielen nicht nur existentielle, sondern auch finanzielle Hilfe gab.

Nach den Stunden befreite er sich von »diesem seelischen Wust«, indem er mit seinem Hund – er liebte die Hunde sehr – im Garten spielte. Der Hund biß sich an einer Zeitung fest, Guardini schleuderte ihn daran im Kreise umher, kämpfte mit ihm und tobte sich aus.[74]

Einige Beispiele für die Breite dieser Beratungen, die oft eine lebensprägende Wirkung besaßen: Theodor Bogler, später Mönch in Maria Laach, fuhr nach dem Selbstmord seiner Frau zu Guardini, um seinen Rat wegen des weiteren Lebensweges zu erbitten. Guardini verwies ihn weiter an Alphons Maria Wachsmann, bei dem er konvertieren sollte. Die Beziehung zu Guardini hielt aber an, in Form von manchen kostbaren Gesprächen auch an seiner gastlichen Tafel, nicht zuletzt über Fragen des Glaubens und der Kunst. »Das viele Gute, das ich von ihm empfangen habe, soll unvergessen sein.«[75]

Ein anderes Ansinnen betraf Joseph Wittig, dessen Verfahren in den zwanziger Jahren viel Staub aufwirbelte. Engelbert Krebs, Guardinis Doktorvater, notiert in seinem Tagebuch vom 7. Dezember 1925 einen Besuch bei Guardini: »Ich erzählte Guardini von meinem Gutachten, das ich vor einem Jahr auf Wunsch des Kardinals gemacht, von der Art, wie Wittig es aufnahm, und bat Guardini, er möge doch einmal brieflich einen Zugang zu Wittig suchen, weil er auf Guardini wohl hören werde. Anfangs wollte Guardini nicht. Schließlich sagte er, er wolle sehen, ob es ihm gelinge, und ich riet ihm zu beten: Dominus sit in corde meo et in stilo meo.«[76] Leider ist nicht bekannt, ob sich daraus ein Briefwechsel mit Wittig entsponnen hat, da es keinen Nachweis mehr davon gibt.

Ein Beispiel, wie Guardini zuweilen auch in den Vorlesungen auf Alltägliches einging, sei aus der Tübinger Zeit berichtet. Er sprach über den Schmerz, und daß er zum Leben selbst gehöre. Eindringlich

---

[73] Berichte, 110f.
[74] Mündliche Mitteilung von Erich Görner vom 2.10.1980 (Archiv Burg Rothenfels).
[75] Theodor Bogler, Ein Mönch erzählt, Würzburg 1936, 68 und 71.
[76] Auszug aus den Tagebüchern von Engelbert Krebs (Archiv der kath.-theol. Fak. Freiburg). Prof. Bernhard Casper, Freiburg, sei für den freundlichen Hinweis darauf gedankt!

warnte er deswegen vor einem Ausweichen mit Hilfe von Schmerztabletten, geradezu mit einer beschwörenden Geste.[77] Dazu kam die briefliche Hilfe bis in Guardinis späte Jahre; sie umfaßte eine Vielzahl von Ratschlägen, sichtlich aus eigener Erprobung. Einer über den Selbstmord ihres Bruders zutiefst unglücklichen Frau schrieb er: »Was Sie von der Weise erzählen, wie die Frage Sie beunruhigt, zeigt, daß sie über Ihr Gemüt Herr geworden ist. Es ist also keine einfache Frage mehr, sondern eine Bannung. Mit der wird man nicht durch Überlegungen des Verstandes, sondern nur vom Herzen her fertig, nämlich durch Vertrauen...Ich würde Ihnen also raten: verzichten Sie auf alles verstandesmäßige Erkennenwollen und vertrauen Sie. Vertrauen einmal der Gesinnung Ihres Bruders, der ein so ernster Mann gewesen ist. Dann aber und vor allem vertrauen Sie auf Gott, einfachhin und unbedingt.«[78]

Auch in den unabsichtlichen persönlichen Begegnungen kommt es zu hilfreichen Hinweisen. Für Albrecht Goes ist eine Erinnerung prägend: »Doch sehe ich mich an manchen Abenden nach der Vorlesung mit dem Professor durch den Tiergarten laufen, Charlottenburgwärts. Damals konnte man erfahren, wie gern, wie glücklich er zu sehen vermochte: den Rauhreif, die Wintervögel, die Glühlampen im Nebel. Alle Wirklichkeiten drängten bei ihm zueinander; und so, aus der Welt der Zusammenschau, gab er mir jene Antwort, die ich im besonderen mit diesen Wintergängen in meiner Erinnerung verbinde. Ich weiß nicht, wie und was ich gefragt hatte. Es war eine Frage aus der Sphäre des Konflikts zwischen Zweifel und Vertrauen, eine studentische Denkfrage gewiß. Guardini blieb stehen, sah mich an, und fragte zurück: ›Wissen Sie denn nicht, daß Ihr Verstand auch getauft ist?‹«[79]

Eine andere Wirkung im »nebenbei«: »Als...uns der Weg die Straße Unter den Linden entlang führte, war ich sehr überrascht, als Sie vor einem Juwelierladen stehen blieben und auf die Schönheit der ausgestellten Handarbeiten hinwiesen. Mir ging damals auf, daß das Schöne und das Übernatürliche keine Gegensätze sind.«[80]

Eine Erwähnung verdienen die vielen Konversionen, die Guardini auslöste, oft aber nicht selbst im Unterricht begleitete. Viele schickte er zu seinem Freund Josef Weiger, nur manche behielt er bei sich. Isabella Rüttenauer, eine der wenigen Konvertiten in seinem Unterricht, erinnert sich an wichtige und anhaltende Gespräche (auch anhand des Katechismus von Gasparri und einer Dogmatik), nicht

---

[77] Brief von Hedwig Pieper vom 5.2.1984 an die Autorin.
[78] Brief an Charlotte Putz vom 3.11.1958 (Stabi).
[79] Albrecht Goes, Tagewerk, 204.
[80] Brief von Peter Diederichs vom 16.2.1965 (Stabi).

aber an ein gemeinsames Gebet. Guardini war in der Seelenführung zurückhaltend, ja scheu; sein Einfluß war wirksam durch seine große Gesprächsbereitschaft, weniger durch unmittelbare geistliche Beratung. Manche Konvertiten wunderten sich, daß er ihrem Wunsch etwas spröde gegenüberstand: »Und Sie wollen wirklich konvertieren? Das geht doch gewöhnlich schief. Warum bleiben Sie nicht ruhig, wie Sie sind?«[81] Einmal bemerkte er, wenn man als ehemaliger Protestant eine abfällige Bemerkung über den Protestantismus höre, dürfe es nie aufhören, weh zu tun.[82] Diese Haltung ist um so bemerkenswerter, als Guardini zum Protestantismus eigentlich gar kein Verhältnis hatte: Die Reformation lag ihm als ein vielleicht zu deutsches Problem fern.[83]

Guardini besaß in hohem Maße die Gabe des Rates – erstaunlicherweise trotz und in aller Schüchternheit, gerade weil er den Willen zum Hören und einen Sinn für die Wahrheit besaß, der immer sein erstes Nachdenken, gerade in den schwierigen Fällen, galt.

Die Gabe der Verkündigung

Die Seelsorge bestand neben den Beratungen vor allem im Gottesdienst. Für einige Jahre hielt Guardini die Messe in der Kapelle der Sozialen Frauenschule, worum ihn die Direktorin gebeten hatte. Zu dieser Verpflichtung am Mittwoch kam ein Studentengottesdienst in der Benedikt-Kapelle in der Schlüterstraße am Sonntagmorgen. Die Kapelle lag wie eine Katakombe etwas unterhalb des Parterre; ihre Ausstattung war einfach, der Altar stand frei, so daß die Messe auch zum Volke gelesen werden konnte, übrigens noch in der strengen Form der ›missa recitata‹. Erst in dieser Kapelle gewann Guardini ein Verhältnis zur Stellung *hinter* dem Altar. »Ich habe mich eine Weile dagegen gesträubt, da ich den Gedanken, mir so beim Gebet und der heiligen Handlung ins Gesicht sehen zu lassen, als unerträglich empfand, habe aber dann nachgegeben und bereut, es nicht früher getan zu haben. Besonders in einem kleinen Raum ist das die einzig natürliche Art, die heilige Messe zu feiern. Durch sie entsteht ein wirklicher Zusammenhang. Alle sehen, was geschieht, und können jeder Einzelheit folgen.«[84]

Ein Semester lang hielt Guardini auch im Grunewald eine sonntägliche Predigt für Männer um halb zwölf Uhr; zeitweise kam dazu

---

[81] Brief von Sr. Isa Vermehren vom Juli 1984 an die Autorin.
[82] Rundbrief von Isabella Rüttenauer an ihre Freunde, August 1984.
[83] Mündliche Mitteilung von Bischof Ernst Tewes vom 8.10.1984.
[84] Berichte, 107.

sogar ein Kindergottesdienst! Die eigentliche Predigtarbeit blieb aber jene in der Benedikt-Kapelle; Guardini entband hier seine Fähigkeit, im Wort unmittelbar die Hörer zu ergreifen, zur Meisterschaft – wobei der Kreis der Teilnehmer (anders als in der Universität) bereits vom Glauben her anzusprechen war. »Was ich von Anfang an, erst instinktiv, dann immer bewußter gewollt habe, war, die Wahrheit zum Leuchten zu bringen. Die Wahrheit ist eine Macht; aber nur dann, wenn man von ihr keine unmittelbare Wirkung verlangt, sondern Geduld hat und auf lange Zeit rechnet – noch besser, wenn man überhaupt nicht an Wirkungen denkt, sondern sie um ihrer selbst, ihrer heiligen göttlichen Größe willen darstellt...Hier dürfen Monate nichts bedeuten und Jahre auch nicht. Und man darf keine Absicht haben. Wenn irgendwo, dann ist hier die Absichtslosigkeit die größte Kraft. Das habe ich oft erfahren. Manchmal, besonders in den letzten Jahren, war mir zu Mute, als ob die Wahrheit wie ein Wesen im Raum stünde.«[85]

Guardini liebte das Predigen sehr. Eine Reihe wichtiger Bücher entstand aus Predigtzyklen, die er teilweise in Rothenfels wiederholte. Die Predigten wurden unmittelbar nach dem Gottesdienst niedergeschrieben, und Erich Görner erinnert sich einige Male beim Diktat einer »inneren Glut« bei den Themen zum »Herrn«. »Da ich für ›Schwingungen‹, die von einem mir nahen Menschen ausgehen, sehr sensibel bin, habe ich an dieser inneren ›Helligkeit‹, die aus seiner Stimme klang und aus seinem Antlitz leuchtete, ›partizipiert‹ – bis zu einer inneren Erschütterung (nur sekundenlang).«[86]

»So geht durch die Jahre 1920 bis 1943 ein breiter Strom des Predigens, und ich muß sagen, daß wenige Dinge im Rückblick mich so glücklich machen, wie dieses.«[87]

»Der Herr« (1937)

In der Benedikt-Kapelle hatte Guardini verschiedene Themen für seine Ansprachen, woraus zunächst das Buch »Vom lebendigen Gott« entstand. Um 1932 fing er mit Predigten über das Neue Testament an zum Thema »Der Herr«. Er bereitete sich mit Notizen darauf vor, aber erst im Gegenüber mit den Hörern, eigentlich im Dialog, fiel ihm die treffende Formulierung ein. Guardini behielt diese Fassung im Kopf, bis er am selben Vormittag den Abschnitt diktiert hatte; dann blieb das Manuskript etwa eine Woche lang

---

[85] Berichte, 109 f.
[86] Brief von Erich Görner vom 11.3.1984 an die Autorin.
[87] Berichte, 109.

liegen, wurde durchkorrigiert, wieder und wieder getippt und überarbeitet. Zur selben Zeit begann er an Weihnachten 1932, auch in Rothenfels morgens diese Ansprachen zu halten. Dazu kamen nicht nur die eigentlichen Burgbewohner, sondern auch ältere Leute aus dem Dorf, die er möglichst einfach ansprach.»Seit langem hatte er ein Interesse an der unterfränkischen Art, die durch Jahrhunderte von katholischem Brauchtum geprägt war. Hier in der Dorfgemeinde hatte er die Charakterköpfe der Bauern, Handwerker und Frauen, die ihn auf den Holzschnitzaltären fesselten, vor sich. Im Städtchen Rothenfels gab es einen Fährmann, einen Fischer, einen Küfer, einen Korbflechter, also Männer, zu deren Berufsgruppe die Apostel gehörten. Die religiöse Beseelung dieser Volksschicht war ebenso sein Anliegen wie die theologische Bildung der Intellektuellen. Er predigte an mehreren Tagen möglichst anschaulich und in faßlichen Betrachtungen über die Ahnen und die Mutter Jesu.«[88]

Auf Wunsch vieler Hörer erschienen diese Predigten in monatlichen Lieferungen seit 1933 als Manuskript der Rothenfelser Stiftung, mit dem Titel »Aus dem Leben des Herrn«.

Die Bedeutung des »Herrn« läßt sich erst erfassen, wenn man das Umfeld kennt, in dem Guardini das Buch entwarf. Aus dem Briefwechsel geht hervor, daß er die Gestalt Jesu ursprünglich in einem Vergleich herausarbeiten wollte – in einer für die damalige Zeit ungewohnten Fragestellung. »Tatsächlich bin ich auf die gewisse Parallelität zwischen der Persönlichkeit und der Lehre von Sokrates, und ebenso der von Buddha zur Person Christi durch eigene Lektüre der Quellen gekommen. So hatte ich die Absicht, eine Art ›Trilogie‹ zu schreiben, in welcher der Tod Buddhas, der des Sokrates und der Tod Jesu Christi in ihren Ähnlichkeiten, aber auch, und vor allem, in ihren Unterschieden analysiert werden sollte.«[89]

Philosophiegeschichtlich gibt es zwar in der Aufklärung einen Vergleich der ethisch-religiösen Haltung des Sokrates mit Jesus, aber durchaus in einem anderen Sinne als bei Guardini. Ihm lag am Herausarbeiten einer sokratischen »Vorläuferschaft« zu Jesus, nicht an ihrer Gleichsetzung in der menschlichen Größe. Was die Gestalt Buddhas angeht, so ist Guardinis Fragestellung zu dieser Zeit einzig. Er hat Buddha immer als die eigentlich größte Herausforderung des Christentums durch Asien gekennzeichnet und ihm im »Herrn« einige blitzlichtartige Überlegungen gewidmet. »Einen Einzigen gibt es, der den Gedanken eingeben könnte, ihn in die Nähe Jesu zu rücken: Buddha. Dieser Mann bildet ein großes Geheimnis. Er steht

---

[88] E. Wilmes-Merz, Erinnerungen II B und II C, 35.
[89] Brief an Sister Mary Louise de Marillac S.S.N.D. vom 3.8.1963 (Stabi).

in einer erschreckenden, fast übermenschlichen Freiheit; zugleich hat er dabei eine Güte, mächtig wie eine Weltkraft. Vielleicht wird Buddha der Letzte sein, mit dem das Christentum sich auseinanderzusetzen hat. Was er christlich bedeutet, hat noch keiner gesagt. Vielleicht hat Christus nicht nur einen Vorläufer aus dem Alten Testament gehabt, Johannes, den letzten Propheten, sondern auch einen aus dem Herzen der antiken Kultur, Sokrates, und einen dritten, der das letzte Wort östlich-religiöser Erkenntnis und Überwindung gesprochen hat, Buddha.«[90] »Ein Einziger hat ernsthaft versucht, Hand ans Sein selbst zu legen: Buddha. Er hat mehr gewollt, als nur besser zu werden, oder, von der Welt ausgehend, den Frieden zu finden. Er hat das Unfaßliche unternommen, im Dasein stehend das Dasein als solches aus den Angeln zu heben. Was er mit dem Nirvana gemeint hat, mit dem letzten Erwachen, mit dem Aufhören des Wahns und des Seins, hat christlich wohl noch keiner verstanden und beurteilt. Der das wollte, müßte in der Liebe Christi vollkommen frei geworden, aber zugleich jenem Geheimnisvollen im sechsten Jahrhundert vor der Geburt des Herrn mit tiefer Ehrfurcht verbunden sein.«[91]

Die Trilogie kam nicht zustande, nur das Sokratesbuch und die verschiedenen Versuche zum »Herrn«. In ihnen hat Guardini die Mitte seines christlichen Bewußtseins zur Sprache gebracht. Und er hat darin, seinem eigenen Empfinden nach, auch Letztmögliches im Rahmen seiner Kräfte formuliert. »Daß Du den ›Herrn‹ wünschest, freut mich sehr; er ist ja – zugleich mit dem Hölderlin – mein liebstes Buch.«[92]

Gegen den »Herrn« ist vom heutigen Standpunkt unter dem Blickwinkel der historisch-kritischen Methode manches eingewendet worden. In der Tat hat sich Guardini diese Methode nie angeeignet – nicht nur, weil sie ihre Ausbreitung erst zu einer Zeit fand, in welcher er sich bereits zu alt zu ihrem Studium fühlte, mehr noch, weil diese Methode ihm wesentlich nicht lag. Die Entfremdung oder das unterschwellige, stumme Auseinandertreten der Standpunkte von Guardini und Heinrich Kahlefeld, der ja immer als sein Meisterschüler galt, liegt in diesem Widerstand Guardinis gegen die historisch-kritische Methode begründet. Genauer, er hat nicht nur das historische, sondern auch das psychologische Zugreifen auf die Gestalt Jesu als unzureichend abgelehnt. Ein Berliner Hörer erinnert sich an einen Abend, »wo Sie einen Vortrag über die ›Psychologie

---

[90] Der Herr, 384.
[91] Ebd., 385.
[92] Brief an Richard Knies vom 18.12.1940 (Nachlaß Knies, Diözesanarchiv Mainz).

Jesu‹ angekündigt hatten, um dann mit Ihrem ersten Satz zu sagen: ›Selbstverständlich gibt es keine Psychologie Jesu‹.«[93]

Ergänzend schreibt Guardini selbst allerdings nach dem »Herrn« die wichtige Weiterführung: »Die menschliche Wirklichkeit des Herrn. Beiträge zu einer Psychologie Jesu« (1958). So muß Guardinis Urteil differenziert werden, denn im wesentlichen handelt es sich hier nicht um eine Änderung im Grundsätzlichen, sondern nur um eine Ausfaltung derselben gleichbleibenden Einsicht. Guardini bestreitet nämlich nicht die natürlichen Erkenntnisstützen, ob sie aus der Geschichte, der Psychologie, den Geisteswissenschaften oder der Philosophie stammen. Ihr Zugriff wird nur abgelehnt, wo er sich nicht einer übergeordneten Erkenntnishaltung einfügt und in der bloßen selbstgesetzten Maßstäblichkeit bleibt.

Die geforderte Erkenntnishaltung ist aber für die Heilige Schrift eine eigene. Guardini wird nie müde zu betonen, daß ohne diese spezifische Haltung der heilige Text nur in der Art sonstiger Literaturkritik gelesen werde. Damit wird aber der eigentliche Gegenstand der Schrift völlig übersehen. Man »sieht nur äußere Erscheinungen, psychologische Zusammenhänge, philologisch-kulturelle Wortbedeutungen«.[94] Anders: *natürliche* Erkenntnisse bleiben gültig, wo sie sich der Erkenntnishaltung des *Glaubens* unterordnen. Dann dient jede Einzeleinsicht dem Ganzen, während sie sich sonst absolut setzt und ihren Gegenstand damit auf die Ebene des Erklärbaren, des Begriffenen, des Objektes herabwürdigt.

Guardini hat die Schwierigkeit der Schriftauslegung als einer besonderen Art von Hermeneutik nachhaltig dargelegt in dem kaum rezipierten Beitrag »Heilige Schrift und Glaubenswissenschaft« (1928). Selbstverständlich müssen auch in der Schrift die gültigen Forschungsmöglichkeiten ihre Anwendung finden. Nicht selbstverständlich und von Guardini um so leidenschaftlicher betont ist aber das Relative dieser Forschungen im Kontext der wesentlichen Einstellung: daß nämlich die beiden Testamente Offenbarungsgeschehen niemals wiederholter Art, nirgends vergleichbar darstellen. Die Inspiration durch den Geist macht sie einmalig. Ihre Einmaligkeit in der geschichtlichen Kritik zu verwischen, einfacher gesprochen methodisch nicht zuzulassen (was die Methode selbst ja gar nicht anders leisten kann), bedeutet aber für den Inhalt, daß er nicht ernst genommen ist.

Welche Haltung ist dann erkenntnisleitend gefordert? Guardini nennt sie die *pneumatische*, einfacher, aber auch abgegriffener ausge-

---

[93] Brief von Bernt von Heiseler vom Februar 1965 (Stabi).
[94] Heilige Schrift und Glaubenswissenschaft, in: Die Schildgenossen 8 (1928), 43.

drückt, die glaubende. In ihr bleibt alles an sonstigen Erkenntnissen bestehen, wird nur nicht in seiner (neuzeitlichen) Selbstherrlichkeit belassen. Eine zutreffende Überlegung Guardinis lautet, daß im anderen Fall nur der Theologe oder Geisteswissenschaftler die Schrift überhaupt richtig lesen könne. Offenbarung aber kennt durchaus keine solche Einschränkung, sie teilt sich unmittelbar mit. Diese Unmittelbarkeit ist durch den Glauben jederzeit, ohne Studium, ohne geschichtliche Rückblende möglich, ja vom Wesen der Offenbarung her nicht anders denkbar. Offenbarung spricht grundsätzlich ohne Vermittlung zu jedem und zu jeder Zeit.»Wohl ist das Wort Gottes aus der konkreten Situation heraus, in der es geschrieben wurde, sachlich bestimmt. Dennoch hat es etwas Schwebendes an sich, eine schwebende Bedeutung, die darauf wartet, aus jeder Zeit heraus ihre besondere Prägung zu erfahren.«[95] In dieser Form wandelt Guardini den Gedanken Kierkegaards ab, jeder Christ sei gleichzeitig zu Christus. Glaube bedeutet für Kierkegaard das Rückversetzen in die Zeitgenossenschaft Jesu. Die Abwandlung Guardinis betrifft den Gedanken, sich willentlich in diese Gleichzeitigkeit zu versetzen; es ist vielmehr die Kirche, welche jene Gegenwärtigkeit vorstellt, wodurch jede Zeit zu Jesus unmittelbar stehen kann.

Exegese ist daher fragwürdig, sofern sie geschichtliche Erörterungen als Blick in die Vergangenheit vollzieht. Guardini wiederholt hier in einer eigenartigen Parallele die Warnung Nietzsches vor dem Historismus als dem Totengräber der Gegenwart.»Der Historismus verliert in seinem Gestern das Ewige und auch das Jetzt. So wird er unaktuell, akademisch. Das Wort Gottes...ist wesenhaft Anruf Gottes, aus seiner Ewigkeit in – nicht Zeit überhaupt, sondern – die heutige Zeit. So wird es auch theologisch nicht richtig erfaßt, wenn es nicht aus seiner Zeitunmittelbarkeit erfaßt wird. Es fällt aus dem Ganzen heraus, was wesentlich hineingehört: der ›Hörer des Wortes‹, denn der ist der Heutige. Eben damit aber wird die Theologie zu einer gleichgültigen Angelegenheit.«[96]

Guardini moniert hier eine Gefährdung, die er bis ins Zentrum des theologischen Anliegens reichen sieht. Der biblische Wahrheitsbegriff, also die Wahrheit der Wirklichkeit, ist unter das Gesetz einer rationalistischen Exegese geraten, statt sie umgekehrt in Dienst zu nehmen. Die»kopernikanische Wendung« der biblischen Theologie aus den Methodenzwängen der Rationalität heraus ist unabdingbar, wenn Theologie nicht überhaupt sinnlos werden soll. Die düsterste Beschreibung geht dahin zu sagen, die neuzeitliche Exegese habe

---

[95] Ebd., 51.
[96] Ebd., 51f.

zwar »die bedeutungsvollsten Einzelergebnisse hervorgebracht, aber ihren eigentlichen Gegenstand verloren und damit aufgehört..., überhaupt Theologie zu sein.«[97]

Auslegung der Gestalt Jesu

Guardini geht von der ebenso einfachen wie ungewöhnlichen Voraussetzung aus, die Gestalt Jesu in den Evangelien so zu betrachten, wie sie sich darstelle – d. h. das synoptische Jesusbild gemeinsam mit dem johanneischen in den Blick zu nehmen; dasselbe »unbefangene« Wahrnehmen richtet sich auf den Kyrios des Paulus, der nicht gegen den Christus der Apokalypse oder den endzeitlichen Menschensohn auszuspielen ist.

Guardini unterläuft damit die Voraussetzungen der liberalen Leben-Jesu-Forschung und arbeitet kaum Ergebnisse der modernen Textkritik ein. Sein unbedingter Grundsatz lautet, daß es der Glaube sei, der das Eindringen in das Eigentliche der Gestalt Jesu ermögliche. So gehört Gehorsam im Sinne von Hörenwollen ausdrücklich zur methodischen Bedingung der Bibellektüre.

Im Neuen Testament gibt es für Guardini durchaus zwei Ebenen, in denen Jesus gezeichnet wird: die eine ist die geschichtliche Einwurzelung, die zweite ein Gefüge von Deutungen und Darstellungsversuchen aus religiöser Kraft. Guardini hält es für unmöglich, diese beiden Ebenen sinnvoll voneinander zu trennen. »Schon die frühesten Texte enthalten auch das übermenschliche Element der Christusgestalt; ebenso wie noch die spätesten das menschliche Element nie aufgeben, ja es ganz bewußt betonen...Der schlichteste Bericht eines Markus offenbart, sobald man ihn richtig hört, die Göttlichkeit Jesu, während noch die metaphysischste Aussage eines Johannes die Dichte geschichtlicher Wirklichkeit festhält.«[98]

Die Unterscheidung zwischen Jesus und Christus oder zwischen dem Mann aus Nazareth und dem Messias oder zwischen dem vorösterlichen und dem nachösterlichen Herrn ist für Guardini deswegen eine nicht hilfreiche methodische Trennung. In einem ungeheuer brisanten Gedanken dreht Guardini das Argument neutestamentlicher Exegese, man müsse den geschichtlichen Jesus von dem im Glauben verkündigten ablösen, um mit der Überlegung, daß der geschichtliche Jesus in einer viel dichteren Weise eben das zur Darstellung gebracht hätte, was seine Zeugen nur mühsam von ihm

---

[97] Das Christusbild der paulinischen und johanneischen Schriften, Würzburg ²1961, 14.
[98] Ebd., 5.

aussagen konnten.«Wenn es gelänge, zu dem ›ursprünglichen‹, das heißt, noch nicht von den Aposteln durchdachten, noch nicht durch die Verkündigung entfalteten und durch das Glaubensleben der Gemeinden angeeigneten Christus durchzudringen, dann wäre Er ungeheurer und unbegreiflicher, als was die kühnsten der paulinischen oder johanneischen Sätze über Ihn aussagen.«[99]

Im »Herrn« zeichnet Guardini chronologisch, also von der Geburt bis zur Apokalypse, die Grundgestalt Jesu nach, und zwar nicht im Sinne seines irdischen Lebens allein, sondern dieses Leben als von Anfang an durchsichtig auf die göttliche Wirklichkeit. In Ihm äußert sich Gott, und das Zusammentreffen von göttlichem Leben und endlicher Geschichte macht im Blick Guardinis das Drama Gottes selbst aus. Wo die Fülle auf die Begrenzung trifft und die absolute Macht auf die freiwillige Ohnmacht – in dieser Vereinigung steht die Gestalt Jesu unnachahmlich, unvergleichbar, einzig. Je mehr über diese Konstellation gesagt wird, desto mehr bleibt im Grunde offen, desto geheimnisvoller öffnet sich die Betrachtung in eine unerschöpfliche Tiefe. Auch hier ist nicht System gefragt, kein Einbegreifen Jesu in eine Struktur, keine Erklärung des Unerklärlichen; im Gegenteil, je stärker das Unerklärliche in seiner Wirklichkeit hervortritt, desto näher kommt man in den Bannkreis des Gemeinten.

Exkurs: Die Schwermut

»Die Schwermut ist etwas zu Schmerzliches, und sie reicht zu tief in die Wurzeln unseres menschlichen Daseins hinab, als daß wir sie den Psychiatern überlassen dürften.«[100]

Durch diesen ersten Satz ist Guardinis Abhandlung »Vom Sinn der Schwermut«, die mitten in den erfolgreichen Berliner Jahren 1928 geschrieben wurde, berühmt geworden. Guardini nimmt Kierkegaards Existenzgefühl zum Anlaß – im Grunde schreibt er über sich selbst. Die Schwermut ist jenes Erbe von der Mutter (zum Teil sogar vom Vater), das Guardini in seinen wenigen persönlichen Bemerkungen darüber ausdrücklich als eine Last seiner Herkunft, auch als eine nicht oder nur teilweise gelungene Lösung von der Mutter kennzeichnet. Schwermut ist »die Sehnsucht ... in die Nacht und zu den Müttern«.[101] Daß auch die sexuelle Frage in ihrer Ungelöstheit und Unerlöstheit mitspielt, nennt er ebenfalls an einer Stelle.[102] Die

---

[99] Die menschliche Wirklichkeit des Herrn, 19.
[100] Vom Sinn der Schwermut, Zürich 1949, 7.
[101] Ebd., 44.
[102] Ebd., 35.

Bedeutung seiner Untersuchung liegt aber darin, daß Guardini die eigentlich psychoanalytische Erklärung als zu kurz gegriffen bezeichnet. Das Phänomen der Schwermut findet eine Erhellung und in gewissem Sinn eine Lösung nur im *Geistigen*. Mit dem Geistigen ist ihm der Kern des Menschlichen angesprochen, der weit über den Zusammenhang blutsmäßiger oder seelischer Vorgaben hinausgeht. Guardinis Klärung legt ein Doppeltes frei: das Niederziehende, Lebensvernichtende der Schwermut, ihr fast triebhaftes Auslöschen aller freudigen Kräfte; andererseits die trotz allem lebendige Möglichkeit, dieses Gewicht zum Aufbau des Geistigen zu verwenden, es sogar als jene Verwundung zu begreifen, aus der in einem gesteigerten Maße – mehr als beim Gesunden – die Möglichkeit von Heil und Heilung sich bietet. Die Beschreibung des Dunklen und Zerstörenden ist schreckhaft deutlich, und unübersehbar spricht Guardini leidvolle eigene Erfahrung aus. »Eine innere Fessel legt sich vom Gemüt her auf alles, was sonst frei urspringt, sich rührt und wirkt. Die Spannfrische des Entschlusses, die Kraft der klaren und scharfen Umreißung, der mutige Griff der Formung – das alles wird müde, gleichgültig. Der Mensch meistert das Leben nicht mehr. Er kommt im drängenden Voran nicht mehr mit. Die Ereignisse knäueln sich um ihn; er sieht nicht mehr durch. Mit einem Erlebnis wird er nicht mehr fertig. Die Aufgabe türmt sich vor ihm wie ein Berg, unübersteiglich.«[103] Begleitend dazu nennt Guardini eine durch innere Vielfältigkeit der Anlage bedingte Sensibilität des Wesens; einen Mangel an Selbstvertrauen, der im Gespräch, in der Gesellschaft, im öffentlichen Auftreten hindert und den Schwermütigen in die Einsamkeit drängt. Statt sich aber in dieser Möglichkeit zu bewahren, ist die letzte und haltlose Möglichkeit der Schwermut ein Zerstören seiner selbst, das bis zum Haß reichen kann: »Hier vor allem liegt das Rätselhafte der Schwermut: Wie Leben sich gegen sich selber kehrt; wie die Antriebe der Selbsterhaltung, Selbstachtung, Selbstförderung durch den der Selbstaufhebung so eigentümlich durchkreuzt, unsicher gemacht, entwurzelt werden können.«[104]

Es ist bewegend zu sehen, wie Guardini aus dieser äußersten Last eine Gegenbewegung herausarbeiten will. »Die Not dieses Daseins hat auf der anderen Seite eine Kostbarkeit: ›Fühlung nach der Tiefe hin‹. Größe, vollends wirkliche Größe ist nicht möglich ohne jenen Druck, der allen Dingen erst ihr ganzes Gewicht gibt, und die Kraft zur eigentlichen Spannung hebt; ohne jene gleichsam konstitutionelle Trauer, das, was Dante ›la grande tristezza‹ nennt, die nicht aus

---

[103] Ebd., 25.
[104] Ebd., 34.

einem besonderen Anlaß, sondern aus dem Dasein selbst erwächst.«[105] Frucht der Trauer kann aber sein, »daß der Druck sich löst, daß die innere Eingeschlossenheit sich auftut, und dann jene Leichtigkeit des Daseins aufsteigt; jenes schwebende Gehobensein des ganzen Menschen; jene Durchsichtigkeit der Dinge und des Daseins; jene Klarheit der Schau und Unfehlbarkeit der Formung«.[106]

Die Beziehung zum Dunkel bringt in der Gegenbewegung das Aufsteigen des Lichtes, bringt Dionysisches in die Sinnlosigkeit. Merkwürdig, wie hier Guardinis Antipode Nietzsche zum Wort und zu einer Einordnung kommt, worin sich letztlich eine Verwandtschaft in der Anlage äußert – eine Verwandtschaft, die Guardini allerdings in der gegebenen Antwort anders ausrichtet: nicht auf Unbändigkeit, sondern auf Bändigung hin. Aber erstaunlich, wie Guardini, der Theoretiker des Maßes und der Mitte, die Lust des Übermaßes kennzeichnet: »Der schwermütige Mensch hat wohl die tiefste Beziehung zur Fülle des Daseins. Ihm leuchtet heller die Farbigkeit der Welt; ihm tönt inniger die Süßigkeit des inneren Klangs. Er spürt ganz ans Lebendige die Gewalt ihrer Gestalten. Der Schwermütige ist es, aus dessen Wesen das Übermaß der Lebensflut bricht und der die Unbändigkeit alles Daseins zu erfahren vermag.«[107]

In einer höchsten Steigerung ist Schwermut »Sehnsucht nach Liebe«. Freilich ist es eine Liebe, ein Eros, der in der Bedingtheit der Existenz seine Unbedingtheit immer als Stachel wirksam macht, unerreichbar auftritt. So ist ein Ungenügen am Endlichen verbunden mit der Sehnsucht nach dem Unendlichen, aber eine Sehnsucht, die eben nicht eingelöst wird. Wie man mit dieser Spannung umgeht, entscheidet über die Möglichkeit, überhaupt im Begrenzten zu leben. So kommt Guardini zu der letzten Bestimmung der Schwermut, sie sei ein Leben »Wand an Wand mit Gott«[108]. Dieser Grenzbereich der Existenz bedeutet unaufhebbare Spannung, in der Gefährdung einer inneren Entzweiung. Tatsächlich aber auch Trost durch den Grund, der die Spannung hervorruft: »Die Schwermut ist die Beunruhigung des Menschen durch die Nachbarschaft des Ewigen, Beseligung und Bedrohung zugleich.«[109]

Die Haltung des Menschen ist daher, und hier entfernt sich Guardini entschieden von Nietzsche, ein Aushalten des Grenzbereiches. Aushalten aber ist möglich durch zwei verwandte Akte: den

---

[105] Ebd., 43.
[106] Ebd., 43.
[107] Ebd., 45.
[108] Ebd., 50.
[109] Ebd., 52.

Akt der Anbetung und den Akt des Gehorsams gegenüber dem, der über die menschliche Grenze hinweg ruft. Guardini kommt letztlich zu der Frage des eigentlich Menschlichen, das sich der Sehnsucht nach dem Untergang nicht anheimgibt: zur Haltung der Wirklichkeit. »Sie ist Wahrhaftigkeit, Tapferkeit und Geduld. Geduld vor allem. Die eigentliche Lösung freilich kommt erst aus dem Glauben; aus der Liebe Gottes.«[110]

Guardini gibt eine Anthropologie der Schwermut, die durch eine »Theologie der Schwermut« ihren Grund und ihre Öffnung zugleich erfährt. Daß er hier Paulus ins Spiel bringt, zeigt wie in einem Blitzlicht Guardinis ungewöhnliche, vorbildlose Erfassung mancher Phänomene aus innerster Verwandtschaft. So ist Nietzsche die eine Seite der Erfahrung, Paulus die andere Seite und die Antwort darauf. Eine eigentlich so geniale Zusammenschau ist Guardinis Leistung; er selbst hat das Genie einmal als jemanden bezeichnet, der Extreme in eines zusammenbinden könne.

Ohne Zweifel mußte Guardini seine schwermütige Veranlagung bis zum Ende seines Lebens aushalten. Die theoretische Klärung war wohl eine Hilfe, überhaupt damit umzugehen; die Phasen der Sinnlosigkeit mußten freilich immer erneut durchgestanden werden. Guardini wußte wohl, daß die Schwermut der Preis für seine Begabung war.[111] Trotzdem blieb das Bezahlen des Preises immer gleich schwer. Daran läßt sich ersehen, daß Guardinis Glaube tatsächlich angefochten war, angefochten von der eigenen seelischen Beschaffenheit, also nicht schuldhaft, nicht gewollt, sondern konstitutionell vorgegeben.

Aus diesem Leiden heraus wuchs aber mancher Rat. Vielleicht hat Guardini vorwegnehmend etwas durchgestanden, was heute in der Form vielfacher Depression zu einem Massenphänomen geworden ist. Hilfreich die Anweisung, der Schwermut nicht nur durch den geistig-theologischen Hintergrund, sondern auch im Praktisch-Nüchternen einen Halt zu geben, außerdem sie in einem gewissen Sinn nicht zu beachten, indem geistige Möglichkeiten gewählt werden. So an einen Theologiestudenten, der wegen seiner schwermütigen Veranlagung Angst hatte, den Priesterberuf zu ergreifen: »Für den Fall Sie sich positiv entscheiden, würde ich aber Folgendes raten: Einmal, Sie möchten in Ihrem persönlichen und religiösen Leben die Maßhaltung als wichtigen Gesichtspunkt ansehen und

---

[110] Ebd., 60.
[111] Ernst Tewes erzählte von einer dreitägigen Depression Guardinis bei seinem Urlaub in Neggio in den 50er Jahren, an deren Ende Guardini entschuldigend sagte: »Das ist der Preis, den ich zahlen muß.« (Mündliche Mitteilung von Bischof Ernst Tewes am 8.10.1984).

bemüht sein, in allem – Verkehr und Alleinsein, Arbeit und Erholung, Disziplin und Freiheit – ein gutes Gleichgewicht zu halten. Dann, Sie möchten immer ein lebendiges geistiges Leben führen. Damit meine ich nicht nur das Geistliche, Religiöse, sondern auch das im weiteren Sinne geistige, das heißt intellektuelle, kulturelle Leben, damit Sie eine innere Weite und einen Reichtum an höheren Werten gewinnen.«[112]

In den 60er Jahren in München verzeichnet Guardini einigemale Träume, die ihm aus einer innersten Ungeordnetheit aufzusteigen schienen. Sie wurzelten wohl in demselben Seelengrund, den er in der schwermütigen Erfahrung der Sinnlosigkeit des Daseins beschrieben hatte. So am 16.3.1963: »Gesundheit nicht gut – physisch und psychisch. Welche Realität ist doch das Chaos...Die Träume...«[113] Oder am 6.4.1963: »Mir ist nicht wohl zu Mut. Manchmal geht man weiter, sich entlangtastend am dünnen Faden. Und zu denken, wie viele sich auf einen verlassen...«[114]

Einmal eine erhellende Bemerkung zu seiner eigenen Scheu, nach rückwärts, in die Vergangenheit, in die Geschichte zu blicken. »Da kommt die andere dunkle Macht: die Schwermut. Erinnerungen machen mir Angst. Das Vergangensein ist furchtbar.«[115] Guardinis letzte, auch theoretische Bedrohung war das Denken der Endlichkeit, wie sie in den »Theologischen Briefen an einen Freund« behandelt wird. Endliches hat psychisch gesehen einen verwandten Stellenwert mit der Vergangenheit, überhaupt mit allem, was in der Form von Unwiederholbarem, Abgeschlossenem, Unwiederbringlichem auftritt und sich damit gegen eine Korrektur, ein »Richten« wehrt. Daß damit, wiederum psychisch, eine ausdrückliche Bindung des Endlichen an das Unendliche, seine »Aufhebung« gedacht werden muß, ist der Antrieb, aus dem Guardini existentiell die Gottesfrage stellt. Nur in der Bindung an ihn wird die Erde, Prototyp dieses Dunklen, Mächtigen, in sich Verschlossenen, erträglich. »Wenn Gott einst gnädig ist, wird man in Ihm alles Geschehene wiederfinden. Dann ist Er mein Gedächtnis – und, so mag er es geben, im Raum der Liebe.«[116] Gott ist für Guardini Antwort auf die Bedrohung, die im Raum der Schöpfung selbst liegt; er ist persönliche Antwort auf eine persönliche Bedrohung. Von daher ist niemals die Abstraktion eines Gottesbegriffs, niemals Wahrheit als Abstraktion Guardinis theologischer Ausgangspunkt. Theologie antwortet entweder auf tiefste

---

[112] Brief an Eberhard Rolinck vom 23.8.1962 (Stabi).
[113] Unveröffentlichtes Tagebuch (Stabi, Ana 342,9).
[114] Ebd.
[115] Tagebuch vom 3.11.1953; Wahrheit des Denkens, 68.
[116] Ebd.

persönliche Not in der Weise, daß sie den Not-Wendenden, den Souverän über diese Not erweist, oder sie antwortet überhaupt nicht. Ins Sichtbare übertragen äußert sich Guardinis seelische Grundlage in seiner Liebe zur Farbe blau. In persönlichen Bemerkungen tritt diese Vorliebe von der Jugend bis ins Alter, dort eigentlich sogar gesteigert auf. In einem frühen Brief schreibt er plötzlich unvermittelt, nach sachlichen Angaben: »Wenn Sie da wären, würde ich Ihnen etwas Köstliches zeigen: eine Dolde Rittersporn, – etwas so Edelsteinmäßiges, so leuchtend Blaues hab ich noch nie gesehen.«[117]

Die Farbe blau hat, wie die Tiefenpsychologie, übrigens auch die Farbenlehre des Mittelalters weiß, zwei Bedeutungen polarer Zuordnung: Sie drückt Dunkel und Schwere aus, gleichsam den Binnenraum des Endlichen; in ihrer leuchtenden und durchsichtigen Form aber Unendlichkeit und Geist. An einer Tagebuchstelle nennt Guardini ein ineinander übergehendes Blau, das ihn in seiner Oszillation und Unentschiedenheit beunruhigt: »Auf meinem Schreibtisch steht eine Vase aus Murano. Ich habe sie nach einigem Zögern erworben und nun führe ich mit ihr einen beständigen leisen Kampf. Als ich sie heimbrachte, meinte ich, sie sei hellblau. Das heißt, das habe ich beim ersten und zweiten Betrachten gemeint. Dann habe ich gesehen, sie habe ein wenig Rot in sich, und das bedeutete eine Schwierigkeit, denn ich mag Lila eigentlich nicht. Die Farbe ist aber so voll Leben, daß die Vase, besonders wenn die Sonne hineinfällt, wie ein Edelstein ist, oder wie eine Herbstzeitlose, oder wie Atmosphäre voll Wolken und Lichtpünktchen – das sind nämlich unzählige kleine Luftbläschen, die der Glasbläser hineingebannt hat. Es ist also zweifellos, daß sie schön ist. Etwas in mir weiß das. Etwas anderes will aber nicht. Und so muß ich die beiden Uneinigen zusammenbekommen, damit ich sie in Ruhe schön finden kann. Das ist nicht leicht, und ich weiß nicht, wie die Sache ausgehen wird.«[118]

Nach einem Asthmaanfall eine Erholung, diesmal in der eindeutigen Farbe: »Um so mehr freut mich ein Rosenkranz, den ich gestern erworben habe: pastellblau facettierte Perlen und schön-graues Filigran. Blau ist überhaupt Freude. Blau erquickt.«[119] Noch ein spontanes Angesprochensein: »Ich habe mir eine kleine blaue Schale gekauft und war fröhlich damit. Blau macht mich fröhlich. In der Galerie...nebenan sah ich einen großen blaugemalten chinesischen Teller. Vielleicht kaufe ich mir ihn. Es ist wirklich so: Blau ist fröhlich.«[120]

[117] Brief an Richard Knies vom 30.8.1919 (Nachlaß Knies, Diözesanarchiv Mainz).
[118] Tagebuch vom 14.11.1954; Wahrheit des Denkens, 98.
[119] Tagebuch vom 30.5.1953; ebd., 33.
[120] Tagebuch vom 17.6.1953; ebd., 39.

Wie Guardini die auferlegte Prüfung seiner seelischen Veranlagung bestand, macht deutlich, daß die Schwermut, vom Geistigen her gefaßt, jener Ballast war, aus dessen Überwindung Guardinis Ausstrahlung hervorging. Noch die einfachsten Sätze erhalten von daher einen Ernst, eine sich mitteilende innere Bewegtheit, die das Empfinden wachruft, das Gesagte ruhe auf dem Grund vieles Ungesagten.

Die Schwermut war bei Guardini jene Grundbefindlichkeit, die seine Fragen und Antworten mit seiner eigenen Not und Begabung, der aus Not erwachsenden Hellsicht gleichsam durchtränkte. Unabhängig davon, daß er fast immer von Gegebenheiten sprach, den Entwürfen und Lebensfragen anderer, so war doch darin sein eigener Schmerz der Widerhaken der Erkenntnis; seine eigene Erschütterung durchzog, verlebendigte das Gesagte. Auf diese Weise ist Guardini mittelbar doch ein Existenzdenker zu nennen. Seine Anlage hinderte ihn zwar, sich selbst zum Thema zu werden; dennoch war die »processio ad extra« (Thomas von Aquin), das Hinaustreten zu anderen der sichere Umweg zu sich selbst.

Vielleicht ließe sich von diesem dialektischen Zusammenhang her einmal eine Pädagogik der absichtslosen Mitteilung aufweisen, die aus dem Fundus der eigenen Bedrängnis und der Selbstüberwindung ihre Glaubwürdigkeit erhält. Eine Pädagogik aus bestandener, immer neu zu bestehender Gefährdung gleichsam. Allerdings absichtslos vorgelagert allen Zielen der Belehrung, aber um so stärker in der Wirkung, ja unverzichtbarer Grund der Mitteilung.

»Geheimes Erdbeben«, »Ringen mit antwortlosen Fragen«, »Verschweigen der Tiefen, die Tag für Tag bestanden sein sollen« – so nennt Reinhold Schneider im November 1952[121] Guardinis Grundbefindlichkeit.

»Die größte Not kommt mir nicht aus dem, was mir geschieht, sondern aus dem, was ich bin.«[122] Man könnte diesen Satz, im Blick auf ein ganzes bestandenes Leben, auch weiterformulieren: daß aus der größten Last Guardinis das Geheimnis seiner Wirkung hervorging.

---

[121] Der berühmt gewordene Brief bildet Schneiders Antwort auf einen verlorengegangenen Brief Guardinis. Mitgeteilt von Felix Messerschmid, in: Person und Bildung. Gibt es ein Erbe Romano Guardinis?, Rothenfelser Schriften, Dezember 1978, 39.
[122] Aus dem Romano-Guardini-Brevier von Ida Harth, in: Romano Guardini. Der Mensch – Die Wirkung – Begegnung, 35.

XI. Jahre des Verstummens (1939–1945)

Die Kriegszeit in Berlin (1939–1943)

1939 kamen zwei Einschnitte in Guardinis Leben, die eine Umstellung von Grund auf erforderten: Ende Januar teilte ihm das Kultusministerium die Aufhebung seines Lehrstuhls mit, Anfang August wurde Burg Rothenfels beschlagnahmt. Beides bedeutete Lehrverbot auf unbestimmte Zeit.

Erstaunlich war eigentlich nur, daß dieses Verbot nicht bereits früher ausgesprochen wurde. Guardini hatte in den Vorlesungen zwar durchaus Beobachter und im Rittersaal der Burg bereits seit 1936 Gestapo-Spitzel sitzen, doch fand sich nie ein Anlaß zu unmittelbarem Eingreifen. Auch von Seiten der Hörer und Tagungsgäste wurden in einer Art stillschweigender Vereinbarung keine Provokationen unternommen, wenn auch jedem klar war, daß Guardini nicht nur anderes als die gängige Ideologie vorstellte, sondern sogar seine Hörer dagegen immunisierte.

Überwacht wurden auch persönliche regelmäßige Gespräche Guardinis in einer kleinen Gesellschaft, zu der Karlheinz Schmidthüs, die Schriftstellerin Hilde Herrmann, Carl Georg Heise, Ludwig Winterswyl, Paul Fechter und andere gehörten. Diese Verbindung von Intelligenz und Katholizismus wurde von den Nationalsozialisten als verdächtig genug erachtet, um die Treffen zu beobachten. – Nicht auszuschließen ist, daß Guardini bei der Beschlagnahmung der Burg auch nur deswegen der Verhaftung oder noch strengerer Bestrafung entging, weil einige Verantwortliche noch in letzter Stunde, wie bereits erwähnt, wichtige Unterlagen vernichteten.

Weniger bedrohlich, nichtsdestoweniger eindeutig war die Vorladung bei der Aufhebung des Lehrstuhls. Die Begründung lautete enthüllend, der Staat vertrete selbst eine Weltanschauung, neben der eine andere nicht zulässig sei. Angeboten wurde gleichzeitig ein Dogmatik-Lehrstuhl in Bonn, Freiburg oder auch in Tübingen. Guardini lehnte dieses Ansinnen ab, obwohl ihm nicht eine Emeritierung mit vollem Gehalt, sondern nur eine Pensionierung in

Aussicht gestellt wurde. Die Einnahmen aus dem Verkauf seiner Bücher waren aber groß genug, um diese Überlegung nicht aufkommen zu lassen. »Eine Dogmatikprofessur hätte ich unmöglich übernehmen können. Probleme sah ich genug, und an Ideen war auch kein Mangel; aber mein Fachwissen war geringer als das eines Privatdozenten von fünf Semestern, und so aufzuholen, wie es nötig gewesen wäre, hätte mich meine Gesundheit gekostet. Allenfalls wäre an eine Professur allgemeinerer Art, wie Apologetik oder Fundamentaltheologie zu denken gewesen, aber dazu verspürte ich keine Lust. Ich hatte große Arbeiten vor – mein Buch über Hölderlin, das über den Tod des Sokrates und andere mehr – so lockte mich der Gedanke, dafür frei zu sein. Auch sprach eine Müdigkeit mit, die aus der langjährigen Überarbeitung hervorgegangen war und ließ mir ein ruhiges Leben in meinem stillen Hause, ohne drängende Termine und mit der Möglichkeit, etwas mehr für mich selbst zu tun, sehr schön erscheinen.«[1]

Guardini wurde pensioniert – ein Abschied von der Universität, der ihm je länger je mehr schwer fiel. Als er im Herbst 1944 von Mooshausen aus einen Vortrag in der Hölderlin-Gesellschaft Stuttgart zu halten hatte, empfand er den Verlust des akademischen Wirkens in einem ihn selber überraschenden Maße: »Eigentlich war es das einzige Mal, daß ich mich seitdem ganz an meinem Platz gefühlt habe.«[2]

Jedenfalls betrachtete Guardini nach dieser denkwürdigen Unterredung das Humboldt-Denkmal vor der Universität mit der inneren Frage: »Wie ist es menschenmöglich?«[3]

Viel später, als in München bei der Emeritierung Guardinis erwogen wurde, seinen Lehrstuhl zu streichen, stellte er mit einem ungewöhnlich bitteren Unterton fest, man habe »in diesem Punkt nicht viel gelernt. Daß man die Aufgabe einer echten christlichen Weltanschauungslehre außer acht gelassen, war ja mit der Grund dafür, daß 1933 die ›arische Weltanschauung‹ ihr schlimmes Regiment angetreten hat. Deren Spuk ist kaum zehn Jahre vorbei; schon hat man aber alles vergessen und ist wieder der Meinung, mit Humanität und Wissenschaft und Idealismus könne man die Jugend erziehen.«[4]

Der Abschied von der Universität war fast lautlos, da Guardini in der letzten Vorlesung noch nichts von der Endgültigkeit der Stunde

---

[1] Berichte, 53.
[2] Ebd., 21.
[3] Mündliche Mitteilung von Olga Ruffin aus den Erinnerungen ihres Mannes Hanns Ruffin.
[4] Brief an Monsignore Forni vom 8.7.1955 (Stabi).

wußte. Zu Beginn des Sommersemesters verehrten ihm die Hörer das große Blumenbuch von Rudolf Koch, woran sich Guardini als einem »Zeichen nahen Verstehens« lange freute.[5]

Sein Leben wurde neu geordnet: »Zuerst empfand ich das schöne Gefühl von weitem Raum und großer Freiheit. Frühjahr und Sommer waren in Zehlendorf (richtig: in Schlachtensee) immer sehr schön; nun genoß ich Haus, Garten und Umgebung zum ersten Mal richtig. Ich konnte ruhig Stunden und Tage müßig vergehen lassen, ohne daß irgend ein Termin mit einer fertigzustellenden Arbeit drohte.«[6]

Die Ruhe dauerte nicht lange: Im September 1939 begann der Krieg. Eine Zeitlang konnte Guardini seine Seelsorgearbeit wie gewohnt fortsetzen, ja es kam Neues hinzu. Neben dem Studentengottesdienst und den Sprechstunden entwickelten sich Vortragsreihen in der Katholischen Volkshochschule und Abendvorträge in St. Canisius, der Jesuitenkirche von Charlottenburg. Ausgelöst wurden sie vom Berliner katholischen Frauenbund und seiner Leiterin Josepha Fischer, und zwar geleitet von der Überlegung, im Druck der Zeit geistige und geistliche Ratschläge zu geben. Ein kleiner gottesdienstlicher Rahmen war gegeben, doch so zurückhaltend, daß auch Fernstehende teilnehmen konnten. Guardini sprach zuerst frei, später mit dem Manuskript fast eine Stunde lang. »Die Form war gut und überzeugend. Die Zuhörerschaft war zahlreich, und sie setzte sich, wie wir es erhofft hatten, aus den verschiedenartigsten Menschen zusammen. Sie hörten mit einem Ernst und einer Konzentration zu, daß diese Predigtvorträge zu meinen stärksten Erinnerungen gehören ... Hier habe ich mit am stärksten erfahren, was ich oben von der Macht der Wahrheit sagte. Wie groß, wie von Grund auf wahr und lebensmächtig die christlich-katholische Botschaft ist, ist mir selten so zu Bewußtsein gekommen, wie an jenen Abenden. Zuweilen war es, als stehe die Wahrheit wie ein Wesen im Raum.«[7]

Aus den Vorträgen entstanden manche Bücher, so die Beiträge in der Reihe »Christliche Besinnung«, »Die letzten Dinge« und »Glaubenserkenntnis«.

Einige Vorträge fanden auch außerhalb Berlins statt, so jene über »Die Vorschule des Betens« in der Leipziger Liebfrauenkirche im November 1942, oder das mutige Bekenntnis der Vorträge »Freiheit, Gnade, Schicksal« 1943 in Greifswald. Auch persönliche Treffen in Berlin sind bezeugt. Als Guardini an den Duineser Elegien arbeitete, wurde er regelmäßig am Sonntagnachmittag in die Wohnung von Walter und Elisabeth Eisenbach eingeladen, um vor einer größeren

---

[5] Berichte, 54.
[6] Ebd.
[7] Ebd., 114f.

Runde, darunter mehreren Professoren, zu sprechen.»Ich weiß noch, daß Guardini bat, im einzigen stillen Raum, unserem Schlafzimmer, vorher sich sammeln zu dürfen, er lehnte auch einen bequemen Sessel ab.«[8] Als sich der Krieg stärker bemerkbar machte, dachte Guardini an eine Wohnung in der Nähe von Mooshausen. Im Frühjahr 1941 bot sich ihm eine Möglichkeit bei der befreundeten Familie des Grafen Waldburg im Tannheimer Schloß.»Wie ich sie fand, einrichtete und wieder verlor, ist eine Geschichte für sich. Ebenso, wie ich alles zum Umzug fertig hatte, die Wagen gepackt waren, durch die Verkehrssperre festgehalten wurden, ich fast zwei Monate im leeren Hause in der Chamberlainstraße wohnte, und schließlich wieder einzog. Über alles das berichte ich vielleicht anderswo, denn es gehört ebenso zu meinem Wesen, wie die Vorträge, die ich in dieser Zeit hielt und die Bücher, die in ihr entstanden. Alles gehört zusammen, und wenn man eine Sonderbarkeit wegoperierte, wußte man nicht, welche Folgen sich an einer anderen, ganz wichtigen Stelle zeigen würden...«[9] Die Auslagerung der Möbel blieb übrigens bis lange nach dem Krieg bestehen[10]; Guardini konnte sie erst nach 1948 nach München in eine größere Wohnung mitnehmen – so mußte er Jahre hindurch auf Vertrautes und ihm Gemäßes verzichten, was gerade bei seinem Empfinden für Ordnung und Entsprechung von Mensch und Raum belastend war.

Unter den Luftangriffen auf Berlin litt Guardini so stark, daß er schlimme Herzbeschwerden bekam und an solchen Tagen nicht mehr zur Arbeit fähig war. Zu den Kriegserfahrungen gibt es nur wenig ausdrückliche Reflexionen. Nur in seiner verhaltenen Weise schreibt Guardini viel später einmal von den »Lehrlings- und Gesellenjahren« in Berlin.»Dann kam der Krieg, mit allem, was er bedeutet hat, und er hat ebenfalls zur ›Ausbildung‹ eines Lehrers in Weltanschauungsfragen beigetragen.«[11]

Auch die Zerstörung von Mainz betraf ihn, wie schon erwähnt, unerwartet tief, wie überhaupt »vor allem die letzten anderthalb Jahre mit ihrer endlosen Zerstörung mir sehr nahe ans Leben gekommen sind, und seitdem im Innern doch etwas anders geworden ist«[12].

---

[8] Brief von Elisabeth Eisenbach-Warsberg vom 18.3.1984 an die Autorin.
[9] Berichte, 55.
[10] Vollmacht an die Haushälterin Elisabeth Thomas vom 27.9.1946:»Sie ist von mir beauftragt, nach meinen im Schlosse zu Tannheim befindlichen Möbeln zu sehen.« (Stabi).
[11] Brief an Carlo Schmid vom 16.4.1955 (Stabi).
[12] Berichte, 15.

Dieses Anderswerden macht ihn übrigens schon bald nach Kriegsbeginn hellhörig für Geschichtsschreibung: »Manchmal frage ich mich, in welcher Weise ihr Historiker eigentlich Geschichte schreibt. Tut ihr es nach dem Begriff des Gelingens oder Mißlingens? Wo bleibt bei euch alles das, was im Laufe der Weltgeschichte zerstört wird? ... Wie ist's aber mit der Lücke, die dann entsteht? Mit dem, was dann nicht mehr passiert oder wodurch alles Passierende anders wird, als es werden sollte? Und wie ist's mit alle dem, was überhaupt nicht herauskam, was verhindert wird? Ich meine, ein Historiker müßte wenigstens zur Übung die Menschengeschichte einmal nach dem Schema des Mißlingens durchdenken.«[13]

1942 formuliert Guardini brieflich den Gedanken, gegenwärtig wäre jene Stunde gekommen, in der eigentlich das Aufgeben des Bisherigen gefordert sei. »Ich versuche schon seit langem, mich in den Gedanken einzuüben, daß es jetzt Zeit ist, Gott alles zur Verfügung zu stellen. Er soll entscheiden, ob man es noch weiter haben soll oder nicht, und wie er es entscheidet, wird es das Richtige sein. Das ist natürlich eine mühselige Sache und reicht immer nur bis zum nächsten Mal, aber es hilft einem doch, ein wenig Ruhe in das Leben zu bekommen.«[14]

Messerschmid berichtet von einer nachdenkenswerten Bemerkung auf einem nächtlichen Gang im Grunewald. Guardini deutete auf die Armeepistole an der Uniform des Freundes: »Wer sie gegen Hitler richtete – wer könnte den verurteilen?!«[15] In einem sich daraus entwickelnden Gespräch führte er dann seine Gedanken über die neuen politischen Aufgaben aus, die sich mit der Zerstörung des alten Systems stellten.

Das Verbleiben in Berlin wurde der ständigen Luftangriffe wegen lebensbedrohlich, aber der Weggang, der bis auf einen Vortrag beim Katholikentag 1952 endgültig werden sollte, ergab sich erst durch eine Fügung: Guardini war im Sommer 1943 bei der befreundeten Familie Sattler[16] in Grendach, als Goebbels die Zivilisten aufforderte, Berlin zu verlassen. Das Pfarrhaus von Mooshausen nahm Guardini auf: »Alles ist anders. Die äußere Tätigkeit, der Verkehr mit den

---

[13] Brief an Johannes Spörl vom 11.12.1939, in: J. Spörl, Guardinis geistiger Werdegang. Zu seinem ersten Todestag, in: CiG 21, 42 (1969), 333.
[14] Brief an Richard Knies vom 20.9.1942 (Nachlaß Knies, Diözesanarchiv Mainz).
[15] Felix Messerschmid, Romano Guardini, in: Person und Bildung. Gibt es ein Erbe Romano Guardini?, Rothenfelser Schriften, 1978, 33.
[16] Dieter und Maria Sattler wurde das wichtige Buch »Welt und Person« (Würzburg 1939) gewidmet. Guardini hatte den Architekten Sattler beim Ausbau der St. Benedikt-Kapelle in Berlin kennengelernt; Sattler wurde auch der Anlaß für Guardinis Berufung nach München. Aus dieser Familie übernahm Guardini 1948 seine Haushälterin Maria Parzinger, die ihn bis zu seinem Tode betreute.

Menschen und die Möglichkeiten des Angeregtwerdens und Lernens, die in Berlin mein Leben bestimmten, sind verschwunden. Alles hat sich in die Arbeit am Schreibtisch zusammengezogen«.[17]

Die Zuflucht in Mooshausen (1943–1945)

In dem stillen Pfarrhaus lebte Guardini nach seiner großen Berliner Wohnung auf ungewohnt engem Raume zusammen mit seinem Freund Josef Weiger; im Haushalt begleitend tätig war die Bildhauerin Maria Elisabeth Stapp, die er besonders schätzte. Im Tagebuch von 1953 steht nach einem zweitägigen Besuch in Mooshausen vermerkt: »Sie ist ein kostbarer Mensch, echt und rein, wie ich kaum einen anderen kenne.«[18] Um 1952, als er schon in München war, gestaltete sie ihm eine Krippe, »groß, unsentimental und so, daß sie mehr ist als ein bloßes Kinderbildwerk«. (Danach der enthüllende Satz: »Aber die Traurigkeit, die Weihnachten immer da ist, war auch dieses Mal da.«[19]) Sie entwarf offenbar auch einen Kelch zu Guardinis 75. Geburtstag, dem er in seiner Freude den Namen »Gloria Domini« gab. »Seine schöne Einfachheit und Kostbarkeit zugleich hat mir eine Freude gemacht, die bis zur Stunde lebendig ist.«[20]

Der kleine Kreis dieser Freunde in dem abgeschiedenen Pfarrhaus bedeutet eine spürbare Umstellung: »Ich lebe hier sehr still und von allem abgeschnitten, was früher mein Leben ausmachte – wenigstens soweit die äußeren Verhältnisse in Betracht kommen. Vor allem ohne die Möglichkeit, zu lehren und breiteren Austausch zu pflegen. Man bescheidet sich aber gern, wenn man sieht, was sich in Berlin zuträgt.«[21] Und im Rückblick zehn Jahre später: »Als ich in mein Zimmer eintrat, habe ich wieder sehr an die zwei Jahre gedacht, die ich 1943–45 dort verbracht habe. Welch ein Unterschied gegenüber Berlin! Manches Schwere, besonders die schreckliche Krankheit von M. B.[22], die ja dann starb, als ich in Tübingen war.«[23]

Mooshausen bedeutet neben der Beschränkung, in der nur der Schreibtisch als Wirkstätte übrigbleibt, auch Bergung und Sammlung der lange überbeanspruchten Kräfte, ja den Einschnitt einer Besinnung auf das eigene Leben. Beim Herannahen des 60. Geburtstages im Februar 1945 beginnt Guardini, eine Autobiographie zu

---

[17] Berichte, 56.
[18] Tagebuch vom 7.6.1953; Wahrheit des Denkens, 35.
[19] Tagebuch vom 25.12.1953; ebd., 77.
[20] Brief an den Goldschmied Josef Neumayr vom 29.2.1960 (Stabi).
[21] Brief an Richard Knies vom 21.12.1943 (Nachlaß Knies, Diözesanarchiv Mainz).
[22] Die Haushälterin von Pfarrer Weiger.
[23] Tagebuch vom 7.6.1953; Wahrheit des Denkens, 35f.

schreiben, er, der sonst Rückblicken dieser Art, ja sogar dem Tagebuchschreiben keinen Reiz abgewinnen konnte. Aber in der Ruhe des schwäbischen Dörfleins, das vom Krieg fast verschont bleibt, meldet sich Altes, das heraufsteigt, meldet sich ein Fragen nach der Sinnlinie des Lebens – von Guardini selbst als »Eintritt ins Alter« begriffen. »Auch geschieht es mir in der letzten Zeit oft, zu träumen und darin Menschen zu begegnen, die weit zurückliegenden Zeiten meines Lebens angehören; und ich entsinne mich, daß einmal eine alte Freundin sagte, das pflege zu geschehen, wenn das Alter nahe, denn es bedeute, daß das Leben nach seinen Wurzeln sucht.«[24]

So entstehen die »Berichte über mein Leben«, freilich nur unter Beleuchtung mancher Züge: von Elternhaus, Kindheit, Schulzeit, Studium, Entscheidung zum Priestertum und akademischem Wirken in Bonn und Berlin. Burg Rothenfels und das Wirken über die Bücher sind nicht ausgeführt – so bleibt der Entwurf ein Bruchstück, aber ein solches, in dem der sonst verschlossene Innenbereich Guardinis anwesend ist. Und zwar zielt die eigentliche Blickrichtung nach vorn: »Ich bin kein Mann des Erinnerns. Mir ist die Zukunft immer wichtiger gewesen als die Vergangenheit.«[25]

Das von einem russischen Emigranten in dieser Zeit gemalte Ölbildnis Guardinis, das bis heute im Mooshausener Pfarrhaus neben einem ähnlichen Porträt Weigers hängt, zeigt ein schmales Gesicht, geistig und mit Spuren der Entsagung, des verschwiegenen Leidens.

Arbeit am Schreibtisch

Die erzwungene Lehrpause, zu der 1941 das Verbot der »Schildgenossen« hinzutrat, brachte in Berlin und in Mooshausen die unaufhaltsam strömende Mitteilung von Guardinis Gedankenwelt in der Form von Büchern und kleineren Schriften. Man kann fragen, wie Guardini innerhalb der furchtbaren Kriegsereignisse überhaupt in der Lage war, seine Produktion scheinbar unangefochten fortzusetzen. Er selbst stellt sich diesem Einwand: »Man kommt sich merkwürdig vor, wenn man mitten in den ungeheuren Geschehnissen der Stunde über 3½ oder 7 Seiten Maschinenschrift diskutiert – aber auf der anderen Seite ist es doch wieder schön und ermutigend, daß, wenn auch in bescheidenen Formen, die Arbeit weitergeht.«[26]

---

[24] Berichte, 15.
[25] Ebd., 16.
[26] Brief an Dr. Lieser vom 3.10.1944 (Stabi).

In dieser Formulierung drückt sich eine Grundeinstellung aus, die der Kaplan schon 1918 seinen Juvenen und dem Verlegerfreund Knies nahe brachte: niemals aufhören zu arbeiten, um dem Dasein ein Grundgerüst von Ordnung auch innerhalb der größten Zerstörungen zu geben. Dies galt ihm besonders in Zusammenhängen, die vom Einzelnen gesehen und auf kurze Zeit nicht zu ändern waren.

In den sechs Kriegsjahren greift Guardini verschiedene Themenbereiche auf, die das Bisherige weiterführend anreichern und auf ein neues Gebiet hinlenken: die politische Analyse und die Kulturkritik.

Zunächst die *Deutungen:* 1939 erscheint »Hölderlin. Weltbild und Frömmigkeit« – ein Buch, das neben dem »Herrn« in Guardinis Empfinden zu dem Gelungensten zählte, was er je geschrieben hatte. Andere Höhepunkte der Deutungskunst sind 1941 die große, viele (zu viele?) Mühe kostende Interpretation »Zu Rainer Maria Rilkes Deutung des Daseins« (1953 vervollständigt); 1943 »Der Tod des Sokrates« und 1944 das Augustinusbuch, in dem Guardini eine weitgehende Gleichsetzung seiner selbst mit dem Aufbruchserlebnis des Augustinus vollzog: »Anfang. Eine Interpretation der fünf ersten Kapitel von Augustins Bekenntnissen«. Die Inspiration dieser Arbeit war so groß, daß Guardini noch eine Erweiterung vorschwebte: »Man könnte die Arbeit viel breiter anlegen und zu einer richtigen Existentialtheologie entwickeln.«[27]

Eine von Ernesto Grassi vorgeschlagene Vico-Übersetzung lehnt Guardini wegen zu großer Arbeitslast ab.[28] Es ist bemerkenswert, daß Guardini später auf Grassis Wunsch Giordano Brunos »Heroische Leidenschaften« übersetzt – freilich ohne seinen Namen anzugeben, da Bruno in seinen zentralen Gedanken der kirchlichen Lehre widersprach und 1600 als Ketzer in Rom verbrannt wurde. In den »Heroischen Leidenschaften« geht es allerdings nicht um theologische Fragen, sondern um eine Anthropologie, die gerade in den Zerstörungen des Zweiten Weltkrieges das Menschenbild der Renaissance in seinem ungebrochenen, gleichsam »morgenfrühen« Aufbruch zur Individualität zeigte.[29]

Die Zusammenfassung von Guardinis *Anthropologie* bildet der wichtige Band »Welt und Person« (1939). Zur *Theologie* gehören »Die letzten Dinge«, »Die Offenbarung« und – als Fortsetzung des »Herrn« – »Jesus Christus. Sein Bild in den Schriften des Neuen Testaments« (sämtlich 1940).

Ein weiterer Themenbereich ist die *Liturgie*. Erwähnenswert, weil zur Klärung einer mißlichen Entwicklung geschrieben, ist »Ein Wort

---

[27] Brief an Bischof Albert Stohr vom 5.2.1944 (Nachlaß Stohr, Diözesanarchiv Mainz).
[28] Brief an Ernesto Grassi vom 31.10.1944 (Stabi).
[29] Erschienen Hamburg 1957 mit einem Essay von Ernesto Grassi.

zur liturgischen Frage«, das sich ursprünglich als Brief an Bischof Albert Stohr von Mainz richtet.

Ausgelöst worden war der Brief durch eine Kritik der Liturgischen Bewegung in Max Kassiepes polemischem Buch »Irrwege und Umwege«. Kassiepe hatte der Bewegung vorgeworfen, sie führe aus dem fruchtbaren Zusammenhalt mit der Kirche hinaus und schade in ihren Übertreibungen dem Sinn der Erneuerung, um den es ihr angeblich gehe. Bischof Stohr, der selbst nicht unbedingt ein Befürworter der Liturgischen Bewegung war, bat Guardini um eine Stellungnahme. Sie fiel so ausgewogen, die Argumente Kassiepes (ohne ihn zu nennen) so vornehm würdigend und gleichzeitig das ursprüngliche Anliegen klug und ohne Zurücknahme kennzeichnend aus, daß Bischof Stohr den zunächst persönlichen Brief veröffentlichen ließ und damit der Bischofskonferenz eine Zustimmung ermöglichte. Beachtlich ist, daß Guardini, dem die Liturgie wirklich ein heimatlicher Bereich war, ungeschönt die Gefahren der Zeit zu Wort brachte. Er nannte sie Liturgismus, Praktizismus, liturgischen Dilettantismus und Konservatismus. Für alle Gefährdungen gab er jene klugen weiterführenden Wege an, die tatsächlich für die Zukunft gangbar waren. So kann Guardinis »Wort zur liturgischen Frage« als einer jener Dienste an der Gesamtkirche bezeichnet werden, die Guardinis Geistes-Gegenwart einmal mehr erweisen. Die Mehrzahl der Bischöfe schloß sich seinen Überlegungen an, zu einer Zeit, als die Früchte der Liturgischen Bewegung in ihrem Wert oder Unwert noch gar nicht deutlich zu erkennen waren.[30]

Einige Jahre später kam es zu einem kleinen Zwischenspiel mit Erzbischof Konrad Gröber von Freiburg. Guardini kam zu Ohren, daß Gröber sich 1943 in einem Schreiben an den deutschen Episkopat beklagt habe: »Der von mir sonst sehr geschätzte Romano Guardini glaubt sogar, daß man ohne die Wiedereinführung des Mahles unter zwei Gestalten nicht ›auskomme‹. Man erkennt aus dieser Bemerkung auch, wie weit die Neuliturgiker ihre Ziele sich stecken, und welche Wirrungen und Irrungen wir innerhalb der Kirche noch zu gewärtigen haben.«[31] Guardini verwahrte sich »tief bestürzt« gegen dieses Mißverständnis, und Erzbischof Gröber antwortete umgehend mit großer Höflichkeit, er habe wohl einen unzuverlässigen Bericht erhalten. »Was Ihre eigene Person betrifft, so habe ich als alter Leser Ihrer Schriften immer mit der größten Hochachtung von Ihnen

---

[30] Vgl. Theodor Maas-Ewerd, Die Krise der liturgischen Bewegung in Deutschland und Österreich. Zu den Auseinandersetzungen um die »liturgische Frage« in den Jahren 1939–1944, Regensburg 1981, 130–149.
[31] Brief an Erzbischof Konrad Gröber vom 22. 2. 1944 (Stabi).

geredet. In manchem gehen wir ja auseinander, was aber meine dankbare Ehrfurcht Ihrer Person gegenüber nicht berührt.«[32]

Guardini hielt in diesen Streitfragen die Mitte zwischen den bloß Beharrenden und den Erneuerern um jeden Preis ein. Die ersteren charakterisierte er einmal sinnfällig an der Gestalt eines Besuchers in Rothenfels, der »ein chemisch reines Exemplar des ›homo ceremonicus sive rubricisticus‹ ist. Von dieser Sorte, nur in weltlicher Abwandlung, müssen früher an den Höfen die Zeremonienmeister gewesen sein.«[33]

Ein anderes Nachdenken der Kriegsjahre kreist um die *Mariologie*. Der »Rosenkranz Unserer Lieben Frau« (1940) schließt eine Arbeit vieler Jahre nicht eigentlich ab, sondern markiert eher eine nicht sehr deutliche, aber unentwegte Beschäftigung mit der Mutter des Herrn. 1944 erscheint ein Versuch »Über das Rosenkranzgebet«. Für Josef Weigers neues Mariengebet erstellt Guardini 1943 eine Antwort auf einen protestantischen Angriff. Darin, vor allem in der ungewohnt kräftigen Sprache, sieht man Guardini in einem Nerv getroffen, der offensichtlich zu seinen verborgenen, aber starken Grundüberzeugungen führt. »Der Schreibende nennt das Mariengebet ›völlig unbiblisch und widerchristlich‹, ›Blasphemie und Heidentum‹. Er macht nicht den leisesten Versuch, es zu verstehen. Es läge z. B. nahe, zu bedenken, daß in den romanischen Sprachen der superlativus elativus sehr gebräuchlich ist, und daher ein Ausdruck wie ›wir vertrauen einzig und allein auf die unendliche Güte Deines mütterlichen Herzens‹ und ähnliche von vornherein nichts zu bedeuten *brauchen*, was Gottes Ehre antastet, vielmehr nur einen hochgesteigerten Ausdruck begeisterten Vertrauens – ja, daß sie nichts derartiges bedeuten *können*, sobald man sich gegenwärtig hält, was Liturgie, Dogma und religiöse Praxis bezeugen, daß nämlich Gott allein Gott, Christus allein der Erlöser und Maria bei aller Einzigartigkeit ihrer Existenz nur Geschöpf, Erlöste und aus Gottes Gnade Lebende ist. Ebenso könnte man daran denken, daß es auch eine Sprache des Herzens gibt, welche die Worte nicht ängstlich wägt, und gar nicht auf den Gedanken kommt, man könne sie mit außer jedem Zweifel stehenden Wahrheiten in Widerspruch setzen.«[34]

Aus dem Jahre 1943 gibt es zwei Fassungen eines Marienlebens[35], das später unter dem Titel »Die Mutter des Herrn« (1955) herausgebracht wurde. In dem Entwurf stößt Guardini zu der bis heute wesentlichen Frage vor, welche unbewußten mythischen Wurzeln in

---

[32] Brief von Erzbischof Konrad Gröber vom 26.2.1944 (Stabi).
[33] Brief an Rudolf Schwarz vom 5.11.1927 (Archiv Burg Rothenfels).
[34] Brief an Josef Weiger vom 27.9.1943 (Stabi).
[35] Im Nachlaß Ana 342 (Stabi).

die Gestalt der Mutter und Königin eingegangen seien. Das fruchtbare Verhältnis von Wahrheit und Mythos im Raum der Offenbarung ist eine damals kaum gesehene Möglichkeit, ja, im Gegenteil, die programmatische Entmythologisierung der Theologie zehrt zu dieser Zeit noch ganz vom Elan des Neuentdeckten. Auf der anderen Seite sieht Guardini im Verhältnis vieler Christen zu Maria eine psychologische Schwierigkeit am Werk, die in ihren Gründen berücksichtigt werden muß. So sehr Guardini überzeugt ist,»daß das wiederholende Gebet (der Rosenkranz) gerade für das überanstrengte und so vielfach geschädigte Seelenleben unserer Zeit überaus wichtig ist«[36], so sehr hält er eine theologische Hinführung zu Maria für notwendig. Im Hintergrund ein erstaunlich aktuell klingender Gedanke: »Abgesehen von innerchristlichen Gesichtspunkten hat sich die Haltung des neuzeitlichen Menschen seit zwei Jahrhunderten derart maskulinisiert, daß schon deshalb eine tiefere Beziehung zu diesem heiligen Urbild aller mütterlichen und jungfräulichen Kräfte gewonnen werden muß.«[37] Aber die marianische Bewegung darf sich nicht radikalisieren oder ihr Prinzip absolut setzen; für Guardini steht die Kirche in ihrem Gebetsleben in einer schönen Freiheit und Mannigfaltigkeit, die nie ein Widerspruch zur Einheit sein kann. »Es gibt vielmehr die direkte und die indirekte Realisation ihrer (Marias) Stellung im christlichen Dasein. Die direkte zeigt sich in Gebetsformen, wie dem marianischen Rosenkranz; die indirekte liegt in der Haltung und Atmosphäre auch des unmittelbar an Christus gerichteten Gebetes.«[38]

Ein weiterer großer Themenbereich erwächst aus dem *pastoralen* Anliegen. »Besinnung vor der Feier der heiligen Messe« (1939) leitete die seelsorglichen Schriften ein. Von kleinen Titeln abgesehen, sind zu erwähnen die für Guardinis Spiritualität wichtige Schrift »Die Anbetung« (1940), und ein Beitrag zur Homiletik, der erstaunlich wenig aufgegriffen wurde, »Die mystagogische Predigt« (1942). Eine Anwendung der dortigen Gedanken brachte die »Vorschule des Betens« (1943). In dem Sammelband »Glaubenserkenntnis« (1944) faßte Guardini zwölf Beiträge zur Vertiefung des Glaubens zusammen. Pastoral gedacht, besonders für Notzeiten, war die »Gemeinsame Andacht« (1945) für Tage, an denen die Heilige Messe nicht gefeiert werden könne. Bisher unbekannt ist die Tatsache, daß Guardini in Mooshausen begann, »Briefe an einen jungen Geistlichen über das Predigen« zu schreiben. »Und zwar geht es mir dabei um eine Art geistlicher Bildungslehre, sofern sie in den Aufgaben des

---

[36] Brief an Prof. Dillersberger vom 1.8.1944 (Stabi).
[37] Ebd.
[38] Ebd.

Predigtamtes konvergiert.«[39] Der Inhalt eines zugleich erwähnten »Seelsorgsbriefes« ist weiter nicht bekannt.

Mit einer letzten Schrift, die erst nach dem Kriege 1946 erscheint, beginnt Guardini eine bisher bei ihm nicht deutliche Erörterung *politischer Fragen* auf hohem geistigen Niveau. In Mooshausen schreibt er eine »theologisch-politische Besinnung« unter dem Titel »Der Heilbringer in Mythos, Offenbarung und Politik«. In den Umkreis dieser Arbeit gehört die am 4. November 1945 in Tübingen gehaltene Rede zum Gedächtnis der Geschwister Scholl und ihrer Gefährten, »Die Waage des Daseins«. Später erwachsen aus diesem neuen Gesichtsfeld die Tübinger Rede vom 23. Mai 1952 »Verantwortung. Gedanken zur jüdischen Frage«; 1950 und 1951 »Das Ende der Neuzeit« und »Die Macht«.

In der schmalen Schrift vom »Heilbringer« beginnt Guardini, wie es seine Stärke ist, mit weit ausholenden religionswissenschaftlichen und theologischen Überlegungen, indem er den Mythos und im Gegensatz dazu die Offenbarung in ihrem Anspruch kennzeichnet. Der letzte Schritt führt zu ungewohnt deutlichen Aussagen über Adolf Hitler und sein gesteuertes oder instinktives Einrücken in die Erlösergestalt. »Das nicht mehr durch Christus überwundene und zugleich erfüllte mythische Grundmotiv des Heilbringers ist ins Heidnisch-Unerlöste zurückgefallen und hat sich als solches zur Geltung gebracht. Seine ortlos gewordene Energie, die nicht mehr durch die Gestalt des christlichen Herrschers gebunden und legitimiert war, hat sich wieder in ihrer heidnischen, richtiger gesagt, in ihrer abgefallenen Form den Weg in die Geschichte gebahnt ... Jedenfalls ging die Absicht darauf, die heilige Gestalt, welche das innerste Maßbild der christlichen Welt gewesen, herauszubrechen und an ihre Stelle eine andere zu setzen, welche das Dasein rein irdisch bestimmen sollte.«[40] Der Mythos vom Blut als der neue »Mythus des 20. Jahrhunderts« ist die Zerstörung der Geistigkeit als Gegengewicht der bloßen Biologie, mithin die Auslöschung des europäischen Wesens. Guardini entwirft erneut ein Bild Europas, das im Innersten von der Gestalt Christi nicht nur bestimmt, sondern zu seiner einzigartigen Hochform gebildet ist.

Von daher der prophetische Ausblick, als Warnung und Chance: »Sein (Christi) Ernst hat, ob dieser es wollte oder nicht, das Werk des europäischen Geistes getragen. Christus hat ihn aus dem alten Eingefangensein in Natur und Welt herausgehoben und ins Gegenüber zum persönlich-heiligen Gott, in die Freiheit des Erlösten

---

[39] Brief an Dr. Lieser vom 3.10.1944 (Stabi).
[40] Der Heilbringer in Mythos, Offenbarung und Politik, Mainz 1979, 73 f.

gestellt. Das ist die innere ›arche‹, der existentielle Anfang. Von daher beginnt, im Damals der Geschichte wie im immer neuen Anheben des Einzellebens, das ungeheuere Wagnis des abendländischen Lebens und Schaffens. Hier liegt auch die einzige Gewähr dafür, daß das Wagnis nicht in die absolute Katastrophe führt ... Wenn also Europa noch fernerhin sein, wenn die Welt noch fernerhin Europa brauchen soll, dann muß es jene von der Gestalt Christi her bestimmte geschichtliche Größe bleiben, nein, mit neuem Ernst werden, die es seinem Wesen nach ist. Gibt es diesen Kern auf – was dann noch von ihm übrig bleibt, hat nicht mehr viel zu bedeuten.«[41]

[41] Ebd., 81.

XII. Ein neuer Anfang: Tübingen (1945–1948)

Die Berufung

In die Mooshausener Stille kommt im Herbst 1945 der überraschende Ruf des württembergischen Kultusministers Carlo Schmid, an der Tübinger Universität einen Lehrstuhl »ad personam« für christliche Weltanschauung zu übernehmen. Ab 1. Oktober 1945 war Guardini wieder Ordinarius, der philosophischen Fakultät zugeordnet, nachdem er 1939 von seinem Berliner Lehrstuhl mit dem Gefühl geschieden war, vielleicht nie mehr als akademischer Lehrer zu wirken.

Tübingen bedeutete ihm viel, als Stadt und als Universität; so zögerte er keinen Augenblick, die Berufung anzunehmen. In Tübingen hatte er seinerzeit so unglücklich mit dem Studium der Chemie begonnen, dann aber dort den Weg in eine inspirierende Theologie gefunden. Als er nun mit 60 Jahren, seinem Empfinden nach an der Schwelle des Alters, dorthin zurückkehrte, fühlte er sich, wie es ihm jahrzehntelang nicht beschieden war, seiner Aufgabe auf dem ungewöhnlichen Lehrstuhl endlich sicher. »Tübingen hat mir das klare Bewußtsein gegeben, von dem, was meine Aufgabe war und, wenn ich das ohne Überheblichkeit sagen darf, von der Weite, wie ich ihr genügen könne.«[1] Die vom Kultusminister eingeräumte Freiheit tat ihm wohl: »So kann ich tun was ich will, und das ist sehr schön.«[2] Noch wichtiger war die Arbeit überhaupt, die ihn aus der Mooshausener Zurückgezogenheit befreite und in die ihm gemäße Welt zurückkehren ließ. Das Lebensgefühl steigerte sich: »Im Winter war viel Arbeit, aber ich bin ein paar Jahre jünger geworden, so gut hat es mir getan, wieder lesen zu dürfen.«[3]

Die Wahl von Tübingen geschieht um so nachdrücklicher, als fast gleichzeitig, schon im September 1945, einige andere Berufungen an Guardini herangetragen wurden. Zwei kamen aus München und aus

---

[1] Brief an Carlo Schmid vom 16.4.1955 (Stabi).
[2] Brief an Erich Görner vom 28.3.1946 (Besitz Erich Görner).
[3] Brief an Alfred Schüler vom 7.4.1946 (Besitz Änny Schüler).

Göttingen, sogar in dringlicher Form;[4] eine dritte und überaus ehrenvolle aus Freiburg auf den Lehrstuhl Martin Heideggers. Guardini lehnte dies ab; er hielt sich nicht für ein ganz bestimmtes »Lehrpensum« zur Fortführung der Heideggerschen Arbeit geeignet: »Für ein Fach bin ich aber nach 16 Jahren Arbeit in der Selbständigkeit Berlins verdorben.«[5] Eine andere Begründung: »Ich habe seit dem Jahre 23 immer ›draußen‹ gelebt und gewirkt. Wenn ich mich schon irgendwo hineinstellte, dann müßte es, glaube ich, wenigstens eine Großstadt sein. Ich tauge nicht in einem geschlossenen Raum.«[6] Unausgesprochen wirkte auch die Hochachtung gegenüber Heideggers geistigem Rang mit, den Guardini philosophisch seiner Arbeit überlegen wußte.[7] Zu seiner Schätzung Heideggers wird in der Münchener Zeit Guardinis noch ein Wort gesagt.

Tübingen gab Guardini nicht nur die volle Freiheit in der Lehre, sondern auch eine Befreiung von den Prüfungsverpflichtungen, wie schon in Berlin. Aber wie dort traf er auf Schwierigkeiten im Kreis der Kollegen: Die protestantische Fakultät hieß ihn nicht unbedingt willkommen, die Philosophie empfand ihn – wie gewohnt – als einen Denker im Zwischenbereich.[8] So wiederholte sich Guardinis relative Abgeschlossenheit im universitären Rahmen, wie später noch einmal in München. Die Bedingungen der Arbeit waren der Nachkriegszeit entsprechend nicht übermäßig gut. In Tübingen hatte Guardini nur ein Zimmer zum vorübergehenden Aufenthalt (»Er lebt auf Abbruch«, sagte Josef Weiger[9]). Es war Schlaf-, Wohn- und Arbeitszimmer in einem, bei Familie Philipp in der Wilhelmstraße 107. »Im Hintergrund stand ein Bett mit einer gelben Kunstseidendecke, und ich vergesse nie, wie Guardini sagte: ›So etwas kann man einfach nicht ertragen ...‹«[10] Mooshausen blieb bis 1948 die eigentliche Wohnung; dies war aber der Grund, weswegen Guardini sich letztlich in Tübingen nur »in der Form des Dienstaufenthalts«[11] fühlte.

---

[4] Brief an Johannes Spörl vom 4.4.1946 (Stabi).
[5] Brief an Martin Heidegger vom 14.1.1946 (Stabi).
[6] Brief an Johannes Spörl vom 20.5.1946 (Stabi).
[7] Franz Büchner, Guardini-Preisträger des Jahres 1975, berichtet von der Antwort Guardinis an das Dekanat: »Ich bin kein systematischer Philosoph, sondern ein philosophischer Interpret. So gehöre ich nicht auf diesen Lehrstuhl.« (In: Therapie der Gegenwart 114 (1975), 5).
[8] Brief von Josef Weiger an P. Placidus Pflumm von 1952: »Die Protestanten (Fakultät) liebte ihn nicht. Er hatte auch zur theol. Fakultät kein besonderes Verhältnis. Romano geht halt so seinen Weg, den Weg des geistlichen Pädagogen.«
[9] Ebd.
[10] Brief von Elisabeth Baronin Warsberg vom 18.3.1984 an die Autorin.
[11] Brief an Alfred Schüler vom 21.1.1947 (Besitz Änny Schüler).

Vorlesungen und Verkündigung

Trotzdem entband die große Arbeit Guardinis Kräfte neu. Er griff die Aufgaben, die in Berlin abgerissen waren, wieder auf und »begegnete unter der neuen Studentengeneration einem starken Interesse, da das Bedürfnis nach einer einerseits philosophischen, andererseits religiös-theologischen Deutung des Daseins groß war«.[12]

Das Vorlesungsverzeichnis weist zunächst bekannte Themen auf: »Pascals Bild von der Welt, dem Menschen und der Gesellschaft« (WS 1946/47); »Hölderlin« (SS 1947); »Augustinus und Rilke« (WS 1947/48); »Dostojewskij« (WS 1948/49). Dazwischen erscheint überraschend ein neues Thema im Rahmen einer Ringvorlesung: »Romantik. Erscheinung und Wesen« (SS 1947).

Die Reaktion der Hörer war, trotz der eigentlich neuen Generation, die durch die Kriegserfahrungen gegangen war, mit dem Erfolg in Berlin vergleichbar. »Man sah damals am Mittwoch Nachmittag Scharen von Menschen zum Bahnhof streben – dem Stuttgarter Bahnhof, um rechtzeitig nach Tübingen zum Studium generale, der Vorlesung von Guardini zu gelangen.«[13] Vergleichbar mit Berlin war auch Guardinis eigenartige Scheu vor der Universität; ein Hörer berichtet, daß er manchmal erst um das Gebäude herumging, bevor er die Hemmung überwand, einzutreten.[14]

Zusätzlich regte Guardini selbst die Gründung eines Leibniz-Kollegs an, dem er auch von München aus treu blieb, indem er verschiedene Vorlesungen dort hielt. Außerdem übte er die ihm gemäße Form der Seelsorge, die Verkündigung, wieder aus, auch hier mit ganz großem Widerhall. Der gottesdienstliche Rahmen entfiel; es wurde weder gesungen noch gebetet, und Guardini betrat die Kanzel nur im einfachen schwarzen Anzug – dies eine Neuerung, die kirchlich durchaus ungewöhnlich war. Guardini ging es um die Sache: »Es wäre gut, wenn den Studenten wie den interessierten Personen aus der Stadt Gelegenheit gegeben würde, außer den wissenschaftlichen Vorlesungen auch kostenlos theologische Darlegungen populärer Art zu hören. Sie sollten so gehalten sein, daß jeder, auch der Fernstehende, ja der noch ganz Ungläubige eintreten könne, ohne das Gefühl einer kirchlich geprägten Veranstaltung zu haben. In dieser Freiheit würde, so dachte ich, ein christlicher Gedanke eher nahekommen, als unter anderen Umständen.«[15]

[12] Zur Streichung des k.w.-Vermerks bezüglich meines Lehrstuhls, vom 25.1.1963 (Stabi).
[13] Brief von Elisabeth Baronin Warsberg vom 18.3.1984 an die Autorin.
[14] Mündliche Mitteilung von Bruno Leuschner vom März 1984.
[15] Brief an Stephan Egelseer vom 17.6.1950 (Stabi).

Im Spiegel anderer Urteile

Es gibt zwei Zeugnisse der Wirkung Guardinis aus der Tübinger Zeit. In den Erinnerungen von *Helmut Thielicke*[16] ist besonders Guardinis Redestil auf dem Katheder wie auf der Kanzel hervorgehoben. Thielicke empfand jede Geste, jeden Tonfall, jede Pause als »genau einkalkuliert«[17]. Besonders eingeprägt hatte sich ihm dieser Zug an den Meditationsabenden in der Kirche. Er schreibt von einer fast managerhaften Unruhe Guardinis vor dem Beginn, dann aber gleichsam von einem Ruck zu Sammlung und Stille. Ob dies ein Haschen nach Effekt war, ist freilich zu bezweifeln; viel eher ist es Ausdruck von Guardinis wirklicher Unruhe, die ihn jedesmal vor einer wichtigen Ansprache überfiel, und seiner Übung, diese Spannung in sich willentlich zu einem Ausgleich zu bringen. Thielicke hat wohl Guardini in seinen Gegensätzen, die der Grund seiner »enormen Ausstrahlung«[18] war, erkannt, ihn aber im letzten mißverstanden. »Im Überschwang eines launigen Conviviums platze ich einmal heraus: ›Sie sind nicht nur ein homo spiritualis, sie sind auch ein Fuchs!‹ Ich meinte sein etwas genießerisches Lächeln so deuten zu sollen, daß er das gar nicht so ungern hörte. Auf manchen seiner Photos ist dieses Füchsische sehr genau zu erkennen.«[19] Mißverstanden ist hier eine angeborene Anlage Guardinis: den Augenblick in seinem Kairos einzuschätzen. Was Thielicke mit dem Ausdruck »Fuchs« ins Zweideutige verzeichnet, ist eher die Klugheit, für das jetzt und in dieser Stunde Mögliche empfänglich zu sein. Diese unterschwellige Empfänglichkeit ist bei Guardini stark entwickelt; gegengesteuert wird sie im Bewußten von der Verpflichtung auf Wahrheit, auch in der nicht dem Oberflächen-»Bedürfnis« entgegenkommenden Form. Trotzdem nahm Guardini »Bedürfnisse« wahr, und dies meint der alte Begriff der prudentia.

Enrico Castelli berichtet in seinem Tagebuch vom 15. Juni 1946 von einem Besuch bei Guardini in Tübingen. Castelli wundert sich über die Themen, die dieser im noch verwüsteten Deutschland über bestimmte Fragen den Studenten vorträgt. Auch hier ist ein eigenartiges Mißverstehen der Einzigartigkeit Guardinis, der auf die zerstörten Städte, die dem ausländischen Besucher ins Auge fielen, jedenfalls in den Vorlesungen nicht einging: »Ich habe die stumme Feindseligkeit desjenigen zwischen der Liturgiereform und der Dichtung Angesiedelten bemerkt, der nicht die Sehnsucht hat, sich

---

[16] Zu Gast auf einem schönen Stern, Hamburg ²1984.
[17] Ebd., 222.
[18] Ebd., 223.
[19] Ebd.

dem Schweigen dessen, der alles verloren hat, gegenüberzustellen.«[20] Wieder ist nicht begriffen, daß Guardini seinen Hörern nicht durch unmittelbare Aktualität, sondern im Vortasten an die Gründe des Daseins half – wie wären sonst seine Hörsäle überfüllt gewesen! Daß er unter der Zerstörung des Landes, für das er sich entschieden hatte und dessen große Geschichte er noch in seiner kritischen Schrift vom »Heilbringer« ausdrücklich hervorhob, auch persönlich litt, ist gerade bei seiner gleichzeitigen Freude, überhaupt wieder unterrichten zu können, unübersehbar. »Er wirkte damals sehr alt, ganz zerbrechlich und tief depressiv ... Er wirkte sehr traurig und verletzlich.«[21] Dieses Wort muß zusammengehalten werden mit Guardinis eigener Aussage, er fühlte sich um Jahre verjüngt durch die Berufung. Guardini konnte äußeres Leid nur in einem gewissen Umfang an sich herankommen lassen – nicht aber aus Unempfindlichkeit, sondern umgekehrt aus übergroßer Empfindlichkeit. So waren einfachere oder auch weniger von innen angegriffene Naturen als er zuweilen erstaunt über seine scheinbare Unbetroffenheit, die im Grunde aber ein Selbstschutz war.

Am Ende der Tübinger Zeit, als bereits die Berufungsverhandlungen mit München im Gang waren, erreichte Guardini eine ehrenvolle Einladung nach Paris. Im April 1948 war eine Tagung geplant, dem Gedanken des Friedens gewidmet, woran auch der päpstliche Nuntius und der Kardinal von Paris teilnehmen sollten. Als Vortragende waren vorgesehen Jacques Maritain und Guardini, gewiß in der Überlegung, daß er als Italiener dort auftreten werde. Guardini betonte aber, er fühle sich als Deutscher dazu aufgefordert.[22] Sein Vortrag war der Entwurf einer »Metaphysik von Krieg und Frieden«, den er selber als »kühn« bezeichnete.[23]

Die Einladung ist Ausdruck der bereits seit 1935 zu vermerkenden europäischen Bekanntheit Guardinis. Sie wurde gefördert und hervorgerufen durch die zahlreichen Übersetzungen seiner Werke in die europäischen Sprachen, sogar ins Polnische und Slowakische. In Paris war er – wie auch sonst bei den dortigen Aufenthalten – Gast bei Paulus Lenz-Medoc, der die Übertragung wichtiger Guardini-Schriften ins Französische vermittelte.[24]

[20] Enrico Castelli, Il tempo invertebrato, Padova 1969, 34.
[21] Brief von Elisabeth Baronin Warsberg vom 18.3.1984 an die Autorin.
[22] Brief an Hans Rheinfelder vom 28.2.1948 (Stabi). – In diesem Zusammenhang eine bezeichnende Bemerkung zu Guardinis Sprachgefühl: »... Ob mein Vortrag, nachdem er nun ins Französische übersetzt ist, nicht einen ziemlich ärmlichen Eindruck machen wird. Ich merke immer mehr, wie sehr Gedanken an den jeweiligen Sprachraum gebunden sind.« (Brief an Bernardine Sugg – Bellini vom 10.4.1948, Stabi).
[23] Brief an Paulus Lenz-Medoc vom 20.2.1948 (Stabi).

Burg Rothenfels: die ferngerückte Liebe

Mit Kriegsende war nicht nur ein Neubeginn der akademischen Aufgabe gekommen; Guardinis andere große Liebe, die führende Tätigkeit auf Burg Rothenfels, begann sich wieder als Frage und neue Aufgabe zu melden. Zwar war die Burg bis 1948 noch nicht offiziell an die »Vereinigung der Freunde von Burg Rothenfels e. V.« zurückgegeben, doch begannen bald die Versuche, die unrechtmäßige Enteignung rückgängig zu machen. Guardini verteidigt schon im August 1945 den lebendigen Gedanken der Jugendbünde gegenüber den Bestrebungen des Episkopates, diese Bünde in ihrer freien Gliederung aufzuheben und statt dessen eine einzige Großorganisation der katholischen Jugend zu schaffen. In einem Brief an Bischof Stohr meldet sich sogleich der alte Eros, der das ersatzlose, einzigartige Leben der Burg trotz aller Zusammenbrüche wieder erinnernd vor Augen stellt: »Ja mir ist gesagt worden, es bestehe sogar die Absicht, Anspruch auf Burg Rothenfels zu erheben und sie den Zwecken der genannten Organisation zuzuführen. Letzteres kann ich zwar nicht glauben, da die Burg ja kein Niemandsgut ist, sondern geistig wie materiell ihren rechtmäßigen Besitzer hat; aber es scheint doch die Situation zu illustrieren, daß dieser Gedanke überhaupt auftauchen konnte ... Wie weit ich selbst – seine Fortexistenz vorausgesetzt – im Leben des Quickborn mitarbeiten werde, kann ich jetzt nicht sagen. Ebensowenig, ob und in welcher Weise ich meine frühere Arbeit auf Burg Rothenfels wieder aufnehme. Jedenfalls fühle ich mich an dem, was in den Bünden lebt und was sie zum katholischen Leben beizutragen berufen sind, aufs tiefste beteiligt.«[25]

Dieses erste Zeichen neuen Lebens findet bald einen Widerhall von Seiten der Burg. Mathilde Schütter sucht im Oktober 1945 im Auftrag von Grete Ammann Guardini in Mooshausen auf, um über die Neugründung des E. V. zu sprechen; Guardini schlägt den Vorsitz von Felix Messerschmid vor.[26]

1948 erfolgt erst die tatsächliche Rückgabe der Burg; Nachfolger in der Burgleitung, wenn auch nur bis 1959, wird Heinrich Kahlefeld. Mit seinem Namen verbinden sich für Guardini viele freudige, später aber auch manche schmerzliche Erinnerungen, weswegen auf dieses Kapitel noch ein wenig eingegangen sei.

[24] Paulus Lenz-Medoc (geb. 1903) hörte Guardini als Student in Berlin, war ein häufiger Besucher auf Rothenfels und emigrierte des Nationalsozialismus wegen nach Paris, wo er als Professor an der Sorbonne wirkte. Für seine anregenden Erinnerungen an Guardini sei ihm hier gedankt!
[25] Brief an Bischof Albert Stohr vom 14.8.1945 (Stabi).
[26] Brief an Felix Messerschmid vom 17.10.1945 (Stabi).

Heinrich Kahlefeld war am 6. Januar 1903 in Boppard geboren, dem Fest der Erscheinung des Herrn, das ihm immer Gegenstand der Verehrung war; er starb am 5. März 1980 in München.[27] Aufgewachsen in Frankfurt, schloß er sich zuerst Neudeutschland an und arbeitete zeitweilig als Sekretär bei P. Ludwig Esch SJ. Im Sommer 1921 begegnete er Guardini: »Als ich selbst als junger Student nach Rothenfels kam, sah ich zum erstenmal den schmalen, feingliedrigen Mann mit den romanischen Gesichtszügen, und mir begann damals im Vergleich mit solchen, die sich anderswo der Jugend angenommen hatten, die Eigenart seiner Wirkweise aufzugehen.«[28] Auch seine philosophische Doktorarbeit in Innsbruck über Max Scheler und seine Beschäftigung mit Augustinus brachte ihn in den Umkreis guardinischer Gedanken. 1928 bat ihn Guardini um seinen Einsatz auf der Burg; im Frühjahr 1934 wurde Kahlefeld sogar »ständiger Mitarbeiter des Burgleiters für das geistig-religiöse Leben auf Rothenfels« und gehörte damit auch zur Herausgeberschaft der Burgbriefe. So war er gleichsam ein von Guardini selbst autorisierter Meisterschüler, der mit seelsorglichen Fähigkeiten auch die Begabung zur liturgischen Gestaltung verband; die liturgische Bewegung verdankt ihm wesentliche Übersetzungen, sogar Vertonungen in deutscher Gregorianik (1931 »Deutsche Komplet«; 1934 »Die heilige Messe in gemeinsamer Feier«; »Gregorianische Singmesse« und vieles mehr)[29].

Kahlefelds exegetische Studien führten ihn methodisch und in der Aussage jedoch einen von Guardini immer mehr sich abhebenden Weg. Ein Buch wie »Der Herr« konnte vor seinen Augen vom Ansatz her nicht bestehen. Wie schon erwähnt, fand Guardini aber zur historisch-kritischen Exegese kein Verhältnis; in das Gefühl einer leisen Unterlegenheit gegenüber Kahlefeld auf diesem Gebiet mischte sich aber auch das Gefühl, nicht im Letzten mit seinen theologischen Einblicken verstanden zu werden. So blieb eine Fremde zwischen ihnen, die Guardini freilich auch von sich aus nicht aufhob. Mit Kahlefeld ist eine gewisse Kontinuität der Arbeit Guardinis gewährleistet; er selbst läßt sich trotz aller Vorschläge und Bitten aber nicht mehr bestimmen, in der Organisation und ausdrücklichen Führung mitzuarbeiten. »Seit 45 hat sich meine Arbeit derart vermehrt und ausgebreitet, daß ich nicht weiß, ob Zeit und Kraft frei sein werden. Offengestanden, ich fürchte, daß die Liebe zur

---

[27] Der Burgbrief 4/83 enthält eine Würdigung und den Lebenslauf Kahlefelds von Franz Schreibmayr.
[28] Burgbrief 4/1952, 35.
[29] Felix Messerschmid berichtet liebevoll-kritisch über Kahlefelds musikalische Begabung, in: Burgbrief 3/80, 21f.

Burg so sehr erwacht und mich in einer Weise in Anspruch nimmt, die ich den übrigen Pflichten gegenüber nicht verantworten kann. Wir wollen also die Sache dahingestellt sein lassen.«[30]

In den kommenden Jahren spricht Guardini verschiedentlich bei den großen Werkwochen. Hervorzuheben ist die Tagung von 1956, in der Guardini seine Mörike-Interpretation vortrug; außerdem die Tagung mit dem Biologen Adolf Portmann, wo es um Grundgesetze des Lebendigen ging. Unübersehbar hat Guardini jedoch die Burg der neuen Leitung überlassen; sein letzter Besuch dort findet einen jähen Abschluß im August 1957 durch den Tod seiner Mutter in Isola Vicentina. Die Veränderungen durch eine neue Jugend betrachtet er kritisch und aus einem gewissen Abstand, schon in dem Empfinden, daß ihm die Führung dieser Jugend nach und nach entgleite. Er empfand Ende der 50er Jahre einige Vorkommnisse als Widerspruch gegen das einstmals Gewollte: »In der Geschichte von Institutionen, bei denen es letztlich um den Geist geht, kommt immer wieder der Augenblick, in dem er gegen den Un-Geist verteidigt werden muß. Ein solcher Augenblick ist offenbar jetzt da. So müssen jene, die wissen, worum es geht, auf dem Posten sein.«[31]

Einige Jahre später, als der Zusammenbruch der alten bündischen Idee deutlich geworden war, sich die Formen der Zukunft aber eher zunächst chaotisch anzeigten, schreibt der knapp Achtzigjährige: »Rothenfels hat in meinem Leben eine solche Bedeutung gehabt – und hat sie, trotz allem, im Grunde immer noch – daß ich unter einer beständigen Sorge stehen würde ... Ich habe in den letzten Jahren mit der ›Sache Rothenfels‹ nur dadurch fertig werden können, daß ich sie mir ganz fernhielt. Auch der Versuch mit dem ›Rothenfelser Kreis‹ hat mir gezeigt, daß ich mich entweder richtig hineinstellen oder ganz fernhalten muß ... Wenn ich 20 Jahre jünger wäre, wäre ich schon längst wieder hineingegangen und zwar richtig. So aber geht es nicht.«[32]

Das Gefühl des Entgleitens auch dieser Lebenswirklichkeit prägt sich mit dem Alter immer stärker aus. Ein Jahr vor seinem Tod schreibt Guardini an einen Freund noch aus der Juventus: »Ich finde mich im Gegenwärtigen nicht mehr ganz zurecht. Aber die Epochen haben eben ihre Grenzen. Von Rothenfels träume ich immer noch manchmal...«[33]

Dies ist die letzte schriftliche Äußerung über die Burg, die Guardini in einem seltenen Sinne Heimat und zugleich höchste Aufgabe

---

[30] Brief an Josef Seipel vom 28.10.1948 (Archiv Burg Rothenfels).
[31] Brief an Ludwig Neundörfer vom 13.4.1959 (Archiv Burg Rothenfels).
[32] Brief an Ludwig Neundörfer vom 14.5.1963 (Archiv Burg Rothenfels).
[33] Brief an Alfred Schüler vom 17.7.1967 (Besitz Änny Schüler).

bedeutete, die seiner Universitätsarbeit beständig den Maßstab lebendiger Pädagogik und dialogischer Wärme gab.

Exkurs: Die Zukunft nach dem Ende der Neuzeit

Guardini beschäftigte sich seit langem mit der Frage nach dem Epochenbruch. Schon die »Briefe vom Comer See« (1927) markieren das Ende einer Kultur, das Guardini schon im epochalen Maßstab, als Einbruch eines neuen und noch unbenannten Denkens und Lebens vom Fühlbar-Sinnlichen bis zum Geistigen wahrnimmt. 1950 erscheint »Das Ende der Neuzeit«, ein Jahr später gefolgt von dem Buch »Die Macht«. Eine dritte zugehörige Auseinandersetzung mit Nietzsche[34] wird nicht ausgeführt.

Im »Ende der Neuzeit«, womit Guardini wieder einmal eine sich durchsetzende Formulierung fand, ist auf verdichtete Weise zusammengefaßt, was ihn jahrzehntelang bewegt. Ähnliche Gedanken finden sich vorausgehend in »Welt und Person« (1939), »Freiheit, Gnade, Schicksal« (1948) sowie in den späteren Reden »Der unvollständige Mensch und die Macht« (1955) und »Die Kultur als Werk und Gefährdung« (1957). Für das Verständnis der These vom Neuzeitende ist wesentlich zu wissen, daß sie aus Vorlesungen über Pascal hervorging (im WS 1947/48 in Tübingen und im SS 1949 in München). Pascal war für Guardini, anders als Descartes, ein Denker über die Neuzeit hinaus – so daß seine Gestalt erst ganz sichtbar zu werden beginnt, wenn neuzeitliche Anschauungs- und Denkformen überwunden sind. So ist das Buch in seinen Grundlinien noch der Tübinger Zeit zuzuordnen, zumal 1943 im Tagebuch bereits eine Vorformulierung des Problemfeldes auftritt.

Die Schrift ist ein groß ausgreifender geistesgeschichtlicher Orientierungsversuch, nicht nur ad hoc für eine aus den Trümmern kommende Studentengeneration. Guardini unternimmt es, das Daseinsgefühl des Mittelalters nachzuzeichnen, das von der hierarchischen Geschlossenheit, Ordnung und Harmonie des Denkens in den Summen, der ständischen und gesellschaftlichen Gliederung, des politischen und des kosmischen Aufbaus geprägt war: eine Zeit, der seine leise Vorliebe galt trotz ihrer dunklen Seiten, die er nur andeutete, nicht ausführte. Demgegenüber löst sich in seiner Sicht die Neuzeit von diesem tragenden Grund ab im Versuch einer dreifachen Autonomie: der Natur als Quasigöttin oder als lenkender,

---

[34] Tagebuch vom 23.3.1954; Wahrheit des Denkens, 87. Allerdings liegt im Nachlaß (Ana 342, Stabi) ein unveröffentlichtes Typoskript über Nietzsche.

heilender Macht, des Subjekts oder der Persönlichkeit, und der Kultur als der wertetragenden, vom Menschen geschaffenen zweiten Natur.

Guardini sieht in der selbstgesetzlichen Ablösung vom Urgrund des tragenden Göttlichen schon die Gefährdung angelegt: nämlich die Zerstörung der Weltbilder und ihrer Wertbindungen, weil die Begründung der Werte ausschließlich aus dem erfahrenen Diesseits, aus der »Natur« ihre Stichhaltigkeit bei genauem Nachfragen verliert. Insbesondere beweist gerade die technische und naturwissenschaftliche Forschung ihre Nichtabhängigkeit von Wertfestlegungen. Guardini hat darüber hinaus, wie es der Untertitel »Versuch einer Orientierung« ankündigt, Kennzeichen des Kommenden angezeigt: negativ in den Phänomenen der Masse und der Macht. Trotzdem herrscht kein wohlfeiles Untergangsdenken, auch keine Stimmung von »Nachrufen auf das Abendland«. Die Bedrohung der Person wird zugleich ihre Chance, sie fordert eine neue Entschiedenheit gegen das durchbrechende Kollektiv. Es sind die drei Haltungen der Wahrheit, der Tapferkeit und des Vertrauens, die in dieser Epochenwende eine tiefe, notwendige Bedeutung erlangen. Mit ihrer Entfaltung wird das Christentum zu seiner heute anstehenden Aufgabe finden, ja dazu gedrängt werden.

Betrachtet man die Struktur des Kommenden, so ergeben sich genauerhin die Grundschwierigkeiten, wie in einer Kultur der Masse überhaupt die Persönlichkeit existieren könne. Die Antwort lautet, daß vermutlich die reiche und freie Fülle der Persönlichkeit untergehen werde, aber »Person«, »das Gegenüber zu Gott, die Unverlierbarkeit der Würde, die Unvertretbarkeit in der Verantwortung, mit einer geistigen Entschiedenheit hervortreten, wie sie vorher nicht möglich war. So seltsam es klingen mag: die gleiche Masse, welche die Gefahr der absoluten Beherrschbarkeit und Verwendbarkeit in sich trägt, hat auch die Chance zur vollen Mündigkeit der Person in sich.«[35]

Fragt man nach der Religiosität der kommenden Zeit im Einzelnen, so ergibt sich aus der äußersten Bedrängnis des Abbaus nachwirkender mittelalterlicher Elemente vor allem eine *Klarheit:* die Klarheit über die wesentliche Unchristlichkeit der kommenden Epoche und die dadurch gleichsam erzwungene Entschiedenheit im Christlichen. Dies äußert sich weniger in der Theorie, dort auch, aber bedrängender im scharfen Hervortreten der nicht-christlichen Existenz. Der neue Heide unterscheidet sich vom antiken dadurch, daß er dessen naive Jugendlichkeit verloren hat, aus dem Ernst der

---

[35] Das Ende der Neuzeit. Ein Versuch zur Orientierung, Würzburg 1950, 71.

Entscheidung gegen Christus leben muß. Rilke ist ein Beispiel für eine solche spätneuzeitliche Behauptung gegen die Offenbarung, für die »Erde«, für den neuen Mythos selbstgesetzter Art. Abgesehen von der kurzen Anspielung auf ihn in dem Buch hat Guardini Rilke an mehreren Stellen als die Gestalt innerer Brüche und Zweideutigkeiten[36] gefaßt, in der sich Neues, aber etwas unheimlich Neues ankündigt. »In ihnen (den Elegien) offenbart sich, abgesehen von einer Fülle wertvoller Differenzierungen und Vertiefungen der Welterfahrungen, auch eine bis auf den Grund gehende Zerstörung. Die letztere wird immer übersehen, da man sich nur an das Schöne und Bedeutungsvolle hält.«[37] Eine andere Briefstelle über Rilke: »Ich habe mich viele Jahre hindurch mit ihm beschäftigt, glaube, seinen Zauber zu fühlen und seine Tiefen zu sehen. Ich sehe aber auch zugleich all das Künstliche, Schiefe, ja Zerstörende in ihm ... Nun wünschte ich, Sie würden zwar weiterhin das Schöne an Rilke sehen, zugleich aber auch all die unechte Magie, die in ihm ist.«[38]

So formt sich die christliche Existenz notwendig neu und mit Entschiedenheit. »Die religiöse Fülle hilft glauben; sie kann aber auch den Inhalt dieses Glaubens verschleiern und verweltlichen. Nimmt sie ab, dann wird der Glaube karger, dafür aber reiner und kräftiger. Er bekommt einen offeneren Blick für das, was wirklich ist, und der Schwerpunkt rückt tiefer in das Personale: in Entscheidung, Treue und Überwindung.«[39]

Die bisherige, auch kulturelle Selbstverständlichkeit des Christentums wird vom Nicht-Selbstverständlichen abgelöst; zu Tage tritt eine Unbedingtheit, die auf der anderen Seite des Gottesverhältnisses den reinen Gehorsam entwickelt, aber nicht einen gewollten oder gedachten Gehorsam, sondern ein gänzlich existentielles Vertrauen. Der Ausblick nennt die Einsamkeit im Glauben fruchtbar. Einsamkeit bedeutet aber auch Unmittelbarkeit sowohl zu Gott wie zu dem anderen Einsamen. Hier berührt sich das innergeschichtlich Kommende mit der Eschatologie. Sie verlangt eine Haltung, die bisher in dieser Weise nicht angefordert war, weil sie sich auf immer wirksame Weise noch im Halt an einer christlichen Kultur abstützen konnte. Die neue Haltung wird aber über diese Mittelbarkeit hinaus das Reich Gottes in Unbedingtheit bedenken und zur Sorge machen. Ob dies Ausdruck auch eines geschichtlichen Endes ist, muß offengelas-

---

[36] Brief an Max Müller vom 20.2.1954 (Stabi): »Rilke ist ein Mann, in welchem eine Menge Antivalenzen einander durchkreuzen – unter anderen auch die, daß einen immer wieder die Schönheiten seines Werkes berühren, zugleich aber auch Sprache und Haltung und alles Mögliche sonst auf die Nerven gehen.«
[37] Brief an Paulus Lenz-Medoc vom 13.9.1950 (Stabi).
[38] Brief an Susanne Schaup vom 2.6.1958 (Stabi).
[39] Das Ende der Neuzeit, 112f.

sen werden: »Wird also hier von einer Nähe des Endes gesprochen, dann ist das nicht zeithaft, sondern wesensmäßig gemeint: daß unsere Existenz in die Nähe der absoluten Entscheidung und ihrer Konsequenzen gelangt; der höchsten Möglichkeiten wie der äußersten Gefahren.«[40]

Der Anlaß, in Tübingen nach Kriegsende über diese Zusammenhänge zu sprechen, war nicht zuletzt, der Jugend »Mut zum Vorangehen«[41] zuzusprechen. Guardini berichtet Josef Pieper einmal von dem besonderen Applaus am Ende einer Vorlesung, der sich auf die Zuversicht dieser Stunde, im Gegensatz zu Guardinis offensichtlich mehr durchdringender Ablehnung des Werdenden bezog.[42] Guardini stellt sich ernsthaft die Frage, ob er in dieser stimmungsmäßigen Neigung zum Vergangenen das Recht habe, zur heutigen Jugend zu sprechen. Dabei könnte »es sich natürlich nicht um eine äußerliche Anpassung, sondern nur um die Aufgabe handeln, das mir persönlich Unsympathische in seinem objektiven Recht zu sehen und denen, die nach Lebensalter und Struktur ihm zugehören, zu ihren eigenen Aufgaben zu helfen.«[43] So zwingt sich Guardini ausdrücklich, den Grundton seines Buches auf die tatsächliche Bewältigung des Kommenden abzustellen. »Worum es ihm geht, ist nicht jene Metanoia, die bereit macht, dem Richter zu antworten, sondern die einzig, daß das Gewesene gewesen ist; die Loslösung von dem, was nicht mehr sein kann und die Bereitschaft für die neuen Aufgaben, auch wenn sie noch so unsympathisch sind ... Die Haltung, die ich meine, darf nicht nur ›angesichts‹ des Neuen, sondern muß ›aus ihm heraus‹, als dem Ort und dem Material der Geschichte entwickelt werden. Die Situation ... enthält, sobald wir auf das Wesentliche schauen, nicht weniger gute Möglichkeiten als das vergangene halbe Jahrtausend – letztlich wohl nicht einmal weniger als das Mittelalter.«[44]

Die Ablehnung der Neuzeit in ihrem Denken, das eine Mischung von Hybris und Autonomie sei, wurde Guardini verschiedentlich vorgeworfen, zuerst in der Kritik Clemens Münsters, später auch durch Heinz Robert Schlette, Heinrich Lutz und Michael Theunissen[45]. Die Kritik läuft darauf hinaus, daß Guardini das Mittelalter zu

---

[40] Ebd., 116.
[41] Brief an Josef Pieper vom 2.3.1951 (Stabi).
[42] Ebd.
[43] Ebd.
[44] Ebd.
[45] Die Kritik Münsters, Guardinis Erwiderung und andere Diskussionsbeiträge erschienen als Buch: Unsere geschichtliche Zukunft. Ein Gespräch über ›Das Ende der Neuzeit‹ zwischen C. Münster, W. Dirks, G. Krüger und R. Guardini, Würzburg 1953. – Die Beiträge von Schlette und Lutz sind veröffentlicht in: Zur geistigen

sehr idealisiert und dagegen die Neuzeit in ihrer Komplexität, worin das Christentum ebenfalls eine hervorragende Rolle spielte, zu vereinfacht gezeichnet habe. Dieser Kritik wird man zustimmen müssen, ebenso dem Vorwurf, Guardini sei in seiner Analyse weithin von geisteswissenschaftlichen und kulturphilosophischen, nicht aber von gesellschaftlichen und politischen Gesichtspunkten ausgegangen. Hält man aber im Blick, daß Guardini sein Buch mit dem Gedanken schrieb, »in jeder Zeit die Möglichkeit der Rettung zu sehen«[46], so ist Zuversicht das ausschlaggebende theologische, nicht politische Motiv. »Die Zuversicht ist mir sehr langsam erwachsen; vielleicht ist sie deshalb so lebendig.«[47]

Es ist immer wieder bewegend zu lesen, wie Guardini durch seine eigene Trauer hindurch das Neue wachsen sah. Er hat gewissermaßen sein eigenes Herz überwunden: »Und sie (die Schrift) sollte den überall wirksamen Romantismus, welcher das als sympathisch Empfundene mit dem historisch oder gar glaubensmäßig Richtigen gleichsetzt, erschüttern.«[48] Dies tat ihm schon vom Künstlerischen her weh, gleichwohl stellte er sich der Bedrängung. Vielleicht ist Guardinis innerer Kampf am besten ausgesprochen schon in den »Briefen vom Comer See«, in denen die Überwindung der Seele und des Herzens durch die Notwendigkeit des Kommenden gefordert ist: »Die Seele ist uns berührt von einem Großen, das heraufkommen will. Und das, obwohl wir die Fragwürdigkeit spüren, und obwohl uns die Köstlichkeit des Alten hell leuchtet. Sehr klar muß einer gesehen haben, worum es geht, soll er dafür mit festem Herzen die unaussprechliche Edelkeit des Vergangenen opfern.«[49]

Gestalt Romano Guardinis. Materialien zum Bereich der Sprache und zur Frage des Endes der Neuzeit, Rothenfelser Schriften Band 7, Rothenfels 1980. – Michael Theunissen, Falscher Alarm. Wiedergelesen: Romano Guardinis Das Ende der Neuzeit, in: FAZ vom 3.3.1977, 19.

[46] Unsere geschichtliche Zukunft, 28.
[47] Ebd.
[48] Brief an Josef Pieper vom 2.3.1951 (Stabi).
[49] Briefe vom Comer See, 94.

XIII. Fülle des Erreichten und Übergang: München (1948–1968)

Der Wechsel

Tübingen war für Guardini auf die Dauer gesehen doch zu klein; die Jahre in Berlin hatten ihn, von der Grundstimmung her, für die Großstadt geprägt. Als daher die philosophische Fakultät der Universität München über seinen Freund, den Historiker Johannes Spörl, eine Berufung wiederum ad personam aussprach, nahm Guardini an und bereute diesen Schritt niemals. München spiegelte sich in seinen Erinnerungen als die Stadt großer musischer, künstlerischer, lebensmäßiger Freiheit, die er in dem unvergessenen Sommer 1905 kennengelernt hatte. Außerdem betonte er mehrmals, daß München jene deutsche Stadt sei, die am meisten Ähnlichkeit mit Italien aufweise.[1] Zwar war der Umzug damals noch von bestimmten Einschränkungen gekennzeichnet; Guardini erhielt zunächst ausnahmsweise einen Wohnraum für sich selbst in der vollständig übervölkerten Stadt, doch war er nach den jahrelangen Einschränkungen nicht willens, diesen Zustand auf Dauer hinzunehmen. Auch in München begannen einige Umzüge, bis er schließlich eine gemäße Wohnung in Bogenhausen in der Merz-Straße 2, einem klassizistischen Haus, fand. Von 1948 bis 1968 diente ihm dabei im Haushalt Maria Parzinger, die ihm von Familie Sattler überlassen worden war, und als Sekretärin Clara Chrzanowski, die ihm schon in Berlin und Tübingen zur Verfügung gestanden hatte. Anfangs hielt Guardini zusätzlich zu den Münchener Vorlesungen auch noch Block-Vorlesungen in Tübingen, konzentriert auf drei Wochen. 1949 entschied er

---

[1] Brief an den Stadtrat der Landeshauptstadt München vom 5.3.1955: »Die Stadt München hat in meinem Leben immer eine große Rolle gespielt. Sie war mir gewissermaßen die Brücke zwischen meinem Geburtsland Italien und meiner Wahlheimat Deutschland.« (Stabi). – Brief an den Generalvikar Matthias Defregger vom 8.4.1965 (Stabi): »Es ist immer mein Traum gewesen, einmal an der Münchener Universität lehren zu können. Vielleicht hängt er damit zusammen, daß die Stadt München mir stets als eine Verbindung zwischen Italien und Deutschland erschienen ist. So war die Zeit meiner Wirksamkeit an der hiesigen Universität für mich besonders reich und schön.«

sich endgültig, die Verbindung nach Tübingen ganz aufzulösen, da ihn die Arbeit übermäßig bedrängte.

Auch in München wiederholten sich einige Phänomene: Nur wenige Kollegen, darunter der Historiker Johannes Spörl, die Theologen Michael Schmaus (der Gedanken Guardinis in seine Dogmatik aufnahm) und Theoderich Kampmann, gehörten zu seinem Freundeskreis. Johannes Spörl fädelte die Ehrenpromotion in Philosophie an der Freiburger Universität ein, um Guardini überhaupt das Gefühl der Zugehörigkeit oder besser des Angenommenseins durch die philosophische Fakultät München zu geben.[2] Durch diese Zuweisung gab es später für den Lehrstuhl-Nachfolger Karl Rahner Schwierigkeiten im Promotionsrecht. Er hätte zusätzlich der Erlaubnis der theologischen Fakultät bedurft, seine Schüler in theologischen Themen zu promovieren. Bei Guardini fiel diese Schwierigkeit weg, da er auch hier keinen Gebrauch von diesem Recht machte.

Rundung zum Ganzen: die Vorlesungen (1948/49–1962)

Geht man die Liste der Vorlesungen durch, so fallen wieder bekannte Themen auf. Der Einsatz geschieht mit Platon (WS 1948/49) und Pascal (SS 1949). Es folgen Hölderlin, Rilke, Dante und Augustinus. Dazu kommen »Grundfragen der Ethik« und »Grundzüge einer Theorie der religiösen Existenz« in Fortsetzungen. Neu ist die Ausarbeitung von »Ausdruck, Symbol, Sprache« (WS 1954/55). Im übrigen ist es so, daß Guardini nicht einfach seine Existenzdeutungen wiederholt, sondern sie in immer neuen Facettierungen beleuchtet, was seinem Arbeitsstil des Nach-Vorn-Denkens entsprach. Je länger desto mehr vertiefte sich die Frage in »Struktur und Ethos der christlichen Existenz«, die das große Thema der letzten Vorlesungen bildete, schließlich in die »christliche Eschatologie« hinübergeführt wurde (SS 1961 und WS 1961/62). Die letzte Vorlesung im SS 1962 kündigte lapidar, aufs einfachste zusammengezogen an: »Grundlinien christlicher Ethik«.

Ein einziges Mal war noch ein Auftreten im Rahmen einer Ringvorlesung vorgesehen; am 13. Dezember 1965 sollte Guardini über »Die Universität und der Wille zur Wahrheit« sprechen, mußte aber

---

[2] Vgl. Brief an Josef Weiger vom 13. 2. 1954 (Stabi): »So war ich natürlich Johannes sehr verpflichtet. Er aber hielt es für richtig, der Sache auch in unserer Universität Relief zu geben. Mir persönlich ist jeder Aufwand dieser Art unsympathisch. So hätte ich gewünscht, die Dinge wären so schlicht vor sich gegangen wie bei Dir. Je älter ich werde, desto unangenehmer wird mir alles, was ›Veranstaltung‹ heißt. Man wird geizig mit dem Lebensstrom und möchte ihn nicht in den Sand laufen lassen. Alles, was ich erreichen konnte, war aber nur eine Vereinfachung.«

einer plötzlichen Erkrankung wegen absagen. Noch an diesem Abend, schon im Vorfeld der Studentenbewegung, hatte ihn ein überfülltes Auditorium maximum erwartet.

Die Emeritierung (1962)

Schon 1958 hatte Guardini nach einer langen Krankheit an die Emeritierung gedacht. Andererseits war ihm die Aufgabe des Lehrens so ans Herz gewachsen, daß er nach der Erholung mit dem Gedanken spielte, wenigstens »weiter eine Wochenstunde (zu) lesen. Dafür wird sich schon ein Auditorium finden; wenn nicht das maximum, dann eben ein kleineres – was mir im Grunde genommen nur lieb sein kann, denn es gibt ein unnatürliches Gefühl, vor vielen Hunderten Philosophie oder Theologie treiben zu müssen.«[3]

Die Wiederherstellung war aber so zufriedenstellend, daß Guardini noch bis zum Sommer 1962 im Dienst blieb. Sogar die in seinem Fall erhöhten Mühen, die er seit jeher für die Produktion einer Vorlesung aufgewendet hatte, waren ihm leicht in Anbetracht seines Eros: »Die Tätigkeit eines akademischen Lehrers ist mir eine solche Herzenssache, daß es mir um jedes Semester leid tut, das zu Ende gegangen ist.«[4] Und noch nach den Krankheiten der letzten Jahre: »Ich empfinde es sehr stark, daß der Mai für mich nicht mehr Beginn der schönen Semesterarbeit bedeutet. Aber alles hat eben seine Zeit.«[5]

Die Frage der Nachfolge auf diesen Lehrstuhl ad personam war schwer. Schon Jahre vorher hatte sich Guardini Gedanken gemacht und war auf Namen wie Karl Rahner, Alfons Auer und Hans Urs von Balthasar gestoßen.[6] Guardini war die Schwierigkeit seiner Nachfolge von der Sache her völlig klar. »Jetzt ist allerdings die Frage, wie es weitergeht. Sicher anders, als ich es gemacht habe, denn bei einem solchen Gegenstand, der ›kein Fach‹, sondern Vollzug von Begegnung ist, sucht sich jeder seinen Weg selbst.«[7]

Karl Rahner erhielt den Lehrstuhl, blieb aber nur vier Semester bei dieser Aufgabe. Er gab dem Lehrstuhl sein eigenes Gepräge in einer viel stärker von der Fachtheologie her betonten Art. Damit war naturgemäß die Einbuße vieler der bisherigen Hörer Guardinis verbunden.

[3] Brief an Johannes Spörl vom 3.11.1958 (Stabi).
[4] Brief an den bayerischen Kultusminister vom 29.9.1952 (Stabi).
[5] Brief an Hermann Tüchle vom 24.4.1967 (Stabi).
[6] S. Eintragung vom 4.7.1963 (Ana 342, 9).
[7] Brief an Hermann Kunisch vom 30.1.1963 (Stabi).

»Wahrheit und Ordnung«: die späten Predigten

Von 1948 bis 1963 erfüllte Guardini den ihm schon anderswo liebgewordenen Dienst, einen akademischen Gottesdienst zu halten. Er fand sonntags um 11 Uhr in der Universitätskirche St. Ludwig statt. Während des Semesters nahm er diese Aufgabe, nur durch manche Krankheiten unterbrochen, besonders gerne wahr. Der Auftrag war ihm eigentlich von der theologischen Fakultät erteilt, mit der es sonst nicht zu vielen Berührungen kam. Die Verbindung zu der akademischen Aufgabe war auch hier ausdrücklich vorhanden: »Ich habe ihn (den Gottesdienst) als so eng mit der Tätigkeit an der Universität zusammengehörig betrachtet, daß Katheder und Kanzel in meinem Gefühl eins waren – wenn man es genau betrachtet, eine ideale Form der theologischen Lehrtätigkeit.«[8] Oder: »Die Vorlesungen auf der einen und die Predigten auf der anderen Seite der Ludwigstraße bilden für mein Gefühl ein sehr tief verbundenes Ganzes.«[9]

Eine Reihe Predigten wurden unter dem Titel »Wahrheit und Ordnung« fortlaufend herausgegeben. Der Titel ist für Guardinis Absicht oder genauer Absichtslosigkeit der Verkündigung treffend. Im Tagebuch eine Bemerkung, die einem ähnlichen Grundgefühl in der Benediktkapelle in Berlin entspricht: »Eine wunderbare Zuhörerschaft. Die Ansprachen in St. L. sind mir fast so wichtig wie meine Vorlesungen. Die Wahrheit hat eine so klare und stille Macht. So meine ich es mit meiner seelsorglichen Arbeit: helfen durch die Wahrheit.«[10]

Auffallend und ungewöhnlich, daß der größte Teil der Zuhörer aus Männern bestand, darunter wie immer auch eine Reihe Ungläubiger oder Agnostiker. Guardini vermied alles Klerikale, das ihm ohnehin nicht lag.[11] »Ich halte alles fern, was nach Effekt aussehen könnte; aber die große Kirche ist ganz voll. Die Vorträge – halb Vorträge, halb Predigten, vielleicht am wichtigsten Betrachtungen – machen mir viel Mühe. Aber sie freuen mich – soweit ich das kann. Die vielen lauschenden Gesichter! Ich habe Vertrauen zu ihnen. Aber ich darf doch nicht viel daran denken, wieviele es sind und was in ihnen vor sich geht.«[12]

Auch in anderen Kirchen, so in den letzten Jahren in St. Laurentius und Hl. Blut, hielt Guardini Gottesdienst oder auch nur Predigt. Ein

---
[8] Brief an Generalvikar Matthias Defregger vom 8.4.1965 (Stabi).
[9] Brief an Theoderich Kampmann vom 10.5.1958 (Stabi).
[10] Tagebuch vom 28.2.1954; Wahrheit des Denkens, 85.
[11] Tagebuch vom 4.1.1957; Wahrheit des Denkens, 105: »Klerikalismus ist eine der schlimmsten Schädigungen des religiösen Lebens.«
[12] Tagebuch vom 13.12.1953; Wahrheit des Denkens, 75 f.

Experiment aus Tübingen wiederholend, wählte er in den 50er Jahren die Form abendlicher Vorträge im einfachen schwarzen Anzug und ohne religiöse Umrahmung in St. Ursula. Als ihm Vorhaltungen wegen dieser nicht kirchlich betonten Kleidung gemacht wurden, antwortete Guardini: »Mein Wunsch war wieder darauf gerichtet, den Studenten eine kostenlose Ergänzung der Vorlesungen und den Leuten aus der Stadt Gelegenheit zur Anregung zu geben – das aber in einer vollkommen freien und zu nichts verpflichtenden Weise.«[13]

Die Anstrengung dieser Predigten blieb immer gleich groß; Guardinis geistige Produktion mußte jedesmal neu-ursprünglich einsetzen. Er gebraucht fast weiblich anmutende Vergleiche vom Vorgang dieser »Geburt«, dem Ein-Fall des Geistes, dem Heranlassen und Wahrnehmen eines sich nahenden Gedankens.[14] Wieder aber erreicht er trotz seiner leisen Stimme nach wenigen Sätzen jene gemeinsame tiefe Stille aller Zuhörenden, worin sich die gemeinsame Epiphanie einer Wahrheit kundtut.

Themen der zwei letzten Jahrzehnte

Das Alterswerk Guardinis zeigt, wie es natürlich ist, ein Aufgreifen und letztes reifes Ausfalten des immer in Kopf und Herz Getragenen. Auffällig bleibt, daß seit dem Krieg der Gedanke einer Besinnung auf das eigene Leben zwar nicht vorrangig wird, aber sich außer in den autobiographischen Berichten auch in den unregelmäßig geführten Tagebüchern zwischen 1943 und 1964 ausdrückt. Vielsagend die dortigen Traumnotizen, die zwischen einem aufbrechenden Chaos, einer nicht minder bedrückenden Leere oder einem persönlichen Zuspruch der Tröstung ihm über sich zu denken aufgeben. Wie zurückhaltend Guardini gegenüber dieser Selbstbeobachtung auch war, so wenig konnte er offensichtlich in der fortschreitenden Zeit der Notwendigkeit widerstehen, sich zumindest in verborgener Weise selbst zum Gegenstand zu werden, oder besser: über sein Angerufensein und die dem Anruf widerstreitende Verwirrung im Ich nachzudenken.

---

[13] Brief an Stephan Egelseer vom 17.6.1950 (Stabi).
[14] Vgl. Tagebuch vom 11.10.1953; Wahrheit des Denkens, 62, und die Eintragung vom 11.7.1953; ebd., 44: »Meine Erinnerung an meine Sonntagsansprachen sind mit Straßen verknüpft, auf denen ich sie vorbereitet habe. Meine Gedanken kommen mir im Gehen. Sie kommen selbst und entfalten sich. Ich muß ihnen Raum schaffen, sie hüten und durch Aufmerksamkeit rufen. Es ist anstrengend, inwendig, im Lebendigen.«

An größeren Arbeiten ist die Übersetzung des »Deutschen Psalters« im Auftrag der deutschen Bischöfe hervorzuheben (1950), die ihn unendliche Mühe kostete, zumal Guardini nicht hebräisch konnte, also aus dem Latein übersetzen mußte, allerdings Bubers Übertragung damit verglich. Seine ganze Wachheit für die deutsche Sprache mußte aufgewandt werden, um eine volkstümliche, zugleich aber der sprachlichen Höhe des Originals gemäße Form zu finden. Der Briefwechsel dieser Zeit ist voll von großen und bis ins kleinste reichenden Anmerkungen zu dieser Aufgabe; sie bedürfte einmal einer gesonderten Bearbeitung. Hier nur ein einziges Beispiel, was den Sprachrhythmus anbetrifft: »Denn das rhythmische Gefühl ist bei jedem Menschen anders, ja ich habe beobachtet, daß es auch beim gleichen Menschen wechselt, manchmal sogar im Laufe eines Tages. Was dem einen rhythmisch gut erscheint, erscheint dem anderen hart. Hinzu kommt, daß meine Übersetzung nicht glatt ist, mit Absicht nicht. Und zwar deswegen, weil sie, wie ich zu hoffen wage, wirklich deutsch ist, denn der deutsche Rhythmus ist nun einmal nicht glatt. Er ist voll von inneren Spannungen, von steilen Fügungen, von rhythmischen Umschlägen. Die humanistische Bildung hat uns das alles vergessen lassen. Man braucht aber nur ein mittelalterliches Gedicht in die Hand zu nehmen, von den großen Hymnikern wie Notker von St. Gallen ganz zu schweigen, um zu merken, wie das ist. Ich glaube also nicht, daß die Aufgabe darin besteht, die Übersetzung in einen glatten Gleitrhythmus zu bringen – was eine Kleinigkeit wäre –, sondern das Volk muß erzogen werden, und dazu muß der Lehrer sich selbst erst in den Rhythmus hineinfühlen.«[15]

Abgesehen von einigen kleineren *liturgischen* Arbeiten, so »Über die Bedeutung der Psalmen im christlichen Dasein« (1951), sei bereits vorgegriffen auf die späte Zeit, in der Guardini noch einmal, liturgisch gesehen, in aller Munde war. An den Mainzer Liturgischen Kongreß 1964 hatte er auf Anfrage von Johannes Wagner einen »Brief« über die pädagogischen Aufgaben geschrieben, die sich aus den Weisungen des Konzils ergeben hatten. Darin war die bedenkenswerte Frage gestellt, »ob man, anstatt von Erneuerung zu reden, nicht lieber überlegen solle, in welcher Weise die liturgischen Geheimnisse zu feiern seien, damit der heutige Mensch mit seiner Wahrheit in ihnen stehen könne«. Es fiel das Wort von der »Liturgiefähigkeit« der Gegenwart – zu einem Zeitpunkt, als auf dem Kongreß noch die größten Erwartungen in die liturgische Erneuerung gesetzt

---

[15] Brief an P. Bonifatius Gatterdam OSB vom 20.7.1948 (Stabi).

wurden.[16] In der Folge wurde freilich auch diese Frage ins Resignative umgedeutet, als hätte Guardini überhaupt Zweifel an der Durchführbarkeit des liturgischen Aktes gehegt. Er sah aber viel tiefer als die damals mit der Frage des unmittelbaren Umsetzens beschäftigten Kongreßteilnehmer, »daß die liturgische Pädagogik noch nicht zum Grundproblem vorgedrungen sei. Dieses liege in der Frage, worin der tragende Akt des liturgischen Verhaltens bestehe. Man hat den Eindruck, dieses werde meist vom Rationalen her verstanden, während es sich in Wahrheit um ein in der Neuzeit verlorengegangenes religiöses Verhalten, den Kultakt, handelt ... Das Gesagte wurde nun offenbar so aufgefaßt, als ob der ›greise Guardini‹ irgendwie an der Sache irre geworden sei. Davon ist aber keine Rede, sondern es handelt sich um ein Problem, das ich schon in den ›Schildgenossen‹ – also vor langer Zeit – erörtert habe. Meine liturgischen Studien sollen gesammelt und neu ediert werden. Daraus wird der Sachverhalt klar hervorgehen.«[17]

Was die lebenslange Arbeit der *Existenzdeutungen* betrifft, so schließt Guardini 1953 die Interpretation von Rilkes Duineser Elegien endlich ab, ein wenig mit dem Gefühl, sie vielleicht zu ernst genommen, zu viel Kraft in sie gesteckt zu haben. Nach ihnen erscheint nur noch eine Mörike-Interpretation, »Gegenwart und Geheimnis«, herausgewachsen aus einer Rothenfelser Tagung (1956). An zwei ihm sonst fernstehenden Gestalten versucht er sich vorübergehend: an Kafka (1955) und an Sigmund Freud (1956), beides aber in Form kurzer Hinweise. Teilhard de Chardin zählt in den 60er Jahren zu seiner Lektüre, findet aber keine Bearbeitung.

Schließlich noch Beiträge zur *Ethik* und *Selbsterziehung*. An erster Stelle ist die kurze, aber dichte Schrift »Die Lebensalter« (1953) zu nennen, in der Guardini verhüllt seine eigene Lebenslinie nachzeichnet, in jedem Fall aber ins Allgemeine transponiert. Mit dem Titel »Die Annahme seiner selbst« (1953) gelang ihm eine Wortprägung und darüberhinaus die schlüssige Zusammenfassung einer neuen Verantwortlichkeit sich selbst gegenüber, die sein genaues Hinhören auf die Not der Zeit einmal mehr belegt. »Tugenden. Meditationen über Gestalten des sittlichen Lebens« (1963) kostete ihn die Mühe eines scheinbar unzeitgemäßen Denkens; ein Meisterstück darin das Kapitel über »Ehrfurcht«, *die* Grundhaltung guardinischen Blickes auf Wirklichkeit.

---

[16] Mündliche Mitteilung vom Abt von Neresheim vom 1.10.1983: »Der Brief Guardinis wirkte wie eine Stecknadel, die in den Luftballon unserer Erwartungen gestochen wurde.«
[17] Brief an Karlheinz Schmidthüs vom 6.11.1956 (Stabi).

Zur *Christologie* erscheint der weiterführende Beitrag »Die menschliche Wirklichkeit des Herrn. Beiträge zu eine Psychologie Jesu« (1958). Es ging hier nicht im Widerspruch zu Guardinis eigenen methodischen Grundsätzen um ein psychologisches Verallgemeinern und damit ein Relativieren der Gestalt Jesu, sondern um den ersten Entwurf einer »theologischen Psychologie« in ihrer Durchsichtigkeit des Menschlichen auf das Göttliche. Guardini leistete hier wenigstens den Ansatz einer Betrachtungsweise, die außer ihm bis zum Augenblick keine wirkliche Nachfolge fand und deren Würdigung und Bearbeitung noch aussteht.[18] – »Religion und Offenbarung« (1958) arbeitet die Unterscheidung dieser Begriffe, das Querstehen der Offenbarung gegen die »Natürlichkeit« der Religion heraus. Guardini bewegt sich auf den Spuren Kierkegaards im Raum der dialektischen Theologie, mit einer von jeher gewohnten Entschiedenheit, Offenbarung fast als Widerspruch zu der Erwartung des Menschen zu fassen. Nimmt man den früheren Versuch »Die Sinne und die religiöse Erkenntnis« (1950) hinzu, so erscheint hier ein nicht ganz aufgehellter Widerspruch: In diesem Werk wird die durchaus natürliche Voraussetzung religiöser Erkenntnis geradezu meisterhaft entwickelt. Wie auf dieser natürlichen Grundlage Offenbarung auftrifft, wird nicht weiter ausdrücklich problematisiert. Im selben Maße aber setzt Offenbarung diese »Sinnlichkeit« voraus, wie sie sie zu gleicher Zeit durchstreicht. Dieser gegensätzliche Gedanke, den Guardini nicht zu versöhnen versucht, muß in seiner Spannweite stehengelassen werden, wenn der komplexe Reichtum der Problematik einigermaßen in den Blick geraten soll.

Ein später Beitrag, der Guardinis *Ekklesiologie* krönend zusammenfaßt, ist das Johannes XXIII. gewidmete Buch »Die Kirche des Herrn« (1965). Wesen und Auftrag der Kirche werden in ihrer ausschließlichen Beziehung auf Jesus Christus gerechtfertigt. Zu den bekannten Überlegungen tritt als neuer Gesichtspunkt jener von dem im Tiefsten eschatologischen Charakter der Kirche hinzu.

Ein letzter Themenkreis bewegt sich um *Sprache*. Nicht nur die kleine, aber ausgefeilte Gelegenheitsarbeit »Brief an einen jungen Freund über guten Gebrauch der deutschen Sprache« (1962), sondern mehr noch der Sammelband »Sprache, Dichtung, Deutung« (1962) gibt die höchst einfühlsamen Gedanken Guardinis zum Phänomen

---

[18] Die theologische Fakultät scheint seinerzeit Abstand von Guardinis Versuch genommen zu haben, wie im Tagebuch vom 9.2.1958 notiert (Wahrheit des Denkens, 107): »Die ›Psychologie Jesu‹ sollte sozusagen als posthume Publikation von Dr. Frank vorgelegt werden, ist auch bereits im Umbruch da; dann hat er aber auf einen Wink von der Theol. Fakultät hin zurücktreten müssen, und nun weiß man nicht, wie es weitergehen soll.«

Fünfziger Jahre auf Burg Rothenfels

des Wortes wieder. Wie sehr Sprache und Verantwortung zusammenhängen, entwickelte Guardini in einem gleichnamigen Nachwort (1960) zu einem Buch von Fritz Klatt. Ein frühes »Lob des Buches« (1951) gehört in denselben Umkreis. Im Gespräch des alten Guardini mit Werner Dettloff bringt Guardini, gewissermaßen als grundlegende gedankliche Linie, den Zusammenhang von Empfindlichkeit für das Wort und Reizbarkeit für die Wahrheit zusammen. In einer Bemerkung leuchtet sein Erfassen der Sprach-Zerstörung im Umgang der Gegenwart mit dem Wort auf: Das zeitgenössische Lieblingswort von der »Diskussion« geht auf das Lateinische discutere zurück, dessen Erstbedeutung »auseinanderschlagen, zerschlagen, vertreiben, verscheuchen, beseitigen, hintertreiben, vereiteln« ist.[19] Wie könnte das Diskutieren unter einer solchen Vorbedeutung nicht eher ein Mittel sein, die Wahrheit zu hintertreiben?[20]

Weithin unbekannt blieb Guardinis Neigung, auch theoretischer Art (hier im Doppelsinn von »denken« und »schauen«), für den *Film*. Im Tagebuch erstaunen häufige Verweise auf den Besuch dieser modernen Kunstgattung, über deren tatsächliche Zugehörigkeit zur Kunst Guardini sich verschiedentlich Gedanken machte. Schließlich luden ihn die Studenten ein, im Februar 1953 an der Universität München über die Bedeutung des zeitgenössischen Films zu sprechen – eine Aufgabe, die er unter kulturphilosophischen Gesichtspunkten übernahm (»Film – ein kulturelles Phänomen?«[21]). Es erregte damals, wie die Presseberichte zeigen, Aufsehen, daß Guardini sich überhaupt mit dieser modernen Erscheinung auseinandersetzte: »Wahre Philosophen sind noch seltener als gute Filme«.[22] Guardini, vom Auge bestimmt, vermerkte eine Gefährdung des Films über die Krise des Viel-Sehens. »Der Blickende sieht immer weniger, je mehr er sieht.« Trotzdem: gerade die »schauende, fühlende, bildgestaltende Kraft«, Wirklichkeit zu ergreifen, ist ihm die eigentliche Aufgabe des Films: engste Nähe zur Wirklichkeit und ihre deutende Verwandlung.

---

[19] Werner Dettloff, Begegnung im Wort. Gedanken aus einem Gespräch mit Romano Guardini über das Diskutieren, in: M. Seckler, O. H. Pesch (Hgg.), Begegnung. Festschrift für Heinrich Fries, Graz/Wien/Köln 1972, 761–764.
[20] Vgl. den lesenswerten Beitrag von Johannes Binkowski, Guardinis Beziehungen zur Sprache, in: Zur geistigen Gestalt Romano Guardinis. Rothenfelser Schriften Bd. 7. Rothenfels 1981, 17–38.
[21] In: Hochland 5 (1953).
[22] Süddeutsche Zeitung Nr. 34 vom Februar 1953; Paula Linhart sei für diesen und andere Hinweise bedankt!

Ehrungen

Guardini erhielt 1952 den Titel eines Päpstlichen Hausprälaten. Diese Ehrung kam spät, seinem Empfinden nach fast verletzend spät. Bereits 1945 zu seinem 60. Geburtstag hatte Bischof Stohr in Rom diesen Titel beantragt[23], war aber offensichtlich nicht auf Gegenliebe gestoßen. 1948 drückt Guardini seine innere Unruhe aus, ob dahinter nicht eine Ablehnung durch die Kirche stehe, die doch die ganze Grundlage seines Denkens sei. »Wenn man mich fragte, worin meine Arbeit bestehe, würde ich antworten: darin, sie (die Kirche) zu interpretieren. So muß ich wissen, welche Gründe sie hat, mir den Beweis ihres Vertrauens nicht zu geben.«[24] Die Frage wurde gestellt, als die Berufung nach München bereits ausgesprochen war und Guardini durch seine öffentliche Rede 1948 in Paris im Blickpunkt auch der europäischen Öffentlichkeit stand. Die mangelnde Bestätigung von seiten der Kirche war ihm weniger vom Titel als von der sich darin ausdrückenden Desavouierung schmerzlich.

In der Tat war das Schweigen Roms ein gewisses Zeichen, daß Guardini in einer unausgesprochen bleibenden Weise nicht das völlige Vertrauen der kirchlichen Oberen besaß. Bischof Stohr hatte 1945 keine richtige Antwort erhalten, führte den Aufschub aber darauf zurück, daß »gewisse Reserven, die man in Rom der ganzen Liturgie gegenüber hat, noch längst nicht überwunden sind.«[25] Eine andere Möglichkeit könnte darin bestanden haben, daß Guardini bei seinen jährlichen Besuchen in Italien niemals im Vatikan vorstellig wurde.[26]

Erst 1952, als Guardini bereits 67 Jahre alt war, schienen die Vorbehalte beseitigt. Nach Aussage seines Freundes Felix Messerschmid war Guardini über die Auszeichnung kindlich glücklich: nicht wegen des Titels überhaupt, sondern der kirchlichen Zustimmung wegen. An Pius XII. schrieb er: »Immer hatte ich den tiefen Wunsch, die Kirche möge mir ein Zeichen schenken, daß sie mit meiner Tätigkeit einverstanden ist. Und ich hoffe, nun nicht falsch zu denken, wenn ich die Ernennung, die Ew. Heiligkeit mir gewährt haben, als ein solches Zeichen ansehe.«[27] »Diese Arbeit war aber oft

---

[23] Brief Guardinis an Bischof Albert Stohr vom 12.1.1948 (Stabi).
[24] Ebd.
[25] Brief von Bischof Albert Stohr an Guardini vom 21.1.1948 (Stabi). Die beiden Anträge Stohrs an den Vatikan vom 11.10.1946 und vom 25.1.1952 sind im Nachlaß Stohr (Diözesanarchiv Mainz) erhalten. Im zweiten Antrag nennt Stohr drei Qualitäten Guardinis: 1. moderator des Quickborn, 2. propugnator motus liturgici, 3. professor »der Weltanschauung«.
[26] Mündliche Mitteilung von Paulus Lenz-Medoc vom Juli 1984.
[27] Brief an Pius XII. vom 31.3.1952 (Stabi).

nicht leicht; so empfinde ich immer stärker den Wunsch, die Kirche möge mir ein Zeichen der Ermutigung schenken. Ew. Exzellenz werden verstehen was es dann für mich bedeutete, als mir der soeben genannte Titel gewährt wurde: ich fühlte mit tiefer Dankbarkeit und Freude, daß die Kirche dadurch eine Billigung aussprach.«[28]

Im Glückwunschschreiben seines Freundes Kunibert Mohlberg OSB tritt noch ein bemerkenswertes Hindernis, das beinahe wirksam geworden wäre, zutage. Mohlberg hörte von Prälat Kaas im Staatssekretariat, Guardini dächte an Urs von Balthasar als seinen Nachfolger nach der Pensionierung. »Dazu bemerkte K., wenn er davon ein Wort dem Hl. Vater gesagt haben würde, wäre die Ernennung nicht erfolgt.«[29]

1956 schrieb Guardini zum 80. Geburtstag von Pius XII. für die Festschrift den Aufsatz, der sich in Anbetracht des Gesagten etwas maliziös betitelt: »Papst Pius XII. und die Liturgie«. Zu diesem Zeitpunkt war freilich die liturgische Bewegung längst über die Phase des Mißtrauens hinweg. Auch daß Guardini später in die liturgische Vorbereitungskommission des Konzils berufen wurde, ist ein Akt stillschweigender Anerkennung, wenn nicht Wiedergutmachung. Guardini nahm diesen Platz zwar nicht ein – er war damals schon zu alt, um sich die Reisen zuzumuten –, fand aber überhaupt in der Tatsache des Konzils eine späte und glückhafte Bestätigung seiner Lebensarbeit. Er sprach wenig darüber, doch sei einer der wenigen Sätze angeführt: »Aber ich habe so zum Greifen deutlich erfahren, was Vorsehung bedeutet, daß ich – in mancher Beziehung freilich ins Dunkle hinein – das Vertrauen habe, die Linie werde zum Guten weiterführen. Das Konzil, in dessen Mitte wir stehen, ist ja wie eine Unterweisung darin, was die Lehre bedeutet, die Kirche sei vom Heiligen Geiste geführt.«[30]

Die Kirche versuchte dreizehn Jahre später unter Paul VI., ihren Fehler, zumindest ihr Zögern wiedergutzumachen, indem sie Guardini den Kardinals-Hut anbot. Das bedeutete in dieser Form eine außergewöhnliche Ehrung, da Guardini ja nicht den »normalen Weg« über das Bischofsamt gegangen war. Der Achtzigjährige lehnte die Ehrung ab, nach Messerschmids Mitteilung[31] sogar »leidenschaftlich«; bestimmend mögen gewesen sein die Schwierigkeit der mit dem Titel vorgeschriebenen Kleidung, tiefer aber noch eine gewisse Demut Guardinis und das Widerstreben gegen ein so weit

---

[28] Brief an den Kardinalstaatssekretär Montini vom 29.3.1952 (Stabi).
[29] Brief von Kunibert Mohlberg an Guardini vom 29.3.1952 (Stabi).
[30] Brief an Kardinal Joseph Frings vom 20.3.1965 (Stabi).
[31] Brief von Felix Messerschmid an Heinz Robert Schlette vom 30.4.1972 (Archiv Burg Rothenfels).

sich von der Jugendbewegung entfernendes Kirchenbild.[32] Trotzdem gilt auch hier, daß Guardini sich über die Tatsache dieser ungewöhnlichen Ehrung, die weiter nicht laut wurde[33], wiederum innerlich freute.

1952 wurde Guardini der Friedenspreis des deutschen Buchhandels in der Frankfurter Paulskirche, die durch den Freund Rudolf Schwarz neu gestaltet war, verliehen. Albert Schweitzer und Martin Buber, die Preisträger von 1951 und 1953, unterstreichen mit dem Gewicht ihrer Persönlichkeit die Bedeutung dieses Preises. Guardini sprach am 24. September 1952 über »Der Friede und der Dialog« und empfand die Bedeutung dieser Auszeichnung als Anerkennung durch die literarische Öffentlichkeit.[34]

Von da an rissen die Ehrungen nicht mehr ab: 1954, wie erwähnt, erhielt er den Ehrendoktor für Philosophie der Universität Freiburg. München, Verona und Isola Vicentina verliehen ihm Auszeichnungen, sogar mehrfach[35]. 1958 wählte ihn der Orden »Pour le Mérite« in die Friedensklasse; die Bundesrepublik Deutschland verlieh ihm 1959 das Große Verdienstkreuz, 1965 das Bundesverdienstkreuz mit Stern. 1962 erfolgte die europäische Ehrung durch den Erasmus-Preis in Brüssel mit Guardinis Rede über den europäischen Gedanken. Die Universität Padua ehrte ihn zum 80. Geburtstag mit der Ehrendoktorwürde.

Guardini ist gelassen genug, diese Würden als Zeichen auch seines Alters zu interpretieren. »Die Ehren kommen, und das Leben geht.«[36] Über alle Auszeichnungen hinweg aber blieb der beunruhigende Gedanke lebendig, daß in ihm eigentlich nicht der typische Lehrer, der typische Theologe, überhaupt der typisch akademische Denker geehrt sei, sondern eine Ausnahme. Es ist jenes Gefühl, das Guardini von 1923 in Berlin bis zur Emeritierung 1962 in München begleitet und sein Lebensgefühl ständig in Spannung hält. »Aber es ist doch beruhigend, daß die Universität einen anerkennt. Sie ist ja im Grunde meine unglückliche Liebe ... Jedesmal, wenn ich in ihre Nähe komme, freue ich mich. Die Kollegien sind gut, z. T. sehr gut besucht, und die Studenten vertrauen mir. Und dennoch bekomme ich immer wieder das Gefühl, ich habe eigentlich nicht das Recht, in der Universität zu sein. Der Maßstab, der in ihr gilt und nach dem man zu

---

[32] Mündliche Mitteilung von Felix Messerschmid aus dem Jahre 1978.
[33] Abgesehen von einer dpa-Meldung vom 8.2.1965: »Romano Guardini möglicher Anwärter auf den Kardinalspurpur«.
[34] Tagebuch vom 16.2.1954; Wahrheit des Denkens, 84.
[35] München: 1955 Goldene Ehrenmünze, 1958 Bayerischer Verdienstorden, 1965 Goldene Ehrenmedaille; Verona: 1956 Ehrenbürger, 1963 San Zeno Preis; Isola Vicentina: 1963 Ehrenbürger.
[36] Tagebuch vom 22.2.1954; Wahrheit des Denkens, 84.

ihr gehört oder nicht, ganz oder nur halb, ist die Wissenschaft. Ich bin aber kein Wissenschaftler. Ich muß den Mangel des ›Faches‹ immerfort durch mehr ›Geist‹ ausgleichen. Die Situation ist irgendwie illegitim. Die Selbstverständlichkeit des Dazugehörens fehlt ... Ich bin so etwas wie ein Glanzstück – und dennoch! Es ist dafür gesorgt, daß man sich nichts einbildet.«[37]

Zu den Ehrungen zählten auch die Feiern zu Guardinis 70. und 80. Geburtstag, sei es in der Universität, sei es 1965 auch in der Katholischen Akademie. Einmal abgesehen davon, welchen Widerhall fast aus der ganzen Welt diese Tage fanden (Akten voller Glückwunschschreiben finden sich im Nachlaß), abgesehen auch von den bedeutenden Reden, z.B. jener Karl Rahners über das Phänomen Guardini, so verdanken wir den beiden Geburtstagen doch vor allem zwei Reflexionen Guardinis. Die erste, »Stationen und Rückblicke«, gibt jenen kleinen Rechenschaftsbericht über das eigene Schaffen, in dem die erlösende Bedeutung des übergreifenden Gedankens von Europa, die Entstehung der vielen »Gelegenheitsschriften« und, überraschend, die Inspiration durch die Bäume für das schöpferische Finden von Ideen so reizvoll zu Wort gebracht sind.

Theoretisch weit wichtiger aber ist die zweite Dankesrede von 1965 über »Wahrheit und Ironie«. Diese Rede wurde unglücklicherweise mißverstanden, als wäre gleichsam das Erbe des guardinischen Denkens sein letztlicher Verzicht auf Wahrheit. Der Gedanke ist jedoch gleichzeitig diffizil und einfach: Guardini fragt sich selbst nach dem Extrakt der langen Lehrjahre und nennt ihn unvermutet die platonische Ironie. Dem Guardini-Kenner ist dies freilich nicht ganz unerwartet; schon in der Kierkegaard-Vorlesung in Berlin 1927 hieß es: »Sokratische Ironie – im Unterschied zur romantischen, die aus einem letzten Nichternstnehmen aller Dinge kommt – bedeutet, daß im berufenen Menschen der Geist durchgebrochen ist, daß er jenseits des Naturhaften in Gott, im Selbst Fuß gefaßt hat und von dorther dem Hörenden seine unmittelbar-naturhafte Sicherheit erschüttert, indem er die Dinge in ihrer Zweideutigkeit spüren läßt, so daß der Hörende aufgestört wird, aufmerksam, unruhig, suchend und hörig für das, was ihn eigentlich angeht.«[38]

Guardini bezweifelt nicht das Absolute der Wahrheit, ebensowenig wie Platon; nur begreift er die Weise ihrer Mitteilung als nicht absolut – sie ist ironisch. Die menschliche Unzulänglichkeit offenbart sich gerade an der gewaltigen Macht der Wahrheit: ihr gegen-

---

[37] Ebd.
[38] Zitiert von Werner Becker (Hg.), Romano Guardini. Ein Gedenkbuch mit einer Auswahl aus seinem Werk, Leipzig 1969, 12.

über verblaßt alles Gesagte zum Ungemäßen. »Wahrheit ist ... keine rationalistische Simplizität, sondern ein excessivum.«[39] Dies ist das letzte »akademische« Wort des großen Lehrers, und in seiner abgründigen Erfahrung wohl als Testament zu erwägen.

Verwirklichung des Gedankens einer katholischen Akademie (1957)

Wenn Guardini in Rothenfels vor dem Krieg Züge einer Akademie im platonischen Sinn als eines Ortes freundschaftlicher Gespräche mit der unbedingten Orientierung an Wahrheit durchführen wollte, so fand dieser Versuch ein spätes Echo und eine ausdrückliche Erfüllung in der von ihm angeregten Gründung der Katholischen Akademie in Bayern mit dem Sitz in München. Die Vorüberlegungen im kleinen Kreise gingen zu einem großen Teil, was die geistige Konzeption betraf, auf Guardini zurück. Kardinal Josef Wendel und Michael Schmaus neben anderen waren die Promotoren des Gedankens; Karl Forster wurde mit Zustimmung Guardinis zum ersten Direktor vorgeschlagen.

Zum Gründungsakt am 1. Februar 1957 hielt Guardini den Festvortrag »Die Kultur als Werk und Gefährdung«. Zu diesem Zeitpunkt war er freilich erstaunlicherweise über die Planung nicht mehr glücklich, ohne daß Gründe für diese Änderung offenliegen. Nach einem Telefonat mit Michael Schmaus am 5. Januar 1957 notiert er sich ein »Pro memoria«: »Ich könne den ganzen Akademieplan, wie er heute vorliegt, nicht gut heißen. So bedeutet der Vortrag für mich eine große Schwierigkeit, da er mich der Öffentlichkeit gegenüber mit ihm identifiziere. Ich habe den Vortrag übernommen, weil Seine Eminenz es wünschte, also sozusagen im Gehorsam, müsse aber Wert darauf legen, daß hinsichtlich meiner Stellung zur Akademie kein Mißverständnis entstehe.«[40]

Es läßt sich nur vermuten, daß in der Planung für Guardini jener Widerspruch sich zunehmend ausprägte, der jede Akademiearbeit grundsätzlich schwierig macht. Gemeint ist die »bedrängende Aporie, einerseits eine so breite Basis zu suchen, andererseits eine solche Menge von Spannungen und Widersprüchlichkeiten in sich aufnehmen zu müssen, daß nicht abzusehen ist, wie wirklich Fruchtbares zu Stande kommen solle. Man wird dann den Ausweg nehmen, in diesen Fragen könne von eigentlicher Wahrheit keine Rede sein, so

---

[39] Akademische Feier zum 80. Geburtstag von Romano Guardini, Würzburg 1965, 41.
[40] Pro memoria vom 5.1.1957 (Stabi).

daß alles auf eine Relativierung möglicher Anschauungsformen hinauslaufen müßte«.[41] So 1956 auf eine Anfrage aus Zürich, unter welchen Gesichtspunkten eine Akademie überhaupt angelegt werden könne. Es muß offen bleiben, ob Guardinis unbedingtes Bestehen auf dem nicht relativen Wahrheitsbegriff oder, anthropologisch formuliert, auf der Infragestellung der »Selbstverwirklichung der autonomen Persönlichkeit«[42] tatsächlich der Grund seiner Bedenken gegenüber der Münchener Akademie waren. Ihn selber aber beleuchtet zutiefst das Beharren darauf, daß »Wahrheit und Entscheidung Definition voraussetzen; jede De-Finition aber Grenzen zieht.«[43]

Die Akademie bedankte sich bei Guardini auf vielfältige Weise: 1965 erstellte sie eine Festschrift »Interpretation der Welt«, die in der Feierstunde nach der Festrede von Karl Rahner überreicht wurde. Für das Weiterleben Guardinis im geistigen Bewußtsein der Nachwelt wurde 1970 der Romano Guardini Preis geschaffen, zu dem noch ein würdigendes Wort zu sagen ist.

Mitarbeit in der Bayerischen Akademie der Schönen Künste

Suche nach der zeitgemäßen Aufgabe

Erwähnenswert ist die Vielzahl von Organisationen, die Guardini ehrenhalber berufen hatten. Dazu zählen unter anderem die Bayerische Akademie der Schönen Künste (seit 1948), die Hochschule für Gestaltung in Ulm, die Hölderlin-Gesellschaft in Stuttgart, das Leibnizkolleg der Universität Tübingen, das Liturgische Institut in Trier, zu dessen Gründung Ende 1947 Guardini maßgeblich beitrug, das Comité National Blaise Pascal in Paris, die Gesellschaft der Freude Romain Rolland, die Akademie für Politische Bildung in Tutzing und schließlich das Centro di Studi filosofici di Gallarate.

Die Mitarbeit war nicht überall gleich intensiv; die vielleicht wichtigste, jedenfalls den erhaltenen Dokumenten nach, war jene in der Bayerischen Akademie der Schönen Künste in München. Im Jahre 1959 entwickelt Guardini für ihren Präsidenten, offensichtlich aus einem Anspruch der Stunde heraus, eine Vorlage für eine »Neue Aufgabe der Akademie«. Ausgelöst wurde die Überlegung durch Erfahrungen einer Vortragsreihe für ein allgemeines Publikum.

---

[41] Brief an Gotthard Teutsch vom 11.6.1956 (Stabi).
[42] Ebd.
[43] Ebd.

Guardini sah darin einerseits »die eigentümliche Stimmung geistiger Festlichkeit«[44] ausgedrückt, vielleicht sogar jene Festlichkeit, »welche die Griechen an der Stätte ihrer geistigen Begegnungen empfanden«[45], doch glaubte er trotz allem einen Widerspruch der Tagung aufweisen zu müssen. Der Pädagoge empfand bei der Zuhörerschaft, besonders bei den Jüngeren, ein Drängen, das einer anderen Antwort als der gegebenen bedurft hätte. In seiner Stellungnahme kommt mit der gewohnten Unterscheidungsgabe die geistige Lage der Zeit und die mangelnde Fähigkeit der Akademie, ihrer Verantwortung, nämlich Fähigkeit zur Antwort gerecht zu werden, zum Ausdruck. Das »Hilflose, fast Erschütternde«[46] der großen Aufnahmebereitschaft bedürfte einer deutlicheren, näher an der Erfahrung stehenden Antwort, die die allgemeine Verwirrung der Zeit zu einer Klärung zu bringen versuchte. Guardini nennt als Beispiel Literatur und Theater, Bildende Kunst, Architektur und Musik der Gegenwart, die in einem naiven Sinne »nicht verstanden« werden. Es ist sicher nicht unrichtig, in den gewählten Beispielen Guardinis eigene Widerstände gegen eine Kunst zu erblicken, die sich tatsächlich epochal von jener des 19. Jahrhunderts, der er sich selbst immer zugehörig fühlte, unterscheidet. Ebenso sichtbar aber sein Bemühen, sich und die ähnlich Betroffenen mit der Aufgabe dieser Moderne auseinanderzusetzen. In einer fiktiven Anfrage formuliert Guardini: »Könntet Ihr uns nicht sagen, worum es in alledem geht? Nicht uns vom Standpunkt einer Gruppe, oder eines Programms, oder einer Bewegung aus beeinflussen, sondern mit jener Unabhängigkeit und Sachlichkeit, die Ihr doch habt, uns zeigen, was da geschieht? Warum sich die Formen ändern? Warum Dinge für gültig angesehen werden, die wir als wirr, ja töricht empfinden? Warum man altvertraute Maßstäbe des Richtigen und Schönen für veraltet und bourgeois erklärt, dafür irgendwelche Kühnheiten und Heftigkeiten des Gefühls und der Form für richtig vorstellt?«[47]

Diese Vorschläge sind deshalb für Guardinis Geistigkeit so bezeichnend, weil er in der Nichtbeantwortung dieser Fragen die Gefahr für die Akademie sieht, »sich zu sehr im Konservativ-Repräsentativen zu verfestigen«.[48] Guardinis Begriff des Konservativen, den er nicht nur bejahend gebrauchte, sondern auch des öfteren auf sich selbst anwendet, ist damit aus dem Umfeld musealer

---

[44] Brief an Emil Preetorius vom 24.1.1959 (Stabi).
[45] Über eine neue Aufgabe der Akademie, datiert vom 17.3.1959 (Stabi).
[46] Brief an Emil Preetorius vom 24.1.1959 (Stabi).
[47] Über eine neue Aufgabe der Akademie.
[48] Ebd.

Überlieferung herausgenommen. Er bedeutet vielmehr in seinen guten Möglichkeiten »eine Wachsamkeit für das innere Geschehen der Zeit und eine Bereitschaft ..., ihr zur geistigen Klärung zu helfen. Die Akademie sollte ein Organ sein, das merkt, was in den Tiefen der kulturellen Geschichte vor sich geht und es ins Offene bringt. Mehr noch: ein Ort, wo geschichtsreife Erkenntnisse gewonnen werden, und von dem echte Wirkungen in das kulturelle Leben der Zeit ausstrahlen.«[49]

Die Spannungen um die Zuwahl Heideggers

Einige Jahre später kam es zu einem gewissen Zerwürfnis, das sich an dem Vorschlag Guardinis entzündete, Martin Heidegger als neues Mitglied in die literarische Abteilung der Akademie aufzunehmen. Die Bedenken der Akademieleitung gingen auf die allerdings kurzfristigen Irrwege Heideggers in bezug auf den Nationalsozialismus zurück. Guardini hielt dies, gerade wegen der späteren Distanzierung dazu, für nicht ausschlaggebend, zumal als weiterer Name Quasimodo genannt wurde, der als Kommunist unter einen ähnlichen Verdacht geraten müßte. Die »Tatsache, daß man gegen die gleichen Momente von links her viel nachsichtiger ist als gegen die von der Gegenseite«,[50] beschäftigte Guardini nachhaltig.

In der Begründung für seinen Vorschlag brachte er Momente ins Spiel, die in ihrer Intensität Guardinis eigenes Verständnis Heideggers beleuchten – unabhängig davon, daß Guardini in einer Reihe von Denkproblemen anderer Ansicht und anderer Methodik war. Da der Text unveröffentlicht ist, sei er seiner Bedeutung wegen hier in den wesentlichen Argumenten wiedergegeben:

»... 2. Ein stärkerer und zwar innerer Grund ist der, daß Heidegger das Phaenomen der Sprache zum Gegenstand besonderer Erforschung macht. Das aber nicht nur im Sinne einer allgemeinen Sprachphilosophie, sondern so, daß er sie in ihrer intensivsten Erscheinung, nämlich der Dichtung, aufsucht. Wie weit seine Deutungen von Hölderlin, Trakl, Hebel im literarwissenschaftlichen Sinne zutreffen, ist eine Frage, über die man verschiedener Meinung sein kann. Jedenfalls entzünden sich aber hier die Denkprobleme am dichterischen Wort.

Darüber hinaus fragt aber Heidegger nach der Beziehung, in welcher das Wort des echten Philosophen überhaupt zu dem des echten Dichters steht und ist überzeugt, auf diesem Wege zu den

---

[49] Ebd.
[50] Akademie der schönen Künste: Wahl neuer Mitglieder, Vorschlag Guardini für Martin Heidegger, datiert vom 7.4.1961 (Stabi).

Wurzeln des eigentlichen Denkens und Sprechens gelangen zu können.

3. Heideggers Sprache ist eine der intensivsten, die heute gesprochen werden. Gegen sie haben sich starke Einwände erhoben: sie sei unverständlich, künstlich und wie immer. Eine künstliche oder schwache Sprache wäre aber nicht im Stande gewesen, eine solche Wirkung auszuüben, wie diese sie ausgeübt hat. Abgesehen von allem anderen zwingt sie zu einer Konzentration des Denkens, zu einem Sichhineintasten in immer tiefere Sinnbereiche, wie die weithin übliche philosophische Sprache das nicht vermag.

Auch hat sie das Philosophieren um eine Reihe von Worten, Sätzen, Definitionen bereichert, die nicht nur philosophisch interessant, sondern sprachlich bedeutsam sind.«[51]

Vielleicht ist nicht unwichtig anzumerken, daß Guardini, wie es ihm den Fachtheologen gegenüber erging, er auch Heidegger gegenüber als dem Fachphilosophen ähnlich befangen war. Hier galt allerdings, was Guardini als Grundsatz den Studenten öfter ausgelegt hatte, daß er sich ohne Neid oder Herabsetzung zu der Größe des anderen voller Anerkennung äußerte. »Was das Geistige angeht, so bin ich der Meinung, daß er zur Zeit die stärkste philosophische Potenz in Deutschland ist, und ich hoffe, das auch öffentlich dokumentieren zu können.«[52]

Guardini hatte Heidegger einmal in Rothenfels als Besuch empfangen und nach einer in Gesprächen verbrachten Nacht am nächsten Morgen gesagt: »Ich habe gemerkt, daß ich kein Philosoph bin.«[53] Das hinderte ihn nicht, die Denkweise Heideggers zu würdigen – ein Beweis seiner seltenen Freiheit, die er auch in den Beziehungen zu anderen Ansichten, ja Religionen und Glaubensüberzeugungen zum Ausdruck brachte.

Die Krankheit: der »reine Schmerz«

Die schwache Gesundheit, die auf psychosomatischen Zusammenhängen beruhte, hatte Guardini ein Leben lang zu schaffen gemacht. Daß er überhaupt ein hohes Alter erreichte, verdankte er einer trotz allem guten Substanz, zum anderen aber einem ausgeglichenen und mäßigen Lebensstil. In den letzten dreizehn Jahren seines Lebens betraf ihn jedoch eine Krankheit, mit der er trotz vieler Versuche kaum mehr fertig wurde: eine Trigeminusneuralgie.

---

[51] Vorschlag für die Zuwahl, datiert vom 8.2.1961 (Stabi).
[52] Brief an Max Müller vom 1.7.1949 (Stabi).
[53] Mündliche Mitteilung von Mathilde Schütter.

Von München aus suchte Guardini in den Semesterferien gerne ein Dominikanerinnenkloster in Neggio bei Lugano auf, wo zwei Zimmer für ihn reserviert waren und wo er zu arbeiten wie auch auszuspannen pflegte. Im Herbst 1955 durchfuhr ihn auf der Dorfstraße von Neggio unerwartet »wie ein Blitzfunken«[54] ein äußerster Schmerz im Gesicht. Die Untersuchung ergab eine Entzündung des Trigeminusnervs, der sich von der Schläfe bis zum Mund in einem dreifachen Strang zieht, aber ärztlicherseits äußerst schwierig zu behandeln ist. Guardini konsultierte ein halbes Dutzend Ärzte, ging mehrmals zur Kur nach Bad Kohlgrub, ließ sich dreimal operieren, sogar den Nervenstrang durchtrennen, ohne eine wirkliche Besserung zu spüren. Die Krankheit war heimtückisch; sie trat ohne erkennbare Vorzeichen heftig und plötzlich auf, verschwand ebenfalls ohne erkennbaren Grund und konnte auch mit Medikamenten nur zum Teil beruhigt werden. Guardini empfand die Krankheit zeitweise als »sozusagen reinen Schmerz«.[55] Vielleicht läßt sich auch sagen, daß er sie als die zu bestehende Aufgabe seines Alters erfuhr. Eine unveröffentlichte Tagebuchstelle lautet: »Einsicht: Die Neuralgie, überhaupt die gravamina senectutis richtig zu leben, ist ebenso wichtig, wie das beste Buch zu schreiben.«[56]

An einer anderen Stelle: »Wunderbares Föhnlicht – braucht nicht viel Phantasie, um in ihm etwas Böses zu empfinden, etwas Drohendes. Ich bekomme es ja auch gleich zu spüren, wenn die Neuralgie einsetzt.«[57] In den selteneren Fällen war es so, daß mit dem Wetter, besonders dem beginnenden Gewitter, zugleich die Neuralgie und eine starke geistige Produktivität auftraten.[58]

Einem an derselben Erkrankung fast Verzweifelnden schrieb er 1967 den geistlichen Rat, »Sie möchten den Schwerpunkt ihres religiösen Lebens in das Vertrauen legen, vielleicht in eine Lebensgemeinschaft mit dem gekreuzigten Herrn«.[59] In diesem Rat drückt sich die Schwere des Leidens und eine mögliche religiöse Überwindung aus, die Guardini sich selbst abringen mußte. Bewegender als der Schmerz war ihm, den Tagebucheintragungen zufolge, die damit zusammenhängende Müdigkeit, Unlust, Depression: »Ich weiß jetzt,

---

[54] Tagebuch vom 9.2.1958; Wahrheit des Denkens, 107.
[55] Tagebuch vom 11.9.1959; ebd., 119: »Trigeminus-Neuralgie: sozusagen reiner Schmerz. Ohne feststellbare physiologische Ursachen noch Veränderungen; tritt ohne Übergang ein; hört plötzlich auf, so ganz, daß nicht einmal eine Erinnerung an ihr Wesen bleibt. Wenn sie aber da ist, dann so durchdringend, daß sie jeden Versuch innerer Selbstbehauptung zur Seite drängt.«
[56] Tagebuch vom 20.4.1963 (Stabi, Ana 342,9).
[57] Tagebuch vom 11.8.1963 (Stabi, Ana 342,9).
[58] Tagebuch vom 7.8.1963, ebd.
[59] Brief an Josef Opperskalski vom 27.4.1967 (Stabi).

was die Altersprüfung ist... ein Zirkel ohne Ausweg. Sogar Zweifel, ob das Ausharren richtig ist.«[60]

Hinzu trat zeitweise das Asthma. Wie stark Guardini, der doch gegenüber der psychoanalytischen Betrachtungsweise so mißtrauisch war, selbst die Gründe dieser Krankheit ahnte, nämlich von einer geistigen Bedrohung her, ist in einer Tagebucheintragung ausgedrückt: »Heute Nacht habe ich Asthma gehabt ... Es ist schlimm. Man könnte jede Krankheit als einen Durchblick auf den Menschen hin verstehen, freilich mehr negativo. In jeder – ich meine in den wichtigsten, sozusagen wesentlichen Krankheiten erscheint der Mensch in der Form der Bedrohtheit, etwas Besonderes seines Wesens offenbarenden Bedrohtheit. Das Asthma ist Bedrängnis, Einengung mitten in der Weite des Raumes. Überall ist Luft, aber der Eingeengte bekommt keine. Im Menschen ist die Enge...«[61]

Einen Tag später ein seltsames Erlebnis, das wie eine Berührung wirkt. Das Asthma verschwand in der Complet: »Als ich die Worte der Oration sprach: ›Visita quaesumus, Domine, habitationem istam‹ löste sich der Druck. Wer wollte von Ursächlichkeiten sprechen; aber das Leben ist ein Ganzes. In diesem Augenblick kam beides zusammen, und war ein Zug in der Gesamtgestalt, und es war sehr tröstlich.«[62] Diese Stelle ist deswegen wichtig, weil sie eine immer wiederholte Erfahrung Guardinis beleuchtet, mit welcher Plötzlichkeit Beschwerden, schon in der Berliner Zeit, von ihm genommen wurden, oder sich umgekehrt auf ihn legten.

Eine andere Beeinträchtigung war die Verschlechterung der Sinne. Augen und Ohren ließen in den 50er Jahren bereits nach (das linke Auge war ohnehin seit der Mitte der 20er Jahre fast unbrauchbar). Guardini sah in dieser Verschließung der Sinne, die ihn ungewollt in seiner Anlage zur Einsamkeit verstärkte, durchaus ein Symbol.[63]

Ein wirklicher tiefer Einschnitt, der ihn fast an den Rand des Todes brachte, geschah 1965 nach seinem 80. Geburtstag. Im Juli war er noch in Mooshausen für einige Tage bei Pfarrer Weiger gewesen, anschließend mit Hans Waltmann in Bayrischzell, wo er erkrankte. Vom 26. Juli bis zum 8. Dezember 1965 lag er in der Decker-Klinik in München, unter anderem mit einem Herzkollaps. Man rechnete mit seinem Ableben. Seit dem 1. Oktober 1965 besserte sich das Befinden zaghaft; ein Photo aus diesen Tagen zeigt Guardini mit einem tief angegriffenen, aber geistigen Ausdruck, völlig abgemagert in

---

[60] Tagebuch vom 25.4.1963 (Stabi, Ana 342,9).
[61] Tagebuch vom 30.5.1953; Wahrheit des Denkens, 33.
[62] Tagebuch vom 31.5.1953; ebd., 33.
[63] Tagebuch vom 2.8.1953; ebd., 49.

einem Sessel sitzend. Das Nachhause-Kommen war ihm fast unwirklich.

Die Krankenschwester, Hedwigis Parzinger, notierte einige Aussprüche des Kranken, die seinen inneren Zustand, auch seine Bereitschaft, Abschied zu nehmen, beleuchten:
»Lieber Gott, ist das alles schwer.« –»Was ist es Großes, daß wir zu Gott ›Du‹ sagen dürfen; aber zu wem sollen wir sonst ›Du‹ sagen.« – »Diese Tage hier sind mir sehr wertvoll und schön, besonders der heutige« (am 24. August 1965 nach drei schweren Anfällen von Atemnot). – »Wenn Sie für mich manchmal einen Augenblick Zeit haben, bitte aber beten Sie so: ›Lieber Gott, wenn es Dir gefällt und Du willst, daß dieses Werk [vermutlich die ›Existenz des Christen‹] noch zustande kommt, dann hilf ihm und gib ihm Zeit – wenn nicht, dann gut!« – »Wenn ich ein großer Theologe wäre, würde ich ein Buch schreiben über das Gericht. Da sagt Gott nicht nur: Das und das hast Du getan. Wir dürfen auch fragen: Warum ist das so?« – »Heut habe ich einen herrlichen Satz: ›Tu solus Dominus‹. Du allein der Herr! Wie wunderbar!« (26.9.1965) – »Wenn wir wüßten, wie gütig Gott ist, könnten wir unser Leben lang nur voll Freude sein.«[64]

Im Januar 1966 wurde eine Trigeminusoperation in der Münchener Neurologischen Klinik durchgeführt, die im April wiederholt werden mußte. Während all dieser Krankheiten beschäftigte sich Guardini immer noch mit der »Existenz des Christen«, von der er sagte, sie müsse noch fertig werden. An ein geregeltes Arbeiten war aber nicht mehr zu denken. Die Krankheiten und beständigen Schmerzen schränkten den Besucherkreis erheblich ein; außer den engen Freunden waren sonstige Besuche selten.

Ein Jahr vor seinem Tod war seine schöpferische Begabung, die andrängende Fülle von Gedanken bereits versiegt; Guardini nahm es aber »in Demut« an.[65]

Das Gefühl, alt zu werden

»Das Gefühl, alt zu werden, wächst. Man wird es ja auch wirklich.«[66] Seit den großen gesundheitlichen Einbrüchen, verstärkt durch die Verabschiedung vom Lehrstuhl 1962, empfindet Guardini ein Abgeschnittensein von der Zeit, symbolisiert durch die Jugend, zuweilen symbolisiert auch durch die Entwicklung der modernen Kunst, in

---

[64] Die Notizen von Schwester Parzinger wurden von P. Manfred Hörhammer OFM mitgeteilt (Archiv Burg Rothenfels).
[65] Brief von Heinrich Kahlefeld an Ingeborg Klimmer (Besitz I. Klimmer; ihr sei für diesen und zahlreiche andere Hinweise bestens gedankt!).
[66] Tagebuch vom 10.4.1963 (Stabi, Ana 342,9).

einem dritten Hinblick symbolisert durch die Änderung auf theologischem und kirchlichem Gebiet.

Für dieses Grundgefühl, nicht mehr mitten in der Entwicklung zu stehen, jeweils ein Beispiel, das durch manch andere Aussprüche angereichert werden könnte.

Zur Jugend: »Bei solchem Zurückdenken kommt mir sehr zu Bewußtsein, wie vieles in der Jugend anders geworden ist – so sehr anders, daß ich sie vielfach gar nicht mehr recht verstehe, und das will etwas sagen, da doch vorher, sagen wir vor dem Jahre 1950, ein so unmittelbarer Kontakt da war. Aber das muß wohl so sein. ›Geschichte‹ bedeutet eben, daß das Geschehen immerfort weitergeht – aber auch, daß einmal Gewirktes bei allen Verschiedenheiten weiterwirkt.«[67]

Zur modernen Kunst, beispielhaft in der Architektur: »Ich bin ... in bezug auf die künstlerische Zeitbewegung ein wenig altmodisch ... So sehe ich in der neuen Architektur wohl etwas Interessantes, in einzelnen Werken auch Schönes, im Ganzen aber etwas, das jene Welt zerstört, die ich eigentlich liebe. Daß sie ihr geschichtliches Recht hat, ist selbstverständlich. Ebenso weiß ich, daß mein Gefühl mich in der Gegenwart isoliert. Es wäre aber nicht richtig, wenn ich um der Gemeinschaft mit der Zeit willen mir selbst widerspräche. Es würde mich auch in dem beirren, was ich vielleicht eben dieser Zeit an Positivem zu sagen habe.«[68]

Zur Entwicklung von Theologie und Kirche: »Vielleicht darf ich sagen, daß ich in meinem viel bescheideneren Erfahrungs- und Wirkungskreis [in der Kirche] etwas empfinde, das ich vorher nicht in diesem Maß kannte. Damals empfand ich die Aufgabe in einem Voranstreben, in einem Anregen und Entfalten wertvoller neuer Motive und einem Wiedererwecken von Vergessenem. Das spricht natürlich jetzt auch noch mit, aber vor allem fühlt man Sorge über die Verwirrung, die sich so vielfach anzeigt. Man empfindet sich selbst als ›konservativ‹ und wird auch von anderen so empfunden. Die beirrenden Momente sind deswegen so stark, weil heute die allgemeinen Bildungs- und Kommunikationsmittel jedem das Gefühl geben, Kritik üben und reformieren zu können. Oft fehlt das Urteil und die Geduld zum langsamen Wachsenlassen und auch die Bereitschaft zum christlichen Gehorsam. So fühlt man sich berufen, das christlich-kirchliche Erbe zu verteidigen.«[69]

---

[67] Brief an Richard Jäger vom 5.4.1965 (Stabi).
[68] Brief an Carl Georg Heise vom 13.11.1958 (Stabi). Im Tagebuch vom 10.6.1964 ist notiert: »Große Kunstausstellung – bedrückende Angelegenheit ...« (Stabi, Ana 342,9).
[69] Brief an Kardinal Joseph Frings vom 7.2.1967 (Stabi).

Bereits 1939 hatte Guardini jenen Einschnitt, in dem der Mensch aus der bisherigen wirkenden Mitte heraustritt, vorblickend als Aufgabe des Alters bezeichnet. Nicht vorausgesehen war allerdings die Härte dieses Nachlassens, die ihn besonders seit der Emeritierung in voller Wucht traf: »Die Dinge und Geschehnisse des unmittelbaren Lebens verlieren (im Alter) ihre Vordringlichkeit. Die Gewalttätigkeit, mit der sie den Raum der Gedanken, die Fühlkraft des Herzens in Anspruch nehmen, läßt nach. Vieles, das ihm größte Bedeutung zu haben schien, wird unwichtig; anderes, das er für geringfügig gehalten hatte, nimmt an Ernst und Leuchtkraft zu ... Es ist ein Vorlauf dessen, was die religiöse Sprache das Gericht nennt. ›Gericht‹ bedeutet, daß die Dinge aus den Verschleierungen des Geredes, aus den Verwirrungen durch Lüge und Gewalt herausgenommen und in die reine, weder zu bestehende noch zu betrügende Wahrheitsmacht Gottes getragen werden. Zu diesem Gericht ... vollzieht sich im rechten Alter eine Art Vorbereitung.«[70]

Letzte Reise nach Italien

Im August 1968 ging es Guardini gesundheitlich so gut, daß ihm der unvermutete Gedanke kam, seine Angehörigen in Isola Vicentina zu besuchen. Sein Arzt, Dr. Franz Riedweg, hielt den Klimawechsel für günstig und begleitete ihn, zusammen mit der Haushälterin Maria Parzinger und der Sekretärin Clara Chrzanowski. Die Reise dauerte vom 28.8. bis 15.9.1968; Zwischenstationen waren Brixen und Trient. In Isola erklärte Guardini, es gebe da so ein kleineres Haus mit Garten, das man suchen müsse; bis man vor einem wunderbaren Anwesen mit weitläufigem Park und der herrschaftlichen Villa nach dem Vorbild Palladios stand. Guardini freute sich unendlich, das Erstaunen seiner Besucher, auch über die feudalen Innenräume, zu sehen.[71]

Trotzdem: Zwei Wochen später auf der Rückreise machte Guardini bei der Fahrt über den Brenner die Bemerkung: »Ich habe immer den Eindruck, daß hier im Norden eine Dimension mehr ist.«[72] Noch eine Einzelheit: Oberhalb Innsbruck bei Igels sperrte eine Prozession den Weg, alle stiegen aus und knieten auf der Straße vor dem Priester mit der Monstranz nieder.[73]

---

[70] Die Lebensalter, 59.
[71] Schriftlicher Bericht von Franz Riedweg vom Sommer 1983 an die Autorin.
[72] Ebd.
[73] Ebd.

Die Reise erfreute Guardini im Innersten; er war in einer Weise gesund und leistungsfähig, wie man es nicht erwartet hatte. In der Woche nach der Rückkehr bekam Guardini des föhnigen Wetters wegen starke neuralgische Schmerzen, die Augen verloren die Sehkraft, der Arm wurde schwer.[74] Der Arzt wollte ihn in die Klinik bringen, doch blieb er noch einige Tage zuhause im Bett, manchmal im Sessel.

Am Abend des 30. September 1968 kam Werner Becker zu Besuch; Guardini empfing ihn sichtlich erfreut und aufgeräumt. Werner Becker erinnert sich ein halbes Jahr später: »Als ich (Romano Guardini) besuchte, bereitete sich der Schlaganfall schon vor, so daß ich, um ihn zu schonen, nur wenig über eine halbe Stunde (es war abends, und auf seinen Wunsch war ich noch so spät gekommen) bei ihm blieb. Ich sprach zu ihm von unsern alten Zeiten, an denen er noch immer so sehr hing – darum hatte ihn das endgültige Zerwürfnis mit Hans Waltmann so sehr belastet. Sein letzter Auftrag war, Ernst Tewes zur Bischofsweihe noch nachträglich ›eine Flasche Champagner‹ zu schicken ... Der Arzt ging eine Stunde nach meinem Besuch nochmal zum Gute-Nacht-Sagen zu ihm herein und sagte dann, mein Besuch hätte eine sehr gute Wirkung gehabt; wenn ich jetzt jeden Tag käme, wäre Romano wieder auf der Höhe mit seiner Gesundheit. An Lebensgefahr glaubte der Arzt nicht.

Romano hat aber zu später Stunde vor sich hin gesagt: ›Jetzt kommt noch eine Tasse Kaffee, und dann kommt das Requiem.‹ Die Haushälterin hat durch die Türe gehört, daß er noch fast eine Stunde lang ›zum heiligen Augustinus gebetet habe‹ – offenbar hat er Augustinusworte aus seinem arm gewordenen Gedächtnis hervorgeholt –, und er sei bei dem Wort ›Unruhig ist unser Herz ...‹ stehen geblieben und (habe) es oft wiederholt. Woraufhin wir es auf seinen Totenzettel gesetzt haben.«[75]

Das Sterben

Am 1. Oktober 1968 morgens lag Guardini bewußtlos im Bett; die Haushälterin konnte ihn nicht mehr aufwecken. Man lieferte ihn in die Decker-Klinik ein, wo er den ganzen Tag nicht mehr zu sich kam. Während des Tages kamen außer Maria Parzinger und ihrer Schwester Hedwigis, die den Kranken schon seit längerer Zeit gepflegt hatte, Werner Becker, Felix Messerschmid, Johannes Spörl, Pfarrer

---

[74] Brief von Maria Parzinger an Artur Pfau vom 24.9.1978 (Archiv Burg Rothenfels).
[75] Brief von Werner Becker an Ingeborg Klimmer vom 26.4.1969 (Besitz I. Klimmer).

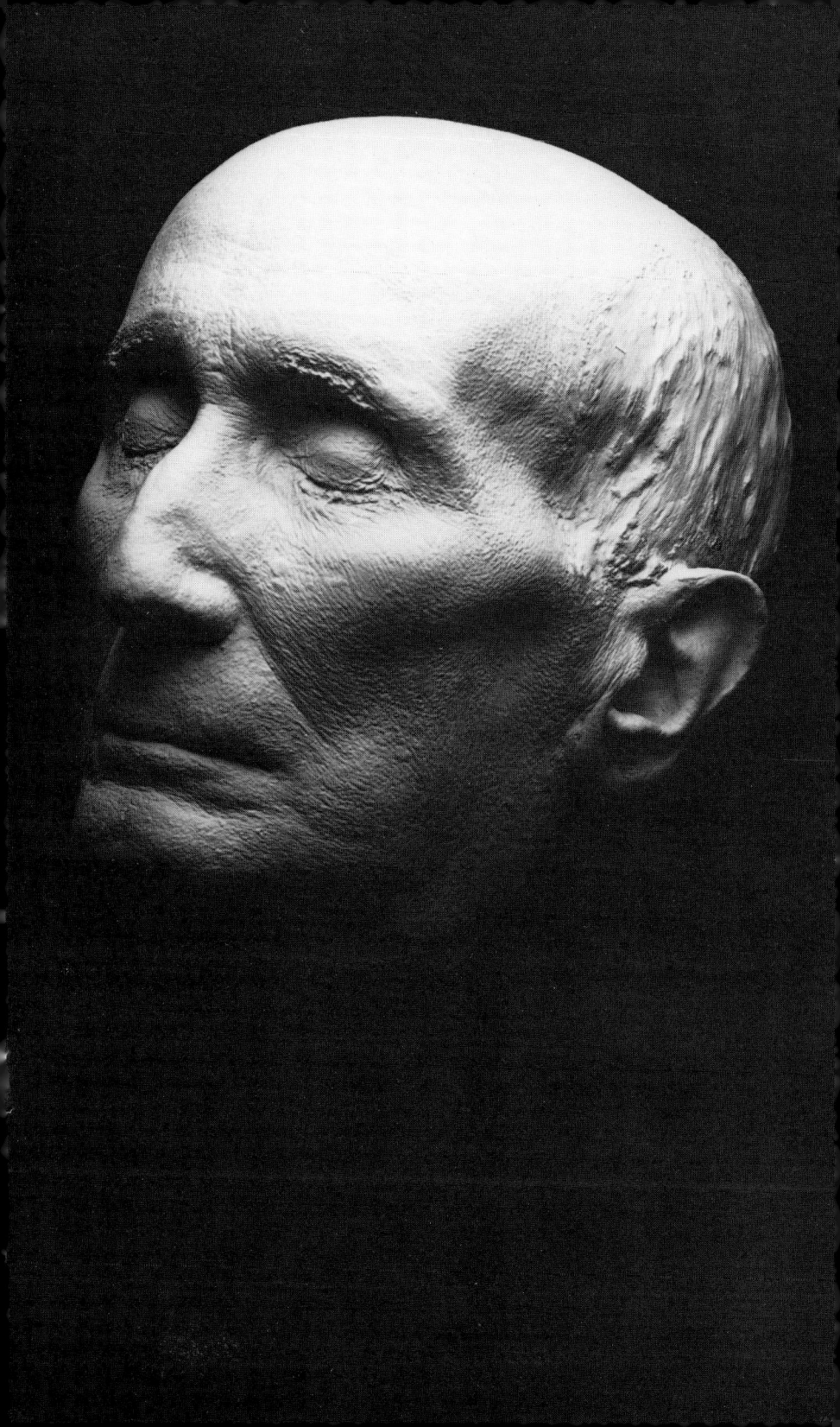

Totenmaske Romano Guardinis.
Abgenommen von G. Gareissen, München.
Aus dem Besitz von Johannes Spörl übergegangen an die Katholische Akademie in München

Leiprecht (Großhesselohe), Pfarrer Forsthuber (St. Ludwig), Pfarrer Oberbauer (Hl. Blut) und Kaplan Hutterer. Man betete den Rosenkranz und schließlich die Sterbegebete. Abends um 20.40 Uhr verschied Romano Guardini, wie in einem Einschlafen.

Am nächsten Tag setzten sich die engen Freunde zusammen, um über die Todesanzeige zu beraten. Unter den vielen Titeln, die Guardini im Laufe seines Lebens erworben hatte oder die ihm zugesprochen waren, wählte man schließlich keinen einzigen. Den Freunden schien sein Wesen in den wenigen Worten ausgedrückt: »Romano Guardini – Diener des Herrn«.

Johannes Spörl ließ eine Totenmaske abnehmen, die heute im Besitz der Katholischen Akademie in Bayern ist.

Das Sterben Guardinis nach einem so erfüllten, durchgestandenen Leben steht unter seinem eigenen Wort: »Der Tod ist nicht nur ein Aufhören und Zunichtewerden, sondern trägt einen Sinn in sich. Denken wir an die Doppelbedeutung, die das Wort ›enden‹ hat, und die in der Verbindung mit dem Eigenschaftswort ›voll‹ zutage tritt. ›Voll-Enden‹ heißt wohl zu Ende bringen, aber so, daß darin das sich erfüllt, worum es geht. So ist der Tod nicht das Nullwerden, sondern der Endwert des Lebens – etwas, das unsere Zeit vergessen hat. Im Geheimnis des Glaubens und der Wiedergeburt treten wir in den Mitvollzug des Lebens, Sterbens und Auferstehens Christi ein. So ist der Tod das letzte Wagnis, an Christi Hand, in die große Verheißung hinüber. In all der Hilflosigkeit und Qual, die das Sterben bedeuten kann, ist das Sterben Christi enthalten – das aber ist die uns zugewendete Seite jenes Ganzen, dessen andere Seite Auferstehung heißt.«[76]

Die Beerdigung

Am 3. Oktober 1968 wurde Guardini in der Ludwigskirche, der er so oft als Priester und Verkündiger gedient hatte, aufgebahrt.

Der 4. Oktober versammelte eine übergroße Schar von Leidtragenden um den geliebten Lehrer und Freund. Man konnte an der Vielzahl der Angereisten noch einmal wie in einem Spiegel Guardinis weites Ausgreifen in alle Schichten der Bevölkerung, über die Konfessionen, über soziale Unterschiede hinweg erkennen. Die Nachrufe waren zahllos und ungewöhnlich – es zeigte sich bereits, daß es kaum möglich war, Guardini in einem kurzen Artikel in dem

---

[76] Die letzten Dinge, Die christliche Lehre vom Tode, der Läuterung nach dem Tode, Auferstehung, Gericht und Ewigkeit, Würzburg 1940, 20.

Reichtum seiner Persönlichkeit und dem Reichtum des Geleisteten zu würdigen.

Julius Kardinal Döpfner stellte beim Requiem in der Ludwigskirche das Wirken Guardinis in seiner Ansprache unter den großen Satz des Paulus: »Ich glaubte, darum redete ich« (2 Kor 4,13).

Auf dem kleinen Priesterfriedhof von St. Laurentius, das als Gründung des Oratoriums nicht unzutreffend »Rothenfels in München« genannt wurde und wo Guardini in seinen letzten Jahren manchmal in der Hauskapelle zelebriert hatte, war ihm die letzte Ruhestätte bereitet. Er selbst hatte diesen Wunsch geäußert, nachdem die erste Anregung dazu von Bischof Ernst Tewes, selbst einem Mitglied des Oratoriums, gekommen war. Hier liegt er an der Seite seines Freundes Philipp Dessauer, 1980 wurde Heinrich Kahlefeld daneben gebettet. Das Grab wird von einer Bronzeplatte bedeckt, auf der die selbst entworfene Inschrift steht: »Romano Guardini (1885–1968). Im Glauben an Jesus Christus und seine Kirche, im Vertrauen auf sein gnädiges Gericht.«

Das Konzil ehrte ihn zwei Tage später, am 6. Oktober, in der Elften Vollversammlung des »Consilium ad exequendam Const. de S. Liturgia« im Palazzo di S. Marta in der Vatikanstadt: Zur Eröffnung erhoben sich rund dreißig Kardinäle und Bischöfe mit ebenso vielen Konsultoren zu einem gemeinsamen De profundis. Dies war nur ein kleines Zeichen, wie sehr den Konzilsvätern die überaus große Bedeutung Guardinis bewußt war. So lange Zeit hatte er in der Liturgischen Bewegung die Rolle des Vor-Denkers übernommen, beinahe ebenso lange freilich auch die dazugehörige Einsamkeit. Daß im Konzil die von ihm ausgestreute Saat nunmehr weltweit aufging, war mehr als ein zufälliges Zusammentreffen mit seinem Sterbetag.

XIV. Der Nachhall 1968–1985

Ein langsames Vergessenwerden

Sieht man von den Nachrufen ab, die zunächst wochenlang die Zeitungen füllten, so ist doch bald zu beobachten, daß das Werk, damit aber auch die Person Guardinis für die Öffentlichkeit mit seinem Ableben unter den Schleier der Vergangenheit und damit des Vergessenwerdens gerieten. 1968 markiert ja als Datum einen Einbruch, eine revolutionäre Wende des Bewußtseins, ausgehend von der Studentenschaft und von dort aus die Universitäten und überhaupt den Bildungsbegriff tief verändernd. Die gesellschaftliche Herausforderung durch die im Ansatz neomarxistische Fragestellung war groß; für den Augenblick war sie auch weder nachhaltig zu beantworten noch aktuell aufzufangen. Es ist müßig, die Frage zu stellen, ob Guardini in diesem und den folgenden Jahren, hätte er gesprochen, das Ohr der Jugend erreicht hätte oder ob er nicht von vornherein überhaupt am Reden gehindert worden wäre. Sein Widerspruch gegen Begriff und Inhalt der aufkommenden Ideologie wäre vermutlich entschieden gewesen – vermutlich wäre er aber auch nicht »angekommen«.

So verhinderte die Zeit unmittelbar, über den schon bestehenden Leserkreis hinaus, eine weitere Beschäftigung mit seinem Werk. Ein zweiter Grund liegt aber in der nicht ungewöhnlichen Tatsache, daß ein lange Zeit gehörter Interpret einer Phase des Schweigens anheimfallen kann, in der er abgelehnt, schlimmer: nicht mehr wahrgenommen wird. Guardini selbst hat in Zusammenhang mit Goethe diesen Vorgang beschrieben: »Jedes Werk geht durch diese Krisis. Das erste Verhältnis zu ihm ist das unmittelbare; es ruht auf der Gemeinsamkeit der geschichtlichen Voraussetzungen. Dann schwinden diese und das Verhältnis zerfällt. Eine Zeit der Entfremdung, ja der Ablehnung folgt, um so gereizter, je mehr die erste Bejahung dogmatisch geworden war – bis eine spätere Epoche aus ihren neuen Voraussetzungen heraus ein neues Verhältnis zu Mensch und Werk findet. Ob das aber geschieht, und wie oft diese

Wiedergeburt sich vollzieht, und auf wie lange Geschichtsstrecken hin sie jeweils lebendig bleibt, entscheidet über das Maß der Menschheitsgeltung, welche dem Werk eignet.«[1]

Ob diese Worte sich für Guardini in allem einlösen werden, steht jedenfalls für den dritten Teil noch dahin. Eingelöst wurden sie in der rasch, ja unmittelbar einsetzenden Distanz zu seinem Werk, das von der jungen Generation, aber auch vom »kritischen Katholizismus«, auch von den Theologen nicht mehr gelesen wurde.

Sorge um das Erbe

Doch in dem sich ausbreitenden Schweigen gab es einige Momente nachhaltiger Erinnerung, die die Gedanken Guardinis, wie zu hoffen ist, für eben diese dritte Phase der Wiederbeschäftigung mit ihm weitertragen.

Dazu gehören die posthumen Veröffentlichungen, welche die Nachlaßkommission nach langem, unentschiedenem Hin und Her herausgab. 1976 erschienen das Alterswerk Guardinis, das die Mitte seiner Münchener Vorlesungen bildete: »Die Existenz des Christen«, und das schmale Bändchen »Theologische Briefe an einen Freund«.

Felix Messerschmid, Vorsitzender der Kommission, die außerdem noch aus Bernardine Sugg-Bellini, Hans Waltmann, Johannes Spörl und Werner Dettloff bestand, gab die Tagebücher von 1942 bis 1964 unter dem Titel »Wahrheit des Denkens und Wahrheit des Tuns« (1980) heraus. Damit war eine »Innenansicht« Guardinis eröffnet, die er selbst nicht der Öffentlichkeit zugänglich gemacht hätte, die der Historiker Messerschmid aber richtig als für die Erkenntnis dieser komplexen Persönlichkeit unabdingbar betrachtete.

Bis heute sind im Nachlaß noch äußerst wesentliche Schriften und Entwürfe Guardinis, die der Veröffentlichung harren, so eine »Ethik« und ein Kommentar zur gesamten »Göttlichen Komödie« von Dante; nicht zuletzt ein bedeutsames Manuskript über Nietzsche, mit dem sich Guardini als dem eigentlichen Anti-Christen des 19. Jahrhunderts von Anfang an hellhörig auseinandersetzte. 1984, aus Anlaß des 100. Geburtstages, machte die Katholische Akademie in Bayern die autobiographischen Aufzeichnungen »Berichte über mein Leben« zugänglich.

Die Sekundärliteratur kennt einige wichtige Monographien, im ganzen aber ist die geringe Anzahl z. B. von Dissertationen über Guardini ein Zeichen seiner spärlichen universitären Rezeption.

---

[1] Das Ende der Neuzeit, 60f.

Eine erwähnenswerte Ausnahme bildet die Arbeit Fridolin Wechslers (bei Theoderich Kampmann), »Romano Guardini als Kerygmatiker« (1973). Unersetzliche Dienste leistet die Bibliographie, die Hans Mercker 1978 erstellte und die das ganze, so unübersichtliche Werk Guardinis mit den dazugehörigen sekundären Veröffentlichungen vorbildlich vorstellt. Die einzelnen Zeitschriftenbeiträge und Aufsätze sind hier nicht zu würdigen; der Bestand spricht aber für eine nur teilweise und eher erinnerungsbestimmte Erwähnung Guardinis, besonders in der Theologie. Einen neuen hervorragenden Einsatz zur Guardini-Deutung gaben Hans Urs von Balthasar 1970 und Eugen Biser, der zweite Lehrstuhlnachfolger, 1979. Beide Deutungen der Gestalt und Wirkung Guardinis bilden den Maßstab, an dem sich die künftige Interpretation zu messen hat. Dies gilt um so mehr, als bei beiden auch Gründe des Wirkungsverlustes und Schwächen in der Denkform Guardinis aufgezeigt werden. Die Frage nach dem Vermächtnis bleibt allerdings – in dem noch kurzen Abstand – weitgehend offen.

In Tagungen gewürdigt wurde Guardini zwischen 1973 und 1980 ausschließlich von Burg Rothenfels. Erst 1983 setzte, im Sog des nahenden Geburtstags, die Beschäftigung mit Guardinis Werk auch anderswo wieder ein: die Katholische Akademie Stuttgart führte 1983 und 1984 zwei Tagungen in Neresheim und Ravensburg durch, die Rabanus-Maurus-Akademie im Frühjahr 1984 in Frankfurt.

Rothenfels war der Ort, an dem der alte Freundeskreis aus unmittelbarem und lebendigem Bezug die von Guardini gestellten Fragen unter jeweils veränderter Betrachtung insgesamt sechsmal aufgriff. 1978 gelang es, die Vielzahl der noch lebenden alten Freunde, besonders auch jene aus dem alten Rothenfelser Führungskreis, zu versammeln und die Frage nach Guardinis geistigem Erbe auch vor jungen Leuten neu zu formulieren.[2]

Für die Öffentlichkeit am wirksamsten war die Stiftung des Romano Guardini Preises durch die Katholische Akademie in Bayern im Jahre 1970. Seitdem wird alljährlich der Preis unter großer Aufmerksamkeit nicht nur katholischer Kreise vergeben; zu den Preisträgern zählten neben anderen Karl Rahner (1970), Hans Urs von Balthasar (1971), Werner Heisenberg (1973), Carl Orff (1974), Josef Pieper und Walter Dirks (1982), Georg Meistermann (1984) – um die Spannbreite der Geehrten, unabhängig von ihrer Bindung an ein bestimmtes Fach, einmal an diesen Namen zu zeigen.

Seit wenigen Jahren, nicht zuletzt durch die Taschenbuchausgaben wichtiger Schriften, ist Guardini auch in der jungen Generation

---

[2] Die Tagungen wurden jeweils in den »Rothenfelser Schriften«, Selbstverlag Vereinigung der Freunde von Burg Rothenfels e.V. herausgegeben.

im Gespräch, das vielleicht ein Hinweis auf die kommende Renaissance sein kann. Eine von Max Faller geschaffene Bronzetafel in St. Ludwig erinnert seit drei Jahren an den Meister des geistlichen Wortes. Das Jahr 1985 wird mit den in Fernsehen, Rundfunk und Presse vorgesehenen Würdigungen und mit den in Mainz, München und anderswo geplanten Tagungen ein neues Wahrnehmen Guardinis einleiten. Welch neues Verhältnis und vor allem welch lebendiges Anknüpfen und Weiterführen der von ihm vorgedachten Fragen damit eingeleitet ist, wird sich erweisen.

XV. »Innen und Oben«: ein Schlußwort

»Heute nacht, aber es war wohl morgens, wenn die Träume kommen, dann kam auch zu mir einer. Was darin geschah, weiß ich nicht mehr, aber es wurde etwas gesagt, ob zu mir oder von mir selbst, auch das weiß ich nicht mehr.

Es wurde also gesagt, wenn der Mensch geboren wird, wird ihm ein Wort mitgegeben, und es war wichtig, was gemeint war: nicht nur eine Veranlagung, sondern ein Wort. Das wird hineingesprochen in sein Wesen, und es ist wie das Paßwort zu allem, was dann geschieht. Es ist Kraft und Schwäche zugleich. Es ist Auftrag und Verheißung. Es ist Schutz und Gefährdung. Alles, was dann im Gang der Jahre geschieht, ist Auswirkung dieses Wortes, ist Erläuterung und Erfüllung. Und es kommt alles darauf an, daß der, dem es zugesprochen wird – jeder Mensch, denn jedem wird eines zugesprochen –, es versteht und mit ihm ins Einvernehmen kommt. Und vielleicht wird dieses Wort die Unterlage sein zu dem, was der Richter einmal zu ihm sprechen wird.«[1]

Das Guardini mitgegebene Wort muß auch nach der Beschäftigung mit seinem Leben und Wirken im Bereich des Geheimnisses bleiben. Geheimnis heißt aber hier – nach seinen eigenen Worten – nichts Dunkles, sondern eine immer stärker werdende Helle. Sie bedeutet das Offenbarwerden des »Paßwortes«, des personalen Innen.

Damit ist keineswegs das Enthüllen psychischer Bereiche gemeint, die sich in der Lebensgeschichte »niederschlagen«, wodurch diese Geschichte dann von einem fremden Blick, der dieses Innere nach psychischen Gesetzen beurteilt, »erklärt« werden kann. Eben das Anwenden einer allgemeinen Gesetzlichkeit auf individuelle Vorgänge löst ein Unbehagen aus – das Unbehagen, das Einmalige und nicht Austauschbare doch »ausgetauscht«, die Helle des Personalen wieder verdunkelt zu haben.

---

[1] Tagebuch vom 1.8.1964 (nicht aufgenommen in: Wahrheit des Denkens), mitgeteilt von Felix Messerschmid, in: Person und Bildung. Gibt es ein Erbe Romano Guardinis?, 34f.

Mit dem Personalen ist – von der Ebene der Psyche verschieden – das *geistige* Antlitz des Menschen und des Denkers Guardini gemeint. Zu ihm vorzudringen und es in seiner eigenen Beleuchtung zu suchen, gelingt auf der Ebene des Wissens nur teilweise, besser gesagt: wissenschaftlich forschendes Eindringen gelangt nicht bis zur Mitte des Personalen. Auf eigenartige Weise rücken für Guardini z. B. zwei ansonsten unterschiedliche Disziplinen strukturell in vergleichbare Nähe, die scholastische Theologie und die Psychologie, und zwar über ihren Allgemeinheitscharakter, der »die unableitbare Sondergestalt« ausscheidet. »In Wahrheit ist aber das ›singulare‹, das heißt, das Konkret-Einmalige, etwas, was man vom Gegenstand der Theologie nicht weglassen kann. Ja, in ihm besteht gerade das Eigentliche.«[2]

Guardini selbst hat immer das Unangenehme und Ungemäße einer solcherart analytisch-gesetzmäßigen Durchleuchtung und Einpassung empfunden. C. G. Jung, dessen Lektüre er 1963 verzeichnet, ist ihm deswegen unheimlich, rückt zu nahe an Gnosis heran, an jenes abgeschlossene Wissen, dem eine letzte Offenheit fehlt.[3] »Ich mag diese Seeleningenieure nicht«[4], lautete eine seiner Zurückweisungen der Psychoanalyse. Diese Ablehnung hatte ihre objektive Begründung in Guardinis Auffassung von *Person*.

Ihm ist Person von vornherein nicht etwas nur natürlich Gegebenes und kulturell Überformtes, wie »Gestalt«, »Individualität« und »Persönlichkeit«. Person ist für all das bereits Voraussetzung, innerster Kern des Menschen, eine Vor-Gabe, aber nicht der Natur, sondern der Gnade. Schon die Prüfung des Satzes »Ich bin« »würde in die Wurzeln des Religiösen führen«.[5] Denn Person entsteht durch Zuwendung Gottes und allein daraus: »Durch seinen liebenden Anruf macht Gott den Menschen zur Person, aber in Achtung. Er schafft ihn nicht so, wie Gestirne, Baum oder Tier, durch einfachen Befehl, sondern durch Anruf.«[6] In diesem Wort bestimmt Gott »sich selbst dem Menschen zum Du«[7]. Und eben darin ist der Mensch für Guardini ein *Geheimnis:* nicht nur den anderen, sondern vor allem sich selbst. Seine beurteilbaren und greifbaren Schichten gehören nicht zu jenem Letzten, Entscheidenden; ihre Analyse sagt darum nur etwas, aber nicht alles aus. Wird dieses wenige und eingegrenzte

[2] Tagebuch vom 23.4.1945; Wahrheit des Denkens, 21.
[3] Kalender vom 17.5.1963: »C.G. Jung: Erinnerungen, Träume, Gedanken – ein unheimliches Buch. Gnosis.« 17.7.: »Immerfort starker Eindruck der Erinnerungen von C.G. Jung. Macht ratlos.« (Stabi).
[4] Mündliche Äußerung, mitgeteilt von F. Messerschmid.
[5] Welt und Person ²1940, 102.
[6] Ebd., 25.
[7] Ebd., 114.

Etwas dann sogar als »Schlüssel« für den ganzen Menschen genommen, dann geschieht diesem ein Unrecht. Noch einmal: »Einander sehr genau betrachten, heißt schon einander unrecht tun.«[8] Personales Innen, nämlich das Geheimnis der Liebe zwischen Gott und Mensch, von den dazu äußeren Schichten des Geistigen oder der Psyche her zu »erschließen«, wenn nicht gar zu erklären, ist für Guardini eine Umkehrung des wahren Verhältnisses. Denn wahr wäre es, Geist und Seele von dem intimum, dem Grad des lebendigen Bezugs zwischen Innen und Oben, zu betrachten. »(Der Mensch) existiert von über sich herab und über sich hinauf. Diese Relation bestimmt sein Wesen.«[9]

Das letzte Wort des Biographen kann nur die Hoffnung zum Ausdruck bringen, daß durch all das viele Gesagte nicht das Unsägliche verdeckt wurde, das der Austausch von Innen und Oben bei Guardini selbst hervorbringt. Es wäre schon viel, wenn über das genauere Kennen seines Lebens hinaus, das dieser Band vermitteln wollte, sich auch zuweilen ein Angerührtsein von der personalen Tiefe dieses Menschen mitteilte.

---

[8] Von Guardini gern zitierte Stelle aus »Kindheit und Jugend« von Hans Carossa.
[9] Tagebuch vom 10.4.1945; Wahrheit des Denkens, 19.

Personenregister

Abele, Theodor 133, 194
Adam, Karl 194
Adenauer, Konrad 130
Albertus Magnus 16
Altenburger, Hans 194
Amman, Grete 192, 335
Amman, Rolf 193, 194, 241, 247
Anselm von Canterbury 58, 131, 135, 147, 264, 266, 272
Apollo 126
Aristoteles 257
Auer, Alfons 345
Augustinus 12, 73, 85, 87, 195, 224, 271, 285, 286, 287, 324, 332, 336, 344, 366
Aussem, Josef 93, 192, 194, 196, 197, 199, 221, 234

Baader, Franz Xaver von 48
Bach, Johann Sebastian 187, 209
Bachmann, Heinrich 182
Baier, Walther 248
Ballmann, Willibrord OSB 167
Balthasar, Hans Urs von 13, 345, 353, 371
Bardo 48
Barth, Karl 62, 137, 254, 283
Baur, Ludwig 53
Beauduin, Lambert OSB 115
Becker, Carl 140, 141, 215, 279
Becker, Josef Blasius 78
Becker, Werner 123, 124, 131, 197, 248, 299, 355, 366
Belser, Johannes Evangelist 53
Bendiscioli, Mario 237
Bendix, Ludwig 107, 111
Benedikt XV. 54
Benedikt von Nursia 18, 205
Bengsch, Alfred 279
Berg, Hermann 82
Berger, Karl 41
Bergson, Henri 254
Bernanos, Georges 227
Bernardinelli, Michele 17, 20
Bernhard, Prinz der Niederlande 30
Bernhart, Joseph 72
Berning, August Heinrich 133, 194
Berning, Vincent 133
Binkowski, Johannes 159, 174, 245, 351
Birnbaum, Walter 114
Biser, Eugen 284, 371
Blank, Ricardo 232
Bloy, Léon 48
Böhm, Dominikus 195
Bogler, Theodor OSB 301
Bonaventura 83, 84, 85, 86, 87, 90, 134, 147, 252, 260, 266, 272
Bondy, Max 171
Bonhoeffer, Dietrich 62
Bopp, Linus 65

Braig, Carl 52, 84, 85
Bremond, Henri 237
Brentano, Clemens 227
Brentano, Lujo 39, 40
Brüning, Heinrich 133
Bruno, Giordano 324
Buber, Martin 80, 122, 132, 133, 134, 254, 298, 348, 354
Buchholz, K. 176
Buddha 12, 281, 283, 305, 306
Büchner, Franz 331
Buytendijk, Frederik J. J. 237

Carossa, Hans 15, 375
Casel, Odo OSB 111, 113, 114, 116, 127, 128, 129
Castelli, Enrico 333, 334
Cavour, Benso di 18
Chardin, Teilhard de 55, 349
Christine, Lucie 49
Chrysostomus, Johannes 73
Chrzanowski, Clara 343, 365
Claudel, Paul 227
Clemen, Lily 132
Clemen, Paul 130, 132
Conrad-Martius, Hedwig 146
Coudenhove, Ida 200
Cronberg, Johann Schweikard von 32

Dante Alighieri 20, 30, 34, 41, 47, 85, 287, 288, 290, 311, 344, 370
Defregger, Matthias 243, 346
Dempf, Alois 133
Denifle, Heinrich 47
Descartes, René 145, 288, 338
Dessauer, Friedrich 185, 368
Dettloff, Werner 351, 370
Deutinger, Martin 42
Dickens, Charles 34
Diederichs, Peter 302
Dillersberger, Prof. 327
Dilthey, Wilhelm 254, 267, 268
Dirks, Walter 13, 68, 92, 95, 118, 169, 170, 175, 198, 205, 206, 273, 299, 341, 371
Döbler, Kurt 245
Döllinger, Ignaz 42
Döpfner, Julius 368
Doré, Gustave 34
Dostojewskij, Fjodor Michailowitsch 24, 144, 195, 199, 227, 252, 283, 287, 290, 332
Driesch, Hans 254
Driessen, Elisabeth 194
Duchesne, Louis 88
Dürer, Albrecht 98, 99, 105

Eberle, Joseph 53
Ebner, Ferdinand 254
Eckehart 106

Eckert, Alois 95
Egelseer, Stephan 332, 347
Ehlen, Nikolaus 148
Eichendorff, Joseph von 96, 98, 227
Eisenbach, Walter 298, 319
Eisenbach-Warsberg, Elisabeth 295, 298, 319, 320, 331, 332, 334
Emonds, Josef 197, 199
Endrich, Erich 71
Esch, Ludwig SJ 336
Esser, Gerhard 112
Eulenbruch, Maria 226
Eustochium 107

Fabricius, Ludwig 31, 35
Färber, Karl 53, 56
Faller, Max 372
Falzolgher, Catharina 17
Faulhaber, Michael von 174
Fechter, Paul 290, 291, 297, 317
Festugière, P. M. 128
Feuling, Daniel 65
Fichte, Johann Gottlieb 293
Fiege, Willi 221, 247
Fischer, Josepha 319
Fischer, Karl 154
Fischer, Lorenz 194
Fleckenstein, Heinz 155, 239
Foerster, Friedrich Wilhelm 99, 155, 159, 213
Förster, Tony 132
Forel, Auguste 76
Forni, Msgr. 318
Forster, Karl 210, 356
Forsthuber (Pfarrer) 367
Frank, Dr. 350
Franz, Jakob 71
Franziskus 205, 206, 207, 252
Freud, Sigmund 349
Friedrich Barbarossa 162
Fries, Heinrich 141, 146, 267, 268, 270, 351
Frings, Joseph 50, 87, 89, 353, 364
Fuhrmans, Horst 252, 257
Fuhry, Ernst 209
Funk, Franz Xaver 53
Funk, Philipp 53, 68, 178

Gasparri, Pietro 302
Gatterdam, Bonifatius OSB 348
Gauguin, Paul 227
George, Stefan 150, 293
Getzeny, Heinrich 144, 178, 194
Gide, André 256
Gilson, Etienne 286
Goebbels, Joseph 321
Goergen, Aloys 254, 277, 299
Görner, Erich 116, 129, 245, 296, 299, 300, 301, 304, 330
Görres, Ida Friederike 55
Görres, Joseph 48

Goes, Albrecht 291, 302
Gössmann, Elisabeth 285
Goethe, Johann Wolfgang von 86, 187, 191, 253, 256, 257, 285
Gogarten, Friedrich 133
Gogh, Vincent van 229
Gotthelf, Jeremias 227
Gottron, Adam 25, 35, 47, 48, 49, 50, 77, 92, 95, 96, 97, 98
Grabe, Elisabeth 281
Grabmann, Martin 84
Graf, Willi 274
Grassi, Ernesto 324
Gröber, Konrad 325, 326
Grosche, Robert 202
Groß, Werner 76
Grünewald, Matthias 104
Guardini, Aleardo 21, 24
Guardini, Antonio 20
Guardini, Gino (Ferdinando) 21, 24
Guardini, Giuliano 24, 26
Guardini, Maria Antonietta 24
Guardini, Mario 21, 23, 24, 25, 26
Guardini, Paola Maria geb. Bernardinelli 21
Guardini, Romano Tullo 18
Guéranger, Prosper OSB 115
Guitton, Jean 252
Gutenberg, Johannes 31

Haecker, Theodor 142, 143
Hammer (Lehrer) 98
Hammer, Felix 146
Hannes, Leni 209
Harnack, Adolf von 141
Harth, Philipp 20, 21, 33, 34, 244
Harth, Ida 316
Hartmann, Nikolai 50, 147, 254, 266
Hebbel, Friedrich 135
Hebel, Johann Peter 359
Hefele, Hermann 53, 68, 178, 298
Hegel, Georg Wilhelm Friedrich 253, 257, 293
Heidegger, Martin 64, 87, 134, 144, 331, 359, 360
Heiler, Friedrich 56, 58, 149
Heiler, Joseph 166
Heilmann, Alfons 53
Heinemann, Fritz 134, 235
Heinrich von Frauenlob 31
Heise, Carl Georg 317, 364
Heiseler, Bernt von 307
Heisenberg, Werner 371
Helming, Helene 182, 194, 209
Hendriks, Johannes 114
Henrich, Franz 19, 161, 174, 189
Herrmann, Hilde 317
Herwegen, Ildefons OSB 65, 109, 110, 111, 112, 113, 115, 116, 129, 130, 150
Herzeleide 166
Hesse, Hermann 256

377

Heuss, Theodor 40
Hieronymus 107
Hitler, Adolf 241, 321, 328
Hölderlin, Friedrich 195, 198, 274, 284, 288, 290, 292, 293, 306, 318, 324, 332, 344, 359
Hörhammer, Manfred OFM 64, 73, 276, 288, 363
Hoffmann, Hermann 96, 98, 125, 148, 149, 153, 159, 160, 161, 167, 174, 176
Huizinga, Johan 206
Husserl, Edmund 50, 110, 144, 145, 146
Hutterer (Pfarrer) 367
Huysmans, Karel Joris 48

Ignatius von Loyola 205
Ither von Gahavies 165
Jaeger, Werner 279
Jäger, Richard 364
Jammes, Francis 227
Jaroschek, Kurt 185, 194
Jaspers, Karl 267, 268
Jochum, Eugen 137
Jochum, Maria 237
Johannes XXIII. 130
Johannes Paul II. 16
Jung, Carl Gustav 256, 374

Kaas, Ludwig 353
Kafka, Franz 282, 349
Kahlefeld, Heinrich 114, 194, 306, 335, 336, 363, 368
Kaltenhäuser, Margarete 194
Kampmann, Theoderich 16, 344, 346, 371
Kant, Immanuel 119, 126, 145, 147, 148, 150, 171, 225, 266, 288, 293
Kappes, Katharina 181, 183, 184, 185, 186, 188, 209, 212, 217, 218
Kassiepe, Max 325
Katharina von Siena 90
Keller, Gottfried 227
Kempner, Fanny 299
Keppler, Paul Wilhelm 72
Kessler, Thomas 174
Ketteler, Wilhelm Emmanuel von 32, 48
Kiefer, Hermann 144
Kierkegaard, Sören 62, 63, 113, 134, 227, 253, 254, 257, 281, 283, 287, 290, 308, 310, 350
Kindt, Werner 154
Kirstein, Georg Heinrich 79, 95
Klage, Ludwig 28
Klatt, Fritz 351
Klein, Felix 87
Kleist, Heinrich von 100
Klimke, Friedrich 268
Klimmer, Ingeborg 248, 363, 366
Klug, Ignaz 160, 174
Kluge, Adolf 89
Knauft, Wolfgang 60

Knies, Richard 37, 103, 104, 105, 106, 110, 120, 121, 123, 134, 139, 152, 196, 251, 252, 278, 294, 295, 296, 306, 315, 321, 322, 324
Knöpfler, Maria 56, 72, 88, 89, 106
Koch, Karl 35
Koch, Rudolf 319
Koch, Wilhelm 53, 54, 56, 57, 58, 63, 67, 72, 76
Kolbe, Ferdinand 114
Konrad III. 162
Krabbel, Gerta 70, 123, 182
Krahe, Judith OSB 113, 127
Krauss, Meinold 57
Krebs, Engelbert 48, 84, 85, 115, 148, 301
Krüger, Gerhard 341
Künstle, Karl 84
Kunisch, Hermann 345

Landersdorfer, Simon OSB 65, 66
Landsberg, Paul Ludwig 122, 130, 131, 142
Lang, Hugo OSB 11, 42
Laqueur, Walter 154
Laros, Matthias 148
Lasaulx, Ernst von 48
Laubach, Jakob 104, 252
Leder, Rudolf 194
Lefèvre, Theo 30
Le Fort, Gertrud von 177
Leiprecht (Pfarrer) 367
Lenhart, Georg 91
Lenz-Medoc, Paulus 334, 335, 340, 352
Leskow, Nikolai 227
Leuschner, Bruno 332
Lewin, Robert Kosmas 292, 293
Liedl, Maria 192, 194
Lieser, Dr. 323, 328
Lietzmann, Hans 115
Linhart, Paula 351
Link, Helmut 38
Lippl, Alois Johannes 182
Löwenstein, Alois Fürst von 161
Loisy, Alfred 54
Lützeler, Heinrich 130, 132, 137, 142, 143
Lutz, Heinrich 133, 200, 201, 341

Maas-Ewerd, Theodor 114, 325
Mack, Eugen 53
Maier, Hans 113
Mann, Thomas 256
Mannheim, Karl 134
Manser, Anselm OSB 64
Marc, Franz 227
Marillac, Mary Louise de S.S.N.D 305
Maritain, Jacques 237, 334
Markert, Franz 46
Marquard, Edelherr von Grumbach 162
May, Karl 25, 227
Mechtild von Magdeburg 49

Meistermann, Georg 371
Mercker, Hans 134, 371
Merz, Elisabeth 213
Merz, Lene 213, 242
Messerschmid, Felix 10, 22, 57, 60, 61, 73, 140, 154, 157, 178, 182, 195, 207, 216, 247, 316, 321, 335, 336, 352, 353, 354, 366, 370, 373, 374
Michel, Ernst 178, 182, 189
Michelangelo 47, 98, 227
Michels, Thomas OSB 133, 182
Minkenberg, Hein 248
Mischler, Bartholomäus 80
Möhler, Johann Adam 16
Mönckeberg, Vilma 182, 186, 187, 188, 191, 205, 209, 210, 213, 217, 296, 298
Mörike, Eduard 72, 287, 349
Mohlberg, Kunibert OSB 13, 110, 111, 115, 116, 124, 127, 129, 135, 137, 138, 353
Molland, Einar 115
Montaigne, Michel 281, 290
Montini, Giovanni 59, 353
Moser, Bruno 92
Moser, Johannes 46, 51
Mozart, Wolfgang Amadeus 53
Müller, Adam Heinrich 253, 254
Müller, Max 138, 340, 360
Müller, Wolfgang 95
Müller-Marein, Josef 274
Münster, Clemens 341
Muratori, Lodovico Antonio 101
Muth, Carl 48, 104, 110, 194, 198

Neumann, Klemens 159, 160, 161, 164, 181, 182, 206, 212, 213
Neumayr, Josef 322
Neundörfer, Daniel 48
Neundörfer, Karl 32, 35, 36, 37, 39, 43, 45, 47, 48, 50, 53, 56, 64, 65, 66, 67, 68, 69, 70, 71, 77, 78, 79, 89, 91, 102, 178, 182, 194, 195, 196, 251
Neundörfer, Klara 70
Neundörfer, Ludwig 67, 68, 95, 98, 102, 153, 158, 168, 169, 178, 192, 196, 200, 216, ·217, 237, 337
Neunheuser, Burkhard 118, 124, 137
Newman, John Henry 48, 56, 73, 88, 90, 104, 106, 123, 152, 227
Niemeyer, August Hermann 109
Nietzsche, Friedrich 61, 100, 119, 126, 185, 254, 281, 292, 308, 312, 313, 338, 370
Nikolaus von Cues 16
Notker von St. Gallen 348

Oberbauer (Pfarrer) 367
Oberländer, Andreas OSB 64, 65
Oeschger, Hans Jörg 245
Opperskalski, Josef 361
Orff, Carl 371
Otloh von St. Emmeran 107
Otto, Walter F. 211

Pacelli, Eugenio 174
Palladios, Andrea 26, 365
Palladius 106
Parzinger, Hedwigis 363, 366
Parzinger, Maria 321, 343, 365, 366
Parzival 48, 165, 166
Pascal, Blaise 56, 80, 252, 271, 287, 290, 291, 332, 338, 344
Pascher, Josef 91
Paul VI. 60, 252, 353
Paula 107
Paulus, Friedrich 26
Perpetua 135
Pesch, Otto Hermann 351
Peterson, Erik 254
Pfänder, Alexander 40
Pfau, Artur 366
Pfeilschiffer, Franz 52
Pfister, Bernhard 274
Pflumm, Placidus OSB 64, 65, 73, 74, 331
Philipp (Familie) 331
Pieper, Hedwig 302
Pieper, Josef 168, 170, 184, 187, 188, 207, 208, 341, 342, 371
Pilgram, Friedrich 257
Pinsk-Görner, Maria 299
Pius X. 54, 58
Pius XI. 69
Pius XII. 60, 352, 353
Planck, Max 234
Planck, Nelly 234
Platon 12, 64, 65, 67, 85, 87, 100, 131, 132, 253, 279, 281, 344, 355
Platz, Hermann 122, 132, 133, 148, 149, 200, 237
Pleßner, Helmuth 146
Pocci, Franz Graf von 99, 101
Polykarp 135
Portmann, Adolf 337
Poulain, Augustin-François SJ 49, 106
Praxiteles 53
Preetorius, Emil 358
Preysing, Konrad von 295
Pross, Harry 154
Przywara, Erich SJ 16, 86, 150, 151, 152, 182
Putz, Charlotte 302

Quasimodo, Salvatore 359

Raabe, Wilhelm 36, 99, 102
Rademacher, Arnold 111, 142
Raffael 53
Rahner, Hugo 206
Rahner, Karl 57, 74, 138, 210, 344, 345, 355, 357, 371
Rathenau, Walther 149, 273
Rauch, Hermann 294
Reatz, August 107
Reding, Marcel 251, 257
Renger-Patsch, Albert 230
Reuter, Fritz 39

Rheinfelder, Hans 334
Rickert, Heinrich 109
Riedweg, Franz 365
Rilke, Rainer Maria 12, 23, 122, 283, 285, 289, 290, 293, 324, 332, 340, 344, 349
Rohe, Mies van der 195, 223, 224, 279
Rolinck, Eberhard 314
Romanus von Condat 17
Rosenberg, Alfons 251
Rosenmöller, Bernhard 52
Rosenstock, Eugen 194
Rothacker, Erich 130
Rottmanner, Odilo OSB 42
Ruess, Hans 64, 299
Rüttenauer, Isabella 284, 285, 302, 303
Rüttenauer, Wolfgang 41, 299
Ruffin, Hanns 95, 97, 98, 99, 103, 318
Ruffin, Olga 318

Sägmüller, Johann Baptist 69
Sattler, Dieter u. Maria 247, 321
Sauer, August 52
Schäfer, Jupp 194
Schaetz, Klara 194
Schaneng, Seraphie 194, 213
Schaup, Susanne 340
Scheeben, Matthias 16
Scheler, Max 50, 64, 65, 108, 109, 110, 111, 119, 122, 130, 131, 142, 143, 144, 145, 146, 147, 148, 254, 264, 265, 267, 268, 286, 336
Schell, Hermann 51
Scherf, Ferdinand 38
Schieber, Anna 99
Schiel, Hubert 194, 195
Schildenberger, Johannes 65
Schilson, Arno 113, 115, 128
Schlegel, Friedrich 48, 293
Schleiermacher, Friedrich 254, 257
Schlette, Heinz Robert 57, 133, 341, 353
Schleußner, Renate Josefine geb. Wiegand 47, 48, 49, 78, 79, 89, 106
Schleußner, Wilhelm 47, 48, 49, 50, 78, 79, 89
Schlüter-Hermkes, Maria 133, 140, 263
Schmaus, Michael 356
Schmid, Carlo 320, 330
Schmidthüs, Karlheinz 133, 199, 317, 349
Schmitt, Carl 201
Schneider, Reinhold 316
Schönborn, Johann Philipp von 32
Schoeps, Hans Joachim 290
Scholl, Hans 328
Scholl, Sophie 328
Scholz, Werner 279
Schopenhauer, Arthur 254
Schroeder, Oskar 55
Schrörs, Heinrich 111, 135
Schüler, Änny 79, 91, 95, 97, 251, 252, 254, 296, 330, 331, 337

Schüler, Alfred 18, 79, 90, 91, 95, 97, 98, 99, 103, 112, 141, 251, 252, 254, 296, 330, 331, 337
Schütter, Mathilde 233, 234, 296, 297, 298, 335, 360
Schütz, Heinrich 189
Schuman, Robert 133
Schulz-Dornburg, Rudolf 182, 190
Schwarz, Rudolf 26, 131, 141, 163, 164, 179, 180, 182, 183, 194, 195, 196, 197, 198, 199, 200, 202, 203, 214, 216, 217, 218, 219, 220, 221, 222, 223, 224, 225, 226, 227, 228, 229, 234, 242, 248, 297, 299, 326, 354
Schweitzer, Albert 354
Seckler, Max 56, 351
Seipel, Josef 98, 130, 241, 337
Sémer, Madeleine 49, 87, 265
Sering, Max 46
Seuse, Heinrich 106
Shakespeare, William 20, 281
Siewerth, Gustav 235
Simmel, Oskar 46
Simon, Paul 133
Sokrates 12, 122, 260, 283, 286, 305, 306, 318, 324
Solltmann, Idamarie 194
Sombart, Nicolaus 279
Sombart, Werner 279
Sommavilla, Guido SJ 264
Sonnenschein, Carl 116, 294, 295
Speck, Josef 253
Spörl, Johannes 138, 321, 331, 343, 344, 345, 366, 367, 370
Spranger, Eduard 279
Stapp, Maria Elisabeth 72, 322
Stein, Edith 142, 146
Steinbüchel, Theodor 130
Stendhal 41, 47
Stifter, Adalbert 99, 198
Stohr, Albert 37, 107, 249, 324, 325, 335, 352
Stolberg, Friedrich Leopold Graf zu 48
Strehler, Bernhard 89, 98, 159, 160, 161, 164, 169, 170, 172, 173, 175, 176, 181, 182, 192, 193, 212, 213, 215, 218, 226, 245, 248
Sugg-Bellini, Bernardine 334, 370
Szydzik, Stanis-Edmund 60, 277

Tauler, Johannes 106
Teutsch, Gotthard 357
Tewes, Ernst 121, 303, 313, 366, 368
Therese von Lisieux 73
Theunissen, Michael 341, 342
Thielicke, Helmut 333
Thomas, Elisabeth 320
Thomas von Aquin 12, 85, 86, 87, 106, 146, 152, 187, 260, 266, 272, 286, 316
Thomas von Kempen 106, 206
Thrasolt, Ernst 295
Tillmann, Fritz 111, 135, 136, 142
Tissot, Paul 47

Tolstoi, Leo Nikolajewitsch 227
Trakl, Georg 359
Troeltsch, Ernst 267, 268
Trübi, Cécile 120
Tüchle, Hermann 345

Urbani, Giovanni 18

Verkade, Willibrord OSB 243
Vermehren, Isa rscj 137, 235, 282, 303
Vetter, J. 53
Volbach, Wolfgang Fritz 35
Volk, Georg 200
Volk, Hermann 18

Wachsmann, Alphons Maria 301
Wächter, Anton (Pseudonym für R. G.) 17, 135
Wagner, Johannes 348
Waltmann, Hans 74, 234, 242, 243, 244, 247, 248, 299, 362, 366, 370
Waltmann, Lene 242, 243, 244, 247
Weber, Franz 75
Wechsler, Fridolin 371
Weiger, Josef 53, 64, 65, 66, 67, 68, 70, 71, 72, 73, 74, 75, 76, 78, 81, 87, 88, 138, 143, 178, 302, 322, 323, 326, 331, 344, 362

Weil, Simone 115
Weinschenk, Ernst 35
Weinzierl, Erika 55
Weismantel, Leo 182, 188
Weizsäcker, Victor von 283
Wendel, Josef 356
Wendling, Anton 226, 248
Wilmes-Merz, Elisabeth 20, 21, 24, 34, 134, 216, 219, 221, 227, 230, 232, 235, 241, 244, 245, 246, 247, 305
Windelband, Wilhelm 109
Winterswyl, Ludwig A. 64, 317
Wisser, Richard 250, 252
Wittig, Joseph 283, 301
Wölfflin, Heinrich 46
Wolff, Odilo OSB 64
Wolter, Maurus OSB 115
Wolter, Placidus OSB 115
Wundt, Wilhelm 85
Wust, Peter 194

Zähringer, Damasus OSB 66
Zelazny, Käthe 299
Zeller, Eduard von 88
Zoepf, Ludwig 42, 53, 68
Zuckmayer, Carl 35, 96